WILLIAM H. MASTERS
VIRGINIA E. JOHNSON
ROBERT C. KOLODNY

HETEROSEXUALITÄT

Die Liebe zwischen Mann und Frau

Aus dem Amerikanischen
von Jacqueline Csuss und Karin Haag

Ueberreuter

Die Deutsche Bibliothek – CIP-Einheitsaufnahme

Masters, William H.:
Heterosexualität: die Liebe zwischen Mann und Frau /
William H. Masters/Virginia E. Johnson/Robert C. Kolodny.
[Aus dem Amerikan. von Jacqueline Csuss und Karin Haag]. –
Wien : Ueberreuter, 1996
   Einheitssacht.: Heterosexuality <dt.>
   ISBN 3-8000-3623-1
   NE: Johnson, Virginia E.:; Kolodny, Robert C.:

AU 355/1
Aus dem Amerikanischen von Jacqueline Csuss und Karin Haag
Published by arrangement with HarperCollins Publishers Inc.
Originaltitel »Heterosexuality«, erschienen bei HarperCollins Publishers Inc., New York
Copyright © 1994 by William H. Masters, Virginia E. Johnson und Robert C. Kolodny
Umschlagfoto: Mario Vidor
Illustration: Hildegard Hammerschmid
Copyright © der deutschsprachigen Ausgabe 1996 by Verlag Carl Ueberreuter, Wien
Printed in Slovenia
7 6 5 4 3 2 1

INHALT

ERSTES KAPITEL
Liebe und Intimität

Lieb' ist nicht Liebe,
Die Trennung oder Wechsel könnte mindern,
Die nicht unwandelbar im Wandel bliebe.
O nein! Sie ist ein ewig festes Ziel,
Das unerschüttert bleibt in Sturm und Wogen.
WILLIAM SHAKESPEARE
Sonett 116

Aber Liebe – Was meint man damit? ... Es ist nur eine
Geschichte, die man sich über eine andere Person ausdenkt,
und man weiß dabei die ganze Zeit, daß sie nicht stimmt.
Natürlich weiß man es; man hütet sich aber ständig davor,
die Illusion zu zerstören.
VIRGINIA WOOLF
Nacht und Tag

Liebe hat für die einzelnen Menschen die verschiedensten Bedeutungen.
Selbst wenn wir unsere Untersuchung auf das beschränken, was als romantische Liebe bezeichnet werden kann, und die komplexen Phänomene der
familiären Liebe, geschwisterlichen Liebe, platonischen Liebe und andere
nichtromantische Ausdrucksformen dieses unbestimmbaren Gefühls beiseite lassen, bleibt der Begriff ›Liebe‹ ungemein schwer zu definieren.
   Zum einen ist es oft schwierig, eine Grenze zwischen Zuneigung und
Liebe zu ziehen. Obwohl verschiedene Forscher versucht haben, spezielle
Kriterien für die Liebe zu entwickeln, sind sich längst nicht alle einig darin,
daß Liebe eine eindeutig umrissene Größe ist. Einige Psychologen glauben,
»der einzig wirkliche Unterschied zwischen Gernhaben und Lieben liegt
in der Tiefe unserer Gefühle und in dem Ausmaß unserer Bereitschaft, uns
auf die andere Person einzulassen«. (Walster und Walster)
   Auf der anderen Seite jedoch hat die Psychologin Ellen Berscheid
festgestellt, es scheine ziemlich klar zu sein, daß eine immer stärker werdende Zuneigung für eine andere Person am Ende nicht zu einer romantischen Liebe führt, sondern nur zu einer großen Zuneigung. Auch wir
glauben, daß Mögen und Lieben, wenn auch in einer Wechselbeziehung
stehend, ziemlich unterschiedliche Phänomene sind.

Während der letzten fünfundzwanzig Jahre haben sich die Psychologen eingehend mit dem Thema Liebe befaßt, aber die eingängigste Definition von Liebe, die wir entdeckt haben, stammt von dem Romanschriftsteller Robert A. Heinlein, der in seinem Buch *Stranger in a Strange Land* (Ein Mann in einer fremden Welt) geschrieben hat: »Liebe ist jener Zustand, in dem unser eigenes Glück wesentlich vom Glück des anderen abhängt.« Doch trotz ihrer Klarheit findet sich in dieser Beschreibung nicht der kleinste Hinweis auf die leidenschaftliche Intensität der romantischen Liebe, ihre brennende Sehnsucht nach sowohl körperlicher als auch seelischer Vereinigung oder den wilden Schmerz, der sich meistens einstellt, wenn sie zerbricht.

Man muß das Wesen der romantischen Liebe auch gar nicht exakt definieren können, um sich eine Vorstellung davon zu machen, was geschieht, wenn die Liebesbeziehung nicht funktioniert. Unrealistische Erwartungen gegenüber der Liebe und den Liebesbeziehungen führen zu großem Leid, was sich auch an den während der vergangenen vierzig Jahre sprunghaft angestiegenen Scheidungsziffern ablesen läßt. Wir mögen uns die Liebe so wünschen, daß sie uns leicht und schnell ereilt, daß sie bedingungslos ist und ewig währt und daß sie uns wie ein sicherer Hafen vor der Welt schützt, aber wenn es darum geht, unsere Wünsche Wirklichkeit werden zu lassen, sind wir meistens auf die Schwierigkeiten und Herausforderungen, die darin liegen, nicht vorbereitet.

Und selbst realistischere Erwartungen allein reichen nicht aus, um eine Liebesbeziehung dauerhaft lebendig zu erhalten. Es erfordert viel – oft sogar harte – Arbeit und bewußtes Bemühen, um eine funktionierende Kommunikation und gegenseitiges Verständnis zu entwickeln. Die meisten Menschen ignorieren diese Tatsache jedoch und glauben, die wahre Liebe gedeihe immer, gleichgültig welche Hindernisse sich ihr in den Weg stellen. Die romantische Liebe läßt sich aber nicht ohne Anstrengung aufrechterhalten, ebenso wie eine Leidenschaft erkalten kann, wenn sie vernachlässigt oder als selbstverständlich hingenommen wird. Und umgekehrt gilt, daß es sogar bei den leidenschaftlichsten Liebesverhältnissen keine Garantie für ihre Dauer gibt. Wie der Soziologe Morton Hunt schreibt: »Feierliche Liebesschwüre sind Versprechen, die niemand einzuhalten vermag, denn Liebe ist kein Willensakt, und gesetzliche oder moralische Verpflichtungen haben nicht die Kraft, eine Liebe am Leben zu halten, wenn sie im Sterben liegt.« Von solchen Einschränkungen abgesehen, ist die Kraft der Liebe jedoch stark, erregend und erfüllend. Sie kann wie ein Allheilmittel für viele Lebensprobleme wirken, ist eine Quelle intensiver, heftiger und berauschender Gefühle, macht, daß wir uns gut fühlen, stärkt unser Selbstbewußtsein und fördert unseren Sinn für Verbundenheit und Selbstverwirklichung. Deshalb hat für viele Menschen die unermüdliche Suche nach Liebe und dem oder der »Richtigen« fürs Leben eine hohe Priorität – und das soll auch so sein, denn die Liebe ist der Ausdruck für einen genuinen Optimismus gegenüber unserem menschlichen Potential.

Leider führt jedoch der Zauber der Liebe und der Wert, den unsere westliche Kultur einer glücklichen Paarbeziehung beimißt, einige Menschen dazu, die Liebe durch einen Filter zu sehen, der die Wirklichkeit verschleiert und aus einer Liebesgeschichte etwas Märchenhaftes macht. Das ist dann die Beziehungsversion nach dem Motto: »Und sie lebten glücklich und zufrieden bis ans Ende ihrer Tage«, in der das Sichverlieben als ein passiv empfangenes, unerklärliches Ereignis betrachtet wird, das irgendwie einfach *passiert*, verbunden mit dem Glauben, das Leben werde sich wie von selbst regeln, nachdem man einmal die wahre Liebe gefunden hat. Menschen mit dieser Sichtweise können dann den größten Teil ihres Erwachsenenlebens damit verbringen, auf diese unvorhergesehene, wunderbare und überwältigende Begegnung zu warten. Aber falls und wenn es ihnen wirklich gelingt, sich zu verlieben, werden sie meistens desillusioniert, nachdem die erste Phase des intensiven emotionalen Glücks vorbei ist. Im wirklichen Leben gesellen sich nämlich zur Romantik und Sexualität auch die unvermeidlichen Stoßwellen von Machtkampf, Streit, Frustration, Eifersucht und Langeweile, die jede menschliche Verbindung laufend auf eine harte Probe stellen.

Andere glauben, die Liebe bestehe hauptsächlich aus einer heftigen und leidenschaftlichen Anziehung. Diese Ansicht übersieht die Fähigkeit der Liebe, mit der Zeit zu wachsen und zu gedeihen, und mißt sie nach einem grundsätzlich eindimensionalen und quantitativen Kriterium, nämlich nach der Stärke der Anziehungskraft. Damit verkennt man die komplexen Strukturen der Liebe und ignoriert wichtige Variablen wie die persönliche Reife, die jeder Partner in eine Beziehung einbringt, die Art und Weise, wie die Liebenden damit umgehen, geliebt zu werden, wie flexibel sie sind und wie loyal und zuverlässig sie sich dem anderen gegenüber verhalten. Gleichgültig wie leidenschaftlich sich zwei Menschen in der Phase der Verliebtheit zueinander hingezogen fühlen, es gibt keine Garantie dafür, daß daraus eine dauerhafte Beziehung wird. Leidenschaft, Lust, Sinnlichkeit und Sex sind Bestandteile der Liebe, aber nicht alles, was das Lieben und Geliebtwerden ausmacht. Das ist der Grund, warum Alles-oder-nichts-Vorstellungen von Liebe kontraproduktiv sind und warum festgesetzte Definitionen am Wesentlichen vorbeigehen.

Liebe kann ein Lebenselixier, ein Allheilmittel und ein Rausch sein. Sie kann ein Traum, eine Suche, ein Ideal und ein Ziel sein. Jemanden zu finden, den man liebt, scheint oft viele Probleme zu lösen (besonders, wenn man einen Menschen findet, dessen Stärken die eigenen fördern und das, was man an sich als Schwächen empfindet, auszugleichen oder zu überwinden helfen), aber es kann auch Probleme schaffen, von denen man vorher nicht einmal eine Vorstellung hatte. Der entscheidende Punkt ist, Liebe ist eine *subjektive* Erfahrung, und als solche ist sie zutiefst persönlich. Wer kann schon sagen, daß das Liebeskonzept eines anderen Menschen besser ist als das eigene? Warum sollte es authentischer, lohnender oder bedeutungsvoller sein? Die eigene Wahrnehmung und persönliche Definition von Liebe ist ebenso gültig wie die jedes anderen, denn, wie Virginia Woolf schon sagte: »Es ist nur eine Geschichte, die man sich ausdenkt.«

Wenn Liebe aber über diesen Bereich der Phantasien und Illusionen hinauswachsen soll, wenn sie festen Fuß in der Wirklichkeit fassen und lebendig bleiben soll, dann müssen die Liebenden bereit sein, sich all den Hoffnungen und Ängsten zu stellen, die jeder von ihnen mit einer Liebesbeziehung verbindet, und eine gemeinsame Basis zu entwickeln, auf der sie sich über die Veränderungen, die sich im Verlauf der Beziehung unvermeidlich einstellen, austauschen und auseinandersetzen können. Nicht jeder ist jedoch bereit dazu, denn für manche Paare ist Schweigen Gold und jede Veränderung unvorstellbar.

Wenn man sich verliebt, übersieht oder beschönigt man meistens die Fehler und Unvollkommenheiten des anderen, was auch das Sprichwort meint, das sagt, daß die Liebe blind macht. Aber eine Selbsttäuschung über die Liebe erstreckt sich auch auf andere Lebensbereiche, und so werden manche Beziehungen zu Karikaturen von Liebe. Das kann passieren, wenn einer der Partner emotional unreif oder egozentrisch ist beziehungsweise wenn beide es sind, wenn der eine grundsätzlich nicht auf die Bedürfnisse des anderen eingeht oder wenn es sich bei der Liebe in Wirklichkeit um ein Abhängigkeitsverhältnis handelt. Die beiden Sozialpsychologen Stanton Peele und Archie Brodsky haben letzteres Phänomen in ihrem Buch *Love and Addiction* (Liebe und Sucht) ausführlich behandelt und dabei festgestellt, daß manche Menschen, die glauben, jemanden zu lieben, in Wirklichkeit in einer unerfüllten und zwanghaften Beziehung gefangen sind, in der sie den anderen als Suchtmittel benutzen. Solche Beziehungen werden von dem übermächtigen Verlangen nach einer Form von Sicherheit angetrieben, die gleichzeitig eine Zuflucht gegenüber allen Problemen des Alltags (wie zum Beispiel Einsamkeit, Langeweile und Unberechenbarkeit) gewährt und den Schmerz innerer seelischer Konflikte oder Narben betäubt. Peele und Brodsky argumentieren, daß diese Art von Liebe als Suchtverhalten einen gemeinsamen Reifungsprozeß verhindert und die Partner in Unmündigkeit beläßt, wogegen sie in der nichtzwanghaften, von Achtung und Zuneigung getragenen Liebe eine produktive, entwicklungsfördernde Erfahrung sehen.

In den achtziger Jahren wurde eine Reihe von Büchern, die sich mit problematischen Liebesbeziehungen befassen, zu Bestsellern – wie zum Beispiel Robin Norwoods *Women Who Love Too Much* (Deutsch:»Wenn Frauen zu sehr lieben«), *Smart Women/Foolish Choices* von Connell Cowan und Melvyn Kinder, *Men Who Hate Women and the Women Who Love Them* von Susan Forward und Joan Torres, sowie Steven Carters und Julia Sokols *Men Who Can't Love* (Deutsch:»Warum der Mann nicht lieben kann«). Teils als Folge dieses Buchtrends (und der damit einhergehenden Aufmerksamkeit, die diesem Thema in den Fernseh-Talkshows zuteil wurde), waren nun viele Menschen imstande, klarer zu erkennen, daß nicht alle Liebesbeziehungen unseren idealisierten, perfekten Wunschvorstellungen entsprechen und daß sie in der Realität zuweilen einseitig, hoffnungslos oder einfach unbefriedigend sind.

Wir wollen uns an dieser Stelle aber nicht weiter mit solch problematischen Beziehungen befassen, sondern uns auf jene Liebesmodelle konzentrieren, die wir alle finden und erleben wollen. Dazu sollen zunächst einige Theorien über das Wesen der romantischen Liebe vorgestellt und anschließend einige konkrete Hinweise darauf gegeben werden, wie sie gedeihen kann.

Allgemeine Theorien über die Liebe

Der Psychologe Robert J. Sternberg von der Yale University hat eine Liebestheorie entwickelt, die sich in der Form eines Dreiecks veranschaulichen läßt (siehe Abb. S. 12). Die drei Seiten des Dreiecks hat Sternberg mit Intimität, Leidenschaft und Verbindlichkeit beziehungsweise Engagement bezeichnet.

Zur Kategorie der Intimität gehört das Geben und Nehmen emotionaler Bestätigung sowie ein Verhalten, das das Gefühl von Wärme und Geborgenheit in der Beziehung stärkt. Das setzt voraus, daß die Partner offen und ehrlich miteinander kommunizieren, daß sie Glück miteinander teilen und erleben und daß sie einander Verständnis und Respekt entgegenbringen.

Zur Kategorie der Leidenschaft gehören sowohl die sexuelle Leidenschaft als auch andere Bedürfnisse, die eine intensive Reaktion auslösen. So kann zum Beispiel das Verlangen nach Selbstbestätigung, Verschmelzung mit dem anderen, nach Dominanz oder Unterwerfung für manche Menschen eine weit ergiebigere Quelle für Leidenschaft sein als bloßer Sex.

Die dritte Komponente besteht aus zwei Teilen, einmal aus der Entscheidung, jemand anderen zu lieben, und dann aus dem Maß an Engagement, das jeder einzelne für den Fortbestand dieser Liebe einsetzt, wobei man davon ausgehen muß, daß die kurzfristige Entscheidung, sich in jemanden zu verlieben, nicht immer Hand in Hand geht mit der Bereitschaft, sich auf eine langfristige Beziehung einzulassen, wenngleich es sicher immer wieder Zeiten gibt, wo beides absolut zusammentrifft.

Sternbergs Liebesdreieck

Die Zuteilung der Komponentenbezeichnungen an bestimmte Ecken des Dreiecks ist beliebig. (Entnommen aus: *The Triangle of Love: Intimacy, Passions, Commitments* von Robert J. Sternberg. Copyright 1988 von Basic Books, Inc., Publishers.)

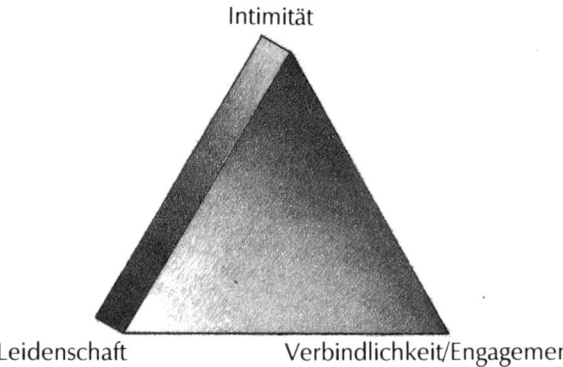

Intimität

Leidenschaft   Verbindlichkeit/Engagement

Die Positionen der beiden Beziehungspartner können nun damit verglichen werden, inwieweit ihre individuellen Liebesdreiecke zusammenpassen, wie in der Abbildung S. 13 gezeigt wird. In einer harmonischen Verbindung können die beiden Dreiecke fast deckungsgleich übereinstimmen, während sie in unausgewogenen Beziehungen – in denen die Bedürfnisse des einen die des anderen bei weitem übersteigen – stark voneinander abweichen. Somit läßt sich in der verhältnismäßigen Größe und Form der beiden Liebesdreiecke die Intensität und Ausgewogenheit der Paarbeziehung bildlich darstellen.

Sternberg weist allerdings darauf hin, daß die Komponenten der individuellen Liebesdreiecke weder statisch bleiben noch unabhängig vom Verhalten und den Gefühlen des jeweils anderen sind. Zum Beispiel erreicht die Leidenschaft zu Beginn einer Liebesbeziehung meist rasch ihren Höhepunkt, um sich dann, in einer Art Gewöhnungsphase, wenn der Partner nicht mehr ganz so aufregend ist wie am Anfang, auf einer niedrigeren Stufe einzupendeln. Ebenso wäre es ein Fehler, den Einfluß zu unterschätzen, den die Partner in einer Liebesbeziehung aufeinander haben, und da sich die individuellen Bedürfnisse von Zeit zu Zeit verändern können, ist es wichtig, flexibel zu sein, denn, wie Sternberg betont, Liebesbeziehungen sind beinahe immer dynamisch, und eine glückliche Verbindung basiert darauf, daß die gegenseitigen Gefühle immer wieder miteinander verglichen und aufeinander abgestimmt werden. Wenn sich Sternbergs Theorie auch den Vorwurf gefallen lassen muß, daß das Bild der Liebe als Dreieck allzu vereinfachend ist, indem es nicht zwischen den verschiedenen Nuancen von Intimität, Leidenschaft und Engagement zu unterscheiden vermag, so hilft sie doch zu erkennen, daß wir laufend daran arbeiten müssen, unsere Liebesbeziehungen aufzubauen, umzugestalten und zu verstehen und daß es an uns liegt, aus ihnen das Beste zu machen.

Wie die Liebesdreiecke zusammenpassen

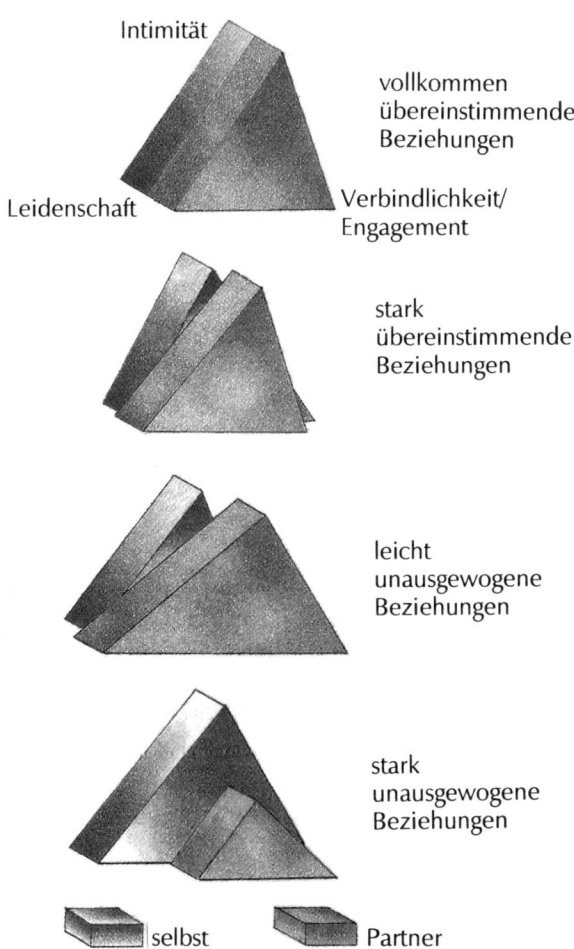

Intimität

vollkommen
übereinstimmende
Beziehungen

Leidenschaft

Verbindlichkeit/
Engagement

stark
übereinstimmende
Beziehungen

leicht
unausgewogene
Beziehungen

stark
unausgewogene
Beziehungen

selbst   Partner

Liebe als symbiotische Bindung

Eine andere Theorie von Phillip Shaver, Cindy Hazan und Donna Bradshaw besagt, daß Liebesbeziehungen zwischen Erwachsenen eine bemerkenswerte Ähnlichkeit mit dem Bindungsverhältnis zwischen einem Kind und dessen Eltern aufweisen. Zu der in beiden Beziehungsformen gefundenen gemeinsamen Dynamik gehören das Vertrauen in die geliebte Person, daß sie die eigenen Grundbedürfnisse nach Zuwendung und Sicherheit erfüllt, die Angst vor Zurückweisung, das Leiden unter dem Getrenntsein, ein starkes Einfühlungsvermögen zwischen den Partnern und ein hohes Maß an nonverbaler Kommunikation.

Laut den Begründern dieser Theorie sind alle Liebesbeziehungen, die der Mensch in seinem Leben eingeht, Nachahmungen der Art von Bindung, die in der frühen Mutter-Kind-Beziehung oder einer anderen primären Beziehung zwischen Kind und Bezugsperson erlebt wurde. Natürlich sind nicht alle Mutter-Kind-Beziehungen vollkommen. Reagiert eine Mutter grundsätzlich nicht oder nur spät auf das Schreien ihres Babys oder wirkt sie regelmäßig störend auf seine spontanen Handlungen ein, so wird das Kleinkind oft ängstlich. Und wenn eine Mutter die Versuche ihres Babys ignoriert, durch Anschmiegen, Berühren oder ähnliche Gesten in körperlichen Kontakt mit ihr zu kommen, so wird sich das Kind vermutlich angewöhnen, sie zu meiden.

Shaver, Hazan und Bradshaw verwenden nun genau dieselben Kategorien, um Liebesbeziehungen unter Erwachsenen zu beschreiben. Dabei unterscheiden sie zwischen *gefestigten* und *souveränen* Liebespartnern, die keine Angst vor Nähe oder vor dem Verlassenwerden haben, und solchen, die *ausweichend* oder *ängstlich-ambivalent* sind. Ausweichende Liebespartner fühlen sich in einer engen Beziehung und bei zu großer Nähe unwohl und haben Probleme damit, dem anderen vollständig zu vertrauen. Ängstliche oder ambivalente Liebespartner dagegen sind sich ihrer Beziehungen permanent unsicher. Sie neigen zu der Furcht, daß ihr Partner sie nicht wirklich liebt oder sie eines Tages verlassen wird, und sind oft so empfindlich und tyrannisierend in ihrer Liebe, daß sie den anderen tatsächlich in die Flucht schlagen.

Shaver, Hazan und Bradshaw haben 620 Antworten auf einen Fragebogen, den sie in einer Tageszeitung von Denver veröffentlicht hatten, analysiert und festgestellt, daß sich etwas mehr als die Hälfte der Beziehungen als gefestigt kategorisieren ließ, während es sich bei einem Viertel um ausweichende und bei 19 Prozent um ängstlich-ambivalente Beziehungen handelte. Ähnliche Resultate wurden bei einer späteren Wiederholungsumfrage unter Studenten erzielt, und interessanterweise ergab sich ein ungefähr gleiches Zahlenverhältnis bei einer kürzlich durchgeführten umfassenden Studie über die Mutter-Kind-Bindung. Übrigens ließen sich in keiner der beiden Untersuchungen geschlechtsspezifische Unterschiede feststellen.

Die Verteilung der verschiedenen Bindungsformen in Intimbeziehungen unter Erwachsenen

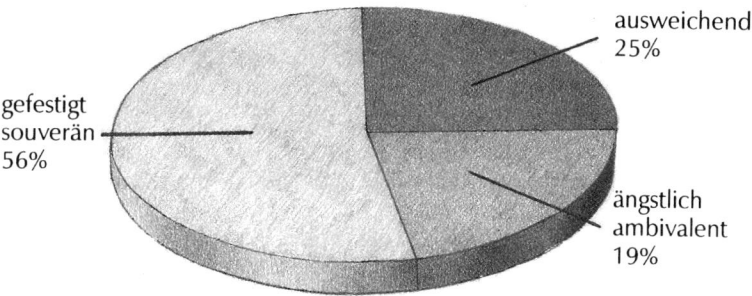

ausweichend
25%

gefestigt
souverän
56%

ängstlich
ambivalent
19%

Aber auch diese Liebestheorie ist umstritten. Während sie einige Psychologen für eine aufregende Entdeckung halten, kritisieren andere, mit der Behauptung, das Wesen einer erwachsenen Beziehungen sei weitgehend von der Art der frühkindlichen Bindungen geprägt, werde die entscheidende Entwicklung von Denkmustern, der Aspekt der moralischen und sozialen Verantwortlichkeiten und der Erfahrungszuwachs während der Kindheit, Pubertät und des Erwachsenenalters ignoriert. Und träfe diese Bindungstheorie zu, würde das bedeuten, daß uns unser spezifischer Liebesstil gewissermaßen in die Wiege gelegt würde, was die Rolle des freien Willens praktisch vollkommen außer acht ließe. Ein weiteres Problem mit dieser Theorie besteht darin, daß sie nicht angemessen zu erklären vermag, wie es zustande kommt, daß es zwischen verschiedenen Kulturen grundlegende Auffassungsunterschiede hinsichtlich Liebe und Beziehungen gibt. Abgesehen von dieser Kritik bietet die Bindungstheorie von Shaver, Hazan und Bradshaw dennoch eine interessante Anregung für weitere Forschungen, wie zum Beispiel eine Langzeitstudie, die zunächst eine große Anzahl von Mutter-Kind-Bindungen untersucht und dann etwa 20 Jahre später die Liebesmuster der inzwischen erwachsen gewordenen Kinder ermittelt.

Die Erregungstheorie

Es gibt Männer, die glauben, wenn sie mit einer Frau etwas unternehmen, was einen gewissen Nervenkitzel bietet, wie zum Beispiel der Besuch eines Horrorfilms, eines Boxkampfs oder eine Fahrt auf der Achterbahn, dann würde ein solches Erlebnis in ihr romantische Gefühle entfachen. Nun liegen einige Versuchsergebnisse vor, die belegen, daß es einen solchen Erregungseffekt tatsächlich gibt.

Das bekannteste Beispiel dafür ist eine Studie von Donald Dutton und Arthur Aron, in der die Reaktionen von jungen Männern verglichen wurden, die zwei verschiedene Brücken in einem kanadischen Touristengebiet zu überqueren hatten. Die eine Brücke war eine lange, schmale und wacklige Hängekonstruktion, die über einer tiefen Schlucht beängstigend hin und her schwankte, wogegen die zweite Brücke solide, sicher und fest gebaut war und nicht besonders hoch über dem Erdboden verlief. Die männlichen Probanden wurden willkürlich in zwei Gruppen unterteilt und gebeten, eine der beiden Brücken zu überqueren. Am anderen Ende wurden die Teilnehmer jeweils von einer attraktiven jungen Frau empfangen, bei denen es sich um die Assistentinnen der Psychologen handelte. Die Frauen baten die einzelnen Männer, ihnen für eine Seminararbeit ein paar Fragen zu beantworten und zu einem bestimmten Bild eine kurze Geschichte aufzuschreiben. Danach boten die Frauen an, ihr Projekt noch detaillierter zu erklären, und gaben den Männern einen Zettel mit ihrer Telefonnummer, so daß sie sie anrufen konnten, wenn sie weitere Informationen wollten. Interessanterweise stellten die Wissenschaftler fest, daß die Bildbeschreibungen mit den am stärksten sexuell gefärbten Inhalten von den Männern kamen, die die angsteinflößende Hängebrücke überquert hatten. Darüber hinhaus riefen anschließend 9 von diesen 33 Männern die Assistentin an, während es von denen, die die feste Brücke überquert hatten, lediglich zwei Männer taten.

Es ist zwar durchaus möglich, diese Resultate unterschiedlich zu interpretieren – so waren zum Beispiel die Männer, die die Assistentin anriefen, möglicherweise wirklich an ihrem Projekt interessiert –, allerdings bleibt die plausibelste Erklärung die, daß eine emotionale Erregung die sexuelle Anziehung auslösen oder zumindest verstärken kann.

Donald Dutton und Arthur Aron haben in zusätzlichen Experimenten untersucht, welche Rolle der Faktor Angst beim Entstehen einer sexuellen Erregung bei Männern spielt, und dabei festgestellt, daß diejenigen, die davon ausgehen mußten, daß ihre Teilnahme mit einer gewissen Gefahr verbunden war, ihre weibliche Versuchspartnerin sehr viel aufregender und attraktiver fanden als die Männer, denen man keinen Grund gegeben hatte, sich zu fürchten.

Inzwischen gibt es außerdem Studien, die belegen, daß auch andere, emotional neutrale Arten der Erregung, wie zum Beispiel eine intensive körperliche Betätigung beim Sport, ein erotisches Interesse wecken können.

16

Das Aufrechterhalten der Liebe

Zwar sind die Gründe, warum wir uns verlieben, oft schwer zu bestimmen, fest steht jedoch, daß das Feuer der leidenschaftlich-romantischen Liebe nicht ewig anhält. Mit der Zeit – meistens innerhalb von ein paar Jahren – entwickelt sich die leidenschaftliche Liebe entweder zu einer anderen, stabileren und reiferen Form der Beziehung, oder sie löst sich in Zank, Manipulation, Langeweile, Machtkampf und Frustration auf, was schließlich zur Trennung führt. Die stabilere Form der Liebe wird in der Forschungsliteratur »kameradschaftliche Liebe« genannt, ein Begriff, der sich leider so aufregend anhört, als ginge es dabei um ein altes Paar Schuhe – bequem und vertraut, aber weiter nichts. Wir hingegen sehen in dieser Phase eher die Entwicklung eines neuen, ausgewogeneren Gleichgewichts, bei dem an die Stelle von Leidenschaft ein gegenseitiges Vertrauen, eine tiefere Intimität und ein breiteres Repertoire an konfliktlösenden Fähigkeiten tritt.

Das Wesen der Liebe ändert sich mit der Zeit aber aus einer Reihe von Gründen, und zwar nicht nur, weil die Leidenschaft nachläßt. Zum einen setzt in dem Moment, wo wir uns verlieben, der individuelle Reifungs- und Entwicklungsprozeß ja nicht aus. Das heißt, nach fünf oder zehn Jahren in einer gemeinsamen Beziehung sind die beiden Liebenden nicht mehr dieselben wie am Anfang, und wenn sie nicht fähig sind, sich diesen Veränderungen anzupassen, dann werden sie sich wahrscheinlich allmählich auseinanderleben. So ist einer der Partner im Alter von dreiunddreißig möglicherweise sehr viel zuversichtlicher geworden als mit dreiundzwanzig, während der andere inzwischen eine eher zynische Haltung gegenüber dem Leben angenommen hat. Oder die Verantwortlichkeiten und Pflichten der Kindererziehung haben die Einstellungen beider Partner hinsichtlich ihrer Prioritäten wesentlich verändert. In ähnlicher Weise verlagern sich mit der Zeit und den veränderten Umständen auch die Bedürfnisse und Erwartungen, und das manchmal ziemlich dramatisch. Der Psychologe Nathaniel Branden sagt, wir erreichen am ehesten Dauerhaftigkeit, wenn wir fähig sind, mit Veränderungen umzugehen. »Die Liebe hat die größte Chance zu überdauern, wenn sie sich nicht gegen den Fluß des Lebens stellt, sondern lernt, mit ihm zu fließen.«

Der Trick dabei ist natürlich, solch eine tiefer verankerte Liebe angesichts einer Unmenge verschiedener und manchmal ziemlich entmutigender Hindernisse aufzubauen und aufrechtzuerhalten. Zum Beispiel gibt es ganz sicher die Gefahr, daß eine Liebesbeziehung, nachdem die intensive Leidenschaft bis auf ein gelegentliches Aufflackern eingeschlafen ist, in einen Zustand von Langeweile und Routine übergeht. Das betrifft möglicherweise nicht nur die sexuelle Seite einer Verbindung, sondern kann sich auch in allen anderen Aspekten der Interaktion zwischen den Partnern bemerkbar machen. Entsprechend können auch Spannungen und Belastungen im Alltagsleben – zum Beispiel finanzielle Schwierigkeiten, Probleme in der Kindererziehung, beruflicher Druck, gesundheitliche Probleme und ähnliches – die Liebe in einer Paarbeziehung allmählich verschleißen, wenn die Partner nicht bewußt vorbeugende Maßnahmen ergreifen. Auch in diesem Fall wird sich die Beeinträchtigung sowohl auf sexueller Ebene als auch in anderen Bereichen des alltäglichen Beziehungslebens zeigen.

Im folgenden nun ein paar Anregungen, die helfen können, die Liebe lebendig zu erhalten:

1. Zuallererst erwarten Sie keine Vollkommenheit.

Im Zustand der leidenschaftlichen und himmelhochjauchzenden Verliebtheit neigen wir dazu, den anderen zu idealisieren. »Liebe macht blind«, erinnerte uns der englische Dichter Geoffrey Chaucer, und das ist auch wahr ... allerdings nur bis zu einem gewissen Grad. Wenn nämlich die leidenschaftliche Liebe beginnt, sich in eine stabilere und tiefere Form der Liebe zu verwandeln, ergibt sich die Gefahr, daß uns die vielen Unvollkommenheiten an unserem Partner, die wir bislang übersehen haben, plötzlich bewußt werden (und mißfallen). Von einer Liebesbeziehung absolute Vollkommenheit zu erwarten verurteilt sie fast zwangsläufig zum Scheitern, denn damit ist die ständige Enttäuschung praktisch garantiert.

2. Seien Sie flexibel.

Während wir gerne Lippenbekenntnisse zur Beständigkeit unserer Liebe abgeben, ist die wirklich dauerhafte Liebe nicht so sehr das Resultat von hartnäckiger Treue, Loyalität und Hingabe, sondern vielmehr ein Zeugnis für die Fähigkeit der Partner, gut mit den Höhen und Tiefen des Lebens fertig zu werden. Die subtile Kunst, Kompromisse zu finden, ist ein wichtiger Beitrag, um die Liebe zu bewahren, ebenso wie eine gewisse Anpassungsbereitschaft, das heißt, die Fähigkeit, sich im eigenen Verhalten (und sogar in den eigenen Positionen) auf veränderte Gegebenheiten einzustellen. Menschen, die Unnachgiebigkeit und Rechthaberei mit Stärke verwechseln, sind meistens nicht diejenigen, die wirklich geliebt werden.

3. Seien Sie sich darüber im klaren, daß Liebe kein Ersatz für die eigene Identität sein kann.

Diese wichtige Erkenntnis hat mehrere Konsequenzen. Zunächst einmal sollte man nie versuchen, den anderen zu vereinnahmen, sondern ihm oder ihr ausreichend Raum lassen, um die eigene Persönlichkeit zu wahren. Zweitens sollte man nicht den Fehler begehen, alle anderen Interessen und

Freundschaften aufzugeben in dem Glauben, das würde die Liebe stärken. Es ist nämlich vielmehr so, daß sie eher geringer wird, wenn Sie Ihre eigene Identität der Beziehung unterordnen. (Wir haben im Verlauf unserer Arbeit festgestellt, daß die tiefsten und dauerhaftesten Verbindungen solche sind, in denen beide Partner ihre persönliche Individualität bewahren und fördern.) Drittens: Auch wenn Ihnen die Liebe Stärke, Sicherheit und Stütze gibt, so sollten Sie nie die Tatsache vergessen, daß Ihre Beziehung nicht mehr als die Summe der einzelnen Zutaten ist, die Sie und Ihr Partner in sie einbringen. Wenn Sie es zulassen, daß sich Ihr persönliches Leben außerhalb der Beziehung reduziert, so verlieren Sie damit eine wichtige Quelle für die eigene Vitalität und eine Möglichkeit, die Erfüllung für bestimmte Bedürfnisse zu finden, die in Ihrer Liebesbeziehung möglicherweise offen bleiben.

4. *Vergessen Sie nicht die Romantik.*
Wenn es um Romantik geht, zählen für gewöhnlich andere Dinge, als der Frau zum Geburtstag einen Diamantring zu schenken, und das sind eher die spontanen, kleinen Gesten: daß man anruft, um zu sagen: »Ich liebe dich«, ohne besonderen Grund Blumen mitbringt, ihr einen handgeschriebenen Liebesbrief in den Koffer steckt, wenn sie sich auf eine Geschäftsreise begibt, oder ihn mit der Einladung zu einem exklusiven Abendessen, einer Theateraufführung oder den Eintrittskarten für ein Fußballspiel, das er sich im Fernsehen anschauen wollte, überrascht. Wir sollten anerkennen, daß sogar die kleinen romantischen Gesten viel Gewicht haben, denn sie sind Symbole für Zuneigung und Aufmerksamkeit.

5. *Seien Sie sensibel für die Gefühle Ihres Partners.*
Das heißt nicht, daß Sie nun zum perfekten Gedankenleser werden sollen, sondern es geht darum, dem, was Ihr Partner mitteilt, sei es in Worten oder nonverbal, Aufmerksamkeit zu schenken. Darüber hinaus sollten Sie auch nicht die Gefühle Ihres Partners herabsetzen, nur weil es andere sind als die eigenen oder weil Sie den Grund für ihre Existenz nicht verstehen.

6. *Lassen Sie Ihre Interaktion nicht von Ärger und Zorn bestimmen.*
Obwohl es sich oft verhindern läßt, daß Mißverständnisse und Frustration zur Wut eskalieren, indem man offen und vorwurfsfrei über die eigenen Gefühle spricht, ist es kaum menschenmöglich, Ärger oder Zorn vollkommen aus dem Beziehungsleben auszuklammern. Aber statt zuzulassen, daß sich diese Gefühle festsetzen und Ihre gesamte Interaktion bestimmen, sollten Sie sie offen aussprechen und gemeinsam nach Wegen suchen, wie man sie entschärfen kann. Die Lösung eines Konflikts ist nicht nur eine Herausforderung, sondern auch ein kreativer und entwicklungsfördernder

Prozeß. Wenn Sie nicht immer imstande sind, das auf eine ruhige und rationale Weise zu tun, oder feststellen, daß Sie mit beängstigender Heftigkeit miteinander streiten und in der Hitze des Gefechts (oder vielleicht sogar absichtlich) verletzende Dinge zueinander sagen, sollten Sie versuchen, sich zu entspannen und daran zu denken, daß zwar zwei zum Streiten gehören, aber für gewöhnlich nur einer, um den Streit zu beenden. Eine der einfachsten Arten, Wut abzubauen, ist zu sagen, daß es einem leid tut. Außerdem gibt es noch eine Reihe anderer Möglichkeiten, wie Sie in einer Situation, in der gegenseitige Wut die Gefühle verzerrt, das erforderliche Gleichgewicht wiederherstellen können, ohne daß Sie dabei Ihrem Partner einseitig nachgeben müßten. Sie könnten sich zum Beispiel beide darauf einigen, die Auseinandersetzung auf einen späteren Zeitpunkt zu verschieben, wenn Sie imstande sind, ruhiger und rationaler darüber zu diskutieren. Sie könnten eine Kompromißlösung für das Problem erzielen, das den Konflikt ausgelöst hat. Sie könnten beschließen, das Problem zunächst umfassend zu analysieren und sich dann später etwaige Lösungsmöglichkeiten zu überlegen. Oder Sie könnten sich an andere um Hilfe wenden. Eine schwierige Situation mit guten Freunden oder mit professionellen Beratern (zum Beispiel einem Priester, Eheberater oder Psychotherapeuten) zu besprechen ist möglicherweise genau das, was Sie brauchen, um die Dinge wieder ins rechte Gleis zu bringen.

7. Seien Sie ein umsichtiger Partner beim Sex.

Die meisten Menschen scheinen zu glauben, guter Sex sei eine Sache von Leidenschaft und Leistung. Tatsächlich geht es dabei vielmehr darum, sich auf die Gefühle und Vorlieben seines Partners einzustellen und zu wissen, wann man bestimmte Dinge *nicht* tun sollte, ebenso wie man genau wissen sollte, was man tun sollte. Hier sind drei Beispiele: (1) Wenn Ihr Partner mit einer Erkältung kämpft und einen anstrengenden Tag im Büro hinter sich hat, ist das sicher *nicht* der richtige Zeitpunkt, um das neue Massageöl auszuprobieren oder die Technik, wie man sein Orgasmuspotential erhöhen kann, von der Sie gerade gelesen haben. (2) Wenn Sie sich sexuell wirklich unter Druck fühlen und sich Ihr Partner zu einem »Quickie« bereit erklärt, um Ihnen aus der Not zu helfen, dann sollten Sie nicht versuchen, daraus einen Marathonliebesakt zu machen. Daß Ihr Partner in diesem speziellen Moment Sex nicht in der gleichen Art und Weise braucht wie Sie, ist keineswegs ein Problem und sollte Sie nicht dazu verleiten, dies durch eine virtuose sexuelle Leistung ausgleichen zu wollen. (3) Sie sollten eine Aufforderung zum Sex nicht zu oft ablehnen. Wenn Sie das dritte Mal hintereinander den erotischen Annäherungsversuchen Ihres Partners eine Abfuhr erteilen, weil Sie nicht gerade hundertprozentig in Stimmung sind, so riskieren Sie damit, in ihm oder ihr das Gefühl des Zurückgewiesenseins zu wecken, und das ließe sich verhindern, wenn Sie einfach mal mitmachen. Den sexuellen Bedürfnissen des Partners auf diese Weise maßvoll entgegenzukommen stärkt die Bande einer Liebesbeziehung weit über das Schlafzimmer hinaus.

8. *Nehmen Sie Ihren Partner nicht als selbstverständlich hin.*
Selbstgefälligkeit ist einer der tödlichsten Feinde der Liebe. Wie es Robert Solomon, Philosophieprofessor an der University of Texas, formuliert hat: »Das Schwinden der Liebe läßt sich in vielen Fällen auf einen Mangel an Aufmerksamkeit zurückführen – Aufmerksamkeit der anderen Person und der Beziehung gegenüber.« Mangelnde oder fehlende Aufmerksamkeit ist sicher ein Ausdruck dafür, daß man den Partner als selbstverständlich betrachtet, aber es gibt auch noch andere, vielleicht subtilere Formen. Das kann eine herablassende Haltung dem anderen gegenüber sein oder Nachlässigkeit, wenn man beispielsweise vergißt, den Partner anzurufen, obwohl man es versprochen hatte, eine halbe Stunde zu spät zu einer Verabredung zum Essen erscheint oder generell unzuverlässig ist.

9. *Liebe gedeiht nicht automatisch.*
Viele Menschen sind erstaunt festzustellen, daß die Liebe nicht von selbst lebendig bleibt. Man muß etwas dafür tun, es kostet Zeit und Energie, und dafür gibt es unserer Ansicht nach nur das eine Rezept: Wenn man sich in der Liebe nicht selbst gibt, ist es unwahrscheinlich, daß man viel zurückbekommt.

Intimität

Intimität erwächst aus einem Prozeß wachsender liebevoller Zuwendung und Nähe und unterscheidet sich wesentlich von der Liebe. Zum einen ist Intimität kein Gefühl und keine Empfindung, und zum anderen erfordert sie, im Unterschied zur Liebe, Gegenseitigkeit. In erster Linie unterscheidet sich Intimität jedoch von der Liebe darin, daß das Glück der anderen Person nicht ihr Hauptziel ist. Weil es sich bei der Intimität um einen fortlaufenden Prozeß handelt, ist sie in ihrer Intensität schwankend. Und das führt dann manchmal zu dem faszinierenden Paradox, daß sich in einer Liebesbeziehung das Maß an Intimität erhöht, während sich der Grad an Intensität verringert.

Darüber hinaus haben die meisten Menschen in ihrem Leben wahrscheinlich weit mehr intime Beziehungen als romantische Liebesbeziehungen. Und eigentlich kommt es gerade daher, daß wir alle mit einer Anzahl intimer Beziehungen jonglieren – zu Freunden, zur Familie und zu Partnern – und daß Intimität außerdem oft von Faktoren beeinflußt wird, die sich unserer direkten Kontrolle entziehen (die Zeit, die wir bei der Arbeit verbringen, die Auswirkungen einer Krankheit), daß es manchmal schwierig wird, unserer Hauptbeziehung das Maß an Zeit und Aufmerksamkeit zu widmen, das nötig wäre, um die Intimität zu bewahren und zu steigern.

Was aber genau ist Intimität? Auch hierfür gilt das gleiche, wie für die Definition von Liebe: Würde man ein Dutzend verschiedener Leute befragen, würde man wahrscheinlich ein Dutzend verschiedener Antworten erhalten. Allerdings gibt es unter Psychologen und Verhaltensforschern den Konsens, daß Intimität aus gewissen »Kernstücken« besteht, nämlich aus einer gegenseitigen liebevollen Zuwendung und der Bereitschaft, diese Zuwendung in eine Verbindlichkeit, ein füreinander Engagiertsein zu übertragen, aus einem selbstverständlichen Miteinanderteilen, einer offenen und ehrlichen Kommunikation, Vertrauen, Zärtlichkeit und dem beständigen Bemühen, den anderen einfühlend zu verstehen.

Die Zuwendung und Verbindlichkeit, wonach sich so viele Menschen sehnen, stellen sich nicht automatisch ein. Sie entwickeln sich allmählich in einer Beziehung – manchmal so allmählich, daß es einem quälend langsam vorkommt, und einer der Gründe, warum man das Entstehen von Intimität nicht beschleunigen kann, ist, daß ihre Elemente nicht so leicht herzustellen oder zusammenzubringen sind. Ein anderer Faktor, den es in Betracht zu ziehen gilt, ist die Gegen- und Wechselseitigkeit, denn es ist ein gewisses Maß an Symmetrie notwendig, wenn zwischen zwei Menschen ein Gefühl von Intimität entstehen soll. Beide treffen die bewußte Entscheidung, sich entweder schneller oder langsamer anzunähern, offen empfänglich oder zurückhaltend vorsichtig zu sein und sich mit Eifer als auch mit Bedacht durch die Anfänge und Ausbrüche eines Prozesses zu bewegen, der im wesentlichen eine organische und unberechenbare Form von Kreativität ist: nämlich im Bewußtsein von Unsicherheiten und Hoffnungen eine einzigartige Beziehung aufzubauen. Vielleicht ist das der Grund, warum Intimität oft aus einer Freundschaft erwächst – aus dem Mögen eher als aus dem Lieben –, statt am Beginn einer neuen Beziehung gleich auf wundersame Weise hervorzubrechen. Und auch wenn sich Intimität zu entwickeln beginnt, tut sie das zuerst meistens auf eine sehr zaghafte und zerbrechliche Weise. Das kommt hauptsächlich daher, daß sich die für die Intimität notwendige gegenseitige Zuwendung und engagierte Verbindlichkeit meistens nicht (oder nur in kleinen Dosen) einstellen, bevor nicht auch die anderen für die Gleichung erforderlichen Faktoren dazugekommen sind. Denn eine wirkliche Verpflichtung füreinander einzugehen bedeutet, dem anderen ein Versprechen für die Zukunft zu geben. Nur wenige Menschen sind zum Beispiel bereit, sich für jemanden in diesem

Ausmaß zu engagieren, bevor sie nicht meinen, eine ausreichende Menge über die andere Person zu wissen. Engagement und Verbindlichkeit brauchen also Zeit, damit sich die Partner einander offenbaren können. Natürlich gibt es Ausnahmen von dieser Regel. Wenn sich ein Paar zum Beispiel gleich zu Beginn der Beziehung sexuell ausgesprochen gut versteht, dann sind beide vermutlich schneller und leichter bereit, sich verbindlich aufeinander einzulassen, da jeder der Partner gewisse idealisierende Erwartungen in den anderen setzt. Wenn es sich herausstellt, daß diese Erwartungen der Wirklichkeit annähernd entsprechen, wird die Beziehung wahrscheinlich weiter bestehen, gehen sie jedoch vollkommen an der Realität vorbei, so wird sie rasch an ihr Ende kommen. Liebevolle Zuwendung und Verbindlichkeit sind also gewissermaßen die Faktoren, die als letzte hinzukommen, und zwar eben deshalb, weil sie größtenteils von der Anwesenheit der anderen Faktoren abhängen. Das heißt, bevor das gegenseitige Vertrauen nicht einigermaßen gefestigt ist und viel Zeit damit verbracht wurde, dem anderen von sich zu erzählen, ist keine ausreichende Basis (oder Motivation) gegeben, sich der anderen Person gegenüber verbunden oder verpflichtet zu fühlen.

Eine tiefere Zuneigung für jemanden entsteht meistens, weil man die andere Person interessant und liebenswert findet. Da sich die Menschen im allgemeinen von Personen distanzieren, denen sie mißtrauen, die sie fürchten, verachten oder einfach langweilig finden, fühlen sie sich eher zu solchen hingezogen, die sie in einem positiven Licht sehen. Die sich entwickelnde Nähe (vorausgesetzt, sie ist von beiden gewollt) führt dann oft zu einer liebevollen Zuwendung, denn das Vorhandensein eines gewissen Minimums an positiven Faktoren ist die Grundvoraussetzung dafür, daß man sich näherkommt.

Zu erwarten, daß in einer Beziehung die engagierte Verbindlichkeit vor der Zuwendung rangiert, ist unrealistisch und unlogisch, aber Verbindlichkeit ist tatsächlich im Lauf der letzten Jahre zu einem Schlagwort geworden. Dabei besteht sie nicht darin, daß man sich zu Beginn einer Beziehung erklärt, man werde immer füreinander da sein – obwohl eine solche Entscheidung die Voraussetzung für eine tiefere Form der Verbundenheit ist. Die eigentliche Bewährungsprobe für das gegenseitige verbindliche Engagement kommt jedoch erst, wenn der anfängliche Liebesrausch nachläßt und die Beziehungsprobleme an die Oberfläche treten. Ein Paar, das bis über beide Ohren ineinander verliebt ist, wird natürlich sagen, daß sie immer füreinander da sein werden, aber das gilt vielleicht nur so lange, wie ihre Leidenschaft anhält. Und ist diese erst erkaltet, stellt sich die Frage, ob sich damit auch die Verbindlichkeit erledigt hat. Und wenn die Beziehung von allerlei negativen Faktoren belastet wird – von finanziellen Schwierigkeiten, gesundheitlichen Problemen, Konflikten in der Familie und ähnlichem – wird sie dann von beiden Partnern immer noch hoch genug geschätzt, daß die einmal eingegangene Verbindlichkeit gültig bleibt? Es ist schließlich leicht, Engagement zu zeigen, wenn es allen gutgeht, aber eine wirklich langlebige Beziehung besteht ihre Feuerprobe erst in Zeiten der Konflikte und Krisen.

Der Austausch von Intimität funktioniert auf mehreren Ebenen: im Verhalten, emotional, körperlich und kognitiv. Auf der Verhaltensebene bedeutet dieser Austausch eine Form von Verbundenheit, die Nähe schafft und die gesamte Bandbreite der alltäglichen Aktivitäten einschließt. Ein Punkt, der von vielen Paaren mißverstanden wird, ist der, daß die gemeinsame Bewältigung ganz banaler Aufgaben – vom Geschirrspülen bis zum Saubermachen der Garage – ebensosehr eine Quelle von Intimität ist wie das Miteinander in angenehmen und spielerischen Aktivitäten. (Wir meinen damit nicht eine simple Aufteilung von Hausarbeit nach dem Motto »Du machst den Abwasch, und ich bringe den Müll nach draußen«, sondern daß man es tatsächlich zusammen tut.) In gewisser Hinsicht ist der Vorgang des Miteinanderteilens der eher unangenehmen Aufgaben sogar eine wichtigere Quelle von Intimität, denn dadurch entsteht in den Partnern ein Gefühl der Zusammengehörigkeit und gegenseitigen Verantwortung. Wenn Liebespartner lediglich bereit sind, Glück und Spaß miteinander zu teilen, dann kann aus ihrer Verbindung auch nur eine Art von »Schönwetter-Intimität« entstehen.

Viele Männer beziehen ein Gefühl von emotionaler Nähe aus gemeinsamen Aktivitäten mit anderen Personen. Aber bei diesen Aktivitäten, einschließlich beruflicher und sportlicher Art, geht es nicht einfach um einen gemeinsamen Zeitvertreib, sondern auch um eine Bewertung. Männer beobachten und beurteilen, wie fähig ihr Gegenüber ist, Probleme zu lösen, Strategien zu entwickeln, mit Streß, Teamwork, Kränkungen und Angriffen umzugehen. Eine Frau mag sich dann darüber wundern, daß für ihren Freund ein zweistündiges gemischtes Doppel auf dem Tennisplatz eine Form von intimer Gemeinsamkeit bedeutet, während er aus dieser Erfahrung möglicherweise eine ganze Menge an Informationen über sie gewonnen hat. Umgekehrt mag es dann an ihm sein, sich zu wundern, daß sie eine Dinnerparty für ein intimes Ereignis hält, aber wahrscheinlich beurteilt sie seinen Beitrag zum Gelingen dieses Abends ebenso kritisch wie er den ihren beim Tennismatch.

Der Austausch auf emotionaler Ebene ist eines der wesentlichen Merkmale von Intimität. Erst wenn zwei Menschen bereit sind, sich dem anderen in vielerlei Hinsicht zu offenbaren – also nicht nur im Sinne von biographischen Fakten, sondern indem sie mitteilen, was sie empfinden, was sie fürchten, was ihre Sorgen, Hoffnungen und Träume sind –, kann eine tiefere Form von Intimität entstehen, und in diesem kommunikativen

Prozeß drückt sich das eigentliche Wesen von Intimität aus. Auch für die Sozialpsychologin Elaine Hatfield ist Intimität ein Prozeß, in dem ein Paar »versucht, eine allumfassende Kommunikation anzustreben«. Während dies sicher ebenso die nonverbale Dimension einschließt (also auch Sex), bleibt festzustellen, daß das eigentliche Fundament für Intimität der verbale Ausdruck von Gefühlen ist. Das gilt für nichtromantische Verbindungen ebenso wie für Liebesbeziehungen.

Umfangreiche Forschungsarbeiten lassen darauf schließen, daß Frauen von Kindheit an fähiger zur Selbstoffenbarung und zum verbalen Ausdruck von Gefühlen sind als Männer. Oder, wie es die Feministin Kate Millett auf den Punkt bringt: »Frauen sind expressiv, Männer repressiv.« Dieses Phänomen spiegelt allerdings eher die Unterschiede in der Sozialisation wider als eine angeborene biologische Differenz. Im allgemeinen werden Männer und Frauen so erzogen, daß sie die Welt nicht nur anders auffassen, sondern auch anders mit ihr umgehen. Einem Jungen wird zum Beispiel beigebracht, daß es nicht dem Ideal von Männlichkeit entspricht, Gefühle zu zeigen, und es ist sicher kein Zufall, daß Arnold Schwarzenegger mit der Verkörperung des harten, emotionslosen Helden zum Superstar wurde – eines männlichen Idealtypus, dessen innere Haltung so stählern ist wie seine Muskeln. Jungen, die ihre Gefühle offen zeigen, werden häufig als »Heulsusen« verspottet oder als »Muttersöhnchen« belächelt (Begriffe, mit denen in unserer Kultur häufig das Etikett einer drohenden Homosexualität verbunden ist), da es als weiblich gilt, Gefühle zu zeigen oder sensibel zu sein.

In einem hervorragenden Buch mit dem Titel *Du kannst mich einfach nicht verstehen** (»You Just Don't Understand«) hat Deborah Tannen kenntnisreich und scharfblickend die Diskrepanzen im Kommunikationsstil zwischen Männern und Frauen beschrieben. Wir wollen an dieser Stelle eine ihrer besonders prägnanten Ausführungen zum Thema männlich-weiblicher Intimitätsbedürfnisse und sprachlicher Prioritäten zitieren:

Intimität ist der Schlüssel in einer Beziehungswelt, wo Individuen über komplexe Netzwerke von Freundschaften agieren, Unterschiede minimieren, nach Übereinstimmung streben und den Anschein von Überlegenheit, der Unterschiede betonen würde, vermeiden wollen. In einer Statuswelt ist *Unabhängigkeit* der Schlüssel, denn Befehle zu erteilen ist ein primäres Mittel der Statusbegründung, und die Entgegennahme von Befehlen ein Merkmal von niedrigem Status. Obwohl jeder Mensch sowohl das Bedürfnis nach Intimität als auch nach Unabhängigkeit hat, sind Frauen eher auf ersteres und Männer eher auf letzteres fixiert. Es ist, als ob ihr Herzblut in verschiedene Richtungen fließen würde.

---

* Deborah Tannen: Du kannst mich einfach nicht verstehen. Warum Männer und Frauen aneinander vorbeireden. Goldmann Verlag, München 1993

In einem ähnlichen Zusammenhang argumentiert die Anthropologin Helen Fisher, daß das Gewicht, das Frauen auf die verbale Intimität legen, aus ihrer historischen Rolle als Lebensspenderin stammt. Dabei verhält es sich nicht so, daß Männern die Fähigkeit zu verbalem Ausdruck oder zu Intimität fehlt, sondern daß sie einfach weniger darauf programmiert sind, sie einzusetzen. Folglich bleibt es oft den Frauen überlassen, sich um die emotionale Seite einer Beziehung zu kümmern, während Männer die nichtkörperliche Form von Intimität als einen eher untergeordneten Aspekt betrachten.

Manchmal kann man den Prozeß des intimen Austausches allerdings auch zu weit treiben. Wenn zwei Menschen versuchen, alles zusammen zu machen und praktisch ihre gesamte Zeit und Energie auf die gemeinsamen Aktivitäten verwenden, wird die Beziehung nicht nur emotional einengend, sondern ihr Wachstumspotential kann sich dabei erheblich verringern. Es kann auch ein Zuviel an verbaler Kommunikation geben, wenn zum Beispiel einer oder beide Partner die Tendenz haben, jedes Gefühl und jede Handlung endlos zu analysieren; oder wenn der Anspruch auf Offenheit in der Kommunikation zu einem zwanghaften Nachgrübeln und Nachforschen führt. Manchmal ist ein Zuviel an Worten auch deshalb kontraproduktiv, weil es die Gefühle blockiert und womöglich sogar die zugrundeliegenden Mängel und Probleme verschleiert.

In einer intimen Beziehung wächst Vertrauen aus der Voraussetzung, daß keiner der beiden Partner die Absicht hat, den anderen zu verletzen. Das soll nicht heißen, daß versehentliche Verletzungen ausbleiben, denn verletzte Gefühle sind in praktisch jeder Beziehung unvermeidlich, sei es zwischen Freunden oder Liebenden. Gibt es aber umgekehrt Gründe für die Annahme, daß einer bewußt versucht, den anderen zu verletzen, ist es ausgesprochen schwierig, die Intimität zu bewahren, außer auf einer sehr oberflächlichen Ebene. Der Grund dafür ist nicht nur, daß das absolute Vertrauen innerhalb der Beziehung zerstört wird, sondern auch weil derjenige, der Angst davor hat, wieder verletzt zu werden, sich einen Schutzmechanismus zulegt, daß heißt, er oder sie muß sich emotional zurückhalten, vorsichtiger werden in dem, was er oder sie sagt und tut, und ständig versuchen, einzuschätzen, was der andere meint oder beabsichtigt. Eine logische Folge davon ist, daß sich ein Zwang zur Unaufrichtigkeit in die Beziehung schleicht, was wiederum die Intimität in hohem Maße gefährdet.

Ein Klima des Vertrauens ist demnach das Fundament für das Entstehen von Intimität, indem es die Bedingungen dafür schafft, daß sich jeder der Partner erlauben kann, dem anderen gegenüber verletzbar zu sein. Das bedeutet die beiderseitige Bereitschaft, Schwächen, Ängste, Fehler, Unzulänglichkeiten und Störungen bloßzulegen, ohne befürchten zu müssen, daß sie als Waffe gegen die eigene Person verwendet werden.

Ein weiterer Aspekt von Intimität, der einer romantischen Beziehung die besondere Dimension verleiht, ist der freie und regelmäßige Austausch von Zärtlichkeit. Zärtlichkeit in dem Sinne, wie wir sie meinen, kann mit Worten und im Verhalten ausgedrückt werden. Tatsächlich ist der nonverbale Ausdruck von Zärtlichkeit, besonders in der Vermittlung durch eine Art von Berührung, die die Verbundenheit und Bezugnahme zwischen zwei Partnern kundtut, wahrscheinlich mindestens ebenso wichtig wie der verbale Ausdruck von Liebe und Zuneigung. Uns ist besonders aufgefallen, daß es in glücklichen, dauerhaften Beziehungen eine starke körperliche Nähe, viel Anschmiegsamkeit und Händchenhalten gibt. Und im Gegensatz dazu tendieren Paare, die sich wegen ihrer Beziehungskonflikte in eine Eheberatung oder Sexualtherapie begeben, dazu, ihre Distanz zu wahren und sich nur selten zu berühren. Unserer Erfahrung nach ist einer der positiven, wenn auch wissenschaftlich nicht belegbaren Indikatoren für eine erfolgreiche Therapie dann gegeben, wenn wir beobachten, daß sich ein Paar während der Sitzungen oder beim Betreten oder Verlassen des Büros allmählich näherkommt. Wenn die Zärtlichkeit aus einer Beziehung verschwindet, ist das ein deutliches Zeichen dafür, daß sich der Grad an Intimität verringert und die Stabilität und Langlebigkeit der Beziehung gefährdet ist.

Ein letzter Aspekt von Intimität, den wir noch erwähnen wollen, ist die einfühlende Aufmerksamkeit, die Beziehungspartner zeigen, wenn sie aufrichtig an den Gefühlen und Bedürfnissen des anderen interessiert sind. Dazu gehört als wesentlicher Punkt im allgemeinen Kommunikationsprozeß das Bemühen, ein guter Zuhörer zu sein, aber ebenso wichtig ist, daß man nicht nur genau darauf achtet, was gesagt wird, sondern daß man dabei das Gesagte weder be- oder verurteilt, was zugegebenermaßen wesentlich schwieriger ist. Die Gefühle des anderen ernstzunehmen, auch wenn sie nicht den eigenen entsprechen, unlogisch oder sogar unangebracht scheinen, ist einer der Hauptaspekte von Intimität und wird nur allzuoft ignoriert, wenn von den Experten betont wird, wie wichtig der Zugang zu den eigenen Gefühlen sowie ihr Ausdruck dem anderen gegenüber sei.

In letzter Zeit wurden im Zusammenhang mit dem Thema Intimität allerdings auch warnende Stimmen laut. Die Psychiaterin Carol Anderson zum Beispiel hat darauf hingewiesen, daß wir unsere Erwartungen an den Grad von Intimität in unseren Beziehungen möglicherweise so hoch ansetzen, daß sie unerreichbar wird. Anderson sieht den Grund hierfür darin, daß wir auf eine intensive Form der Intimität fixiert sind und anderen Spielarten wie Loyalität, Beständigkeit und Familiensinn nur einen weit geringeren Wert beimessen. Sie führt diesen Trend teilweise auf den in den Selbsterfahrungsgruppen vorherrschenden Anspruch zurück, mit den eigenen Gefühlen »in Verbindung zu treten« und sie dann zu verbalisieren.

Die Folge davon ist, daß eine Überbetonung der verbalen Seite als höchste und bedeutungsvollste Form von Intimität es für jemanden, der oder die Gefühle nicht so leicht ausdrücken kann, sehr schwer macht, als liebevoller und engagierter Beziehungspartner akzeptiert zu werden.

Ein weiteres, relativ verbreitetes Problem tritt auf, wenn Intimität andauernd verlangt oder erwartet wird, weil sie sich dadurch eher reduziert. Intimität stellt sich nämlich am verläßlichsten ein, »wenn sie sich spontan aus einem Zusammenhang elementarer und gutfunktionierender Beziehungprozesse entwickelt«. (L. C. und A. R. Wynne) Paare, die versucht haben, sich zur Intimität zu zwingen, haben dabei wahrscheinlich gelernt, wie kontraproduktiv solche Versuche sein können. Wenn man sich zu sehr bemüht, alles miteinander zu teilen, immer seine innersten Gefühle und Gedanken zu offenbaren und auf Verlangen des Partners sofort Zärtlichkeit zu demonstrieren, entsteht die Gefahr, daß das Ganze unter dem eigenen Gewicht zusammenbricht. Wenn Intimität zu einer Hausaufgabe wird, die unter Erfolgsdruck erfüllt werden muß, verflüchtigt sich jede Spontanität, und jede Form von Nähe zwischen den Partnern muß künstlich und erzwungen wirken.

Ein weiteres Problem, das häufig in neu eingegangenen Beziehungen auftritt, ist das, was wir die »Intimitätsungeduld« nennen. Gerade weil Intimität heutzutage als der entscheidende Indikator für Authentizität, Engagement und Aufrichtigkeit gilt, haben viele Menschen das verständliche Bedürfnis, daß sich die Intimität in ihrer Beziehung möglichst rasch entwickelt.

Dabei meinen wir hier nicht die sexuelle Intimität, sondern die in einem weiteren, nichtsexuellen Sinn. Das hat eine Reihe von Konsequenzen, einschließlich der deutlichen Tendenz, Beziehungen sehr schnell zu beenden, wenn sich der erwünschte Grad von Intimität nicht gleich zu Beginn einstellt – ohne Rücksicht darauf, wie leicht oder schwer es für die jeweiligen Partner ist, sich zu öffnen, einen hohen Grad an persönlicher Verletzbarkeit zuzulassen und die Bereitschaft für eine emotionale Verbindlichkeit dem anderen gegenüber zu zeigen. Eine andere Nebenerscheinung der Ungeduld ist die Angewohnheit, mittels einer imaginären Intimitätsskala den Partner zu benoten und damit zu beurteilen, wie gut er oder sie die eigenen Erwartungen erfüllt oder welche Chance auf Langlebigkeit sich damit für die Beziehung erhoffen läßt. Ebenso wie es nicht besonders ratsam ist, gleich zu Anfang einer Beziehung die sexuellen Fähigkeiten des Partners zu bewerten, sollte man auch nicht versuchen, das Intimitätspotential des anderen zu früh abschätzen zu wollen, denn damit werden wichtige situationsbedingte Faktoren (vielleicht muß sie noch über die Trennung von einer anderen langen Beziehung hinwegkommen), Mentalitätsunterschiede (vielleicht wirkt er nur so zurückhaltend, weil er schüchtern ist) und andere Variablen außer acht gelassen, die langfristig gar nichts zu bedeuten haben müssen.

Und schließlich sollten wir noch darauf hinweisen, daß es tatsächlich so etwas gibt wie *zuviel* Intimität, ein Phänomen, das auch in der Paartherapie häufig zu beobachten ist. Einer der Partner kann Intimität zum Beispiel zur Manipulation in einem Machtkampf benutzen, oder ein Zuviel an Austausch und Zusammengehörigkeit wird einengend und scheint eine Beziehung schließlich zu ersticken. Intimität führt nämlich durchaus nicht immer zu diesen warmen und wohligen Gefühlen, die sich die meisten Menschen erwarten. Man denke nur an die niederdrückende Art von Intimität mit einem hochneurotischen Partner, der permanent auf einer detaillierten und umfassenden Selbstoffenbarung besteht. Oder wie ist es mit der Intimität zu einem Menschen, der eine prinzipiell feindliche, bittere und zynische Lebenseinstellung hat? Im wirklichen Leben sind Beziehungen wesentlich komplizierter, als sie sich in Büchern oder Zeitschriften darstellen lassen, und auch Intimität, bei all ihren angenehmen Eigenschaften, ist kein Garant für das Glücklichsein.

ZWEITES KAPITEL
Sex und Sinnlichkeit

Wenn Worte das Ausdrucksmittel der Poesie und Farben das der Malerei sind, dann sind Berührungen das Ausdrucksmittel der Sexualität. Aber irgendwann im Laufe der Evolution wurde diese wichtige Tatsache aus unserem Bewußtsein verdrängt, und in der modernen Gesellschaft ist die Sexualität mit dem Begriff der Aktion besetzt. Das hat sie von einem sinnlichen und sensorischen Erlebnis auf eine Kette reflexartig wirkender Reaktionen reduziert, die gelegentlich zufällig zusammenpassen. Wenn wir unsere sinnliche Seite ignorieren, erschwert das jedoch zwangsläufig unsere sexuelle Entwicklung und Befriedigung. Auch der bekannte Anthropologe Ashley Montagu betont in seinem Buch *Körperkontakt*, daß die sexuelle Erfahrung ohne taktile Kommunikation – was der Körper nonverbal empfindet und ausdrückt – nur höchst unvollkommen sein könne.

Es ist manchmal schwierig, über Sinnlichkeit und darüber zu reden, wie sie zu einem Bestandteil der Sexualität werden kann. Viele Menschen haben zum Beispiel eine hauptsächlich bildhafte Vorstellung von Sinnlichkeit. Sie denken dabei etwa an einen attraktiven Mann oder eine sexuell anziehende Frau. Dabei gibt es so viele Arten, durch die Sinne wahrzunehmen und zu empfinden. Bei denen, mit denen wir uns in diesem Kapitel befassen wollen, geht es in erster Linie um das Bewußtwerden unserer Empfindungen beziehungsweise darum, wie wir auf einer körperlich intimen Ebene miteinander agieren – und nicht darum, wie attraktiv oder sexy jemand aussieht.

Wäre dies ein Buch über Musik, so würden wir den sinnlichen Aspekt des Zuhörens betonen, ginge es ums Essen, dann würden wir den Geschmackssinn, die Wichtigkeit einer farblich und optisch ansprechenden Präsentation und nicht zuletzt die den Geruchssinn betreffende Seite des Essens hervorheben. Aber in diesem Buch geht es um Sexualität, und wenn wir von der sinnlichen Seite der Sexualität sprechen, beziehen wir uns damit hauptsächlich auf den Tastsinn, denn wir erleben Sex weitgehend (wenn auch nicht ausschließlich) über den Hautkontakt.

Tatsächlich sind viele verschiedene Hautregionen mit einem sensorischen Nervensystem versorgt, und eine Aktivierung dieser Nervenfasern setzt in Gang, daß wir durch eine sexuelle Stimulation erregt werden. Dabei sind die neuralen Impulse eine Form von elektrischer Aktivität, die von den Hautrezeptoren zum Rückenmark und von dort sowohl zum Gehirn als auch in Reflexbögen wieder zurück zu den peripheren Nervenenden verläuft. Obwohl diese neuralen Signale nicht immer als sinnlich oder sexuell interpretiert werden – je nach ihrem Zusammenhang können sie auch unangenehm oder irritierend wirken –, dienen sie unter den richtigen Bedingungen sicher als erotische Aktivatoren, so wie es der von Montagu beschriebene physiologische Mechanismus veranschaulicht. (Allerdings stellt diese Beschreibung eine Vereinfachung dar, denn teilweise ist das kribbelnde Gefühl, das sich bei der sinnlichen Stimulation in verschiedenen Körperteilen bemerkbar macht, eine Reaktion auf Veränderungen im Blutkreislauf, und auch die hormonellen Vorgänge spielen bei der sexuellen Erregung eine Rolle.) Da sich während jeder Art von sexueller Erregung die Atmung sowohl vertieft als auch beschleunigt, betreffen die biochemischen Veränderungen, auf die Montagu hinweist, fast alle Hautregionen des Körpers von der Kopfhaut bis zu den Zehen und erhöhen die neurale Aktivität, gleichgültig, ob ein Geschlechtsverkehr stattfindet oder nicht.

Es wäre jedoch ein Fehler anzunehmen, Sinnlichkeit sei lediglich ein Nebenprodukt einer erhöhten neuralen Erregbarkeit. Obwohl Sinnlichkeit zwar durchaus ein körperlicher Vorgang ist, wird sie im Kontext der mentalen Empfänglichkeit, Stimmung und Einstellung erlebt und interpretiert. Im folgenden wollen wir untersuchen, wie diese Aspekte von Sinnlichkeit zusammenwirken, und konkrete Vorschläge machen, wie Sie sich ihrer Sinneswahrnehmungen stärker bewußt werden und sie verbessern können.

Konzentration auf die Sinneswahrnehmung

Es ist eine Sache, abstrakt über Sinnlichkeit zu reden, und eine ganz andere, sie in die Tat umzusetzen. Es gibt Paare, die rein intuitiv begreifen, worum es dabei geht, wogegen sich andere dabei so verwirrt zeigen, als hätte man sie gebeten, einen Text auf sanskrit vorzulesen. Aus unserer Arbeit als Sexualtherapeuten wissen wir sehr gut, daß es für ein Wiederaufflammen der sinnlichen Begierde meistens nicht ausreicht, wenn wir den Paaren einfach sagen, sie sollen nach Hause gehen und sich gegenseitig berühren. In Fällen, wo aus der Leidenschaft Gleichgültigkeit geworden ist oder ein Paar tiefgreifende Probleme mit der sexuellen Befriedigung hat, gehören oft weitergehende Maßnahmen dazu, um die harmonische Einstimmung wiederherzustellen.

Dazu haben wir eine Reihe von Übungen erarbeitet, die jedes Paar zu

Hause anwenden kann. Diese Konzentrationsübungen zur Sinneswahrnehmung bieten sowohl einen Rahmen für die individuelle Selbsterfahrung als auch ein Medium für das kreative Wiedererwecken der sinnlichen Impulse und Interaktionen zwischen zwei Partnern. Im Zusammenhang mit einer Sexualtherapie angewendet, liefern die Erfahrungsberichte der Paare den Therapeuten wichtige diagnostische Informationen, und sie sind ein elementarer Bestandteil der therapeutischen Maßnahmen, mit denen die Leistungszwänge und -ängste, die letzten Endes die Ursache für viele sexuelle Störungen sind, reduziert oder beseitigt werden können.

Weil die Konzentration auf die Sinneswahrnehmung die gewohnte sexuelle Interaktion umstrukturiert und umorientiert, wird damit den Partnern die Möglichkeit gegeben, sich von altvertrauten und festgefahrenen Verhaltensmustern zu lösen und die körperliche Seite ihrer Beziehung neu zu gestalten.

Dabei geht es im wesentlichen um das Berühren und Berührtwerden. Viele Paare halten dieses Konzept für nicht besonders aufregend, aber Tatsache ist, daß es mit der Kunst des Berührens und Berührtwerdens weit mehr auf sich hat, als den meisten bewußt ist. Eine der Möglichkeiten, wie man das Potential der Sinneswahrnehmung maximieren kann, ist, sich zunächst keine Erwartungen zu machen, was man empfinden, wie erfolgreich es sein oder wieviel Befriedigung es einem verschaffen wird. Mit anderen Worten, man sollte ganz offen und unvoreingenommen an die Sache herangehen, denn andernfalls werden die Erfahrungen und Empfindungen wahrscheinlich zu sehr von den Erwartungen geprägt.

Man sollte auch das eigene Denken so umorientieren, daß an die Stelle der kritisch abschätzenden Fixierung auf die Frage: War es gut? War es langweilig? War es ekstatisch? das reine Erleben tritt. Dieses Schubladendenken, das einsetzt, während etwas geschieht, und nicht, nachdem es vorbei ist, fällt in erotischen Situationen gnadenlos auf einen selbst zurück. Ebenso wie die berufliche Tätigkeit eines Gourmetkritikers auf sein Erleben eines Restaurantbesuchs abfärbt, wird man durch die kritische Beurteilung der sexuellen Aktivität, während sie stattfindet, in die Position versetzt, dabei sowohl Beobachter als auch Teilnehmer zu sein, wobei Denken, Beobachten und Bewerten das Erleben blockiert mit dem nur allzu häufig auftretenden Resultat, daß man zu viel denkt und zu wenig empfindet.

Ein Teil der Übungen besteht deshalb darin, eine Bewertung und Abschätzung des sinnlichen Vorgangs zu vermeiden, indem man sich statt dessen darauf konzentriert, zu *spüren*, was sich im Hinblick auf die körperlichen Empfindungen tut. Indem man einfach nur wahrnimmt, ob sich die Haut des Partners weich oder warm oder feucht anfühlt, umgeht man die Sperre der bewertenden Gedanken und bleibt beim Erleben an sich.

32

Um eine neue Form des Berührens zu ermöglichen, das die Betonung eher auf Sinnlichkeit als auf Sexualität legt, weisen wir die Paare an, während der ersten Phase der Übungen auf jede Art von sexueller Aktivität zu verzichten. Das heißt, gleichgültig, wie erregt die Partner werden, das Berühren der Genitalien oder der weiblichen Brüste, oraler Sex, Geschlechtsverkehr oder jede andere Form der sexuellen Handlung ist untersagt. Dieses Verbot verfolgt zum einen die Absicht, ganz deutlich in den Mittelpunkt zu stellen, daß die sinnliche Seite des Berührens eine völlig eigene Qualität darstellt (wenn man lernt, sinnlich zu sein, hat das aber natürlich auch etwas mit Sexualität zu tun), und zum anderen dient es dazu, beide Partner von dem Druck zu befreien, eine bestimmte Reaktion zeigen zu müssen – eine Erektion zu bekommen, sexuell erregt zu werden oder sonstwie auf die Bedürfnisse des anderen zu reagieren. Darüber hinaus unterscheiden sich diese Übungen wahrscheinlich sehr stark davon, wie sich Paare üblicherweise berühren, und das ist auch genau der Punkt: Es werden neue Entdeckungen ermöglicht und eingefleischte Verhaltensmuster aufgelöst, die vielleicht längst langweilig und unbefriedigend geworden sind.

Die im folgenden dargestellte Übungsversion wurde gegenüber jener, die wir in der Sexualtherapie verwenden, leicht modifiziert, um sie speziell für den Selbstversuch (also ohne Gesprächsbegleitung durch den Therapeuten) geeignet zu machen. Wir empfehlen, daß Sie diese Übungen durchführen, wenn beide Partner entspannt, gut ausgeruht und einander freundlich gesonnen sind. Tun Sie es in der Privatsphäre Ihres eigenen Zuhauses, zu einer Zeit, in der Sie sicher sein können, daß Sie nicht durch die Kinder, Telefonanrufe oder andere Ablenkungen gestört werden, und daß Sie mindestens 30 bis 40 Minuten ganz für sich haben. Wir empfehlen außerdem, im voraus zu beschließen, wer von beiden den Zeitpunkt für die erste Übung bestimmt, und danach abwechselnd zu bestimmen, so daß man sich nicht mit unnötigen Fragen, Mutmaßungen und Auseinandersetzungen aufzuhalten braucht.

Erster Schritt: Nichtgenitale Berührungen

Dieser Schritt besteht aus zwei Teilen, die wir A und B nennen. Aus Gründen der besseren Anschaulichkeit gehen wir davon aus, daß die Frau bestimmt, wann mit Teil A begonnen werden soll. Mutmaßungen über das Timing Ihrer Partnerin anzustellen ist nicht besonders hilfreich und führt leicht zu Unstimmigkeiten, und Sie sollten ihre Aufforderung nur dann ablehnen, wenn Sie wirklich sehr müde, unkonzentriert oder emotional angespannt sind. Beide Partner sollten von Anfang an vollkommen nackt sein, wobei wir auch das Ablegen von Armbanduhren und Schmuck empfehlen, und man sollte darauf achten, nicht verschwitzt oder ungewaschen zu sein, weshalb es eventuell angebracht ist, sich vorher zu duschen oder ein Bad zu nehmen. Es ist allerdings nicht notwendig, die Körperpflege derart zu übertreiben, daß man sich mit Parfüm oder Aftershave übergießt.

In Teil A bestimmt die Frau, wann begonnen werden soll, und spielt auch weiterhin den aktiven Part. Die Rolle ihres Partners, der flach auf dem Rücken im Bett liegt (oder auch auf dem Boden, wenn ihm das lieber ist), besteht darin, einfach nur wahrzunehmen, was er empfindet, während er von seiner Partnerin berührt wird, ohne ihre Berührungen zu erwidern oder diese irgendwie zu kommentieren. Es steht der Frau nun frei, den Körper ihres Partners (mit Ausnahme der Genitalien) auf jede nur erdenkliche Art und Weise zu berühren, um zu entdecken, was sie dabei empfindet. Weil der Anfang oft das schwierigste ist, ziehen es einige Frauen vor, an einem Körperende – also zum Beispiel am Nacken oder an den Füßen – zu beginnen und sich von da aus nach unten oder oben vorzutasten. Andere erforschen einfach planlos die Oberflächenbeschaffenheit und Temperatur der verschiedenen Hautregionen und die Konturen des anderen Körpers. Für welche Vorgehensweise Sie sich auch entscheiden, die Hauptsache bei dieser Übung besteht darin, sich auf die Empfindungen zu konzentrieren, die sich während Ihrer Berührungen einstellen. Dabei gibt es kein falsch oder richtig, und es geht auch *nicht* darum, Ihren Partner zu erregen oder ihm eine angenehme Massage zu geben, sondern darum, daß Sie das Berühren durch Ihre Fingerspitzen erleben und jede einzelne körperliche Empfindung wahrnehmen, die in Ihnen ausgelöst wird.

Es gibt Frauen, die besonders von den Linien und Konturen auf dem Gesicht ihres Partners fasziniert sind, denn sie haben möglicherweise noch nie zuvor die Gelegenheit gehabt, ihre Fingerspitzen zart über seine Lippen gleiten zu lassen, die unterschiedliche Hautbeschaffenheit von Ohr und Wange zu erfühlen oder festzustellen, daß das Haar in seinem Nacken weicher ist als das auf dem Kopf. Andere bewegen sich rascher von einer Körperregion zur anderen und vergleichen dabei die Glätte der Haut an der Innenseite der Oberschenkel mit der rauheren Handfläche oder den Zehen. Und auch hierbei gilt, daß es keine richtige oder falsche Art gibt, diese Übung zu machen, sondern daß man nur die Möglichkeit zulassen soll, sich ohne jede Bewertung auf die eigenen Sinneswahrnehmungen zu konzentrieren. Die Frau kann übrigens auch jederzeit ihren Partner bitten, sich auf den Bauch zu drehen, so daß sie seinen Rücken und die Hinterseite seiner Beine und seines Kopfes berühren kann.

Die Rolle des Mannes in Teil A besteht hauptsächlich darin, sich auf die eigenen Empfindungen zu konzentrieren, während er berührt wird. Er soll die Berührungen seiner Partnerin weder erwidern noch bewerten oder analysieren (»Das gefällt mir« oder »Warum macht sie das?«), sondern sie *erleben*. Nur wenn seine Partnerin etwas tut, das ihm entweder physisch oder psychisch unangenehm ist, wenn sie zum Beispiel eine schmerzende Stelle reibt oder ihre Berührung so zart ist, daß sie ihn kitzelt, muß er ihr das sofort sagen. Unter dieser Voraussetzung kann sich die Frau ganz auf ihre eigenen Gefühle konzentrieren, ohne sich um das Wohlergehen ihres Partners sorgen zu müssen.

Jeder der beiden Partner kann dann vorschlagen, zu Teil B überzugehen, wobei wir allerdings empfehlen, Teil A mindestens 15 Minuten dauern zu lassen, da die Übung besonders am Anfang ein wenig unnatürlich und unbeholfen wirken kann und man eine gewisse Zeit braucht, um über die beiderseitige Unsicherheit hinwegzukommen. Auf der anderen Seite sollte die Übung auch nicht so lange dauern, daß einer der Partner müde oder gelangweilt wird.

In Teil B werden die Rollen einfach vertauscht, so daß sich nun die Frau hinlegt und der Mann das Berühren übernimmt. Sofern es nicht absolut notwendig ist – zum Beispiel, wenn einer auf die Toilette muß –, sollte man auf keinen Fall eine Pause zwischen Teil A und Teil B machen.

Wie die Frau in Teil A, kann der Mann nun den Körper seiner Partnerin mit Ausnahme der Genitalien und der Brüste überall berühren, und ihre einzige Aufgabe besteht darin, ihn darauf hinzuweisen, falls ihr eine Berührung physisch oder psychisch unangenehm ist. Ansonsten konzentriert sie sich darauf, ganz wertfrei wahrzunehmen, wie sich die Berührungen ihres Partners anfühlen. Dazu noch ein Hinweis: Keiner der Partner sollte den Berührungsstil des anderen mit dem eigenen vergleichen, denn es gibt keinen Grund, daß sie sich in Methode, Art oder Reihenfolge gleichen müßten. Schließlich handelt es sich hier um zwei verschiedene Menschen mit individuell verschiedenen Gefühlen und Wahrnehmungen. Während der Mann den Körper seiner Partnerin von Kopf bis Fuß erforscht, ist es wichtig, daß er nicht versucht, sie auf eine Art und Weise zu berühren, von der er glaubt, daß sie ihr gefällt oder sie stimuliert. Wie gesagt, der Zweck dieser Übung liegt *nicht* darin, den anderen in sexuelle Erregung zu versetzen, sondern darin, daß beide Partner ihre eigenen körperlichen Empfindungen in einer entspannten, unstrukturierten und nichtzielorientierten Weise spüren können.

Im Gegensatz zu den meisten Frauen ist es für viele Männer neu und ungewohnt, die taktilen Empfindungen wahrzunehmen, die durch das Berühren und Berührtwerden ausgelöst werden, und deshalb dauert es vielleicht eine Weile, bis sie sich in diesen Prozeß hineingefunden haben. Deshalb hier für die männlichen Partner noch ein paar Anregungen, die beim Experimentieren mit verschiedenen Berührungsarten hilfreich sein können:

- Erproben Sie spielerisch Ihre bewußte Wahrnehmung verschiedener Texturen. Schauen Sie zunächst, ob Sie die Unterschiede in der Hautbeschaffenheit verschiedener Teile des Körpers Ihrer Partnerin bemerken. Wie fühlt sich die Glätte und Weichheit der Haut auf ihren Wangen im Vergleich zu ihren Handrücken, ihren Waden oder ihrem Nacken an? Gibt es bei ihr Gesichtsregionen, die Ihnen seidiger oder geschmeidiger vorkommen als andere?
- Variieren Sie den Druck und das Tempo Ihrer Berührungen. Spüren Sie den Unterschied zwischen einer gemächlich langgezogenen und federleichten Berührung auf dem Arm, Gesicht oder Bein Ihrer Partnerin und einer etwas festeren und rascheren Berührung, die mit kleinen, kreisenden Bewegungen an derselben Stelle ausgeführt wird. Bleiben Sie für eine Weile in einem stakkatoartigen Rhythmus und wechseln Sie dann wieder zu einer sanfteren, eher gemächlichen Gangart. Verändert ein anderes Tempo Ihre taktilen Empfindungen?
- Vergleichen Sie, wie es sich anfühlt, wenn Sie zunächst mit der ganzen Hand berühren, und dann nur mit den Fingerspitzen. Probieren Sie aus, ob und wie sich eine Berührung mit beiden Händen gleichzeitig von Ihren Empfindungen unterscheidet, wenn Sie nur eine Hand benutzen.

Zur Wiederholung sei noch einmal gesagt, daß erstens das Ziel dieser Übung nicht darin besteht, irgendeine Art von sexueller Reaktion zu erzielen. Selbst wenn Sie feststellen, daß Sie sehr erregt werden, dürfen Sie das Ganze *nicht* zu einem Geschlechtsakt werden lassen. Zweitens: Jeder der Partner kann darum bitten, die Übung zu beenden. Abgesehen von dem 15-Minuten-Minimum für Teil A ist es nicht nötig, daß Teil B ebenso lange oder länger dauert, man sollte es nur nicht so lange machen, daß man erschöpft wird oder das Interesse verliert. Wenn die Partner nämlich beim Berühren oder Berührtwerden langsam einschlafen, ist das schließlich auch nicht besonders zielführend. Drittens: Der Sinn der Übung liegt nicht darin, Ihrer Partnerin den Rücken zu kraulen oder eine Massage zu geben (obwohl beides zu einer anderen Gelegenheit eine wunderbar romantische Sache sein kann) oder sie auf eine Art und Weise zu berühren, von der Sie glauben, daß es ihr besonders gut gefällt. Es geht vielmehr einzig und allein darum, daß die Person, die berührt, die Möglichkeit hat, eine Vielfalt an sensuellen Erfahrungen zu machen und wahrzunehmen, ohne daß es dabei irgendeine Art von Ablenkung oder Leistungsdruck gibt.

Manche Paare genießen es, die beiden ersten Phasen der Gefühlskonzentrationsübungen an mehreren Tagen hintereinander zu wiederholen. Meistens empfinden sie es dann jedesmal ein wenig anders, sie probieren aus, wie es ist, wenn sie die Technik und das Timing variieren, und ermöglichen sich dadurch, mit ihren sinnlichen Wahrnehmungen auf eine spielerische Art zu experimentieren. Es steht Ihnen jedoch vollkommen frei, ob Sie diese Übung zunächst ein paarmal wiederholen oder gleich zum nächsten Schritt weitergehen wollen.

Zweiter Schritt: Genitalberührungen

In diesem Stadium der Sinnlichkeitsübungen ist das Verbot, die Brüste und Genitalien zu berühren, zwar aufgehoben, aber Sie sollten auch hierbei auf den Geschlechtsverkehr verzichten. Wie beim vorhergehenden Schritt einigt man sich zunächst, wer von beiden den Zeitpunkt der Durchführung bestimmt. Wir lassen in diesem Beispiel jedenfalls den Mann beginnen. Es gelten dieselben Rahmenbedingungen, also Ungestörtheit, Nacktheit und körperliche Sauberkeit, wie vorher.

Im Teil A dieser Übung soll der Mann so anfangen, wie bei den nichtgenitalen Berührungen, das heißt mit allgemeinen Berührungen des Körpers seiner Partnerin. Damit der Mann nicht automatisch auf ihre Brüste und Genitalien fixiert ist, mag es ratsam sein, daß die Frau zunächst auf dem Bauch liegt. *Auch wenn die Einschränkung nicht mehr gilt, daß Brüste und Genitalien nicht berührt werden dürfen, ist es wichtig, daß der Mann die Art seiner Berührungen nicht sofort zielstrebig auf eine sexuelle Stimulation anlegt.* Sollte der sexuelle Impuls zu stark werden, denken Sie daran, was Sie im ersten Schritt dieser Übungen gelernt haben: Es geht nicht darum, sich selbst oder den anderen zu erregen, sondern nur darum, daß Sie Ihre Empfindungen bei der Erforschung des Körpers Ihrer Partnerin als eine sinnlich-sensorische, taktile Erfahrung wahrnehmen. Lassen Sie Ihre Hände zuerst langsam den Rücken Ihrer Partnerin entlanggleiten, und vergleichen Sie das dann mit der Kontur ihrer Hüften. Folgen Sie der Krümmung ihrer Wirbelsäule und schauen Sie, wie sich das im Gegensatz zu dem weicheren Gewebe an der Innenseite ihrer Oberarme anfühlt, streichen Sie ihr mit den Fingern durchs Haar, als würden Sie zum ersten Mal dessen Struktur und Dichte fühlen. Wenn Sie spüren, daß Sie sich ganz entspannt diesem Rhythmus und den Empfindungen, die Sie durch Ihre Fingerspitzen wahrnehmen, überlassen können, dann können Sie die Position einnehmen, wie die Abbildung S. 38 zeigt.

Falls Ihr Bett kein Kopfbrett hat, können auch ein paar Kissen im Rücken dem Mann ausreichende Stütze geben, während er mit leicht gegrätschten Beinen sitzt. Die Frau lehnt sich gegen seine Brust, so daß ihr Kopf auf seiner Schulter ruht. Wenn der Mann nun die Arme um seine Partnerin legt, kann er in dieser Position die meisten Körperstellen gut erreichen. Während der Mann mit der Erforschung des Körpers seiner

Partnerin fortfährt, erhält die Übung eine neue Wendung, da zur Förderung der nonverbalen Kommunikation hier eine besondere Technik angewendet wird, die darin besteht, daß die Frau ihre Hand auf seine legt, während er sie berührt (siehe Abbildung unten).

Position I der Konzentrationsübungen zur Sinneswahrnehmung

Die Handführungstechnik

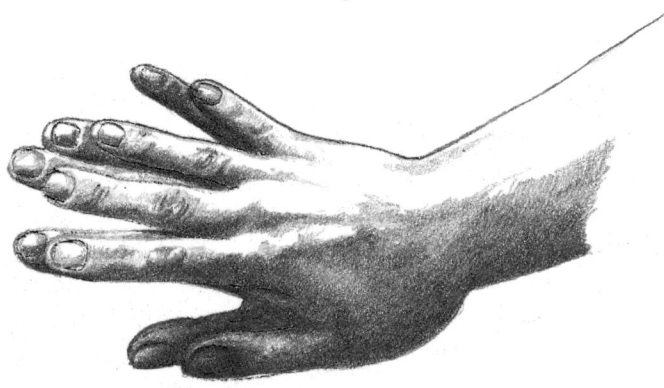

Der Zweck dieses Handauflegens besteht nicht darin, daß die Frau plötzlich die Führung übernimmt, indem sie seine Berührungen dirigiert, sondern es soll ihr lediglich ermöglicht werden, ihrem Partner zusätzliche Informationen zu übermitteln, wenn er sie berührt. Während er fortfährt, sie in einer nichtzielorientierten Weise zu berühren, hat sie nun die Gelegenheit, ihm ein nonverbales Feedback über ihre eigenen Vorlieben zu geben. Obwohl es nicht seine Aufgabe ist, ihre Empfindungen vorauszusehen – was sie vielleicht nicht einmal selbst kann –, hat er durch die Beantwortung ihrer stummen Botschaften die Möglichkeit, ihre Reaktionen in seine Bewegungen zu integrieren.

Mit der Technik des Handauflegens kann die Frau ihrem Partner zeigen, wo sie eine festere oder leichtere und sanftere Berührung mag, wo sie möchte, daß er noch länger verweilt, wann eine langsamere Art der Berührung besonders sinnlich für sie ist, oder ihn wissen lassen, wann er von einer Stelle ihres Körpers zu einer anderen wechseln soll. Der Mann muß diese kleinen Hinweise aber keineswegs so befolgen, als handele es sich um die Anweisungen eines Kontrollturms, und mit ein wenig Übung kann er lernen, seine eigenen Gefühle und Bedürfnisse mit den Informationen seiner Partnerin zu koordinieren. Es sollte ihm außerdem klar sein, daß ein Handsignal der Frau keine Kritik an dem ist, was er gerade tut, sondern daß es lediglich bedeutet: »Gut so, und jetzt würde ich gerne mal das hier ausprobieren.«

Wie schon gesagt, es steht dem Mann frei, in dieser Übung die Berührung der Genitalien in seine taktile Erforschung einzubeziehen. Aber es ist dabei besonderes wichtig, daß er aus seinen Berührungen nicht plötzlich eine stürmische und fiebrige Anstrengung macht, um seine Partnerin vor Lust erzittern und in seinen Armen dahinschmelzen zu lassen. Das heißt, daß es zum Beispiel am besten ist, wenn er den Genitalbereich nur kurz berührt, um dann bei einer anderen Stelle zu verweilen und nur im natürlichen Rhythmus seiner Erkundungen zu den Genitalien zurückzukehren. Für solche Männer, die sich jetzt fragen, was genau »eine Weile« bedeutet: Sie soll länger als 3 Sekunden dauern. Wenn sich ein Mann förmlich auf die Geschlechtsteile seiner Partnerin stürzt und seine Berührungen ohne Rücksicht auf ihre Gefühle fast ausschließlich darauf konzentriert, ist es verständlich, wenn sie sich dabei wahrscheinlich wie ein Sexualobjekt vorkommt. Wenn aber der Mann statt dessen ein leichtes und sanftes Streicheln ihrer Brüste und des Genitalbereichs (einschließlich der Schamlippen, der Klitoris und der Region zwischen Vagina und Anus) als Ergänzung seines Berührungsrepertoires betrachtet, das sich auf den ganzen Körper seiner Partnerin bezieht, erweitert er die sinnliche Erfahrung für sich selbst und für die Frau.

Hier noch ein paar zusätzliche Hinweise:

1. Es steht dem Paar vollkommen frei, eine andere als die vorgeschlagene Position einzunehmen. Allerdings haben uns viele Frauen berichtet, daß sie sich in der hier abgebildeten Position besonders wohl und entspannt fühlen.

2. Die Frau sollte darauf achten, ihrem Partner Handsignale zu geben, während er ihren Genitalbereich berührt, so daß er nicht zu raten braucht, welche Art von Berührung sie bevorzugt. Dabei muß sie aber nicht schon im voraus genau wissen, was sich angenehm oder interessant anfühlen wird, sondern sie braucht ihm nur während seiner Berührungen ein Feedback zu geben.

3. Damit Sie nicht die Tatsache vergessen, daß diese Übungen der Sinneswahrnehmung dienen und kein Vorspiel zum Sex darstellen, schlagen wir vor, daß Sie sich während der Übungen nicht küssen. Das Küssen scheint in einer sinnlich-erotischen Situation nämlich oft wie eine Art Beschleuniger zu wirken und würde in diesem Fall nur alte Gewohnheiten festigen, statt sie – wie mit diesen Übungen angestrebt werden soll – zu durchbrechen.

4. Wenn die Frau feststellt, daß sie stark genug erregt ist, um einen Orgasmus zu wollen, kann der Orgasmus ohne weiteres stattfinden. Dabei kann der Partner sie manuell stimulieren (mit etwas Anleitung durch Handauflegen von ihr), oder er kann seine Hand auf die ihre legen und ihren Bewegungen folgen, während sie sich selbst zum Orgasmus bringt. Der Orgasmus sollte jedoch kein Muß sein. Falls der Versuch in Arbeit ausartet, sollte einer von beiden um eine Pause bitten.

Wie beim ersten Schritt der Übungen kann jederzeit gewechselt werden. Außerdem gibt es keine speziellen zeitlichen Anforderungen oder Einschränkungen, allerdings gilt auch für diese Übungsphase, daß sie nicht so lange andauern sollte, daß sie ermüdend wird.

Die Vorgehensweise in Teil B sollte die gleiche sein wie oben beschrieben. Wir schlagen vor, daß die Frau zunächst mit allgemeinen Körperberührungen beginnt und sich währenddessen auf ihre taktilen Empfindungen konzentriert, bis sie allmählich in einen fließenden Rhythmus hineinkommt. Dabei sollte sie sich Zeit lassen, die kleinen Unterschiede in den Texturen, Konturen und Wärmegraden wahrzunehmen und den Körper ihres Partners so zu erforschen, wie es ihrem Interessse und Bedürfnis entspricht, ohne den Anspruch zu haben, daß dabei mit ihm oder für ihn etwas Bestimmtes passiert.

Wenn sie dieses Erlebnis dann ganz in sich aufgenommen hat, kann das Paar in eine Position wechseln, wie sie die Abbildung S. 41 zeigt.

Position II der Konzentrationsübungen zur Sinneswahrnehmung

In dieser Position, in der die Frau mit leicht gegrätschten Beinen dem Mann gegenüber sitzt und er so auf dem Rücken liegt, daß seine angewinkelten Beine über ihren Hüften liegen, kann sie den größten Teil seines Körpers erreichen. Auch in dieser Phase können die Partner die Handführungstechnik einsetzen, wobei diesmal er seine Hand auf die der Frau plaziert, während sie seinen Körper berührt und erforscht.

Die Frau kann nun ihre Berührungen auch auf den Genitalbereich des Partners ausweiten, wobei wir empfehlen, daß sie die Genitalberührungen einfach in ihre generelle Erforschung des männlichen Körpers einbaut, ohne damit ein bestimmtes Ziel zu verfolgen, wie zum Beispiel ihn zu erregen, und ohne daß sie mit ihren Händen besonders lange in diesem Bereich verweilt. Dabei kann der Mann eine Erektion bekommen, aber ob das geschieht oder nicht, ist unwichtig. Im Falle einer Erektion sollte die Frau den Penis für eine Weile streicheln und dann bewußt ihre Berührungen auf eine andere Körperregion richten und sich nicht auf den Penis konzentrieren. Neben dem Berühren oder Streicheln des Penis (gleichgültig, ob er eregiert ist oder nicht), kann die Frau auch mit ihren Fingerspitzen den Hodensack erkunden, seine Hautbeschaffenheit spüren, die Hoden sacht in ihre hohlen Hände legen und mit den Fingern über den Damm, die empfindliche Region zwischen Ansatz des Hodensacks und Anus streichen. Das ist nicht als Anleitung im Sinne von »Wie-errege-ich-meinen-Partner-richtig« gemeint, sondern soll der Frau eine tiefere Kenntnis über den männlichen Körper vermitteln.

Während die Frau mit dem Berühren und Erkunden fortfährt, kann der

Mann die Handführungstechnik verwenden, um seiner Partnerin kleine Hinweise über die Art von Berührung zu geben, die er als besonders angenehm empfindet. Für den Fall, daß einer der Partner signalisiert, er oder sie möchte an einer anderen Körperstelle berührt werden, ist es für beide wichtig zu wissen, daß das keineswegs bedeutet, man müsse die andere Stelle nun für immer meiden. Beide werden nämlich feststellen, daß sich das, was sie als angenehm oder lustvoll empfinden, von Zeit zu Zeit ändern kann. Eine Berührung, die in diesem Moment genau richtig ist, kann im nächsten ganz anders empfunden werden.

Während die Frau fortfährt, den Körper ihres Partners zu erkunden, kann es sein, daß der Mann sexuell erregt wird, was vollkommen natürlich und angemessen ist. Die Frau muß deshalb ihre Aufmerksamkeit zwar nicht gleich auf eine Stimulation des Penis konzentrieren, als ob eine Erektion immer eine Art Soforthilfe erforderlich machen würde, aber falls ihr Partner feststellt, daß er weiter und womöglich bis zur Ejakulation am Penis berührt werden möchte, kann sie ihn entweder selbst streicheln (wobei er seine Hand auf die ihre legt, um sie in Tempo und Druck anzuleiten), oder sie kann statt dessen ihre Hand auf seine legen und seinen Bewegungen folgen, während er sich selbst stimuliert. Beide Möglichkeiten sind in diesem Moment lediglich eine Sache der persönlichen Vorliebe und haben nichts mit dem Zustand der sexuellen Beziehung zu tun. Wie in Teil A dieser Übung ist es auch hier ratsam zu unterbrechen, sobald die Berührungen zu einer Art Arbeit oder Verpflichtung werden. Falls nötig, kann der Mann immer noch durch Selbstbefriedigung zum Orgasmus kommen, auch wenn die Frau aufhören will.

Dritter Schritt: Verwendung von Gleitmitteln

Eine der Möglichkeiten, wie man die sensuelle Wahrnehmung steigern kann, ist eine Veränderung des Berührungsmediums. Da wir an unseren Fingerspitzen leider keine Kontrollregler haben, ist das zweitbeste Mittel, um Ihren Berührungen eine weichere und fließendere Qualität zu geben, daß Sie die Übungen des zweiten Schritts wiederholen und diesmal ein Gleitmittel oder Massageöl verwenden. Wir empfehlen zu diesem Zweck eine nichtalkoholische, nichtallergisierende Lotion, aber viele Paare haben festgestellt, daß sich Babyöl oder sogar Sonnenöl genausogut eignet.

Wenn Sie diesen Schritt versuchen, raten wir Ihnen, den Behälter mit dem Öl oder Gleitmittel zuerst in einen Topf mit heißem Wasser zu stellen. Oder um zu verhindern, daß sich die Lotion unangenehm kalt anfühlt, gibt man sie nicht direkt auf den Körper des Partners, sondern zuerst auf die Handflächen, wo sie durch kurzes Verreiben angewärmt wird.

42

Es gibt Paare, die es vorziehen, zunächst ohne Gleitmittel zu beginnen, um es dann nach einer Weile als Kontrast zu den vorherigen Berührungsempfindungen hinzuzufügen. Andere experimentieren damit, indem sie die Lotion oder das Öl nur auf eine Hand geben und die verschiedenen Empfindungen an beiden Händen vergleichen. Wieder andere finden es leichter und angenehmer, das Gleitmittel von Anfang an zu benutzen. Unabhängig davon, für welche Methode Sie sich entscheiden – und vielleicht möchten Sie auch jede einmal ausprobieren –, achten Sie darauf, daß Sie durch die Verwendung eines Gleitmittels nicht unversehens zum Massage-Profi werden, denn der Sinn dieser Übung besteht nach wie vor darin, daß Sie sich auf Ihre Empfindungen konzentrieren.

Vierter Schritt: Gegenseitiges Berühren

Bis zu diesem Punkt haben wir die Übungen bewußt so strukturiert, daß sie immer abwechselnd verliefen, doch nun ist es an der Zeit, den Spielraum des Berührungserlebnisses zu erweitern, indem die künstliche Aufteilung in zwei getrennte Abläufe aufgehoben wird. Das gibt beiden Partnern die Möglichkeit, sich mit ihrer durch die vorangegangenen Übungen geschärften sinnlichen Wahrnehmung gleichzeitig auf die Empfindungen zu konzentrieren, die sie beim Berühren des Partners haben, *und* auf die Empfindungen, die ihr eigener Körper im Berührt- und Gehaltenwerden registriert.

Wir schlagen allerdings vor, daß Sie während der ersten Male, da Sie diese Version der Sinnlichkeitsübungen ausprobieren, weiterhin auf das Küssen und den Geschlechtsverkehr verzichten. Das hilft Ihnen zu vermeiden, daß Sie einfach in Ihre altvertrauten und erprobten sexuellen Verhaltensmuster zurückfallen, da es doch darum gehen soll, Ihr Intimleben durch eine neue sinnliche Dimension zu bereichern.

Deshalb sollten Sie die gegenseitigen Berührungen als eine natürliche Fortsetzung der früheren Sinnlichkeitsübungen betrachten und nicht nur als eine neue Variante, um sexuelle Befriedigung zu erfahren. Falls Sie feststellen, daß Sie sich dabei zunehmend auf die sexuelle Komponente fixieren, lehnen Sie sich eine Weile zurück und überlassen Sie das Berühren nun Ihrem Partner. Ebenfalls hilfreich ist es dann, wenn Sie Ihre Aufmerksamkeit auf nicht sexuell besetzte Körperregionen richten, obwohl es erstaunlich ist, wie unglaublich sinnlich und stimulierend Haare, Lippen und Hals Ihres Partners sein können. Das Problem läßt sich auch dadurch umgehen, daß Sie sich während des Berührens sexueller Phantasien enthalten. Obwohl wir im allgemeinen solche erotischen Wunschvorstellungen stark befürworten, sehen wir in diesem Zusammenhang den Nachteil, daß sie die Aufmerksamkeit zu sehr von der sinnlichen Erfahrung ablenken.

Eine mögliche Variation des gegenseitigen Berührens ist das Einbeziehen oral-genitaler Stimulation in das spielerische Erkunden des anderen Körpers. Das soll nicht bedeuten, daß Sie es als eine Sexualpraktik einsetzen, um eine bestimmte Reaktion bei sich oder Ihrem Partner zu erzielen, sondern, daß Sie auch Ihre Lippen und Zunge dazu gebrauchen, den Körper Ihres Partners sinnlich zu erforschen. Besonders wenn Sie vorher häufig oralen Sex praktiziert haben, werden Sie merken, wie anders es sein kann, wenn Sie ihn als Teil der sinnlich-sensorischen Erfahrung erleben, statt darin nur eine Möglichkeit zu sehen, Ihrem Partner Befriedigung zu verschaffen.

Eine weitere Variante besteht darin, daß Sie Ihre sinnlichen Aktivitäten vom Bett in die Dusche oder Badewanne verlagern. Es gibt Paare, die festgestellt haben, daß das warme Wasser und Badeöl ihnen eine Reihe ganz besonderer Empfindungen und eine interessante Abwechslung verschafft.

Fünfter Schritt: Sinnlicher Verkehr

Sie wissen sicher, was ein sexueller Verkehr ist, aber haben Sie schon jemals einen sinnlichen Verkehr gehabt? Wenn nicht, dann wissen Sie vermutlich gar nicht, was Ihnen entgeht.

Der Geschlechtsverkehr ist oft ein eher mechanischer Vorgang, bei dem mit viel Drängen und Stoßen ein Orgasmus herbeigeführt werden soll. In dieser Version der Konzentrationsübungen können Sie die Fortschritte, die Sie bereits in der Wahrnehmung Ihrer körperlichen Empfindungen gemacht haben, auf den Bereich des genitalen Kontakts ausweiten, um eine völlig andere Form des sexuellen Verkehrs zu entdecken. Auch hier gilt wieder, daß es nicht um eine richtige oder falsche Art geht, sondern nur darum, herauszufinden, was sich aufregend und angenehm anfühlt.

Wie bei allen vorangegangenen Übungsphasen, die auf demselben Prinzip beruhen, schlagen wir vor, daß auch diese mit allgemeinen, also nichtgenitalen Berührungen begonnen wird. Nehmen Sie sich Zeit, um zunächst in einen entspannten und konzentrierten Rhythmus zu finden, achten Sie darauf, was Ihnen Ihre Fingerspitzen mitteilen, und machen Sie sich keine Gedanken darüber, ob Ihr Partner dabei erregt wird oder nicht.

Weiten Sie den Bereich Ihrer Berührungen dann allmählich so aus, daß er die Genitalien einschließt. Verwenden Sie dabei die Handführungstechnik, um Ihrem Partner zu zeigen, was Ihnen gefällt, ohne jedoch jede seiner oder ihrer Bewegungen zu dirigieren.

Wenn Sie sich beide bereit fühlen, gehen Sie in eine Position, in der der Mann auf dem Rücken liegt und sich die Frau rittlings auf seinen Unterleib setzt, so daß ihre Vagina nahe an seinem Penis ist (siehe Abbildung S. 45).

44

Position für das gegenseitige Berühren der Genitalien

An diesem Punkt angelangt, sollte nichts überstürzt werden. Fahren Sie vielmehr nach denselben Prinzipien der Sinneswahrnehmung fort wie bisher, nur daß die Berührungen jetzt nicht mehr nur durch Ihre Fingerspitzen stattfinden, sondern Sie sich auch gegenseitig durch Ihre Genitalien berühren können. Normalerweise ist es das einfachste, wenn die Frau den Penis des Mannes in die Hand nimmt und ihn gegen ihre Klitoris oder an den Schamlippen entlang reibt oder mit ihm an ihrem Scheideneingang spielt. Während sie das tut, muß der Mann keineswegs passiv bleiben. Zum einen konzentriert er sich auf die Empfindungen, die er durch seinen Penis spürt, aber zugleich kann er aktiv die Frau überall dort berühren, wo er es interessant oder angenehm findet, sei es, daß er ihr über das Haar streicht, ihre Brüste liebkost, mit den Fingerspitzen über ihren Rücken gleitet oder mit sanften Bewegungen den Linien ihres Gesichts folgt.

Wenn sich die Frau bereit fühlt, kann sie den eregierten Penis in die Hand nehmen, sich langsam auf das Glied zurückgleiten lassen und ihre Vagina um die Eichel schmiegen, ohne den Penis tiefer einzuführen. Wenn Sie in dieser Position sind, sollten Sie dem Impuls widerstehen, gleich mit den Stoßbewegungen zu beginnen, sondern statt dessen den Penis ganz sanft und langsam den Scheideneingang hinein und wieder hinaus gleiten lassen und die Empfindungen wahrnehmen, die Sie beide bei dieser Art von Genitalkontakt haben. Nach ein paar Minuten kann die Frau den Penis dann noch etwas tiefer eindringen lassen, bis er sich etwa zur Hälfte in der Vagina befindet. Dann sollten beide ein paar Sekunden lang absolut still-halten und das Gefühl von Wärme und körperlicher Nähe ganz in sich aufnehmen, bis die Frau ihre Beine leicht zusammenpressen oder ihre Vaginalmuskeln kontrahieren kann, um zu sehen, wie sich die Empfindun-gen durch diese Bewegung verändern.

Auch jetzt sollte man nicht sofort in die altvertrauten Stoßbewegungen verfallen, sondern diese sinnliche Erfahrung fortsetzen, indem die Frau den Penis langsam aus der Vagina gleiten läßt und ihn wieder kurz – also ungefähr 20 oder 30 Sekunden – spielerisch an ihren äußeren Genitalien reibt. Dann kann sie sich wieder auf dem Penis niederlassen und die oben beschriebenen Schritte wiederholen, bis einer der beiden Partner be-schließt, tiefere und gezieltere Stoßbewegungen auszuführen, ein Bedürf-nis, das sich nach diesen sinnlichen Variationen sicher ganz von selbst ergibt.

Einige Paare haben allerdings festgestellt, daß sie es sehr genießen, wenn sie zunächst für eine Weile schnellere und *flachere* Stoßbewegungen aus-führen. Die meisten Frauen finden das übrigens besonders erregend, da die Nervenenden in der Vagina stärker in ihrem äußeren Bereich konzentriert sind als tiefer drinnen, eine Tatsache, auf die wir im nächsten Kapitel noch näher eingehen werden. Wie immer Sie fortfahren, versuchen Sie jedenfalls, sich so weit wie möglich auf Ihre Empfindungen zu konzentrieren, und nehmen Sie die Gelegenheit wahr, eine neue Art des Geschlechtsverkehrs zu genießen.

Noch ein letzter Punkt: Wenn Ihnen der sinnliche Verkehr Spaß macht und Sie von Zeit zu Zeit nach dieser Variante vorgehen wollen, so müssen Sie Ihren Partner vorher von dieser Absicht informieren. Wenn nämlich einer von beiden den altvertrauten, leidenschaftlichen Geschlechtsverkehr haben will und der andere das Bedürfnis nach einem eher gemächlichen und sinnlichen Erlebnis hat, dann entsteht eine Ungleichzeitigkeit, die proble-matisch sein kann.

In einem Brief, den uns eine Klientin schrieb, bezeichnete sie unsere Konzentrationsübungen zur Vertiefung der sinnlichen Wahrnehmung als eine »Hilfe für die Sinne«, womit sie ganz recht hatte, denn der Zweck dieser Übungen besteht eben darin, den Sinnen zu helfen, die gefühlsmä-ßige Seite der Sexualität wieder stärker in den Mittelpunkt zu stellen.

Zehn Sinnlichkeitsblockaden

Mit den Jahren haben wir eine ganze Menge darüber gelernt, was die sinnliche Seite des Sex beeinträchtigen kann, und wollen Ihnen im folgenden die am häufigsten auftretenden Hindernisse auflisten. Sie folgen keiner bestimmten Reihenfolge und sind offensichtlich genug, um keiner weiteren Erklärung zu bedürfen:

1. Die »Rein-raus-und-fertig«-Vorgehensweise des Mannes.
2. Kinder, die jederzeit Ihr Schlafzimmer betreten dürfen.
3. Zeitdruck, und auch, daß man sich den Sex immer für die Nacht aufhebt, wenn beide Partner müde und erschöpft sind.
4. Die Einstellung: »Es ist meine Aufgabe, meinen Partner glücklich zu machen.«
5. Die Vorstellung, daß Sex immer eine ernste Sache sein muß.
6. Die Annahme, Sex diene nur dem Vergnügen des Mannes.
7. Ignoranz gegenüber den Empfindlichkeiten des Partners, wie sie zum Beispiel durch Zigarrenatem, einen Kopf voller Lockenwickler oder starken Körpergeruch demonstriert werden kann.
8. Der Irrglaube, befriedigender Sex sei nur etwas für junge und attraktive Menschen.
9. Zu viele Gedanken beim Sex.
10. Wut auf den Partner, die man aber für sich behält.

Natürlich gibt es noch eine Vielzahl anderer Ursachen für sexuelle Probleme, von denen wir einige in diesem Buch noch ausführlicher besprechen wollen, aber eins steht fest: Wenn es einem Paar gelingt, in seiner Intimbeziehung eine gesunde Sinnlichkeit zu bewahren, sind sie auf dem besten Weg zu einer befriedigenden gemeinsamen Sexualität.

DRITTES KAPITEL
Sexuelle Reaktionsmuster

Sex kann eine Quelle tiefer Lust und Wonne sein, aber auch die Ursache für Frustration, Unsicherheit und Schmerz. Dabei entspringen Ekstase ebenso wie Leid teilweise unserer psychischen Verfassung, doch zum anderen Teil sind sie im biologischen Unterbau der sexuellen Empfindungen und Reaktionen begründet. Beide Komponenten sind unentwirrbar und sich gegenseitig beeinflussend miteinander verflochten, und dieses Beziehungsgeflecht läßt sich nirgendwo so anschaulich darlegen wie in den Vorgängen des sexuellen Reaktionszyklus.

Unsere Grunderkenntnisse über die Physiologie der menschlichen Sexualität stammen aus den Beobachtungsstudien, die vor drei Jahrzehnten von William H. Masters und Virginia E. Johnson unter Laborbedingungen durchgeführt wurden. Auf der Basis von über 10 000 detaillierten Einzelaufzeichnungen der sexuellen Aktivität von 382 weiblichen und 312 männlichen Probanden war es Masters und Johnson gelungen, eine bis dahin beispiellose Fülle an Daten über die physischen Vorgänge und Symptomatik der sexuellen Erregung während verschiedener Arten der sexuellen Stimulation zu sammeln. Sie waren auch die ersten, die ein vierstufiges Modell entwickelt haben, um diese natürlichen physiologischen Vorgänge und Veränderungen zu beschreiben und zu erklären.

Viele der Untersuchungsergebnisse, die 1966 in einem Buch mit dem Titel *Human Sexual Response* (Deutsch: *Die Sexuelle Reaktion*) veröffentlicht wurden, erregten damals großes Aufsehen. Zum Beispiel widersprach die Entdeckung, daß die Vaginallubrikation (Vaginalfeuchte) nicht durch Sekretionsdrüsen in der Vagina oder an der Zervix (Gebärmutterhals) bewirkt wird, der damals unter Medizinern vorherrschenden Ansicht. Auch die Bestimmung der sogenannten Unvermeidbarkeit der Ejakulation im männlichen Reaktionszyklus – jenes Punktes, an dem der Samenerguß in den inneren Organen ausgelöst und deshalb nicht mehr aufgehalten werden kann – war eine ebenso vollkommen neue Vorstellung wie die der männlichen Refraktionsphase, des Zeitraums nach der Ejakulation, in dem auch durch wiederholte sexuelle Stimulation kein Samenerguß ausgelöst werden kann. Außerdem liefen damals die Beweise für eine fortgesetzte sexuelle Kapazität und Funktionsfähigkeit bei älteren Menschen selbst den fortschrittlichsten medizinischen Auffassungen zuwider. Aber die vielleicht schockierendste Entdeckung lag in der Beschreibung des Phänomens der multiplen Orgasmen bei Frauen.

Auf einer begrifflichen Ebene haben Masters und Johnson durch das Aufzeigen der grundsätzlichen Ähnlichkeit zwischen der männlichen und der weiblichen sexuellen Reaktion einen maßgeblichen Beitrag zur modernen Frauenbewegung geleistet, und die Erkenntnis, daß Frauen, unbeeinträchtigt von einer Refraktionsphase, eine *größere* physiologische Orgasmus- und Sexualkapazität besitzen als Männer, brachte den Mythos der sexuellen Überlegenheit des Mannes entscheidend ins Wanken.

Natürlich muß festgehalten werden, daß die sexuelle Reaktion nicht allein im körperlichen Bereich stattfindet. Unsere sexuellen Reflexe und Empfindungen werden vielmehr fast immer in einem psychosozialen Zusammenhang aktiviert und erlebt. Da wir uns in den nächsten fünf Kapiteln vor allem mit dieser psychosozialen Seite der sexuellen Funktionen und Funktionsstörungen befassen, wollen wir uns hier nur auf die physischen Vorgänge im sexuellen Reaktionszyklus beschränken und darstellen, wie sie normalerweise empfunden und interpretiert werden.

Sexuelles Verlangen: Einleitung zur sexuellen Reaktion

Das sexuelle Verlangen wird sowohl durch physische Faktoren (wie die Sexualhormone, den allgemeinen Gesundheitszustand und die körperliche Kondition) als auch von anderen, nichtbiologischen Faktoren beeinflußt. Dazu gehören emotionale Aspekte, wie zum Beispiel Selbstvertrauen, allgemeine Stimmungslage oder Spannungen und Ängste, die zu dem komplexen Entstehungsprozeß des sexuellen Verlangens beitragen. Ähnlich verhält es sich mit den kognitiven Elementen, die den Grad des sexuellen Verlangens steigern oder dämpfen können. Dazu gehören persönliche Einstellung, Meinung und Erwartungshaltung gegenüber Sexualität, wie sehr man sich zum Partner hingezogen fühlt oder von anderen Gedanken in Anspruch genommen ist sowie die in der Vergangenheit gemachten sexuellen Erfahrungen, um nur einige zu nennen. Auch situationsbedingte Aspekte beeinflussen das sexuelle Verlangen, denn wahrscheinlich werden Sie ganz anders auf eine sexuelle Annäherung reagieren, wenn Sie gerade Ihre Schwiegereltern zum Abendessen erwarten als an einem müßigen Samstagmorgen, wenn die Kinder für zwei Stunden aus dem Haus sind. Andere situationsbedingte Faktoren sind das Umfeld (positiver in einem ruhigen, privaten und entspannten Ambiente), der potentielle Sexualpartner und die Frage, ob Sie mit dieser Person schon einmal Sex hatten (und, falls ja, wie oft und wie angenehm), sowie die Art Ihrer Beziehung zu dieser Person – sowohl im allgemeinen wie auch im speziellen Moment der sexuellen Annäherung.

Auch die Motivation spielt eine Schlüsselrolle. Das beinhaltet nicht bloß das Kriterium der körperlichen Bedürfnisse oder des Verlangens nach einem Orgasmus, sondern ebenso den Wunsch nach Nähe, Liebe, Geborgenheit und Sicherheit und sogar ein eventuelles Bedürfnis nach Unterwerfung oder Bestätigung. Auch eine gewisse Abenteuerlust, selbst, wenn sie mit Risiken verbunden ist, kann das Sexualverlangen auslösen beziehungsweise verstärken.

Zu diesem Prozeß tragen außerdem Häufigkeit und stimulative Qualität der sexuellen Vorstellungen und Phantasien bei. Ebenso wie der Gedanke an eine Lieblingsspeise oder der Anblick eines appetitlichen Essens den Hunger anregen kann, so kann eine verführerische sexuelle Phantasie oder ein provokanter visueller Eindruck die sexuelle Erregung auslösen. Die Phantasien können entweder bewußt herbeigeführt werden, als eine Art selbstverabreichtes Aphrodisiakum, oder sie können einem auch scheinbar vollkommen ungewollt in den Sinn kommen. Auch sexuelle Träume können ein Katalysator für das Verlangen sein, obwohl man noch relativ wenig über die Rolle der Träume im Zusammenhang mit einem nachfolgenden sexuellen Verhalten weiß.

Körperliche Stimulationen unterschiedlichster Art, auch wenn wir uns gar nicht bewußt sind, daß sie stattfinden, können ebenfalls sexuelle Gefühle auslösen. Die Stimuli reichen von den offensichtlichen, wie Körperberührung, zu den weniger deutlichen, wie ein bestimmter Duftstoff, eine taktile Empfindung oder sogar eine bestimmte Art besonders stimmungsvoller Musik. Eine der Frauen, die wir für unsere Untersuchungen befragt haben, erzählte uns, daß sie jedesmal erregt wird, wenn sie Lieder von Joan Baez hört. Es stellte sich dann heraus, daß sie im Alter von sechzehn Jahren fast jeden Abend leidenschaftliches Petting mit ihrem Freund hatte, während sie eine Schallplatte dieser Sängerin hörten, so daß noch dreißig Jahre später deren Stimme eine reflexartige Reaktion bei dieser Frau auslöste. Dann gibt es Leute, die von einem langen und heißen Bad erregt werden, und bei anderen stellt sich diese Wirkung nach einer Fahrt auf dem Motorrad, einem ausgiebigen Sonnenbad oder einem Jogginglauf mit anschließender Dusche ein.

Alle diese verschiedenen Komponenten des sexuellen Verlangens sind wechselwirkend, und zwar sowohl in dem Sinne, daß sie sich gegenseitig beeinflussen, als auch in dem, daß sie den Grad der Libido bestimmen wie Vektoren in einer komplizierten mathematischen Gleichung. Wir haben aus diesem Vergleich ein Modell entwickelt, mit dem sich die Art und Weise veranschaulichen läßt, in der die verschiedenen Elemente zusammenwirken, um in einem bestimmten Moment einen bestimmten Grad an Sexualverlangen hervorzubringen. Die folgende Abbildung ist eine vereinfachte Version dieses Modells.

Vektormodell des Sexualverlangens

Hierbei handelt es sich um eine begrifflich-schematische und vereinfachende Darstellung der das Sexualverlangen bestimmenden Elemente und ihres Zusammenwirkens. Dabei haben wir nicht versucht, eine komplette Liste sämtlicher Vektoren zu erstellen, die eine positive oder negative Auswirkung auf den Prozeß haben, sondern uns zum Zweck der besseren Anschaulichkeit auf eine repräsentative Auswahl beschränkt.

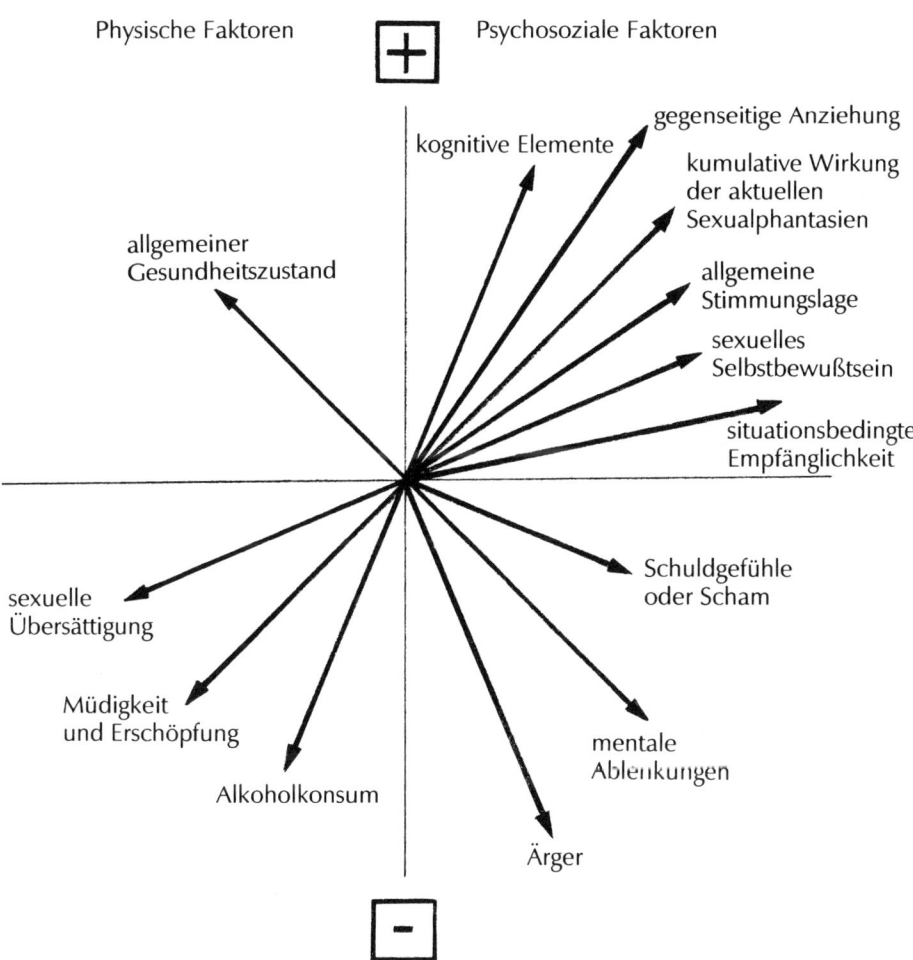

Wenn man sich die verschiedenen positiven und negativen Faktoren, die das sexuelle Verlangen beeinflussen, als dreidimensional vorstellt, wobei die Zeit die dritte Dimension ist, dann sieht man, daß das sexuelle Verlangen, auch wenn es sich tatsächlich aus der Summe all dieser Elemente ergibt, durch die verschiedenen Kombinationen aller sowie kleiner Veränderungen in Intensität und Richtung einzelner Vektoren in einer praktisch unendlichen Zahl von Möglichkeiten verändert wird. Darüber hinaus unterliegen einige der Faktoren, wie zum Beispiel die Stimmungslage, starken Schwankungen, so daß der individuelle Grad des Sexualverlangens für gewöhnlich von einer Situation zur anderen wechselt.

Natürlich gibt es Leute, die behaupten, sie seien *immer* in der Stimmung für Sex, aber das ist weniger ein Indikator für ihren hohen Grad an Sexualverlangen als vielmehr für eine bestimmte innere Haltung. Hunger und Essen, in vielerlei Hinsicht mit dem sexuellen Appetit vergleichbar, stellt hier eine Parallele dar. Viele Menschen essen, wann immer sich die Gelegenheit dazu ergibt, gleichgültig wie groß ihr Appetit in diesem Moment tatsächlich sein mag. Für sie stellt das Essen (das sowohl mit einer wichtigen psychologischen Bedeutung besetzt ist, als auch lediglich eine eingefleischte Angewohnheit sein kann) einen separaten und vom eigentlichen Hunger unabhängigen Akt dar, und sie können sich ebensowenig vorstellen, das Abendessen auszulassen, nur weil sie keinen Appetit haben, wie eine Woche lang auf ihren Schlaf zu verzichten. Und ganz ähnlich verhält es sich bei Männern und Frauen, die – vollkommen unabhängig vom Grad ihrer Libido – niemals eine Gelegenheit zum Sex versäumen würden und die vielleicht sogar dann noch eine sexuelle Aktivität initiieren, wenn es ihnen überhaupt nicht um die sinnliche oder sexuelle Befriedigung an sich geht, sondern möglicherweise nur um eine Form von Bestätigung oder um das Gefühl von Dominanz über ihre Partner.

Auf der anderen Seite gibt es Menschen, die behaupten, daß sie niemals ein sexuelles Verlangen verspüren. Diese Gleichgültigkeit kann aus einer medizinischen Störung resultieren, wie zum Beispiel einem starken Hormonmangel, oder sie kann ein psychologisches oder beziehungsbedingtes Problem widerspiegeln, welches das Entstehen des sexuellen Verlangens beziehungsweise das Bewußtsein davon blockiert. (Das weitverbreitete Problem des gehemmten Sexualverlangens wird noch ausführlich im vierten Kapitel erörtert.) Auch einige Menschen, die freiwillig ein Leben im Zölibat gewählt haben, behaupten, daß sich in ihnen so gut wie gar kein sexuelles Verlangen rege, wobei allerdings nicht immer klar ist, ob es sich dabei um eine Sache der Willenskraft oder der Selbsttäuschung handelt.

Für die meisten Menschen, die keinem dieser beiden Extreme zuzuordnen sind, gibt es jedoch eine beträchtliche Variabilität im Erleben und in der Deutung des eigenen Intensitätsgrades an sexuellem Verlangen. Dabei gibt es Menschen, die in einem solchen Einklang mit ihren sexuellen Gefühlen leben, daß sie imstande sind, ganz präzise zu sagen, wann sie in der Stimmung für Sex oder, anders ausgedrückt, wann sie »geil« sind. Andere erkennen dieses Gefühl zwar nicht so leicht, aber sie wissen wohl, wann sie für die sexuellen Angebote ihres Partners empfänglich sind und wann nicht. Natürlich sagt die sexuelle Empfänglichkeit noch nichts über den Intensitätsgrad des Sexualverlangens einer Person aus, denn sie kann ebenso durch ein Gefühl von Schuld oder Verpflichtung oder durch Angst vor den Konsequenzen einer Verweigerung wie durch den Gedanken an körperlichen Genuß oder Befriedigung ausgelöst werden. Und einige Leute mögen zwar ein vages Lustgefühl empfinden, aber sie werden sexuell trotzdem nicht initiativ, weil sie der Meinung sind, das sei das alleinige Vorrecht ihres Partners.

Eins ist ganz klar: Das Sexualverlangen ist kein statischer, unveränderbarer Zustand; das heißt, es kann sich manchmal ganz direkt und spontan einstellen, und das selbst in Situationen, in denen man es überhaupt nicht erwartet. Es ist zumeist kein Willensakt (auch wenn es unter Umständen einer sein kann), und das Interesse an Sex kann vollkommen plötzlich und überraschend kommen.

Obwohl es keine exakte Methode gibt, mit der man das sexuelle Verlangen messen könnte, läßt sich unser Vektormodell als Veranschaulichung eines gewissen Endresultats betrachten, zu dem jeder einzelne positive oder negative Einflußfaktor steigernd, dämpfend oder ablenkend beiträgt. Dieses Resultat kann dann im neutralen Bereich liegen, in dem es weder eine starke Tendenz zu sexueller Bereitschaft noch einen deutlichen Widerstand oder eine Abneigung dagegen gibt, oder sich im positiven beziehungsweise negativen Bereich bewegen.

Natürlich stellen auch diese Bereiche keine absoluten Größen dar. Einmal, weil sie leicht veränderbar sind, und dann, weil sie von der bewußten Entscheidung, auf eine sexuelle Annäherung positiv oder negativ zu reagieren, bestimmt werden können. Zum Beispiel kann der Mann durchaus Lust empfinden, aber trotzdem die Gelegenheit zum Sex ausschlagen, da er aus irgendwelchen Gründen wütend auf seine Partnerin ist. Oder die Frau ist zwar überhaupt nicht an Sex interessiert, weil sie müde ist, mit einer Grippe kämpft und gerade zwei Stunden an ihrer Steuererklärung gearbeitet hat, und dennoch willigt sie ein, mit ihrem Partner zu schlafen, weil er am nächsten Morgen für eine Woche verreist. Im wirklichen Leben tut man sich gegenseitig nämlich häufig einen Liebesdienst, beziehungsweise man reagiert mit Liebesentzug, was es zusätzlich erschwert, das Sexualverlangen als isolierte Einheit zu betrachten.

Trotz dieser Komplexität läßt sich mit Sicherheit behaupten, daß das sexuelle Verlangen als eine Art Sprungbrett für die anschließende sexuelle

Erregung dient. Ist der Grad des Verlangens hoch, so werden Intensität und Tempo der sexuellen Reaktion dadurch wahrscheinlich erhöht. Und bewegt sich die Libido dagegen im negativen Bereich, verlangsamt und dämpft dies normalerweise nicht nur die sexuelle Erregung, sondern kann sogar verhindern, daß sie sich überhaupt einstellt. Deshalb läßt sich das Sexualverlangen als die erste Phase des sexuellen Reaktionszyklus definieren, so wie es die Psychiaterin Helen Singer Kaplan in ihrem Buch *Hemmungen der Lust* vorgeschlagen hat.

Aber gleichgültig, wie verlockend es sein mag, die verschiedenen Komponenten des Sexualverlangens in einem Modell schematisch darstellen zu können, bleibt dieser Versuch im Endeffekt doch immer so beschränkt, als würde man ein menschliches Gehirn aus ein paar Computerchips und Schaltkreisen konstruieren wollen. Was fehlt, ist der Lebenshauch der Realität. Wir können Vektoren analysieren, über negative und positive Einflußfaktoren reden und die Funktion der entsprechenden Hormone untersuchen und wissen damit immer noch nicht genau, was das Gefühl von Lust und Leidenschaft im Sexualverlangen ausmacht.

Sexualpartner und sexuelle Chemie

Die verschiedenen physiologischen Vorgänge der sexuellen Reaktion sind im Grunde immer die gleichen, egal ob sich die Erregung beim Betrachten eines erotischen Films, der Lektüre eines aufreizenden Buchs, durch Phantasien, Masturbation oder Sex mit einem Partner einstellt. Das soll nicht heißen, daß sie *subjektiv* die gleichen sind, daß sie von allen in der gleichen Weise erlebt und interpretiert oder auch nur von einer einzelnen Person jederzeit gleich wahrgenommen werden. Denn ebenso wie man ein Essen mit großem Appetit und Genuß verzehren kann, wenn man vorher völlig ausgehungert war, und es ein anderes Mal, bei nicht so besonders großem Hunger, zu einer eher mechanischen Angelegenheit wird, so kann man zu verschiedenen Gelegenheiten auch ganz verschiedene Formen des sexuellen Erlebens erfahren. Aber so, wie der Prozeß des Kauens, Schluckens und Verdauens physiologisch gesehen immer derselbe ist, gleichgültig, ob man einen köstlichen Hummerschwanz oder einen fettigen Hot dog zu sich nimmt, so bleiben auch die der sexuellen Funktion zugrundeliegenden physiologischen Strukturen und Vorgänge in ganz unterschiedlichen sexuellen Situationen immer gleich.

Damit meinen wir nicht, daß alle Erektionen gleich sind, denn jeder Mann kann die Tatsache bezeugen, daß es sich nicht so verhält. Manche Erektionen scheinen nur allmählich zu entstehen, während andere praktisch sofort aktionsbereit sind, manche sind steinhart, pochend und wirken fast so, als hätten sie ein Eigenleben, andere dagegen gleichbleibend fest, und wieder andere scheinen lediglich eine fünfzigprozentige Leistung an Größe und Steifheit zu erzielen. Auch die meisten sexuell aktiven Frauen sind sich einer starken Variabilität in ihrem eigenen sexuellen Reaktionszyklus wohl bewußt. Es gibt Momente, in denen sich die Vagina oder Klitoris einer Frau heiß und stark pulsierend anfühlt und sich reichlich Scheidenflüssigkeit bildet, dann gibt es andere sexuelle Episoden, bei denen sich die Vagina höchstens warm, feucht und schwach erregt zeigt. Bei wieder anderen Gelegenheiten, auch wenn die Frau dabei körperlich und emotional am Sexualakt äußerst interessiert sein mag, kann sich ihre Vagina anfühlen, als reagiere sie nur widerwillig, und ihre klitoralen Empfindungen sind minimal. Ein solcher Grad an physiologischer Variabilität gilt freilich nicht nur für die Sexualität. Zum Beispiel kann man einmal eine Mahlzeit schnell und leicht verdauen, die einem ein anderes Mal schwer im Magen liegt. Oder es gibt Nächte, in denen man fest und ruhig neun Stunden oder länger durchschläft, und andere, in denen man sich unruhig hin und her wälzt und es nur schafft, ein paar wenige Stunden Schlaf zu bekommen.

Wir wollen uns hier aber nicht auf die subjektiven Aspekte der sexuellen Reaktion konzentrieren, sondern auf die allgemeinen physiologischen Mechanismen, wobei mit diesem Grundwissen wahrscheinlich auch ein besseres Verständnis der sexuellen Funktionsstörungen, die in späteren Kapiteln erörtert werden, möglich wird. Es gibt allerdings einen Faktor, den wir, auch wenn man ihn ebenfalls als subjektiv betrachten kann, trotzdem an dieser Stelle erwähnen wollen, da er eine wichtige Rolle im interpersonellen sexuellen Erleben spielt und den wir in Ermangelung einer präzisen Terminologie für diesen Prozeß die Partner-Wechselseitigkeit genannt haben.

Dieser Begriff bezieht sich auf die Chemie oder das Ergänzungspotential zweier Menschen, die Sex miteinander haben. Es ist ein sowohl physischer als auch psychologischer Vorgang, und beide Aspekte sind dabei miteinander verflochten. Während zum Beispiel die sexuelle Erregung einer Person ganz offensichtlich zum Teil seinen oder ihren ganz individuellen Gefühlen und Empfindungen entspringt, so hängt der andere Teil auch von der Reaktion und Erregung des Partners ab. Ist der andere stark erregt, wird dadurch meistens die eigene Erregung gesteigert, und wirkt im Gegensatz dazu der Partner während des sexuellen Akts distanziert und wenig begeistert, so wird das wahrscheinlich (wenn auch nicht zwangsläufig) die Intensität der eigenen Lust und Reaktion bremsen.

Partner-Wechselseitigkeit ist nicht dasselbe wie Partner-Gleichzeitigkeit. Ebenso wie zwei Menschen nicht gleichzeitig hungrig sein müssen und trotzdem eine Mahlzeit miteinander einnehmen können, so ist es für zwei Liebende nicht notwendig, daß sie beim Sex synchron vorgehen, also zur selben Zeit genau das gleiche tun und empfinden. Partner-Wechselseitigkeit bedeutet eher, daß man auf die Gefühle des anderen eingestimmt ist, und nicht, daß man sich ihnen wie in einer Art Tandemduett unterwirft.

Auf der körperlichen Ebene tragen Partner, die sich in Wechselwirkung aufeinander beziehen, zum sinnlichen Genuß und der wachsenden Lust des anderen bei. Man kann sich das ungefähr so vorstellen wie bei zwei Sängern, die miteinander harmonieren, denn auch bei der sexuellen Wechselseitigkeit geht es ja gewissermaßen um die Aufmerksamkeit für das Tempo, Stimmvolumen und die Tonart des anderen. Sind die Berührungen des einen zu grob oder zu fordernd oder immer nur monoton auf eine Stelle beschränkt, wird der andere angespannt und unsicher, weil er nicht weiß, wie er die Situation korrigieren kann. Wenn sich der eine Partner sofort in die sexuelle Aktivität stürzt, bevor der andere bereit ist, wird auch dies das sexuelle Erleben schmälern, und statt einer Harmonie entsteht eine sexuelle Dissonanz. Auf psychologischer Ebene gilt, wenn es einen hohen Grad an sexueller Wechselseitigkeit und Resonanz gibt – einschließlich der Angleichung in Geschwindigkeit und Intensität sowie im Küssen und Berühren –, fühlen sich die Partner wohl und entspannt, denn sie wissen, daß sie in Einklang mit den Empfindungen und Bedürfnissen des anderen stehen.

Die sexuelle Wechselseitigkeit ist teilweise das Resultat davon, daß zwei Menschen die Bedürfnisse des anderen kennen und sensibel auf sie eingehen. Damit dies gelingt, muß die Bereitschaft vorhanden sein, die eigenen sexuellen Impulse – falls nötig – so anzugleichen, daß sie bis zu einem gewissen Grad mit denen des Partners übereinstimmen, ebenso wie die Bereitschaft zu einer offenen Kommunikation darüber. Die verbale Kommunikation funktioniert allerdings in dieser Hinsicht nicht immer besonders gut, obwohl es natürlich besser ist, über die individuellen sexuellen Vorlieben zu reden, statt sie zu erraten. Informationen, die aus einer offenen Kommunikation resultieren, können für die nachfolgenden sexuellen Erfahrungen eine wichtige Orientierungshilfe sein. Es ist gut zu wissen, daß Ihr Partner es mag, wenn Sie beim Küssen auch seine oder ihre Ohrläppchen liebkosen, oder daß es der andere nicht mag, wenn Sie während des Geschlechtsverkehrs seinen oder ihren Hals umklammern. Allerdings können verbale Wünsche auch eine ablenkende Wirkung haben oder das Gefühl vermitteln, man müsse sich an ganz bestimmte Direktiven halten. Sagt die Frau ihrem Partner beispielsweise, er solle langsamer machen, so könnte er es eher als Kritik auffassen, statt als konstruktiven Vorschlag oder Bitte, daß er sie aufholen läßt. Wir haben jedenfalls festgestellt, daß viele Paare während des Sexualakts die nonverbalen Mitteilungen bevorzugen, obwohl es natürlich auch bei ihnen Ausnahmen von dieser Regel gibt.

Sexueller Egoismus ist eines der größten Hindernisse für die Partner-

Wechselseitigkeit. Das kann schlimmstenfalls bedeuten, daß einer den anderen als Masturbationshilfe benutzt, oder, als ein etwas weniger eklatantes Beispiel, daß einer der Partner so mit sich selbst beschäftigt ist und sich jedem Kommunikationsversuch des anderen entzieht, daß der Sexualakt zu zwei Soloauftritten ausarten kann, die zufällig auf derselben Bühne stattfinden. Sex als eine Form von Leistung zu betrachten ist ein weiteres, häufig auftretendes Hindernis. Bei Paaren mit diesem Problem wird eine natürliche sexuelle Wechselseitigkeit eingeschränkt, weil einer der Partner meint, es sei seine oder ihre Aufgabe, den anderen zu befriedigen. Auch Paare, für die es beim Sex darum geht, die richtigen Knöpfe zu drücken, haben große Schwierigkeiten, eine wahre Wechselseitigkeit zu entwickeln, und zwar hauptsächlich, weil sie ständig daran denken, was sie tun *sollten* und ob sie es richtig machen. Ein verwandtes Problem ist, daß manche Paare beim Sex vorgehen, als müßten sie ein genaues Rezept befolgen, statt sich auf einen kreativen, interagierenden Prozeß einzulassen. (»Umarmen 30 Sekunden, dann Küssen für eine Minute. Ihre Vagina berühren, seinen Penis reiben. Sobald der Penis eregiert ist, einführen. Ein oder zwei Minuten lang heftige Stoßbewegungen, dann wegdrehen und einschlafen.«)

Wie bei den meisten Dingen, die an sich gut sind, hat es seine Nachteile, wenn man die sexuelle Wechselseitigkeit bis zum äußersten treibt. In den fünfziger und sechziger Jahren galt der gemeinsame koitale Orgasmus als das ultimative Ziel des sexuellen Erlebens. Um dies zu erreichen, sollte man das Timing der eigenen sexuellen Reaktionen so gestalten, daß beide Partner im exakt gleichen Moment zum Orgasmus kommen. Paare, denen diese Koordinierung nicht immer gelang, bekamen dadurch das Gefühl, ihre Liebhaberqualitäten seien nur mangelhaft und sie müßten sich mit einer lediglich zweitrangigen Version des sexuellen Erlebens begnügen. Heutzutage wird das Konzept des gemeinsamen Orgasmus als Gipfel der sexuellen Lust jedoch von praktisch allen Sexualtherapeuten und Eheberatern abgelehnt. Das soll nicht heißen, daß ein gleichzeitiger Orgasmus schlecht wäre. Im Gegenteil: Es kann wunderbar sein, wenn es sich so ergibt. Aber sich anzustrengen, damit es passiert, und enttäuscht zu sein, wenn es ausbleibt, ist vollkommen kontraproduktiv. Was mit dem Kult des gleichzeitigen Orgasmus ebenfalls übersehen wurde, war die Tatsache, daß die meisten Menschen so von ihrem eigenen Orgasmus in Anspruch genommen sind, daß sie gar nicht mitbekommen, ob der Orgasmus ihres Partners zur gleichen Zeit geschieht. Wenn dagegen der Mann und die Frau getrennt zum Orgasmus kommen, so hat jeder der Partner die Möglichkeit, den eigenen Höhepunkt wie auch den des anderen voll und ganz auszukosten.

Physische Aspekte der sexuellen Reaktion

Obwohl die Sexualität nicht nur ein körperlicher Vorgang ist, lohnt es sich, die physiologischen Veränderungen, die sich gewöhnlich während der sexuellen Reaktion einstellen, zu kennen und zu verstehen. Wir werden sie deshalb als Teil des allgemeinen sexuellen Reaktionszyklus, wie in den Abbildungen S. 59 und 60 schematisch dargestellt, beschreiben.

Im wirklichen Leben gibt es jedoch kaum so etwas, wie das einzige automatisch und immer gleich ablaufende Modell der sexuellen Reaktion und damit auch keinen Grund, »den« sexuellen Reaktionszyklus oder eine ganz bestimmte Variante davon als die einzige gültige zu betrachten, denn Abweichungen vom allgemeinen Muster stellen sich sowohl von einer Person zur anderen als auch beim einzelnen selbst zu unterschiedlichen Zeiten und unter veränderten Bedingungen ein. Zum Beispiel kann das Zusammensein mit einem neuen Partner eine deutliche Veränderung im sexuellen Verhalten bewirken, und zwar nicht nur, weil der Körper mehr Adrenalin produziert als gewöhnlich, sondern auch wegen der Unvertrautheit, Unsicherheit, einem gesteigerten sexuellen Verlangen, oder aus zahlreichen anderen psychologischen Gründen. Umgekehrt kann die physiologische Reaktion als Resultat von zu viel Alkohol, Ermüdung, körperlichem Streß oder einer vorangegangenen Krankheit verlangsamt sein. Auch eine sexuelle Übersättigung oder lange Entbehrung können das Reaktionsmuster verändern: Bei jemandem, der oder die mehrere Wochen lang ohne Sex auskommen mußte, ist es normalerweise wahrscheinlicher, daß sich bei der nächsten sexuellen Begegnung eine raketengleiche Reaktion zeigt statt einem gemächlichen, sich langsam entfaltenden Muster.

Die sexuelle Reaktion findet nicht nur in den Geschlechtsorganen statt, sondern mit wachsender sexueller Erregung werden viele verschiedene Körpersysteme mehr oder wenig stark involviert. Das Nervensystem dient dabei als zentraler Koordinator, indem es die sensuellen Eingaben der peripheren Rezeptoren aufnimmt, sie mit Gedanken, Gefühlen und Empfindungen im Gehirn verarbeitet und die Informationen dann in elektrochemischer Form wieder zurück an die Endapparate weiterleitet, also an die Fingerspitzen und Lippen, bis zu den Blutgefäßen in den und um die Genitalien. Die automatisch erfolgenden Informationen bilden dabei die Grundlage für unsere sexuellen Reflexe. Beim Geschlechtsakt unterliegt auch unsere sensorische Wahrnehmung starken Veränderungen. Während mit der sich steigernden Erregung bestimmte Arten der taktilen Stimulation an Intensität gewinnen, werden andere Sinne, wie das Sehen und Hören in diesem Moment meistens herabgesetzt. Falls zum Beispiel das Telefon läutet und man gerade kurz vor dem Orgasmus ist, kann es sein,

Der sexuelle Reaktionszyklus des Mannes

(a) Das meistverbreitete Muster der sexuellen Reaktion beim Mann. Die punktierte Linie zeigt eine mögliche Variante: Nachdem die Refraktionsphase vorüber ist, tritt ein zweiter Orgasmus mit Ejakulation auf. (b) Zeigt die sexuelle Reaktion in einer verlängerten Erregungsphase, die sich nach der Plateaustufe nicht zum Orgasmus oder zur Ejakulation steigert. Man beachte, daß es in diesem Fall keine Refraktionsphase gibt und sich die Resolution (Entspannung) beträchtlich verlangsamt. (c) Beispiel für die sexuelle Reaktion des Mannes, bei der sich anfänglich eine erratische Erregung und dann eine relativ kurze Plateauphase vor dem Orgasmus zeigt.

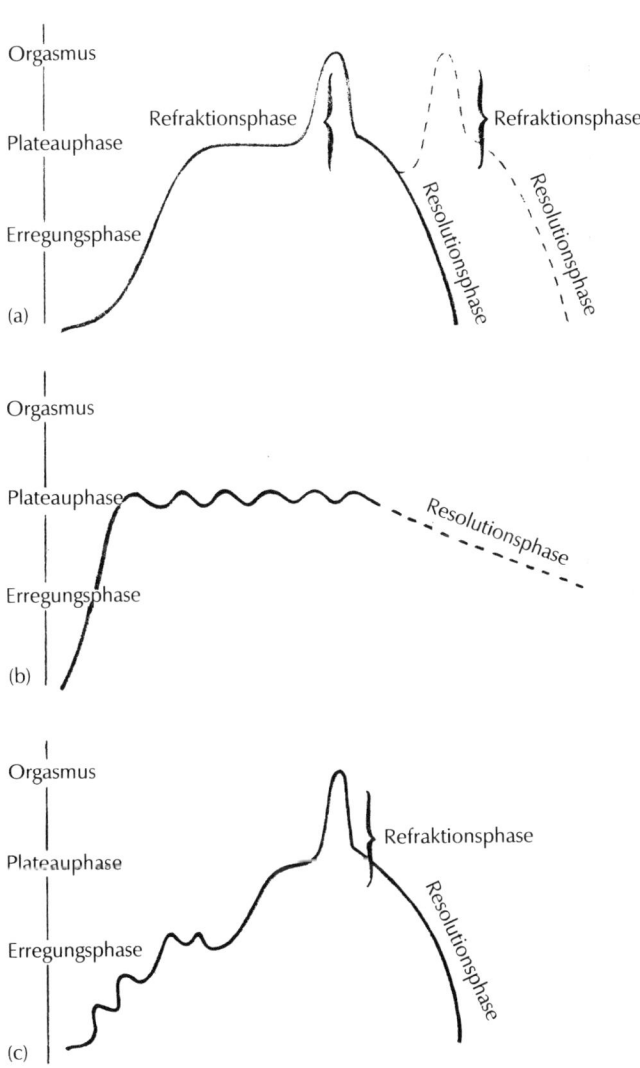

daß man es nicht einmal wahrnimmt, weil das Gehirn so auf den sexuellen Akt konzentriert ist. Das wäre auch eine Erklärung dafür, daß manche Leute hinterher überrascht feststellen, daß sie beim Sex gekratzt oder gebissen wurden, denn neben der visuellen und akustischen Wahrnehmungsfähigkeit wird während der sexuellen Erregung auch das Schmerzempfinden gedämpft.

Der sexuelle Reaktionszyklus der Frau

Drei repräsentative Varianten der sexuellen Reaktion bei der Frau. Variante 1 zeigt multiple Orgasmen; Variante 2 zeigt eine Erregungsphase, die sich bis zur Plateaustufe steigert, ohne einen Orgasmus zu erreichen (man beachte, daß die Resolution hierbei sehr langsam verläuft); Variante 3 zeigt mehrere kurze Abfälle in der Erregungsphase, gefolgt von einer noch rascheren Resolutionsphase. Man beachte auch, daß es im weiblichen Reaktionszyklus, im Gegensatz zu dem des Mannes, keine Refraktionsphase gibt.

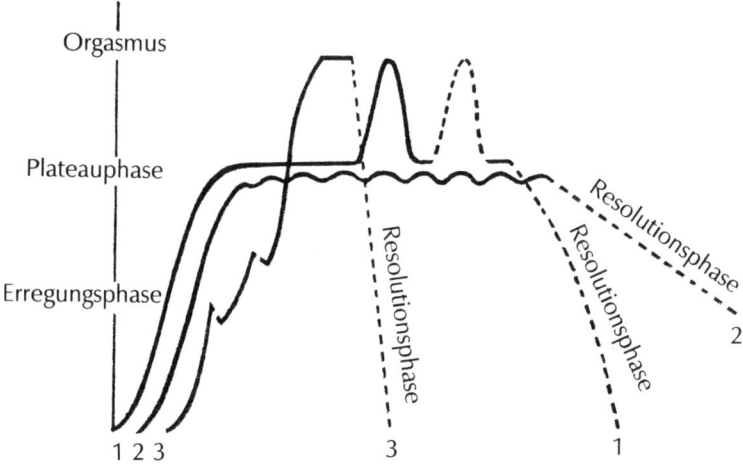

Diese verschiedenen physiologischen Veränderungen reflektieren zwei zugrundeliegende Prozesse: eine Gefäßverengung infolge stärkerer Durchblutung (Vasocongestion) in den verschiedenen Körperteilen, insbesondere im Penis und in der äußeren Region der Vagina, und einen erhöhten Grad an neuromuskulärer Spannung im ganzen Körper. Der Begriff »Spannung« bedeutet in diesem Zusammenhang nichts Negatives, sondern bezieht sich auf einen Energieschub in Nerven und Muskeln, der zu ihrer erhöhten Aktivierung führt. Inwieweit diese beiden Prozesse – eine stärkere Durchblutung und der Aufbau der neuromuskulären Spannung – in den physiologischen Reaktionen resultieren, die wir beim Sex erleben, wird im folgenden erklärt.

Trotz einiger grundlegender Unterschiede zwischen dem männlichen und dem weiblichen sexuellen Reaktionszyklus sind die Ähnlichkeiten zwischen den Geschlechtern in vielerlei Hinsicht größer als die Differenzen. Die weibliche Sexualität wurde bis weit ins 20. Jahrhundert hinein vollkommen mißverstanden, weil sie der als authentischer geltenden männlichen Sexualität untergeordnet wurde. Freud war zwar nicht der erste, der diese Vorstellung artikuliert hat, doch sein Konzept vom Penisneid hat dieses Vorurteil sicher bestärkt. Heute wissen wir jedoch, daß Frauen in physiologischer Hinsicht eine ungleich größere Orgasmuskapazität besitzen als Männer, daß sie gewöhnlich mehrere Orgasmen haben, während das bei Männern normalerweise nicht der Fall ist, und daß Frauen keineswegs langsamer erregt werden als Männer, sondern manchmal sogar schneller. Dabei ist Sex weder ein Wettlauf zwischen Mann und Frau, noch wäre es angebracht, zwischen ihnen ein Konkurrenzverhältnis hinsichtlich eines intensiveren und häufigeren Orgasmuserlebnisses herzustellen, sondern uns geht es vielmehr um die Tatsache, daß trotz der vielen individuellen Variabilitäten eine bemerkenswert starke Ähnlichkeit in den physischen Mustern der sexuellen Reaktion bei Männern und Frauen existiert.

Die Erregungsphase

Die sexuelle Erregung kann durch eine Reihe verschiedener Reize ausgelöst werden, zum Beispiel wenn man an Sex denkt, ein erotisches Buch liest, jemanden beim Ausziehen beobachtet oder durch direkte physische Stimulation. Aber unabhängig von der Art der ursprünglichen Stimulation sind die grundlegenden physiologischen Mechanismen der sexuellen Erregung bei einem körperlich gesunden Menschen relativ geradlinig und berechenbar.

Bei Männern ist das erste sichtbare Anzeichen für die sexuelle Erregung normalerweise die Erektion des Penis. Aufgrund von Nervensignalen erfolgt eine verstärkte Blutzufuhr in den Penis, die wiederum ein Anschwellen der Schwellkörpermuskulatur und einen Anstieg der Blutdruckwerte bewirkt, wodurch sich das Geschlechtsteil vergrößert und versteift.

Es gibt Männer, die eine Erektion bekommen, sobald sie den Reißverschluß ihrer Hose öffnen (oder sogar schon vorher), während sie sich bei anderen erst nach ein paar Minuten des Berührens und Küssens einstellt. Bei jungen Männern tendiert die Erektion dazu, schneller zu erfolgen als bei Männern ab fünfzig, aber grundsätzlich ist dieser Vorgang individuell sehr unterschiedlich. Es mag psychologisch befriedigend sein, sofort eine Erektion zu bekommen – und dabei die Partnerin von der eigenen Männlichkeit zu überzeugen und ihr zu beweisen, wie attraktiv man sie findet –, trotzdem sind diese Erektionen keineswegs »besser« als andere. Die meisten Männer stellen vielmehr fest, daß ihre Erektion während des Sex ganz natürlich zu- und abnimmt und daß die Geschwindigkeit, mit der eine Erektion auftritt, nicht viel zu bedeuten hat. Ein Mann, bei dem die Versteifung des Penis erst nach fünf Minuten eintritt, muß deshalb nicht weniger erregt sein als einer, bei dem sie sich innerhalb von Sekunden einstellt.

Da das Zu- und Abnehmen der Erektion aber anscheinend für viele Männer und auch Frauen ein weitverbreiteter Anlaß zur Sorge ist, möchten wir noch einmal betonen, daß es ganz normal ist, wenn die Erektion während der Erregungsphase kommt und geht, statt sich konstant an Festigkeit und Umfang zu steigern. Zum Beispiel läßt die Erektion manchmal ein wenig nach, wenn sich der Mann darauf konzentriert, seine Partnerin zu befriedigen, wenn er durch ein Geräusch aus dem Nebenzimmer oder das Bellen eines Hundes auf der Straße abgelenkt wird, wenn eine kleine Pause im Sexualakt entsteht, weil das Paar die Position wechselt, oder wenn eine bestimmte Art von Berührung unangenehm wird. Jede Berührung oder Liebkosung kann nämlich ihre stimulierende oder genußbringende Qualität verlieren, wenn sie zu lange andauert, was mit der Zeit nicht nur langweilig wird, sondern auch zu einer Sinnesabstumpfung führen kann. Was auch immer der Grund für ein Nachlassen oder sogar Verschwinden der Erektion sein mag, eins steht fest: Wenn Sie das als ein Problem betrachten, so erhöhen Sie damit nur die Wahrscheinlichkeit, daß daraus wirklich ein Problem wird. Wenn Sie dagegen einfach damit fortfahren, sich gegenseitig zu berühren und zu streicheln, stellt sich die Erektion höchstwahrscheinlich ganz von selbst wieder ein.

Physiologische Veränderungen beim Mann während des sexuellen Reaktionszyklus

Lustphase	Keine besonderen körperlichen Veränderungen
Erregungsphase	Erektion setzt ein
	Skrotum beginnt sich zu verdicken, und die Hautfalten verschwinden
	Die Hoden beginnen sich zu heben
	Die Brustwarzen können eregiert werden (kann sich bis zur Plateauphase verzögern)
	Herzfrequenz und Blutdruck steigen an
	Die allgemeine neuromuskuläre Spannung erhöht sich
Plateauphase	Steifheit der Erektion steigert sich
	Peniskopf und Eichelrand vergrößern sich leicht
	Hoden schwellen an und werden noch weiter zum Körper heraufgezogen

Präejakulative Flüssigkeit (Cowpersches Drüsensekret) kann abgesondert werden
Hautröte (»Sexualrötung«) kann auftreten (bei circa 25 Prozent der Männer)
Herzschlag und Blutdruck erhöhen sich weiter
Die Atmung kann flacher und schneller werden
Willkürliche Kontraktion des Afterschließmuskels wird von einigen Männern als stimulative Technik benutzt
Weitere Zunahme der neuromuskulären Spannung
Vermindertes Seh- und Hörvermögen

Orgasmus
Einsetzen starker, unwillkürlicher Kontraktionen in der Prostata, den Samenblasen, dem Rektum und im Penis
Die Ejakulation erfolgt kurz nach Einsetzen der Prostatakontraktionen
Die Hoden werden eng an den Körper herangezogen
Die Sexualrötung, falls vorhanden, erreicht ihren Höhepunkt an Ausbreitung und Färbung
Herzfrequenz, Blutdruck und Atemgeschwindigkeit erreichen ihre Maximalwerte
Allgemeiner Verlust der willkürlichen Muskelkontrolle, mögliches Auftreten krampfartiger Muskelkontraktionen in Gesicht, Händen und Füßen

Resolutionsphase
Rasches Nachlassen der Erektion, gefolgt von einer allmählicheren Rückkehr zur Normalgröße des Penis
Die Hoden schwellen ab und sinken wieder in ihre normale Position zurück
Der Hodensack erschlafft, und es bilden sich wieder Hautfalten
Einsetzen der Refraktionsphase, während der eine weitere Ejakulation unmöglich ist (die Dauer der Refraktionsphase variiert sehr stark, im allgemeinen ist sie bei jüngeren Männern kürzer und verlängert sich mit dem Alter)
Die Brustwarzenerektion geht zurück
Rasches Schwinden der Hautrötung
Es können weiterhin unregelmäßige Muskelanspannungen auftreten, die sich zum Beispiel in unwillkürlichen Zuckungen oder Kontraktionen einzelner Muskelgruppen zeigen
Herzfrequenz, Atmung, und Blutdruck kehren zu ihren Grundwerten (wie vor der Erregungsphase) zurück
Normalerweise stellt sich das deutliche Gefühl einer allgemeinen Entspannung ein
Rückkehr des normalen Seh- und Hörvermögens

Da die Frage der Penisgröße für viele Männer und Frauen sehr wichtig zu sein scheint, wollen wir noch darauf hinweisen, daß sich ein Penis, der im nichteregierten Zustand relativ groß ist, während der Erektion weniger vergrößert als einer, der erschlafft relativ klein ist. Das bedeutet nicht, daß alle Erektionen größenmäßig identisch wären, sondern wir wollen damit nur auf die Tatsache hinweisen, daß sich eregierte Penisse in der Größe viel ähnlicher sind als solche im Ruhezustand. (Manche Pornofilme mögen da zwar einen anderen Eindruck vermitteln, aber dafür werden nicht nur dementsprechend gutausgestattete männliche Darsteller ausgewählt, sondern es wird auch eine besondere Kameratechnik eingesetzt, um die Erektion überlebensgroß wirken zu lassen.)

Physiologisch gesprochen geschieht in der Erregungsphase des Mannes allerdings weit mehr als eine Versteifung des Penis. (Die verschiedenen physischen Vorgänge und Veränderungen im sexuellen Reaktionszyklus werden in den Tabellen S. 62/63 und 66/67 zusammengefaßt und in der Abbildung S. 65 illustriert.) Ungefähr 40 Prozent der Männer erleben während der Erregungsphase ein Anschwellen und Aufrichten der Brustwarzen, gleichgültig, ob sie direkt stimuliert werden oder nicht. (Bei einigen Männern beginnt die Erektion der Brustwarzen erst in der Plateauphase, während sie bei den übrigen normalerweise gar nicht stattfindet.) Die Haut des Skrotums (Hodensacks) beginnt sich zu verdicken, und die Hoden selbst werden näher an den Unterleib heraufgezogen als in ihrer normalen »hängenden« Postition. Im weiteren Verlauf der Erregungsphase vergrößern sich die Hoden leicht, was ebenfalls ein Resultat der erhöhten Blutzufuhr ist. Zusätzlich steigen die Herzfrequenz und die Blutdruckwerte an, und im ganzen Körper entsteht eine allgemein höhere neuromuskuläre Spannung.

Das erste physische Anzeichen für die sexuelle Erregung bei der Frau ist in der Regel (aber nicht immer) die Befeuchtung der Vagina, welche durch die Erwartung einer sexuellen Aktivität, visuelle, gedankliche oder emotionale Eindrücke und Vorstellungen oder durch eine direkte physische Stimulation hervorgerufen werden kann. Die Vaginalfeuchte (Vaginallubrikation) resultiert unmittelbar aus einer erhöhten Blutzufuhr in den Genitaltrakt, wobei infolge einer Gefäßverengung in der Vaginalwand ein schleimartiges Sekret durch das durchlässige Gewebe sickert, mit dem die Vagina ausgekleidet ist. Anfangs erscheinen nur einzelne Tröpfchen im Innenbereich der vaginalen Oberfläche, dann werden es immer mehr, bis sie wie Regentropfen auf einer Fensterscheibe zu kleinen Rinnsalen zusammenfließen.

Zu Beginn der Erregungsphase kann die Vaginallubrikation so gering sein, daß sie von keinem der Partner bemerkt wird. Mit zunehmender Absonderung jedoch, die innerhalb von Sekunden, oder aber erst nach einer ganzen Weile einsetzen kann, rinnt das Sekret häufig aus der Scheidenöffnung aus und erzeugt eine Empfindung, die von manchen Frauen als

Physiologische Veränderungen während des sexuellen Reaktionszyklus des Mannes

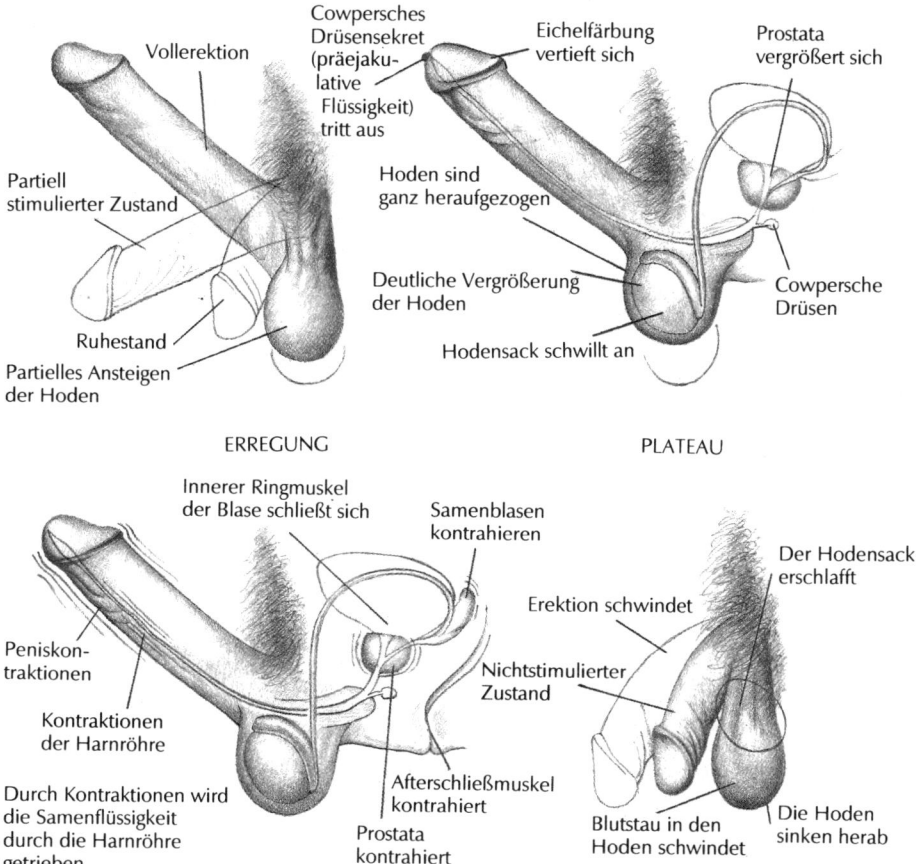

Vollerektion

Cowpersches Drüsensekret (präejakulative Flüssigkeit) tritt aus

Eichelfärbung vertieft sich

Prostata vergrößert sich

Partiell stimulierter Zustand

Hoden sind ganz heraufgezogen

Partielles Ansteigen der Hoden

Ruhestand

Deutliche Vergrößerung der Hoden

Cowpersche Drüsen

Hodensack schwillt an

ERREGUNG

PLATEAU

Innerer Ringmuskel der Blase schließt sich

Samenblasen kontrahieren

Der Hodensack erschlafft

Erektion schwindet

Peniskontraktionen

Nichtstimulierter Zustand

Kontraktionen der Harnröhre

Durch Kontraktionen wird die Samenflüssigkeit durch die Harnröhre getrieben

Afterschließmuskel kontrahiert

Prostata kontrahiert

Blutstau in den Hoden schwindet

Die Hoden sinken herab

ORGASMUS

RESOLUTION (ENTSPANNUNG)

»überströmend« bezeichnet wird. Die physiologischen Eigenschaften des Vaginalschleims sind unterschiedlich. Obwohl das Sekret meistens farblos oder weißlich ist, kann die Konsistenz von flüssig über sämig bis leicht klebrig variieren. Auch der Geruch ist sehr unterschiedlich, einmal, weil sich die während der sexuellen Erregung produzierte Flüssigkeit mit anderen mikrobienhaltigen Scheidensekreten vermischt, und dann auch aufgrund gelegentlich auftretender äußerer Erreger oder Einflüsse. Liegt zum Beispiel eine vaginale Hefepilzinfektion vor, kann dadurch ein übelriechender oder scharfer Geruch entstehen; wenn die Frau Breitband-Antibiotika einnimmt, wodurch ihre normale Scheidenflora verändert wird, kann ihr Vaginalschleim ebenfalls anders riechen als sonst. Der Geruch wird auch durch die Ernährung beeinflußt: Zum Beispiel kann das Sekret bei Frauen, die viel Knoblauch essen, einen leicht knoblauchartigen Geruch (und Geschmack) haben.

Zusammen mit dem Einsetzen der Vaginallubrikation in der Erregungsphase finden noch andere Veränderungen statt. Zwei Drittel des inneren Vaginalbereichs weiten sich, wie in Abbildung S. 69 gezeigt. Im nichterregten Zustand liegen die Vaginalwände eng beieinander, so daß sich dazwischen keine wirkliche Höhlung ergibt, und sie funktionieren dann wie ein Ballon, der sich in Größe und Form ausdehnen kann. Als Folge der Gefäßverengung (Vasocongestion) verändert sich die Farbe der Vaginalwand von ihrer üblichen roten Tönung zu einem dunklen Purpur. Der Uterus wird nach oben, weg von der Blase, gezogen und zieht dabei sein unteres Ende, die Zervix (Gebärmutterhals) mit sich.

Physiologische Veränderungen während des sexuellen Reaktionszyklus der Frau

Lustphase	Keine besonderen Veränderungen
Erregungsphase	Vaginallubrikation setzt ein
	Zwei Drittel des inneren Vaginalbereichs dehnen sich aus
	Die Farbe der Vaginalwand wird dunkler
	Die äußeren Schamlippen verflachen und öffnen sich, sie ziehen sich von der Scheidenöffnung zurück
	Die inneren Schamlippen schwellen an
	Die Klitoris vergrößert sich
	Zervix und Uterus ziehen sich nach oben
	Die Brustwarzen schwellen an und richten sich auf
	Die Brüste vergrößern sich leicht
	Sexualrötung erscheint gegen Ende der Phase (tritt nicht immer auf und ist variabel)
	Herzfrequenz und Blutdruck steigen an
	Allgemeine neuromuskuläre Spannung erhöht sich
Plateauphase	Die Vaginallubrikation hält an, kann aber zu- und abnehmen
	Orgasmus-Plattform bildet sich im äußeren Bereich der Vagina
	Zervix und Uterus heben sich noch weiter hinauf
	Zwei Drittel des inneren Vaginalbereichs nehmen an Ausdehnung zu
	Die Klitoris zieht sich unter die Klitorishaube zurück
	Die Schamlippen schwellen weiter an und ändern ihre Farbe
	Die Hautrötung wird deutlicher und breitet sich stärker aus

	Weitere Größenzunahme der Brüste und der Areolen (Warzenhöfe) Herzfrequenz und Blutdruck erhöhen sich weiter Die Atmung kann flacher und schneller werden Willkürliche Kontraktion des Afterschließmuskels wird von einigen Frauen als stimulative Technik benutzt Weiteres Ansteigen der neuromuskulären Spannung Vermindertes Seh- und Hörvermögen
Orgasmus	Einsetzen starker, unwillkürlicher Kontraktionen der Orgasmus-Plattform und des Uterus Die Sexualrötung, falls vorhanden, erreicht ihren Höhepunkt an Ausbreitung und Färbung Unwillkürliche Kontraktionen des Afterschließmuskels Herzfrequenz, Blutdruck und Atemgeschwindigkeit erreichen ihre Maximalwerte Allgemeiner Verlust der willkürlichen Muskelkontrolle und mögliches Auftreten krampfartiger Muskelkontraktionen in Gesicht, Händen und Füßen
Resolutionsphase	Die Klitoris kehrt innerhalb von 5–10 Sekunden nach dem Orgasmus in ihre ursprüngliche Lage zurück Die Orgasmus-Plattform schwindet Die Schamlippen bilden sich zu ihrer normalen Größe, Position und Färbung zurück Die Vagina reduziert sich rasch auf ihre Größe im Ruhezustand; Rückkehr zur ursprünglichen Farbe kann sich über 10–15 Minuten hinziehen Uterus und Zervix kehren zu ihrer Normallage zurück Die Areolen schwellen rasch ab; die Brustwarzenerektion schwindet allmählich Rasches Verschwinden der Hautrötung Es können weiterhin unregelmäßige Muskelanspannungen auftreten, die sich zum Beispiel in unwillkürlichen Zuckungen oder Kontraktionen einzelner Muskelgruppen zeigen Herzfrequenz, Atmung und Blutdruck kehren zu ihren Grundwerten (wie vor der Erregungsphase) zurück Normalerweise stellt sich das deutliche Gefühl einer allgemeinen Entspannung ein Rückkehr des normalen Seh- und Hörvermögens

Die äußeren Schamlippen (Labia majora) beginnen anzuschwellen und sich zu öffnen. Die Klitoris vergrößert sich im weiteren Verlauf der Vasocongestion nach einem ähnlichen Muster wie bei der Erektion des Mannes. Es gibt Frauen, die spüren können, wie sich ihre Klitoris während der Erregungsphase vergrößert, andere bemerken eine stärkere Wärme und ein höheres Empfindungsvermögen, aber keine besonderen Veränderungen in der Größe. Bei den meisten Frauen richten sich während der Erregungsphase die Brustwarzen auf, und es kann – wiederum bedingt durch die verstärkte Blutzufuhr – auch zu einer leichten Vergrößerung der Brüste kommen.

Die Stimulation der Klitoris ist für die meisten Frauen äußerst erregend, allerdings sind viele Männer weit davon entfernt, diese Kunst zu beherrschen. Deshalb hier ein paar Anregungen, die hilfreich sein könnten. Bei den Tausenden von Frauen, die wir befragt haben, was sie sexuell erregend finden und was nicht, lautete eine der meistverbreiteten Klagen, daß viele Männer (sogar – oder besonders – diejenigen, die sich für ausgezeichnete Liebhaber halten) sofort nach der Klitoris suchen, und dann, wenn sie sie gefunden haben, heftig und beinahe ununterbrochen reiben, fest davon überzeugt, daß sie damit die sexuelle Leidenschaft ihrer Partnerin entfachen. Dabei entgeht ihnen erstens, daß die meisten Frauen es nicht mögen, wenn ihre Klitoris stimuliert wird, bevor sie durch Anschmiegen, Streicheln und Küssen mit ihrem Partner körperlich verbunden sind; zweitens daß das, was viele Männer als zielführende Berührung auslegen, von vielen Frauen als zu grob empfunden wird; drittens, daß nur wenige Frauen die »Finde-sie-und-bleib-dabei«-Methode mögen und es schöner finden, wenn ihre Partner das Sexualorgan eine Weile liebkosen, dann davon ablassen und schließlich wieder dorthin zurückkehren; und schließlich viertens, daß die *direkte* klitorale Stimulation oft so intensiv ist, daß sie tatsächlich unangenehm werden kann und deshalb viele Frauen es vorziehen, in der Gegend um die oder über der Klitoris berührt oder gerieben zu werden. Darüber hinaus kann die direkte Berührung (besonders mit trockenen oder rauhen Fingerspitzen) auch deshalb als unangenehm empfunden werden, weil es in unmittelbarer Nähe der Klitoris keine Lubrikationsquelle gibt. Eine Möglichkeit, wie man die klitorale Berührung weicher und angenehmer machen kann, ist, entweder Speichel oder ein künstliches Gleitmittel wie Lotion oder Massageöl zu verwenden. Eine andere Möglichkeit besteht darin, etwas von der Vaginalflüssigkeit zur Klitoris zu bringen, wobei viele Männer, die diese Methoden ausprobieren, über die Zunahme an Intensität in den eigenen erotischen Empfindungen staunen.

Im Endstadium der Erregungsphase kann eine rot-fleckige Hautveränderung auftreten, die sich vom oberen Bauchbereich über die Brüste und das Brustbein bis zur Halsregion ausbreitet. Unseren Schätzungen zufolge zeigt sich dieses Phänomen, auch »Sexualröte« genannt, bei nur etwa 50 bis 60 Prozent der Frauen, und auch bei diesen nicht immer.

Wie bei den Männern erhöht sich auch bei den Frauen die Herzfrequenz, der Blutdruck steigt leicht an, und es gibt eine allgemeine Zunahme der neuromuskulären Spannung im ganzen Körper.

Physiologische Veränderungen während des sexuellen Reaktionszyklus der Frau

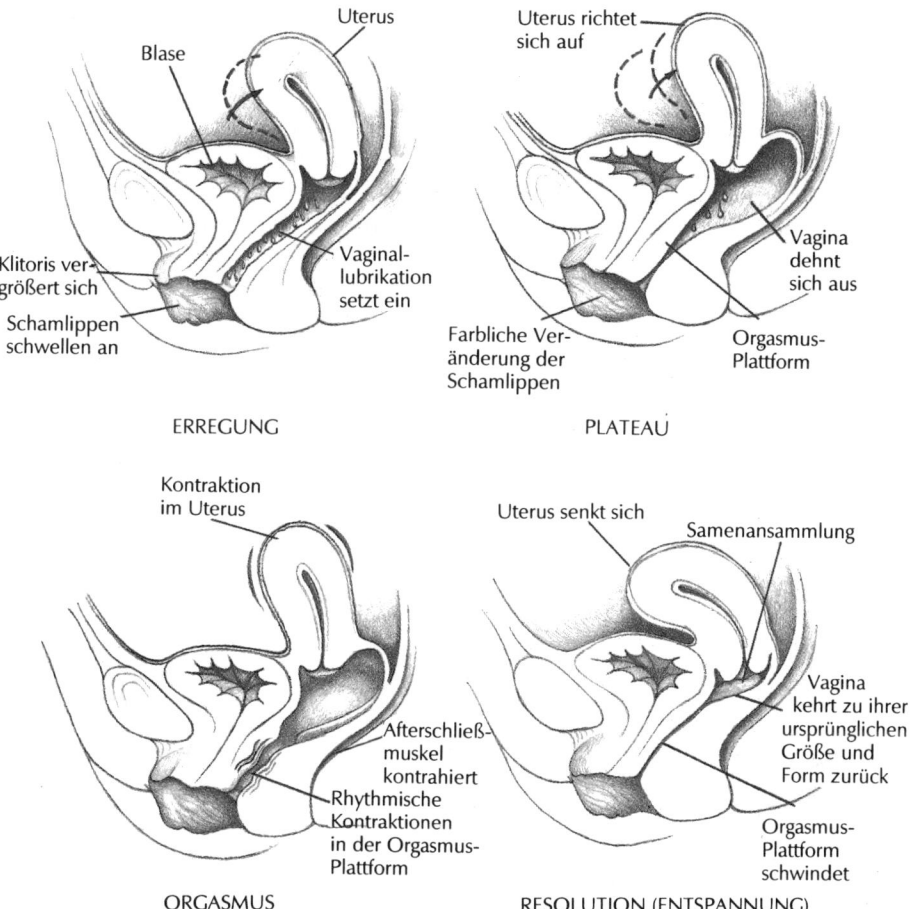

ERREGUNG

PLATEAU

ORGASMUS

RESOLUTION (ENTSPANNUNG)

Die Erregungsphase kann ausgesprochen kurz sein, wobei sich die Lust direkt bis zur Plateaustufe steigert, oder sie kann mit einem ab- und zunehmenden Grad an Erregung einen wesentlich langsameren Verlauf nehmen. Manchmal beginnt die Erregungsphase in einer rasch ansteigenden Kurve, die dann aufgrund einer momentanen Ablenkung, einer Ruhepause im Sexualakt oder eines Problems mit der Technik wieder abfallen kann. So irritiert es zum Beispiel viele Frauen sowohl physisch als auch psychisch, wenn ihr Partner gewissermaßen als Auftakt zum Sex gleich mit dem Finger in ihre Vagina eindringt, was sie meistens als zu intensiv und zu verfrüht empfinden. Umgekehrt klagen viele Männer darüber, daß ihre

Partnerinnen beim Streicheln des Penis allzu zurückhaltend seien und ihn nicht fest genug angreifen, als ob sie Angst hätten, ihn durch einen zu großen Druck oder eine zu heftige Bewegung zu verletzen, dabei finden diese Männer die federleichten Berührungen ihrer Partnerinnen eher störend oder ablenkend als stimulierend. Weitere Probleme können sich einstellen, wenn die Partner versuchen, immer und unbedingt dem Erregungsgrad und den sexuellen Vorlieben des anderen zu entsprechen, denn zwar gelingt es manchmal ganz leicht und schnell, in den Fluß der sexuellen Interaktion zu kommen, aber in einer anderen Situation kann es ein paar Minuten dauern, bis die Partner in einen gemeinsamen Rhythmus finden.

Veränderungen der weiblichen Brust während des sexuellen Reaktionszyklus

Durch das rasche Abschwellen der Areolen nach dem Orgasmus kann der Eindruck entstehen, als seien die Brustwarzen erneut eregiert.

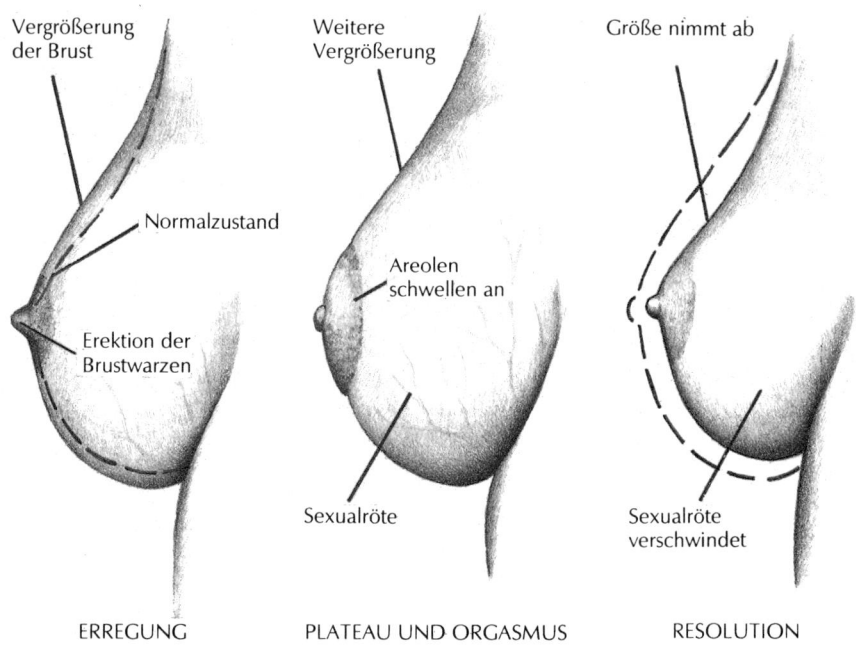

Vergrößerung der Brust

Weitere Vergrößerung

Größe nimmt ab

Normalzustand

Areolen schwellen an

Erektion der Brustwarzen

Sexualröte

Sexualröte verschwindet

ERREGUNG   PLATEAU UND ORGASMUS   RESOLUTION

Plateauphase

Das Merkmal der Plateauphase ist ein hoher Grad an sexueller Erregung, der innerhalb eines relativ begrenzten Zeitraums aufrechterhalten und intensiviert wird. Physiologisch gesehen verstärken sich die Veränderungen, die während der Erregungsphase eingesetzt haben (in erster Linie das Resultat einer erhöhten Blutzufuhr und gesteigerten Muskelanspannung), aber dann pendeln sie sich eher ein, als daß sie sich weiter steigern würden.

Beim Mann versteift sich während der Plateauphase die Erektion noch einmal geringfügig, wobei sich die Eichel im Durchmesser leicht vergrößert und wegen der erhöhten Blutzufuhr eine dunklere Färbung annimmt. Die Hoden schwellen an (mit einer Gößenzunahme von 25 bis zu 50 Prozent im Vergleich zum Ruhezustand) und ziehen sich noch enger an den Körper herauf, wobei sie sich dabei auch nach vorne drehen, so daß ihre Rückseite schließlich fest mit dem Perineum (der Region zwischen Hodensack und Anus) verbunden ist. Sobald beide Hoden diese Position erreicht haben und in ihr verbleiben, ist dies ein sicheres Anzeichen dafür, daß die Ejakulation unmittelbar bevorsteht, obwohl sie sich nicht in dieser, sondern erst in der nächsten Phase des sexuellen Reaktionszyklus ereignet.

Während der Plateauphase tritt bei manchen Männern eine präejakulative Flüssigkeit aus (Cowpersches Drüsensekret). Dieses schleimartige Sekret ist nicht identisch mit der Samenflüssigkeit, kann aber kleine Mengen an befruchtungsfähigen Spermien enthalten. Die präejakulative Flüssigkeit kann auch auftreten, ohne daß daraufhin eine Ejakulation erfolgt. Man nimmt an, daß sie in den Cowper-Drüsen hergestellt wird, zwei erbsengroßen Gebilden, die genau unterhalb der Prostatadrüse liegen und sich in die Harnröhre (Urethra) entleeren, durch die beim Mann sowohl Urin als auch Samen transportiert wird.

Bei ungefähr 25 Prozent der Männer entsteht während der Plateauphase gelegentlich eine Sexualrötung. Gegen Ende der Plateauphase wird von einigen Männern die Technik der willkürlichen und wiederholten Kontraktion des Afterschließmuskels angewendet, wodurch die Prostata und Samenblasen, in denen sich der innere Druck zur Ejakulation aufbaut, indirekt massiert werden und die Stimulation noch gesteigert werden kann. Aus diesem Grund reiben auch manche Frauen das Perineum (den Damm) des Mannes, sobald er stark erregt wirkt, wobei durch die indirekte Stimulation der Prostata oft eine Ejakulation ausgelöst wird.

Das Kennzeichen für das Erreichen der Plateauphase bei der Frau ist ein deutliches, durch die verstärkte Blutzufuhr verursachtes Anschwellen des Gewebes im äußeren Drittel des Vaginalbereichs, wodurch ein ringförmiges Gebilde, die sogenannte Orgasmus-Plattform, entsteht (siehe Abbildung S. 69). Während ihr Gewebe stark durchblutet wird, dehnt sich die Orgasmus-Plattform nach innen aus und verengt damit das tunnelartige äußere Drittel der Vagina. Aufgrund dieses Mechanismus spielt der Umfang, den ein eregierter Penis erreicht, bei der sexuellen Stimulation der Frau eine geringere Rolle, als oft angenommen wird. Es verhält sich vielmehr so, daß die Orgasmus-Plattform den Penisschaft fest in den Griff nimmt und sich damit praktisch an jeden Penisumfang anpaßt. Die Orgasmus-Plattform kann durch diesen Mechanismus sogar von einem Finger angemessen stimuliert werden, wenn die Frau entprechend sexuell erregt ist. Weil die Orgasmus-Plattform reichlich mit sensorischen Nervenenden ausgestattet ist, empfinden die meisten Frauen eine Stimulation in dieser Region als besonders lustvoll.

Während der Plateauphase hält die Vaginallubrikation weiter an und kann sich quantitativ sogar noch steigern, dauert die Phase allerdings länger als ein paar Minuten, kann die Befeuchtung merklich nachlassen oder sogar scheinbar ganz aufhören. Dieser Vorgang entspricht dem Zu- und Abnehmen der Erektion beim Mann und ist ein gutes Beispiel für die Tatsache, daß physiologische Prozesse wie die Vasocongestion keineswegs statisch sind, sondern ständigen Schwankungen unterliegen. Aus diesem Grund verwenden manche Paare beim Geschlechtsverkehr ein künstliches Gleitmittel, obwohl Speichel oft natürlicher und praktischer ist.

Während der Plateauphase hebt sich der Uterus nach oben, und die inneren zwei Drittel der Vagina dehnen sich weiter aus. Dieser Bereich der Vagina ist weniger gut mit Nervenenden ausgestattet als das äußere Drittel, weshalb die Vergrößerung keine besonderen sexuellen Empfindungen bewirkt. Das heißt, es ergeben sich auch relativ weniger Empfindungen von einer tiefen Penetration als von einer Reibung gegen das äußere Drittel der Vaginalwand, besonders wenn diese angeschwollen ist, um die Orgasmus-Plattform zu bilden. Das ist ein weiterer Grund dafür, daß die Größe des eregierten Penis beim Geschlechtsverkehr für das sexuelle Lustempfinden der Frau nicht so entscheidend ist.

Während der Plateauphase vergrößert sich aufgrund der anhaltenden Vasocongestion die Klitoris zwar weiter, zieht sich aber gleichzeitig zum Schambein zurück, wodurch, zusammen mit dem Anschwellen der Schamlippen, der Eindruck entstehen kann, als sei sie vollständig unter der Klitorishaube verschwunden. Es kann für den männlichen Partner verwirrend sein, wenn er versucht, die Klitoris visuell zu orten, denn nun ist die knospengleiche Klitoriseichel tatsächlich nicht mehr zu sehen. Infolge der starken Durchblutung schwellen die inneren Schamlippen um das Doppelte oder Dreifache an und verfärben sich. Bei Frauen, die noch nie schwanger waren, werden die inneren Schamlippen auf dem Höhepunkt der Plateauphase hellrot, während sie bei Frauen, die geboren haben, wegen der stärker entwickelten Blutzufuhr in dieser Region ein tiefes Weinrot zeigen. Bei der Untersuchung von mehr als 7 500 weiblichen Reaktionszyklen während des Geschlechtsverkehrs, der Masturbation und oralem Sex haben Masters und Johnson festgestellt, daß dem Orgasmus ausnahmslos eine Farbveränderung der inneren Schamlippen vorangegangen war.

Darüber hinaus intensiviert sich die Sexualrötung (falls vorhanden) und breitet sich weiter über die Brüste und den Brustkorb aus. Steht die Frau kurz vor einem Orgasmus, kann die Hautrötung auch noch an ihrem oberen Bauchbereich, an den Schultern, Oberschenkeln und Gesäßbacken auftreten.

Während der Plateauphase zeigt sich auch ein deutliches Anschwellen der Areolen, was den optischen Eindruck erwecken kann, daß die Brustwarzen selbst nicht mehr eregiert sind, da sie nun teilweise von den vergrößerten Areolen verdeckt werden. Ebenfalls charakteristisch für die Plateauphase ist eine zusätzliche Vergrößerung der Brust. Bei Frauen, die noch nie ein Kind gestillt haben, ist im allgemeinen eine Vergrößerung um 20 bis 25 Prozent zu beobachten, während sie bei Frauen, die gestillt haben, geringer ausfällt.

Sowohl bei Männern als auch bei Frauen steigen während der Plateauphase Herzfrequenz und Blutdruck weiter an, und die Atmung wird oft flacher und schneller. Manche Frauen wenden auch gegen Ende der Plateauphase die Technik der willkürlichen und rhythmischen Kontraktionen des Afterschließmuskels an, um den Orgasmus herbeizuführen.

Es muß nicht immer eine eindeutige, direkt zum Orgasmus führende Plateauphase stattfinden. Manchmal besteht sie nur aus einem kurzen Moment zwischen Erregung und Orgasmus (was wahrscheinlich der Fall ist, wenn ein Paar schon während der Erregungsphase mit dem Geschlechtsverkehr beginnt und der Grad ihrer Erregung von Anfang an hoch war, oder auch wenn ein Vibrator benutzt wird, besonders wenn diese Art der Stimulation bereits häufiger eingesetzt wurde. Manchmal steigt die Erregung der Partner zum Plateau an, bleibt dort eine Weile und fällt anschließend in unregelmäßigen Abständen auf niedrigere Erregungsstufen ab, von denen sie dann wieder ansteigen kann. Besonders bei einer länger andauernden sexuellen Begegnung tritt dieses unregelmäßige Muster wahrscheinlich sehr viel häufiger auf als in der klassischen Form des sexuellen Reaktionszyklus, wie in Abbildung S. 59 dargestellt.

Es ist wichtig, sich bewußt zu machen, daß hinsichtlich der physiologischen Reaktionsmechanismen zweier Sexualpartner möglicherweise Ungleichzeitigkeiten auftreten können. So kann es zum Beispiel vorkommen, daß einer der Partner sofort stark erregt ist und schnell zum Höhepunkt kommt, während der andere gerade beginnt, erregt zu werden, und dann wieder solche, in denen einer der Partner nicht besonders an Sex interessiert ist, aber darauf eingeht, um dem anderen einen Gefallen zu tun. Außerdem gibt es noch andere situationsbedingte Faktoren, die eine zeitweilige Diskrepanz zwischen beiden Erregungsgraden erklären können: Zum Beispiel kann bei oralem Sex die Person, die stimuliert wird, eine beschleunigte Reaktion zeigen, während sie bei der Person, die stimuliert, einen wesentlich langsameren Verlauf nimmt. Bei Paaren, die davon ausgehen können, daß einer von beiden meistens sehr viel rascher zum Orgasmus kommt als der andere, mag auch eine bewußte Veränderung ihrer Sexualpraktiken angebracht sein, um ihr Timing besser aufeinander abzustimmen. Wir wissen von vielen Paaren, bei denen der Mann beim Geschlechtsverkehr sehr schnell zum Höhepunkt kommt, daß er seine Partnerin vor dem Koitus manuell, oral oder mit einem Vibrator stimuliert, so daß auch für ihre Befriedigung gesorgt ist. Es gibt also absolut keinen Grund, sich Sorgen zu machen, wenn zwei Partner in ihrem sexuellen Reaktionsmuster nicht immer genau übereinstimmen.

Orgasmus

Durch die sich während der sexuellen Stimulation verstärkende Gefäßverengung und Muskelspannung erreicht die neuromuskuläre Spannung schließlich einen Punkt, an dem in den Geschlechtsorganen und auch an anderen Stellen des Körpers ein komplexer Mechanismus an Reflexen ausgelöst wird, die zusammengenommen als Orgasmus bezeichnet werden. Der Orgasmus ist jedoch keineswegs eine unvermeidbare Folge der sexuellen Erregung, sondern tritt – wie alle Reflexe – nur dann auf, wenn eine spezifische Reizschwelle erreicht ist. Und selbst wenn die sexuelle Erregung unmittelbar vor diesem Punkt angelangt ist, gibt es zahllose Faktoren, die ein weiteres Ansteigen stören oder verhindern können: Eine äußere Ablenkung oder andere Eventualitäten, von einem plötzlich auftretenden Muskelkrampf bis zu einer unangenehmen oder störenden Handlung eines der Partner kann die sexuelle Lust schwinden lassen und damit das Auftreten eines Orgasmus verhindern. Außerdem können eine Menge weitverbreiteter sexueller Störungen, auf die wir noch näher eingehen werden, den natürlichen Fluß der sexuellen Reaktion unterbrechen: Der Mann kann Erektionsprobleme haben oder vorzeitig ejakulieren, die Frau hat vielleicht Angst davor »loszulassen«, weil sie befürchtet, die Kontrolle über ihre Blase zu verlieren oder vielleicht sogar bewußtlos zu werden; auch eine unbewußte sexuelle Phobie kann ein unüberwindliches Hindernis darstellen. Manchmal liegt es aber einfach nur daran, daß eine Person sich zu sehr bemüht, den Orgasmus herbeizuführen, zu sehr auf dieses Ziel fixiert ist – wobei sie sich ständig selbst überprüft, wie weit sie noch davon entfernt ist – und damit genau die Reaktion blockiert, die sich eigentlich einstellen soll.

Dann gibt es Situationen, in denen man nicht besonders daran interessiert ist, zum Orgasmus zu kommen, zum Beispiel wenn einer der Partner sich nur dem anderen zuliebe auf Sex eingelassen hat, oder wenn der Geschlechtsverkehr mehr ein Ritual als eine Sache der Leidenschaft ist.

Dabei kann Sex *ohne* Orgasmus ungemein lustvoll und stimulierend sein, eine wunderbare Wärme und Nähe und sogar Leidenschaft herstellen und beiden Partnern unter bestimmten Bedingungen ausreichende Befriedigung und Erfüllung verschaffen. Oder, wie es einmal eine Frau uns gegenüber ausgedrückt hat: »Wenn ich einen Orgasmus will, dann masturbiere ich. Wenn ich mich aber geborgen und geliebt fühlen will, dann gibt's nichts Besseres als den Geschlechtsverkehr, auch wenn ich dabei selten zum Höhepunkt komme.« Es gibt keinen Grund dafür, daß der Sexualakt *immer* mit einem Orgasmus enden müßte, es sei denn, daß die Frau schwanger werden möchte, wozu natürlich eine intravaginale Ejakulation gehört. Tatsächlich wird der Sex ohne Orgasmus von manchen Paaren als positiv betrachtet, weil sie es als eine Gelegenheit sehen, Sex eher spielerisch-kreativ als zielorientiert zu gestalten. Auch wenn eine der Frauen in Shere Hites Untersuchung meinte: »Wer gesagt hat, der Orgasmus sei für eine Frau nicht wichtig, war zweifellos ein Mann«, ist das vielleicht nicht ganz zutreffend, denn es gibt relativ viele Frauen, die *nie* einen Orgasmus hatten. Darunter gibt es solche, die das weder für abnorm oder für einen Mangel halten und die sich auch nicht anstrengen, um durch Masturbation zu einem Orgasmus zu kommen oder Heilung in einer Sexualtherapie suchen. Dagegen legen andere nichtorgasmische Frauen (oder solche, die nur gelegentlich einen Orgasmus haben) viel größeren Wert auf das, was ihnen fehlt, und versuchen aktiv Abhilfe zu schaffen, manchmal indem sie es mit einem anderen Sexualpartner probieren oder mit eher traditionellen Lösungsmöglichkeiten.

Während dagegen viele Männer die Wichtigkeit eines regelmäßigen Orgasmus für ihre weiblichen Sexualpartner herunterspielen (entweder um sich nicht selbst unzulänglich fühlen zu müssen oder weil sie glauben, bei der Frau gäbe es keine Notwendigkeit für die orgasmische Befriedigung), sind fast alle Männer der Ansicht, daß der Orgasmus ein unabdingbarer Bestandteil *ihres* Sexuallebens sei. Obwohl nichtorgasmischer Sex für sie gelegentlich in Ordnung sein mag, würde er auf einer regelmäßigen Basis von den meisten Männern als unbefriedigend, frustrierend und unvollständig betrachtet. Zwar haben während der letzten Jahrzehnte mehr und mehr Frauen begonnen, auch in dieser Hinsicht eine größere Gleichberechtigung zwischen den Geschlechtern zu fordern, aber uns scheint, daß es immer noch wesentlich mehr Frauen als Männer gibt, die in ihrem eigenen Orgasmus eher eine mögliche Variante ihrer Sexualität sehen und nicht ihr Hauptziel. Dabei ist diese Ansicht unter Frauen mit einem traditionellen, konservativen oder streng religiösen Hintergrund stärker vertreten als unter modern denkenden, liberalen oder nichtreligiösen Frauen. Und auch heute noch sehen viele Frauen aus sozial unterprivilegierten Schichten mit einem geringeren Bildungsstand Sex als etwas an, das nur für den Mann da ist und bei dem ihre eigene (auch orgasmische) Befriedigung nebensächlich ist.

Beim Mann findet der Orgasmus in zwei Etappen statt, die allerdings so rasch aufeinanderfolgen, daß die meisten sie nicht voneinander unterscheiden können. Im ersten Stadium, das ungefähr zwei oder drei Sekunden dauert, wird die Ejakulation durch eine Reihe rhythmischer Reflexkontraktionen in der Prostata, den Samenblasen und Samenleitern (die das Sperma von den Hoden transportieren) eingeleitet. Diese Kontraktionen beginnen in Intervallen von 0,8 Sekunden und pressen die Samenflüssigkeit in den Ansatz der Harnröhre, die genau unterhalb der Prostata liegt. Während sich dort die Samenflüssigkeit ansammelt und die Harnröhre ausdehnt, erlebt der Mann das eindeutige Vorgefühl, daß die Ejakulation unmittelbar bevorsteht. An diesem Punkt ist die *Unvermeidbarkeit der Ejakulation* erreicht; obwohl der Samenerguß also äußerlich noch nicht stattgefunden hat, ist der innere Vorgang der Ejakulation bereits in Gang und kann keinesfalls mehr aufgehalten werden.

Zum Zeitpunkt der Ejakulation ist die Öffnung zwischen Harnröhre und Harnblase dicht verschlossen, um ein Zurückfließen der Samenflüssigkeit und somit eine Vermischung von Samen und Urin zu verhindern. Fast unmittelbar danach setzt die zweite Phase ein. Eine Reihe starker, rhythmischer Kontraktionen in der Harnröhre, der Prostata und im Penis pumpen die Samenflüssigkeit durch die Harnröhre, bis sie an deren Ausgang auf der Eichel hervorschießt, womit die eigentliche Ejakulation stattgefunden hat. Die ersten drei oder vier Kontraktionen, die in regelmäßigen Intervallen von 0,8 Sekunden auftreten, sind die intensivsten, danach werden die Intervalle länger, und die Kontraktionen nehmen an Intensität ab.

Die meisten Männer erleben während des Orgasmus drei mehr oder weniger unterschiedliche Empfindungen. Die erste, die sich mit Beginn des Ergusses einstellt, ist die einer wellenförmig durch den Körper verlaufenden starken Wärme oder eines pulsierenden Druckes. Daraus entsteht das Empfinden der pumpenden Kraft der rhythmischen Kontraktionen, was von den meisten Männern als der lustvollste Teil des Orgasmuserlebnisses beschrieben wird. Diese Kontraktionen sind sowohl innerlich, in der Region um die Prostata, als auch äußerlich am gesamten Genitalbereich spürbar. Das dritte Gefühl stellt sich ein, wenn die Samenflüssigkeit durch die Harnröhre fließt, was von den Männern zumeist als ein warmes Strömen oder Hervorschießen empfunden wird.

Die physiologischen Vorgänge beim weiblichen Orgasmus sind ähnlich wie die beim männlichen, außer daß bei den meisten Frauen keine der Unvermeidbarkeit der Ejakulation beim Mann entsprechende Empfindung auftritt. Vielmehr kann der Orgasmus bei der Frau, auch wenn sie sozusagen an der Schwelle zum Höhepunkt steht, durch jede Form von Ablenkung oder Unterbrechung in der Stimulation blockiert oder verhindert werden. Wogegen beim Mann, hat er einmal den Punkt der Unvermeidbarkeit erreicht, der gesamte weitere Prozeß ausgelöst wird und nicht mehr aufgehalten werden kann.

Gleichgültig, wie der Orgasmus herbeigeführt wurde (durch manuelle Stimulation, oralen Sex, vaginalen Geschlechtsverkehr, Analverkehr oder die Verwendung eines Vibrators), beschreiben die meisten Frauen ihre subjektiven Orgasmusempfindungen als ein plötzliches Gefühl von Wärme und Lust, das in der Klitoris beginnt. Selbst wenn eine Frau nur durch sexuelle Phantasien, also ohne physische Stimulation, bis zum Orgasmus erregt wurde oder sich der Höhepunkt bei sexuellen Aktivitäten einstellt, bei denen keine Genitalberührungen stattfinden, wie Analverkehr oder Stimulation der Brüste, wird trotzdem eine orgasmische Plattform gebildet, und das Einsetzen des Orgasmus wird zuerst in der Klitoris empfunden. Trotzdem bewirkt für gewöhnlich eine direkte Stimulation der Klitoris oder eine Reibung an der Klitorishaube, daß sich die allgemeine sexuelle Spannung bis zu einem Punkt aufbaut, an dem die Schwelle zum Orgasmus erreicht wird. Das wiederum löst im ganzen Körper einen Prozeß der unwillkürlichen Muskelkontraktionen aus, wobei sich die aufgestaute neuromuskuläre Spannung rasch entlädt und das angestaute Blut vom Genitalbereich zurück in den normalen Blutfluß gepumpt wird.

Masters und Johnson haben entdeckt, daß die orgasmische Plattform den anatomischen Schwerpunkt für die intensivsten inneren Reaktionen während des Orgasmus bildet. Physiologisch gesehen beginnt der weibliche Orgasmus mit einer Reihe unwillkürlicher, rhythmischer Kontraktionen in der orgasmischen Plattform (im äußeren Drittel der Vagina) und im Uterus. Genau wie bei Männern erfolgen diese Kontraktionen in Intervallen von 0,8 Sekunden, und nach den ersten drei bis sechs Kontraktionen werden die Intervalle länger, und die Intensität der Kontraktionen läßt nach. Bei einem milden Orgasmus gibt es vielleicht nur drei oder vier kurze, oberflächliche Kontraktionen, während es bei einem intensiveren Orgasmus zehn oder zwölf sehr viel stärkere sein können. Einige Frauen beschreiben ihre intensivsten Orgasmen als glühende, ekstatische Erlebnisse, bei denen sie praktisch das Bewußtsein ihrer selbst verlieren. Dieselben Frauen erzählten uns, daß ihre Orgasmen allerdings normalerweise weniger heftig und eher sinnlich, wenn auch dadurch nicht weniger erregend und befriedigend seien. Im allgemeinen ist der weibliche Orgasmus jedenfalls im Hinblick auf seine physische Intensität, Dauer und subjektive Wahrnehmung stärker variabel als der männliche.

Frauen sind Männern gegenüber sexuell im Vorteil, denn wird nach einem Orgasmus die Stimulation gleich fortgesetzt, können sie innerhalb kurzer Zeit weitere Orgasmen haben, ohne daß ihr sexueller Erregungszustand unter die Plateaustufe abfällt. Diese Fähigkeit zum mehrfachen Orgasmus scheint es nur bei Frauen zu geben, auch wenn einige Männer eine ebensolche Orgasmuskapazität von sich behauptet haben, wobei es sich für gewöhnlich jedoch um Orgasmen ohne Ejakulation handelt, die auf einen vorangegangenen Höhepunkt mit Samenerguß folgen. Unserer Erfahrung nach stellen sich bei den meisten Männern, die behaupten, multiorgasmisch zu sein, orgasmusartige Kontraktionen ein, indem sie willkürlich den Afterschließmuskel kontrahieren, während aber andere Anzeichen einer fortgesetzten physiologischen Erregung, wie das Anheben und Schwellen der Hoden, dabei normalerweise nicht vorhanden sind.

Obwohl alle körperlich gesunden Frauen die *Kapazität* für mehrfache Orgasmen haben, sind nicht alle Frauen multiorgasmisch. Und unter denen, die gelegentlich mehrfache Orgasmen haben, stellen sich diese häufiger während der Masturbation ein als während des Geschlechtsverkehrs mit einem Partner. Dieser Unterschied ließe sich dadurch erklären, daß sich die Frauen beim Sex mit einem Partner möglicherweise eher von ihren eigenen Bedürfnissen ablenken lassen, und ein anderer relevanter Punkt ist der, daß Frauen oft geschickter als ihre Partner darin sind, sich zu stimulieren. Darüber hinaus haben uns viele Frauen erzählt, daß es für sie einfacher sei, beim oralen Sex multiorgasmisch zu sein als bei anderen Sexualpraktiken, was darauf hindeuten kann, daß eine eher direkte klitorale Stimulation in diesem Zusammenhang eine wichtige Rolle spielt. Obwohl es dafür keine gesicherten wissenschaftlichen Belege gibt, vermuten wir, daß nur ein Viertel bis ein Drittel der Frauen multiorgasmische Erfahrungen mit einem Partner gemacht haben. Eine weitere Bestätigung dafür haben wir in einem Buch des Psychiaters und Sexualtherapeuten Avodah Offit gefunden:

> Frauen sind nicht so sehr daran interessiert, wie man meinen könnte, herauszufinden, wie sie mehrfach aufeinanderfolgende Orgasmen haben können. Und die Frauen, die versuchen, ihr Orgasmuspotential zu steigern, tun das oft mit einer großen Vorsicht: »Wird sich mein Partner bedroht fühlen, wenn ich mehr als einen Orgasmus haben kann?« – »Was passiert, wenn er müde wird oder schon gekommen ist und ich will noch weitermachen?« – »Kann der multiple Orgasmus eine Beziehung zerstören?« Frauen fürchten oft die Möglichkeit, ihren Partner zu verlieren, weil er im Orgasmus-Wettkampf unterlegen ist, was eine ähnliche Reaktion ist, wie sie sie vielleicht Männern gegenüber zeigen, die es nicht mögen, wenn sie beim Pingpong, beim Kartenspiel oder in ihren akademischen Leistungen übertroffen werden. Und in der Tat fühlen sich Männer häufig von Frauen bedroht, die zu multiplen Orgasmen fähig sind.

Bei den meisten Frauen findet während des Orgasmus keine Ejakulation statt. Es gibt allerdings eine Kontroverse über die Zahl der Frauen, bei denen sie doch auftritt, welcher Art die dabei abgesonderte Flüssigkeit sein könnte, und ob das, was als weibliche Ejakulation bezeichnet wird, eine normale physiologische Variante oder eher eine pathologische Erscheinung ist. Wir wollen hier nicht weiter darauf eingehen und nur anfügen, daß unserer Ansicht nach nur ein kleiner Prozentsatz von Frauen gleichzeitig mit dem Orgasmus eine Flüssigkeit absondert und daß es sich bei diesem Phänomen oft um eine Form der streßbedingten Harninkontinenz handelt, bei der infolge einer körperlicher Anspannung, wie sie beim Husten, Niesen oder eben der sexuellen Erregung entstehen kann, Urin durch die Harnröhre ausgeschieden wird.

Bei beiden Geschlechtern zeigt sich während des Orgasmus normalerweise eine starke Erhöhung der Herzfrequenz, der Blutdruckwerte und der Atemgeschwindigkeit. Darüber hinaus verspannt sich mit den rhythmischen Kontraktionen der orgasmischen Reaktion oft die gesamte Muskulatur, und auf ihrem Höhepunkt kann sich der Körper momentan zu völliger Starre verkrampfen, als hätte das heftige Bombardement sensorischer Empfindungen plötzlich alle Systeme lahmgelegt. Manchmal führt das Entladen all dieser neuromuskulären Energie während des Orgasmus auch zu Muskelspasmen und Verkrampfungen in Händen und Füßen oder zu unwillkürlichen Gesichtsverzerrungen, auch wenn man das an sich selbst oft gar nicht bemerkt.

Resolutionsphase

Während der Resolutionsphase kehrt der Körper in seinen ursprünglichen, nichterregten Zustand zurück. Der grundlegende Unterschied zwischen der männlichen und der weiblichen Resolutionsphase besteht darin, daß sie beim männlichen mit einer sogenannten Refraktionsperiode beginnt, einem Zeitraum, während dem eine Ejakulation physisch unmöglich ist. Zwar bleibt bei einigen Männern während der Refraktionsperiode eine partielle oder, bei fortdauernder Stimulation, auch eine volle Erektion erhalten, der Ejakulationsreflex ist während dieses Intervalls jedoch außer Kraft gesetzt, gleichgültig wie erregt der Mann psychisch oder physisch auch sein mag. Die Dauer der Refraktionsperiode ist sehr unterschiedlich, im allgemeinen bei jüngeren Männern kürzer, während sie bei Männern ab fünfzig beträchtlich länger wird. Sie kann auch dann kürzer sein, wenn während der vorangegangenen Tage kein Samenerguß stattgefunden hat, und demenstprechend länger, wenn der Mann während der vorangegangenen 24 Stunden mehrere Ejakulationen hatte. Manchmal kann die Dauer der Refraktionsperiode nur ein paar Minuten betragen, charakteristischer ist allerdings eine Zeitspanne von 30 Minuten bis zu mehreren Stunden.

Bei älteren Männern kann die Refraktionsperiode einen Tag und länger andauern.

Das Schwinden der Erektion des Mannes vollzieht sich in zwei Etappen. Zunächst stellt sich eine partielle Erschlaffung des Penis aufgrund der Orgasmuskontraktionen ein, die das Blut aus dem Penis pumpen. Im zweiten, langsameren Stadium sinkt die Blutzufuhr im Genitalbereich wieder auf das normale Niveau des nichterregten Zustandes ab.

Gleichzeitig schwellen die Hoden rasch auf ihre Normalgröße ab und senken sich vom Unterleib wieder tiefer in den Hodensack, der seinerseits seine ursprüngliche Form und Position einnimmt. Wird unmittelbar nach dem Orgasmus die Stimulation nicht fortgesetzt, verschwindet bei den Frauen die Orgasmusplattform sehr schnell. Auch das ist ein direktes Resultat der Kontraktionen, die während des Orgasmus das angestaute Blut aus dem Gewebe im äußeren Vaginalbereich pumpen, wie in Abbildung S. 69 gezeigt wird. Die Klitoris kehrt ebenfalls innerhalb weniger Sekunden nach dem Orgasmus in ihre Ruhelage zurück, obwohl das Abschwellen auf ihre Normalgröße ein paar Minuten dauert. Viele Frauen haben festgestellt, daß die Klitoriseichel zu Beginn der Resolutionsphase so reizempfindlich ist, daß sie jede direkte Berührung in dieser Region als unangenehm oder irritierend empfinden. Auch der Uterus sinkt wieder in seine ursprüngliche Lage zurück, und die Vagina beginnt kleiner zu werden, indem sich die Scheidenwand zusammenzieht. Waren die Brüste während der Erregungs- und Plateauphase vergrößert, so kehrt sich auch dieser Vorgang um. Weil sich das Warzenhofgewebe schneller verflacht als die Brustwarzen, kann an diesem Punkt der Eindruck entstehen, als seien die Brustwarzen plötzlich wieder eregiert, aber das liegt nur daran, daß es ein wenig länger dauert, bis auch sie abschwellen.

Bei beiden Geschlechtern ist die Sexualröte (falls sie aufgetreten ist) kurz nach dem Orgasmus wieder verschwunden. Bei einigen Menschen zeigt sich in diesem Zeitraum auch eine starke Schweißabsonderung, so, als hätten sie gerade eine sportliche Übung absolviert (was ja gewissermaßen durchaus zutrifft). Dieses Phänomen tritt meistens zusammen mit Herzklopfen und raschem Atmen auf, klingt jedoch ebenso wie diese allmählich wieder ab, vorausgesetzt, die sexuelle Aktivität wird nicht fortgesetzt.

Im Gegensatz zu dem, was einige Leute glauben, gibt es bei Männern keinen Reflex, der sie zwingt, sich nach dem Orgasmus umzudrehen und einzuschlafen, obwohl sich einige Männer so verhalten, als sei dies ein automatischer, biologisch determinierter Vorgang. Im Wohlgefühl der auf den Orgasmus folgenden Entspannung wünschen sich viele Frauen weiteren physischen Kontakt zu ihrem Partner, daß er sie still umarmt oder liebkost oder sich mit ihr unterhält, allerdings wird dieses Bedürfnis von einer bemerkenswert großen Zahl von Männern entweder gar nicht wahrgenommen oder bewußt ignoriert. Das läßt dann leider den (oft berechtigten) Eindruck entstehen, als interessiere den Mann an der Frau nur sein sexuelles Vergnügen, was wiederum viele Frauen darüber klagen läßt, ihre Partner seien egoistisch und unsensibel. Zwar gibt es auch Männer, die sich nach dem Orgasmus ein zärtliches Beisammensein mit ihrer Partnerin wünschen und verwirrt und frustriert sind, wenn diese sofort aus dem Bett springt, sich wäscht und anzieht, doch waren bei unseren Befragungen solche ganz eindeutig in der Minderzahl.

Hat sich kein Orgasmus eingestellt, löst sich der Blutandrang in der Beckenregion nicht gleich auf, besonders, wenn die sexuelle Erregung für längere Zeit auf der Plateaustufe verblieben war. In dem Buch *Liebe und Sexualität* (»Human Sexuality«) haben wir diese Situation kurz beschrieben:

> Zwar treten bestimmte Veränderungen sehr schnell ein (das Verschwinden der Orgasmus-Plattform bei Frauen und der Erektion bei Männern), doch manchmal kommt es zu nachklingenden Schwere- oder Schmerzgefühlen in der Beckenregion, die auf eine noch bestehende Gefäßverengung (Vasocongestion) zurückzuführen sind. Das kann einigermaßen unangenehm sein, vor allem wenn die hohe Erregtheit lang ausgedehnt war. Schmerzgefühle im Hoden (»Blues im Sack«, »Röstkastanien«) bei Männern und erhöhter Blutandrang im Becken bei Frauen können durch im Schlaf erfolgte Orgasmen oder durch Selbstbefriedigung beseitigt werden.

Das Ausbleiben eines Orgasmus kann auch zu Ärger, Enttäuschung oder sogar Wut führen, obwohl diese Gefühle nicht physiologisch bedingt sind. Wie der oder die einzelne auf eine sexuelle Situation reagiert, ist nämlich eine ganz andere Sache, die wir in den nächsten fünf Kapiteln erörtern wollen.

Viertes Kapitel
Eingeschränktes Sexualverlangen

Nur im Film ist es so, daß die Leidenschaft zweier Menschen füreinander immer gleichzeitig entflammt. Im wirklichen Leben kommt es viel häufiger vor, daß die Gedanken des Mannes bei seiner Verkaufspräsentation am nächsten Morgen oder bei der Frage sind, wie er die 4000 Dollar für die orthopädische Behandlung eines Kindes aufbringen soll, so daß er auf die sexuellen Annäherungsversuche seiner Partnerin nicht reagiert und sie enttäuscht und unbefriedigt einschläft. Nur in den Filmen endet es unvermeidlich mit leidenschaftlichem und befriedigendem Sex, wenn ein Paar anfängt, sich zu entkleiden, zu küssen und zu liebkosen. Im wirklichen Leben fängt man vielleicht an, sich zu entkleiden und zu küssen, und dann kommen die streitenden Kinder ins Schlafzimmer, oder es fällt einem plötzlich ein, daß man noch einen wichtigen Anruf zu erledigen hat, oder der Partner will schnellen, wilden Sex, während man es selbst eher langsam und gemächlich angehen möchte. Im wirklichen Leben hat man vielleicht das dringende Verlangen nach sexueller Befriedigung, aber der Partner ist vollkommen desinteressiert – und sagt das auch. Im wirklichen Leben gibt es Streit, der einem die Stimmung verdirbt, leidenschaftslosen und sogar langweiligen Sex und Partner, die nicht immer wie Filmstars aussehen.

Mit anderen Worten, die Menschen sind nicht jedesmal prompt zum Sex bereit, und das Sexualverlangen ist auch keine ewig lodernde Flamme. Womit wir beim Thema dieses Kapitels wären: die verschiedenen Formen und Ursachen eines geringen Sexualverlangens.

Die biologische Seite des Sexualverlangens

Zum Thema Sexualverlangen gibt es viele verschiedene konzeptionelle Auffassungen. Freud definierte es mit dem Begriff der Libido, einem angeborenen Trieb zur sexuellen Betätigung, dessen Wirkung er als sowohl instinktiv als auch biologisch betrachtete. Andere Wissenschaftler wie Havelock Ellis, Margaret Mead und Albert Ellis lösten sich von Freuds Libido-Modell und definierten das Sexualverlangen als eine rein psychologische Kraft. Im letzten Kapitel haben wir einige dieser psychologischen Aspekte untersucht und dargestellt, wie sie als Sprungbrett für die sexuelle Erregung dienen. Das Sexualverlangen hat jedoch auch eine stark biologische Komponente, und um diese darzustellen, müssen wir uns zunächst mit einigen medizinischen Phänomenen befassen.

Zum Beispiel gibt es eine Reihe von Sexualhormonstörungen, die unmittelbar mit einem niedrigen oder nicht vorhandenen Sexualverlangen zusammenhängen. Die meistverbreiteten sind das Klinefelter-Syndrom (Klinefelter-Reifenstein-Albright-Syndrom) bei Männern, bei der die Betroffenen ein zusätzliches X-Chromosom aufweisen, wodurch ein Chromosomenmosaik von 47XXY (im Gegensatz zu dem normalen von 46XY) entsteht, und das Turner-Syndrom bei Frauen, bei dem die Betroffenen nur ein statt zwei X-Chromosomen haben (was ein Chromosomenmosaik von 45X ergibt statt dem normalen weiblichen Karyotyp von 46XX). Bei Männern mit Klinefelter-Syndrom (das mit einer Häufigkeit von ungefähr einem von 1 200 lebendgeborenen männlichen Säuglingen auftritt) wird durch die Chromosomenaberration (Abweichung) die Entwicklung der Hoden gehemmt, mit dem Resultat, daß die Testosteronproduktion stark beeinträchtigt wird. Auch die Spermiogenese (Samenbildung) bleibt in fast allen Fällen aus oder ist nur mangelhaft (nichtbefruchtungsfähige Spermien). Untersuchungen haben ergeben, daß diese Männer charakteristischerweise ein äußerst geringes Sexualverlangen haben, was sie aber keineswegs als ein Problem betrachten. Die männlichen Jugendlichen und Erwachsenen masturbieren nur selten, sie haben nur vereinzelt spontan auftretende Sexualphantasien, und sie werden für gewöhnlich nicht durch das Betrachten eines erotischen Films oder die Lektüre eines sexuell stimulierenden Buches erregt. Gehen sie jedoch eine Beziehung ein, könnte es sein, daß ihre Frauen die Situation als problematisch empfinden, auch wenn es scheinbar häufiger vorkommt, daß sich die Frau ihren Partner mit Klinefelter-Syndrom nicht zuletzt aufgrund seines vollkommen anspruchslosen bis unsichtbaren sexuellen Wesens ausgesucht hat. Durch eine Testosteron-Substitutionstherapie kann das Sexualverlangen von Männern mit Klinefelter-Syndrom auf ein praktisch normales Niveau angehoben werden, und zwar selbst nach Jahrzehnten des sexuellen Desinteresses. Und umgekehrt gilt, daß für diese Reaktion ein einmaliger Hormonanschub nicht ausreicht, denn wird die Testosterontherapie nur für ein paar Wochen unterbrochen, so vermindert sich bei dem Patienten mit Klinefelter-Syndrom der Geschlechtstrieb sofort wieder, und er kehrt zu seinem asketischen Sexualleben zurück.

Beim Turner-Syndrom, welches bei ungefähr einem von 2 500 lebendgeborenen weiblichen Babies auftritt, handelt es sich hormonell gesehen um eine etwas kompliziertere Angelegenheit. Wegen des fehlenden X-

Chromosoms bleibt bei den betroffenen Frauen die normale Ovarienentwicklung aus, und statt der Eierstöcke sind meistens nur funktionslose, bindegewebsartige Stränge vorhanden. Da das Sexualhormon Östrogen hauptsächlich in den Ovarien gebildet wird, kann während der Adoleszenz und im Erwachsenenalter keine Östrogenproduktion erfolgen, weshalb bei diesen Frauen kein spontanes Eintreten der Menstruation erfolgt oder die normale Entwicklung ihrer Brüste gestört ist. Sie bilden jedoch fast ebensoviel Testosteron und verwandte Androgene (männliche Geschlechtshormone) wie andere Frauen, da über 90 Prozent der weiblichen Androgenproduktion in den Nebennieren stattfindet. Das für uns relevante Resultat unterscheidet sich vom Klinefelter-Syndrom insofern, als sich Frauen mit Turner-Syndrom zwar etwas weniger an Sex interessiert zeigen als andere, aber nicht wesentlich weniger, was die Vermutung bestätigt, daß die Androgene und nicht so sehr die Östrogene die endokrinen Hauptdeterminanten der weiblichen Libido sind. Diese These beruht jedoch in erster Linie auf Mutmaßungen, da das Turner-Syndrom bei den meisten Frauen während der Kindheit oder Adoleszenz diagnostiziert und dementsprechend früh mit einer Östrogentherapie behandelt wird, um das Wachstum der Brüste anzuregen. Da diesen Frauen außerdem für gewöhnlich gesagt wird, sie seien unfruchtbar und könnten keinen spontanen Menstruationszyklus haben, dürften hierbei psychologische Faktoren eine klare Beurteilung der Vorgänge zusätzlich erschweren.

Es gibt zahlreiche weitere Beispiele dafür, wie ein Mangel an Androgenen sowohl bei Männern als auch bei Frauen ein vermindertes Sexualverlangen bewirken kann, wobei sich eines davon aus der Behandlung von Sexualstraftätern ableiten läßt, denen für gewöhnlich verschiedene Antiandrogene verabreicht werden, um ihren anormalen Sexualtrieb einzudämmen. Auf ähnliche Weise zeigt sich bei Frauen eine reduzierte Libido als ein häufiger und unangenehmer Nebeneffekt selbst geringer Dosen antiandrogener Medikamente, die ihnen zur Behandlung von Hirsutismus (überstarke Gesichts- und Körperbehaarung) verabreicht werden. Und als ein Beispiel für die entgegengesetzte Wirkung macht sich bei Frauen, denen zur Therapie bestimmter Formen der Krebserkrankung Androgene verschrieben werden, häufig eine deutliche Steigerung der Libido bemerkbar.

Uns geht es bei der Erwähnung dieser Tatsachen um folgendes: Es gibt im Sexualverlangen ein wichtiges biologisches Element, das man nicht übersehen sollte.

Das vorangeschickt, müssen wir gleich darauf hinweisen, daß nicht alles eine Sache der Hormone ist. Vielmehr gibt es starke psychische Determinanten der Libido, aber wie genau diese mit unseren Sexualhormonen zusammenwirken, konnte bislang noch nicht vollständig geklärt werden.

Alles in allem gehen wir davon aus, daß bei solchen Fällen, die weder auf einem deutlichen Androgenmangel noch einer schweren chronischen Krankheit beruhen, das männliche und weibliche Sexualverlangen eher ein Resultat der psychischen als der biologischen Kräfte sein dürfte. Im Verlauf dieses Kapitels wollen wir untersuchen, welcher Art diese Kräfte sind und wie sie sich auf den Geschlechtstrieb auswirken können.

Doch zunächst sollten Sie den folgenden Test machen, der Ihnen eine Selbsteinschätzung ermöglicht.

Test: Habe ich ein vermindertes Sexualverlangen?

Beurteilen Sie, inwieweit die folgenden Aussagen auf Ihr Sexualleben zutreffen, indem Sie auf der Skala von 1 bis 9 jeweils einen Wert ankreuzen. 1 = trifft überhaupt nicht zu, 5 = trifft in Maßen zu, und 9 = trifft absolut zu.

1. Ich denke nicht sehr oft an Sex.
   1 2 3 4 5 6 7 8 9
2. Sex ist meistens nicht besonders befriedigend für mich.
   1 2 3 4 5 6 7 8 9
3. Die Initiative zum Sex geht nie von mir aus.
   1 2 3 4 5 6 7 8 9
4. Ich reagiere häufig ablehnend auf die sexuellen Annäherungsversuche meines Partners.
   1 2 3 4 5 6 7 8 9
5. Auch wenn mein Partner versucht, besonders liebevoll zu sein, fällt es mir schwer, in Stimmung zu kommen.
   1 2 3 4 5 6 7 8 9
6. Ich fühle mich im allgemeinen unattraktiv und nicht begehrenswert.
   1 2 3 4 5 6 7 8 9
7. Ich befriedige mich nie selbst.
   1 2 3 4 5 6 7 8 9
8. Beim Sex fühle ich mich meistens abgelenkt oder distanziert.
   1 2 3 4 5 6 7 8 9
9. Ich bin kein sehr leidenschaftlicher Mensch.
   1 2 3 4 5 6 7 8 9
10. Der Geschlechtstrieb meines Partners ist viel stärker ausgeprägt als mein eigener.
    1 2 3 4 5 6 7 8 9
11. Ich hätte nichts dagegen, die Sexualität aus unserer Beziehung auszuklammern, wenn ich nicht glauben würde, daß daraus Probleme mit meinem Partner entstünden.
    1 2 3 4 5 6 7 8 9
12. Ich habe nie sexuelle Phantasien.
    1 2 3 4 5 6 7 8 9

13. Mein Partner hat grundsätzlich häufiger Lust auf Sex als ich, was oft zu Streitigkeiten und verletzten Gefühlen führt.
1 2 3 4 5 6 7 8 9

14. Es ist für mich nicht ungewöhnlich, daß ich Ausreden erfinde (zum Beispiel »Ich fühle mich nicht gut«), um einem sexuellen Annäherungsversuch aus dem Weg zu gehen.
1 2 3 4 5 6 7 8 9

15. Nachts stelle ich mich manchmal schlafend, damit mein Partner nicht versucht, mich zum Sex zu überreden.
1 2 3 4 5 6 7 8 9

Den Schlüssel für die Bewertung Ihrer Antworten finden Sie am Ende dieses Kapitels.

Sexualaversion

Sexualaversion ist eine starke Phobie vor jeder sexuellen Aktivität oder auch nur dem Gedanken daran. Wie bei den meisten Phobien wissen die Betroffenen im allgemeinen, daß es sich dabei um irrationale Ängste handelt, sind aber trotzdem weitgehend unfähig, ihre Furcht zu überwinden, wenn sie unmittelbar mit einer ihre Phobie auslösenden Situation konfrontiert werden.

Dieses Problem, das eine extreme Form der Störung des Sexualverlangens darstellt, ist nicht nur eines der nicht vorhandenen oder mangelnden sexuellen Lust, sondern es läßt sich auf eine intensive Angst vor einer bestimmten Situation (sexuelle Intimität) zurückführen, die ein bestimmtes Verhalten, in diesem Fall die eine oder andere Art des körperlich-sexuellen Kontakts, verlangt. Die Intensität dieser Furcht und des vorwegnehmenden Grauens ist so stark, daß sie selbst dann Panik bei den Betroffenen hervorrufen kann, wenn überhaupt keine Gefahr besteht, daß sie in diesem Moment oder in nächster Zukunft der angstbesetzten Situation ausgesetzt sein könnten.

Die Sexualaversion kommt bei beiden Geschlechtern vor, obwohl sie in ihren klinischen Merkmalen zwei- bis dreimal häufiger Frauen als Männer betrifft. Ob es sich dabei um einen geschlechtsspezifischen Unterschied handelt, wie er auch bei anderen Phobien festgestellt werden konnte, oder ob es nur daran liegt, daß Frauen eher therapeutische Hilfe in Anspruch nehmen, ist bislang noch unklar. Es ist zum Beispiel möglich, daß Männer mit dieser Störung häufiger als Frauen alleinstehend bleiben und somit der Notwendigkeit einer therapeutischen Behandlung aus dem Weg gehen oder daß sie die Existenz ihres Problems ignorieren, indem sie es als einen

Mangel an sexuellem Interesse bezeichnen. Auch in solchen Fällen von sexueller Aversion, die innerhalb einer Ehe auftreten, scheinen sich die Paare eher in eine Therapie zu begeben, wenn die Frau betroffen ist, da Männer weniger bereit sind, sich auf die Phobie ihrer Partnerin einzustellen, indem sie sexuell abstinent werden oder ihre Befriedigung außerhalb der Ehe suchen.

Bei fast allen uns bekannten Fällen von Sexualaversion waren die Betroffenen Erwachsene im Alter zwischen 20 und 40 Jahren. Das soll nicht heißen, daß diese Störung bei Teenagern oder älteren Erwachsenen nicht auftritt. Bei Jugendlichen wird sie wahrscheinlich einfach nicht als solche diagnostiziert, sondern wohl eher auf ihre Nervosität und mangelnde Erfahrung zurückgeführt. Bei einigen Anfang Zwanzigjährigen, mit denen wir gearbeitet haben, hieß es auch, der Grund für ihre Aversion sei, daß sie ein Problem mit ihrer sexuellen Orientierung hätten. Daß ältere Erwachsene mit ihrer sexuellen Aversion nicht klinisch in Erscheinung treten, liegt vermutlich daran, daß sie gelernt haben, mit ihrer Phobie zu leben. Das kann heißen, daß sie nie geheiratet haben, sich scheiden ließen (um den angsteinflößenden sexuellen Ansprüchen des Partners zu entfliehen), das Zölibat gewählt oder sich einen ebenso asexuellen Partner ausgesucht haben. Ein Beispiel für letzteres bietet ein faszinierender Fall, mit dem wir vor 15 Jahren konfrontiert waren, als uns das Phänomen noch relativ neu war:

Doris und Larry G. waren zwei erfolgreiche Akademiker, die beide an einer großen Universität an der Westküste der USA unterrichteten. Sie waren sportlich aktiv, gesund und bei ihren Kollegen und Studenten sehr beliebt. Als sie geheiratet hatten, war Doris 25 und Larry 27 Jahre alt.
Sie kamen zu uns, weil sie sich wegen ihres so gut wie nicht vorhandenen Sexuallebens Sorgen machten, und berichteten, daß sie fast zwei Jahre gebraucht hatten, um ihre Ehe zu vollziehen. Vor der Ehe waren sie sich einig gewesen, daß sie mit dem Sex bis nach der Hochzeit warten wollten, und jeder von beiden hatte sich nicht nur strikt, sondern auch mit einiger Erleichterung an diese Abmachung gehalten, mit dem Resultat, daß ihr vorehelich-körperlicher Kontakt ausschließlich aus Händchenhalten und Gutenachtküssen bestand. Darüber hinaus waren beide zum Zeitpunkt ihrer Heirat in sexueller Hinsicht vollkommen unerfahren, und ihre folgenden gemeinsamen Versuche fielen ungeschickt, peinlich und unbefriedigend aus. Wie Larry sagte: »Wir haben beide bloß die Augen geschlossen und uns bemüht, die ganze Sache möglichst schnell hinter uns zu bringen.« Vor ein paar Jahren hatten sie dann über ihr beiderseitiges Unbehagen gesprochen und die Vereinbarung getroffen, nur zweimal im Jahr Geschlechtsverkehr zu haben: einmal an ihrem Hochzeitstag im Juli und das andere Mal in der Neujahrsnacht. Nicht nur, daß sie beide fortan mit Grauen diesen Daten entgegensahen, sondern sie verfielen auch auf das gleiche Mittel, um mit ihrem Problem fertig zu werden, indem sie sich vor dem

jeweiligen Ereignis sinnlos betranken, denn beide waren davon überzeugt, daß sie nur mit Hilfe von Alkohol ihre Hemmungen überwinden und die unangenehme Pflicht erfüllen könnten. Sex war für sie, wie Doris einmal in ihr Tagebuch geschrieben hatte, »wie ein Besuch beim Zahnarzt«.

Es gelang uns, Doris und Larry zu helfen, ihre persönlichen Schwierigkeiten zu überwinden, und am Ende der Therapie hatten sie drei- bis viermal die Woche Sex miteinander, der für beide sehr befriedigend war.

Auch wenn nicht jeder Fall von sexueller Aversion einen so dramatischen Verlauf nimmt und es sicher eher die Ausnahme ist, daß in einer Ehe beide Partner gleichermaßen betroffen sind, so klingen doch viele bemerkenswert ähnlich. Ein Mensch mit Sexualaversion kann jedenfalls seinen oder ihren Partner unter bestimmten Umständen durchaus dazu bringen, sich auf eine mehr oder weniger platonische Beziehung einzulassen: Er oder sie kann ein gesundheitliches Problem vortäuschen, an die Sensibilität und das Mitgefühl des anderen appellieren, das Unbehagen gegenüber Sex mit religiösen Prinzipien begründen oder einfach jemanden zum Partner wählen, der oder die selbst wenig Interesse an Sex hat.

Man muß die Sexualaversion von einem Phänomen unterscheiden, das auf den ersten Blick ein ähnliches Problem zu sein scheint, bei dem es sich aber tatsächlich um einen ästhetischen Widerwillen gegenüber Sex im allgemeinen oder um einen Abscheu aufgrund moralischer oder ästhetischer Kriterien gegenüber bestimmten Sexualpraktiken handelt. Wenn sich zum Beispiel ein Mann nicht zum Cunnilingus an seiner Partnerin überwinden kann, weil er den Geruch oder Geschmack abstoßend findet, mit anderen Sexualpraktiken jedoch keine Schwierigkeiten hat, so ist das kein Fall von Sexualaversion. Und wenn eine Frau den Analverkehr als entwürdigend und körperlich abstoßend empfindet, entspricht auch diese Haltung nicht einer sexuellen Aversion, selbst wenn der bloße Gedanke daran für sie widerlich, schockierend und angsteinflößend ist. Eine Sexualaversion liegt vielmehr nur dann vor, wenn die Reaktion der betreffenden Person eine konstant phobische Komponente zeigt.

Wie generell bei Phobien, hat es auch bei den von der Sexualaversion Betroffenen oft körperliche Auswirkungen, wenn sie an den phobischen Reiz denken oder direkt mit ihm konfrontiert sind, wobei die typischen Symptome Schweißausbrüche, Herzrasen, Schwindel- und Schwächegefühl, Übelkeit oder Brechreiz und ein trockener Mund sind. Diese körperlichen Anzeichen unterscheiden sich quantitativ wesentlich von den milderen Symptomen einer starken Nervosität, wie sie ebenfalls in sexuellen Situationen, besonders mit einem neuen Partner, auftreten können. Interessanterweise zeigt sich die Intensität der physiologischen Reaktion nicht immer im Zusammenhang mit dem unmittelbar bevorstehenden angstbesetzten Ereignis, denn es gibt viele Menschen mit Sexualaversion, denen es gelingt, ihre Reaktionen so zu unterdrücken, daß sie sich zwar fühlen, als befänden sie sich in einem psychischen Schraubstock, ansonsten jedoch keinerlei äußeren Symptome zeigen.

Ein Merkmal der Sexualaversion, das sie von den meisten anderen Phobien unterscheidet, besteht darin, daß die Betroffenen in der Erwartung der gefürchteten Situation oft intensivere Angstgefühle haben, als wenn sie sich tatsächlich in der Situation befinden. Einige Patienten mit Sexualaversion haben uns erzählt, daß sie größere Schwierigkeiten mit den einleitenden Handlungen einer sexuellen Begegnung haben – dem Sichentkleiden, Küssen oder Streicheln – als mit dem eigentlichen Geschlechtsverkehr.

Außerdem ist bemerkenswert, daß die sexuelle Reaktionsfähigkeit durch eine Sexualaversion nicht unbedingt beeinträchtigt ist. Viele Männer mit dieser Störung haben vollkommen normale Erektionen und kaum oder gar keine Probleme mit der Ejakulation, und die meisten Frauen entwickeln eine normale Vaginallubrikation und haben auch keinen echten Vaginismus (krampfartiges Zusammenziehen der Muskeln im Bereich der Scheidenöffnung, was den Geschlechtsverkehr schmerzhaft oder sogar unmöglich macht). Während viele betroffene Frauen beim Geschlechtsverkehr eher selten orgasmisch sind, erleben die meisten einen Orgasmus wenn sie masturbieren.

Die Sexualaversion hat verschiedene Erscheinungsformen. Die primäre Sexualaversion, anscheinend die am wenigsten häufig auftretende Variante, bleibt ein Leben lang bestehen, wobei das sexuelle Erleben ausnahmslos durch die phobische Reaktion blockiert ist. Bei der sekundären sexuellen Aversion, die zumeist im frühen Erwachsenenalter erstmals auftritt, zeigt die Vorgeschichte der Betroffenen, daß sie bis dahin ein relativ normales Sexualleben hatten. Die situationsbedingte Sexualaversion ist eine Kategorie, die wir beinahe ausschließlich bei Männern festgestellt haben: Entweder fühlen sie sich mit autoerotischen Praktiken (zum Beispiel Selbstbefriedigung oder dem Betrachten von Pornofilmen) wohl, reagieren aber phobisch in Situationen, in denen es um Sex mit einem Partner geht, oder sie haben keine Probleme beim Sex mit anderen Männern, zeigen aber allein bei dem Gedanken an Sex mit einer Frau starke Anzeichen einer Phobie.

Ursachen

Die Ursachen der Sexualaversion sind nicht immer leicht herauszubekommen. Eine bestimmte Fallkategorie ist allerdings im Lauf des letzten Jahrzehnts immer stärker in Erscheinung getreten, und sie betrifft Menschen, die durch sexuell mißbräuchliche Situationen traumatisiert wurden. Zu dieser Kategorie gehören die Opfer von Inzest und anderen Formen des sexuellen Mißbrauchs während der Kindheit. Viele der später erwachsenen Männer und Frauen haben die Erinnerung an diese Erlebnisse so gründlich verdrängt, daß ihnen die Ursache ihrer auf diesem Hintergrund vollkommen adäquaten sexuellen Aversion überhaupt nicht bewußt ist, bis sie mit Hilfe einer Therapie einen Zugang zu ihren Gefühlen von Ohnmacht, Scham, Schuld und Wut finden können. In anderen Fällen können sexuelle Traumata, die während der Adoleszenz oder im Erwachsenenalter erlitten wurden, eine sexuelle Aversion als massiven Abwehrmechanismus auslösen. In einigen Beispielen haben Frauen eine sexuelle Aversion entwickelt, nachdem sie vergewaltigt wurden. Allerdings sollten wir darauf hinweisen, daß in solchen Fällen die Sexualaversion nur selten bleibend ist, sondern meistens ist das traumatische Syndrom – eine häufig auftretende Nachwirkung einer Vergewaltigung – für einen begrenzten Zeitraum akut, in dessen Verlauf das Opfer starke Ängste gegenüber Sex entwickeln kann und sich verständlicherweise sexuell relativ wenig empfänglich zeigt.

Ein sexuelles Trauma muß jedoch nicht aus einer Vergewaltigung oder sexuellem Mißbrauch in der Kindheit herrühren. Wir haben auch Fälle erlebt, in denen die sexuelle Aversion ihren Ursprung darin hatte, was Psychologen eine klassische operante (nicht reizgebundene) Konditionierung nennen. Hier entwickelt der Mann oder die Frau als Resultat wiederholter unangenehmer Erfahrungen eine Strategie, um sexuellen Situationen und damit den eigenen schmerzhaften, peinlichen oder angsterregenden Gefühlen auszuweichen. Reicht diese Vermeidung aus, um sich vor den gefürchteten Konsequenzen zu schützen, wird sich das Problem nicht bis zu einer sexuellen Phobie steigern, obwohl es in Form eines gehemmten Sexualverlangens manifest werden kann, was wir im weiteren Verlauf dieses Kapitels erörtern, oder sich möglicherweise zu einer Depression entwickeln (siehe zwölftes Kapitel). Ist die Vermeidungsstrategie nicht ausreichend wirksam – wenn zum Beispiel der Partner oder die Partnerin so hartnäckig auf gemeinsamem Sex besteht, daß die Gefühle der betroffenen Person ignoriert oder für ungültig erklärt werden – kann die Phobie als eine extremere Form der Verweigerung ins Spiel gebracht werden.

In Fällen, in denen offenkundig kein sexuelles Trauma vorliegt, kommt eine Reihe anderer Kategorien in Betracht. So scheint zum Beispiel bei solchen Menschen, die während der Adoleszenz ernste Probleme mit ihrem Körperbild hatten, die große Gefahr zu bestehen, daß sie später Schwierigkeiten mit der Sexualität bekommen. Manchmal stehen diese Probleme direkt mit der heranreifenden Sexualität in Zusammenhang, wie im Fall eines Jungen, der unter seinen übermäßig entwickelten Brüsten leidet, oder eines Mädchens, das sich wegen ihrer zu kleinen Brüste schämt. In anderen Fällen kann das Problem weniger sexuell besetzt sein, sich aber trotzdem negativ auf die Selbstwahrnehmung und die geschlechtliche Identität auswirken. Fettleibigkeit ist wahrscheinlich das am meisten verbreitete Problem dieser Art, aber auch schwere Akne, eine überstarke Gesichts- und Körperbehaarung bei Frauen und sogar die Neigung zu starker Schweißabsonderung können die Grundlage für soziale Isolation und Rückzug, Angst vor körperlicher Intimität und ein mangelndes Selbstwertgefühl sein und damit dazu beitragen, daß Sex als etwas Unnötiges, Unerwünschtes und sogar Beängstigendes angesehen wird. Nachdem diese Person jahrelang ein solches Bild von sich internalisiert hat, wird sie nach der Adoleszenz die Sexualität auch nicht unbedingt in einem positiveren Licht sehen, selbst wenn es ihm oder ihr gelungen ist, schlanker zu werden, das eigene Aussehen zu verbessern oder auf eine andere Art und Weise über die urprüngliche Ursache für die negativen Gefühle gegenüber Sex hinauszuwachsen. Ein besonders gutes Beispiel sind auch viele Fälle von Pubertätsmagersucht, die ein so häufiger Vorbote für eine im Erwachsenenalter auftretende Sexualaversion sind, daß man hier nicht mehr von einem Zufall sprechen kann.

Behandlung

Phobien gehören zu jenen psychischen Störungen, deren Behandlung im allgemeinen eine besonders hohe Erfolgsquote aufweist, und die Sexualaversion, auch wenn sie sehr lange manifest war, bildet glücklicherweise keine Ausnahme von dieser Regel.

Der Schlüssel zu einer erfolgreichen Therapie liegt in fast allen Fällen darin, der betroffenen Person für einen bestimmten Zeitraum die Kontrolle über jede Form der physischen Intimität zu übergeben. Dabei wird am Anfang jede Art des direkten sexuellen Kontakts bewußt ausgeklammert, bis das Paar mit Hilfe einer Serie therapeutischer Übungen zur allmählichen Desensibilisierung und Gegenkonditionierung der phobischen Reaktion einen nichtsexuellen Hautkontakt eingehen kann. Nachdem sich die Person mit der Sexualaversion in dieser Situation zunehmend sicher und wohl fühlt, gelingt es meistens recht bald, zusammen mit dem Partner zum schwierigeren Teil der Therapie überzugehen. Dieser besteht darin, daß die Person mit der Aversion lernt, ein gewisses Unbehagen (zum Beispiel ein Gefühl von Unruhe oder Angst) zu tolerieren, wenn es in einem erträglichen Maß auftritt, wobei diese Person selbst entscheidet, an welchem Punkt er oder sie aufhören will und von dem Partner in keiner Weise dazu gedrängt wird weiterzugehen. Ist dieser Schritt einmal getan, kann man der betroffenen Person helfen, den Grad seiner oder ihrer Ängste zu erkennen (ohne sich dafür schämen zu müssen) und dann Wege zu finden, wie sie reduziert oder beseitigt werden können. Dies geschieht hauptsächlich durch die Konzentrationsübungen zur Sinneswahrnehmung, die noch einmal speziell auf das betreffende Paar zugeschnitten werden und meistens langsamer und in feineren Abstufungen vorangehen, als dies bei anderen sexualtherapeutischen Maßnahmen der Fall ist.

Dieser Prozeß der Desensibilisierung wird verstärkt, indem beiden Partnern bewußt gemacht wird, daß sich etwas häufig nur deshalb unangenehm anfühlt, weil es unvertraut ist. Während sich dann beide langsam mit den Berührungen und Liebkosungen und schließlich mit der genitalen Stimulation und dem Geschlechtsverkehr vertrauter machen, steigt das Wohlbefinden der vorher von Sexualaversion betroffenen Person sprunghaft an, was wiederum dem Partner hilft, dieser Person weiterhin zu erlauben, die Kontrolle zu behalten.

Natürlich ist der gesamte therapeutische Prozeß um einiges komplizierter, aber meistens zeigen die von uns in Umrissen dargelegten Prinzipien eine ziemlich rasche Wirkung, so daß wir bei der überwiegenden Mehrzahl der Fälle imstande waren, nach einer zwei bis drei Wochen täglich stattfindenden Intensivtherapie ein positives Resultat zu erzielen.

Gehemmtes Sexualverlangen

Wie man den Begriff »gehemmt« im Zusammenhang mit dem Sexualverlangen definieren soll, ist unter Fachleuten äußerst umstritten, wobei das Dilemma darin liegt, daß versucht wird, ein zutiefst subjektives und nur schwer meßbares Phänomen quantitativ zu bestimmen. Die am meisten verbreitete Praxis besteht darin, das Sexualverlangen einer Person mit der Häufigkeit ihrer sexuellen Aktivitäten gleichzusetzen. Aber auch daraus ergeben sich zahlreiche begriffliche und praktische Probleme: Wenn zum Beispiel ein Mann nicht wirklich das Verlangen nach Sex hat, aber zweimal die Woche mit seiner Partnerin schläft, um ihre Bedürfnisse zu befriedigen, ist das normal oder anormal? Wenn eine Frau nur einmal im Monat Sex mit ihrem Mann hat, aber fast täglich masturbiert, wie soll man ihr Sexualverlangen einschätzen? Wenn zwei Partner vollkommen damit zufrieden sind, nur alle vierzehn Tage miteinander zu schlafen, ist es da angemessen, bei den beiden ein gehemmtes Sexualverlangen (Anmerkung d. Übers.: Inhibited Sexual Desire – ISD) zu diagnostizieren, oder ist es richtiger, sie als ein gut aufeinander eingestimmtes Paar zu betrachten, deren Sexualverlangen zufällig am unteren Ende der Skala angesiedelt ist?

Während es also sehr schwer ist, ISD begrifflich zu definieren, läßt es sich im Alltagsleben relativ leicht erkennen, denn ein gehemmtes Sexualverlangen wird nur dann problematisch, wenn sich daraus zwischen zwei Partnern beständige und langandauernde Konflikte ergeben.

Eines der Hauptprobleme, die bei der Diskussion über das Sexualverlangen auftreten, ist die automatische Annahme, das männliche Sexualinteresse sei praktisch immer stärker als das weibliche. Dabei ist eine solche generische Differenz schlichtweg nicht existent. Vielmehr sind sich Männer und Frauen hinsichtlich ihrer Libido im allgemeinen ziemlich ähnlich, obwohl individuell natürlich starke Unterschiede auftreten können. Diese Tatsache ist besonders bemerkenswert in Anbetracht der unglaublichen Unterschiede, die in unserer Gesellschaft bei der sexuellen Sozialisation von Männern und Frauen gemacht werden. Bedenkt man, wie hartnäckig nach wie vor ein doppelter Moralkodex für das Sexualverhalten der Geschlechter angelegt wird, der in seiner simpelsten Version den Männern die Erlaubnis gibt, auch außerhalb der Ehe sexuell aktiv zu sein, während dasselbe bei Frauen mißbilligt wird, ist es erstaunlich, daß Frauen nicht tatsächlich ein geringeres Sexualverlangen an den Tag legen als Männer.

Allerdings ist es gut möglich, daß sich hinter der Aussage, Männer haben eine stärkeren Geschlechtstrieb als Frauen, die Tatsache verbirgt, daß Männer beim Sex zielorientierter sind: Sie wissen, was sie wollen, und sie arbeiten darauf hin, es schnell zu bekommen. Aber selbst wenn Frauen möglicherweise weniger auf Geschlechtsverkehr und Orgasmus fixiert sind als Männer – obwohl die Forschungsergebnisse in diesem Punkt alles andere als eindeutig sind –, scheint es uns nur ganz vernünftig zu sein, wenn ihnen in der Sexualität Nähe, Zärtlichkeit und liebevolle Aufmerksamkeit wichtiger sind als Orgasmen, die wie Feuerwerkskörper abgehen.

Dennoch scheint für beide Geschlechter das erwünschte Endresultat die sexuelle Befriedigung zu sein, und während es einen Unterschied darin geben mag, wie diese Befriedigung erreicht oder sogar definiert wird, sind sich Männer und Frauen in ihrem Streben danach insgesamt ähnlicher, als daß sie sich unterscheiden.

Ein gehemmtes Sexualverlangen wird – wie gesagt – nur dann problematisch, wenn es dadurch zwischen zwei Partnern zu beständigen und langandauernden Konflikten kommt. Allerdings sollte man sich in diesem Zusammenhang bewußt machen, daß zwei Individuen innerhalb einer Beziehung, gleichgültig wie liebevoll und glücklich diese sein mag, ebenso-wenig jedesmal eine absolute Gleichzeitigkeit in ihren sexuellen Gelüsten erleben, wie sie immer zu genau derselben Zeit hungrig, durstig oder müde sind. Aber trotz dieser offensichtlichen und grundlegenden Tatsache sind viele Paare oft verblüfft und sogar gekränkt, wenn sie solche Diskrepanzen feststellen. In ihrer Erwartung, daß der eine die Bedürfnisse des anderen erfüllt und in dem Wunsch nach gegenseitiger Leidenschaft werden sie mit einer Realität konfrontiert, die ihren Vorstellungen nicht entspricht, weil sie zu viele individuelle und nichtpaarbezogene Variablen beinhaltet. (Sie hatte einen anstrengenden Tag im Büro. Er hat in den letzten zwei Nächten nicht viel geschlafen. Sie hat eine Grippe. Er fühlt sich sehr angespannt und will etwas Sex zur Entspannung. Sie ist schlecht gelaunt.)

Auch größere Unterschiede zwischen den Partnern in ihrem Bedürfnis nach Sex lassen nicht immer darauf schließen, daß ein Fall von ISD vorliegt. Wenn zum Beispiel der eine jeden Tag Sex haben möchte und der andere vollauf damit zufrieden ist, wenn es nur alle zwei Wochen stattfindet, kann daraus ein Problem und vielleicht sogar ein Konflikt entstehen, aber es handelt sich dabei nicht um ein gehemmtes Sexualverlangen. Wir definieren eine solche Situation eher als unterschiedlichen Grad an sexuellem Interesse, statt sie fälschlich als ISD zu diagnostizieren.

Es geschieht außerdem sehr häufig, daß bei einem Paar mit stark voneinander abweichendem sexuellen Interesse der eine Partner dazu tendiert, sich selbst als normal zu betrachten und den Geschlechtstrieb des anderen entweder als übertrieben oder unterentwickelt zu kategorisieren. Diese Ansicht wird dann häufig zu einer sich selbst erfüllenden Prophezeiung: Die Person, die als sexbesessen gilt, wird in ihren sexuellen Forderungen immer hartnäckiger und muß immer häufiger an Sex denken, während sich die Person, der ein unterentwickelter Geschlechtstrieb unterstellt wird, angewöhnt, fast alle sexuellen Angebote zurückzuweisen und nie selbst die Initiative zu ergreifen. Solche Mechanismen verfestigen das problematische Verhalten und verschlimmern eine wahrscheinlich schon arg strapazierte Beziehung weit über den Bereich der Sexualität hinaus.

In den meisten Fällen haben Menschen mit ISD wenig oder gar keine Schwierigkeiten mit der sexuellen Funktionsfähigkeit an sich. Ungefähr ein Drittel der Fälle weist jedoch eindeutige sexuelle Probleme auf, wobei die Männer Schwierigkeiten mit der Erektion oder Ejakulation, die Frauen mit der physischen Erregung oder dem Orgasmus haben. Dabei scheint sich das gehemmte Sexualverlangen manchmal als Sekundärsymptom aus der primären sexuellen Störung entwickelt zu haben. Das heißt, indem die betroffene Person allmählich sein oder ihr Interesse an Sex verliert, kann sie eine psychisch schmerzhafte oder peinliche Situation umgehen und ist damit nicht mehr so häufig mit dem eigenen sexuellen Versagen konfrontiert. Wenn die sexuelle Störung dann wieder auftritt, kann sie leicht damit begründet werden, daß man nicht in der Stimmung sei oder kein Interesse habe. Mit anderen Worten, es kann ein beträchtlicher psychischer Gewinn aus dem sexuellen Desinteresse gezogen werden.

Ursachen

Individuelle Faktoren

Es gibt einige Krankheiten, die ISD verursachen können und die in der folgenden Tabelle zusammengefaßt sind. Auf viele dieser organischen Erkrankungen werden wir im zwölften Kapitel noch ausführlicher eingehen.

Krankheiten, die den Sexualtrieb hemmen*

Addison-Krankheit (Insuffizienz der Nebennierenrinde)
Alkoholismus
Anämie, chronische
Anorexia nervosa
Cushing-Syndrom
Depression
Drogenabhängigkeit
Dystrophie, myotonische
Feminisierende Tumore (bei Männern)
Ernährungsbedingte Mangelerscheinungen
Hämochromatose
Hepatitis, chronische
Herzinsuffizienz (Herzmuskelversagen)
Hypophyseninsuffizienz
Hypophysentumor
Hypothyreose
Kallmann-Syndrom
Klimakterium virile (Wechseljahre des Mannes, mit Testosteronmangel)
Klinefelter-Syndrom
Medikamenteneinnahme
    Antiandrogene
    blutdrucksenkende
    Digoxin (bei Männern)
    Östrogen (bei Männern)
    Beruhigungsmittel (Tranquilizer)
Multiple Sklerose
Nierenversagen, chronisches
Parkinson-Syndrom
Prolaktinausschüttung, überhöhte
Testosteronmangel
Tuberkulose
Zirrhose

* QUELLEN: Aus Kolodny, R. C., Masters, W. H. und Johnson, V. E., *Textbook of Sexual Medicine*, Little, Brown, 1979, S. 566, Tabelle 22.1

Unserer Erfahrung nach lassen sich nur ungefähr 15 Prozent der Fälle von ISD auf organische Störungen zurückführen, die nicht mit Alkoholismus oder Drogenmißbrauch zusammenhängen. Es ist allerdings wichtig zu wissen, daß fast jede chronische Erkrankung das Sexualverlangen beeinträchtigen kann, obwohl die dabei wirksamen Mechanismen nicht rein physiologischer Natur sein müssen, denn manchmal sind es eher die psychischen Auswirkungen der Krankheit als deren körperliche Symptome, die das Sexualverhalten der betroffenen Person verändern.

Es können auch rein psychologische Faktoren sein, die das sexuelle Verlangen beeinträchtigen, allerdings verhält es sich dabei nicht immer so einfach, wie es auf den ersten Blick scheint. Wie bei der Sexualaversion kann ISD auch die Reaktion auf ein sexuelles Trauma sein, besonders auf sexuellen Mißbrauch in der Kindheit. Darüber hinaus kann ISD auch eine direkte Nebenerscheinung einer ambivalenten sexuellen Orientierung sein: Ein verheirateter Mann, der sich bemüht, seine latente Homosexualität zu unterdrücken, hat wahrscheinlich kein großes Verlangen nach heterosexueller Betätigung, selbst wenn er seine Partnerin aufrichtig liebt. Und eine Frau, die im mittleren Erwachsenenalter entdeckt, daß sie sich mehr zu Frauen als zu ihrem Mann hingezogen fühlt, zeigt ihm gegenüber wahrscheinlich ebenfalls kein starkes sexuelles Interesse. Auf ähnliche Art und Weise kann ISD auch ein Resultat verschiedener Paraphilien sein: Manche Transvestiten und Fetischisten haben beispielsweise, abgesehen von dem starken Verlangen nach ihrem bevorzugten oder benötigten erotischen Stimulus, einen unglaublich geringen Sexualtrieb, wobei das Problem nicht an dem schwachen sexuellen Interesse selbst liegt, sondern darin, daß das Verlangen einem Objekt oder einer Aktivität außerhalb der Liebesbeziehung gilt.

Einige Paare passen sich dieser Situation an, indem sie das paraphile Objekt oder die Betätigung in ihr gemeinsames Sexualleben integrieren und damit zumindest einen Teil der sexuellen Energie des Paraphilisten (fast immer der Mann) kanalisieren. Zum Beispiel tolerieren manche Ehefrauen oder Freundinnen von Transvestiten nicht nur, daß ihre Partner Frauenkleider tragen, sondern sie helfen ihnen auch dabei, sich zu schminken, ihre Garderobe auszuwählen oder die Perücke zu frisieren. Allerdings ist es normalerweise eher so, daß sich der Paraphilist große Mühe gibt, seine sexuelle Obsession vor der Partnerin oder Ehefrau geheimzuhalten.

Ein gehemmtes Sexualverlangen gehört auch zu den deutlichen Kennzeichen einer Depression, wobei dieses Symptom meistens mit einer erfolgreichen Behandlung der Depression verschwindet, ohne daß es einer speziellen Sexualtherapie bedarf. Allerdings gibt es einige Beispiele, in denen sich eine Depression als Nachwirkung von ISD einstellt, besonders wenn die Spannungen in der Partnerschaft eskalieren und sich die Person mit dem geringen Sexualinteresse als krank oder funktionsgestört empfindet. In solchen Fällen ist eine Sexualtherapie nicht nur angebracht, sondern die beste Wahl.

Ein anderes, relativ verbreitetes Phänomen in vielen Fällen von ISD ist die Einstellung »Ich empfinde nichts, wenn wir Geschlechtsverkehr haben«, die als Erklärung dafür dient, daß der betreffende Partner das Interesse an Sex verloren hat. Für gewöhnlich bedeutet die Aussage, man empfinde nichts, daß diese Person seine oder ihre Empfindungen nicht *wahrnimmt*, und dies kann aus einer Reihe von Gründen geschehen. Es gibt zum Beispiel Menschen, die so auf ihre subjektiven sexuellen Erwartungen fixiert sind, daß die Realität immer dahinter zurückbleiben muß. Andere sind so damit beschäftigt, ihre gefühlsmäßigen Reaktionen als gut oder schlecht (beziehungsweise schnell, leidenschaftlich oder authentisch genug) zu beurteilen, daß sie durch dieses beständige Interpretieren und Analysieren im Erleben ihrer Empfindungen blockiert sind. Bei wieder anderen werden die sinnlichen und sexuellen Gefühle von übermächtigen Angstgefühlen erstickt. Und als letztes Beispiel (denn diese Aufzählung ließe sich endlos fortsetzen) lassen sich einige so von der rationalen Seite ihres Denkens bestimmen, daß sie tatsächlich verlernt haben zu fühlen: Sie ignorieren ihre sinnlichen Empfindungen, indem sie sie mit ihrem Verstand betäuben.

Beziehungsimmanente Faktoren
Die genauen Ursachen eines gehemmten Sexualverlangens sind nicht immer eindeutig, und in vielen Fällen liegen wahrscheinlich mehrere, sich wechselseitig beeinflussende und verstärkende Faktoren vor. Manchmal scheint sich ISD auch aus einem Muster an negativer Konditionierung zu entwickeln, das selbst in einer ansonsten scheinbar befriedigenden und intakten Beziehung auftreten kann.

Ein sozusagen klassischer Verlauf setzt damit ein, daß einer der Partner anfängt, die sexuelle Interaktion zu vermeiden, weil sie für ihn oder sie entweder unbefriedigend ist oder Streß bedeutet. Der ursprüngliche Grund für das sexuelle Problem mag ein relativ einfacher sein, läßt sich aber Jahre später, wenn die meisten solcher Paare einen Therapeuten aufsuchen, nur noch schwer rekonstruieren. Der sexuelle Rückzug, ob bewußt oder unbeabsichtigt vollzogen, löst seinerseits eine Kettenreaktion innerhalb der Beziehung aus: Die Person mit dem höheren Grad an Sexualverlangen fühlt sich nicht wahrgenommen und vernachlässigt und, während die Situation immer weiter eskaliert, dann auch zurückgewiesen und ungeliebt. Die natürliche Reaktion auf solche Gefühle ist, daß dieser Partner anfängt, immer häufiger nach Sex zu verlangen, daraufhin fast unvermeidlicherweise eine noch massivere Zurückweisung erfährt und sich schließlich immer stärker abgelehnt fühlt. Auch der andere Partner steckt im sprichwörtlichen Treibsand. Am Anfang fühlt er oder sie sich mißverstanden und ungerecht behandelt. Während die Spannung zwischen den Partnern wächst, werden die immer häufiger vorgebrachten Forderungen nach Sex zu einer Art Machtkampf, so daß selbst dann, wenn der weniger sexuell interessierte Partner dieser Forderung gelegentlich nachgibt, die gemeinsame Sexualität mehr zur einer Art Pflichtübung wird als zu einer Quelle von Nähe und Lust. Das verstärkt die ablehnende Haltung des weniger interessierten Partners gegenüber Sex und kann einen zusätzlichen Grad an Ambivalenz verursachen, was möglicherweise dazu führt, daß diese Person beginnt, ihre Liebe für den anderen in Frage zu stellen. Um die Sache noch komplizierter zu machen, hat der weniger interessierte Partner oft starke Schuldgefühle, die jede Möglichkeit der erotischen Befriedigung noch zusätzlich erschweren. Als nächstes kann das Paar in eine sexuell vollkommen ausweglose Situation geraten, wobei sich der Machtkampf auch auf andere Bereiche ausweitet und es mit der Beziehung somit kontinuierlich bergab geht. Der sexuell stärker interessierte Partner kann die Befriedigung seiner Bedürfnisse auch außerhalb der Partnerschaft suchen, wahrscheinlich eher, um sich für die seiner oder ihrer Meinung nach erlittene Kränkung zu rächen, und nicht so sehr wegen der sexuellen Erfüllung. In anderen Fällen gerät der Partner, der sich zurückgewiesen und ungeliebt fühlt, in einen Sog aus Depression und Selbstzweifel.

Weitere beziehungsimmanente Faktoren, die ISD verursachen, können einfach und offensichtlich oder auch komplexer sein. Am einfachen Ende des Spektrums liegt das Problem, daß sich einer der Partner wegen der körperlichen Erscheinung des anderen wenig oder überhaupt nicht sexuell zu ihm oder ihr hingezogen fühlt. Ein Beispiel dafür wäre, daß der andere seit dem Beginn der Beziehung stark zugenommen hat, denn in Anbetracht unseres kulturell determinierten Schönheitsideals von Schlankheit ist es nicht schwer zu verstehen, daß Fettleibigkeit ein Hindernis im Sexualverlangen darstellen kann. Ein anderes Beispiel für das Entstehen eines gehemmtes Sexualverlangens ist ein unbeholfener und ignoranter Partner. In einer Zeit, in der wir uns angewöhnt haben, ein gewisses Maß an sexuellen Fertigkeiten zu erwarten, kann ein eklatanter Mangel in dieser Hinsicht das Sexualverlangen stark minimieren. Eine Frau hat dies uns gegenüber einmal so beschrieben: »Wenn Walter versucht, mit mir zu schlafen, ist er so ungeschickt, daß es für mich nicht schnell genug vorbeigehen kann. Er kneift meine Brustwarzen und glaubt, daß mich das erregt, er schafft es jedesmal, mir sein Knie in den Schritt zu pressen, und er drückt mich so fest aufs Bett, daß ich kaum Luft kriege.« Ähnliche Probleme gibt es in Situationen, in denen der Geschlechtsverkehr einem der Partner (meistens der Frau) körperlich weh tut, entweder weil der Koitus selbst schmerzhaft für sie ist (Dyspareunie) oder weil der andere beim Sex zu grob ist. Wird die Sexualität zu einer Quelle von Schmerz anstelle von Lust, ist es auch nicht weiter verwunderlich, daß Menschen Mittel und Wege ersinnen, um diesem Schmerz aus dem Weg zu gehen, indem sie sich der sexuellen Situation entziehen oder ein geringes Interesse daran zeigen.

Aber auch komplexere Beziehungsfaktoren können die sexuelle Interaktion beeinträchtigen. Ein weitverbreitetes Beispiel dafür ist, wenn das Sexualverhalten eines Paares so von Rollenklischees regiert wird, daß die Frau nicht bereit ist, die Initiative zum Sex zu ergreifen, weil sie das als das alleinige Vorrecht des Mannes betrachtet, oder andererseits, wenn sich ein Mann in den Hintergrund gedrängt oder sogar in seiner Männlichkeit angegriffen fühlt, weil seine Partnerin nicht nur häufiger sexuell initiativ wird, sondern außerdem versucht, das Tempo zu bestimmen, neue Positionen und Praktiken vorzuschlagen oder die Führung zu übernehmen, eine Rolle, die seiner Ansicht nach nur ihm allein zusteht.

Machtkämpfe außerhalb des Schlafzimmers werden meistens zu Machtkämpfen im Bett, wobei dies einer der häufigsten Mechanismen ist, die zu einem gehemmten Sexualtrieb führen können. Zugegeben, es ist manchmal schwer zu sagen, was zuerst da war, der Machtkampf oder das sexuelle Problem, denn das eine geht dem anderen nicht immer voraus. Im Gegensatz zu den meisten Beziehungen, in denen jeder der Partner die Initiative ergreifen kann und wo ein gegenseitiges Geben und Nehmen stattfindet, gibt es in Beziehungen, in denen ein Fall von ISD vorliegt, keine solche Flexibilität. Meistens sind es die Partner mit der reduzierten Libido, die bestimmen, was sexuell passiert, und manchmal scheint das gehemmte Sexualverlangen dieser Personen auch eine Reaktion auf einen allzu dominanten Partner zu sein. Indem sie Sexualität verweigern, üben sie eine Form von primärer Kontrolle aus, über die sie in keinem anderen Bereich der Beziehung verfügen. In dieser Situation wird ISD zu einem Manipulationsmittel oder zur Möglichkeit, Strafe und Vergeltung für ein reales oder vermeintliches Unrecht auszuüben.

Ein weiteres Beispiel dafür, wie die Sexualität in den Machtkampf eines Paares geraten kann, ist, wenn Sex als Zahlungsmittel für ein bestimmtes Wunschverhalten des anderen benutzt wird. Zum Beispiel klagen viele Frauen darüber, daß ihre Partner immer nur Sex wollen, ohne ihnen viel Zärtlichkeit oder Aufmerksamkeit zu geben, worauf die Männer argumentieren, ohne regelmäßige Gelegenheiten zur sexuellen Befriedigung sei es schwer für sie, ihren Partnerinnen gegenüber liebevoll zu sein. In einer anderen Version beschweren sich die Frauen, ihre Partner seien unkommunikativ, besonders wenn es darum geht, ihre Gefühle auszudrücken, was wiederum dazu führt, daß sich die Frau aus dem Leben des Mannes ausgeschlossen fühlt. Weil sie diese reduzierte Kommunikation als ein

Hindernis für Nähe und Intimität empfindet, ist die Frau folglich nicht häufig in der Stimmung für Sex. Die betreffenden Männer behaupten dann oft, daß sie sehr wohl mit ihrer Partnerin kommunizieren, daß die Gefühle, die sie ausdrücken, jedoch nicht immer die sind, die die Frau von ihnen hören möchte. (Es ist übrigens erstaunlich, wie häufig Männer glauben, sie kommunizieren ausreichend, wenn sie zu ihrer Frau sagen: »Ich bin total geil, laß uns ins Bett gehen.«) Außerdem sind viele dieser Männer nicht sehr geübt darin, ihre eigenen Gefühle wahrzunehmen, und wenn sie sie darüber hinaus auch noch in Worte fassen sollen, fühlen sie sich unsicher und hilflos. In diesen und ähnlichen Situationen entsteht mit der Zeit ein Mechanismus, mit dem der ursprüngliche sexuelle Rückzug der Frau so sehr zur automatischen Gewohnheit wird, daß er sich zur sexuellen Apathie und schließlich zu einem gehemmten Sexualtrieb steigert.

Ein anderes Dilemma, das zu ISD führen kann, ist, wenn sich einer der Partner als reines Sexualobjekt fühlt. Meistens ist es die Frau, die den Eindruck hat, der Mann nehme sie nur als sexuelle Dienstleistung wahr; allerdings gibt es auch Beziehungen, in denen in sexueller Hinsicht ein Rollentausch stattfindet: Will zum Beispiel die Frau konstant häufiger Sex haben als der Mann, fühlt sich der Mann bedroht und zieht sich möglicherweise auf eine Verweigerungsposition zurück, die er teilweise damit erklärt, seine Partnerin wecke in ihm das Gefühl, nur nützlich für sie zu sein, wenn er eine Erektion hat. Im folgenden geben wir ein Beispiel dafür, wie ein solcher Rollentausch aussehen kann:

Der 42jährige Charles M. war seit drei Jahren geschieden, als er Sarah, eine neun Jahre jüngere Börsenmaklerin, heiratete. Die relativ kurze Zeit vor ihrer Ehe war ein Wirbelsturm an sexueller Leidenschaft und Experimentierlust, was Charles besonders aufregend und belebend fand im Vergleich zu dem wenig inspirierenden Sex, den er in seiner ersten Ehe erlebt hatte. Nachdem sie jedoch ein halbes Jahr verheiratet waren, nahm Charles' Interesse an Sex beträchtlich ab, und sie schliefen plötzlich nur noch ein- bis zweimal die Woche miteinander statt täglich wie zu Beginn ihrer Beziehung. Sarah fing an, sich zu beklagen, daß Charles sie nicht mehr attraktiv fände, und gab ihm klar und deutlich zu verstehen, daß sie weit häufiger Sex haben wolle. Charles fand es daraufhin immer schwieriger, Sarah zufriedenzustellen, und das nicht nur in sexueller Hinsicht. Als sie dann in die Sexualtherapie kamen, sagte Charles, eines seiner Hauptprobleme bestünde darin, daß seine Frau ihm nie die Chance gebe, selbst sexuell initiativ zu werden, da sie das Thema so häufig zur Sprache bringe, daß er fast immer der »Böse« sein müsse, indem er nein sagt.

Dieses Beispiel illustriert eine Problematik, die gewöhnlich in Beziehungen auftritt, in denen eine große Diskrepanz zwischen der Libido beider Partner herrscht. Die Unstimmigkeiten über das unterschiedliche sexuelle Verlangen führen dann meistens dazu, daß eine Person als »krank« oder

»sexuell unterentwickelt« etikettiert wird, und um das geringe Interesse dieser Person auszugleichen, geht der »gesunde« Partner dazu über, den anderen ständig verbal auf Sex hinzuweisen und damit vollkommen zu überfordern. Dieses Verhaltensmuster hat einen doppelten Zweck: Vordergründig glaubt der sexuell unterversorgte Partner, er oder sie müsse ein anhaltendes sexuelles Interesse signalisieren und damit den weniger interessierten Partner ständig daran erinnern, daß er oder sie die Sache nicht vergessen hat. Auf einer tieferen Ebene haben diese ständigen Hinweise jedoch noch ein ganz anderes Motiv, indem sie nämlich beim anderen Partner Schuldgefühle hervorrufen und letztendlich Groll, Ungeduld und Wut bewirken. »Das ist alles, woran er denkt« oder »Das ist alles, was sie von mir will« ist eine oft gehörte Klage von Menschen, die unter einem gehemmten Sexualtrieb leiden.

Allerdings verfallen nicht alle Paare, bei denen es um einen Machtkampf geht oder die Kommunikationsprobleme haben, in ein Muster der sexuellen Gefechte, und für einige Partner, denen es gelingt, sich an ihre jeweils gültigen Geschlechterrollen zu halten, ist die Vorhersehbarkeit ihrer gegenseitigen Reaktionen eher ein Vorzug als ein Problem. In einigen Beziehungen werden Konflikte und Spannungen auch dadurch gelöst, daß das Paar sexuell zusammenkommt, und manche streiten tatsächlich nur deshalb, weil sie den besten Sex immer dann haben, wenn sie sich wieder versöhnen. Worauf es uns ankommt, ist, daß die Mechanismen, die wir als kausale Elemente in vielen Fällen von ISD beschrieben haben, nicht immer zu sexueller Not oder Unzufriedenheit führen, was wahrscheinlich nicht nur ein Beweis für die Flexibilität und Anpassungsfähigkeit der Sexualität ist, sondern ebenso ein Anzeichen für die Eigenarten und Launen der menschlichen Natur.

Intimitätsprobleme spielen bei den Faktoren, die ein gehemmtes Sexualverlangen verursachen können, eine wesentliche Rolle und werden oft zusammen mit einigen der oben beschriebenen Mechanismen wirksam. Für manche Partner ist eine zu große Nähe in der Beziehung bedrohlich und angstauslösend, weshalb sie nach Mitteln und Wegen suchen, um den Grad an Nähe zu regulieren, etwa indem sie einen Streit provozieren, sich in die Arbeit flüchten oder aus der sexuellen Interaktion zurückziehen. Wenn sich ein solcher Partner durch diese Distanzierung einen ausreichenden Puffer verschafft hat, läßt die Angst nach, und er oder sie beginnt, sich wieder an den anderen anzunähern, woraus sich ein ständig wiederholender Kreislauf entwickeln kann. Bei anderen Paaren drücken sich Intimitätsprobleme dahingehend aus, daß sie einander mißtrauen oder Schwierigkeiten haben, ihre individuelle Unabhängigkeit zu wahren, wenn sie sich einander zu sehr anvertrauen, oder die Beziehung wird so symbiotisch, daß das eigentliche Sexualverlangen unterdrückt wird.

Margaret Nichols hat ausführlich beschrieben, auf welche Weise letzterer Aspekt auf solche lesbischen Paare zutrifft, die ihren Beobachtungen nach jahrelang glücklich miteinander sein können und dabei nur selten oder nie Geschlechtsverkehr haben. Nichols argumentiert, daß in vielen dieser Beziehungen ein Übermaß an Nähe entstanden ist, wodurch die individuellen Unterschiede und Bedürfnisse zugedeckt oder ignoriert werden, mit dem Resultat, daß sich ein für die sexuelle Spannung und das Verlangen notwendiges Maß an Geheimnis und Unvorhersehbarkeit reduziert.

Hinweise für die therapeutische Behandlung von ISD

Mit Ausnahme solcher Fälle, in denen die Ursache des gehemmten Sexualtriebs eine körperliche oder seelische Erkrankung ist, hängen die Chancen für eine erfolgreiche Behandlung hauptsächlich von der Motivation der Person ab, deren Libido beeinträchtigt ist. Läßt sich die betroffene Person nur widerwillig zu einer Therapie überreden und hat wenig oder gar kein Interesse an einer Veränderung der Situation, ist eine Therapie von vornherein zum Scheitern verurteilt. Wenn sich andererseits ein Paar um eine Behandlung bemüht, weil beide Partner unter den durch ISD entstandenen Problemen leiden, so steigen die Chancen für einen Behandlungserfolg beträchtlich an. *Jedoch* – und das ist ein wichtiger Einwand – ist es unserer Erfahrung nach auch dann, wenn ein Paar scheinbar einvernehmlich beschlossen hat, sich in Therapie zu begeben, notwendig, hinter die Fassade dieser Einigkeit zu schauen, denn in zahlreichen Fällen hat der stärker an Sex interessierte Partner die Zustimmung des anderen dadurch erzwungen, daß er mit Scheidung oder Trennung gedroht hat, was nicht gerade eine besonders positive Motivation ist, um ein dauerhaft verändertes Verhaltensmuster zu erwirken.

Ein anderes Problem, das ein massives Hindernis für eine erfolgreiche Paartherapie darstellt, tritt dann auf, wenn einer der Partner den anderen einfach nicht mehr so liebt. Obwohl gute Sexualtherapeuten Wunder wirken können, wenn es darum geht, ihren Klienten bei der Lösung ihrer sexuellen Probleme zu helfen, können sie nicht zaubern. Da es eine Menge Gründe dafür gibt, warum jemand trotz des Verlusts an Liebesgefühl in einer Beziehung bleibt – zum Beispiel wegen der Kinder oder der finanziellen Sicherheit –, ist diese Situation nicht so ungewöhnlich.

Ein ähnliches Problem, an dem eine Therapie zwar nicht unbedingt scheitern muß, das die Dinge aber um einiges komplizierter macht, kann darin bestehen, daß der angeblich sexuell apathische Partner in Wirklichkeit ein durchaus aktives Sexualleben außerhalb der Paarbeziehung führt. Und auch wenn mit ISD nur eine Veranlagung wie Pädophilie oder Exhibitionismus kaschiert werden soll, muß man bei der Behandlung einen konzeptionell anderen Weg einschlagen, das heißt, daß dabei neben der Paartherapie zumeist eine individuelle Psychotherapie erforderlich ist. Und schließlich glauben wir noch, daß eine Sexualtherapie für ISD kaum besonders effektiv sein dürfte, wenn sie nur die Person mit dem gehemmten Sexualverlangen einbezieht. Wegen der ungemein wichtigen Bedeutung, die der Beziehungsdynamik in dieser Situation zukommt – auch wenn die Beziehungsfaktoren selbst nicht die primäre Ursache von ISD sind, wirkt sie sich zweifellos auf das partnerschaftliche Verhältnis aus –, wäre eine individuelle Behandlung unter Ausschluß des Partners dem vergleichbar, daß man bei einem Konzert die Musiker betrachtet, aber nicht der Musik zuhört.

Diskrepanzen im Sexualverlangen

In Woody Allens Film *Der Stadtneurotiker* gibt es eine wunderbare Szene, in der man gleichzeitig Woody Allen in der Praxis seines Psychoanalytikers und seine von Diane Keaton gespielte Partnerin in einer Sitzung mit ihrer Therapeutin sieht. Beide werden gefragt, wie häufig sie miteinander schlafen.

»Fast nie«, klagt Woody, »vielleicht dreimal die Woche.«

»Ständig«, antwortet Diane, »ich würde sagen, dreimal die Woche.«

Wie dieser kurze Dialog zeigt, klagen mehr Paare über unterschiedliche sexuelle Bedürfnisse als über irgendeine andere Kategorie sexueller Probleme, und man wundert sich in solchen Fällen oft, wie zwei in ihren Bedürfnissen so unterschiedliche Partner überhaupt zueinander gefunden haben.

Die Antwort ist relativ einfach: Wenn zwei Menschen anfangen, sich stark zueinander hingezogen zu fühlen – sei es, wenn sie miteinander ausgehen, zusammenleben oder gerade geheiratet haben –, scheinen sie ein bemerkenswert ähnliches Verlangen nach Sex zu haben. Das kommt teilweise daher, daß gravierendere Diskrepanzen im Sexualverlangen, wenn sie zu Beginn der Beziehung sichtbar werden, ein selektives Verhalten auslösen, mit dem allzu unpassende Konstellationen vermieden werden, und zum anderen, daß sich im Stadium der Verliebtheit beide Partner sehr bemühen, dem anderen gegenüber sensibel, romantisch, sinnlich und sexy zu sein. Nachdem sich dieser anfängliche Glanzeffekt aber abgenutzt hat, die gemeinsame Sexualität nicht mehr so neu und aufregend ist und der Wunsch, dem Partner zu gefallen, davon abgelöst wird, daß man zuerst an sich (oder die Kinder) denkt, kann Sex nicht nur zur Routine werden, sondern auch häufig weniger befriedigend sein – und für einige Menschen zu einer Pflichtübung ausarten. Die natürliche Folge davon ist, daß die Häufigkeit des Geschlechtsverkehrs nachläßt.

Hat sich dieser neue Zustand in der sexuellen Beziehung schließlich stabilisiert, ist es gut möglich, daß er für beide Partner in gegenseitiger Übereinstimmung vollkommen befriedigend ist. Aber bei vielen Paaren fühlt sich dann einer der Partner sexuell unterversorgt und der andere häufig von den scheinbar unersättlichen sexuellen Bedürfnissen des Gegenübers bedrängt und überfordert. Das Dilemma wird noch zusätzlich verschärft, indem die Person, die sich sexuell vernachlässigt fühlt, meistens ein übersteigertes Sexualverlangen verspürt, was wiederum eine stark negative Auswirkung auf die Person mit der geringeren Libido hat, weil diese die sexuellen Gedanken und Gefühle des Partners als eine Art Besessenheit und eine permanente Forderung empfindet.

Im Falle eines Widerstreits zwischen sehr unterschiedlichen sexuellen Bedürfnissen wird das normale Geben und Nehmen zwischen den Partnern durch eine ständige Auseinandersetzung über die sexuelle Motivation oder den Mangel daran verzerrt. Ebenso wie die Person mit einem geringeren Sexualverlangen davon überzeugt ist, daß der andere ständig an Sex denkt, so ist umgekehrt die Person mit der größeren Geschlechtslust überzeugt, daß der Partner überhaupt nie daran denkt. Oder noch schlimmer: Die sexuell unterversorgte Person fängt an zu glauben, daß sich der andere absichtlich sexuell verweigert, um ihn oder sie zu quälen. Jemand, der so häufig an Sex denkt – nämlich ungefähr so wie ein Verdurstender an Wasser –, kann gar nicht begreifen, daß der andere nicht auch an Sex denkt. Wenn die Frau zum Beispiel aufwacht und sich duscht und noch ein bißchen Zeit vor dem Frühstück hat, denkt sie bereits an Sex und ist verwirrt und verärgert, wenn der Mann desinteressiert ist, weil er damit beschäftigt ist, sich anzuziehen und auf einen harten Arbeitstag vorzubereiten. Oder wenn der Mann seine Partnerin im Büro anruft, um zu sagen, daß er an diesem Tag früher nach Hause kommt, denkt er an Sex, während sie es als eine Einladung zu einem gemütlichen Abendessen auffaßt. Kein Wunder, daß er verstimmt ist, wenn sie keine Lust hat, mit ihm ins Bett zu gehen, kaum daß er um sechs Uhr abends zur Tür hereinkommt, weil sie müde ist, über ein Problem nachdenkt oder in ihre Lektüre versunken ist. »Vielleicht morgen«, sagt sie tröstend, aber er versteht es nur als eine weitere Ausflucht und nimmt sich vor, sich für die Vernachlässigung seiner Bedürfnisse zu rächen.

Aller Wahrscheinlichkeit nach hat keiner von beiden die Absicht, den anderen zu verletzen, und vermutlich kann sich auch keiner in den anderen hineinversetzen, denn wenn sie es könnten, ließen sich die Probleme leichter lösen. Aber obwohl solche seit langem schwelenden Konflikte so tief in einer Beziehung verwurzelt sein können, daß es sich anfühlt, als sei man in einer sich unaufhörlich weiterbewegenden Drehtüre gefangen, wollen wir die Betroffenen darauf hinweisen, daß man aus einer Drehtüre auch wieder heraustreten kann, wenn man nur aufhört, dagegen zu drük- ken.

Praktische Hinweise für den Umgang mit Diskrepanzen im Sexualverlangen

Wie die genannten Beispiele zeigen, kommt es zu schwerwiegenden Span- nungen in einer Paarbeziehung, wenn einer der Partner dauernd und beharrlich mehr Sex will als der andere. Im folgenden möchten wir ein paar Anregungen zur Selbsthilfe geben, die dazu beitragen können, die Situation zu verbessern.

1. Teilen Sie sich deutlich mit.
Wir sind immer wieder verblüfft darüber, wie viele ansonsten überaus intelligente und kommunikative Menschen diese einfache Regel mißach- ten. Weit stärker, als die meisten Paare realisieren, trägt nämlich eine fehlende oder unklare Kommunikation dazu bei, daß sie in ihrer sexuellen Beziehung in eine Sackgasse geraten. Wie im Fall von Betty M., einer attraktiven 37jährigen Immobilienmaklerin, die mit Bill, einem Verkaufs- manager, verheiratet ist. Wenn sie Sex wollte, vollzog sie ein ganz bestimm- tes Vorbereitungsritual: Sie nahm ein Bad mit duftenden Essenzen und zog ein Nachthemd an, von dem sie glaubte, daß es ganz besonders sexy sei. Das Problem war dann, daß Bill auf diese Signale häufig nicht reagierte, woraufhin sie schrecklich unleidlich wurde und sich vernachlässigt fühlte. Es waren etliche Sitzungen in der Eheberatung notwendig, bevor sich herausstellte, daß Bill überhaupt keine Ahnung hatte, was sie im Badezim- mer tat, und auch nie bemerkte, welches Nachthemd sie trug (»Die sehen für mich irgendwie alle gleich aus«, sagte er). Was sie als einen Mangel an sexuellem Interesse seinerseits interpretiert hatte, war also nichts weiter als ein Nichtbemerken ihrer sexuellen Signale. »Wenn du mir einfach sagen würdest, wann du mit mir schlafen möchtest, wäre alles klar«, meinte Bill, und danach steigerte sich die Häufigkeit ihrer sexuellen Aktivitäten bis zu einem für Betty befriedigenden Grad.
    Natürlich ist es nicht immer so einfach. Einige Menschen finden, daß eine direkte Einladung zum Sex die Sache irgendwie weniger romantisch und spontan macht. Aber dieses Problem ließe sich dadurch lösen, daß man einen Code erfindet, mit dem die Partner ihr Interesse an Sex deutlich machen können, ohne daß es so klingt, als würden sie eine Pizza bestellen.

Natürlich muß man sich vorher auf die verschlüsselte Mitteilung einigen, und es muß auch eine Möglichkeit vorgesehen werden, wie der »eingeladene« Partner deutlich machen kann, daß er oder sie die Aufforderung ablehnt. Wir kannten zum Beispiel ein Paar, das für seine erotischen Einladungen den Satz gewählt hat: »Möchtest du heute abend tanzen gehen?« Ein anderes hatte sich auf eine eher literarische Anspielung geeinigt, indem es ein sexuelles Interesse mit der Frage umschrieb: »Kann ich dir ein paar Gedichte vorlesen?« Achten Sie darauf, daß Sie eine Metapher wählen, die beiden sympathisch ist und Sie nicht unbedingt in Gelächter ausbrechen läßt. »Wie wär's mit einem kleinen Ringkampf?« könnte bei vielen Partnern die falschen Assoziationen wecken.

2. *Unterscheiden Sie zwischen einer Einladung und einer Forderung.*
Mit ein paar Ausnahmen, die wohl eher im Bereich der sexuellen Phantasien als in der Wirklichkeit anzutreffen sind, möchte niemand zu irgend etwas gedrängt werden. Und im Zusammenhang mit der sexuellen Interaktion kann man mit Sicherheit davon ausgehen, daß es ziemlich kontraproduktiv ist, dem Partner Forderungen zu stellen, denn die Person, von der etwas verlangt wird (statt erbeten), fühlt sich daraufhin genötigt, wird unwillig und reagiert sicher nicht mit Leidenschaft beziehungsweise wahrscheinlich nicht einmal mit einer lauwarmen Einwilligung. Den meisten Partnern ist diese Tatsache bewußt, und statt ihre sexuellen Wünsche als Forderungen zu artikulieren, bitten, feilschen oder schmeicheln sie, um den anderen zum Sex zu bewegen.

Bei Paaren mit einer schwerwiegenden Diskrepanz im Sexualverlangen ist diese natürliche Dynamik jedoch gestört, denn die Person, die zu einer sexuellen Aktivität eingeladen wird, hört daraus überhaupt keine Einladung, sondern eine Forderung und nimmt es insofern als einseitig, rücksichtslos, egoistisch und lästig wahr, was oft auch gar nicht so abwegig ist, wie es sich zunächst anhört. Die Erfahrung – eigentlich *viele* Erfahrungen – hat diese Person nämlich gelehrt, daß das, was als Einladung ausgegeben wird (»Es liegt ganz bei dir«) in Wirklichkeit eine Forderung ist. Und zwar in dem Sinne, daß im Falle einer Ablehnung aus dem Grad an Enttäuschung und Unmut, den der andere Partner daraufhin zeigt, klar ersichtlich wird, daß es überhaupt keine Einladung war, sondern nur eine dürftig kaschierte Form der Forderung, die mit der Zeit immer mehr zu einer Zumutung wird, gerade weil sie scheinbar so harmlos und bescheiden daherkommt.

3. *Versuchen Sie, den Sex auf kleiner Flamme zu halten, statt zu erwarten, daß er jedesmal ekstatisch sein muß.*
Das soll heißen, wenn die Partner meinen, die sexuelle Lust müsse sich immer kochendheiß anfühlen, könnte die nicht so stark interessierte Per-

son seine oder ihre Empfänglichkeit prüfen und sich sagen: »Na ja, ich fühle mich nicht so richtig erregt, daß muß also bedeuten, daß ich nicht wirklich interessiert bin.« Diese Art von vorauseilender Selbstkontrolle wirkt oft kontraproduktiv, denn damit bleibt die Möglichkeit außer acht, daß sexuelle Gefühle und Reaktionen geweckt werden können, indem man sich einfach ohne Checkliste, auf der ständig Erfolg oder Mißerfolg abgelesen wird, der Situation überläßt.

4. Machen Sie sich den Unterschied bewußt, der zwischen dem Zurückweisen einer Aktivität und dem Zurückweisen einer Person liegt.
Das ist eins der Hauptprobleme, wenn es um individuelle Unterschiede im Sexualverlangen geht. Wie Sie den Vorschlag Ihres Partners ablehnen, wenn Sie nicht in der Stimmung für Sex sind, hat eine Menge damit zu tun, wie er oder sie darauf reagiert. Fühlt sich der andere als Person abgelehnt, wird er sich zwangsläufig verletzt oder wütend zeigen. Wenn Sie ihrem Partner jedoch den Grund dafür erklären, warum Sie in dem Moment keine Lust auf Sex haben (und die Möglichkeit offen lassen, daß sich diese Situation bald ändern kann), wird er sich nicht mehr so vorkommen, als hätten Sie ihm oder ihr gerade die Tür vor der Nase zugeknallt.

Die andere Seite dieser Medaille besteht darin, daß Sie, wenn sich Ihr Partner Ihren sexuellen Annäherungsversuchen entzieht, nicht gleich annehmen sollten, er oder sie wende sich von Ihnen ab. Wenn Sie sich trotzdem abgelehnt fühlen, besonders, falls Sie ein sehr starkes Bedürfnis nach sexueller Nähe und Erfüllung haben – sollten Sie darüber reden, statt stillschweigend zu schmollen.

5. Üben Sie sich in der Kunst des Kompromisses.
In partnerschaftlichen Beziehungen ist jeder von beiden für gewöhnlich bereit, dem anderen gelegentlich sexuell zur Verfügung zu stehen, wenn er oder sie das braucht. Dabei müssen Sie nicht jedesmal in leidenschaftlicher Höchstform sein, damit die Sache funktioniert. Tatsächlich kann ein »Quickie« – nicht unbedingt mit Geschlechtsverkehr – oft ausreichend sein, um die Bedürfnisse Ihres Partners zu befriedigen, ebenso wie ein kleiner Imbiß manchmal eine größere Mahlzeit ersetzen kann, wenn jemand hungrig ist. Frauen können ihren Partnern fast immer ohne allzu große körperliche Schwierigkeiten diesen Gefallen tun (vorausgesetzt, es liegen keine physischen Probleme vor wie ein schweres prämenstruelles Syndrom, eine Vaginalentzündung oder dergleichen), während es die anatomischen Gegebenheiten beim Mann erforderlich machen, daß er, wenn er nicht zumindest mäßig erregt ist, seine Partnerin mit anderen Mitteln als einem vollerigierten Penis sexuell stimuliert. Und dagegen ist auch absolut nichts einzuwenden!

6. Gehen Sie nicht an jeden Geschlechtsverkehr so heran, als müsse er nach einem bestimmten Muster verlaufen.
Wenn Sie in Ihrer gemeinsamen Sexualität flexibel und offen für Alternativen sind, wird Ihnen das vielleicht mehr bringen, als Sie denken. Nehmen wir zum Beispiel den Fall von Dave und Mary L. Nach 14 Jahren Ehe und drei Kindern war Mary meistens müde und nicht mehr besonders an Sex interessiert. Dave war nicht nur stärker interessiert als Mary, sondern er wurde – wie das häufig in solchen Situationen geschieht – immer besessener von dem Gedanken an Sex, je häufiger seine Annäherungsversuche zurückgewiesen wurden. Die Lösung, zu der sie nach einer einstündigen Sexualberatung bei uns gelangten, war erstaunlich einfach: Mary erklärte sich bereit, Dave »gefällig« zu sein, auch wenn sie nicht unbedingt in der Stimmung ist, wenn Dave ihre Ablehnung in solchen Momenten respektieren würde, in denen sie sich wirklich zu erschöpft fühlt. Außerdem wurde vereinbart, daß sie bestimmen dürfe, *wie* sie ihm gefällig sein wollte, mit der Hand, dem Mund oder mit einem Koitus, was ihr mehr Wahlmöglichkeiten gab – und mehr Kontrolle. Dave ließ sich ursprünglich auf diese Übereinkunft ein, weil, wie er es ausdrückte, die Hälfte besser sei als gar nichts, entdeckte aber bald, daß diese Hälfte immer mehr wurde, während Marys Bereitschaft, nach ihren Bedingungen statt nach seinen zur Verfügung zu stehen, anscheinend etwas in ihr löste, und sie die gemeinsame Sexualität allmählich wieder interessanter und verlockender fand. Gleichzeitig begann Dave, in seinem Sexualverlangen weniger bedrängend zu sein, da sich seine Partnerin jetzt häufiger als vorher auf eine sexuelle Aktivität einließ (auch wenn sie dabei immer noch nicht so wild und leidenschaftlich war, wie er sich das gewünscht hätte).
Die Moral von dieser Geschichte ist jedenfalls simpel: Wenn sich beide Partner auf halbem Weg entgegenkommen, werden die Differenzen im Sexualverlangen oft belanglos, oder sie verschwinden sogar ganz. Denn das Leiden der Person, deren sexuelle Bedürfnisse in einer Beziehung nicht erfüllt werden, wird noch verstärkt durch den Mangel an Bereitschaft, zu versuchen, sich mit seinen oder ihren Bedürfnissen zu befassen – schließlich hat niemand gern das Gefühl, vernachlässigt oder ignoriert zu werden.

7. Teilen Sie es dem anderen deutlich mit, wenn Sie in dem Moment, in dem Sie zum Sex »eingeladen« werden, zwar kein Interesse haben, aber die Möglichkeit sehen, daß Sie vielleicht später Lust bekommen.
Wenn Ihr Partner um vier Uhr nachmittags großen Hunger hat, Ihnen aber zu diesem Zeitpunkt nicht danach ist, etwas zu essen, gibt es keinen Grund dafür, daß Sie es dennoch tun. Warum sollte das beim Sex anders sein? Wenn Sie nicht genau zur selben Zeit das Verlangen nach Sex haben, sich

aber die Möglichkeit offen lassen, daß es später am Abend eher der Fall sein könnte, haben Sie Ihren Partner nicht ganz ausgeschlossen. Und auch wenn die ursprüngliche Einladung zunächst nur von einem der Partner kam, haben nun beide die Möglichkeit, dem anderen zu zeigen, ob und wann sie Lust haben.

8. Erweitern Sie Ihr sexuelles Repertoire.

Da Langeweile Gift für befriedigenden Sex ist, wäre es ziemlich unklug, ein schwindendes sexuelles Interesse dadurch anfachen zu wollen, daß man immer wieder nach dem gleichen Drehbuch verfährt. Auch in Beziehungen, in denen keine sexuelle Störung vorliegt, ist ein Grund für nachlassendes sexuelles Interesse und Diskrepanzen im Sexualverlangen, daß Sex zu sehr zur Routine wird. Wenn Sie immer wieder das gleiche tun, in der gleichen Position und vielleicht sogar zur gleichen Tageszeit, kann Ihr Sexualleben allzu vorhersehbar und schließlich langweilig werden. Die Lösung ist ganz einfach: Versuchen Sie es mal mit etwas anderem. Das soll nicht heißen, daß Sie nun hergehen und einen anderen Partner hinzuziehen (obwohl das sicher eine Möglichkeit wäre, Ihr sexuelles Repertoire zu erweitern), sondern daß Sie versuchen, innerhalb Ihrer Paarbeziehung ein paar Veränderungen einzuführen. Wenn Sie es gewohnt sind, vor dem Essen immer eine kalte Vorspeise zu sich zu nehmen, sollten Sie mal eine warme probieren, und wenn Sie immer Käse statt Kuchen zum Nachtisch hatten, nehmen Sie doch gelegentlich mal den Kuchen. Mit anderen Worten, versuchen Sie etwas, was Sie in letzter Zeit nicht oder vielleicht sogar noch nie gemacht haben, variieren Sie das Timing, das Umfeld (ein Hotelzimmer oder der Wohnzimmerteppich), benutzen Sie einen Vibrator oder ein besonders gut riechendes Massageöl, um Ihrem erotischen Erleben eine neue Dimension zu verleihen.

9. Wenn Sie nur ein laues Lustgefühl verspüren, benutzen Sie sexuelle Phantasien zur Erregungssteigerung.

Sexualphantasien sind unglaublich wirksame Katalysatoren, um die eigene Erregung zu steigern und zu beschleunigen. Menschen mit einem geringen Sexualverlangen denken jedoch nicht sehr häufig an Sex und haben auch nicht viele sexuelle Phantasien. Man kann dieses Muster allerdings durchbrechen, indem man bewußt erotische Phantasien heranzieht, um das eigene Sexualleben zu bereichern, und wenn man selbst keine solchen Wunschvorstellungen hat, kann man zunächst verschiedene Bücher zu Rate ziehen, in denen die gebräuchlichsten Sexualphantasien beschrieben werden. Wie wir schon oft gesagt haben: Sexuelle Phantasien sind wahrscheinlich das beste Aphrodisiakum, das es gibt.

10. *Finden Sie heraus, was Ihrer sexuellen Aktivität im Wege steht, und überlegen Sie sich, wie Sie dieses Hindernis umgehen können.*
Kinder sind zum Beispiel eine der Hauptursachen für ein nachlassendes Sexualverlangen. Wenn sie noch klein sind, können sie so anstrengend sein, daß ihre Eltern, kaum daß sie abends im Bett sind, nur noch schlafen wollen, statt einander mit Leidenschaft und Hingabe in die Arme zu fallen. Und auch ältere Kinder neigen dazu, sich gerade dann besonders bemerkbar zu machen, wenn man versucht, etwas Zeit für sich und den Partner zu haben – und kaum etwas kann beim Sex störender sein, als wenn der fünfzehnjährige Teenager plötzlich an die Schlafzimmertür klopft. Zwar ließen sich diese Probleme relativ leicht lösen, doch schrecken viele Eltern davor zurück, so als würde es der Entwicklung der Kinder irgendwie schaden, wenn sie gelegentlich ihre sexuellen Bedürfnisse vor die des Kindes stellen. Im Fall der erschöpften Eltern eines Kleinkindes würde sich anbieten, ab und zu einen Babysitter kommen zu lassen, damit die Partner einmal aus dem Haus gehen, sich ausruhen oder ihre sexuellen Batterien aufladen können. Das zweite Problem, die Störung durch ältere Kinder, ließe sich zum Beispiel mit einem BITTE NICHT STÖREN-Schild an der Tür lösen. Wenn es in Ihrem Sexualleben solche oder ähnliche Hindernisse gibt, sollten Sie sich in jedem Fall mit Ihrem Partner zusammensetzen, um diese Probleme aufzulisten und sich dann zu überlegen, wie man sie in den Griff bekommen könnte.

Punkteschlüssel für den Selbstbeurteilungstest: Habe ich ein vermindertes Sexualverlangen?

1. Schritt: Rechnen Sie die Anzahl der Punkte für Ihre Antworten auf die Fragen 1 bis 10 zusammen und tragen Sie die Summe auf der Linie A ein.
2. Schritt: Rechnen Sie die Anzahl der Punkte für Ihre Antworten auf die Fragen 11 bis 15 zusammen und tragen Sie die Summe auf der Linie B ein.
3. Schritt: Verdoppeln Sie die Zahl auf der Linie B und tragen Sie die Summe auf der Linie C ein.
4. Schritt: Rechnen Sie die Zahlen auf den Linien A und C zusammen, um auf Ihre Gesamtpunktzahl zu kommen.

Linie A _____

Linie B _____

Linie C _____

A + C _____   Gesamtpunktzahl

Eine Gesamtpunktzahl von unter 90 zeigt an, daß Sie kein vermindertes Sexualverlangen haben. Bei einer Summe von 90 bis 120 könnte ISD vorliegen, ist jedoch nicht mit Sicherheit daraus abzulesen. Eine Gesamtsumme von 121 bis 140 legt die Wahrscheinlichkeit eines gehemmten Sexualverlangens sehr nahe, ist allerdings nicht als definitive Diagnose zu werten. Eine Gesamtpunktzahl von über 140 zeigt an, daß Sie ISD haben, obwohl dieser Test für eine definitive Diagnose nicht ausreicht. Für Leser, deren Ergebnis im Bereich von 121 und mehr liegt und deren mangelndes sexuelles Interesse ein Problem für sie ist, empfehlen wir dringend, mit einem qualifizierten Sexualtherapeuten oder Eheberater zu sprechen.

FÜNFTES KAPITEL
Ejakulationsstörungen

Bis gegen Ende dieses Jahrhunderts war das Wissen über Ejakulationsstörungen äußerst dürftig. Ein Grund dafür ist, daß im Bereich der Medizin überraschend wenige Untersuchungen zu diesem Thema angestellt wurden, was wiederum auf eine Kombination aus wissenschaftlicher Zurückhaltung, gesellschaftlicher Tabuisierung und tatsächlichen Mißverständnissen zurückzuführen ist. So ging man zum Beispiel von der Annahme aus, Ejakulationsstörungen seien Sekundärsymptome der Impotenz, und diese Fehldiagnose ließ die Chancen einer erfolgreichen Behandlung ziemlich gering ausfallen. Nachdem es sich jedoch erwiesen hatte, daß es sich bei dieser Form der sexuellen Funktionsstörung um eine Kategorie handelt, die sich von den meisten Fällen der erektilen Schwierigkeiten unterscheidet, führte die Entwicklung neuer Behandlungsmethoden, mit denen der Ejakulationsreflex sozusagen umprogrammiert wurde, zu einer erstaunlich hohen Heilungsrate.

In diesem Kapitel wollen wir zwei Phänomene erörtern, die sich an den gegenüberliegenden Enden des Spektrums von Ejakulationsproblemen befinden, nämlich das sehr weitverbreitete der vorzeitigen Ejakulation (*Ejaculatio praecox*) und das relativ seltene der verzögerten Ejakulation (*retardierte Ejakulation*). Beide können eine starke Frustration und psychisches Leid verursachen, und zwar nicht nur für den betroffenen Mann, sondern auch für seine Partnerin.

Vorzeitige Ejakulation

Die vorzeitige Ejakulation ist zwar eine der beunruhigendsten aller sexuellen Funktionsstörungen, aber glücklicherweise auch eine der am leichtesten zu bewältigenden. Obwohl es keine genauen Statistiken über die generelle Verbreitung dieses Problems gibt, scheint die vorzeitige Ejakulation die am häufigsten auftretende männliche Dysfunktion zu sein, und unseren Schätzungen zufolge liegt sie bei 15 bis 20 Prozent aller amerikanischen Männer in einer zumindest milderen Form vor.

Das Hauptproblem bei der vorzeitigen Ejakulation besteht darin, daß der Mann zu rasch ejakuliert. Dabei tritt in den gravierendsten Fällen der Samenerguß regelmäßig auf, bevor der Penis in die Vagina eingeführt werden kann, während sich die Ejakulation in weniger schweren Fällen meistens während des Eindringens oder ein paar Sekunden danach ereignet. Andere Männer mit einer schwächeren Form dieser Dysfunktion schaffen es, die Ejakulation lange genug zurückzuhalten, um mit dem Koitus zu beginnen, verlieren aber nach ein paar Stoßbewegungen in der Vagina die Kontrolle, gleichgültig wie sehr sie sich bemühen, nicht zu schnell erregt zu werden. Ein 33jähriger Mann hat es uns gegenüber einmal so ausgedrückt: »Sobald meine Frau anfängt, sich zu bewegen, schieße ich los wie eine Kanone.«

Eine rasche Ejakulation ist nicht *immer* ein Problem. Einige Paare bevorzugen Sex, der leidenschaftlich ist und möglichst bald zum Höhepunkt führt, andere sind ganz zufrieden damit, wenn es einfach schnell geht. In anderen Fällen werden die sexuellen Bedürfnisse der Frau vor der Penetration befriedigt (zum Beispiel durch manuelle oder orale Stimulation oder durch die Verwendung eines Vibrators), und einige Frauen passen sich der mangelnden Kontrolle ihres Partners an, indem sie lernen, selbst sehr rasch zum Höhepunkt zu kommen. Millionen anderer Paare leiden jedoch unter diesem Problem, weil es für sie zu einer Quelle ständiger Verunsicherung, Streitigkeiten und sexueller Frustration geworden ist.

Zwar wurde unter den Experten lange über die genaue Definition der verfrühten Ejakulation debattiert, doch ein Mann, der dieses Problem hat, wird mit semantischer Haarspalterei kaum zu einem besseren Verständnis gelangen. Ältere Definitionen, wonach das Unterschreiten eines genau bemessenen Mindestzeitraums von beispielsweise 30 Sekunden als verfrüht galt, wurden inzwischen zugunsten einer flexibleren und vernünftigeren Sichtweise verworfen. (Einige Männer haben sogar versucht, ihr koitales Durchhaltevermögen mit der Stoppuhr zu messen, was nicht gerade dazu beiträgt, daß die sexuelle Interaktion zu einem entspannten und romantischen Erlebnis wird, sondern nur die Tatsache bestätigt, wie häufig sich Männer einem Leistungsdruck unterwerfen.) Nach der Definition der *American Psychiatric Association* (APA) handelt es sich bei der vorzeitigen Ejakulation um eine »Ejakulation, die bei minimaler sexueller Stimulation dauernd oder häufig vor, während oder kurz nach der Penetration und bevor der Mann es wünscht, auftritt«. (APA: *Diagnostic and Statistical Manual of Mental Disorders*, 1987) Natürlich läßt sich darüber streiten, was als »kurz nach der Penetration« gelten kann. Es gibt Paare, die glauben, daß der Geschlechtsverkehr nach 10 oder 20 Sekunden vorbei sein sollte, und sich damit zufrieden geben, während andere enttäuscht sind, wenn es der Mann nicht schafft, mindestens 15 Minuten heftige Koitalakrobatik durchzuhalten. Auch der letzte Teil der offiziellen Definition ist problematisch, weil es sich bei der Ejakulation schließlich um eine Reflexreaktion handelt, die sich normalerweise nicht willentlich kontrollieren läßt. Das heißt, trotz der Tatsache, daß sich viele Männer *wünschen*, sie hätten mehr Ausdauer beim Geschlechtsverkehr, reicht der Wunsch oder das Verlangen in diesem Fall nicht aus, um feststellen zu können, ob ein Problem vorliegt. Die APA hat diesen strittigen Punkt offenbar erkannt, als sie in einer neueren Ausgabe ihres Handbuchs den Begriff der »angemessenen willentlichen Kontrolle« einführte. Aber die meisten Männer werden nie den gleichen Grad an willentlicher Kontrolle über ihre Ejakulation erlangen, wie sie sie über ihre Blasenfunktion haben, und einige scheinen ebensowenig imstande zu sein, ihren Samenerguß zu kontrollieren wie ihre Herzfrequenz oder das Ausmaß ihrer Schweißabsonderung.

Man kann jedoch sagen, daß ein dauernd auftretender allzu rascher Samenerguß das Kennzeichen für eine verfrühte Ejakulation ist, während Männer, die nur in bestimmten Situationen Probleme haben, den Zeitpunkt ihrer Ejakulation zu kontrollieren, nicht wirklich an dieser Funktionsstörung leiden. Es kommt zum Beispiel sehr häufig vor, daß ein Mann, der in dieser Hinsicht wenig oder keine Schwierigkeiten mit seiner festen Sexualpartnerin hat, mit einer neuen Partnerin in halsbrecherischer Geschwindigkeit ejakuliert. Die gesteigerte psychische Erregung und auch die verstärkten Leistungsängste im Zusammensein mit einer unvertrauten Person tragen also zweifellos zu der überstürzten Reaktion bei. Ein anderes, häufiges Beispiel für eine sehr rasche Ejakulation liegt dann vor, wenn ein Mann erstmals wieder einen Koitus versucht, nachdem er für einen längeren Zeitraum keinen Sex hatte – im allgemeinen nach einigen Wochen oder länger.

Ein zusätzlich verwirrender Aspekt der vorzeitigen Ejakulation besteht in der Tatache, daß die meisten Männer mit diesem Problem nur beim Koitus nicht imstande sind, ihre Ejakulation zu kontrollieren, während sie bei der Masturbation ohne Partner über einen erstaunlich langen Zeitraum hinweg einen hohen Erregungsgrad halten können, ohne zu ejakulieren. Und ebenso haben viele Männer mit ansonsten mangelnder Ejakulationskontrolle keine Probleme, wenn sie oral befriedigt werden, obwohl in den schwierigsten Fällen auch diese Form der Stimulation beinahe sofort einen explosionsartigen Samenerguß hervorruft.

Eine Reihe von Untersuchungen hat ergeben, daß kulturelle, bildungsmäßige und sozioökonomische Variablen ebenfalls eine Rolle bei der Frage spielen, ob ein Paar die sehr rasche Ejakulation des Mannes als ein Problem empfindet. So trifft man in den sozial eher unterprivilegierten Bevölkerungsgruppen häufig auf die Ansicht, daß Sex hauptsächlich dem Vergnügen des Mannes diene, und ein schneller Samenerguß sogar als positiv und ein Zeichen von Männlichkeit gelte.

Da die meisten Paare das Problem der vorzeitig auftretenden Ejakulation jedoch als frustrierend und sogar quälend empfinden, probieren sie es häufig mit verschiedenen neuartigen, aber im allgemeinen eher unbefriedigenden Strategien. So werden zum Beispiel Salben benutzt, die eine örtliche Betäubung bewirken, um die Erregbarkeit des Mannes zu dämpfen, aber meistens erweisen sich diese Mittel aus zwei Gründen als unbrauchbar: Einmal wird das Problem damit nicht gelöst, und zum anderen überträgt sich die Salbe auch auf die Partnerin, wodurch auch deren genitale Empfindungsfähigkeit beeinträchtigt wird, was wohl kaum zu einer lustvollen und befriedigenden sexuellen Interaktion beiträgt. Eine etwas bessere Möglichkeit ist die Verwendung eines Kondoms, wodurch das Erregungsniveau des Mannes so weit gesenkt werden kann, daß sich seine »Standfestigkeit« verbessert. Allerdings gilt dies nur für Männer mit einer sehr milden Form von Ejaculatio praecox, wohingegen es für Männer, bei denen diese Dysfunktion stärker ausgeprägt ist, wenig bis gar nichts verändert. Dann gibt es noch die mentale Methode, mit der der Mann bewußt versucht, sich von seiner Erregung abzulenken, indem er beispielsweise langsam von eintausend bis null rückwärts zählt oder stumm ein bestimmtes Gedicht rezitiert. Aber erstens erweist sich diese Technik in den meisten Fällen als ineffizient, und zweitens wirkt sie sich ebenfalls lähmend auf die zwischenpartnerschaftliche Intimität aus. Auch ähnliche Ablenkungsmethoden, indem sich etwa die Frau beim Sex der Berührungen enthält, jeden Kontakt mit dem Penis vermeidet und ihren Partner nicht einmal küßt, während sich der Mann ungemein anstrengt, sie zu erregen, enden meistens in einem Desaster.

Es gibt allerdings zwei Selbsthilfemethoden, die zahlreichen von diesem Problem betroffenen Paaren geholfen haben. Die erste basiert auf der Tatsache, daß bei vielen Männern mit vorzeitig auftretender Ejakulation der Samenerguß wesentlich weniger dringlich ist, nachdem sie bereits einmal ejakuliert haben. Für diejenigen, denen es gelingt, wenige Stunden nach der ersten Ejakulation noch einmal sexuell erregt zu werden, kann der Koitus beim zweiten Mal ein relativ entspanntes Ereignis sein. Einige Paare tun das zusammen, während andere den Mann eine oder zwei Stunden vor dem Geschlechtsverkehr durch Selbstbefriedigung zum Höhepunkt kommen lassen. Die zweite Methode besteht darin, daß der Mann vor der sexuellen Begegnung mäßig Alkohol trinkt – also zum Beispiel einen Schnaps oder zwei Gläser Wein –, was die Geschwindigkeit des Ejakulationsreflexes so weit verzögern kann, daß er das Gefühl stärkerer Selbstkontrolle erhält und auch seine große Angst angesichts der sexuellen Begegnung mindern kann. Das funktioniert, weil sich Alkohol dämpfend auf das Zentralnervensystem auswirkt und die Reflexe verlangsamt, ohne alle anderen sexuellen Empfindungen zu blockieren. Der Nachteil ist, daß bei einigen Männern die Menge an Alkohol, die notwendig ist, um ihre Ejakulation zu kontrollieren, gleichzeitig ihre Erektionsfähigkeit herabsetzt, was den Koitus schließlich unmöglich machen kann. Andere Männer wiederum dürfen aus medizinischen oder religiösen Gründen keinen Alkohol, zu sich nehmen, weshalb diese Methode für sie nicht in Frage kommt.

Die Ursachen für eine verfrühte Ejakulation sind bislang nicht hinlänglich geklärt, allerdings liegen organische Ursachen, wie zum Beispiel eine Anomalie der Vorsteherdrüse oder eine Entzündung der Genitalien, in den seltensten Fällen vor. Eine vormals verbreitete psychoanalytische Erklärung, wonach Männer mit Ejaculatio praecox in ihrem Unterbewußtsein feindselige Gefühle gegenüber Frauen hegen (und ihre Partnerinnen deshalb »bestrafen«, indem sie rasch ejakulieren und ihnen damit die Möglichkeit vorenthalten, den Sex zu genießen), wurde inzwischen weitgehend verworfen. Statt dessen gehen die Experten heutzutage davon aus, daß das Entstehen dieser Dysfunktion entweder aus frühen sexuellen Erfahrungen herrührt, durch die die hohe Reaktionsgeschwindigkeit konditioniert wurde, oder solchen Ängsten entspringt, die in sexuellen Situationen aktiviert werden.

Da die meisten Jungen ihre ersten Ejakulationen bei der Masturbation oder infolge eines sexuellen Traums erleben, wissen sie bei ihren frühesten Sexualkontakten natürlich nicht, daß sie möglicherweise das Tempo ihrer sexuellen Reaktion verlangsamen sollten, um Rücksicht auf die Bedürfnisse ihrer Partnerin zu nehmen. Und die in der Pubertät bei Jungen so beliebten Gruppenmasturbationswettbewerbe, das sogenannte »Wettwichsen«, veranschaulicht die Tatsache, daß eine rasche Ejakulation als wünschenswert und ausgesprochen männlich gelten kann. Diese Programmierung setzt sich für viele Jugendliche fort, und zwar sowohl in ihren masturbatorischen Erfahrungen (wobei sie sich meistens zu einem raschen Höhepunkt drängen, um zu vermeiden, daß sie von den Eltern oder Geschwistern überrascht werden) als auch in den frühen sexuellen Kontakten mit dem anderen Geschlecht, bei denen es im nichtkoitalen Sexspiel (auch »Petting« genannt) ebenfalls sehr darauf ankommt, möglichst schnell zu ejakulieren. Ein dreißigjähriger Mann erinnerte sich bei uns einmal wehmütig daran: »Als ich sechzehn war und eine feste Freundin hatte, kamen wir jedesmal zu dem Punkt, an dem ich meine Hand in ihrem Slip hatte und sie mit ihrer Hand meinen Schwanz umfaßte. Wenn ich dann nicht ziemlich bald gekommen bin, hat sie das Interesse verloren und gemeint, wir müßten jetzt aufhören, bevor wir zu weit gingen.« Dieses Muster scheint sich in vielen frühen koitalen Kontakten zu wiederholen, die oft überstürzt oder unter Bedingungen stattfinden, in denen die Jugendlichen Angst haben, entdeckt zu werden, und in denen Furcht, Scham und Erwartung eine Verbindung eingehen, die eine rasche Ejakulation ganz alltäglich macht. Es scheint jedenfalls, daß diese Form der Konditionierung eine der Hauptursachen für den lebenslang wirksamen Mechanismus der verfrühten Ejakulation ist, denn sehr viele Männer mit dieser Funktionsstörung haben von solchen Erfahrungen berichtet.

Auch Ängste können eine Rolle beim vorzeitigen Samenerguß spielen. Zum einen lösen Angstgefühle bestimmte elektrische und chemische Vorgänge im Nervensystem aus, die den Ejakulationsreflex beschleunigen können, und dann entsteht eine Kombination aus Leistungsangst (Kann ich sie befriedigen? Schaffe ich es, nicht zu früh zu kommen und mich nicht wieder zu blamieren?) und dem ebenso verzweifelten wie vergeblichen Versuch, die Ejakulation zurückzuhalten, was wiederum bewirkt, daß der völlige Kontrollverlust nur umso schneller eintritt. Der für die chronische Ejaculatio praecox typische Mechanismus beruht tatsächlich auf diesem Teufelskreis aus Leistungsdruck, der zu Leistungsangst, die wiederum zu Leistungsversagen führt: ein Mechanismus, der sich nicht nur immer wieder selbst erfüllt und ständig eskaliert, sondern sich oft zu einer sekundären Impotenz entwickelt, weil die Auswirkungen dieser Ängste immer größer und belastender werden.

Männer, die ihren Samenerguß gut kontrollieren können und denen es praktisch nie passiert, daß sie vorzeitig ejakulieren, haben für gewöhnlich keine Erklärung dafür, warum oder wie sie diese Kontrolle erlangt haben. Es mag zwar zutreffen, daß ein gewisses Maß an Selbstvertrauen dazugehört, aber es wäre unlogisch, dies als den einzigen Faktor zu betrachten. Und anhand der Unterschiede in der Häufigkeit der sexuellen Aktivitäten oder der masturbatorischen Gewohnheiten läßt sich keineswegs vorhersagen, wer Schwierigkeiten mit der Ejakulationskontrolle bekommen wird und wer nicht.

Männer, die in dieser Hinsicht keine Probleme haben, können meistens erkennen, wann sich der Grad ihrer sexuellen Spannung dem Punkt der Ejakulationsunvermeidbarkeit nähert (siehe Abbildung S. 119a), und sie wissen instinktiv, wie sie sich von diesem Punkt wieder entfernen können, um ihren Erregungsgrad zu halten und nicht weiter zum Höhepunkt zu steigern. Bei einigen funktioniert das, indem sie das Tempo ihrer koitalen Stoßbewegungen verlangsamen, bei anderen durch eine Verlagerung ihrer kognitiven Aufmerksamkeit oder ihrer sexuellen Phantasien. Wieder andere regulieren ihren Erregungsgrad, indem sie den Winkel oder die Tiefe der Penetration verändern oder willentlich das Anspannen der Beckenmuskulatur verlangsamen.

Bei Männern mit verfrühter Ejakulation scheinen diese inneren Kontrollmechanismen und Ausgleichsstrategien jedoch zu fehlen. Häufig ist bei ihnen die Plateauphase außerordentlich kurz, und die Erwartung des bevorstehenden Koitus allein kann ausreichen, um die von der schwereren

Form dieser Dysfunktion Betroffenen direkt von der Erregungsphase zur Ejakulationsunvermeidbarkeit zu treiben, ohne daß eine wahrnehmbare Zeitspanne in der Plateauphase verbracht wird (siehe Abbildung S. 119b). Andere schaffen es, bis zur Plateauphase zu kommen und dieses Erregungsniveau zu halten, solange keine Vaginalpenetration unternommen wird. Sie können dann das nichtkoitale Sexspiel über einen längeren Zeitraum fortsetzen, verlieren jedoch sofort die Kontrolle, sobald der Penis in die Vagina eindringt.

Während es sich bei dem Problem teilweise um eine konditionierte Reaktion zu handeln scheint, dürfte auch das vom Mann empfundene Gefühl von Hilflosigkeit und Versagen eine Rolle bei seinem Kontrollverlust spielen. Nachdem wir mehr als tausend Männer mit Ejaculatio praecox befragt haben, können wir gewisse Grundzüge im Verlauf ausmachen: Sobald das Problem ein paarmal aufgetreten ist, tendieren die Betroffenen meistens dazu, mitten in der sexuellen Erregung panisch zu werden, was vielleicht mit ein Grund dafür ist, warum sie nicht imstande sind, die körperlichen Anzeichen wahrzunehmen, die andere Männer dazu benutzen, den Grad und die Geschwindigkeit ihrer sexuellen Reaktion abzuschätzen. Und wenn sie dieses Gefühl von Panik überkommt, wird es für sie noch schwieriger, ihr eigenes Erregungsniveau zu regulieren. Statt in der sexuellen Aktivität leicht nachzulassen, wie es andere Männer können, werden sie nur noch angespannter, was anscheinend ein Gefühl auslöst, das ein fünfundzwanzigjähriger Mann uns gegenüber einmal so beschrieben hat: »Es ist, als würde ich fallen und könnte den Sturz unmöglich aufhalten.«

Die Auswirkungen der vorzeitigen Ejakulation können sich auf unterschiedliche Arten bemerkbar machen. Bei alleinstehenden Männern ohne feste Partnerin kann diese Dysfunktion das sexuelle Selbstbewußtsein so weit mindern, daß ihnen eine Verabredung mit einer Frau als sinnlos und sogar gefährlich erscheint. Manchmal erwachsen aus dem geringen Selbstwertgefühl auch andere psychische Störungen wie zum Beispiel eine Depression. Männer mit einer festen Partnerin wiederum stellen oft fest, daß ihr Problem die Paarbeziehung stark belastet. Es kommt vor, daß die Frau ihrem Partner vorwirft, egoistisch und rücksichtslos zu sein, oder sie glaubt, er sei sexuell unreif, oder sie hält ihn einfach für einen ungeschickten und schlechten Liebhaber. Nicht selten beginnt die Frau dann eine Affäre mit einem anderen Mann, einmal um sich zu bestätigen, daß nicht *sie* die Ursache für das Problem ist, und zum anderen der größeren sexuellen Befriedigung wegen. Zwar gibt es sicher viele Frauen, die mit liebevollem Verständnis auf die Ejakulationsschwierigkeiten ihrer Partner reagieren, aber auch andere, die wütend werden und sich mißbraucht fühlen. Denn während es sich bei der verfrühten Ejakulation zwar um eine männliche

Graphische Darstellung verschiedener Formen der Ejakulationskontrolle

(a) Der sexuelle Reaktionszyklus bei Männern mit guter Ejakulationskontrolle. Man beachte, daß nach dem Beginn des Koitus und vor dem Auftreten der Ejakulation die Plateauphase über einen beträchtlichen Zeitraum hinweg aufrecht erhalten bleibt.

(b) Stark verfrühte Ejakulation, die sich vor dem Eindringen des Penis in die Vagina ereignet. Man beachte, daß es aufgrund der Geschwindigkeit des Erregungsverlaufs keine wahrnehmbare Plateauphase gibt.

(c) Der sexuelle Reaktionszyklus bei einem Mann mit vorzeitiger Ejakulation, der während des nichtkoitalen Sex keine Schwierigkeiten hat, seinen Samenerguß zu kontrollieren. Man beachte die verlängerte Plateauphase, die ein paar Sekunden nach Eindringen des Penis in die Vagina abrupt endet.

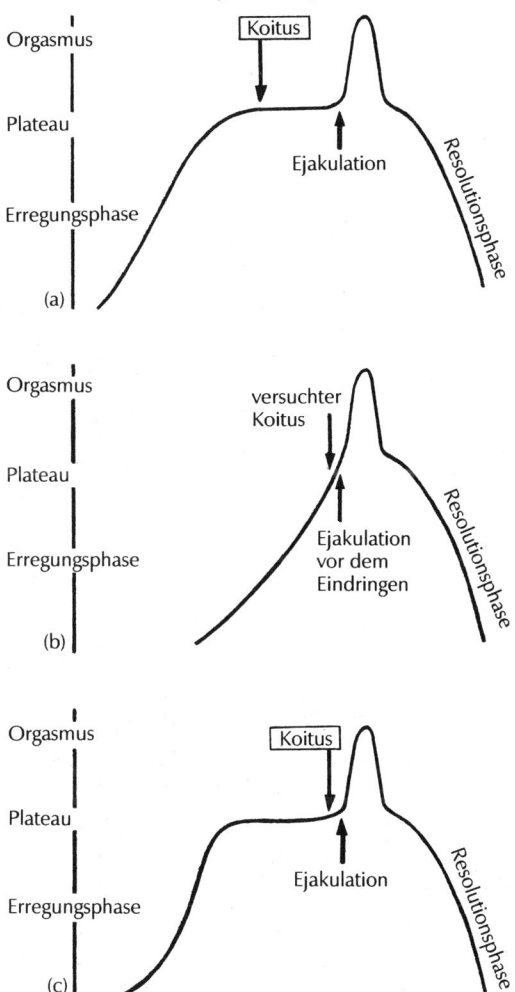

119

Funktionsstörung handelt, verursacht es den Partnerinnen oft das größere sexuelle Leid. Aus diesem Grund versuchen einige Frauen, die Sexualität weitgehend zu vermeiden, weil sie glauben, damit das Problem zu umgehen, was die Situation jedoch nur verschlimmert, denn je seltener der Sex stattfindet, desto schwächer wird die Ejakulationskontrolle des Mannes. Ejaculatio praecox ist die Ursache dafür, daß ungezählte Beziehungen und Ehen in die Brüche gehen, wobei die Frau ursprünglich meistens geglaubt hat, das Problem würde sich mit der Zeit legen, und schließlich aufgab, als sie merkte, daß dies nicht der Fall war.

Wie die Psychiaterin Helen Kaplan schreibt, neigen ganz besonders Männer, die stark leistungsorientiert sind, dazu, übertrieben auf ihr sexuelles »Versagen« zu reagieren, und meistens versuchen sie so verzweifelt, sich zurückzuhalten, daß der Geschlechtsakt jede sinnliche Qualität verliert. Andere Männer entwickeln ein starkes Gefühl allgemeiner Unzulänglichkeit, und in den meisten Fällen bedeutet die vorzeitige Ejakulation ein frustrierendes und schwieriges Problem für die Partnerschaft. Glücklicherweise ist es allerdings auch eine Störung, die relativ leicht behoben werden kann.

Das Überwinden der vorzeitigen Ejakulation

Es gibt Fälle, die so komplex sind, daß wir den Betroffenen empfehlen, sich gleich in eine Sexualtherapie zu begeben, statt es mit einem Selbsthilfeprogramm, wie dem von uns im folgenden beschriebenen zu versuchen. So ist es zum Beispiel fast immer ratsam, daß sich der Mann um professionelle Hilfe bemüht, wenn er neben der vorzeitigen Ejakulation auch Erektionsstörungen hat. Und auch für Partner, zwischen denen sich sowohl im sexuellen wie auch im nichtsexuellen Bereich ein hohes Maß an Feindseligkeit aufgebaut hat, ist eine Ehe- und/oder Sexualtherapie notwendig, um nicht nur die sexuellen Probleme, sondern auch die allgemeinen Beziehungsprobleme hinsichtlich Vertrauen, Intimität, und Kommunikation lösen zu können. Sich in solchen Fällen mit dem Ejakulationsproblem allein zu befassen hätte nur sehr geringe Erfolgschancen. Die folgenden Techniken sind das Ergebnis unserer dreißigjährigen Erfahrungen auf diesem Gebiet und sollen dazu dienen, die Ejakulationskontrolle des Mannes so zu konditionieren, daß die gemeinsame Sexualität wieder entspannter und befriedigender wird. Der große Vorteil dieser Selbsthilfemethode liegt darin, daß sie im allgemeinen innerhalb weniger Wochen zu einer deutlichen Verbesserung führt, so daß sich das Paar nicht einem monatelangen Behandlungsprozeß unterziehen muß, bevor sich irgendwelche Resultate zeigen.

Die einfachste und effizienteste Behandlung der Ejakalationsstörung erfordert die Teilnahme einer Partnerin. (Im nächsten Teil des Kapitels geben wir ein paar praktische Hinweise für Männer ohne eine Partnerin.) Dabei besteht die Aufgabe der Partnerin darin, bereits im Anfangsstadium der sexuellen Erregung in gewissen Abständen eine bestimmte Art des nichtstimulativen Drucks auf den Penis auszuüben. Mit dieser Methode, der sogenannten »Quetschtechnik« (squeeze technique) wird der Ejakulationsdrang vermindert, da die inneren Sexualorgane eine Reihe neuer und unvorhersehbarer Nervensignale erhalten, wodurch anscheinend die Geschwindigkeit, mit der sich die Ejakulationsspannung aufbaut, gebremst wird. Es verhält sich allerdings so, daß es den meisten Männern nichts nützt, diese Technik an sich selbst anzuwenden, sondern die Methode scheint nur dann zu funktionieren, wenn der Mann nicht versucht, den Vorgang zu steuern oder seine Partnerin zu instruieren, wann und wie fest sie den Druck ausüben soll.

Erster Schritt: Einübung des grundlegenden Handgriffs

Bei der Quetschtechnik, wie in Abbildung S. 122 gezeigt, legt die Partnerin den Daumenballen auf das Frenulum des Penis, während sie zwei Finger derselben Hand auf der gegenüberliegenden Seite plaziert, und zwar den Zeigefinger genau oberhalb des Eichelwulstes und parallel dazu den Mittelfinger auf den Penisschaft, etwa einen halben Zentimeter unterhalb des Eichelwulstes. In dieser Position übt sie dann mit den Fingern etwa vier Sekunden lang einen festen Quetschdruck aus und läßt abrupt los.

Wichtig dabei ist, daß die Frau ihre Finger- und Daumenballen benutzt, um zu vermeiden, daß sie den Penis mit ihren Fingernägeln kneift oder kratzt und daß sie den Druck immer« von vorn nach hinten, niemals seitlich ausübt. Sie sollte ihre Finger auch nicht um den Penis legen, als hielte sie einen Tennisschläger umfaßt, sondern es dürfen nur die Ballen des Daumens und der ersten beiden Finger in Kontakt mit dem Glied sein.

Die Festigkeit des Quetschdrucks sollte dem Erektionsgrad proportional entsprechen. Das heißt, bei einem schlaffen Penis sollte nur ein leichter Druck ausgeübt werden, während er bei einem voll eregierten Penis stärker ausfallen kann. Es ist jedoch keinesfalls notwendig, daß die Frau so fest zudrückt, wie sie nur kann.

Bei den ersten Versuchen mit dieser Technik kann es hilfreich sein, wenn der Mann seine Hand auf die der Frau legt, um ihr zu zeigen, wie fest sie zudrücken kann, ohne daß es ihm weh tut. Auch können sich beide Partner einen Eindruck davon verschaffen, wie sich die Quetschtechnik am Penis anfühlt, indem sie sie an ihren eigenen Daumen vornehmen. Dabei legt man die Daumen- und Fingerballen einer Hand in der gleichen Position wie oben beschrieben auf den Daumen der anderen Hand und übt den gleichen Druck aus. Man wird feststellen, daß sich selbst ein sehr festes Pressen nicht unangenehm oder gar schmerzhaft anfühlt, sondern daß man an dieser Stelle eben lediglich einen Druck verspürt. Ebenso wirkt dieser Griff am Penis, vorausgesetzt, daß keine körperlichen Beschwerden, wie eine Entzündung, Geschwürbildung oder ein Hautausschlag, vorliegen.

Unmittelbar nachdem der Quetschdruck ausgeübt wurde, macht sich häufig ein leichtes Erschlaffen der Peniserektion bemerkbar. Das ist kein Zeichen dafür, daß etwas falsch gemacht wurde, sondern zeigt im Gegenteil nur an, daß die Quetschtechnik richtig funktioniert. Die Erektion wird sich im weiteren Verlauf des Sexualakts auf natürlichem Wege wieder einstellen; konzentriert man sich aber darauf, die Größe und Steifheit des Penis zu beobachten, würde das nur ein neuerliches Hindernis für das freie Fließen der sexuellen Interaktion bedeuten.

Die Quetschtechnik

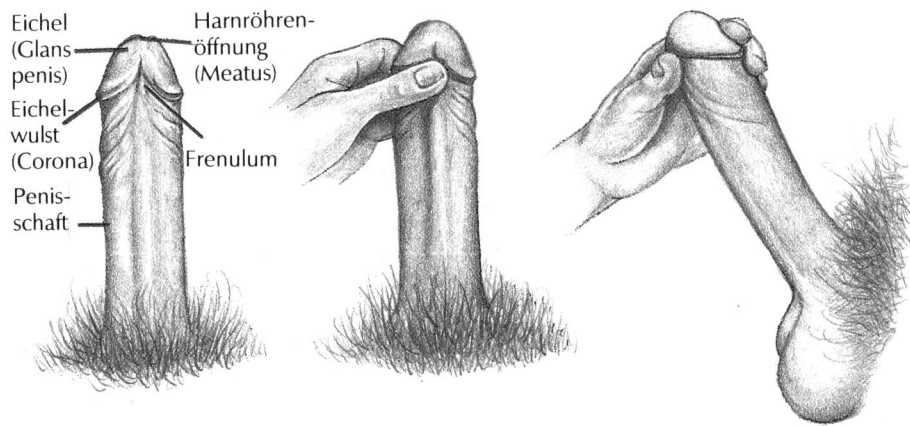

Eichel (Glans penis)
Eichelwulst (Corona)
Penisschaft
Harnröhrenöffnung (Meatus)
Frenulum

Zweiter Schritt: Die Anwendung der Quetschtechnik während der abwechselnden Berührungsphase

Bevor ein Paar mit dem Programm zur Gegenkonditionierung des männlichen Ejakulationsreflexes beginnt, sollten beide zunächst vereinbaren, als Teil des »Grundtrainings« ungefähr eine Woche lang keinen Koitalverkehr zu haben. Die Technik funktioniert allerdings am besten, wenn ihrer Anwendung kein längerer Zeitraum der sexuellen Abstinenz vorangegangen ist, das heißt, in einem solchen Fall ist es ratsam, vorher entweder einige Male sexuell zu verkehren *oder* daß der Mann mindestens zweimal innerhalb von 48 Stunden vor Beginn des Programms durch Masturbation ejakuliert. Für die Zeit des Behandlungsstadiums sollten die Partner jedoch einplanen, statt des Geschlechtsverkehrs die im zweiten Kapitel beschriebenen Sinnlichkeitsübungen durchzuführen und dabei die Quetschtechnik regelmäßig in diese Aktivität einzubauen. In der ersten Phase der Übungen mit Genitalberührungen, bei der die Partner abwechselnd jeweils 15 bis 20 Minuten lang den Körper des anderen erforschen, sollte die Frau damit beginnen, daß sie während der Berührungen alle zwei bis drei Minuten den Penis des Mannes drückt, und zwar *gleichgültig, ob dieser eregiert ist oder nicht*. (Mit der Quetschtechnik zu warten, bis sich eine Vollerektion zeigt, ist nicht so wirksam und kann dazu führen, daß der Mann bei einer solchen Erektion »auf Kommando« zusätzlich unter Druck gerät.) Es ist auch nicht notwenig, den Vorgang exakt zu timen, sondern es geht nur darum, daß die Quetschtechnik während einer Übung in regelmäßigen Abständen ungefähr sechs- bis neunmal angewendet wird.

Nach 15 bis 20 Minuten der Berührungen mit periodisch erfolgendem Quetschdruck kann die Übung an diesem Punkt beendet werden oder, falls das Bedürfnis danach vorhanden ist, einer oder beide Partner zum Orgasmus gebracht werden. Das kann durch manuelle oder orale Stimulation erfolgen (wobei die Frau auf die Anwendung des »Squeeze« verzichtet), jedoch *nicht* durch Koitalverkehr. Es macht auch keinen Unterschied, ob der Mann und die Frau zusammen oder getrennt zum Höhepunkt kommen oder ob einer einen Orgasmus hat und der andere nicht, denn der Orgasmus ist bei diesem Behandlungsprogramm weder ein Erfordernis noch ein Problem.

Im folgenden noch ein paar praktische Hinweise für spezielle Situationen, die in dieser ersten Phase der Gegenkonditionierung des männlichen Ejakulationsreflexes auftreten können:

1. Es kann sein, daß der Mann während oder, bei bleibender Penisstimulation, kurz nach der Anwendung der Quetschtechnik ejakuliert. Das ist im Anfang ganz normal und müßte sich nach drei oder vier Übungen mit dieser Methode verbessern.

2. Zwar soll mit dem Quetschdruck nach etwa vier Sekunden abrupt ausgesetzt werden, aber das heißt nicht, daß die Frau den Penis zwischendurch nicht berühren oder streicheln darf. Im Gegenteil, die Integration des männlichen Geschlechtsteils in die verschiedenen Berührungsarten – zartes Darübergleiten, streichelnde Bewegungen – ist ein wesentliches Element des gesamten Behandlungsprozesses. Die meisten Frauen lernen durch das Experimentieren mit der Quetschtechnik diesen scheinbar mechanischen Vorgang ganz selbstverständlich in den Sexualakt zu integrie-

ren, so daß er zu einem natürlichen Bestandteil der körperlichen Interaktion wird.

3. Die Anwendung der Quetschtechnik ist keine Soforthilfe für den Notfall. Obwohl einige Männer vielleicht befürchten, daß ihre Partnerin nicht häufig oder fest genug zudrückt oder daß sie zu schnell zu sehr erregt werden, ist es tatsächlich so, daß diese Methode am wirksamsten ist, wenn Timing und konkrete Ausführung vollkommen der Frau überlassen bleiben. Bevor die Gegenkonditionierung greift, kann es zwar durchaus zu vereinzelt auftretenden vorzeitigen Ejakulationen kommen, aber das ist kein Grund zur Panik oder zu Schuldzuweisungen an die Partnerin, was nur zu Feindseligkeit und Frustration auf beiden Seiten führen würde. Nach einer Weile, wenn sich die Partner an die Anwendung der Quetschtechnik gewöhnt haben und der Mann vertrauter geworden ist mit den verschiedenen Stadien sexueller Erregung, die ihm sein Körper signalisiert, kann er seine Partnerin gelegentlich verbal oder nonverbal zu einem zusätzlichen Quetschdruck auffordern, aber dies sollte nur zur Verfeinerung der Technik dienen und nicht das primäre Instrument sein.

4. In der Anfangsphase des Erlernens der Quetschtechnik sollte man am besten auf die Verwendung jeder Form von Gleitmittel – wie zum Beispiel Massageöl, Hautcreme und dergleichen – für den Penis verzichten. Später können diese Mittel der Abwechslung und zusätzlichen Stimulation dienen, aber zu Beginn sind sie eher kontraproduktiv.

5. Die Frau braucht den »Squeeze« nicht gleich während der ersten Sekunden der Partnerberührungen anzuwenden.

6. Der Quetschdruck sollte immer eine getrennte und spezifische Art des Kontakts mit eindeutigem Beginn und Ende bleiben, und es wäre falsch, ihn in eine Art Liebkosen oder Streicheln des Penis übergehen zu lassen. Statt dessen sollte die Frau nach seiner Anwendung das männliche Glied ganz loslassen und mit ihren Berührungen für einen Zeitraum von mindestens 15 bis 20 Sekunden zu einer anderen Körperstelle wechseln.

Dritter Schritt: Die Anwendung der Quetschtechnik während der gegenseitigen Berührungsphase

Nach zwei oder drei Tagen der im vorangegangenen Schritt beschriebenen Anwendung dieser Technik kann das Paar zur nächsten Phase der Sinnlichkeitsübungen übergehen, die darin besteht, daß beide einander gleichzeitig

berühren. Allerdings soll auch hier kein Koitalverkehr stattfinden, gleichgültig wie erregt die Partner werden, denn zu wissen, daß es nicht zur
Penetration kommen wird, befreit den Mann von einem psychischen
Druck und schafft damit bessere Bedingungen für die allmähliche Gegenkonditionierung des Ejakulationsreflexes.

Die Frau sollte in dieser Phase weiterhin von Anfang an den
Quetschdruck in ihre Berührungen einbauen, selbst wenn keine andere
direkte Genitalstimulation erfolgt. Wie zuvor sollte der Quetschdruck alle
zwei bis drei Minuten vorgenommen werden, obwohl es auch etwas häufiger geschehen kann, wenn die Frau merkt, daß ihr Partner außergewöhnlich stark erregt wird. Eine allzu häufige Anwendung – öfter als einmal in
der Minute – führt jedoch zu einer verminderten Wirksamkeit und kann
aus dem Ganzen einen schrecklich mechanischen und leistungsorientierten
Vorgang machen. Nach 10 bis 15 Minuten der gegenseitigen Stimulation
und Liebkosungen, die keineswegs aus einer ununterbrochenen sexuellen
Aktivität bestehen müssen, können die Partner entweder einzeln oder
beide beschließen, daß sie aufhören wollen, oder den anderen wissen lassen,
daß sie einen Orgasmus wünschen. Außer daß kein Koitalverkehr versucht
werden soll, gibt es keine weiteren Einschränkungen für die sexuelle
Befriedigung, und alles, was als angenehm, interessant und erregend empfunden wird, ist vollkommen in Ordnung. In diesem Stadium kann die Frau
ganz auf die Anwendung des Quetschdrucks verzichten, und der Mann
muß sich nicht zurückhalten.

Beide Partner sollten sich darüber bewußt sein, daß sich die sexuelle
Erregung des Mannes während der gegenseitigen Berührungen rascher
steigern kann als in der vorangegangenen Phase der Konzentrationsübungen, bei denen er nur von seiner Partnerin berührt wurde und selbst passiv
blieb. Der Grund dafür ist, daß es beim gegenseitigen Berühren zwei
verschiedene direkte Stimulationsquellen für den Mann gibt: einmal die
Empfindungen durch das Berührtwerden und zum anderen die, die er durch
das Streicheln und Erkunden des Körpers seiner Partnerin sowie durch
deren Reaktionen erfährt. Darüber hinaus wird der Mann von der gegenseitigen Stimulation wahrscheinlich auch psychisch stärker erregt. Es ist
also nicht weiter verwunderlich, wenn er unter diesen Bedingungen relativ
schnell ejakuliert. Rom ist nicht an einem Tag erbaut worden, und auch
eine Umstrukturierung des Ejakulationsmusters wird sich nicht über
Nacht einstellen.

Wir halten es für notwendig, daß die Partner diese dritte Phase der
Übungen mindestens dreimal durchführen, und zwar optimalerweise innerhalb von einem oder zwei Tagen.

Eine Pause von drei oder mehr Tagen zwischen den verschiedenen
Durchläufen ist nicht zu empfehlen (es sei denn, es ist absolut unvermeid-

bar), denn das macht es für den Mann schwieriger, seine Ejakulationskontrolle aufzubauen, da der durch die Anwendung der Quetschtechnik erzielte Fortschritt dadurch teilweise wieder rückgängig gemacht wird, daß es nach längeren Zeiträumen der sexuellen Abstinenz eine natürliche Tendenz zu einem stärkeren Ejakulationsdrang gibt. Das Ziel der dritten Phase der Übungen besteht darin, dem Mann die Möglichkeit zu geben, ein sowohl physisches als auch psychisches Wohlbefinden bei längerer nichtkoitaler sexueller Stimulation zu entwickeln und zu erkennen, daß die regelmäßige Anwendung der Quetschtechnik ihm hilft zu verhindern, direkt auf den Punkt der Ejakulationsunvermeidbarkeit zuzusteuern.

Vierter Schritt: Genitalberührungen

Nachdem das Paar die zuvor beschriebenen Übungsschritte gemeistert hat, kann es sein, daß der Mann meint, es sei nun an der Zeit, den Koitalverkehr zu versuchen, der in der Vergangenheit wahrscheinlich sein Hauptproblem war. Der vierte Schritt dient dazu, ihm durch Genitalkontakt den Übergang zu erleichtern.

Wie in den vorangegangenen Phasen sollte das Paar die ersten fünf bis zehn Minuten mit gegenseitigem Berühren verbringen, wobei der Quetschdruck etwa alle zwei Minuten angewendet wird. Wenn der Penis des Mannes voll eregiert ist und sich beide Partner damit wohl fühlen, sollte sich die Frau rittlings auf den Mann setzen, dabei den Quetschdruck vornehmen und dann einfach eine Weile still sitzen bleiben, wobei zwischen Penis und Vagina ein engerer Kontakt entsteht als in den vorangegangenen Übungen. Nach ein oder zwei Minuten (während denen sie seine Brust streicheln, ihn küssen oder ihn auf jede andere nichtgenitale Art berühren kann, die ihr zusagt) sollte sie noch einmal unter sich greifen und einen festen Quetschdruck vornehmen, und sich gleich darauf so positionieren, daß der Penis in direkten Kontakt mit den Schamlippen kommt.

An diesem Punkt kann es sein, daß ein Mann mit stark ausgeprägter Ejaculatio praecox plötzlich die Kontrolle verliert. Es kommt jedoch häufiger vor, daß selbst Männer, die bislang bei *jeder* Art von Kontakt zwischen Penis und weiblichen Geschlechtsteilen einen Samenerguß hatten, erstaunt feststellen, daß sie inzwischen einen neuen Grad an Selbstbeherrschung entwickelt haben. Es ist jedoch sekundär, ob der Mann nun sofort ejakuliert oder nicht, denn es geht bei dieser Übung in erster Linie darum, daß der Mann die Möglichkeit erhält, sich im direkten Penis-Vagina-Kontakt ohne jeden Leistungsdruck wohl zu fühlen.

Sollte der Mann also vorzeitig ejakulieren, muß das Paar nicht sofort aufgeben. Im Gegenteil, in dieser Situation ist es oft hilfreich, daß sich die

Partner gegenseitig halten und damit einen Grad an Intimität wahren, statt so zu tun, als seien Intimität und Lust nur möglich, wenn der Penis des Mannes eregiert ist. Der Mann kann auch die Gelegenheit nutzen, um seine Partnerin weiterhin sexuell zu stimulieren (falls sie das möchte), was ihr die Möglichkeit gibt, selbst zum Orgasmus zu kommen.

Wenn der Mann nach einigen Minuten des direkten Penis-Vagina-Kontakts nicht ejakuliert hat, sollte das Paar die Position, bei der die Frau »oben« ist, wechseln und sich darüber austauschen, ob beide oder einer durch eine Form der nichtkoitalen Stimulation zum Orgasmus kommen möchte. Falls ja, kann die Frau ab diesem Punkt natürlich auf die Anwendung der Quetschtechnik verzichten.

Fünfter Schritt: Geschlechtsverkehr unter Anleitung der Frau

Der nächste Schritt besteht darin, die Anwendung der Quetschtechnik auf den Geschlechtsverkehr zu übertragen. Diese Situation wird durch gegenseitiges Berühren und Liebkosen eingeleitet, wobei der Quetschdruck wie in den vorangegangenen Übungsphasen periodisch vorgenommen wird. Nach einigen Minuten setzt sich die Frau rittlings auf ihren Partner, und beide fahren in dieser Position mit der sexuellen Aktivität fort. Während der nächsten Minuten soll die Frau den Quetschdruck drei- bis sechsmal vornehmen und besonders darauf achten, den Vorgang noch einmal zu wiederholen, kurz bevor der Penis in die Vagina eingeführt wird. Sobald das Glied ganz eingeführt ist, soll sie etwa 10 bis 15 Sekunden völlig regungslos bleiben, so daß sich beide Partner auf ihre körperlichen Empfindungen konzentrieren können. Der Mann sollte während dieses Vorgangs keine aktiven Stoßbewegungen ausführen, da es zunächst darum geht, daß er sich mit der neuen Situation und einer neuen Folge physischer und psychischer Stimuli vertraut macht.

Hierbei ist es wichtig, daß die Frau diejenige ist, die den gesamten Vorgang steuert, was es dem Mann ermöglicht, sich ganz auf seine eigenen Gefühle zu konzentrieren, ohne sich Gedanken über den richtigen Zeitpunkt für das Eindringen zu machen oder tastend nach der Vagina suchen zu müssen. Da die Frau ohnehin das Timing und die Häufigkeit des Quetschdrucks bestimmt, ist sie zudem besser in der Lage, die eigentliche Penetration in Gang zu setzen. Darüber hinaus haben die meisten Männer einen höheren Grad an Ejakulationskontrolle, wenn die Frau »oben« ist, im Gegensatz zum Koitalverkehr in umgekehrter Stellung. Zwar gibt es dafür keine genaue Erklärung, aber es könnte mit der Tatsache zusammenhängen, daß es für den Mann leichter ist, sich zu entspannen, wenn er flach auf dem Rücken liegt.

Nach ungefähr 10 bis 15 Sekunden des intravaginalen Kontakts soll die Frau den Penis herausgleiten lassen, erneut einen Quetschdruck vornehmen und dann das Glied wieder in die Vagina einführen. An diesem Punkt kann sie, nachdem sie noch einmal kurz stillgehalten hat, mit einem langsamen Stoßrhythmus beginnen. Falls der Mann dabei das Gefühl bekommt, daß sein Ejakulationsdrang wächst, signalisiert er seiner Partnerin, daß sie noch einmal »absitzen« und einen Quetschdruck vornehmen soll. Wenn jedoch die langsamen Stoßbewegungen ohne Probleme für drei oder vier Minuten angehalten haben (wobei die Frau alle ein bis zwei Minuten einen Quetschdruck anwendet), kann das Paar zu einem heftigeren Rhythmus übergehen, und der Mann kann nun auch ohne weiteres ejakulieren.

Obwohl diese Technik häufig bereits bei ihrer ersten Anwendung recht gut funktioniert (nach entsprechender »Präkonditionierung« durch die oben beschriebenen Übungsphasen), kann es auch vorkommen, daß der Mann aufgrund der mit dem Geschlechtsverkehr verbundenen sehr unterschiedlichen Empfindungen – ebenso wie aufgrund der größeren Erwartungen und Ängste, die dabei eine Rolle spielen können – nach den ersten Stoßbewegungen sehr rasch ejakuliert. Das ist weder ein Versagen noch ein Zeichen dafür, daß sich nichts gebessert hat: Die Gegenkonditionierung des Ejakulationsreflexes ist ein fortlaufender Prozeß, und deshalb kann es gut sein, daß es eine Weile dauert, bis die alten Mechanismen abgestellt sind und die neuen greifen können. Daher ist es ratsam, diesen Übungsschritt an zwei oder drei aufeinanderfolgenden Tagen zu wiederholen, und einige Paare haben sogar festgestellt, daß ein zweimaliger Durchlauf pro Tag nicht nur lustvoll, sondern auch vertrauensbildend ist.

Sechster Schritt: Der basilare Quetschdruck

Es ist zwar wichtig, daß das Paar zur Überwindung der vorzeitigen Ejakulation damit fortfährt, die Quetschtechnik mit einiger Regelmäßigkeit anzuwenden, allerdings kann die dazu erforderliche häufige Unterbrechung des Geschlechtsverkehrs für beide Beteiligte einigermaßen störend sein. Dieses Problem kann jedoch gelöst werden, indem das Paar – nachdem sich durch die vorangegangenen Übungen eine einigermaßen ausreichende Ejakulationskontrolle eingestellt hat – mit einer abgewandelten Version der Quetschtechnik beginnt, bei der sich der Penis in der Vagina befindet.

Hierbei wird, wie in Abbildung S. 129 gezeigt, der Druck auf die Basis des Penis (basilar) ausgeübt, und zwar an dem Punkt, wo er mit dem Skrotum verbunden ist. Im Gegensatz zu der anderen Art des Quetschdrucks kann die Basilarvariante von *beiden* Partnern ausgeführt werden, wobei es im Verlauf des Geschlechtsverkehrs für den Mann oft einfacher ist, den Quetschdruck an sich selbst vorzunehmen. Dabei wird der Daumen auf die Penisbasis und die ersten beiden Finger derselben Hand parallel dazu auf die gegenüberliegende Seite des Penisschafts gelegt. Anschließend wird ungefähr vier Sekunden lang ein fester Druck ausgeübt – und zwar immer von vorn nach hinten, niemals seitlich – und danach wieder gelöst.

Während der nichtkoitalen Stimulation soll der basilare Quetschdruck allerdings nicht als Ersatz für die reguläre Variante dienen, da er nicht ganz so wirksam ist wie diese. Während der Mann jedoch lernt, seine Ejakulationskontrolle besser zu beherrschen, reichen die Vorteile aus der fortgesetzten Konditionierung der Samenentleerung für gewöhnlich aus, um diese verminderte Wirksamkeit wettzumachen, die außerdem noch durch den positiven Nebeneffekt eines befriedigenderen Sex ohne Unterbrechung zusätzlich ausgeglichen wird.

Die basilare Quetschtechnik

Im Gegensatz zum Quetschdruck am Eichelwulst kann die basilare Variante vom Mann angewendet werden, während sich der Penis in der Vagina befindet. Dabei wird ungefähr vier Sekunden lang ein fest zupackender Druck (wie durch die Pfeilrichtung angezeigt, immer von vorn nach hinten, niemals seitlich) ausgeübt und dann gelöst.

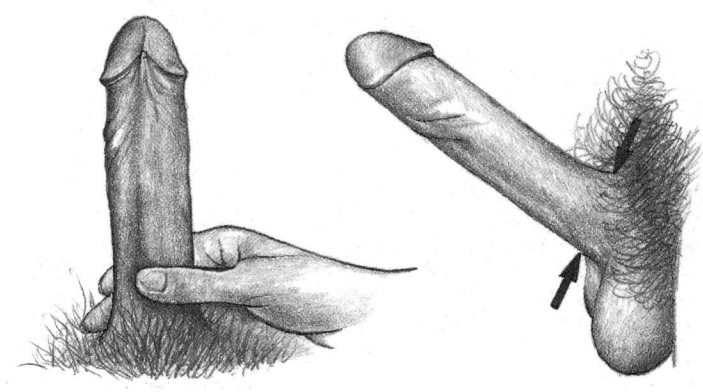

Zusätzliche Erwägungen

Um die Fortschritte, die durch die oben beschriebene Methode in der Beherrschung der Ejakulationskontrolle erzielt wurden, aufrecht zu erhalten und zu verfestigen, sollte sie über einen längeren Zeitraum hinweg regelmäßig angewendet werden. Dabei ist es im allgemeinen sinnvoll, in der sexuellen Aktivität eine gleichbleibende Häufigkeit von mindestens dreimal die Woche beizubehalten, wobei der Quetschdruck jeweils mindestens sechs- bis achtmal angewendet werden soll. Aber auch wenn in diesem Fall gilt, daß mehr besser ist, heißt das nicht, daß die Paare aus ihrer Sexualität eine Art von Arbeit machen sollen, und täglicher Sex ist nicht zwingend vorgeschrieben. Falls eine Situation auftritt, in der diese Regelmäßigkeit zum Beispiel aufgrund einer Erkrankung oder längerer räumlicher Trennung nicht möglich ist, sollten Sie sich darüber bewußt sein, daß die Ejakulationskontrolle danach wieder nachlassen kann, was möglicherweise einen mehrtägigen »Auffrischungskurs« zur Wiederholung der oben beschriebenen Übungen erforderlich macht. Und man sollte auch nie vergessen, daß nicht jede sexuelle Erfahrung perfekt ist. Das heißt, es ist damit zu rechnen, daß es Zeiten gibt, in denen die Ejakulationskontrolle ziemlich gut funktioniert, und andere, in denen sich trotz der Anwendung des Quetschdrucks beinahe sofort eine Ejakulation einstellt.

Viele Paare verspüren den Wunsch, andere Positionen für den Koitalverkehr auszuprobieren, sobald sie bei der Beherrschung der Ejakulationskontrolle des Mannes Fortschritte gemacht haben. Wir empfehlen allerdings, damit so lange zu warten, bis die Quetschtechnik mehrere Wochen lang erfolgreich beim Geschlechtsverkehr angewendet wurde. Von einigen Paaren, denen es mit Hilfe dieser Methode gelungen ist, das Problem der vorzeitigen Ejakulation zu überwinden, haben wir den Hinweis erhalten, daß auch die Seite-an-Seite-Position es für den Mann relativ leicht macht, die Kontrolle über seinen Ejakulationsdrang zu wahren.

Es gibt noch ein weiteres Problem, das während der Durchführung dieses Behandlungsprogramms auftreten kann: In vielen Fällen einer seit langem manifesten vorzeitigen Ejakulation hatte die Frau wegen der zeitlichen Beschränkungen und der damit verbundenen Unruhe sehr wenig Gelegenheit, während des Geschlechtsverkehrs sexuell reaktiv zu sein. Nachdem sich das Kontrollvermögen des Mannes eindeutig gebessert hat, kann es demnach sein, daß beide Partner das Gefühl haben, es sei nun an der Zeit, den sexuellen Bedürfnissen der Frau mehr Aufmerksamkeit zukommen zu lassen. Das ist verständlich und eigentlich auch wünschenswert, allerdings nur, solange sich der Mann nicht verpflichtet fühlt, in erster Linie auf die sexuelle Befriedigung seiner Partnerin achten zu müssen. Wenn er sich das nämlich zur Aufgabe macht, passiert es leicht, daß er in ein Muster der stetig schwächer werdenden Ejakulationskontrolle zurückfällt.

Wie Männer ohne Partnerin die vorzeitige Ejakulation überwinden können

Einige Männer mit schwacher Ejakulationskontrolle haben keine Sexualpartnerin, die ihnen bei der Gegenkonditionierung ihres Reflexes helfen könnte. Andere haben zwar eine regelmäßige Sexualpartnerin, jedoch ist diese aus einer Reihe von Gründen nicht bereit, an dem oben beschriebenen Behandlungsprogramm teilzunehmen. So halten zum Beispiel einige Frauen die vorzeitige Ejakulation ihres Partners für ein Zeichen von Egoismus und zeigen sich dementsprechend so lange unkooperativ in sexuellen Dingen, bis sie Hinweise dafür sehen, daß der Mann versucht, sich selbst mit »seinem« Problem auseinanderzusetzen. Diese Frauen sind häufig zornig und frustriert, weil sie ihrem Partner wiederholt nahegelegt haben, eine Therapie zu machen, und sehen in seinem Widerstand dagegen nur einen weiteren Beweis für seine Selbstsucht und seinen Mangel an Motivation, an der Situation wirklich etwas zu verändern. Die folgende Methode, die auch allein angewendet werden kann, hat sich für viele Männer mit verfrühter Ejakulation als eine nützliche Vorgangsweise erwiesen. Mit zunehmendem sexuellem Selbstvertrauen und einer verbesserten Ejakulationskontrolle ist es für den Mann dann auch leichter, die für ihn richtige Partnerin zu finden. Die Methode geht auf die in den fünfziger Jahren von Dr. James Semans eingeführte sogenannte »Stop-Start-Technik« zurück, die von der Sexualtherapeutin Dr. Helen Singer-Kaplan umfassend weiterentwickelt wurde.

Die folgenden Selbsthilfeübungen sind erfahrungsgemäß am wirksamsten, wenn sie mit einer gewissen Regelmäßigkeit ausgeführt werden, da dadurch der physiologische Lernprozeß verstärkt wird. Wir schlagen eine Häufigkeit von mindestens vier- oder fünfmal die Woche vor, wobei für jeden Durchlauf wenigstens 15 bis 30 Minuten eingeplant werden sollten. Für die optimale und langfristige Wirksamkeit dieser Gegenkonditionierung sollten Sie insgesamt drei bis vier Wochen veranschlagen. Es ist außerdem ratsam, diese Übungen nicht gerade am Ende eines anstrengenden Arbeitstages durchzuführen, wenn Sie müde und erschöpft sind, und für eine entspannte und ungestörte Atmosphäre zu sorgen.

Erster Schritt: Selbsterkundung

Der erste Schritt dieses Programms besteht in einer zeitlich unbegrenzten Gelegenheit für den Mann, ohne jeden Druck und vollkommen zweckfrei seine eigenen körperlichen Empfindungen wahrzunehmen. Dabei gibt es keine »richtige« Art, dies zu tun und, abgesehen von dem Versuch, das

Ganze in ein oder zwei Minuten zu erledigen oder zu ignorieren, was Sie durch Ihre Berührungen fühlen, auch keine »falsche«.

Wenn Sie entspannt und ausgeruht sind und nicht unter Zeitdruck stehen, entkleiden Sie sich und legen sich rücklings aufs Bett. (Es ist bei dieser Übung wichtig, daß Sie liegen, denn das hilft Ihnen, sich zu entspannen.) Lassen Sie nun Ihre Fingerspitzen langsam und zart über Ihr Gesicht gleiten und versuchen Sie dabei, die Unterschiede in der Struktur und Oberflächenbeschaffenheit zu spüren. (Bemerken Sie, daß die Haut auf der Stirn weicher ist als die am Kinn? Wie fühlen sich Ihre Augenlider im Vergleich zu Ihren Lippen an?) Verweilen Sie bei Ihren Empfindungen in den Fingerspitzen und auf der Haut und machen Sie sich bewußt, wie selbst kleine Veränderungen in Druck oder Tempo unterschiedliche Gefühle produzieren. Wenn Sie merken, daß Sie von äußeren Gedanken – zum Beispiel an die Arbeit oder ein bestimmtes Problem – abgelenkt werden, richten Sie Ihre Aufmerksamkeit wieder ganz auf die Gefühlssignale Ihrer Haut.

Nachdem Sie ein paar Minuten lang Ihr Gesicht berührt haben, beziehen Sie auch Hals, Schultern und Arme ein. Konzentrieren Sie sich auf kleine Details: Richten sich die Haare auf Ihren Armen plötzlich auf, wenn Sie zart darüberstreichen? Verschafft Ihnen eine kurze, kreisende Bewegung ein anderes Gefühl? Wie unterscheidet sich eine Berührung mit den Fingerspitzen von einer mit der ganzen Handfläche?

Nun dehnen Sie die Berührungen noch weiter aus, so daß Sie jede für Sie erreichbare Körperregion erforschen können. Dabei sollten Sie sich aber nicht gleich auf den Penis stürzen, sondern Ihre Berührungen auf natürlichem Weg dorthin wandern lassen, über Ihre Brust, die Brustwarzen, den Unterleib und die Oberschenkel. Das Ganze soll nun aber keineswegs in Arbeit ausarten, sondern bleiben Sie dabei ganz offen und neugierig. Probieren Sie, Ihre Hand zu einer Stelle zu bewegen, die Sie schon vorher eine Weile berührt haben. Fühlt sich das jetzt anders an? Wenn Sie Ihr Gesicht mit der rechten Hand berühren, während Sie mit der linken Hand sanft die Innenseite Ihres Oberschenkels streicheln, spüren Sie da einen Unterschied im Vergleich zu einer Berührung der gleichen Körperregion mit beiden Händen gleichzeitig?

Da der Zweck dieser Übung einzig und allein in der Erkundung des eigenen Körpers liegt, spielt es auch keine Rolle, ob Sie dabei sexuell erregt werden oder nicht. *Aber falls Sie eine genitale Regung empfinden, versuchen Sie nicht, irgend etwas herbeizuführen,* sondern fahren Sie einfach mit den Berührungen fort und schauen Sie, was daraus wird.

Während Sie Ihren Penis und den Bereich um das Skrotum streicheln, sollten Sie sich nicht ausschließlich darauf konzentrieren, sondern etwa alle 15 Sekunden für eine Weile zu einer anderen Stelle wandern, dann wieder zu den Genitalien zurückkehren und dabei verschiedene Berührungsarten, Rhythmen oder Geschwindigkeiten ausprobieren.

Hier noch ein praktischer Hinweis: Berühren Sie Ihren Penis nicht nur so, wie Sie es normalerweise beim Masturbieren tun. Versuchen Sie statt dessen, einen Finger über den Eichelwulst gleiten zu lassen, leicht die Unterseite des Penisschafts zu streicheln, die Hoden in der hohlen Hand zu wiegen und dabei einfach die Wärme Ihrer Berührung wahrzunehmen. Experimentieren Sie damit, nur die Fingerspitzen zu benutzen und dann vielleicht Ihren Penis mit der ganzen Hand zu umfassen, wenden Sie einen festen Griff an, eine schnellere Bewegung, und wechseln Sie dann plötzlich in eine langsamere und zartere Berührung, bei der Sie Ihre Fingerspitzen nur alle paar Sekunden um einen halben Zentimeter vorwärtsbewegen.

Selbst wenn Sie feststellen, daß Sie bei dieser Übung sehr erregt werden, empfehlen wir, daß Sie nun nicht versuchen zu masturbieren. Wenn nötig, können Sie es später tun, nachdem Sie diese Selbsterkundungsübung beendet haben. Wie gesagt: Es geht hierbei nicht um die sexuelle Erregung, sondern nur darum, daß Sie sich auf Ihre körperlichen Empfindungen einlassen.

Zweiter Schritt: Selbststimulation

Beginnen Sie auch diese Übungsphase damit, daß Sie sich entkleiden, hinlegen und fünf bis zehn Minuten lang überall am Körper berühren. Versuchen Sie, sich zunächst auf die Empfindungen in Ihren Fingerspitzen zu konzentrieren, indem Sie sich entspannen und auf Ihre taktile Sinneswahrnehmung einstimmen. Greifen Sie nicht gleich nach Ihrem Penis, sondern lassen Sie Ihre Finger erst allmählich zu den Genitalien wandern, berühren Sie diese für 15 oder 20 Sekunden, wechseln Sie dann zu einer anderen Körperstelle, und wiederholen Sie diesen Vorgang etwa vier bis fünf Minuten lang.

Wenn Sie merken, daß Sie in Einklang mit Ihren Gefühlen sind, können Sie Ihre Berührungen hauptsächlich auf die Genitalien konzentrieren. Trotzdem sollten Sie an diesem Punkt *nicht* versuchen, gleich den »Masturbationsmodus« anzusteuern. Das heißt, falls Sie eine bevorzugte Art haben, wie Sie sich selbst stimulieren – eine bestimmte Position, einen bestimmten Griff oder eine bestimmte Sexualphantasie –, so sollten Sie diese für den Moment beiseite lassen. Jetzt geht es vielmehr darum, das Bewußtsein Ihres allgemeinen Körpergefühls zu erweitern, um es durch ein zweckfreies Berühren auf eine verstärkte sensorische Wahrnehmung der Empfindungen Ihres Penis und der Genitalien (einschließlich der Oberschenkelinnenseiten, der Skrotalhaut und sogar der Region um den Anus) zu übertragen.

Wie bei der vorangegangenen Übung versuchen Sie auch hier festzustellen, wie sich kleine Veränderungen in der Berührungsart oder -geschwindigkeit für Sie anfühlen, wobei Sie die verschiedenen Empfindungen allerdings nicht als »gut« oder »schlecht« etikettieren sollten, denn damit denken Sie zu viel und fühlen nicht genug. Versuchen Sie statt dessen, die Empfindungen lediglich in ihren unterschiedlichen körperlichen Eigenschaften zu identifizieren.

Nachdem Sie die Gelegenheit hatten, Ihre Gefühle wirklich wahrzunehmen, können Sie zu einer eher zielgerichtet stimulierenden Berührungsart übergehen. Trotzdem sollten Sie auch jetzt noch auf Ihre Lieblingsphantasien verzichten, es sei denn, Sie halten es für absolut notwendig, um eine Erektion zu bekommen oder zu bewahren. Während der Stimulation konzentrieren Sie sich auf die Empfindungen in Ihrer Genitalregion und schauen, ob Sie irgendwelche inneren Veränderungen bemerken wie zum Beispiel das Gefühl eines sich steigernden Drucks oder eines Zusammenziehens in den Hoden. Verlangsamen Sie nach einer oder zwei Minuten bewußt das Tempo Ihrer Berührungen für ungefähr 10 bis 15 Sekunden, und kehren Sie dann wieder zu der vorherigen Geschwindigkeit zurück. Wiederholen Sie das zwei- oder dreimal. Wenn Sie sich wohl fühlen und ausreichend erregt sind, können Sie jetzt ejakulieren, wann immer Sie wollen. Konzentrieren Sie sich dabei wieder auf Ihre körperlichen Empfindungen, und achten Sie besonders darauf, wie es sich kurz vor dem Samenerguß anfühlt. (Dieser »Gipfelpunkt« der Erregung korrespondiert mit der im vorangegangenen Kapitel bereits beschriebenen Ejakulationsunvermeidbarkeit). Am wichtigsten ist jedoch, daß Sie den Vorgang genießen. Machen Sie sich keine Gedanken über den richtigen Zeitpunkt des Orgasmus oder darüber, wie »gelungen« die Erfahrung war. Die eigene Leistung bewerten zu wollen würde zu diesem Zeitpunkt Ihre Fortschritte nämlich nur behindern.

Dritter Schritt: Anwendung der Stop-Start-Methode

Nachdem Sie während der nächsten Tage die im zweiten Schritt beschriebene Übung ein- oder zweimal wiederholt haben, können Sie eine kleine Veränderung im Ablauf vornehmen, und zwar durch die sogenannte »Stop-Start-Methode«. Wenn Sie diesmal nach fünf- bis zehnminütigen generellen Körper- und anschließenden Genitalberührungen eine Vollerektion bekommen, setzen Sie, kurz bevor Sie den höchsten Erregungsgrad erreichen, bewußt mit der Stimulation für fünf bis zehn Sekunden *vollkommen* aus.

Wenn Sie die Stimulation vor dem Punkt der Ejakulationsunvermeidbarkeit unterbrechen, wird Ihr Ejakulationsdrang vermutlich etwas schwächer werden. Falls Sie merken, daß das nicht der Fall ist, können Sie den Stop auf circa 15 bis 20 Sekunden ausdehnen. Sollten Sie dann unmittelbar nach Unterbrechung der Stimulation ejakulieren, ist das nicht weiter schlimm und liegt nur daran, daß Sie sich am Beginn eines Lernprozesses befinden, der eine gewisse Gewöhnungszeit erfordert. Möglicherweise kann Ihre Erektion während der Unterbrechung auch ganz oder teilweise erschlaffen, aber auch das ist weiter kein Problem, da sie sich im allgemeinen gleich nach Wiederaufnahme der Stimulation wieder einstellt.

Während der Masturbation sollten Sie nicht versuchen, mit dem Stop bis zum letzten Moment vor dem Höhepunkt zu warten, sondern die Selbststimulation relativ früh im Erregungszyklus noch zweimal fünf bis zehn Sekunden lang unterbrechen, wobei es am Anfang sicher hilfreich ist, wenn Sie beinahe unmittelbar nach Eintreten der Erektion einen Stop einlegen.

Nachdem Sie diese Methode drei- oder viermal während eines Übungsdurchgangs angewendet und dabei besonders auf Ihre Penisempfindungen wie auch auf die inneren Anzeichen Ihrer wachsenden sexuellen Erregung geachtet haben, können Sie zu einer ununterbrochenen Art der Selbststimulierung übergehen, bei der Sie ejakulieren dürfen, wann immer Ihnen danach ist. Für diesen Moment brauchen Sie sich auch keine Gedanken über den richtigen Zeitpunkt für den Samenerguß zu machen, denn der Versuch, sich zu timen, wäre eher ablenkend als hilfreich. Außerdem gibt es keinen Grund dafür, sich irgendeine Art von Leistungsdruck aufzuerlegen, denn Sie befinden sich immer noch am Anfangsstadium eines langen Lernprozesses.

Vierter Schritt: Stabilisierung des bisher erzielten Fortschritts mit der Stop-Start-Methode

Nun sind Sie bereit, auf Ihre bereits erzielten Fortschritte aufzubauen. Wir schlagen vor, die Stop-Start-Methode mit den im folgenden beschriebenen Modifikationen eine oder zwei Wochen lang täglich oder jeden zweiten Tag anzuwenden, bis Sie anfangen, mit Ihrem individuellen Muster sexueller Erregung vertraut zu werden *und* ein Gefühl von Kontrolle über Ihren Ejakulationsdrang zu entwickeln. Es gibt Männer, die dabei relativ langsam vorgehen, weil sie das Gefühl haben, daß ihnen das hilft, ihr Selbstvertrauen zu stärken, andere wiederum werden frustriert und ungeduldig, wenn sie zu lange bei einer Übungsphase verharren. Jeder Mann sollte die Geschwindigkeit wählen, die ihm richtig erscheint, und dann, wenn es mit der nächsten Stufe nicht klappt, einen Schritt zurückgehen, um sich zu erlauben, an einem bestimmten Punkt mehr Wohlbefinden oder Kontrolle zu entwickeln. *Zur Erinnerung: Es ist besonders wichtig, sich während dieses Behandlungsstadiums des Geschlechtsverkehrs zu enthalten.* Gleichgültig, wie verlockend es zu diesem Zeitpunkt sein mag, Sex mit einer Partnerin zu haben, entweder aus schierer Lust oder um zu prüfen, welche Fortschritte man gemacht hat (besonders wenn man den Eindruck hat, man sei von seiner vorzeitigen Ejakulation praktisch geheilt), dürfen Sie diesem Impuls nicht nachgeben. Gerade jetzt ist eine kontinuierliche Fortsetzung des Konditionierungsprozesses besonders wichtig, und Sex mit einer Partnerin würde diese Kontinuität nur unterbrechen und die bisher erzielten Resultate gefährden.

Sie können nun damit beginnen, in Ihren Übungen die Art von manueller Selbststimulation vorzunehmen, die Sie am erregendsten finden, das heißt, wenn Sie in der Vergangenheit eine bevorzugte Masturbationstechnik hatten, können Sie diese wieder anwenden. (Allerdings mit einer Einschränkung: Falls Sie dabei irgendeine Art von Gleitmittel auf Ihrer Hand oder Ihrem Penis verwendet haben, sollten Sie darauf vorläufig noch verzichten.) Der einzige Unterschied ist der, daß Sie während der Selbststimulation weiterhin in periodischen Abständen die Stop-Start-Technik anwenden sollen, und zwar zuerst relativ früh in Ihrem Erregungszyklus und dann auf einer etwas höheren Erregungsstufe.

Während Sie damit experimentieren, Ihre Erregung anwachsen zu lassen, bevor Sie einen Stop einlegen, kann es vorkommen, daß Sie sich nicht mehr rechtzeitig bremsen können und unwillkürlich ejakulieren. Das ist vollkommen normal und hat keine längerfristige Bedeutung.

Beim vierten Schritt besteht das Ziel darin, an einen Punkt zu gelangen, an dem Sie ehrlich sagen können, daß Sie eine stärkere Ejakulationskontrolle empfinden, und an dem Sie die Selbststimulation fünf bis zehn Minuten (einschließlich der Unterbrechungen) dauern lassen können, ohne zu ejakulieren. Noch ein praktischer Hinweis: Falls Sie dieses Ziel bereits nach einem oder zwei Tagen erreicht haben, legen wir Ihnen dringend nahe, diesen vierten Übungsschritt trotzdem noch ein paarmal zu wiederholen, bevor Sie zum nächsten übergehen.

Fünfter Schritt: Die Stop-Start-Methode unter Verwendung eines Gleitmittels

Bis zu diesem Punkt wurde die sexuelle Stimulation bewußt so gestaltet, daß sie sich von den Empfindungen Ihres Penis während des Geschlechtsverkehrs unterscheidet. Einer der Hauptgründe dafür ist natürlich, daß sich das spezielle Gefühl, das sich einstellt, wenn sich das Glied in der Vagina befindet, für viele Männer besonders sinnlich und erregungssteigernd ist. Mit diesem Schritt können Sie nun zur nächsten Phase der Gegenkonditionierung Ihres Ejakulationsreflexes übergehen, und zwar dadurch, daß Sie wiederum die Stop-Start-Technik anwenden, nur diesmal ergänzt durch die Verwendung einer nicht-alkoholhaltigen Creme oder eines Gleitmittels wie Vaseline. Das ist zwar nur eine kleine, aber wichtige Veränderung, denn dadurch können Sie Ihre Kontrolle unter Bedingungen weiter verbessern, die den natürlichen Gefühlen beim Geschlechtsverkehr sehr viel stärker ähneln.

Während der folgenden Woche sollten Sie diese Methode mindestens drei- oder viermal anwenden, wobei das Ziel anzustreben ist, daß Sie imstande sind, drei oder vier Minuten lang auf diese Art zu masturbieren, bevor Sie einen Stop einlegen müssen.

Sechster Schritt: Stop-Start-Technik mit Gleitmittel und Sexualphantasie

Jetzt gilt es, eine entscheidende Hürde zu nehmen: Zusätzlich zu der Verwendung eines Gleitmittels bei der Selbststimulation sollen Sie die Situation körperlich und geistig so sinnlich und erregend gestalten wie möglich, indem Sie Ihre bevorzugten Sexualvorstellungen in die Übung mit einbeziehen. Auch hierbei besteht das Ziel darin, sich drei oder vier Minuten lang nachhaltig selbst stimulieren zu können, während Sie aktiv Phantasiebilder gestalten *und* ein Gleitmittel oder eine Creme verwenden. Setzen Sie die Stop-Start-Methode ein wie erforderlich, wobei Sie am Anfang wahrscheinlich häufigere Pausen einlegen müssen, wenn Ihre Vorstellungen tatsächlich eine intensive sexuelle Reaktion hervorrufen. Und denken Sie daran: Versuchen Sie nicht, immer erst kurz vor dem höchsten Erregungsgrad abzustoppen, sondern setzen Sie die Unterbrechung schon vorher ein, während Sie darauf achten, was Ihnen Ihr Körper über den Stand und das Tempo der Erregungssteigerung signalisiert.

Siebenter Schritt: Die variierte Stimulation

Dieser Schritt besteht darin, sich von der ausschließlichen Verwendung der Stop-Start-Methode zu lösen (welche als nützliche Strategie aber nach wie vor beibehalten werden kann) und durch Veränderungen in der Intensität und Geschwindigkeit der Selbststimulation eine verstärkte Ejakulationskontrolle zu entwickeln. Beginnen Sie wie in der vorangegangenen Übung mit der Verwendung eines Gleitmittels und von Sexualphantasien, nur verändern Sie diesmal, statt mit der Masturbation aufzuhören, wenn Sie merken, daß Sie stark erregt werden, die Art, wie Sie sich stimulieren. Zum Beispiel können Sie von einem festen Druck zu einer lockereren und sanfteren Berührung wechseln oder von einer raschen auf- und abwärtsführenden Bewegung zu einem langsameren, weniger drängenden Gleiten. Möglicherweise müssen Sie ein wenig mit diesen Variationen und Abwandlungen experimentieren, um herauszufinden, welche davon am besten für die Regulierung Ihrer sexuellen Erregung geeignet sind.

Das Ziel dieser Übung besteht darin, sich bei einer fortgesetzten stimulativen Aktivität zunehmend wohler zu fühlen, was den natürlichen Bedingungen beim sexuellen Verkehr mit einer Partnerin eher entspricht als die Verwendung der Stop-Start-Methode allein, da, selbst wenn Sie oder Ihre Partnerin während des Koitus mit den Stoßbewegungen aufhören und stillhalten, es aufgrund der Wärme und Feuchtigkeit in der Vagina und der bloßen Tatsache des intravaginalen Kontakts einen starken Grad an Penisstimulation gibt.

Wiederholen Sie diese Übung zwei- oder dreimal, um Ihre Fortschritte zu verfestigen, und erlauben Sie sich die Möglichkeit, mit verschiedenen Variationen der Stimulationsverlangsamung zu experimentieren.

Achter Schritt: Übergang zum Sexualakt mit einer Partnerin

Viele Männer, die die vorangegangenen Schritte mit geringen oder gar keinen Schwierigkeiten gemeistert haben, fühlen sich bei dem Gedanken an den Wechsel von der Selbststimulation zum Sexualakt mit einer Partnerin verunsichert. Dabei besteht das Problem teilweise darin, daß sie sich weiterhin als ein Mann mit vorzeitiger Ejakulation betrachten, statt die großen Fortschritte anzuerkennen, die sie durch die Übungen gemacht haben. Es gibt nun drei Dinge, die man tun kann, um die Situation weniger bedrohlich zu machen.

Erstens: Verändern Sie Ihr Selbstbild, indem Sie den neuen Grad an körperlicher Bewußtheit und Selbstkontrolle, den Sie inzwischen erlangt haben, in den Vordergrund stellen. Mit anderen Worten, denken Sie positiv von sich selbst, denn negative Gedanken verzerren die Wahrnehmung und werden oft zu einer sich selbst erfüllenden Prophezeiung.

Zweitens: Sprechen Sie offen und ehrlich mit Ihrer derzeitigen oder zukünftigen Partnerin über Ihre Gefühle, Ihre Ängste und Ihr Behandlungsprogramm. Zwar reagieren die Frauen grundsätzlich unterschiedlich auf diese Information, aber die meisten werden sicher Verständnis für Ihre Bemühungen und Bedürfnisse haben. Wenn Sie jedoch das Gefühl haben, daß Ihre zukünftige Partnerin Schwierigkeiten bei dem Gedanken hat, Ihnen zu helfen (vorausgesetzt, Sie haben Ihre Erwartungen nicht so dargestellt, daß sie den Eindruck haben muß, Sie würden sie als Therapeutin anheuern oder ihr einen Auftrag erteilen), können wir Ihnen nur den Rat geben, sich eine andere Partnerin zu suchen. Falls dies keine praktikable Lösung ist, werden Sie in der Anpassung an die Bedürfnisse und Vorlieben Ihrer Partnerin flexibel sein müssen, wobei Sie sich darüber bewußt sein sollten, daß es dabei einiger Neuerungen und Experimente von Ihrer Seite bedarf, um Ihre Fortschritte in der Ejakulationskontrolle zu verfestigen.

Drittens: Sie können Ihre Ängste minimieren, indem Sie bewußt langsam vorgehen, statt sich mit voller Geschwindigkeit hineinzustürzen. Zum Beispiel könnten Sie und Ihre Partnerin vereinbaren, für eine Weile keinen Koitalverkehr zu haben. Während dieser Übergangsphase können Sie ihr dann zunächst zeigen, wie die Stop-Start-Methode funktioniert, und ihr dann mehrmals die manuelle Stimulation überlassen. Allerdings sollten Sie darauf achten, sie in den Prozeß des sexuellen Gebens und Nehmens einzubeziehen, und am Anfang ist es vielleicht am einfachsten, wenn Sie sie durch manuelle oder orale Stimulation oder mittels eines Vibrators zum Höhepunkt bringen, bevor sie damit beginnt, Sie zu stimulieren. Die Gestaltung des genauen Ablaufs sollte jedenfalls ebensosehr die Gefühle und Vorlieben Ihrer Partnerin berücksichtigen wie Ihre eigenen.

Es ist häufig hilfreich, die Stop-Start-Methode während einer sexuellen Stimulation anzuwenden, bei der der Penis in direkten Kontakt mit den äußerlichen weiblichen Genitalien kommt und damit kurz vor dem eigentlichen Koitalverkehr aufzuhören, wobei wir hierfür die Position vorschlagen, bei der die Frau ungefähr in Taillenhöhe auf Ihnen sitzt. Sie können sich einfach zurücklehnen und sie mit Ihrem eregierten Penis spielen lassen; falls Sie merken, daß Sie zu sehr erregt werden, teilen Sie ihr verbal oder nonverbal mit, daß Sie kurz unterbrechen wollen. Wenn Sie einen wohltuenden und entspannten Grad an Erregung erreicht haben, kann die Frau ein wenig abwärts gleiten und den Penis sanft gegen ihr Schamhaar und die Vulva reiben und sogar die Penisspitze eine kleine Weile an der Vaginaöffnung ruhen lassen. Während diese Aktivitäten weiter durchgeführt werden, versuchen Sie, sich auf Ihre körperlichen Empfindungen zu konzentrieren und gleichzeitig Grad und Richtung Ihrer sexuellen Erregung so zu regulieren, daß sie einigermaßen stark bleibt, ohne sich mit einer Geschwindigkeit zu steigern, die Sie nicht mehr kontrollieren können. Allmählich werden Sie dann imstande sein, von der Notwendigkeit einer Unterbrechung der Aktivität zu leichteren Abstufungen in Tempo oder Art der Stimulation überzugehen. Wenn zum Beispiel Ihre Partnerin den eregierten Penis gegen ihre Klitoris reibt und die Empfindungen für Sie zu feurig werden, können Sie eine Hand auf ihre Schulter legen und ihr damit signalisieren, daß sie langsamer machen oder für ein paar Sekunden stillhalten soll.

Nachdem Sie und Ihre Partnerin sich mit diesen Übungen wohl fühlen, können Sie im nächsten Stadium die Genitalberührungen so erweitern, daß Sie auch kurz den Penis in die Vagina einführen. Das heißt nicht, daß Sie nun Geschlechtsverkehr haben müssen, sondern daß Sie damit lediglich eine Variante der vorangegangenen Berührungen ausprobieren.

Wenn die Frau auf Ihnen sitzt und Sie sich mäßig erregt, aber keineswegs unter sexueller Hochspannung fühlen, kann Ihre Partnerin langsam und sanft so weit auf Ihrem eregierten Glied abwärtsgleiten, daß sich die Penisspitze in der Vagina befindet. Dann sollten beide 15 oder 20 Sekunden lang bewegungslos in dieser Stellung verharren. Statt dem natürlichen Impuls zu folgen, nun gleich mit den Stoßbewegungen zu beginnen, sollten Sie sich ausschließlich auf die Empfindungen in Ihrem Penis konzentrieren. Das ist auch nicht der Moment, um darüber nachzudenken, was nun als nächstes passiert oder um eine Phantasie zu aktivieren, sondern es geht jetzt nur um die Fokussierung auf Ihre Gefühle und daß Sie sie genießen. Falls Sie unmittelbar nach der Einführung ejakulieren, ist das auch keine Katastrophe, sondern nur ein kurzfristiger Rückfall in der Umstellung auf eine neue Situation, und mit etwas Übung werden Sie Ihre Angst vor dieser neuen Situation zunehmend verlieren. Manchmal kommt es vor, daß die Erektion des Mannes in diesem Stadium erschlafft, was ebenfalls vollkommen normal ist. In dem Fall kann Ihre Partnerin vom Penis herabgleiten und ihn – eventuell in einer anderen Stellung – manuell so weit stimulieren, bis er für einen nächsten Versuch der Peniseinführung wieder ausreichend eregiert ist.

Nachdem Sie imstande waren, die Penisspitze für 20 oder 30 Sekunden in der Vagina zu belassen, ohne sich zu bewegen, kann Ihre Partnerin das Glied noch ein wenig tiefer, also etwa bis zur Hälfte, einführen. Auch diese Position sollten Sie dann für 20 oder 30 Sekunden beibehalten, ohne daß einer von beiden Stoßbewegungen ausführt. Anschließend können Sie Ihre Hände auf die Hüften Ihrer Partnerin legen und mit einem sanften und langsamen Stoßrhythmus beginnen. Während Sie spüren, wie Ihr Erregungsgrad steigt, signalisieren Sie ihr, für etwa fünf Sekunden lang aufzuhören (oder langsamer zu werden), und zwar *bevor* Sie den Punkt der Ejakulationsunvermeidbarkeit erreicht haben, denn es geht hierbei darum, daß Sie das Spektrum Ihrer Kontrollfähigkeit erweitern, indem Sie anfänglich vorsichtig sind und die Geschwindigkeit Ihrer Erregungssteigerung früher einbremsen, als vielleicht nötig wäre. Während Sie an Selbstvertrauen und Erfahrung gewinnen, werden Sie imstande sein, Timing und Tempo in jeder einzelnen Situation so zu regulieren, daß es Ihren Bedürfnissen optimal entspricht.

Dieser Prozeß des Verlangsamens mittels der Stop-Start-Methode muß aber nun nicht ewig so weitergehen, sondern wenn Sie gleich beim ersten Versuch der Penetration drei oder vier Minuten durchgehalten haben, ohne zu ejakulieren, können Sie ohne weiteres jede Zurückhaltung aufgeben und sich gehen lassen. (Falls Sie vor Ihrer Partnerin zum Höhepunkt kommen und sie auch einen Orgasmus haben will, sollten Sie darauf achten, ihre Bedürfnisse hinterher zu befriedigen.)

Nach fünf bis zehn Durchläufen dieser Übung ist der Mann häufig imstande, seinen Ejakulationsdrang so weit zu beherrschen, daß er mindestens fünf Minuten in intravaginalem Kontakt bleiben und sanfte Stoßbewegungen durchführen kann. Nachdem dieser Punkt erreicht ist, kann der Mann bei den Stoßbewegungen aktiver werden, statt wie vorher nur relativ passiv dazuliegen und sie hauptsächlich der Frau zu überlassen.

Während der Mann an Vertrauen in sein neues Maß an Ejakulationskontrolle gewinnt, stellt sich häufig die zusätzliche Wirkung ein, daß er auch an Situationsangst verliert, was wiederum seinen Erfolg bestärkt. Mit weniger Furcht wird aus ihm wahrscheinlich ein spontanerer (und weniger selbstbezogener) Liebhaber, eine Veränderung, die ihm vielleicht erst bewußt wird, nachdem seine Partnerin sie bemerkt hat. Darüber hinaus kann das Paar mit der Zeit auch andere Stellungen ausprobieren, da die Position, in der die Frau »oben« ist, für eine normale Ejakulationskontrolle nicht unbedingt erforderlich ist. Viele Paare finden besonders die Seite-an-Seite-Postition sehr befriedigend, da sie jedem von beiden eine größere Bewegungsfreiheit läßt und keiner das Gewicht des anderen tragen muß.

Wie bei der Verlangsamung des Ejakulationsreflexes mittels der Quetschtechnik wird es auch hierbei beim Mann immer die Tendenz geben, unter streßfördernden Bedingungen (zum Beispiel mit einer neuen Partnerin) oder nach einem längeren Zeitraum der sexuellen Abstinenz in sein altes Verhalten der vorzeitigen Ejakulation zurückzufallen. Er kann dieses Problem aber in den Griff bekommen, indem er immer dann, wenn er aus irgendwelchen Gründen keine Sexualpartnerin hat, regelmäßig die Selbststimulationsübungen durchführt. Außerdem kann er lernen, die Notwendigkeit zu erkennen, daß zu Beginn einer neuen Beziehung die Stop-Start-Technik mit der Partnerin häufiger angewendet werden muß.

Falls diese Methoden nicht funktionieren

Wir haben zwar die Erfahrung gemacht, daß es den meisten Männern, die dieses Behandlungsprogramm konstant und regelmäßig durchführen, gelingt, ihr Problem der mangelnden Ejakulationskontrolle zu überwinden, doch bleiben etwa 15 Prozent der Betroffenen unzufrieden mit den dabei erzielten Resultaten. Fast allen diesen Männern kann jedoch mit einer zeitlich begrenzten Sexualtherapie geholfen werden.

Es gibt eine Reihe von Gründen, warum ein Selbsthilfeprogramm nicht immer optimal funktioniert. Ein weitverbreitetes Problem ist, daß diese Übungen für Männer konzipiert wurden, die keine Schwierigkeiten damit haben, eine Erektion zu bekommen und zu bewahren. In solchen Fällen, in denen Erektionsstörungen zusammen mit einem verfrühten Samenerguß auftreten, bietet eine Sexualtherapie die besten Chancen für eine erfolgreiche Behandlung.

Dann gibt es Paare, bei denen die Beziehungsprobleme – zum Beispiel Aggressionen, Machtkämpfe, Mißtrauen, Alkoholismus, Drogensucht oder körperlicher Mißbrauch, um nur einige zu nennen – so zentral sind, daß der Versuch, das sexuelle Problem isoliert davon zu bewältigen, fast immer zum Scheitern verurteilt ist. Und schließlich sind jene Männer, die aufgrund ihrer getriebenen, zwanghaften oder perfektionistischen Persönlichkeit grundsätzlich eher eine Einzeltherapie als eine Sexualtherapie bräuchten, nicht immer erfolgreich bei der Anwendung dieses Selbsthilfeprogramms. Von diesen Ausnahmen abgesehen, ist jedoch zu erwarten, daß die meisten Männer mit Ejakulationsschwierigkeiten von den oben beschriebenen Methoden profitieren.

Ejakulationsunfähigkeit und retardierte Ejakulation

Die Ejakulationsunfähigkeit oder die Unfähigkeit, intravaginal zu ejakulieren, ist mit nur weniger als 5 Prozent der in Sexualtherapien behandelten Fälle eine eher selten auftretende männliche Sexstörung. Männer mit dieser Dysfunktion haben selten Schwierigkeiten, selbst bei langandauerndem Koitalverkehr eine Erektion zu bekommen und zu halten, und den meisten scheint es auch nicht schwerzufallen, sexuell erregt zu werden; das Problem liegt vielmehr in der Steigerung einer mäßigen sexuellen Erregung bis zu einer Stufe, auf der der Ejakulationsreflex ausgelöst wird.

Die meisten Männer mit Ejakulationsunfähigkeit waren zeit ihres Lebens nicht imstande gewesen, intravaginal zu ejakulieren, obwohl circa 85 Prozent bei der Selbstbefriedigung und die Hälfte mit einer Form des nichtkoitalen Sexspiels mit einer Partnerin zum Samenerguß kommen. Wenn ein Mann durch Masturbation normal ejakulieren kann – das heißt, ohne daß es eines langen Zeitraums oder größerer Anstrengungen bedarf –, ist es im allgemeinen unwahrscheinlich, daß der Grund für sein sexuelles Problem ein medizinischer ist. Manchmal kann der Mann nur nach einer besonders langen und intensiven Phase der nichtkoitalen Stimulation, wie zum Beispiel durch gleichzeitige manuelle und orale Stimulation, ejakulieren.

In einigen wenigen Fällen, die wir behandelt haben, war die Fähigkeit zur normalen koitalen Ejakulation irgendwann »verlorengegangen«. So hatten wir zum Beispiel einmal den Fall, daß die koitale Ejakulation während der Pubertät und vor der Ehe kein Problem war, aber abrupt aufhörte, normal zu funktionieren, als der Mann mit 22 Jahren heiratete und seine Frau die Pille absetzte, weil sie ein Kind bekommen wollten. Obwohl dieser Mann imstande war, durch Masturbation zum Samenerguß zu kommen, blieb er die nächsten fünf Jahre unfähig, koital zu ejakulieren. Wie sich dann in der Therapie herausstellte, stand der Mann der Aussicht, eine Familie zu gründen, zutiefst ambivalent gegenüber. Der Grund dafür war, daß sich sein Vater von seiner Mutter hatte scheiden lassen, als der Sohn fünf Jahre alt war, was ihn und seine zwei Geschwister in materieller Not und einer starken emotionalen Leere zurückließ. Nachdem diese zugrundeliegenden Probleme offengelegt worden waren und es ihm gelang, sich von seiner Vergangenheit zu lösen, konnte die Behandlung erfolgreich abgeschlossen werden. Er erlangte damit nicht nur seine normale Fähigkeit zur koitalen Ejakulation wieder, sondern seine Frau wurde kurz darauf tatsächlich schwanger. In einem anderen Fall entwickelte ein 28jähriger Mann, der zuvor keinerlei sexuelle Probleme gehabt hatte, nach dem Unfalltod seines Sohnes eine vollständige Ejakulationsunfähigkeit. Auch in einem dritten Fall hatte ein Mann normal funktioniert, bis er entdeckte, daß seine Frau eine Affäre hatte, woraufhin er plötzlich unfähig war, während des Geschlechtsverkehrs zu ejakulieren.

Es gibt auch Beispiele einer situationsbedingten Unfähigkeit, so wie im Fall eines 29jährigen Börsenmaklers, der zwar mit Prostituierten vollkommen normal zum Samenerguß kam, aber niemals mit seiner Frau. Er vertraute uns an, daß der Sex mit seiner Frau für ihn langweilig und mechanisch war, während er es mit einer Prostituierten wesentlich aufregender fand.

Man muß das Problem der Ejakulationsunfähigkeit deutlich von der retrograden Ejakulation unterscheiden, bei der sich die Blasenöffnung während des männlichen Orgasmus nicht richtig schließt, so daß die Spermienflüssigkeit rückwärts in die Harnröhre fließt. Bei diesem sogenannten »trockenen Orgasmus« hat der Mann zwar eine Ejakulation, aber es gelangt kein Samen in die Vagina. Diesem Phänomen, das im elften, zwölften und sechzehnten Kapitel noch eingehender erläutert wird, liegt meistens eine organische Störung zugrunde. Es ist zum Beispiel eine weitverbreitete Komplikation nach bestimmten Arten der Prostataoperation, tritt bei ungefähr 1 Prozent der männlichen Diabetiker auf und zeigt sich manchmal bei neurologischen Störungen wie der multiplen Sklerose.

Männer mit Ejakulationsunfähigkeit hingegen haben keinen koitalen Orgasmus oder Samenerguß, obgleich sie gelegentlich einen Orgasmus vortäuschen können, um ihrer Partnerin zu suggerieren, daß mit ihnen alles in Ordnung ist.

Die Ejakulationsunfähigkeit muß auch von der im vierten Kapitel beschriebenen Sexualaversion unterschieden werden. Zwar liegt in beiden Fällen eine phobische Komponente vor, die jedoch bei Männern mit Sexualaversion nicht unbedingt mit einer Ejakulationsunfähigkeit einhergeht.

Häufiger als die Ejakulationsunfähigkeit tritt das ähnliche, wenn auch hinsichtlich Erscheinung und Ursache nicht gleichbedeutende Phänomen der retardierten Ejakulation (*Ejaculatio retardata*) auf, und diese Häufigkeit steigert sich noch, wenn man die durch Drogen- oder Alkoholmißbrauch verursachten Fälle mit einschließt. Bei diesem verzögerten Samenerguß ist der Mann zwar imstande, intravaginal zu ejakulieren, aber erst nach einem für ihn (und seine Partnerin) übermäßig lang erscheinenden Zeitraum. Die meisten Männer mit dieser Dysfunktion berichten, daß sie für gewöhnlich mindestens eine halbe Stunde der äußerst heftigen koitalen Stoßbewegungen brauchen, bevor die Ejakulation endlich auftritt. Das mag sich zwar nicht besonders schlimm anhören, aber wenn eine so ausgedehnte Stimulation für den Orgasmus *erforderlich* ist, wird es für den Mann frustrierend und peinlich und macht den Sex für beide Partner zu einem mühsamen Akt, den sie kaum noch genießen können. Unter diesen Umständen wird die Frau wahrscheinlich nicht nur ungeduldig mit ihrem Partner werden, sondern sie kann auch durch die mechanische Beanspruchung des verlängerten Koitus eine physische Reizung erleiden, besonders wenn ihre Vaginalbefeuchtung aufgrund des verminderten sexuellen Engagements nachläßt.

Beide Formen der Ejakulationshemmung rufen psychische Probleme hervor, auch für die Partnerin, die die Funktionsstörung des Mannes möglicherweise für ein Zeichen ihrer eigenen Unzulänglichkeit hält und glaubt, der Mann finde sie nicht attraktiv oder stimulierend genug. Darüber hinaus interpretieren viele Frauen die Ejakulationsstörung ihrer Partner als Hinweis auf ein grundsätzliches Defizit in ihrer Intimbeziehung, und falls der Wunsch nach einem Kind gegeben ist, wird die Angelegenheit noch komplizierter. Die Art dieser Dysfunktion bringt manche Frauen auch dazu, die Männlichkeit und sexuelle Orientierung ihrer Partner in Frage zu stellen, indem sie zum Beispiel irrtümlicherweise annehmen, das Ejakulationsproblem sei ein Zeichen für eine latente Homosexualität des Mannes.

Wenn man von anatomischen Anomalien des männlichen Urogenitalsystems, wie das angeborene Fehlen des Ausspritzungsgangs des Samenleiters oder Prostatastörungen absieht, hat die Ejakulationsunfähigkeit nur selten organische Ursachen. Neurologische Störungen, einschließlich Rückenmarktumore, multipler Sklerose, Parkinsonismus, mit Urämie (chronischem Nierenversagen) verbundener neurologischer Syndrome, Alkoholismus und schwerer ernährungsbezogener Mangelerscheinungen, kommen ebenfalls als potentielle Ursachen in Betracht, allerdings sind diese Fälle selten, besonders wenn keine anderen neurologischen Anzeichen oder Symptome vorliegen. Verschiedene ärztlich verordnete Medikamente können ebenfalls eine Blockierung des Samenergusses bewirken, was aber eher zu einer retardierten Ejakulation führt als zur eigentlichen Ejakulationsunfähigkeit. Ein erheblicher Testosteronmangel kann ebenfalls die Ejakulation hemmen, was aber meistens von Erektionsstörungen und häufig von einem verminderten Sexualverlangen begleitet wird. In einigen wenigen Fällen haben wir erlebt, daß Hypophysentumore durch Prolaktinausschüttung eine gelegentlich auftretende Ejakulationsunfähigkeit verursachen, aber für gewöhnlich beeinträchtigt ein übermäßig hoher Prolaktinspiegel eher die Erektion und Libido als die Ejakulation.

Im Unterschied zur Ejakulationsunfähigkeit liegen der *Ejaculatio retardata* sehr viel häufiger organische Faktoren zugrunde, wobei verbreitete Ursachen starker Alkohol- oder Kokainkonsum, Drogensucht und Tablettenabhängigkeit, einschließlich der Einnahme bestimmter Beruhigungsmittel (Tranquilizer) und Antidepressiva, sind. Bestimmte zur Behandlung von Bluthochdruck verwendete Medikamente können ebenfalls einen verzögerten Samenerguß bewirken.

Nach Ansicht des Psychologen Bernard Apfelbaum ist ein häufig auftretendes Schlüsselelement in der Ejakulationsunfähigkeit oder retardierten Ejakulation darin zu finden, daß der Mann nur seine eigene Berührung sexuell erregend findet, was ihn folglich eher »autosexuell« (im Sinne der Masturbation oder Selbststimulation) als heterosexuell oder homosexuell macht. Dies führt zu einer Situation, in der sich der Mann durch die Berührungen seiner Partnerin gehemmt (oder jedenfalls nicht erregt) fühlt, es aber schafft, sexuell erregt zu werden, indem er sich entweder selbst stimuliert oder seine Partnerin mittels seines autosexuellen Impulses mental ausblendet. Ist der Penis jedoch erst einmal in die Vagina eingeführt, kann er sich nicht weiter körperlich selbst stimulieren, sondern muß sich auf seine Partnerin umorientieren, da er für die vaginale Stimulation seines Penis auf sie angewiesen ist.

Apfelbaum behauptet, daß der bei dieser plötzlichen Umstellung beim Mann hervorgerufene Zwang, sich auf seine Partnerin zu konzentrieren und sich gleichzeitig von sich selbst zu distanzieren, seinen Orgasmus beziehungsweise die Ejakulation wirksam hemmt. Dabei weist er darauf hin, daß dieser Vorgang dem ähnelt, was vielen koital anorgasmischen Frauen passiert, die scheinbar auch ihre eigenen Gefühle und Reaktionen blockieren, indem sie sich in erster Linie darauf fixieren, ihre Partner zufriedenzustellen. Apfelbaum hat darüber hinaus die interessante Beobachtung gemacht, daß ein Mann mit Ejakulationsunfähigkeit einen relativ gefühlsunempfindlichen Penis hat, denn selbst wenn er eregiert ist, stimmt er eigentlich nicht mit dem Grad der sexuellen Erregung überein. Apfelbaum nennt das eine »vorzeitige Erektion« in dem Sinne, daß der Penis zum Geschlechtsverkehr bereit ist, bevor es der Mann ist. Diese Argumentation führt Apfelbaum zu der ansonsten sehr umstrittenen Ansicht, daß es sich bei der Ejakulationsinkompetenz eigentlich um eine Störung des Sexualverlangens handelt.

Im Unterschied dazu wird in der Psychoanalyse die Ejakulationsunfähigkeit als Symptom einer unbewußten Angst vor Kastration oder Verletzung durch den koitalen Samenerguß betrachtet. In der entsprechenden Fachliteratur wird die Ejakulationsunfähigkeit im allgemeinen als eine Form der Impotenz behandelt und damit auf deren verursachende Kräfte zurückgeführt. Laut Helen Kaplan ist auch eine Reaktivierung der kindlichen Furcht des Patienten, von seinem primären Liebesobjekt (also der Mutter) verlassen zu werden, wenn er »losläßt«, häufig eine Problemursache. Der Konflikt entsteht für den Mann insofern, als er am lustvollen Akt des Geschlechtsverkehrs teilnehmen *will* (was sowohl seine Männlichkeit »beweist« als auch stimulierend für ihn ist), aber im Unterbewußtsein die Konsequenzen daraus fürchtet, »zu weit« zu gehen, das heißt in der Vagina zu ejakulieren. Seine neurotische Lösung ist deshalb, zwar am Geschlechtsverkehr teilzuhaben, sich aber gleichzeitig vor der imaginierten Gefahr des intravaginalen Samenergusses zu schützen. Diese »Strategie« ist natürlich keine wirkliche Lösung, denn es zwingt den Mann nicht nur, seine eigene Lust zurückzuhalten, sondern auch seiner Partnerin etwas zu versagen, und dies führt fast unvermeidlicherweise zu einer emotionalen Barriere in der Beziehung.

Die Verhaltenspsychologen betrachten diese Dysfunktion als Folge von Ängsten, wie etwa Leistungsdruck (und der damit verbundenen antierotischen Reaktion der kritischen Selbstbeobachtung), Schuldgefühlen gegenüber religiösen Verboten und, in einigen wenigen Fällen, frühen sexuell traumatischen Erlebnissen. Der Leistungsdruck kann besonders stark für einen Mann werden, dessen Partnerin schwanger werden möchte, wobei das Problem nicht ein rein sexuelles ist. Auch wir haben festgestellt, daß in vielen Fällen der Ejakulationsinkompetenz ein Konflikt mit dem Kinderwunsch oder eine Ambivalenz ihm gegenüber eines der Hauptelemente dieser sexuellen Funktionsstörung ist, auch wenn dem Paar dies möglicherweise gar nicht bewußt ist, weil der Mann häufig den Kinderwunsch seiner Partnerin zu teilen scheint. Eine Disparität also, zu deren Aufdeckung es viel Vertrauen und Einsicht in die Beziehungsdynamik sowie die sexuellen Wertvorstellungen und Konflikte des Mannes braucht.

Während der vergangenen fünf Jahre ist uns eine neue Kategorie von

Fällen der Ejakulationsunfähigkeit begegnet, bei der der dominierende psychische Konflikt gegenüber der intravaginalen Ejakulation für den Mann darin liegt, daß er fürchtet, er könne seine Partnerin mit dem AIDS-Virus anstecken. Diese Furcht muß nicht unbedingt auf der Kenntnis beruhen, daß der Mannn tatsächlich HIV-positiv ist (in welchem Fall sie natürlich angemessen wäre und eine ehrliche Erklärung und Warnung für jeden Sexualpartner erforderlich machen würde), sondern meistens haben besonders Männer, die entweder nie oder nur indirekt (als Teil einer ärztlichen Untersuchung von Blutspendern) auf HIV getestet wurden, eine starke Angst vor der bloßen Möglichkeit. Das tieferverwurzelte psychologische Problem liegt dabei eher in Schuldgefühlen wegen vergangener sexueller Kontakte, speziell solcher mit Prostituierten oder anderen Männern, als daß es mit der Vermeidung einer potentiellen Ansteckung zu tun hätte.

Die Bedeutung von Feindseligkeit für die Entstehung der Ejakulationsinkompetenz wurde unter anderen auch von Helen Kaplan beobachtet. In einem Artikel in *The Illustrated Manual of Sex Therapy* schreibt sie, in dem Umstand, daß sich ein Mann mit seinem Orgasmus tatsächlich psychisch und physisch »zurückhält«, äußerten sich häufig stark feindselige Gefühle gegenüber Frauen, die dem Mann unbewußt sind. Darüber hinaus haben wir die Erfahrung gemacht, daß viele Männer mit dieser Dysfunktion extrem leistungsorientierte Perfektionisten sind, die große Schwierigkeiten damit haben, ihre Gefühle offen auszudrücken oder sie überhaupt wahrzunehmen.

In wenigen Fällen können sich beide Formen der Ejakulationsstörung zu einer anderen sexuellen Dysfunktion weiterentwickeln. Zum Beispiel kann der starke Leistungsdruck, der aus einer Ejakulationsinkompetenz resultiert, den Mann dazu bringen, sich fortwährend kritisch zu beobachten, was wiederum seine sexuelle Erregung (und manchmal bereits sein Verlangen) dämpft und zu wiederholt auftretenden Erektionsstörungen führt, womit sich die Versagensangst des Mannes noch zusätzlich steigert. Schließlich kann es sein, daß der Mann lernt, dieser Angst aus dem Weg zu gehen, indem er den sexuellen Kontakt mit seiner Partnerin meidet, womit aus einem Problem, das zu Beginn aus der verminderten Ejakulationsfähigkeit bestand, das noch größere einer Kombination aus Dysfunktion und gehemmtem Sexualverlangen geworden ist. In der Vermeidungsstrategie fühlt er sich relativ gut (und verstärkt sie deshalb noch), da sie ihm die Last der Ängste und des Versagens von den Schultern nimmt.

Wir sind der Ansicht, daß jedes langandauernde Problem mit einer Ejakulationshemmung, das nicht auf organischen Ursachen beruht, nur mit einer Sexualtherapie erfolgreich behandelt werden kann, wobei die Erfolgsquote ungefähr 75 Prozent aller Fälle beträgt.

SECHSTES KAPITEL
Das Streben nach Potenz

Kein anderes sexuelles Problem dürfte sich so vernichtend auf das männliche Ego auswirken wie die anhaltende Schwierigkeit, eine Erektion zu bekommen und aufrechtzuerhalten. Der Begriff »Impotenz«, mit dem diese Dysfunktion lange Zeit bezeichnet wurde, läßt an Unzulänglichkeit, Schwäche und Versagen denken, und tatsächlich beschreiben diese Worte genau das Selbstbild, das viele Männer mit dieser Funktionsstörung zum Ausdruck bringen. »Ich habe das Gefühl, daß ich kein richtiger Mann bin« oder »Ich bring's einfach nicht mehr« sind Kommentare, die wir immer wieder von den Betroffenen gehört haben. Diese Probleme greifen oft auch auf andere Lebensbereiche des Mannes über, da sie sein Selbstbewußtsein ganz allgemein untergraben, und so kommt es, daß viele der Betroffenen Scham, Angst und Ohnmacht empfinden und vielfach auch noch glauben, sie seien die einzigen, die unter einer Erektionsunfähigkeit litten. In manchen Fällen kann diese Situation sogar eine solche Verzweiflung bewirken, daß sie zu Selbstmordgedanken oder tatsächlichen Selbstmordversuchen führt.

Dazu muß man sagen, daß vereinzelte Episoden erektiler Schwierigkeiten vollkommen normal sind und bei fast jedem Mann gelegentlich auftreten. Dieses vorübergehende Unvermögen, eine Erektion zu bekommen (oder zu halten), sind das typische Resultat von Ermüdung, Krankheit, emotionalem Streß, Ablenkung, übermäßigem Alkoholgenuß (oder zu üppigem Essen) und ähnlichen alltäglichen Faktoren. Ebenso wie eine Magenverstimmung das gesamte Verdauungssystem ein oder zwei Tage lang lahmlegen oder eine Grippe die normale Atmungsfähigkeit beeinträchtigen kann, so treten kurze Unterbrechungen in den Sexualfunktionen aus vollkommen natürlichen Gründen auf und haben für gewöhnlich keine langfristige Auswirkung oder Bedeutung.

Millionen von Männer sind jedoch erektionsdysfunktional, das heißt, sie haben dauerhaft Schwierigkeiten, eine Erektion zu bekommen oder genug Gliedsteife zu bewahren, um einen Geschlechtsverkehr zu ermöglichen. Es gibt Schätzungen, nach denen mehr als 10 Prozent aller erwachsenen Männer unter Erektionsstörungen leiden, und obwohl diese Gruppe eine eher schweigende und unsichtbare Minderheit ist, hat ihr Problem während der letzten Jahre eine zunehmende Publizität erfahren. Der Grund dafür liegt in der Entwicklung neuer Behandlungsmethoden und einer größeren Zahl von Behandlungseinrichtungen, der Einführung und Verbreitung spezieller Produkte und einer verstärkten Aufmerksamkeit der Medien gegenüber diesem Thema.

Erektionsdysfunktionale Männer versuchen häufig, die Schuld für ihr Problem jemandem oder etwas anderem zuzuschieben, wobei dies meistens die Ehefrau oder Partnerin ist. Aus diesem Grund haben viele erektil impotente Männer Affären, wobei sie versuchen, eine sexuell ansprechendere (oder anpassungsfähigere) Partnerin zu finden unter der Prämisse, daß es, wenn sie mit einer anderen Frau richtig funktionieren können, an ihrer Ehefrau oder Partnerin liegen muß. Die Schuld dem Aussehen, den Liebestechniken oder sogar dem beruflichen Status der Frau zuzuschieben entlastet den Mann zwar von der persönlichen Verantwortung für sein Problem, aber tief in seinem Inneren bleibt natürlich die Angst, daß die erektile Impotenz tatsächlich ein Merkmal seiner eigenen Unzulänglichkeit sein könnte.

Die meisten der Männer, mit denen wir gearbeitet haben, führten ihre sexuellen Schwierigkeiten zunächst auf eine organische Ursache zurück. Dafür gibt es eine Reihe von Gründen: Erstens glauben diese Männer, daß es bei einem physiologischen Problem eher möglich wäre, durch ein Medikament oder eine Injektion schnell und leicht Abhilfe zu schaffen. Zweitens nehmen sie an, daß eine medizinische Erklärung ihnen erspart, als jemand angesehen zu werden, der psychisch gestört ist oder Beziehungsprobleme hat. Das ist ein wichtiger Aspekt, denn vielen Männern ist der Gedanke sehr peinlich, daß ihr Dilemma eine psychische Ursache haben könnte, gerade so, als würde dies ein schlechtes Licht auf ihre geistige Verfassung werfen. (Wir haben selbst sehr gebildete Männer erlebt, die sich weigerten, die Tatsache zu akzeptieren, daß ihr Problem ein psychisches ist und sich lieber anderswo medizinisch behandeln ließen, um ihren Stolz zu bewahren.) Und schließlich sind viele Männer nicht bereit (oder nur äußerst widerstrebend), eine Psychotherapie zu machen, und zwar nicht nur wegen der möglichen Stigmatisierung (»Was, wenn mein Chef davon erfährt?«), sondern auch, weil sie sich einem Therapeuten gegenüber nicht offenbaren und nicht aktiv an einem möglicherweise zeitraubenden Behandlungsprozeß teilnehmen wollen. Vielen Sexualtherapeuten ist bewußt, daß eine beträchtliche Anzahl von Männern, mit denen sie ein Erstgespräch haben, niemals wiederkommt, wenn sie ihnen eine Sexualtherapie empfehlen, sogar wenn diese als ein erster Schritt beschrieben wird, dem andere Methoden folgen können, falls er nicht funktioniert.

Praktisch alle Männer mit schwerwiegenden Erektionsstörungen entwickeln ein Muster von Leistungsdruck und Versagensängsten, ein

Problem, das wir zwar auch bei Frauen und anderen sexuellen Störungen finden, nie aber so stark ausgeprägt wie in Fällen erektiler Unzulänglichkeit. Versagensangst kann in vielen verschiedenen Situationen auftreten – zum Beispiel kann der Mann unsicher sein, wie er vor einer neuen Partnerin bestehen wird, besonders beim ersten sexuellen Beisammensein –, aber in unserer Begriffsverwendung meint Versagensangst das Endresultat eines Kreislaufs, bei dem vorangegangene Episoden des Erektionsverlusts oder der Erektionsunfähigkeit die geistige Einstellung, das Verhalten und die Selbstwahrnehmung des Mannes negativ beeinflussen.

Was sich typischerweise ereignet, ist, daß die durch vorangegangene Erfahrungen entstandene Versagensangst zu einer sexuellen Vermeidung und dem Verlust an Selbstachtung führt. Dann wird meistens mit aller Gewalt versucht, diese Furcht zu kontrollieren, was wiederum eine Einbuße an sexueller Spontaneität bewirkt und damit die Dinge nur noch schlimmer macht. Ein Nebeneffekt davon ist, daß auch im nichtsexuellen Bereich der Beziehung Probleme zutage treten, da die Angespanntheit des Mannes ihn nicht gerade zu einem umgänglicheren Partner macht. Aber der gefährlichste Aspekt der Versagensangst ist der, daß sie in der sexuellen Interaktion bei einem oder beiden Partnern zu einem Zuschauerverhalten führt, indem sie ihre eigenen Reaktionen und die des anderen permanent beobachten und bewerten. Ein Betroffener hat es uns gegenüber einmal so ausgedrückt, daß er sich vorkam, als würde er sich selbst bei einer Direktübertragung im Fernsehen zuschauen. Ein fast unvermeidliches Resultat dieses Verhaltens ist eine Reduktion an sexuellem Engagement durch die beim Beobachten der körperlichen Reaktion eintretende Ablenkung. Diese Situation, bei der sich gewissermaßen eine dritte Person im Schlafzimmer befindet, um die Qualität der sexuellen Aktivität zu bewerten, bewirkt durch den Verlust an Intimität, kombiniert mit einer gesteigerten Erwartung, bereits vorhandenen Ängsten und einer verstärkten persönlichen Distanz eine Dämpfung der sexuellen Reaktion bis zu dem Punkt, an dem eine natürliche Reaktivität schwierig bis unmöglich wird.

Wie wir bereits gesehen haben, entsteht bei den meisten sexuellen Begegnungen eine Wechselwirkung zwischen psychischer und physischer Erregung, und dieser Prozeß ist mit einer Serie von Reflexreaktionen und auf Gehirnströmen basierenden Reizungen verbunden. Bei den meisten Menschen treten diese Reaktionen automatisch auf, teilweise ausgelöst durch neurophysiologische Kräfte und zum anderen Teil durch eine Konditionierung – zum Beispiel kulturell geprägte Vorstellungen von dem, was als angenehm, attraktiv oder erregend empfunden wird. Für gewöhnlich müssen wir über dieses Reaktionsmuster nicht nachdenken, eben weil es sich automatisch einstellt, ähnlich wie beim Essen, wo wir auch nicht weiter über den Kauvorgang nachdenken oder kontrollieren müssen, ob wir eine ausreichende Menge an Speichel produzieren oder ob unser Schluckmechanismus und unser Verdauungssystem richtig funktionieren. Das gleiche gilt für das Gehen, das wir, haben wir es erst einmal erlernt, automatisch verrichten, indem wir uns unseren Reflexen überlassen und für gewöhnlich keine besondere Aufmerksamkeit darauf richten, wie wir die komplizierte Aufgabe meistern, unsere Beine zu koordinieren, die Füße zu plazieren und durch die Bewegung unserer Arme das Gleichgewicht zu halten.

Für erektionsdysfunktionale Männer dagegen verschwindet dieses natürliche Fließen der sexuellen Funktion infolge der durch Leistungsdruck und Zuschauerverhalten entstandenen Verzerrungen und Ablenkungen. Aus diesem Grund beruht der Erfolg einer Sexualtherapie nicht darauf, den Männern neue Stimulationstechniken beizubringen, sondern darauf, ihnen zu helfen, Mittel und Wege zu finden, wie sie ihre Versagensangst und den obsessiven Drang zur kritischen Selbstbeobachtung überwinden können. Wenn das gelingt, ist es erstaunlich, wie schnell die natürliche sexuelle Funktion wieder einsetzt.

Ursachen

Während der vergangenen zwei Jahrzehnte hat sich das Wissen über die Ursachen von Erektionsstörungen beträchtlich vermehrt, und so ist heute zum Beispiel bekannt, daß physiologische Probleme eine weit größere Rolle dabei spielen, als ursprünglich angenommen. Unseren Schätzungen zufolge resultiert annähernd die Hälfte aller Fälle von Erektionsdysfunktion aus organischen Faktoren, wobei an erster Stelle Alkoholismus und Drogensucht rangieren, gefolgt von Diabetes mellitus, Gefäßerkrankungen und der Einnahme ärztlich verordneter Medikamente, besonders solcher zur Behandlung von Bluthochdruck. Die verbleibenden Kategorien der organischen Ursachen entfallen auf eine Reihe endokriner Störungen, neurologischer Erkrankungen (zum Beispiel multiple Sklerose, Rückenmarksverletzungen, Gehirntumore oder Schlaganfälle), von Kreislaufproblemen und urologischen Störungen (einschließlich derjenigen, die sich auf die Prostata und direkt auf den Penis auswirken) sowie auf eine große Zahl schwerwiegender chronischer Erkrankungen (wie Zirrhose, Emphysem, Kollagengefäßkrankheit und bestimmte Krebsarten). Viele dieser organischen Leiden – in den Vereinigten Staaten sind sie für mindestens 7 Millionen Fälle von Erektionsdysfunktion verantwortlich – werden im zwölften Kapitel ausführlich beschrieben, weshalb wir an dieser Stelle nicht weiter darauf eingehen wollen.

Manchmal sind organische Ursachen zwar der Auslöser für Erektionsprobleme, spielen dann aber keine Rolle mehr, obwohl die Dysfunktion bleibt und sogar schlimmer wird, je mehr die Angst des Mannes vor dem Nachlassen seiner sexuellen Leistungskraft wächst. Ein weitverbreitetes Beispiel dafür ist, wenn die Erektionsfähigkeit zeitweilig durch übermäßigen Alkoholkonsum blockiert wird. Reagiert der Mann nun wegen dieses scheinbaren Versagens panisch, versucht er zugleich krampfhaft, eine Erektion herbeizuführen, um sich selbst zu beweisen, daß mit ihm alles in Ordnung ist. Wie bereits gesagt, schafft dieses Verhalten neuen Leistungsdruck und in Kombination mit wachsenden Ängsten, Selbstbeobachtung und dem Verlust an Spontaneität wiederum neue Probleme. Bis der Mann Hilfe sucht, kann er sich möglicherweise gar nicht mehr erinnern, daß diese abwärtsführende Spirale dadurch in Gang gesetzt wurde, daß er auf der Geburtstagsparty eines Freundes einmal zu viel getrunken hat.

Die psychischen Ursachen für eine Erektionsstörung beinhalten ein breites Spektrum an individuellen und beziehungsimmanenten Problemen. So tritt die Dysfunktion zum Beispiel häufig bei einer Depression auf und zeigt sich ebenfalls (wenn auch mit geringerer Häufigkeit) bei anderen psychischen Störungen, wie zum Beispiel posttraumatischem Streßsyndrom, multipler Persönlichkeit, obsessiv-zwanghaftem Verhalten und verschiedenen Arten von Phobien, einschließlich der Sexualaversion.

Gelegentlich sind Erektionsprobleme das Resultat anderer sexueller Konflikte, etwa bei einer Paraphilie (sexuell abweichendem Verhalten) wie Pädophilie (Kinder als bevorzugtes Objekt des Sexualverlangens) oder Transvestismus (die sexuelle Erregung stellt sich durch das Anlegen von Frauenkleidern ein). In diesen Fällen kann es sein, daß der Mann imstande ist, in der für ihn lustbesetzten Situation durchaus normal zu reagieren, aber mit seiner Frau oder Partnerin nur sehr schwer eine Erektion bekommt oder bewahrt, es sei denn, er bringt sie entweder dazu, bei einer Inszenierung seines paraphilistischen Themas mitzuspielen (zum Beispiel so zu tun, als sei sie ein kleines Kind, oder ihm beim Anlegen von Make-up und Damenunterwäsche zu helfen), oder daß er zur sexuellen Erregung gelangt, indem er entsprechende Wunschphantasien benutzt. Auch bei bestimmten Phobien gegenüber den Konsequenzen einer sexuellen Handlung – zum Beispiel davor, daß die Partnerin schwanger werden oder sich mit einer sexuell übertragbaren Krankheit anstecken könnte – ist der Erektionsverlust nicht nur verständlich, sondern repräsentiert eine Art primitiven Schutzmechanismus.

Auch die persönliche Entwicklung eines Mannes kann in diesem Zusammenhang von Bedeutung sein. So haben zum Beispiel einige Experten festgestellt, daß erektile Probleme häufig vor dem Hintergrund einer streng religiösen Erziehung entstanden sind, bei der dem Kind vermittelt wurde, daß Sexualität etwas Schmutziges und Sündhaftes sei. Sexueller Mißbrauch im Kindesalter oder in der Pupertät ist eine weitere Ursache für später auftretende sexuelle Probleme, obwohl dieser Faktor bei dysfunktionalen Männern weniger systematisch ausgewertet wurde als bei Frauen. Manchmal entstehen Erektionsprobleme auch aus einem Konflikt mit der sexuellen Orientierung. So liegt es auf der Hand, daß ein Mann, der sich erotisch zu anderen Männern hingezogen fühlt, sich seine latente Homosexualität jedoch nicht eingesteht, Schwierigkeiten haben kann, mit einem weiblichen Partner zu funktionieren. Darüber hinaus gibt es viele Männer, die ihre homosexuelle Orientierung zwar erkennen, aber trotzdem die Ehe mit einer Frau wählen, um nach außen hin den Schein zu wahren. Dabei kommt es häufig vor, daß diese Männer, obwohl sie ursprünglich imstande waren, mit Frauen sexuell zu funktionieren, mit der Zeit Erektionsstörungen entwickeln. In einigen Fällen, besonders bei Heranwachsenden, kann die Ambivalenz hinsichtlich ihrer sexuellen Orientierung einen starken emotionalen Druck verursachen, da ein junger Mann seine Homosexualität möglicherweise verdrängt und durch seinen Mangel an Empfänglichkeit gegenüber Frauen äußerst verwirrt ist. Hier muß oft eine umfassende Bewußtseinsarbeit erfolgen, bevor das Problem aufgedeckt und angegangen werden kann.

Ein anderes, weitverbreitetes Problem, das zu Erektionsstörungen führen kann, ist eine mangelnde Kenntnis von den sexuellen Veränderungen, die mit dem Alterungsprozeß des Mannes einhergehen. Da die meisten Männer nämlich wenig oder gar nichts darüber wissen, wie sich das Altern auf ihre sexuellen Funktionen auswirkt – indem es zum Beispiel die Erektion verlangsamt oder den Ejakulationsdrang vermindert –, kann es sein, daß sie diese ganz natürlichen Vorgänge als Anzeichen für eine beginnende sexuelle Dysfunktion mißdeuten. Dies wiederum kann zu einer beträchtlichen Versagensangst und einer Art von sexuellem Defätismus führen, und wenn ein älterer Mann aufgrund dieser Ängste auf regelmäßigen Sex verzichtet, werden daraus wahrscheinlich zusätzliche Probleme für ihn erwachsen. (Im sechzehnten Kapitel werden sowohl die normalen physiologischen Veränderungen während des Alterungsprozesses als auch viele der sexuellen Probleme bei älteren Männern umfassend erörtert.)

Andere individuelle Faktoren, die eine Rolle bei der Entstehung erektiler Dysfunktionen spielen können, sind Probleme mit dem Körperbild, ein mangelndes Selbstwertgefühl und arbeitsbedingter Streß. Zum Beispiel kann sich ein Mann, nachdem er entlassen oder bei einer wichtigen Beförderung übergangen wurde, so verunsichert und bedroht fühlen, daß sein sexuelles Selbstbewußtsein schwindet und er beginnt, seine Liebhaberqualitäten in Frage zu stellen. Allmählich (manchmal sogar plötzlich) treiben ihn diese Selbstzweifel dazu, bei jeder sexuellen Aktivität eine Beobachterrolle einzunehmen, was die bereits beschriebenen fatalen Folgen hat. Ähnlich verhält es sich bei einem Mann, der so sehr unter einem speziellen Aspekt seiner äußeren Erscheinung leidet (wie zum Beispiel Haarausfall, Gewichtszunahme oder der Angst, einen zu kleinen Penis zu haben), daß er nicht nur an seiner Männlichkeit, sondern auch an seiner allgemeinen Attraktivität für eine Partnerin zweifelt, was ebenfalls zu Erektionsproblemen führen kann, obwohl zu deren Entstehung meistens noch andere Faktoren beitragen.

Bei vielen Fällen von Erektionsdysfunktion spielen Beziehungsprobleme eine Schlüsselrolle, wobei es manchmal jedoch schwierig ist, zu entscheiden, ob die sexuellen Probleme hierbei Ursache oder Wirkung sind. Mit Sicherheit stellen solche Situationen, in denen sich der Mann körperlich nicht (mehr) zu seiner Partnerin hingezogen fühlt, ein offensichtliches Hindernis für die sexuelle Funktionsfähigkeit dar. Häufig ist zum Beispiel das Körpergewicht der Frau ein schwerwiegendes Problem für den Mann, besonders wenn sie verheiratet oder seit langem zusammen sind und die Frau im Laufe der Jahre sehr viel dicker geworden ist. Ein weiteres Problem, mit dem Männer konfrontiert sein können, liegt darin, daß ihre Partnerin sexuell zu passiv oder gehemmt ist. In einem von uns behandelten Fall weigerte sich die Frau, den Penis ihres Mannes zu berühren – obwohl sie mit dem Geschlechtsverkehr einverstanden war –, was ihm eine nur geringe sexuelle Stimulation und das Gefühl absoluter Teilnahmslosigkeit von ihrer Seite gab und ihn zwang, für seine eigene Erregung zu sorgen. In anderen Fällen kann es sein, daß die Partnerin den sexuellen Kontakt nur äußerst widerwillig zuläßt und damit klar zu verstehen gibt, daß sie an Sexualität als einer Form von gemeinsamer Intimität und Lust nur wenig oder gar kein Interesse hat.

Die wohl größte Kategorie der Beziehungsfaktoren, welche zu Potenzproblemen beitragen oder sie verursachen können, entfällt jedoch auf Paare, deren Interaktion von schweren Konflikten oder Aggressionen beherrscht ist. Gleichgültig, was der Grund für die Spannungen sein mag – Eifersucht, Untreue, finanzieller Druck, Mangel an gegenseitigem Respekt, Probleme mit den Schwiegereltern, Suchtverhalten, Differenzen bei der Kindererziehung, um nur einige zu nennen –, ein beständiges Streiten und Ringen in der Partnerschaft bietet kaum die Voraussetzung für befriedigenden Sex. Auch ist es nicht schwer zu verstehen, daß ein Mann, der sich von seiner Partnerin andauernd kritisiert und herabgesetzt fühlt, eine sexuelle Funktionsstörung entwickelt. Zwar haben wir die Erfahrung gemacht, daß sich Beziehungsprobleme außerhalb des Schlafzimmers zwangsläufig auf die Intimbeziehung auswirken, doch Tatsache ist auch, daß Erektionsstörungen ihre eigenen Spannungen in der Beziehung hervorrufen können, so daß es sich bei der Ursache für die sexuelle Dysfunktion nicht immer um einen Konflikt handeln muß.

Weiterhin gibt es Fälle, in denen der Mann seine mangelnde Gliedsteife offenbar benutzt, um Macht über seine Frau oder Partnerin auszuüben. Das kann zum Beispiel der Fall sein, wenn sich die Frau mit ihrer körperlichen Attraktivität und ihrem gesunden sexuellen Appetit brüstet und der Mann ihr durch wiederholt auftretende Erektionsprobleme zu verstehen gibt, daß mit ihr etwas nicht in Ordnung ist, da sie ihn nicht erregt. Ein anderes Beispiel ist, daß ein Mann Erektionsprobleme bekommt, wenn er das Gefühl hat, der Grad an Nähe in seiner Beziehung werde zu intensiv. (Dieses Phänomen tritt besonders deutlich bei unverheirateten Partnern auf, bei denen sich die Frage nach einer Eheschließung drohend am Horizont erhebt.) Auch wenn diesen Männern gar nicht bewußt ist, was da vor sich geht, benutzen sie sozusagen ihren Penis als Waffe gegen eine Vereinnahmung durch die Frau, und wenn sie dann den Eindruck haben, daß die für sie notwendige Distanz in der Beziehung wiederhergestellt ist, kehrt ihre Erektionsfähigkeit plötzlich wieder, und sie sind imstande, ganz normal zu funktionieren, bis ihnen die Beziehung erneut zu einengend wird.

Zusätzlich zu diesen Situationen, die aus physischen oder psychischen Problemen resultieren, gibt es viele Fälle, in denen eine Kombination dieser Faktoren vorliegt. So können zum Beispiel bei einem Mann, der trotz einer Beeinträchtigung der Beckenblutzufuhr dennoch imstande ist, sexuell zu funktionieren, durch den zusätzlichen psychischen Streß Erektionsprobleme entstehen.

Schließlich haben fast alle Sexualtherapeuten die Erfahrung gemacht, daß es Fälle gibt, in denen die genaue Ursache der Dysfunktion nicht identifiziert werden kann. Ein Grund dafür könnte sein, daß sich die auslösenden Faktoren bereits vor so langer Zeit ereignet haben, daß sie nun praktisch vergessen oder nicht mehr erkennbar sind oder daß sich das Problem tatsächlich nicht auf eine einzelne Ursache zurückführen läßt. Auch wir selbst haben viele Beispiele erlebt, bei denen die Erektionsdysfunktion das Resultat einer Anhäufung von an sich geringfügigen Faktoren war, die zusammengenommen jedoch die sexuelle Reaktionsfähigkeit des Mannes blockiert haben.

Behandlungsmöglichkeiten

Heutzutage gibt es eine solche Fülle an Behandlungsmöglichkeiten für Erektionsprobleme, daß der Betroffene womöglich gar nicht mehr weiß, wo er anfangen soll. Da einige dieser Behandlungen zudem als »Wundermittel« angepriesen und andere dagegen kaum publiziert werden, ist es zusätzlich schwer geworden, die Spreu vom Weizen zu scheiden.

Über zwei Dinge sollte man sich allerdings im klaren sein: Die einzelnen

Methoden funktionieren für jeden unterschiedlich gut oder schlecht, und außerdem gibt es keinerlei Garantie dafür, daß eine bestimmte Behandlung überhaupt erfolgreich ist. Falls jemand eine solche Garantie bietet – sei es ein Sexualtherapeut oder Arzt –, sollten Sie gleich die Finger davon lassen.

Im folgenden geben wir eine Übersicht über die gebräuchlichsten Behandlungsmöglichkeiten und deren allgemeine Eignung und Wirksamkeit.

Obwohl fast jeder erektionsdysfunktionale Mann den Wunsch hat, daß sich seine Potenz durch ein Medikament oder eine Injektion wiederherstellen ließe, gibt es nur relativ wenige Fälle, in denen eine solche Behandlung Erfolg zeigt. Falls Bluttests einen deutlichen Testosteronmangel ergeben haben, kann eine Testosteronsubstitutionstherapie tatsächlich Wunder wirken. Diese Voraussetzung trifft jedoch nur auf weniger als 5 Prozent der Fälle zu, während unserer Erfahrung nach Männer mit einem leicht reduzierten Testosteronspiegel für gewöhnlich – abgesehen von einem möglichen Placeboeffekt – nicht von einer solchen Hormonbehandlung profitieren. Eine Testosteronsubstitution durch regelmäßige Injektionen im Abstand von drei oder vier Wochen erzielt meist Erfolge, während sie in Form von Tabletten weit weniger zuverlässig ist, da diese nicht gleichmäßig in den Blutkreislauf absorbiert werden und außerdem manchmal eine Leberschädigung hervorrufen können.

Eine verwandte Hormonstörung, bei der ein Tumor der Hirnanhangdrüse eine übermäßige Ausschüttung des Hormons Prolaktin bewirkt, kann durch Medikamente wie Bromocriptin erfolgreich behandelt und somit eine deutliche Verbesserung der Erektionsfunktion und der Libido erzielt werden. Hat der Hypophysentumor bereits eine gewisse Größe erreicht, kann auch eine Operation oder Strahlentherapie ratsam sein.

Andere Medikamente oder Injektionen, die für die Behandlung von Erektionsproblemen auf dem Markt sind, lassen sich kaum empfehlen. Yohimbin heißt das Präparat, das wohl am häufigsten verschrieben wird, und zwar besonders von Ärzten ohne spezielle sexualmedizinische Ausbildung, die unsicher sind, was sie tun sollen, wenn ein Patient über Erektionsprobleme klagt. Obwohl die Wirksamkeit dieses Alkaloids aus Pflanzenrinde in keiner Forschungsstudie erwiesen wurde, ist seine Verwendung weit verbreitet ... freilich nicht unter Sexualmedizinern wie Schover und Jensen, die geschrieben haben, daß sich die Erfolgsquote von Yohimbin ungefähr mit der einer Zuckertablette vergleichen läßt.

Einige Ärzte glauben, eine erektile Impotenz durch die Verabreichung von Vitaminspritzen oder Vitaminersatzpräparaten (besonders Vitamin B_{12} und E) behandeln zu können, aber auch hier gibt es keinerlei Beweise für die Wirksamkeit einer solchen Methode. Dann gibt es immer noch Ärzte, die ihren erektionsdysfunktionalen Patienten Schilddrüsenhormone geben, obwohl diese Methode vollkommen sinnlos ist, sofern keine eindeutige Mangelerscheinung vorliegt.

Weiterhin gibt es eine relativ neue Art der Autoinjektionstherapie, bei der vasoaktive (gefäßwirksame) Medikamente – zum Beispiel Papaverin, Phentolamin, Prostaglandin E_1 und Intestinalpolypeptide – eine vorübergehende Erektion hervorrufen können, nachdem sie direkt in den Penisschwellkörper eingespritzt wurden. Durch die Erweiterung der Blutgefäße des Penis werden Blutzufuhr und hydrostatischer Druck verstärkt, woraus meistens eine ausreichende Vollerektion resultiert, die für gewöhnlich ein bis zwei Stunden anhält.

Obwohl diese Autoinjektionen von einigen Urologen besonders gepriesen werden, bleibt Tatsache, daß sie nicht immer funktionieren, mit beträchtlichen Risiken verbunden und auch nicht so schmerzlos in der Anwendung sind, wie behauptet wird. So hat zum Beispiel ein bekannter amerikanischer Urologe festgestellt, daß diese Behandlungsform bei 25 Prozent der Patienten keinerlei Veränderung in ihrer Erektionsfähigkeit bewirkt hat, während sich bei 14 Prozent zwar eine leichte Verbesserung zeigte, sie aber auch weiterhin nicht zum Geschlechtsverkehr fähig waren. Ein anderer Urologe und Spezialist für männliche Sexualstörungen hat in diesem Zusammenhang auf das Risiko einer dauerhaften Penisnarbenbildung als Folge von Priapismus (Dauererektion), einer Infektion oder sonstigen lokalen Reaktion auf die Nadel oder das Medikament und einer Leberschädigung hingewiesen. Priapismus ist ein besonderes Problem bei Autoinjektionen, das mehr als ein Viertel der Männer, die sich drei Monate oder länger einer solchen Behandlung unterziehen, betrifft, wobei es zu einer schwerwiegenden Gewebeschädigung führen kann, wenn nicht eine sofortige Notfallmaßnahme durchgeführt wird, um das im Penis angestaute Blut abzuleiten. Auch sind bereits zahlreiche Fälle der Narbenbildung an den Einstichstellen aufgetreten, wobei noch unklar ist, ob dies langfristige Konsequenzen, einschließlich des Risikos der Entstehung bösartiger Geschwülste, haben kann. Abgesehen von diesen Problemen wurde offenbar, daß viele Männer die Autoinjektionstherapie nach einigen Monaten abbrechen, da sie den Vorgang entweder zu schmerzhaft finden oder weil sich ihre Erektionsfähigkeit nicht in dem erwarteten Maß verbessert hat. Wir glauben zwar, daß Penisinjektionen bei einigen Männern mit einer organisch begründeten Impotenz hilfreich sein können, stehen aber einer so drastischen Methode in Fällen von Erektionsstörungen, die eine eindeutig psychische Ursache haben, ausgesprochen skeptisch gegenüber.

Eine weitere Neuerung auf dem Gebiet der Behandlung von erektiler Impotenz, die im Vergleich zu den Injektionen wesentlich sicherer und einfacher ist, besteht in der Erfindung verschiedener Vakuumpumpen, durch die sich das Aufrichten des Penis mechanisch unterstützen läßt.

Hierbei wird ein Kunststoffzylinder über den Penis gestülpt, der mittels eines Hebels aufgepumpt wird, wodurch im Innern ein Vakuum entsteht und dadurch das Blut in den Penis gelenkt wird. Hat sich das Glied vergrößert, wird ein Band fest um die Basis des Penisschafts gewickelt, um das Blut anzustauen. Obwohl einfach in ihrer Konzeption und Anwendbarkeit, besteht das Hauptproblem bei diesen Vorrichtungen darin, daß das Glied nicht so steif wird, wie von den meisten Männern gewünscht. Andere Männer, denen ein halberegierter Penis lieber ist als gar nichts, sind mit dieser Methode vollkommen zufrieden. Sie ist zudem mit keinem Risiko verbunden, allerdings sollte das Band nicht länger als 20 oder 30 Minuten um den Penis gewickelt sein.

Eine weitere Behandlungskategorie besteht in verschiedenen Formen der Gefäßchirurgie zur Beseitigung von Strömungshindernissen für die Blutzufuhr in den Penis oder der Korrektur von Anomalien der venösen Blutableitung, die bewirken, daß das Blut zu rasch aus dem Penis zurückfließt. Eine Reihe europäischer Kliniken hat von guten bis hervorragenden Ergebnissen mit dieser aufwendigen Technik berichtet, wohingegen amerikanische Gefäßchirurgen von der Wirksamkeit nicht ganz so überzeugt sind. Relativ gute Resultate werden auch hierzulande erzielt, wenn eine der Arterien für die Blutzufuhr in den Penis blockiert ist, während bei einer diffuseren arteriellen Erkrankung wie zum Beispiel Arteriosklerose (Verhärtung und Verdickung der Arterien) die Resultate ziemlich schwach ausfallen. Falls Sie die Möglichkeit einer vaskulären Wiederherstellungsoperation in Betracht ziehen, empfehlen wir Ihnen eine Konsultation mit den Fachärzten einer Universitätsklinik.

Ein weiterer Fortschritt, der in den letzten 20 Jahren in der Behandlung von Erektionsproblemen gemacht wurde, besteht in der Entwicklung von Penisimplantaten, die einem Mann, der ansonsten impotent ist, den Geschlechtsverkehr ermöglichen. Es gibt verschiedene Arten solcher operativ eingesetzter Apparaturen, von den eher komplizierten aufblasbaren, bei der eine Hydraulik für eine natürlich aussehende Erektion sorgt, bis zu starren oder flexiblen Kunststoffstäben, die in den Penis implantiert werden und den Mann in den Zustand einer dauerhaften Halberektion versetzen. Alle diese Vorrichtungen müssen von einem Urologen operativ angebracht werden, und bei allen ist die Möglichkeit medizinischer oder chirurgischer Komplikationen gegeben.

Obwohl Penisimplantate Männern, die infolge einer organischen Erkrankung an einer ansonsten unabänderlichen Erektionsunfähigkeit leiden, einen großen Dienst erweisen können, bewirken sie keine Wunder. Tatsächlich wird das, was sie leisten können, von erektionsdysfunktionalen Männern häufig überschätzt. Zum einen kann selbst das beste Implantat keine Verbesserung der Libido oder der Qualität des Orgasmus herstellen, und es wird auch nicht eine Ejakulationsstörung beheben, die in vielen Fällen mit einer durch eine organische Krankheit verursachten Erektionsdysfunktion einhergeht. Zum anderen mag ein Implantat zwar genügend Gliedsteife bewirken, um den Koitalverkehr möglich zu machen, aber es trägt nichts zur Steigerung der penilen Empfindungsfähigkeit bei. Falls also die sexuelle Frustration des Mannes auch mit einer penilen Gefühlsunempfindlichkeit zusammenhängt, wird er ein Implantat wenig hilfreich finden.

Davon abgesehen, kann es vorkommen, daß ein Mann, der sich dieser kostspieligen und unangenehmen Operation unterzogen hat, um sein Sexualleben zu verbessern, hinterher feststellen muß, daß sich seine Partnerin von der ganzen Sache einigermaßen abgestoßen fühlt, weil sie das sexuelle Interesse und die Erregung des Mannes als rein mechanisch und künstlich empfindet.

All das soll aber nicht heißen, daß Penisprothesen wirkungslos sind. Männern, die großen Wert auf den Geschlechtsverkehr legen, wozu sie andernfalls nicht fähig wären, können diese Vorrichtungen eine beträchtliche psychologische Befriedigung verschaffen. Sie können ferner eine Intimität zwischen den Partnern wiederherstellen, die durch langanhaltende Erektionsstörungen arg strapaziert worden ist, und zudem das Selbstwertgefühl des Mannes stärken, wodurch sich die allgemeine Lebensqualität beider Partner verbessert. Allerdings sind mit diesem Eingriff, wie bei jeder Operation, gewisse Risiken verbunden, was auch letztendlich dazu führen kann, daß das Implantat wieder entfernt werden muß. Bei den aufblasbaren Prothesen liegt die Komplikationsquote sogar bei 54 Prozent, während die anderen, mechanisch einfacheren Implantate zwar eine geringere Komplikationshäufigkeit aufweisen, in etlichen Fällen jedoch auch zu postoperativen Infektionen und Blutungen führen. Aufgrund dieser Tatsache muß jeder einzelne Fall umfassend geprüft und untersucht werden, um zu vermeiden, daß die Implantationsoperation vorschnell an einem Mann vorgenommen wird, der auch von anderen Behandlungsmethoden profitieren könnte oder bei dem ein chirurgischer Eingriff sogar vollkommen unangebracht wäre.

Schließlich gibt es noch die Behandlungsmöglichkeit einer Sexualtherapie. Auch wenn sie bei einer erektilen Impotenz, die hauptsächlich organisch bedingt ist, nicht unbedingt angemessen ist, bleibt es eindeutig die beste Behandlungform für solche Fälle, die auf psychosoziale Faktoren oder eine Kombination von Ursachen zurückzuführen sind. Und selbst dann, wenn das Problem in erster Linie ein organisches ist, können mit einer zeitlich begrenzten Sexualberatung beträchtliche Fortschritte erzielt werden, indem dem Patienten durch praktische Hinweise und Vorschläge geholfen wird, mit seiner zugrundeliegenden Erkrankung umzugehen und sein vorhandenes sexuelles Potential zu maximieren. Die Vorteile einer

Sexualtherapie liegen auf der Hand: Sie ist nichtinvasiv und mit keinem medizinischen Risiko verbunden, meistens kurzfristig und in der Mehrzahl der Fälle erfolgbringend. Wie bei praktisch allen sexuellen Dysfunktionen werden auch hier sehr viel bessere Resultate erzielt, wenn beide Partner und nicht nur der Mann behandelt werden. Unserer eigenen Erfahrung nach, die sich hauptsächlich auf die Arbeit mit Paaren beschränkt, liegt die Erfolgsquote für die Behandlung erektiler Dysfunktionen bei annähernd 80 Prozent. Die meisten Sexualtherapeuten haben wöchentliche Sitzungen mit ihren Klienten. Wenn mit diesem Ansatz nach drei oder vier Monaten keine entscheidenden Fortschritte erzielt wurden, sinken die Erfolgschancen allerdings beträchtlich. Deshalb haben wir in dem Intensivbehandlungsprogramm, das wir über 30 Jahre am Masters & Johnson Institut durchgeführt haben, die Paare meistens über einen Zeitraum von 14 Tagen *täglich* behandelt, wobei in vielen Fällen die Therapiedauer sogar etwas unter zwei Wochen lag.

Überwindung von Erektionsproblemen

Im folgenden geben wir ein paar konkrete Hinweise, die von fast jedem Mann mit Erektionsproblemen befolgt werden können, und zwar unabhängig davon, ob sie von vorübergehender oder von andauernder Natur sind.

Da diese Methode eine kooperationsbereite und verständnisvolle Sexualpartnerin voraussetzt, ist es wichtig, daß der Mann zunächst ausführlich die Durchführung des Programms mit seiner Partnerin bespricht. Beide Partner sollten sich darüber im klaren sein, daß es dabei nicht die Aufgabe der Frau ist, zur Sexualtherapeutin zu werden, allerdings kann ihre Mitwirkung durchaus zu den Fortschritten beitragen. Und auch, wenn das Problem keineswegs darin besteht, daß die Frau irgend etwas »falsch« macht, wirkt sich jedes sexuelle Problem auf beide Beziehungspartner aus, weshalb es nur logisch ist, daß auch beide an seiner Lösung beteiligt sind. (Im nächsten Abschnitt dieses Kapitels werden spezielle Übungen für alleinstehende Männer beschrieben beziehungsweise solche, deren Partnerin nicht kooperationsbereit ist.)

Erster Schritt: Soll man zum Arzt gehen?

Es wurde bereits gesagt, daß viele Fälle von Erektionsdysfunktion auf organische Störungen zurückzuführen sind, die sich möglicherweise durch keine anderen sichtbaren Anzeichen oder Symptome bemerkbar machen. Aus diesem Grund legen wir dringend nahe, zunächst einen praktischen Arzt oder Spezialisten – etwa einen Urologen oder Internisten – aufzusuchen, bevor mit dem Programm begonnen wird. Damit können mögliche verursachende Faktoren wie Diabetes, Testosteronmangel, Gefäßleiden, Prostataerkrankung oder neurologische Störungen, die eine spezielle medizinische Behandlung erforderlich machen, erkannt beziehungsweise ausgeschlossen werden.

Es gibt jedoch Situationen, in denen der Mann ziemlich sicher davon ausgehen kann, daß sein Erektionsproblem nicht das Resultat einer organischen Störung ist, etwa wenn er bei der Masturbation eine vollkommen normale Erektionsfähigkeit zeigt, während er beim Sex mit einer Partnerin Schwierigkeiten hat. Das gleiche gilt für einen Mann, dessen Penis während des nichtkoitalen Sexspiels mit einer Partnerin normal eregiert ist, aber sofort erschlafft, wenn er versucht, ihn in die Vagina einzuführen. Auch andere situationsbedingte Probleme machen eine ärztliche Untersuchung überflüssig: Wenn ein Mann zum Beispiel beim außerehelichen Sex eine normale Erektion bekommt, jedoch nicht mit seiner Frau, oder wenn er sexuell mit einer Prostituierten verkehren kann, nicht aber mit seiner festen Partnerin, so liegt die Wahrscheinlichkeit einer organischen Störung praktisch bei Null. Auch wenn der Mann feststellt, daß er mindestens ein- oder zweimal die Woche morgens mit einer festen Gliedsteife aufwacht, ist dies ein ausreichender Beweis dafür, daß die anatomischen, neurologischen, kreislaufbedingten und hormonellen Komponenten der sexuellen Funktion intakt sind.

Bei der Überlegung, ob Sie sich ärztlich untersuchen lassen sollen, ist sowohl Ihre allgemeine körperliche als auch Ihre psychische Verfassung in Betracht zu ziehen. Wenn Sie sich depressiv fühlen (was keine ungewöhnliche Reaktion auf ein sexuelles Problem ist), wäre es wichtig herauszufinden, ob dies ein Zustand ist, der einer speziellen Behandlung bedarf, oder ob er nur Ihre aktuellen Sorgen und Nöte widerspiegelt. Auch wenn Sie 30 Pfund Übergewicht haben und sich körperlich träge fühlen, ist das ein Faktor, der durchaus etwas mit Ihrer nachlassenden sexuellen Leistungskraft zu tun haben kann.

Erster Schritt, zweite Möglichkeit: Soll man eine Sexualtherapie machen?

Obwohl Sie an diese Möglichkeit vielleicht schon gedacht haben, könnte es sein, daß Sie lieber zuerst versuchen wollen, Ihr Problem selbst in den Griff zu bekommen. Das ist zwar meistens ganz vernünftig, doch es gibt ein paar Situationen, in denen die Wahrscheinlichkeit gering ist, daß ein Selbsthilfeprogramm funktioniert. Falls eine von denen, die wir hier auflisten, auf Sie zutrifft, empfehlen wir Ihnen, sich mit einem Sexual- oder Psychotherapeuten zu beraten.

- Sie haben absolut kein Sexualverlangen, und Sie denken auch fast nie an Sex.
- Nach Ihrem Verhältnis zu Ihrer Partnerin befragt, würden Sie es als aggressions- oder konfliktbeladen charakterisieren.
- Sie ejakulieren manchmal durch einen nichteregierten Penis. (Manchmal bedeutet hier mindestens in 10 Prozent aller Fälle.)
- Sie werden häufig von sexuellen Schuldgefühlen gequält.
- Ihre Partnerin ist in sexuellen Dingen sehr gehemmt.
- Sie wurden in Ihrer Kindheit sexuell mißbraucht.
- Sie (oder Ihre Partnerin) haben eine Abneigung dagegen, die Genitalien des anderen zu berühren.
- Sie leiden unter einem zwanghaften Sexualverlangen.

Falls keine dieser Situationen auf Sie zutrifft, können Sie davon ausgehen, daß Sie sehr gute Chancen haben, Ihr Erektionsproblem ohne professionelle Hilfe zu überwinden.

Zweiter Schritt: Über den Versagensdruck reden

Praktisch jeder Mann, der Erektionsprobleme hat, empfindet den starken Druck, einen bestimmten Leistungsanspruch zu erfüllen. Dabei erwartet er für gewöhnlich, daß sich seine Erektion als ein Zeichen seiner Potenz, kaum daß er sich in eine sexuelle Situation begibt, unmittelbar und mühelos einstellt. Zu diesem selbstauferlegten Leistungsdruck gesellt sich noch ein weiterer, der aus den Sorgen des Mannes (realer und eingebildeter Natur) hinsichtlich der Erwartungen seiner Partnerin resultiert.

Obwohl sich diese Versagensängste meistens nur schwer beseitigen lassen, können einige praktische Maßnahmen dazu beitragen, ihre Auswirkungen zu begrenzen. Dazu gehört als erstes, daß Sie diese Spannungen identifizieren und mit ihrer Partnerin darüber sprechen. Das ist nicht der Moment für Vorwürfe oder Schuldzuweisungen, sondern es geht darum, daß der Leistungsdruck gemildert werden kann, indem man seine Existenz einfach anerkennt und gemeinsam darin übereinstimmt, daß es in Ordnung ist, wenn Sie solche Gefühle haben, denn schließlich sind sie eine vollkommen normale Reaktion auf eine frustrierende Situation.

Diese Gefühle von Angst und Unsicherheit zuzulassen ist deshalb hilfreich für Sie, weil Sie damit den Leistungsdruck akzeptieren, statt sich dagegen zu wehren. Darüber hinaus führt das offene Gespräch über Ihre Ängste häufig dazu, daß sie sich auf ein realistisches Maß reduzieren.

Hier noch ein Hinweis für Ihre Partnerin: Sie sollten die Bedeutung oder emotionale Intensität der Versagensängste Ihres Partners nicht unterschätzen, denn sie lasten wahrscheinlich schwer auf ihm. Es ist zwar nicht Ihre Aufgabe, diese Probleme zu lösen, aber wenn Sie verständnisvoll reagieren, wird er sich weniger lächerlich und weniger als Versager fühlen, weil er unter Ängsten leidet, die am eigentlichen Kern seiner Männlichkeit nagen.

Dritter Schritt: Grundübungen zur Konzentration auf die Sinneswahrnehmung

Eine der besten Arten, wie man den für Erektionsprobleme typischen Kreislauf aus Leistungsdruck, Beobachterverhalten und Versagen aufbrechen kann, ist der Entschluß, für eine Weile auf Sex zu verzichten. Das mag sich zunächst unlogisch anhören, und wir meinen damit auch nicht, daß Sie nun jeden körperlichen Kontakt meiden sollten, in der Hoffnung, daß sich Ihre Erektionsfähigkeit dann früher oder später ganz von selbst wieder einstellen wird. Statt dessen bieten wir Ihnen ein sorgfältig strukturiertes Programm zur Bereicherung der sexuellen Funktion, das wir bereits in Tausenden von Fällen erfolgreich angewendet haben.

Dieser Ansatz beruht auf einer Reihe von Gefühlskonzentrationsübungen, die wir im zweiten Kapitel beschrieben haben und die beiden Partnern die Möglichkeit geben, sich ohne jeden Leistungsanspruch auf ihre körperlichen Empfindungen zu konzentrieren. Dies wird zum Teil dadurch erzielt, daß zu Beginn jede Form der sexuellen Aktivität untersagt ist, und zwar einschließlich der Penisstimulation, Masturbation, oral-genitalen Sex und Geschlechtsverkehr. Nur so, ohne sich Gedanken darüber machen zu müssen, ob Sie nun eine Erektion bekommen oder nicht, können Sie die Beobachterrolle ablegen und ganz wertfrei die Empfindungen wahrnehmen, die Sie durch das Berühren und Berührtwerden verspüren. Falls Sie während dieser Berührungen keine Erektion bekommen, ist das ganz in Ordnung und verständlich, denn es gibt keinen Grund dafür, daß Sie es müßten. Möglicherweise stellen Sie jedoch überrascht fest, daß sich Ihr Glied dann, wenn Sie es am wenigsten erwarten, ein- oder zweimal versteift, auch wenn keine Genitalberührungen stattfinden. Falls dies auftritt, ist das lediglich ein Zeichen dafür, daß die Erektion eine ganz natürliche Reflexreaktion auf einen sensuellen Stimulus ist, der in einer Situation spürbar wird, wenn Sie entspannt sind und nicht unter Druck stehen. Aber auch wenn diese Reaktion ausbleibt, ist das nur zu verständlich, denn es bedarf oft mehr als eines oder zwei Übungsdurchläufen, um ein Verhaltensmuster zu durchbrechen, das sich über viele Monate oder Jahre hinweg gebildet hat.

An diesem Punkt sollten Sie und Ihre Partnerin noch einmal die Anweisungen zur Konzentration auf die Sinneswahrnehmung durchlesen und ein drei- bis vierwöchiges Behandlungsprogramm einplanen, mit dem Sie diese Übungen allmählich in Ihr Sexualleben integrieren. Bevor Sie mit diesem Programm beginnen, sollten Sie noch vereinbaren, daß Sie während seiner Dauer auf jede andere sexuelle Aktivität verzichten und nicht auf einen Geschlechtsverkehr oder Orgasmus drängen, wenn Sie erregt werden. Damit die Methode wirksam werden kann, ist es außerdem wichtig, daß Sie bereit sind, sich regelmäßig – das heißt mindestens dreimal die Woche 45 Minuten bis zu einer Stunde – Zeit zu nehmen, in der Sie vollkommen ungestört sind.

Wenn Sie die grundlegenden Gefühlskonzentrationsübungen (allgemeine, nichtgenitale Körperberührungen) machen, kann es sein, daß sich der Mann zunächst verkrampft und unsicher fühlt. Obwohl es hierbei keinen realen Leistungsdruck gibt, da die Leistung nicht das Ziel der Übung ist, kann es sein, daß der Mann trotzdem eine gewisse Leistungsangst verspürt, die sozusagen eine Nachwirkung seiner vorangegangenen Erfahrungen darstellt. Dieses Problem ist allerdings nur geringfügig und kann damit gelöst werden, daß Sie zusätzlich zwei oder drei Tage mit nichtgenitalen Konzentrationsübungen verbringen, bis der Mann an den Punkt gelangt, an dem er sich entspannter fühlt und sich besser auf die Berührungen um der Berührung willen einlassen kann, statt zu versuchen, ein bestimmtes Resultat zu erzielen.

Es ist ratsam, die grundlegenden Übungen mindestens zweimal zu wiederholen, bevor Sie zum nächsten Schritt übergehen. Falls Sie feststellen, daß Sie immer noch angespannt sind, können Sie den Vorgang abwandeln, indem Sie ein Massageöl oder Gleitmittel verwenden (nicht als sexuelle Stimulation, sondern um die Wahrnehmung der sensorischen Impulse und der verschiedenen Berührungsarten zu erleichtern) und die Übungen noch ein paarmal wiederholen.

Vierter Schritt: Genitalberührungen

In der nächsten Übungsphase, die immer noch in abwechselnder Reihenfolge verläuft, wird der Berührungsbereich so weit ausgedehnt, daß er die gegenseitige Erkundung der Genitalien (und der weiblichen Brüste) einschließt. Das macht es für einige Männer automatisch zu einer rein sexuellen Angelegenheit. Deshalb sollten Sie und Ihre Partnerin darüber reden, bevor Sie mit dem körperlichen Kontakt beginnen, denn der ganze Zweck dieser Übung besteht nach wie vor darin, daß sie eine Gelegenheit zur sinnlichen und gefühlsmäßigen Wahrnehmung bietet, und nicht darin, irgendein sexuelles Ziel zu verfolgen. Wir schlagen deshalb vor, ein nonverbales Signal zu vereinbaren, das Sie einsetzen können, um darauf hinzuweisen, daß Sie zu sehr unter Druck geraten. Mit diesem Zeichen können Sie Ihrer Partnerin signalisieren, sie soll in ihren Berührungen langsamer werden oder von Ihren Genitalien ablassen und es eine Weile Ihnen überlassen, das Tempo zu bestimmen.

Jeder von beiden kann mit dieser Übung beginnen, denn es macht absolut keinen Unterschied, wer anfängt. Falls Sie sich jedoch weniger ängstlich fühlen, wenn es Ihre Partnerin tut, sollten Sie ihr das unbedingt mitteilen. Allerdings raten wir Ihnen, in dieser Angelegenheit offen und flexibel zu bleiben, denn schließlich machen Sie einen Prozeß durch, der allmählich Ihre tiefverwurzelten Reaktionen und Verhaltensmuster verändert. Bevor Sie beginnen, lesen Sie noch einmal die im zweiten Kapitel beschriebenen Anweisungen für diese Art der Konzentrationsübungen.

Am Anfang kann es sein, daß Sie nervös sind und ständig überprüfen, ob Ihr Penis irgendwelche Anzeichen einer Erregung zeigt. Das trägt nicht gerade zur Verbesserung Ihrer Lage bei, denn Sie können eine Erektion nicht willentlich herbeiführen. (Denken Sie nur einmal daran, wie oft Sie das in der Vergangenheit versucht haben, nur um jedesmal enttäuscht zu sein.) Tatsächlich tritt eine Erektion häufig gerade dann auf, wenn Sie gar nicht bewußt daran denken, was Sie in eine ziemlich paradoxe Situation bringt. Zugleich ist es fast unmöglich, nicht an die Erektion zu denken, es sei denn, Sie finden etwas anderes, worauf Sie Ihre Gedanken richten können, und das ist der Punkt, an dem der Prozeß der Fokussierung auf Ihre sensorischen Hautwahrnehmungen ins Spiel kommt: Wenn Sie sich wirklich auf Ihre körperlichen Empfindungen einlassen, werden Sie gar nicht dazu kommen, ständig zu überprüfen, was mit Ihrem Penis vor sich geht. Davon abgesehen, selbst wenn Sie eine Erektion bekommen, ist das auch nichts Außergewöhnliches, sondern nur ein natürlicher Reflex Ihres Körpers, der kommt und geht, wie alle physiologischen Vorgänge.

Hier noch ein paar praktische Hinweise für diesen Übungsteil: Erstens, wenn der Mann die Frau berührt, sollte er nicht versuchen zu »mogeln«, indem er seinen Penis an der Partnerin reibt. Für den Moment steht die sensorische Wahrnehmung der Fingerspitzen im Vordergrund, und der Versuch, Ihren Penis zur Aktion zu verführen, nimmt Ihnen nur die Möglichkeit, diese Empfindungen zu spüren. Außerdem verstärkt es den Leistungsdruck, und das können Sie nun bestimmt nicht gebrauchen.

Zweitens, wenn die Frau den Körper ihres Partners erkundet, sollte sie vermeiden, ihre Aufmerksamkeit in erster Linie auf die Genitalregion zu richten. Es geht nämlich hierbei nicht darum, daß sie sich anstrengen soll, um eine Erektion zu bewirken, was *sie* ja eigentlich ohnehin nicht kann. Aber sie kann die sinnliche und sexuelle Wahrnehmung des Mannes erleichtern, indem sie ihre Berührungen ohne Druck und Anspruch ausführt. Und selbst wenn sich beim Mann währenddessen eine ansehnliche Erektion einstellt, sollte die Frau ihre Berührungen nicht ausschließlich auf den Penis konzentrieren.

Drittens, wenn Sie die ersten Male keine Erektion bekommen, ist das überhaupt nicht schlimm, denn es dauert meistens länger als ein paar Tage, bis sich ein Mechanismus der sexuellen Erregung außer Kraft setzen läßt, der über einen langen Zeitraum hinweg wirksam war. Falls nötig, können Sie bei diesen Berührungen auch ein Massageöl oder Gleitmittel verwenden.

Wenn Sie feststellen, daß Sie in verschiedenen Durchläufen dieser Übungsphase mehrmals eine Erektion bekommen haben, können Sie zum nächsten Schritt übergehen.

Fünfter Schritt: Vorsätzlicher Erektionsverlust

An dieser Stelle folgt ein weiteres Paradox: Nun, da Sie endlich einige Male eine Erektion hatten, soll ihre Partnerin aufhören, den Penis zu berühren, sobald sich eine Erektion einstellt, um so lange eine andere Stelle Ihres Körpers zu berühren – zum Beispiel Ihr Gesicht streicheln oder den Muskeln an Ihrem Arm folgen –, bis Ihr Glied vollkommen erschlafft ist. Der Grund für dieses Manöver ist simpel: Sie müssen für sich selbst herausfinden, daß es keine Tragödie ist, wenn sich eine Erektion verliert, denn Erektionen kommen und gehen ganz nach eigenen Gesetzen. Wenn Ihre Partnerin damit fortfährt, Sie zu berühren (auch, aber nicht ausschließlich an den Genitalien), werden Sie das bald selbst merken.

Es ist wichtig, daß Sie bei dieser Übung nicht Ihr eigenes Versagen vorprogrammieren, indem Sie sich eine festgefügte Vorstellung davon machen, wie schnell Ihre Erektion wieder auftreten soll, denn diese Art von Erwartungshaltung, die so wirkt, als würden Sie mit der Stoppuhr in der Hand die Geschwindigkeit Ihrer Erektionen messen, erzeugt Leistungsdruck. Da es sich hier aber nicht um einen Wettlauf handelt, sondern immer noch um einen Teil des Konditionierungsprozesses, sollten Sie sich einfach Zeit lassen und Ihre Berührungserfahrungen nicht mit irgendwelchen Ansprüchen überfrachten. Während Sie zunehmend an Vertrauen in Ihre Fähigkeit gewinnen, mit dieser Situation gelassen umzugehen, werden Sie sich weniger unter Leistungsdruck setzen, da Ihnen bewußter wird, daß es auf diesem Weg einfach nicht funktionieren kann. Und weil bei dieser

Übung immer noch lediglich ein Teil Ihrer potentiellen sensuellen Informationseingaben aktiviert wird (wie Sie bald sehen werden), ist eine solche Erwartungshaltung sowohl unrealistisch als auch kontraproduktiv.

Wenn Sie an sich erfahren haben, daß Ihre Erektionen tatsächlich wiederkehren können, nachdem sie verschwunden waren, sind ein oder zwei weitere Durchläufe dieses Übungsschritts ausreichend.

Obwohl Sie möglicherweise bei all diesen Berührungen ziemlich erregt werden, wollen wir Ihnen noch raten, vorläufig nicht jedes Mal bis zur Ejakulation weiterzumachen, denn es geht hierbei nicht darum, daß Sie eine bestimmte sexuelle Leistung oder Befriedigung anstreben, sondern sich mit neuen Möglichkeiten der Sinnlichkeitserfahrung vertraut machen.

Sechster Schritt: Gegenseitiges Berühren

Bis zu diesem Punkt haben wir die Übungen bewußt so gestaltet, daß sie nach dem etwas künstlichen Schema der abwechselnden Berührungen verliefen. Im wirklichen Leben sind die Dinge natürlich nicht so strukturiert, und nun, da Sie mehr über Ihre eigenen sinnlichen Wahrnehmungen und Erektionsmechanismen gelernt haben, ist es an der Zeit, diese Diskrepanz aufzuheben. Wie bereits angedeutet, kann das Ihre sensuellen Informationseingaben erheblich verstärken, da Sie bisher immer nur die Hälfte aller möglichen Sinneswahrnehmung registriert haben. Das heißt, wenn Sie Ihre Partnerin berührt haben, wurden Sie von ihr nicht berührt, und wenn sie Ihren Körper liebkost hat, hatten Sie nicht die zusätzlichen sensuellen Eingaben aus Ihren Fingerspitzen.

Nun wollen wir die beiden Teile zusammenfügen, aber auch hierfür gilt das gleiche wie für die vorangegangenen Übungen: Der Zweck besteht nicht in der Erzeugung einer sexuellen Erregung, sondern in der der sinnlichen Wahrnehmung und Bewußtmachung. Das soll nicht heißen, daß Sie Ihre sexuellen Gefühle ignorieren sollen – sie sind nicht nur vollkommen akzeptabel, sondern können auch einfach Spaß machen –, aber sich ausschließlich auf sie zu konzentrieren und künstlich von Ihren sinnlichen Gefühlen zu trennen bedeutet das Risiko, die alten Schreckgespenster heraufzubeschwören, nämlich die Versagensangst und ihre unvermeidliche Begleiterin, die Beobachterrolle.

Es ist gut möglich, daß Sie selbst nach den vorangegangenen Übungen immer noch dazu neigen, in Ihr altes Reaktionsverhalten zu verfallen, da das gegenseitige Berühren scheinbar dem sehr ähnlich ist, was Sie als »Sex« zu bezeichnen pflegten. Glücklicherweise gibt es nun aber eine zusätzliche Strategie, die Sie in diesem Fall anwenden können: Und zwar immer, wenn Sie anfangen, sich zu fühlen, als sitze ein Teil Ihres Körpers neben Ihnen im Bett, genau beobachtend, wie steif Ihr Penis ist oder ob er sich überhaupt regt, können Sie dem entgegensteuern, indem Sie sich »im Körper Ihrer Partnerin verlieren«. Zunächst müssen Sie sich aber klarmachen, daß es Ihnen nicht viel hilft, wenn Sie sich sagen: »Ich werde kein Zuschauer mehr sein«, ebenso wie es praktisch unmöglich ist, nicht ans Essen zu denken, nachdem Ihnen jemand gesagt hat, daß Sie die nächsten fünf Minuten nicht ans Essen denken dürfen. Dabei könnten Sie wahrscheinlich gar nicht anders, als sich alle möglichen Leckereien vorzustellen, aber wenn Ihnen nun jemand sagt, Sie sollen nicht ans Essen denken und Ihnen gleichzeitig etwas zu lesen oder einen Film zum Anschauen gibt, ist die Wahrscheinlichkeit groß, daß es Ihnen sehr viel leichter fällt, diese Vorstellungen aus Ihren Gedanken zu verbannen. Warum das so ist? Weil der menschliche Verstand so konstruiert ist, daß sich unerwünschte Gedanken nur dann vertreiben lassen, wenn sie durch ein unmittelbareres Surrogat ersetzt werden.

In den gegenseitigen Berührungen können Sie die negativen Gedanken auf eine äußerst wirksame Art und Weise umgehen, und zwar dadurch, daß Sie sich so auf das Berühren und Erkunden des Körpers Ihrer Partnerin einlassen, daß Sie praktisch gar nicht dazu kommen, sich um Ihren Penis zu sorgen. Das ist damit gemeint, wenn wir sagen, Sie sollen sich im Körper Ihrer Partnerin verlieren: Sobald Sie das Gefühl haben, bloßer Zuschauer zu sein, suchen Sie sich am Körper Ihrer Partnerin einen Bezugspunkt aus, auf den Sie sich vollkommen konzentrieren, und überlassen Sie sich so dem Berühren, Streicheln und Wahrnehmen, daß Sie dadurch von Ihrer Beobachterrolle abgelenkt werden.

Wir haben zwar die Erfahrung gemacht, daß diese Technik sehr wirksam ist, aber sie funktioniert nicht immer perfekt, und manchmal bedarf es einiger Übung, bevor sie gelingt. Wenn Sie dann immer noch das Gefühl haben, daß Sie wieder zum Zuschauer werden, geben Sie Ihrer Partnerin ein verbales oder nonverbales Signal, hören Sie beide mit den Berührungen auf und bleiben Sie eine Weile aneinandergeschmiegt ruhig liegen, bis Sie merken, daß das Gefühl nachläßt. Möglicherweise hilft es, wenn Sie gleich darüber reden, aber manchmal ist es vielleicht besser, es erst später zu tun. Wenn das Zuschauergefühl selbst nach dieser Unterbrechung immer noch da ist, beenden Sie einfach die Übung und versuchen es an einem anderen Tag noch einmal.

Siebenter Schritt: Gegenseitiges Berühren plus Sexualphantasie

Selbst mit der Kombination aus gleichzeitigem Berühren und Berührtwerden haben Sie immer noch nicht Ihr ganzes Erregungspotential ausgeschöpft. Jetzt können Sie Ihre sexuelle Reaktion durch die wohldosierte Aktivierung erotischer Wunschvorstellungen noch verstärken, und zwar als zusätzliches Mittel gegen das Zuschauerverhalten oder zur Erregungssteigerung. Sie können die Phantasien auch auf andere Arten einsetzen. Wenn Sie es zum Beispiel manchmal etwas langweilig finden, immer die gleiche Partnerin zu haben, kann eine entsprechende Phantasie mehr Abwechslung in die Sache bringen. Oder wenn Ihre Partnerin im Aussehen nicht Ihrer Vorstellung von der idealen Geliebten entspricht, können Sie Ihr Wunschbild innerlich herbeizaubern. Solche Sexualphantasien bedeuten nicht, daß Sie Ihre Partnerin betrügen. Zum einen hat sie selbst wahrscheinlich auch sexuelle Wunschvorstellungen, und zum anderen kann die dadurch gesteigerte Erregungsfähigkeit Sie sogar zu einem besseren Liebhaber machen.

Was wir mit der »wohldosierten« Anwendung meinen, ist, daß Sie diese Phantasien nur gelegentlich und nicht routinemäßig einsetzen sollen. Das hat folgenden Grund:

Erstens, Wunschvorstellungen können helfen, die Dinge in Gang zu bringen, wenn Sie sich wegen Ihrer mangelnden Erektionsfähigkeit gehemmt fühlen, aber sie werden nicht viel nützen, wenn Sie sie so häufig verwenden, daß Sie dadurch immer an ihre Erektionsprobleme erinnert werden.

Zweitens, sie ständig zu benutzen kann dazu führen, daß sie einfach aufgrund der Übersättigung an Reiz verlieren. Darüber hinaus kann ihre dauernde Aktivierung und Ausschmückung Sie von einer tiefergehenden Intimität mit Ihrer Partnerin ablenken.

Sie sollen die Phantasien also nicht wie einen ununterbrochenen Film pornographischer Bilder vor Ihrem geistigen Auge ablaufen lassen, während Sie und Ihre Partnerin einander berühren, sondern sie als eine Art Reserve im Hinterkopf behalten, die Sie immer dann abrufen können, wenn Sie sie brauchen.

Noch ein Hinweis: Es ist vorläufig davon abzuraten, daß Sie mit Ihrer Partnerin über Ihre sexuellen Phantasien reden. Das könnte nämlich zu Eifersüchtelein und Streitigkeiten führen, die Ihren Fortschritt behindern und Sie sogar von diesem Behandlungsprogramm ablenken könnten. Ihre Wunschvorstellungen für sich zu behalten ist nicht nur vernünftiger, sondern trägt auch zur bleibenden Wirksamkeit ihres erotischen Potentials bei. Unserer Erfahrung nach geschieht es nämlich häufig, daß die Phantasien weniger erregend werden, nachdem sich die Partner ihre Lieblingsvorstellungen erzählt haben.

Achter Schritt: Anforderungsloser Genitalkontakt

Sie sollten nun einigermaßen vertraut mit der Erkenntnis geworden sein, daß die Erektionen ganz natürlich auftreten können, wenn Sie Ihrem Körper einfach die Chance geben, auf die verschiedenen Quellen der Sinneserfahrung zu reagieren. Sie mögen zwar nicht imstande sein, den genauen Moment vorherzusagen oder willentlich eine Erektion herbeizuführen, aber mit zunehmendem Selbstvertrauen werden Sie auch immer mehr davon loskommen, der Gefangene Ihres eigenen Leistungsdrucks und des Zwangs zur ablenkenden Selbstüberprüfung zu sein.

In dieser Übungsphase können Sie die Fortschritte, die Sie bisher gemacht haben, auf den Penis-Vagina-Kontakt ausweiten. Bevor Ihre Ängste bei dieser Aussicht wieder zunehmen – denn viele Männer scheinen diesen Schritt als einen Potenztest zu betrachten –, lassen Sie uns rasch hinzufügen, daß es überhaupt nichts mit einem Test zu tun hat und es daher auch keine Bewertung im Sinne von »bestanden« oder »nicht bestanden« gibt. Statt dessen sollten Sie es als ein Spiel betrachten, denn schließlich ist auch das, was Sie bisher mit Ihren Übungen gelernt haben, ein spielerischer Umgang mit den Sinneserfahrungen. Und nun haben Sie die Gelegenheit, das Sinnlichkeitsspiel auf eine neue Situation zu übertragen. Zugegebenermaßen empfinden manche Männer zunächst ein leichtes Unbehagen, denn das Unvertraute erscheint oft als unangenehm, aber während Sie an Vertrautheit mit dieser Art des Genitalspiels gewinnen, wird es Ihnen sehr wahrscheinlich bald nicht nur angenehmer, sondern sogar ganz natürlich vorkommen.

Das wichtigste bei dieser Übung ist, daß Sie auf der soliden Grundlage der sinnlichen Erkundungen und Wahrnehmungen aufbauen, die Sie bereits entwickelt haben. Deshalb sollten Sie ebenso wie vorher mit allgemeinen, nichtzielgerichteten Berührungen beginnen. Seien Sie ganz offen und neugierig, wenn Sie sich mit den kleinen Details des Körpers Ihrer Partnerin vertraut machen, während diese mit den Händen Ihren Körper erkundet. Sie müssen keine speziellen Tricks anwenden, aber wenn Sie feststellen, daß Sie in die Beobachterrolle verfallen, greifen Sie als Gegenmittel auf eine der von uns beschriebenen Methoden zurück. Ob sie nun bald nach Beginn der Berührungen eine Erektion bekommen oder nicht, ist vollkommen unwichtig, denn wenn Sie sich wirklich auf den Vorgang einlassen, wird sich eine Erektion über kurz oder lang einstellen.

Nach ein paar Minuten der zunächst abwechselnden und dann gegenseitigen allgemeinen Körperberührungen, wobei in der zweiten Phase auch die Genitalien mit einbezogen werden können, soll Ihre Partnerin bestimmen, wann sie Lust hat, sich rittlings auf Sie zu setzen, so daß ihre Genitalien in engen Kontakt mit Ihrem Penis kommen. Wenn Sie sich dann in dieser Position befindet, kann sie unter sich greifen und Ihren Penis mit einer Hand halten, *gleichgültig, ob er eregiert ist oder nicht*, und ihn sanft gegen ihre Vulva, Klitoris oder gegen die Schamlippen reiben. Überlassen Sie es ihr, was sie tun möchte, und versuchen Sie nicht, ihre Handlungen zu steuern. Achten Sie währenddessen auf Ihre eigenen Empfindungen, aber Sie brauchen auch nicht dazuliegen wie ein Klotz, sondern können die Gelegenheit nutzen, den Körper Ihrer Partnerin mit Ihren Händen, Lippen und der Zunge aktiv zu berühren, während sie mit Ihrem Penis spielt.

Selbst wenn Ihr Glied eregiert ist und Sie bereit sind, weiterzugehen, versuchen Sie es noch nicht. Diese Übung hat einzig und allein den Zweck der gegenseitigen Körpererkundung und daß beiden Partnern die Möglichkeit gegeben wird, sich auf ihre körperlichen Empfindungen einzustimmen und mit einer Position vertraut zu machen, die sehr nahe an den Geschlechtsverkehr herankommt. Und denken Sie daran: Falls Ihre Erektionen kommen und gehen, ist das kein Grund zur Unruhe, sondern ein ganz natürlicher Prozeß.

Neunter Schritt: Sinnlicher Verkehr und mehr

Nachdem Sie ein paarmal das Genitalspiel in dieser Position ausprobiert haben, können Sie zum nächsten Schritt übergehen. Hierbei kann Ihre auf Ihnen sitzende Partnerin, wenn Ihr Glied eregiert ist (wenn auch nur teilweise) ihre Vaginaöffnung direkt auf die Penisspitze legen. Dabei kann sie den Penisschaft oder die Innenseite Ihrer Oberschenkel ein wenig streicheln, und Sie können mit ihren Brüsten spielen oder Ihre Fingerspitze über ihr Haar und Gesicht gleiten lassen. Sie kann auch ihre Vagina an Ihrem Glied auf und ab bewegen, aber Sie sollten für den Moment nicht mit Stoßbewegungen Ihrer Hüfte reagieren.

Nehmen Sie die Empfindungen in Ihrem Penis wahr, ohne sie in irgendeiner Art zu bewerten oder zu versuchen, eine bestimmte Reaktion herbeizuführen, und drängen Sie auch nicht auf eine weitere Penetration, sondern machen Sie sich nur mit dieser neuen Form des Kontakts vertraut. Wieder kann es sein, daß sich das, was neu für Sie ist, zunächst ein wenig unangenehm anfühlt und Ihre Erektion deshalb schwindet, besonders, wenn Sie anfangen, sich selbstkritisch dabei zu beobachten. Falls Sie das merken, können Sie versuchen, sich in den Berührungen des Körpers Ihrer Partnerin zu verlieren, und wenn auch das nicht funktioniert, können Sie zusätzlich eine sexuelle Phantasie aktivieren, um sich über Ihre Blockierung hinwegzuhelfen.

Bleibt Ihr Glied eregiert, während es sich an der Vaginaöffnung befindet, kann Ihre Partnerin die Penisspitze in die Vagina einführen. Falls Sie sich nun fragen, ob das bedeutet, daß Sie Geschlechtsverkehr haben, lautet die Antwort: Nur wenn Sie es so nennen wollen. Viele Männer finden es dagegen angenehmer, es einfach als eine Ausweitung des Genitalspiels zu betrachten. Aber was auch immer es für Sie sein mag, konzentrieren Sie sich auf Ihre Empfindungen, und versuchen Sie die Gefühle Ihres gesamten Körpers wahrzunehmen.

Sie können auch durchaus die Genitalien Ihrer Partnerin manuell stimulieren, während sie mit Ihrem Penis spielt. Sie können sich entweder von ihr mittels der Handführungstechnik zeigen lassen, wie Sie ihre Klitoris reiben sollen, oder Sie können selbst Ihre Finger über den Vaginalbereich gleiten lassen, die Schamlippen liebkosen oder mit einer zarten und leichten Berührung über ihr Perineum streichen. Versuchen Sie jedenfalls nicht, die Dinge zu überstürzen, sondern erlauben Sie sich, Ihre Empfindungen ganz in sich aufzunehmen.

An diesem Punkt sollte Ihre Partnerin den weiteren Verlauf bestimmen, da sie genau spürt, wie erregt Ihr Penis ist. Hat sich das Glied einigermaßen versteift, kann sie es sanft ein Stück tiefer in die Vagina einführen. Wenn Ihr Penis nicht erigiert ist, kann sie mit den Berührungen fortfahren, um zu sehen, ob sich dadurch etwas verändert.

Wenn Sie diese Übungen ein paarmal gemacht haben, werden Sie wahrscheinlich ziemlich überrascht feststellen, daß Sie plötzlich Geschlechtsverkehr haben. Nachdem der Penis noch tiefer in die Vagina eingedrungen ist, übernehmen Ihre natürlichen Instinkte die Regie, und Sie können mit einem für Sie angenehmen Stoßrhythmus beginnen. Wenn Sie eine Weile keinen Samenerguß hatten, kann es sein, daß Sie in dieser neuen Situation ziemlich rasch ejakulieren. Das ist vollkommen normal und kein Grund zur Besorgnis.

Es kann aber auch vorkommen, daß Sie bei dem Gedanken »Jetzt haben wir Geschlechtsverkehr« plötzlich Panik überkommt. Dieses Gefühl geht auf Ihre alte Angst zurück, Ihre Erektion könnte erschlaffen, was auch tatsächlich passieren *kann*, wenn Sie plötzlich panisch werden oder wenn eine andere unbewußte Furcht das alte Zuschauerverhalten auslöst. Na und? Selbst wenn Ihre Erektion gelegentlich schwindet, wissen Sie jetzt, daß sie ganz von selbst wieder zurückkehren wird. Und auch bei dieser Übung gilt, daß eine Gegenkonditionierung alter Verhaltensmuster nicht immer über Nacht gelingt, so daß es möglicherweise ein wenig Übung braucht, um die Fortschritte, die Sie mit diesem Behandlungsprogramm bereits gemacht haben, zu verfestigen.

Zehnter Schritt: Konsolidieren und Vorbeugen

Nachdem die Dinge einigermaßen gut für Sie laufen – was Sie natürlich nach Ihren eigenen Kriterien von Verbesserung und Befriedigung definieren müssen –, kann es leicht passieren, daß Sie Ihre Fortschritte als selbstverständlich hinnehmen. Das aber hieße das Risiko einzugehen, daß Sie in das gleiche Muster verfallen, das Ihnen bereits vorher Probleme gemacht hat. Zum Beispiel könnten Sie anfangen, die Geschwindigkeit zu überprüfen, mit der Sie eine Erektion entwickeln. Oder Sie könnten weniger an die Gefühlskonzentration denken und mehr an Sex. Um dieser Gefahr vorzubeugen und um Ihre Fortschritte zu bewahren, sollten Sie folgende Punkte im Gedächtnis behalten:

1. Denken Sie daran, daß alle Männer von Zeit zu Zeit keine Erektion bekommen oder aufrechterhalten können. Das wird auch Ihnen passieren, und dann ist es wichtig, daß Sie dieses Ereignis in seiner relativen Bedeutung verstehen. Wahrscheinlich bedeutet es nämlich nur, daß Sie müde sind, unter Streß stehen oder einfach einen schlechten Tag hatten. Es kann auch vorkommen, wenn Sie etwas zuviel Wein zum Abendessen getrunken haben, da Alkohol Ihre sexuellen Reflexe dämpft. Wenn Sie diese Episode nun aber aufbauschen und sich davon beeinträchtigen lassen, wird sie jene Leistungsängste auslösen, die Ihnen bereits vorher Schwierigkeiten bereitet haben. Eine Möglichkeit, wie Sie die Situation entschärfen können, ist, mit Ihrer Partnerin über Ihre Gefühle und Sorgen zu sprechen, wobei es wichtig ist, daß Sie sich damit nicht wieder selbst einreden, impotent zu sein.

2. Programmieren Sie nicht Ihr eigenes Versagen vor, indem Sie sich unrealistische Erwartungen von Ihrer eigenen sexuellen Funktionstüchtigkeit machen. Diese Erwartungen erzeugen bloß einen Anspruch, den Sie unmöglich einhalten können. Sehr viel realistischer ist es hingegen, wenn Sie davon ausgehen, daß es Momente gibt, in denen Sie sich einfach nicht besonders erregt fühlen (ebenso wie solche, in denen Sie schier bersten vor Leidenschaft), Momente, in denen eine Erektion schwindet (oder Sie erst gar keine bekommen), und schließlich Momente, in denen alles ganz wunderbar zusammenpaßt.

3. Machen Sie die Sinnlichkeitskonzentration zu einem wesentlichen Bestandteil Ihres Intimlebens. Wir schlagen sogar vor, daß Sie und Ihre Partnerin von Zeit zu Zeit zu den ersten Übungsschritten der allgemeinen Körperberührungen zurückkehren, bei denen die Brüste und Genitalien ausgespart bleiben. Dadurch können Sie vollkommen frei von jeder Anforderung oder Erwartung Ihre Fähigkeit neu beleben, sich auf die taktilen Empfindungen zu konzentrieren. Und auch gerade dann, wenn Sie das Gefühl haben, daß Sie wieder in Ihre alten sexuellen Probleme verfallen,

kann es hilfreich sein, als Gegenmittel einen kurzen »Auffrischungskurs« in der Gefühlskonzentration zu machen.

4. Als letzten Punkt wollen wir noch einmal darauf hinweisen, daß Sex nicht nur etwas ist, was sich zwischen Ihren Beinen abspielt, sondern die Beziehungsqualität hat ebenfalls einen enormen Einfluß auf Ihre sexuelle Interaktion. Selbst wenn im Bett alles klappt, sollten Sie Ihre Partnerin außerhalb dieser Situation keinesfalls ignorieren. Eine gute Kommunikation kann das beste Aphrodisiakum sein, das es gibt.

Das Überwinden von Erektionsproblemen ohne feste Partnerin

In vielen Fällen trägt die Hilfe und bereitwillige Teilnahme einer Partnerin erheblich zur Lösung sexueller Probleme bei. Es gibt jedoch auch Männer, die keine feste Sexualpartnerin haben, solche, deren Partnerin nicht verfügbar oder – aus welchen Gründen auch immer – einfach nicht bereit ist, bei dem von uns entwickelten Selbsthilfeprogramm mitzuwirken. Zum Beispiel kann die Frau darauf bestehen, daß der Mann eine Sexualtherapie macht, und deshalb strikt gegen diese Art der Selbsthilfe sein. Das ist nicht immer so unvernünftig, wie es scheinen mag, und so hat eine Frau ihren Widerstand uns gegenüber überzeugend erklärt: »Wir versuchen seit drei Jahren, seine Impotenz in den Griff zu bekommen, und wir haben mehr Techniken und Methoden ausprobiert, als Sie sich vorstellen können. Ich hatte einfach das Gefühl, jetzt ist es an der Zeit, das Problem frontal und mit professioneller Hilfe anzugehen.« Darüber hinaus haben einige Männer ihre feste Partnerin verloren, weil sie sich irgendwann nicht mehr mit seinen Erektionsproblemen befassen wollte und deshalb die Beziehung beendet hat. Und schließlich entsteht häufig ein Teufelskreis dadurch, daß viele alleinstehende oder geschiedene Männer einen näheren Kontakt zu Frauen vermeiden, eben weil sie sich sexuell unzulänglich fühlen. Ihr Mangel an Selbstvertrauen und ihre Versagensangst werden dann nicht nur zu einer sich selbst erfüllenden Prophezeiung, sondern hindern sie daran, irgendeine Form von Intimität in einer Liebesbeziehung zu entwickeln.

Aber auch wenn Sie keine Partnerin haben, gibt es eine Reihe von Schritten, die Sie selbst unternehmen können, um die Überwindung Ihrer erektilen Impotenz einzuleiten. Letzten Endes werden sich die Fortschritte, die Sie bei diesem Selbsthilfeprogramm machen, jedoch nur im sexuellen Kontakt mit einer Partnerin verfestigen lassen, denn gleichgültig, was Sie gehört oder gelesen haben, gibt es keine Behandlung, die Ihnen garantiert, daß Ihre Erektionsprobleme gelöst sein werden, *bevor* Sie das nächste Mal Sex mit einer Frau haben.

Erster Soloschritt: Selbsteinschätzung

Wie bereits erwähnt, sind Erektionsprobleme, sofern sie nicht auf organische Ursachen zurückzuführen sind, für gewöhnlich mit Versagensängsten und einem Mangel an Selbstvertrauen verbunden, Faktoren, die wiederum eine Kette von Einstellungen, Meinungen und Sorgen in Gang setzen können, welche Sie immer dann emotional stark belasten, wenn Sie sich in eine (potentiell) sexuelle Situation begeben.

In diesem Fall ist es ein guter Ausgangspunkt, sich bewußt zu machen, worin genau diese Einstellungen, Meinungen und Sorgen hinsichtlich Ihrer sexuellen Funktionsfähigkeit bestehen, denn schließlich müssen Sie Ihre Probleme zunächst identifizieren, bevor Sie sie lösen können.

Benutzen Sie die folgende Liste, um zu überprüfen, welche der unter Männern mit Erektionsdysfunktion weitverbreiteten Ansichten auch auf Sie zutreffen. Gehen Sie die ganze Liste durch und kreuzen Sie dabei unter »A« jene Punkte an, die Ihnen zutreffend erscheinen. Anschließend markieren Sie unter »B« die drei Hauptfaktoren, die für Sie am stärksten zutreffen.

Checkliste zur Selbstbeurteilung

		A	B
Einstellungen	Ich fühle mich nur selten sexy und erregt.	☐	☐
	Ich rechne bereits vor jeder sexuellen Erfahrung damit, daß sie jämmerlich sein wird.	☐	☐
	Ich scheine nie eine wirklich harte Erektion zu bekommen.	☐	☐
	Sex bereitet mir oft Schuldgefühle.	☐	☐
	Wenn ich eine Erektion habe und sie verschwindet dann wieder, habe ich sofort das Gefühl, die Sache ist gelaufen.	☐	☐
	Männer sollten beim Sex immer die Führung übernehmen.	☐	☐
	Mein Sexualleben wird von meinem Penis bestimmt; wenn sich da nichts regt, weiß ich, daß ich nicht an Sex interessiert bin.	☐	☐
Meinungen	Normale Männer bekommen eine Erektion, sobald sie eine nackte Frau sehen.	☐	☐
	Bevor eine Erektion nicht wirklich hart ist, taugt sie nicht viel.	☐	☐
	Frauen werden sexuell nur von einer mächtigen Erektion befriedigt, auch wenn sie das nicht zugeben.	☐	☐

175

	Ohne eine dauerhaft harte Erektion ist man kein guter Liebhaber.	☐	☐
	Keine Erektion zu bekommen oder sie wieder zu verlieren muß bedeuten, daß mit mir etwas nicht stimmt.	☐	☐
	Wenn ich es schaffe, eine Vollerektion zu bekommen, muß ich sofort zum Geschlechtsverkehr übergehen, bevor sie wieder erschlafft.	☐	☐
	Geschlechtsverkehr ist die Hauptsache beim Sex, alles andere ist bloß Vorspiel.	☐	☐
Ängste	Mein mangelndes Sexualverlangen macht mir große Sorgen.	☐	☐
	Ich denke tagsüber häufig daran, daß ich es nicht schaffe, eine Erektion zu bekommen oder aufrechtzuerhalten.	☐	☐
	Wenn ich eine Frau näher kennenlerne, mache ich mir große Sorgen darüber, wie sie auf mein sexuelles Problem reagieren wird.	☐	☐
	Ich frage mich häufig, ob ich dieses Problem habe, weil ich in der Vergangenheit zu oft onaniert habe.	☐	☐
	Ich fürchte, daß ich in sexueller Hinsicht nichts mehr zu bieten habe.	☐	☐
	Ich kann mir nicht vorstellen, daß eine Frau an einer Liebesbeziehung mit einem impotenten Mann interessiert sein kann.	☐	☐
	Ich fühle mich auf der ganzen Linie als Versager.	☐	☐

Zweiter Schritt: Das negative Denken verändern

Ausgehend von Ihren Antworten sollen Sie zunächst eine Art mentale Vorbereitungsarbeit leisten und erst dann mit den körperlichen Techniken zur Verbesserung Ihrer Erektionsfähigkeit beginnen. Dieser einleitende Prozeß, der ungefähr eine Woche dauert, beinhaltet mehrere Komponenten: Erstens, es ist wichtig, daß Sie Ihre negativsten Einstellungen und Meinungen verändern, denn, wie wir bereits häufig gesagt haben, wird ein negatives Denken über Sex leicht zu einer sich selbst erfüllenden Prophezeiung. Und umgekehrt gilt: Positives Denken führt eher zu positiven Erfahrungen. Also besteht das Ziel darin, Ihre negativen Ansichten durch positive zu ersetzen. Wenn zum Beispiel Ihre größte Sorge der Frage gilt, ob Ihr Sexualverlangen ausreichend ist oder ob Sie sich häufig genug erregt fühlen, stellen Sie sich dreimal am Tag ein paar Minuten lang vor, daß Sie so erregt werden wie nur möglich. (Seien Sie ruhig ganz präzise, wenn Sie dieses Bild von sich selbst entwerfen. Schließen Sie die Augen und versuchen Sie, sich jedes Detail Ihrer Erregung auszumalen. Konzentrieren Sie sich auf das Gefühl von Lust und Glück, das Sie dabei empfinden.) Wenn

Sie fürchten, daß Ihre Erektion nicht stark genug ist, lassen Sie mehrmals am Tag das Szenario vor Ihrem geistigen Auge entstehen, daß Sie eine sexuelle Begegnung mit einer neuen Partnerin haben, die Ihnen sagt, wie begeistert sie von Ihrem Penis ist, wie sie es genießt, seiner Versteifung zuzusehen, und wie toll er sich dabei anfühlt. Auch wenn der Gedanke, sexuell ein Versager zu sein, Sie am stärksten belastet, können Sie dieses negative Denkmuster durchbrechen, indem Sie es allmählich durch ein positiveres Selbstbild ersetzen. Und zwar nicht dadurch, daß Sie sich lediglich irgendwelchen Tagträumen von einer phantastischen sexuellen Erfahrung hingeben, sondern indem Sie sich ganz bewußt eine detaillierte Vorstellung davon machen, daß Sie phantastischen Sex haben und von Ihrer Partnerin Komplimente dafür bekommen. (Wenn Sie mehrmals am Tag Ihre »positiven Denkübungen« wiederholen, sollten Sie nicht immer wieder die gleiche Vorstellung verwenden, sondern sie etwas variieren.)

Dritter Schritt: Selbsterkundung

Diese Übung, die im letzten Kapitel beschrieben wurde (siehe Seite 131 ff.), soll Ihnen die Gelegenheit zu einer entspannten und frei gestalteten Bereicherung Ihrer taktilen Wahrnehmungen geben, und zwar mit vollkommen offenem Ausgang und ohne ein bestimmtes Ziel. Der Zweck dieser Übung, die Sie während eines Zeitraums von drei bis fünf Tagen mindestens zweimal wiederholen sollten, liegt darin, sich zu erlauben, Ihre Aufmerksamkeit ganz auf Ihre Empfindungen zu richten, statt allein darauf, wie Ihr Penis reagiert. Ob sich an Ihrem Glied etwas regt oder nicht, spielt keine Rolle, und selbst wenn Sie eine Erektion bekommen, sollen Sie sie einfach ignorieren und Ihre Fingerspitzen über einen anderen Körperteil streichen lassen. Sie sollen lernen, zu erkennen, daß Sie damit nicht eine Erektion »vergeuden«, sondern daß es vollkommen normal ist, wenn Erektionen kommen und gehen, und zwar durchaus auch mehrere Male während einer sexuellen Begegnung. Während Sie weitere Fortschritte im Umgang mit Ihrem Problem machen, werden die Erektionen regelmäßiger auftreten als in der Vergangenheit, aber vorläufig gehört es zum Prozeß des Umprogrammierens Ihrer Einstellungen, daß Sie sich nicht panisch an jede Erektion klammern wie an einen lange verlorenen Freund. Im Gegensatz dazu, wie es Ihnen vorkommen mag, sind Erektionen nämlich keineswegs ein Notfall, bei dem es sofort zu handeln gilt.

Selbst wenn Sie feststellen, daß Sie während Ihrer Selbsterkundungen stark erregt werden und daß sich Ihr Glied versteift, sollten Sie jetzt *nicht* masturbieren oder versuchen, zum Höhepunkt zu kommen. Und falls Sie sich nicht erregt fühlen und keine Erektion bekommen, so ist das überhaupt kein Problem, denn es wird an diesem Punkt keineswegs von Ihnen erwartet.

Vierter Schritt: Identifizierung Ihrer erregendsten Phantasien

Fast jeder Mann weiß, wenn sein Auto nicht anspringt, weil die Batterie leer ist, daß die Batterie wieder aufgeladen werden muß. Aber es ist erstaunlich, wie wenige Männer mit sexuellen Problemen daran denken, die Energiequelle für ihre Erregung und sexuellen Gefühle zu überprüfen, nämlich ihre sexuellen Phantasien. Einer der Gründe dafür ist natürlich, daß erektionsdysfunktionale Männer so sehr mit Ihren Versagensängsten und ihrer kritischen Selbstbeobachtung beschäftigt sind, daß sie die Verwendung von Sexualphantasien ganz vergessen. Ein anderer Grund für das Weglassen solcher Wunschvorstellungen besteht darin, daß viele Männer mit Erektionsproblemen infolge ihres wiederholten Versagens und Frustriertwerdens anfangen, so negativ über Sex zu denken, daß sie sexuelle Phantasien gar nicht.mehr zulassen. Einmal, weil sie vergessen, daß Sex Spaß macht (schließlich macht es auch tatsächlich nicht viel Spaß, wenn man immer versagt), und zum anderen, weil sie ihr Verlangen gar nicht erst schüren wollen, wenn es nur wenig oder gar nicht wahrscheinlich ist, daß ihre sexuelle Leistung dem gerecht werden kann.

Um diesen Tendenzen zur sexuellen Trägheit entgegenzuwirken, schlagen wir vor, daß Sie sich etwas Zeit nehmen, um herauszufinden, welche sexuellen Wunschvorstellungen für Sie besonders stimulierend sind. Männern mit einer lebhaften Phantasie wird das relativ schnell und leicht gelingen, während andere möglicherweise mental blockiert sind und nicht wissen, wo sie anfangen sollen. In diesem Fall kann es zur Unterstützung Ihrer kreativen Bemühungen hilfreich sein, entweder ein Buch zu lesen, in dem ein breites Spektrum an Sexualphantasien beschrieben wird, und sich diejenigen auszusuchen, die Sie am ehesten ansprechen, oder sich zur Anregung ein paar Pornofilme anzuschauen. Welche Vorgangsweise Sie auch wählen, denken Sie daran, daß Phantasien auf Fiktion und nicht auf Tatsachen beruhen. Selbst wenn Ihre bevorzugte Wunschvorstellung um Gruppensex oder sadomasochistische Praktiken kreist, heißt das nicht, daß Sie in Wirklichkeit so sind oder das suchen.

Fünfter Schritt: Selbststimulation plus Phantasien

In einer sexuellen Situation funktionieren Phantasien als mental herbeigeführte Verstärkung der physischen Stimulation. Nun ist es an der Zeit, diese

178

wirkungsvolle Kombination in Ihr eigenes sexuelles Programm zu integrieren.

Für jeden Mann mit Erektionsproblemen besteht einer der Hauptvorteile sexueller Wunschvorstellungen darin, daß sie von dem Zwang zur Überprüfung und Beobachtung der eigenen sexuellen Gefühle und Reaktionen ablenken.

Um mit dieser Übung zu beginnen, für die Sie 20 bis 30 Minuten einplanen sollten, ziehen Sie sich vollständig aus, legen sich auf Ihr Bett und verbringen einige Minuten damit, Ihren Körper durch Berührungen zu erkunden. Betrachten Sie das, was Sie da tun – zum Beispiel Ihre Finger über die Wangen oder den Hals entlang gleiten lassen oder leicht über Ihre Brustwarzen streichen –, keinesfalls als Sex, denn Sie sollten es vermeiden, irgendwelche bestimmten Erwartungen zu hegen. Während Sie sich mit den Empfindungen Ihrer Haut vertraut machen, lassen Sie Ihre Berührungen allmählich zu Ihren Genitalien wandern. Achten Sie darauf, daß die Berührungen unbestimmt und zwanglos erfolgen und nicht einer Masturbation gleichkommen. Als erstes sollten Sie nicht direkt den Penis berühren, sondern leicht über die Innenseite Ihrer Oberschenkel streichen oder Ihre Fingerspitzen über die Hoden gleiten lassen. Dann richten Sie Ihre Berührungen auf eine andere Stelle und kehren anschließend wieder für eine Weile zu den Genitalien zurück. Nachdem Sie das zwei- oder dreimal wiederholt haben, können Sie auch den Penis mit einbeziehen, um dann, nachdem Sie ihn etwa 15 oder 20 Minuten gestreichelt haben, bewußt wieder zu einer anderen Stelle zu gehen.

Nachdem Sie in Ihren Berührungen einen solchen Rhythmus hergestellt haben, können Sie eine Ihrer Sexualphantasien ins Spiel bringen. Aber statt einfach bloß daran zu denken, daß Sie mit der phantastischen Blondine, die Sie letzte Woche kennengelernt haben, im Bett sind, sollten Sie Ihre Phantasie allmählich entstehen lassen, und während sich die Bilder vor Ihrem inneren Auge entfalten, lenken Sie Ihre Berührungen wieder zu Ihrem Penis, bleiben aber nicht ausschließlich dort. Selbst wenn Sie feststellen, daß Sie eine Erektion bekommen, ist das nicht der Moment, um sich auf die sexuelle Erregung zu konzentrieren. Statt dessen sollten Sie Ihrem Körper die Chance geben, nach eigenem Gutdünken zu reagieren.

Und jetzt kommt der schwierige Teil der Übung: *Selbst wenn Sie feststellen, daß Sie sexuell erregt werden, versuchen Sie nicht, etwas Bestimmtes zu erreichen.* Und sogar wenn Sie die größte Erektion bekommen, die Sie seit Jahren erlebt haben, schalten Sie nicht in den Masturbationsmodus, denn es geht immer noch darum, daß Sie Ihre Empfindungen wahrnehmen und sich auf Ihre Gefühle einlassen.

Wenn Sie aber während der ersten Übungsdurchläufe keine Erektion bekommen, ist das absolut verständlich, denn bei vielen Männern dauert es eine Weile, bis sie sich an diesen neuen Umgang mit sexuellen Gefühlen gewöhnt haben. Sollten Sie den Zwang verspüren, sich zu beobachten, um zu überprüfen, ob sich Ihr Glied versteift, reicht es meistens nicht, wenn Sie sich sagen: »Denk einfach nicht dran«, sondern Sie müssen einen positiven Ersatz für Ihre Aufmerksamkeit finden. Die beste Methode, um dieses Problem zu lösen, ist, sich noch intensiver auf Ihre Sexualphantasie zu konzentrieren.

Falls Sie diese Übung bereits mehrmals ausprobiert haben, ohne eine Regung in Ihrem Penis zu verspüren, läßt sich möglicherweise ein besseres Resultat erzielen, wenn Sie ein Massageöl oder Gleitmittel verwenden.

Sechster Schritt: Vorsätzlicher Erektionsverlust

Wir haben bereits über die Tatsache gesprochen, daß die Erektionen der meisten Männer im Gegensatz zu Büchern und Filmen im wirklichen Leben auftreten und wieder vergehen. Männer mit Erektionsproblemen werden jedoch oft panisch, sobald ihre Gliedsteife zu erschlaffen beginnt, wodurch es schwieriger wird, daß sich die Erregung auf natürliche Weise entwickeln und steigern kann. Um sich nun selbst zu beweisen, daß Erektionen wiederkehren können, nachdem sie eine Weile verschwunden waren, sollten Sie die vorangegangene Übung wiederholen, nur daß Sie diesmal, sobald Sie eine Erektion bekommen, bewußt Ihre Sexualphantasie stoppen und von der Berührung Ihrer Genitalien ablassen.

Es ist jedoch nicht notwendig, mit den Berührungen ganz aufzuhören, und daß Sie Ihre Phantasien für einen Moment unterbrechen sollen, heißt auch nicht, daß Sie jetzt irgendwelche ablenkenden Gedanken heraufbeschwören müßten, sondern nur, daß Sie nach ungefähr einer Minute wieder zu Ihrer sexuellen Wunschvorstellung (oder zu einer anderen) und zur Berührung Ihrer Genitalien zurückkehren können. Wenn Sie diesen Vorgang einige Male wiederholen, werden Sie schließlich merken, daß es keine große Sache ist, wenn sich eine Erektion verliert, denn sie wird sich bald wieder einstellen. Das vom Verstand her zu wissen und es tatsächlich zu erleben sind zwei verschiedene Dinge, weshalb es ratsam ist, diesen Übungsschritt mindestens zwei- oder dreimal an verschiedenen Tagen zu wiederholen.

Siebenter Schritt: Übertragung Ihrer Fortschritte auf den Sexualakt mit einer Partnerin

Nachdem Sie durch die Erfahrung, daß Ihre Erektionen auf natürlichem

Weg auftreten und wieder vergehen können, an Selbstvertrauen gewonnen und gelernt haben, wie Sie Ihre Sexualphantasien zur Verstärkung der sexuellen Erregung einsetzen können, sind Sie nun auf die sexuelle Aktivität mit einer Partnerin vorbereitet. Hier noch ein paar praktische Ratschläge:

Erstens, es ist wahrscheinlich hilfreich, mit einer potentiellen Partnerin über Ihre Probleme und die Schritte zu reden, die Sie zu ihrer Überwindung durchgeführt haben. Das ist nicht bloß eine Frage der Ehrlichkeit, denn viele Männer fühlen sich in einer sexuellen Situation auch wohler (und weniger angespannt), wenn sie ihre Probleme und ihre Unsicherheit offen zugegeben haben. Reagiert die Frau darauf mit Toleranz und Verständnis, wissen Sie außerdem, daß es Sinn hat, die Sache weiterzuverfolgen. Falls sie sich jedoch auf der anderen Seite ignorant oder sogar sarkastisch zeigt, kann auch das ein wertvolles Warnsignal sein, denn eine solche Partnerin ist wahrscheinlich nicht bereit, die sexuelle Beziehung allmählich aufzubauen, und das letzte, was Sie an diesem Punkt gebrauchen können, ist eine Partnerin, die eine augenblickliche Leistung von Ihnen verlangt.

Zweitens, finden Sie heraus, ob Ihre zukünftige Partnerin bereit ist, einige der im vorangegangenen Abschnitt beschriebenen Übungen mitzumachen, und zwar von der Konzentration auf die Sinneswahrnehmung bis zu den gegenseitigen Genitalberührungen, wobei es erforderlich ist, für eine Weile auf den Geschlechtsverkehr zu verzichten. Einige Frauen werden sicher begeistert zustimmen, während andere möglicherweise äußerst skeptisch reagieren.

Drittens, programmieren Sie Ihr eigenes Versagen nicht durch eine negative Erwartungshaltung vor. Sie haben mehrere Möglichkeiten, dem entgegenzuwirken: Üben Sie sich zum Beispiel in positivem Denken, indem Sie sich eine ungetrübte sexuelle Interaktion mit einer liebevollen Partnerin ausmalen. Darüber hinaus sollten Sie während der ersten sexuellen Kontakte mit einer Partnerin gar nicht erst versuchen, Geschlechtsverkehr zu haben, wobei es natürlich ratsam ist, sie vorher darauf hinzuweisen. Und dann können Sie sich mittels der Durchführung der Gefühlskonzentrationsübungen selbst die Chance geben, sich an die neue Situation zu gewöhnen. Wenn Sie feststellen, daß Sie während der gegenseitigen Berührungen anfangen, eine kritische Beobachterrolle einzunehmen, verlieren Sie sich in den Berührungen des Körpers Ihrer Partnerin.

Was, wenn das Selbsthilfeprogramm nicht funktioniert?

Selbst wenn Sie das oben beschriebene Behandlungsprogramm gewissenhaft befolgt haben, kann es sein, daß Sie Ihr Erektionsproblem immer noch nicht überwunden haben. Wenn Sie trotzdem meinen, daß Sie beträchtliche Fortschritte gemacht haben, könnte es sich bezahlt machen, die Übungen noch ein oder zwei Monate lang fortzusetzen. In diesem Fall empfehlen wir Ihnen, noch einmal ganz von vorne zu beginnen – manchmal greift es beim zweiten Mal einfach besser.

Sollte sich jedoch keine Verbesserung zeigen – oder wenn Sie nicht mehr die Geduld und die Bereitschaft haben, es noch länger selbst zu versuchen –, ist es ratsam, einen Sexualtherapeuten aufzusuchen. Als qualifizierte Fachleute können sie Ihnen sowohl nützliche Erkenntnisse über den Ursprung Ihres Problems vermitteln als auch zusätzliche Techniken beibringen, die über die von uns beschriebenen hinausgehend speziell für Ihre Situation und Bedürfnisse geeignet sind. Außerdem kann es sein, daß Sie sich vor Beginn des Selbsthilfeprogramms bestimmter Probleme oder Hindernisse nicht bewußt waren, die dann bei der Durchführung der Übungen zutage getreten sind. Sexualtherapeuten können auch eine Paarberatung durchführen, die sich zur Überwindung Ihrer sexuellen Dysfunktion als wesentlich erweisen kann. Und in komplizierteren Fällen, bei denen eine Reihe verschiedener Probleme und Konflikte vorliegt, kann Ihnen mit professioneller Anleitung natürlich wesentlich besser bei der Suche nach Lösungen geholfen werden als mit einem Selbsthilfeprogramm.

Siebentes Kapitel

Sexuelle Funktionsstörungen bei der Frau

Stellen Sie sich einmal vor, die Männer verlören jedes Interesse an Sex, sobald sie anfangen, sich Gedanken über ihren Haarausfall oder ihre fülliger werdende Taille zu machen. Stellen Sie sich vor, wieviel Enthusiasmus Männer, die nur bei jeder fünfzehnten oder zwanzigsten sexuellen Begegnung einen Orgasmus haben, bei der Aussicht auf ein erotisches Intermezzo mit ihrer Partnerin an den Tag legten – besonders wenn diese bei jeder dieser Gelegenheiten einen Orgasmus hatte. (»War es schön für dich?« würde die Frau dann im milden Nachglühen ihrer sexuellen Befriedigung fragen, woraufhin dem Mann nur übrig bliebe, entweder zu lügen, zu riskieren, daß sich seine Partnerin von ihm entfremdet, würde er die Wahrheit sagen, oder seine Vorstellung von sexueller Erfüllung im Sinne von Nähe, Leidenschaft oder Zärtlichkeit umzuformulieren.) Wahrscheinlich müßten viele dieser Männer einen Orgasmus vortäuschen, um ihre Partnerinnen davon zu überzeugen, daß sie etwas genießen, was sie *erwartungsgemäß* genießen sollen. Oder stellen Sie sich eine Welt vor, in der den Männern vermittelt wird, daß sie sich sexuell für die eine besondere Frau aufzuheben haben, daß vorehelicher Sex ihrem Ruf schade und daß ehelicher Sex in erster Linie eine Pflichterfüllung sei. Und stellen Sie sich schließlich vor, wie sich Männer fühlten, wären sie ständig sexuellen Belästigungen und Angriffen durch Frauen ausgesetzt, besonders wenn sie abends allein unterwegs sind, oder Kleidung tragen, die ihren Körper betont.

Wenn Ihnen diese Situationen absurd vorkommen, sollten Sie sich vergegenwärtigen, daß sie für viele Frauen nur allzu realistisch sind. Vielleicht läßt sich aus dieser Perspektive leichter verstehen, warum Frauen häufig sexuelle Probleme haben. Tatsache ist, daß die meisten Frauen Sexualität ganz anders erleben, ihr eine andere Bedeutung beimessen und anders darüber denken als Männer. Das heißt zwar nicht, daß Frauen weniger an Sex interessiert sind oder daran weniger Spaß haben als Männer, aber zu glauben, daß es in dieser Hinsicht eine vollkommene Gleichheit zwischen den Geschlechtern gäbe, hieße zu ignorieren, wie unsere Gesellschaft alle unsere Erfahrungen von Sexualität formt und begrenzt.

Warum die Unterschiede?

Wir alle, Männer wie Frauen, entwickeln unsere sexuellen Einstellungen dem kulturellen Umfeld entsprechend, in dem wir aufwachsen. Ein wesentlicher Teil dieser Sozialisation findet in Form von Rollenzuweisungen statt, und diese Rollen sind für Jungen und Mädchen nach wie vor sehr verschieden. Für Mädchen beinhalten sie bestimmte Regeln, Verbote und Vorstellungen:

Das »Faß-dich-da-unten-nicht-an«-Verbot hält Mädchen davon ab, ihre Genitalien zu berühren, und impliziert, daß diese Körperregion unrein ist. In der Pubertät wird dieses Verbot noch durch die Einstellung zur Menstruation verstärkt, die darin besteht, daß die Periode als ein Fluch oder eine Plage betrachtet wird, über die man nicht redet und die möglichst nicht sichtbar werden darf. Auch hier lautet die stillschweigende Botschaft: »Finger weg«. Im Gegensatz dazu müssen Jungen lernen, ihren Penis zu halten, um zu urinieren, und können dadurch entdecken, daß ihr Geschlechtsteil auch sexuelles Vergnügen bereiten kann.

Mit der Regel »Ein braves Mädchen tut das nicht« wird Mädchen beigebracht, daß alle Arten von Sex (einschließlich der Masturbation) unrein, sündhaft und potentiell gefährlich seien beziehungsweise daß die Sexualität für denjenigen aufgehoben werden müsse, den man liebt, wobei sie dann aus unbestimmten Gründen plötzlich akzeptiert und angemessen ist. Jungen dagegen lernen, daß das Experimentieren mit Sexualität zum Erwachsenwerden gehört.

Die romantische Vorstellung vom Märchenprinzen mit dem Ausgang »Und sie lebten glücklich bis ans Ende ihrer Tage«, wie sie den Mädchen durch Liebesromane und -filme vermittelt wird, läßt sie glauben, daß die idealisierte Beschreibung von Sexualität und Beziehungen (und wie sich Beziehungsprobleme zeigen und gelöst werden) dem wirklichen Leben entspricht. Dagegen wird bei vielen Jungen während der Pupertät durch Filme oder Bücher die Vorstellung geprägt, daß Frauen durch aggressive Männer erregt werden und daß es beim Sex hauptsächlich darum geht, Eroberungen zu machen.

Die »Sex-ist-gleich-Geschlechtsverkehr«-Regel vermittelt die Vorstellung, daß der Geschlechtsverkehr die Hauptsache beim Sex ist. Der Begriff »Vorspiel« dagegen klingt, als handle es sich dabei lediglich um eine einleitende, weniger wichtige Aktivität. Mit dieser Betonung des Geschlechtsverkehrs werden Frauen veranlaßt zu glauben, sie müßten sich besonders empfänglich für den Koitus selbst zeigen und daß eine sexuelle Begegnung ohne Koitus nicht zählt oder ihre sexuelle Funktionsfähigkeit als Frau in Frage stellt. Im Gegensatz dazu sind die den Jungen vermittelten sexuellen Wertvorstellungen wesentlich weniger hierarchisch, denn bei ihnen gilt praktisch *jede* Form der sexuellen Aktivität mit einer Frau als eine anerkennenswerte und befriedigende Leistung.

Die Vorstellung von der »Superfrau« beinhaltet, daß eine Frau imstande sein soll, alle ihre Lebensbereiche mit Leichtigkeit und Vergnügen zu meistern, vom Haushalt bis zur Karriere, von der Freizeit bis zu den Finanzen. Sie impliziert, daß sexuelle Bedürfnisse und Ausdrucksformen lediglich alltägliche Dinge im Leben einer modernen Frau sind, die sich ganz einfach und natürlich erledigen lassen, wie das Abhaken von Terminen im Kalender. Diese Auffassung legt die Vermutung nahe, daß mit einer Frau etwas nicht ganz in Ordnung ist, wenn sie das alles nicht schafft.

Wie diese Rollenzuweisungen zeigen, erhalten die Frauen tatsächlich kulturell anders geprägte Botschaften über Sexualität als Männer. Diese Botschaften sind widersprüchlich und verwirrend, weil sie unrealistisch und häufig anachronistisch sind, ohne den Versuch zu machen, sich mit dem auseinanderzusetzen, was für moderne Frauen wirklich relevant ist. Aber es gibt noch andere Faktoren, die zu Sexualstörungen bei Frauen beitragen, und von denen viele ebenfalls kulturelle Botschaften enthalten:

Von der frühen Pubertät an wird den Mädchen eingeprägt, daß ihre äußere Erscheinung der Schlüssel zum Erlangen von Beliebtheit und Glück ist, so daß Frauen, wie die Psychologin April Fallon geschrieben hat, sehr viel stärker als Männer ihr Selbstwertgefühl über ihr Aussehen definieren. Durch die Bilderflut aus Werbung, Frauenzeitschriften, Fernsehen, Kino und anderen Medien wird insbesondere das Schlanksein für jede Frau als das höchste Ideal installiert, wobei umgekehrt suggeriert wird, daß das Dicksein ein Makel ist. Nur wenige Mädchen sind imstande, diesen Prozeß zu ignorieren, und seine suggestive Kraft ist so stark, daß die meisten Frauen im Alter von 18 Jahren – selbst die mit oder unter Idealgewicht – bereits die eine oder andere Diät ausprobiert haben und die Mehrzahl von ihnen mit ihrem Körper unzufrieden ist.

Bei Männern gibt es kein entsprechendes Gegenstück für das Frauen auferlegte Schlankheitsdiktat, das ein hauptsächlich kulturell geprägtes Phänomen darstellt. Die Anforderung, daß man, um als attraktiv zu gelten, schlank sein muß, erzeugt den Zwang zur Konformität und bestraft gleichzeitig jede Abweichung vom Ideal. Etikettiert als faul, unmäßig, träge und unfähig zur Selbstbeherrschung, müssen sich die Millionen von Frauen, die dem Schlankheitsideal nicht entsprechen können (oder wollen), unzulänglich und unattraktiv fühlen. Und nur zu bald stellen sie fest, daß der Versuch, mittels Diät die gesellschaftlich vorgeschriebene Figur zu erreichen, ein illusorischer und häufig selbstzerstörerischer Prozeß ist. Eine Diät bringt meistens nur einen vorübergehenden Erfolg, denn medizinische Untersuchungen haben gezeigt, daß die Chancen, das neue Gewicht halten zu können, ziemlich gering sind. Diejenigen, deren Diäten nicht das erwünschte Resultat erbringen oder nach einer erfolgreichen Diät bald wieder auf dem alten Gewicht angelangt sind, betrachten sich demnach als doppelte Versager: Sie fühlen sich unattraktiv und halten sich für willensschwache Persönlichkeiten, die nicht imstande sind, ihre Eßgewohnheiten zu kontrollieren, so, als sei ihre Gewichtszunahme moralisch verwerflich. So gesehen, ist es kaum verwunderlich, daß magersüchtige Frauen aussagen, das Hungern verleihe ihnen ein Gefühl von Macht und Kontrolle, selbst wenn ihre Gesundheit darunter schwer leidet. Auch bulimische Frauen mit ihrem zwanghaften Heißhunger und anschließenden Erbrechen sowie Frauen mit anderen Formen von Eßstörung zeigen sich besessen von dem Streben nach Kontrolle, die für sie eine Form von Selbstbestätigung ist. Auf der anderen Seite empfinden die meisten Frauen, die nicht imstande sind, ihr Eßverhalten mit unnachgiebiger Härte zu kontrollieren, starke Schuldgefühle und Angst wegen ihres »Vergehens«, das die meisten auf die eine oder andere Art zu sühnen versuchen: Einige Frauen stürzen sich zum Beispiel in den Sport oder die Arbeit, andere werden so frustriert von ihrem ständigen »Versagen«, daß sie sich aus ihren persönlichen Beziehungen in einen Kokon der Selbstisolation zurückziehen. Wie Geneen Roth in ihrem Buch *Sehnsüchtiger Hunger. Wenn Essen ein Ersatz für Liebe ist* schreibt: »Wir wollen lieber abnehmen als einem anderen Menschen nahe sein. Lieber konzentrieren wir uns auf unseren Körper, als zu lieben oder geliebt zu werden. So ist es sicherer: Wir wissen, wo der Schmerz herkommen wird, wir haben die Kontrolle.«

Um ihre Probleme mit Sexualität und Körperbild in den Griff zu bekommen, setzen sich einige Frauen einem Teufelskreis aus strenger Diät und übertriebener sportlicher Betätigung aus, einer Kombination, die – auch wenn sie an Gewicht verlieren – einen Zustand der körperlichen Erschöpfung und des sexuellen Desinteresses hervorruft. Umgekehrt erzeugt die Unfähigkeit, eine Diät oder ein Fitneßprogramm durchhalten zu können, Gefühle von Versagen und Selbstverachtung, die sich ebenfalls negativ auf das Sexualverlangen auswirken. Insofern wandelt jede Frau, die versucht, ihr selbstdefiniertes Gewichtsproblem zu überwinden, auf dem schmalen Grat der »perfekten« Selbstdisziplin und Folgsamkeit, was ihr kaum Spielraum läßt für die kleinen Fehltritte und Schwächen des alltäglichen Lebens. Das wiederholte Scheitern an einer Diät verstärkt bei vielen Frauen zudem ein angelerntes Gefühl von Hilflosigkeit: Gleichgültig, wie erfolgreich oder gewandt sie in anderen Lebensbereichen sein mögen, für sie wird die ganz starke persönliche Überzeugung, zu dick zu sein, zur Selbstdefinition, was sowohl ihre Selbstachtung als auch ihr sexuelles Selbstwertgefühl untergräbt. Tatsächlich wird ihre Unfähigkeit, die Nahrungsaufnahme zu begrenzen oder zu kontrollieren, zu einer Metapher für die Unfähigkeit, ihr Leben im allgemeinen zu meistern. Ebenso wie ein Diäterfolg eine kurzfristige Euphorie hervorrufen kann, die weit über den eventuellen Gewinn an Attraktivität oder Gesundheit hinausgeht, wird ein Diätversagen damit zum Kennzeichen ihrer persönlichen Unzulänglichkeit. Dieses Gefühl von Unzulänglichkeit überträgt sich auf viele andere Lebensaspekte, was oft auch zu Depressionen, wiederholten Panikattacken und Beziehungsproblemen führt.

Hier zeigt sich eine weitere Verbindung zwischen Essen und Sex, denn viele Frauen benutzen das Essen (zumindest gelegentlich) als Ersatz für Liebe und Erotik. Die Vorstellung, ein Stück Schokoladekuchen könne Einsamkeit oder Kummer vertreiben, mag zunächst albern klingen, aber Frauen wenden sich tatsächlich häufig dem Essen zu, wenn sie sich unter Streß oder unglücklich fühlen. Für manche ist das Essen die einzig verläßliche Quelle von Trost und Vergnügen, die ihnen eine weit wirkungsvollere und weniger bedrohliche sinnliche Gratifikation verschafft als Sex. Für diese Frauen wird das Essen gewissermaßen zum Ersatz für die Masturbation oder für den Sex mit einem Partner: Es fühlt sich gut an, ist immer verfügbar, bietet eine Möglichkeit zur Flucht aus der Langeweile sowie zur Lösung von inneren Spannungen und erzeugt ein kurzes, aber starkes Gefühl von Zufriedenheit. Andere Frauen benutzen das Essen als Mittel zur Steßbewältigung, und ein Streit mit dem Ehemann oder Partner über ihre Eßgewohnheiten oder ihr Gewicht hat sehr viel stärker mit Kontrolle und Macht zu tun als mit körperlicher Gesundheit oder Attraktivität. Dabei ist es nicht ungewöhnlich, wenn diese Männer wohlgezielte spöttische Bemerkungen über das Gewicht ihrer Partnerinnen als eine Waffe und ein Werkzeug zur Manipulation der Frau und der Beziehung benutzen.

Es gibt noch einen anderen Aspekt, auf den Richard Stuart und Barbara Jacobson hingewiesen haben, nämlich, daß das Dicksein auch nützlich sein kann, um die sexuelle Aufmerksamkeit des Partners oder anderer Männer abzuwehren. Das heißt, viele Frauen nehmen, wenn auch unbewußt, zu, um Sex zu vermeiden, wobei sich hierbei noch der doppelte Zweck erfüllt, daß nicht nur das Sexualverlangen des Partners, sondern auch das eigene gehemmt wird.

Weibliche Probleme mit dem Körperbild beschränken sich jedoch nicht auf den Aspekt des Gewichts. Das am weitesten verbreitete Beispiel für die mit der kulturellen Konditionierung der Frau verbundenen negativen sexuellen Botschaften ist die Art, wie Millionen von Frauen dazu gebracht werden, mit der Größe ihrer Brüste unzufrieden zu sein. Frauen wird so sehr die Vorstellung eingeprägt, daß große Brüste sexy, begehrenswert und attraktiv sind, daß die Brustvergrößerungen während der vergangenen 25 Jahre zum lukrativsten Sektor der plastischen Chirurgie geworden sind. Ungeachtet der Tatsache, daß viele Frauen die Stimulation ihrer Brüste als relativ wenig lustvoll empfinden und daß größere Brüste eher einen dekorativen als funktionalen Zweck erfüllen, teilen Frauen jeden Alters und jeder sozialen Schicht die Vorstellung, daß sie ein »perfekter« Busen ungeheuer reizvoll macht. Allerdings gibt es auf der anderen Seite auch Tausende von Frauen, die mit ihren großen Brüsten unzufrieden sind, und zwar manchmal aufgrund ihrer physiologischen Beeinträchtigung, meistens aber, weil sie sich deswegen befangen fühlen. Als Folge davon ist auch die Brustverkleinerung zu einem Routineeingriff geworden, wenn sie auch nicht so häufig verlangt wird wie eine Vergrößerung.

Probleme mit dem Körperbild sind zwar ein wichtiger, nicht aber der ausschließliche Grund für die zur Diskussion stehenden Geschlechtsunterschiede, sondern es müssen dabei noch einige andere Faktoren in Betracht gezogen werden:

Viele Frauenzeitschriften vermitteln die Botschaft, die sexuelle Unzufriedenheit der Frau sei für gewöhnlich darauf zurückzuführen, daß ihr Partner unaufmerksam oder rücksichtslos oder in sexuellen Dingen nicht liebevoll oder geschickt genug ist. Dabei wird allerdings übersehen, daß die Wurzel vieler sexueller Probleme bei der Frau nicht wirklich sexueller Natur ist. Neben zahlreichen Frauen, die aufgrund einer streng religiösen Erziehung, in der Sex mit Sünde gleichgesetzt wurde, sexuell gehemmt sind, oder infolge ihrer Erfahrungen mit sexuellem Mißbrauch, rühren die sexuellen Schwierigkeiten einer noch größeren Anzahl von Frauen aus einem Mangel an Selbstachtung, dem Fehlen einer nichtkörperlichen Intimität in der Paarbeziehung und aus den Beschränkungen an Zeit und Energie, die die Doppelbelastung in Haushalt und Beruf mit sich bringt.

Um diese Nöte zu illustrieren, hier die Aussage zweier Frauen:

Betty W. war eine 38jährige Sekretärin, deren Ehemann Bill sich darüber beklagte, daß ihre sexuellen Aktivitäten langweilig und selten geworden seien. »Vielleicht kommt das daher, daß ich dich die meiste Zeit einfach nicht besonders mag«, sagte Betty und verblüffte damit ihren Partner durch den Hinweis, daß ihre sexuelle Apathie die Reaktion auf ein größeres nichtsexuelles Eheproblem sein könnte.

Sonya F., eine 42jährige Innenarchitektin, brachte ein anderes Problem zur Sprache:

Mein Mann und ich verbringen relativ wenig Zeit miteinander. Wenn er abends nach Hause kommt, ist er zu müde, um etwas mit mir zu unternehmen, und er vergräbt sich lieber in die Zeitung, als mit mir zu reden. Wenn es dann Zeit zum Schlafengehen wird, erwartet er von mir, daß ich plötzlich leidenschaftlich erregt werde, und ist enttäuscht, wenn ich entweder desinteressiert oder zu müde bin oder nur teilnahmslos bei etwas mitmache, was hauptsächlich aus einem schnellen und mechanischen Akt besteht. Ich habe ihm immer wieder gesagt, wenn er mir *außerhalb* des Schlafzimmers mehr Aufmerksamkeit entgegenbringen würde, könnte ich mich auch *im* Schlafzimmer besser fühlen, aber er scheint es einfach nicht zu begreifen.

Sonyas Beschwerden sind beispielhaft für die vieler anderer Frauen und lassen darauf schließen, daß Männer scheinbar dazu neigen, den Sex eher als eine abgegrenzte, wenn auch notwendige Aktivität (ähnlich wie das Essen oder Rasieren) zu betrachten statt als eine natürliche Folge von Nähe, Anteilnahme und persönlichem Austausch. Diese Männer wollen Sex, wenn *sie* das Verlangen danach haben, und achten nur selten auf den Grad an sexuellem Verlangen bei ihrer Partnerin. Wenn sie dann doch einmal auf die Bedürfnisse der Frau eingehen – indem sie ihr zum Beispiel Komplimente machen oder sie zum Abendessen ausführen –, sind sie meistens überrascht, wenn die Frau ihr sexuelles Interesse nicht so leicht aufbringen kann, wie sie es tun, nämlich ungefähr so, als würde man einen Lichtschalter betätigen. Das Ausmaß, in dem viele Männer den Sex abspalten, indem sie seine körperliche Seite von seinem emotionalen Zusammenhang trennen, läßt sich vielleicht am besten an dem Beispiel von Männern verdeutlichen, die darauf bestehen, daß sich eine Auseinandersetzung mit ihrer Partnerin nur im Bett beenden läßt.

Im weiteren Verlauf dieses Kapitels werden wir erörtern, welche zusätzlichen Unterschiede es zwischen Frauen und Männern im Erleben ihrer Sexualität gibt, und untersuchen, wie diese Unterschiede sexuelle Probleme hervorrufen oder verfestigen können.

Orgasmusschwierigkeiten

Während einige Frauen sehr leicht zum Höhepunkt kommen, haben Millionen anderer nie einen Orgasmus erlebt, jedenfalls nicht bewußt. Alfred Kinsey und seine Kollegen berichteten, daß 10 Prozent ihrer weiblichen Befragten nie einen Orgasmus hatten, bei Shere Hite waren es 11,6 Prozent und bei Seymour Fisher 6 Prozent der verheirateten Frauen. Andere Studien haben untersucht, mit welcher Häufigkeit Frauen beim koitalen Geschlechtsverkehr einen Orgasmus haben, wobei Morton Hunts Untersuchung des ehelichen Sexualverhaltens ergab, daß 53 Prozent der verheirateten Frauen immer oder fast immer einen Orgasmus haben, 21 Prozent ungefähr jedes dritte Mal und nur 7 Prozent entweder gar nicht oder nur äußerst selten.

Während es in der Vergangenheit noch umstritten war, inwieweit das Fehlen eines koitalen Orgasmus ohne gleichzeitige manuelle Stimulation der Klitoris als eine Abnormalität an sich zu betrachten ist, sind die meisten Sexualforscher inzwischen zu dem Schluß gekommen, daß es sich dabei um eine normale Variante der weiblichen sexuellen Reaktion handelt, die sich nicht als sexuelle Dysfunktion diagnostizieren läßt, falls kein spezifischer psychologischer Hemmfaktor vorliegt. Allerdings bedeutet es für eine Frau, die darunter leidet, daß sie beim Koitus keinen Orgasmus hat, wenig Trost, nach dieser Definition vollkommen normal zu sein.

Mit Sicherheit ist es für die meisten Frauen leichter, durch Masturbation zum Höhepunkt zu kommen als beim Geschlechtsverkehr. (Da es jedoch viele Frauen gibt, die gar nicht oder nur selten masturbieren, ist ein direkter Vergleich nicht immer möglich.) Dieser Unterschied läßt sich sowohl physiologisch als auch psychologisch begründen: Bei der Masturbation kann die Frau ihre sexuelle Stimulation genau auf den Punkt richten, an dem es für sie am erregendsten ist, und sie kann sie im Tempo und in der Intensität so variieren, daß es ihr die maximale Lust verschafft. Wenn sie will, kann sie zusätzlich einen Vibrator benutzen oder eine ganz allmähliche Form der Erregungssteigerung wählen, was beides mit einem Partner nicht immer möglich ist. Für die meisten Frauen beinhaltet die Masturbation eine direkte Stimulation der Klitoris, wohingegen die Klitoris beim Geschlechtsverkehr nur indirekt, hauptsächlich durch die Reibung der Klitorishaube stimuliert wird. Die Sexualtherapeutin Lonnie Barbach schreibt in ihrem Buch *For yourself. Die Erfüllung weiblicher Sexualität*:

> In Wirklichkeit ist die Klitoris das weibliche Sexualorgan. Sie ist an Empfindungsvermögen annähernd mit dem Penis vergleichbar und dient keiner anderen Funktion als jener, sexuelle Lustgefühle zu verschaffen. Die Vagina ist an Empfindungsvermögen mit den männlichen Hoden vergleichbar. Wenn daher anstelle von Geschlechtsverkehr, der das empfindlichste Organ des Mannes direkt, das sexuell empfindlichste Organ der Frau aber nur indirekt reizt, der Liebesakt so praktiziert würde, daß der Mann die Klitoris mit seinen Hoden reibt, dann hätten alle Frauen Orgasmen, und die Männer würden an Gruppen für präorgasmische Behandlung teilnehmen!

Daraus folgt, daß der Geschlechtsverkehr bei der Frau – es sein denn, der Mann ist außergewöhnlich aufmerksam für ihre bevorzugten Stimulationsmuster und dessen feine Abstufungen – eine sehr viel geringere physische Stimulation erzeugt als die Masturbation. Darüber hinaus bedeutet die interaktive Natur des Geschlechtsverkehrs, daß die sexuellen Gefühle der Frau bis zu einem gewissen Grad von der Erregung und technischen Fertigkeit des Mannes abhängen. Dabei lassen sich einige Frauen von ihren eigenen Bedürfnissen ablenken, indem sie sich hauptsächlich um die ihres Partners kümmern, insbesondere, wenn dieser Probleme mit der Erektion hat oder zu rasch ejakuliert. Dennoch ziehen viele Frauen den Geschlechtsverkehr der Masturbation vor, weil er ihnen durch das Gehalten- und Geküßtwerden eine zusätzliche sinnliche Befriedigung verschafft und sie zu einem Teil des spontanen Gebens und Nehmens macht. Philip Blumstein und Pepper Schwartz, die diesen Prozeß als einen Austausch von Intimität betrachten, schreiben, daß der Geschlechtsverkehr für heterosexuelle Frauen ein zentraler Bestandteil für eine glückliche Intimbeziehung sei, während er für heterosexuelle Männer nicht immer die bevorzugte Form der sexuellen Aktivität darstellt.

In unseren Laborstudien, bei denen wir die physiologischen Vorgänge während eines Sexualakts gemessen haben, konnten wir beobachten, daß die Orgasmen, die Frauen durch die Selbstbefriedigung bekamen, im allgemeinen körperlich intensiver waren. Trotzdem sagten die meisten Frauen, daß sie ihre koitalen Orgasmen stärker genießen als ihre masturbatorischen, was sich damit erklären ließe, daß der subjektive Lustgewinn aus dem Orgasmus mehr ist als die Summe seiner körperlichen Reflexe, ebenso wie das Vergnügen aus dem Hören oder Spielen von Musik über eine Reaktion auf die rein akustischen Vorgänge hinausgeht.

Diese Laborstudien wurden mit Frauen durchgeführt, die keine Probleme mit ihren sexuellen Reaktionen hatten, was zweifellos bei ihren subjektiven Interpretationen und Bewertungen ihrer Orgasmen eine Rolle gespielt hat. Frauen dagegen, die während dem Sex mit einem Partner (oder überhaupt) nicht zum Höhepunkt kommen können, sehen die Dinge aus einer anderen Perspektive. So haben sie zum Beispiel Schwierigkeiten, erregt zu werden, und ihr Mangel an Vertrautheit mit den inneren Anzeichen für einen bevorstehenden Orgasmus kann eine Verkrampfung und Unsicherheit hervorrufen, die sich wiederum negativ auf die sexuelle Befriedigung auswirkt, denn Leistungsängste und Leistungsdruck beeinträchtigen die sexuelle Reaktionsfähigkeit und Spontanität der Frau in der gleichen Art und Weise, wie sie es beim Mann tun.

Da der Orgasmus für viele Frauen schwerer definierbar oder zumindest weniger konsistent ist als für die überwiegende Mehrzahl der Männer, täuschen einige gelegentlich einen Orgasmus vor. Zwar gibt es sicher Momente, in denen eine kleine sexuelle Täuschung angebracht sein mag, doch es entsteht zwangsläufig ein Problem, wenn es allzu häufig geschieht oder sogar zur Gewohnheit wird. Obwohl Frauen einen Orgasmus hauptsächlich ihren Männern zuliebe vortäuschen (es tun jedoch auch einige lesbische Frauen), sabotieren sie damit eher die Kommunikation, statt ihrem Partner einen Gefallen zu tun. Möglicherweise erreichen sie damit, daß sich sein Selbstbewußtsein als Liebhaber stärkt, aber es bedeutet auch, daß sie ihn glauben lassen, er mache alles »genau richtig«.

Das Resultat wird sein, daß er wahrscheinlich weiter das tut, wovon er glaubt, daß es das richtige ist, da er ja keinen Grund hat, irgend etwas zu verändern, und ihm ihre anderen Bedürfnisse verborgen bleiben. Da er außerdem davon ausgeht, daß seine Partnerin einen Orgasmus hat, bleiben die Möglichkeiten zur Verbesserung des gemeinsamen Sexuallebens äußerst beschränkt.

Ursachen

Der Ursprung von Orgasmusschwierigkeiten bei Frauen ist weniger gut erforscht als der der meisten anderen sexuellen Funktionsstörungen. Wie bei der Ejakulationshemmung des Mannes (was die nächste funktionelle Parallele darstellt), haben nur relativ wenige der von Sexualtherapeuten behandelten Fälle eine organische Ursache. Krankheiten, die sich auf die Nervenversorgung des Beckens auswirken (wie zum Beispiel multiple Sklerose, Rückenmarktumore und -verletzungen oder diabetische Neuropathie) sowie Kreislaufstörungen können bei Frauen eine sexuelle Dysfunktion verursachen, aber diese Probleme treten in einer Sexualtherapie nicht besonders häufig zutage. (Hauptsächlich aus dem Grund, daß sich Frauen mit einer solchen Erkrankung eher wegen anderer Symptome ärztlich behandeln lassen, als daß sie in erster Linie Hilfe für ihr sexuelles Problem suchen.) Auch endokrine Störungen wie zum Beispiel eine Nebennieren- oder Schilddrüseninsuffizienz oder Hypophysentumore können mit Sicherheit das Sexualverlangen und die orgasmische Reaktionsfähigkeit beeinträchtigen, wobei es sich allerdings in den meisten dieser Fälle um Diabetes (siehe zwölftes Kapitel) und Östrogenmangel (siehe dreizehntes Kapitel) handelt. Gynäkologische Faktoren wie sich häufig wiederholende Entzündungen im Vaginalbereich (siehe dreizehntes Kapitel) und anatomische Anomalien der Vagina, des Uterus oder des Beckens (einschließlich solcher, die von einem Geburtstrauma stammen) können ebenfalls zu orgasmischen Problemen führen. Weitere organische Ursachen sind Alkoholismus, Tablettenabhängigkeit und schwere chronische Erkrankungen praktisch jeder Art. Darüber hinaus können viele Medikamente, die zur Behandlung von Bluthochdruck oder Depression eingesetzt werden, die normale sexuelle Reaktionsfähigkeit der Frau beeinträchtigen. Barbiturate wie Tranquilizer können ebenfalls die Ursache einer Orgasmusunfähigkeit sein, insbesondere wenn sie regelmäßig und in hohen Dosen eingenommen werden. Organische Ursachen sind im allgemeinen dann anzunehmen, wenn die Frau vorher keinerlei Probleme damit hatte, einen Orgasmus zu bekommen, nun aber nur noch selten oder gar nicht mehr orgasmisch ist, speziell dann, wenn es eine zeitliche Relation zwischen einem bestimmten körperlichen Problem – wie zum Beispiel einer Rückenverletzung oder dem Beginn der Einnahme eines neuen Medikaments – und dem Auftreten der orgasmischen Dysfunktion besteht.

Da eine verminderte Orgasmusfähigkeit sowohl ein isoliertes Problem

192

sein kann, wenn die Frau ansonsten keine Schwierigkeiten damit hat, sexuell erregt zu werden, als auch die Nebenwirkung einer Störung des Sexualverlangens oder der Erregbarkeit, ist es wichtig, daß der zugrunde-liegende Mechanismus genau identifiziert wird. Im Gegensatz zu der Situation bei Männern, bei denen eine Störung der Erregungsphase in Form einer mangelnden Erektion klar sichtbar wird, wird das Problem bei Frauen häufig als Anorgasmie fehlinterpretiert. Es besteht jedoch ein Unterschied zwischen einer verminderten Erregungsfähigkeit und dem Phänomen, daß die Frau trotz ausreichender Erregung keinen Orgasmus hat, wobei letz-teres im wesentlichen auf negative Einstellungen und Gefühle wie Scham, Unsicherheit, Groll, Schuld oder Angst zurückzuführen ist, die die Frau mit in die sexuelle Situation hineinnimmt. Außerdem können sich auch Spannungen oder Aggressionen zwischen den Partnern negativ auf den Verlauf einer sexuellen Begegnung auswirken, da sie das emotionale und physische Engagement der Frau blockieren. Auch eine Depression verur-sacht häufig ein vermindertes Sexualverlangen, das sich als orgasmische Dysfunktion äußern kann. Darüber hinaus sind heute sexuelle Traumata, vom Kindesmißbrauch bis zu jüngeren Erfahrungen sexueller Belästigun-gen oder Angriffen, als wichtige Verursacherfaktoren für viele Fälle einer Sexualstörung bei Frauen anerkannt.

Zwar sind diese Faktoren im Zusammenhang mit einer orgasmischen Dysfunktion nicht so bedeutsam, doch lassen sich die beiden Kategorien der orgasmischen und der erregungsbezogenen Störung nicht immer ein-deutig voneinander unterscheiden, und sie schließen sich auch nicht gegen-seitig aus.

Frauen, die noch nie einen Orgasmus hatten (was als primäre Anorgas-mie oder primäre orgasmische Dysfunktion bezeichnet wird), leiden eher unter sexuellen Schuldgefühlen als andere Frauen mit Orgasmusschwierig-keiten. Der Ursprung dieser Schuldgefühle ist äußerst komplex, sie lassen sich jedoch sehr häufig auf den Einfluß einer stark sexualfeindlich gepräg-ten religiösen Erziehung zurückführen. Auch wir haben festgestellt, daß viele Frauen mit primärer Anorgasmie in dem (wenn auch nicht unbedingt religiösen) Glauben erzogen worden sind, daß Sexualität und alles, was damit zusammenhängt, etwas Sündhaftes und Schlechtes sei, wobei insbe-sondere eine negative Einstellung gegenüber der Masturbation unter Frau-en mit primärer Anorgasmie besonders verbreitet ist. Somit ist es für eine erfolgreiche therapeutische Behandlung wichtig, diese Einstellungen zu verändern. Ein nahe verwandtes Phänomen ist, daß Frauen mit Orgasmus-schwierigkeiten meistens das Gefühl haben, daß sexuelle Phantasien unan-ständig sind, und sie daher solche Vorstellungen aktiv unterdrücken, wenn sie ihnen in den Sinn kommen. Da Sexualphantasien aber viel zur Erre-gungssteigerung beitragen können, indem sie zum Beispiel gegen selbstbeobachtende Ängste und Unsicherheiten oder gegen eventuell auftretende Langeweile beim Sex wirksam werden, stellt das Verdrängen solcher Phantasien ein weiteres Hindernis für eine natürliche sexuelle Befriedigung dar.

Probleme mit dem Körperbild sind eine andere häufige Ursache für die primäre orgasmische Dysfunktion, wobei das scheinbar weniger auf Frauen zutrifft, die bei bestimmten sexuellen Praktiken mit einem Partner orgasmisch sind. Auf der anderen Seite ist es naheliegend, daß Frauen, die während der Selbstbefriedigung, aber nicht mit einem Partner Orgasmen haben, ein Problem mit ihrer persönlichen Attraktivität und ihrem sexuellen Selbstwertgefühl haben und die Beziehung selbst häufig als problematisch empfinden.

Konflikte und Spannungen innerhalb einer Beziehung führen zwar nicht selten, aber auch nicht immer zu einer sexuellen Dysfunktion. So benutzen zum Beispiel einige Paare die Sexualität als einen gemeinsamen Nenner, um ihre anderen Probleme zu bewältigen. (Guter oder sogar mittelmäßiger Sex kann viele Spannungen abbauen, und zwar nicht nur durch die sich dabei einstellende körperliche Befriedigung, sondern auch wegen seiner symbolischen Bedeutung.) Trotzdem ist eine Anorgasmie in vielen Fällen das Anzeichen dafür, daß in einer Beziehung etwas nicht stimmt, wobei das zugrundeliegende Problem Machtkämpfe, mangelnde Kommunikation, Konflikte mit den Geschlechterrollen, Eifersucht oder die Strafe für ein reales oder eingebildetes Unrecht sein kann. So ist es zum Beispiel nur allzu verständlich, wenn eine Frau, die von ihrem Partner körperlich mißhandelt wird, Schwierigkeiten damit hat, sich sexuell so gehenzulassen, daß ihre natürlichen Reflexe wirksam werden und einen Orgasmus auslösen können. Und ebenso läßt sich leicht vorstellen, daß sich eine Frau, deren Mann zu viel trinkt oder zu viel Zeit im Büro verbringt oder sich weigert, gemeinsam etwas zu unternehmen, in sexuellen Dingen zurückhält. Solche und eine Reihe anderer Beziehungsprobleme – von Streitigkeiten über finanzielle Angelegenheiten bis zu Differenzen in der Kindererziehung – lassen sich nicht ganz von dem Bereich der Sexualität trennen, auch wenn viele Männer fälschlicherweise annehmen, das eine hätte nichts mit dem anderen zu tun. Und selbst wenn es innerhalb einer Beziehung keine schwerwiegenden Probleme gibt, können scheinbare Kleinigkeiten (etwa daß es immer der Mann ist, der bestimmt, wann sie Sex miteinander haben) Groll oder Frustration erzeugen und damit die sexuelle Lust beeinträchtigen.

Ein anderes Beziehungsproblem wurde von Seymour Fisher als mögliche Ursache einer Anorgasmie identifiziert. Er hat festgestellt, daß viele anorgasmische Frauen ihre früheren Liebesobjekte, insbesondere ihre Väter, als emotional nicht präsent, unzuverlässig oder ganz und gar abwesend erlebt haben, und sie haben in der Kindheit auch häufiger eine Trennung oder einen Verlust erfahren als Frauen, die keine Schwierigkeiten mit dem Orgasmus haben. Fisher hat diese Beobachtung dahingehend gedeutet, daß anorgasmische Frauen (oder Frauen, die nur selten einen Orgasmus haben) Angst davor haben könnten, einen von ihnen geliebten Menschen zu verlieren; allerdings bleibt unklar, wie sich diese Verlustangst in eine verminderte Orgasmusfähigkeit überträgt, und die Theorie konnte durch nachfolgende Studien nicht erhärtet werden.

Wenngleich die verschiedensten Faktoren zu einer orgasmischen Dysfunktion beitragen, ist die unmittelbare Ursache für die Anorgasmie bei Frauen mit einer normalen sexuellen Erregungsfähigkeit bemerkenswert übereinstimmend: Leistungsdruck und die daraus resultierenden Ängste. Unabhängig davon, ob der Leistungsdruck hauptsächlich selbstauferlegt oder das Resultat einer überkritischen Haltung des männlichen Partners ist, ist die vorhersehbare Folge in jedem Fall ein Beobachterverhalten (das heißt, eine beständige Selbstprüfung während der sexuellen Aktivität), das sich hemmend auf die sexuelle Spontaneität und Reaktionsfähigkeit der Frau auswirkt. Diese Hemmung wiederum führt genau zu der Art von sexuellem »Versagen«, aus dem die Versagensängste entspringen, und damit ergibt sich ein Teufelskreis. Die meisten Frauen versuchen zunächst ebenso wie die Männer, diese Versagensängste dadurch zu überwinden, daß sie sich noch mehr anstrengen, um ihre Hemmung zu verlieren, aber wenn Sex zur Arbeit wird (und damit zielorientiert und den Kriterien von Erfolg und Versagen unterworfen), wird er fast zwangsläufig lustlos, unspontan und unbefriedigend. Wochen oder Monate später, wenn es offensichtlich wird, daß es auf diese Art nicht funktioniert, wird der Versuch, sich während des Sexualakts mehr zu entspannen, durch die allgegenwärtigen Versagensängste behindert, die sich inzwischen häufig auch auf den Partner übertragen haben, was sie noch mehr verstärkt. Darüber hinaus können wiederholte unangenehme Erfahrungen beim Sex verständlicherweise ebenfalls die Erregbarkeit der Frau vermindern, was, selbst wenn dies nicht das ursprüngliche Problem war, im Endeffekt darauf hinausläuft, daß es immer schwieriger für sie wird, erregt zu werden. Und selbst wenn ihre Erregung so weit steigt, daß sie kurz vor dem Orgasmus steht, blockiert sie häufig ihre eigene natürliche Reaktivität, indem sie ihre Selbstbeobachtung intensiviert und sich anstrengt, den Orgasmus herbeizuführen.

Wenn Paare mit solchen Problemen zu kämpfen haben, suchen sie häufig Abhilfe, indem sie besonders stimulierende Techniken verwenden oder ihre sexuellen Begegnungen möglichst romantisch gestalten. Während die Arbeit an der Technik manchmal angebracht sein mag und ein romantisches Setting grundsätzlich durchaus lohnend sein kann, schlagen diese Strategien im Zusammenhang mit sexuellen Problemen meistens fehl, denn sie intensivieren nur den Leistungsdruck. Außerdem wirken solche

»Lösungen« oft künstlich und verkrampft, vertreiben noch den letzten Rest an Spontanität und weisen der anorgasmischen Frau, wenn auch unbeabsichtigt, die Rolle einer »Patientin« zu, was die Situation nur noch verschärft. Diesen Mechanismus hat uns eine 33jährige Frau so beschrieben:

Tom und ich waren seit drei Jahren zusammen und hatten schließlich beschlossen zu heiraten, aber es war klar, daß er sehr unglücklich darüber war, daß ich keinen Orgasmus hatte, wenn wir miteinander schliefen. Daß ich beim Masturbieren leicht kommen konnte, hat die Sache auch nicht gerade besser gemacht, denn er schien das so aufzufassen, daß er als Mann versagt hat, und deswegen wollte er, daß wir das Problem so bald wie möglich angingen. Zuerst habe ich mitgemacht, denn die Sache hat mich ja auch belastet, aber nach etlichen Wochen wurde klar, daß Dinner bei Kerzenschein, gefolgt von gutgeölten Massagen, gefolgt von Sex, oder heiße Bäder gefolgt von Sex, oder das Anschauen von Pornos während dem Sex, oder das Ausleben von erotischen Phantasien beim Sex alle zu demselben Ergebnis führten: daß ich mir vorkam, als wäre ich in einem Glaskasten in einer Art sexuellem Kuriositätenkabinett ausgestellt, während der Kustos den aufmerksam lauschenden Besuchern einen Vortrag über mein »Leiden« hält.

Der Leistungsdruck kann sich auch dadurch verstärken, daß man detaillierte Erörterungen der Liebestechniken anstellt, denn während eine offene Kommunikation über sexuelle Bedürfnisse und Gefühle in vielen Situationen sehr hilfreich sein kann, gibt es einen Unterschied zwischen einer Kommunikation, die Informationen vermittelt, und einer, die hauptsächlich zur Kritik oder Analyse wird.

Es sollte noch eine letzte Theorie über die Ursachen orgasmischer Dysfunktionen bei Frauen erwähnt werden, die von einigen namhaften Sexualtherapeuten vertreten wird und besagt, daß eine tiefgreifende Angst vor dem Verlust von Kontrolle über Gefühle oder Verhalten den Kern des Problems bildet. Laut Helen Kaplan zum Beispiel sind solche Ängste unter anorgasmischen Frauen sehr weit verbreitet, und sie hält den damit einhergehenden Schutzmechanismus des Sichzurückhaltens und der Selbstkontrolle für einen entscheidenden Faktor für die Pathogenese dieser Störung. Auch Lonnie Barbach teilt diese Ansicht, indem sie anmerkt, daß die Aussicht, beim Orgasmus die bewußte und willentliche Kontrolle aufgeben zu müssen, für einige Frauen stark bedrohlich ist, und zwar besonders für diejenigen ohne eindeutig definierte Ich-Grenzen.

»Diese Frauen drücken häufig die Angst davor aus, daß sie sich bei einer Intensivierung der sexuellen Gefühle auflösen oder mit dem Partner verschmelzen könnten ... Steigt die sexuelle Erregung zu rasch an, können sie von der Stärke ihrer Gefühle überwältigt werden, und sie empfinden die Angst zu explodieren oder sogar einen epileptischen Anfall zu bekommen.«

Zwar stimmen wir dem zu, daß die Angst vor dem Kontrollverlust in manchen Fällen vorherrschend ist, haben aber nicht festgestellt, daß sie ein allen anorgasmischen Frauen gemeinsames Problem darstellt. Neben der Angst, das Bewußtsein zu verlieren, befürchten einige Frauen mit Orgasmusunfähigkeit auch, daß sie die Kontrolle über ihre Blase verlieren, wenn sie sexuell zu stark erregt werden, was ihnen einen weiteren Grund dafür gibt, sich nicht loszulassen.

Die Reaktionen der Männer

Während bisher nur wenig beachtet wurde, wie der Mann darauf reagiert, daß seine Partnerin beim Sex mit ihm keinen Orgasmus hat, haben wir in unserer Arbeit festgestellt, daß es in den meisten Fällen drei grundlegende Reaktionsmuster gibt: Unwissenheit, Besorgnis und Wut. Grundsätzlich ist es für einen Mann aus mehreren Gründen leichter, es nicht zu bemerken, wenn seine Partnerin keinen Orgasmus hat. Erstens haben manche Männer selbst in diesen scheinbar so fortschrittlichen Zeiten der sexuellen Bewußtheit keine Ahnung (oder nur eine äußerst vage Vorstellung), daß Frauen fähig sind, Orgasmen zu haben. Zweitens gibt es Männer, denen diese Tatsache zwar bekannt ist, die jedoch wiederum nicht wissen, wie der Orgasmus einer Frau verläuft oder wie er sich anfühlt. Wenn sich die Frau nicht ausdrücklich darüber beklagt, daß sie keinen Orgasmus hat (und viele anorgasmische Frauen reden mit ihren Partnern nicht über dieses Problem), kann es sein, daß der Mann einfach davon ausgeht, daß sie zum Höhepunkt kommt. Und drittens lassen sich einige Männer davon täuschen, daß die Frau einen Orgasmus simuliert. Diese Männer sind möglicherweise sogar stolz auf den Grad an Leidenschaft, den sie in ihrer Partnerin entfachen, und merken gar nicht, daß sie lediglich Theater spielt. (Einige dieser Männer wollen es auch gar nicht bemerken.) Viertens, viele Männer glauben, daß Frauen den Orgasmus nicht *brauchen*. Während sie für sich die orgasmische Befriedigung praktisch als die Hauptsache beim Sex reklamieren, sind sie ehrlich davon überzeugt, daß Frauen in der Sexualität Wärme, Nähe und Zärtlichkeit suchen und der Orgasmus für sie nebensächlich ist, weshalb sich diese Männer einfach nie die Frage stellen, ob ihre Partnerin mit ihnen orgasmisch ist oder nicht. Und schließlich gibt es immer noch Männer, deren Ansichten über Sexualität aus dem vorigen Jahrhundert stammen: Für sie sind Frauen dazu da, das sexuelle Gefäß für den Mann zu sein, und eine »gute« Frau – im Gegensatz zu einer liederlichen – empfindet keine sexuelle Leidenschaft.

Die Männer, die auf das Ausbleiben oder den Mangel an Orgasmen bei ihrer Partnerin mit Besorgnis reagieren, reflektieren damit mehrere verschiedene Einstellungen. Einige betrachten sich selbst als unzulängliche oder schlechte Liebhaber, und bis zu einem gewissen Grad mögen sie damit auch recht haben. Zum Beispiel machen es die Millionen von Männern mit vorzeitiger Ejakulation für ihre Partnerinnen praktisch unmöglich, einen koitalen Orgasmus zu bekommen. Zwar können sie das Problem möglicherweise teilweise lösen, wenn die Frau durch andere Formen der Stimulation, wie zum Beispiel oralen Sex, zum Orgasmus kommt, doch fühlen sich dadurch einige von ihnen nur umso stärker daran erinnert, daß sie für das Problem verantwortlich sind. Andere Männer, die selbst keine sexuellen Probleme haben, betrachten sich trotzdem als Versager, wenn ihre Partnerinnen nicht regelmäßig orgasmisch sind. Das mag daran liegen, daß sie es als ihre Aufgabe ansehen, der Frau einen Orgasmus zu verschaffen, und wenn sie keinen bekommen kann, empfinden sie das als eine persönliche oder zumindest leistungsbezogene Schwäche.

Andere Männer dagegen betrachten die Sache als ein Beziehungsproblem und nicht als »seines« oder »ihres«. Das ist eine sehr vernünftige Einstellung, denn mit gegenseitigen Schuldzuweisungen werden nur weitere Probleme erzeugt, statt sie zu lösen. Da die aufrichtige Sorge wegen der Existenz eines sexuellen Problems zum Vehikel werden kann, das ein Paar dazu motiviert, eine Lösung zu finden – indem es sich zum Beispiel um entsprechende Hilfe bemüht –, sind Männer mit dieser Einstellung eher bereit, an einer Paartherapie teilzunehmen, was die Chancen erhöht, daß das Problem gemeistert werden kann.

Allerdings gibt es auch Männer, die zwar ihre Besorgnis über die Orgasmusschwierigkeiten ihrer Partnerinnen äußern, sie aber dennoch ganz und gar als »ihr« Problem betrachten. Sie mögen Anteilnahme und die Bereitschaft zeigen, ihr zu helfen, und sie mögen in ihrer Beziehung sogar im allgemeinen sehr sensibel sein, aber sie gehen so mit der Situation um, daß die Verantwortung (und Schuld) für die sexuelle Dysfunktion hauptsächlich auf den Schultern der Frau lastet. (Meistens geht diese Einstellung mit einem beträchtlichen Maß an Rationalisierung und Intellektualisierung von seiten des Mannes einher, was als Abwehrmaßnahme gegen die Gefährdung seines Konzepts von der eigenen sexuellen Potenz verstanden werden kann.) Solche Männer können zwar in eine Sexualtherapie oder Eheberatung einwilligen, aber eigentlich nur deshalb, weil sie wollen, daß ihre Partnerin »geheilt« wird. Andere Männer, die zu dieser Kategorie gehören, weigern sich überhaupt, an einer Form der paarbezogenen Therapie teilzunehmen, und das manchmal mit dem Argument, daß die Frau eher eine Einzeltherapie braucht, um ihre Hemmungen zu überwinden, ihr Selbstwertgefühl zu stärken oder die psychologische Blokkierung ihrer Orgasmusfähigkeit aufzuheben.

Damit setzen viele dieser Männer ihre Partnerinnen wiederum einem starken Leistungsdruck aus. Andere Männer bringen ihren Partnerinnen Bücher und Artikel über weibliche Sexualität mit, oder sie leihen ein Pornovideo aus, um ihnen zu helfen, in Stimmung zu kommen, oder sie schlagen die Verwendung von erotischen Accessoires oder Massageölen vor. Manchmal weiß die Frau diese Form von Hilfe zu schätzen, und gelegentlich funktioniert es sogar, aber viele Frauen empfinden sie als zusätzlichen Druck. Eine andere Art, wie Männer der »besorgten« Kategorie unbewußt Leistungsdruck auf ihre anorgasmische Partnerin ausüben, besteht darin, daß sie während des Sexualakts zu viel reden. »Spürst du, daß du einen Orgasmus bekommst?« wäre ein offensichtliches Beispiel, aber auch solche Fragen wie »Magst du es, wenn ich das mache?« sind dazu angetan, daß sich die Frau eher wie ein merkwürdiges Exemplar unter dem Mikroskop vorkommt, statt als Teilnehmerin an einem spontanen und natürlich fließenden sexuellen Vorgang.

Männer, die wegen der Anorgasmie ihrer Partnerin Wut empfinden, sind meistens frustriert, weil sie es als eine Kränkung ihrer übertrieben männlich definierten Leistungsfähigkeit empfinden. (Anders verhält es sich, wenn die Wut des Mannes aus der Erkenntnis rührt, daß ihm seine Partnerin ihre Orgasmen nur vorgespielt hat, wobei er mit diesem Gefühl auf die Täuschung und nicht das sexuelle Problem an sich reagiert.) Die meisten dieser Männer haben in Wirklichkeit tiefverwurzelte Zweifel an ihrer Männlichkeit, was sich auf verschiedene Art und Weise ausdrücken kann, einschließlich eines übertriebenen Hangs zum Flirten und einer massiven Homophobie. Da die Wut eine erotische Begegnung allerdings kaum bereichert, ist es wenig verwunderlich, daß sich das zugrundeliegende Problem mit der Zeit immer mehr verfestigt und auch andere Aspekte des gemeinsamen Sexuallebens stark beeinträchtigt.

Strategien zur Lösung von Erregungsschwierigkeiten

Eine eher negative Auswirkung der sexuellen Revolution ist die Tatsache, daß Sex häufig als eine Art Leistungstest betrachtet wird. Mit dieser Einstellung wird zum einen die Wichtigkeit der physischen Reaktionen überbetont und zum anderen der gefühlsmäßige Aspekt der Sexualität ignoriert, weshalb es kein Wunder ist, daß Frauen, die beim Sex nicht so prompt erregbar sind wie ihre Partner, dazu tendieren, sich als unzulänglich oder gehemmt zu betrachten. Oft liegt das Problem jedoch eher in ihren Erwartungen und Einstellungen als in ihrer physischen Reaktionsfähigkeit an sich.

Abgesehen von speziellen körperlichen Problemen, die die sexuelle Erregbarkeit behindern können, ist Sex ein Vorgang, der sich erstaunlich mühelos und automatisch ereignet, wenn er nicht durch äußere Faktoren blockiert wird, und zwar einfach deshalb, weil er sehr stark auf reflexartigen Reaktionen beruht, über die man keine willentliche Kontrolle hat. Aus diesem Grund geht es bei der Förderung der sexuellen Erregbarkeit auch hauptsächlich darum, die Hindernisse zu identifizieren, die einem spontanen Ablauf im Weg stehen und nicht um ein Rezept, wie man möglichst rasch einen bestimmten Erregungsgrad erreicht.

1. *Blockieren Sie nicht Ihr erotisches Potential, indem Sie sich negativen Prophezeiungen hingeben.* Das sexuelle Erleben ist ebensosehr ein mentaler Zustand wie eine Aufeinanderfolge physischer Reaktionen. Zu glauben, daß Sie keinerlei Vergnügen oder Lust aus einer sexuellen Erfahrung zu erwarten haben, schränkt nicht nur Ihre Leidenschaft ein, sondern auch die Reaktionsfähigkeit Ihres Körpers, so daß dem Gehirn nicht erlaubt wird, die sensorischen Botschaften der Berührungen, Küsse oder anderer Formen von Zärtlichkeit zu registrieren. Da lustvoller Sex zum Teil von der kumulativen, synergistischen Wirkung solcher sinnlichen Botschaften abhängt – ebenso wie sich eine Symphonie aus Tausenden einzelner Noten und ineinander übergehender Harmonien aufbaut –, verhindert das Blockieren Ihrer Wahrnehmung von sinnlichen und/oder sexuellen Gefühlen, daß Sex zu einer positiven Erfahrung wird. Um solche sich selbst erfüllenden Prophezeiungen zu vermeiden und sich empfänglich zu machen für alles, was sich entwickelt, müssen Sie nun nicht immer wild und leidenschaftlich oder hundertprozentig in Stimmung sein, sondern es geht nur darum, daß Sie an dem Prozeß teilhaben, statt ihn lediglich selbstkritisch zu beobachten. Das heißt, entscheidend ist, daß Sie sich auf Ihre sensorischen Wahrnehmungen konzentrieren und sich erlauben, das ganze Spektrum der körperlichen und emotionalen Empfindungen zu erleben, die sich während einer sexuellen Begegnung einstellen.

2. *Falls es in der gemeinsamen Sexualität etwas gibt, das Ihnen nicht gefällt, sollten Sie daran gehen, es aktiv zu verändern.* Vielleicht besteht das Problem darin, daß Ihr Partner zu schnell vorgeht oder daß seine Berührungen entweder zu stark oder zu schwach sind. Vielleicht finden Ihre sexuellen Begegnungen immer erst gegen Mitternacht statt, wenn Sie so müde sind, daß Sie nur noch schlafen wollen und einfach keine Lust mehr auf irgendwelche körperlichen Aktivitäten haben. Solche Probleme, für die sich noch eine endlose Reihe anderer Beispiele nennen ließe, führen bei vielen Frauen dazu, von Sex nicht allzuviel zu erwarten. Dabei ist das wichtigste, sich klarzumachen, daß sie keine unüberwindlichen Hindernisse darstellen, sondern daß es für jedes Problem dieser Art eine einfache und klare Lösung gibt. Allerdings wird sich diese Lösung nicht von selbst einstellen, sondern Sie müssen sie finden, indem sie zunächst Art und Ursache des Problems identifizieren und sich dann mit der Frage befassen, was getan werden kann,

um die Dinge zu ändern. Manchmal funktioniert der Prozeß des Veränderns sofort, und manchmal sind mehrere Anläufe notwendig, um die richtige Kombination von Veränderungen zu finden. Indem Sie sich selbst die Chance geben, Ihre Sexualität gemeinsam mit Ihrem Partner neu und anders zu gestalten, lernen Sie, aktiv mitzubestimmen und Alternativen zu entwickeln, was möglicherweise dazu führt, daß der Sex befriedigender und ausgewogener für Sie wird.

3. *Viele Probleme mit der Erregbarkeit kommen daher, daß man zu viel denkt und sich zu wenig den Berührungen hingibt.* Für manche Frauen ist es sehr erregend, an Sex zu denken, aber während des sexuellen Akts darüber nachzudenken kann zu einer negativen Selbstbewertung führen: »Vielleicht hätte ich vorher noch mal duschen sollen. Werde ich schon erregt? Schaffe ich es, daß *er* erregt wird? Macht er wieder mal zu schnell? Sind wir im Gleichklang? Was soll ich tun, wenn er oralen Sex will?« Wie gesagt: All das versetzt die Frau in die Beobachterrolle, mit der sie unbewußt ihre eigene Reaktionsfähigkeit einschränkt. Eine Möglichkeit, wie Sie der Tendenz, beim Sex zu viel zu denken (oder sich auf Ihre Ängste und Unsicherheiten zu fixieren), entgegenwirken können, ist, daß Sie sich ganz und gar den Empfindungen und Vorgängen einer sinnlich-sexuellen Begegnung überlassen. Wie wir im zweiten Kapitel beschrieben haben, läßt sich das bewerkstelligen, indem Sie sich auf eine bestimmte Stelle am Körper Ihres Partners konzentrieren und sich in den Empfindungen des Streichelns, Berührens oder Haltens verlieren, wodurch Sie sich aus der Fixierung auf Ihre eigenen Reaktionen lösen.

4. *Verwenden Sie Sexualphantasien, um Ihre Erregung in Gang zu bringen oder zu steigern.* Vielen Frauen, die während der Masturbation ohne weiteres sexuelle Phantasien benutzen, widerstrebt es, dies auch mit einem Partner zu tun, weil sie fürchten, es könne unanständig sein oder es würde sie von der persönlichen Ebene des sexuellen Erlebens ablenken. Aber diese Vermeidung wird für sie selbst (und ihren Partner) zum Nachteil, denn ohne den gewohnten Stimulus können sich sowohl die physischen als auch die emotionalen Reaktionen verzögern. Es ist vollkommen in Ordnung, erotische Phantasien als persönliches Aphrodisiakum zu verwenden, denn sie können dazu beitragen, daß die Frau in eine besonders erregte Stimmung kommt beziehungsweise ihre Erregung steigern oder beschleunigen kann. Da sie der Frau also dazu verhelfen, eine reaktivere Sexualpartnerin zu werden, und da die meisten Männer zudem daran gewöhnt sind, selbst sexuelle Wunschvorstellungen zu benutzen, haben die wenigsten von ihnen etwas gegen diese Praktik einzuwenden.

5. *Betonen Sie das Spielerische am Sex, statt ihn zu einer Aufgabe oder Mission zu machen.* Viele Frauen mit Erregungsproblemen können sich daran erinnern, daß sie sehr leicht erregbar waren, als sie in der Pubertät

mit ihrem Freund auf dem Autorücksitz geschmust haben. Wahrscheinlich war das weniger eine Frage von jugendlicher Unschuld oder speziell in diesem Alter wirksamer Hormone, sondern beruhte eher auf der Tatsache, daß sie den Sex damals in erster Linie als ein spielerisches und unberechenbares Ereignis erlebt haben. Erwachsene nehmen die Dinge im allgemeinen ernster als Teenager, aber wenn es um Sex geht, kann dies ein Nachteil sein. Die spielerische und experimentierfreudige Seite der Sexualität wiederzuentdecken kann helfen, Leistungsängste zu entschärfen und das Gefühl von Spaß und Abenteuer zwischen den Partnern wiederzubeleben.

6. *Haben Sie keine Angst davor, mit verschiedenen Arten der sexuellen Stimulation zu experimentieren.* Viele Frauen fixieren sich so sehr auf ihre Erregungsschwierigkeiten, daß sie gewisse Grundaspekte des Lusterlebens vollkommen aus dem Blick verlieren. Häufig besteht das Problem darin, daß mit der sexuellen Routine eine Einförmigkeit entstanden ist, die nicht nur langweilig sein, sondern auch ein Gefühl von »kenne ich alles schon« auslösen kann, das dazu führt, daß die Frau eine sexuelle Begegnung schon im voraus abschreibt. Eine andere Seite dieses Problems zeigt sich darin, daß es vielen Frauen widerstrebt, beim Sex zu experimentieren, weil sie fälschlicherweise davon ausgehen, daß sie, nachdem sie einmal etwas ausprobiert haben und es ihnen nicht gefallen hat, immer negativ darauf reagieren würden. Das Experimentieren kann auf viele verschiedene Arten geschehen: Zum Beispiel können Sie die Positionen variieren, in denen Sie sich gegenseitig berühren. Wenn die Frau auf ihrem Partner draufliegt, *ohne* dabei den Koitus anzustreben, kann das ganz neue Perspektiven für das Erleben der Berührungen und Küsse eröffnen. Oder erkunden Sie den Körper Ihres Partners mit Ihren Lippen und der Zunge anstelle der Fingerspitzen, und betonen Sie dabei die sinnliche Qualität dieser Handlung, anstatt zu versuchen, eine bestimmte Reaktion zu erzielen. Oder gestalten Sie eine sinnliche Begegnung, bei der sie beide teilweise oder ganz bekleidet sind. Bei all diesen Möglichkeiten werden Sie entdecken, daß durch einfache Veränderungen ganz neue und andere Gefühle bewirkt werden können.

Frauen mit Erregungsproblemen (aber einem normalen Sexualverlangen), denen die obengenannten Vorschläge nicht helfen, sollten in Erwägung ziehen, einen Sexualtherapeuten aufzusuchen, damit ihr individuelles Problem identifiziert und eine entsprechende Behandlung erarbeitet werden kann, besonders wenn es mit einer Sexualphobie, dem Abscheu vor bestimmten Praktiken oder immer wiederkehrenden tiefverwurzelten Ängsten verbunden ist. Befindet sich die Frau zudem in einer festen Zweierbeziehung, sollten beide Partner gemeinsam professionelle Hilfe in Anspruch nehmen.

Strategien zur Überwindung der Anorgasmie

Viele Frauen, die noch nie einen Orgasmus hatten, haben das Gefühl, in einer ausweglosen Situation zu stecken: In ihrem Bemühen, einen Orgasmus zu bekommen, wird die Sexualität wahrscheinlich immer unbefriedigender und frustrierender, was zu starken Selbstzweifeln und einem sinkenden Selbstwertgefühl (indem sie sich als Versagerin betrachtet) führen und sich auch auf andere, nichtsexuelle Aspekte ihrer Partnerschaft übertragen kann, was wiederum einen Verlust an Intimität, emotionale Spannungen oder sogar eine Trennung zur Folge haben kann. Glücklicherweise ist es jedoch sehr wahrscheinlich, daß die Anorgasmie durch die Befolgung einiger einfacher und unkomplizierter Übungsschritte zur Steigerung der eigenen Gefühls- und Reaktionsfähigkeit überwunden werden kann. Allerdings ist dies kein automatischer Prozeß, sondern erfordert die Bereitschaft der Frau, aktiv an der Lösung ihres Problems mitzuarbeiten, indem sie konsequent eine Reihe von Übungen absolviert, die erst dann zum Erfolg führen können, wenn sie über einen Zeitraum von drei bis fünf Wochen regelmäßig durchgeführt werden. Ohne dieses Maß an Engagement sinken die Chancen für eine erfolgreiche Behandlung beträchtlich.

Zwar hat jede anorgasmische Frau wahrscheinlich das ultimative Ziel, beim Geschlechtsverkehrs einen Orgasmus zu haben, jedoch lernt sie zunächst am besten allein, das heißt, ohne die Anwesenheit eines Partners, wie sie einen Orgasmus bekommen kann. Das hat nichts mit dem Wert oder den Absichten des Partners zu tun, sondern bietet lediglich die Möglichkeit, das Hauptaugenmerk darauf zu richten, worum es in erster Linie geht – nämlich um die Person der Lernenden. (Im nächsten Abschnitt werden wir Strategien zur Förderung der Orgasmusfähigkeit beim Sex mit einem Partner beschreiben, aber diese Schritte sind für Frauen gedacht, die bereits Orgasmen erlebt haben.)

Erster Schritt: Bestandsaufnahme

Versuchen Sie als erstes herauszufinden, worin das Problem besteht. Machen Sie eine Liste Ihrer sexuellen Schwierigkeiten und Hemmnisse, wobei sie jeden Punkt mit maximal zwei Sätzen beschreiben. Anschließend schreiben Sie eine detaillierte Darstellung (von beliebiger Länge) dessen, was Sie unter der perfekten sexuellen Begegnung verstehen. Bewahren Sie dann beide Schriftstücke auf. Nun überlegen Sie sich, was die Ursache für Ihre sexuellen Ängste oder Unsicherheiten sein könnte. Was sind die drei Dinge am Sex, bei denen Sie sich am wenigsten wohl fühlen oder vor denen Sie die meiste Angst haben? Was sind die für sie ärgerlichsten oder frustrierendsten Aspekte am Sex? Wie könnten sich diese Faktoren ändern lassen?

Machen Sie eine Liste Ihrer negativen sexuellen Einstellungen, einschließlich jener hinsichtlich Ihrer äußeren Erscheinung, Ihrer Weiblichkeit, Ihrer Beziehung und Ihrer Gefühle gegenüber verschiedenen Arten der sexuellen Aktivität. Über wie viele dieser Punkte haben Sie mit Ihrem Partner gesprochen? Haben Sie den Eindruck, daß er aufrichtig darum bemüht ist, Sie zu verstehen, oder ist er nicht auf Sie eingegangen, beziehungsweise haben Sie sich wegen Ihrer Ängste und Sorgen von ihm herabgesetzt gefühlt?

Sie sollten auch eine Bestandsaufnahme von den positiven Seiten Ihrer Sexualität machen. Was sind Ihre liebsten sexuellen Phantasien? Welche sexuellen Aktivitäten genießen Sie am meisten? Welche Körperteile spüren Sie am stärksten, wenn Sie sehr erregt sind? Haben Sie an sich selbst jemals eine bedingungslose sexuelle Hingabe erlebt? Wann macht Ihnen Sex besonders Spaß? Welches sind Ihre drei positivsten Einstellungen gegenüber Sex? Welche Aspekte Ihrer sexuellen Beziehung sind für Sie am befriedigendsten?

Indem Sie über diese Fragen nachdenken, können Sie damit beginnen, sich Gedanken über die Gründe für Ihre sexuellen Probleme zu machen und gleichzeitig zu einer realistischen Einschätzung Ihrer Vorzüge zu gelangen. Eine Bestandsaufnahme bringt nicht gleich die Lösung für ein Problem, aber es zu definieren, ist der erste Schritt in diese Richtung. Während Sie mit diesem Programm fortfahren, empfiehlt es sich, ein Tagebuch über Ihre Gefühle und Gedanken zu führen, und wenn Sie das tun, sollten Sie in gewissen Abständen Ihre ursprüngliche Bestandsaufnahme nachlesen, um zu sehen, wie sich Ihre Wahrnehmungen über Sexualität mit der Zeit entwickeln.

Zweiter Schritt: Das Körperbewußtsein aufbauen

Probleme oder Hindernisse für die sexuelle Genußfähigkeit, die sich eventuell in Ihren Einstellungen, Meinungen oder Ihrem Verhalten offenbart haben, geben jedoch nicht die ganze Geschichte der Anorgasmie wieder, denn schließlich ist Sex nicht nur ein mentales Ereignis. Eines der nützlichsten Mittel zur Steigerung der Sinnlichkeit und sexuellen Reaktivität besteht darin, einen besseren Zugang zu den Gefühlen und Botschaften Ihres eigenen Körpers zu finden. Allerdings schrecken viele Frauen mit sexuellen Problemen gerade davor zurück, weil sie ihren Körper deshalb geringschätzen, weil er dem von unserer Gesellschaft vorgeschriebenen Schönheitsideal nicht entspricht, eine Einstellung, die in mehrfacher Hinsicht dem körperlich-sinnlichen Lustempfinden zuwiderläuft. Wenn Sie sich für unattraktiv halten und unglücklich mit Ihrem Körper sind, erzeugen diese negativen Gefühle eine Aura, die sich nur sehr schwer durchbrechen läßt und die es äußerst schwierig macht, die eigene Erregung zuzulassen. Außerdem können Ihre sexuellen Bedürfnisse leicht unerfüllt bleiben, wenn Sie *nicht* in Einklang mit Ihrem Körper sind, da Ihr Gehirn sozusagen nicht erkennt, was ihm vom Körper mitgeteilt wird. Und schließlich sind Frauen, die ein überkritisches Verhältnis zu ihrem Körper haben, meistens auch gegenüber vielen Aspekten ihrer Sexualität überkritisch. Zusätzlich dazu, daß sie ihre eigenen Gefühle und Reaktionen als unzulänglich empfinden, gehen sie davon aus, daß ihr Partner sie genauso negativ bewertet.

Mit den folgenden Übungen soll Frauen geholfen werden, einen besseren Zugang zu den Empfindungen und Mitteilungen ihres Körpers zu erlangen:

Erste Übung: Autodidaktische Gefühlskonzentration
Diese Übung ähnelt in ihrem Ablauf den im zweiten Kapitel beschriebenen Gefühlskonzentrationsübungen, außer daß sie dort mit einem Partner durchgeführt werden. Aber auch hier besteht der Hauptzweck darin, daß Sie Ihre Aufmerksamkeit auf alle Aspekte Ihrer körperlichen Empfindungen und Reaktionen konzentrieren. Und je besser Sie sich auf Ihre Empfindungen konzentrieren können, desto eher vermeiden Sie die doppelte Gefahr, daß Sie zu viel denken und zu sehr bewerten, was sich beides vernichtend auf Ihre sexuelle Selbstwahrnehmung auswirken kann.

In der autodidaktischen Gefühlskonzentration haben Sie die Gelegenheit, alle Regionen Ihres Körpers zu erkunden, die Sie mit Ihren Fingerspitzen erreichen können, womit Sie sich die Chance geben, ein breites Spektrum taktiler Empfindungen zu spüren und zwischen verschiedenen Berührungsarten und -geschwindigkeiten zu unterscheiden. Fühlt sich eine zarte Berührung auf Ihren Oberschenkeln genauso an wie auf Ihrem Hals? Wie unterscheidet sich eine kreisende Bewegung am Daumen von der gleichen Bewegung auf Ihren Wangen?

Der Zweck dieser Übung liegt nicht darin, ein bestimmtes Ziel zu verfolgen, sondern darin, daß Sie sich erlauben, selbst die winzigsten Details Ihrer Gefühle und Empfindungen wahrzunehmen.

Wir schlagen vor, daß Sie diese Übung mindestens zu zwei verschiedenen Gelegenheiten etwa 10 bis 20 Minuten lang durchführen, wobei Sie Ihre Genitalien von den Berührungen ausnehmen. Wenn Sie merken, daß Sie allmählich vertrauter mit dieser Form der Selbsterkundung werden, können Sie Ihre Gefühlskonzentration auf zwei Arten erweitern:

Erstens, bevor Sie mit der Übung beginnen, schließen Sie die Augen, versuchen Sie, an nichts zu denken, und atmen Sie ungefähr zwei Minuten lang tief und langsam durch.

Zweitens, während Sie auf dem Rücken liegen, beide Arme flach zu Ihren Seiten ausgestreckt, aktivieren Sie die Hauptmuskelgruppen Ihres Körpers, indem Sie willentlich die Muskeln kontrahieren, sie für sechs bis acht Sekunden angespannt lassen und dann wieder entspannen. (Es spielt keine Rolle, ob Sie mit den Gesichtsmuskeln beginnen und sich langsam nach unten arbeiten oder umgekehrt mit den Füßen anfangen und nach oben wandern.) Beide Techniken helfen Ihnen, sich zu entspannen, und vermitteln Ihnen ein erweitertes Körperbewußtsein.

Nachdem Sie Ihre Unsicherheit und Befangenheit überwunden haben, die Sie vielleicht zunächst dabei empfinden, wenn Sie Ihren eigenen Körper berühren, nutzen Sie die Gelegenheit, an Ihrer sensorischen Wahrnehmungsfähigkeit zu arbeiten und auf die Signale zu achten, die Ihr Körper Ihnen übermittelt. Sie können die körperlichen Empfindungen auch dadurch variieren, daß Sie bei verschiedenen Übungsdurchläufen ein Körperpuder, Massageöl oder eine Lotion benutzen.

Zweite Übung: Ein genauer Blick in den Spiegel
Aus einer Reihe von Gründen, hauptsächlich aber wegen des Verbots, sich »da unten« zu berühren, haben viele Frauen ihre Genitalregion noch nie genau betrachtet. Wenn das auch auf Sie zutrifft, ist es an der Zeit, das nun zu tun. Nehmen Sie sich ein paar Minuten Zeit, um mit einem großen Handspiegel Ihre Genitalien zu untersuchen und die verschiedenen anatomischen Strukturen zu bestimmen, deren genaue Bezeichnungen Sie in Abbildung S. 207 finden. (Dabei können Sie davon ausgehen, daß leichte individuelle Abweichungen ganz normal sind, denn schließlich sehen nicht alle Genitalregionen gleich aus.)

Wenn Sie sich in die Hocke begeben und auf den Spiegel herunterschauen, sehen Sie den Teil der Genitalien, der als die Vulva oder äußere Geschlechtsorgane bezeichnet wird. Dies sind die anatomischen Merkmale, die Sie identifizieren sollen: Der *mons veneris* (auch Schamberg oder Venushügel genannt) liegt über dem Schambein und besteht aus Fettgewebe, das von Haut und Schamhaaren bedeckt ist. Die Schamlippen sind paarweise angeordnet und umgeben schützend den Harnröhrenausgang und den Scheideneingang. Die äußeren Schamlippen (*Labia majora*) sind mit Haaren bedeckte Hautfalten, während die kleineren inneren Schamlippen (*Labia minora*) haarlos sind und häufig ein wenig wie gewölbte Blütenblätter aussehen. Sie sind empfindlicher als die Labia majora, da sie stärker mit (für das bloße Auge unsichtbaren) Nervenenden durchsetzt sind. Die inneren Schamlippen treffen genau über der Klitoris zusammen und bilden dort eine Hautfalte, die man als Klitorishaube oder Klitorisvorhaut bezeichnet. Von der Klitoris selbst, deren Schaft sich im Innern verbirgt, wird meistens nur ihre Spitze (*Glans clitoridis* oder Klitoriseichel) sichtbar, die wie ein kleiner schimmernder Knopf aussieht. Die Klitoris liegt genau unter dem Punkt, wo sich die oberen Enden der inneren Schamlippen treffen, und reagiert bei den meisten Frauen ausgesprochen empfindlich auf Druck oder Berührungen. Die Urethramündung oder der Harnröhrenausgang befindet sich in der Mittellinie zwischen Klitoris und Scheideneingang und ist bei einigen Frauen so klein, daß man sie nur schwer erkennen kann. Im Gegensatz dazu ist der Scheideneingang leicht erkennbar. Am Scheideneingang befinden sich möglicherweise kleine Gewebsfetzen, bei denen es sich um die Überreste des Jungfernhäutchens (*Hymen*) handelt, eine dünne Schleimhautfalte, die sich in der Kindheit über einen Teil des Scheideneingangs erstreckt. Das *Perineum* (der Damm) schließlich ist jene unbehaarte Hautregion zwischen dem unteren Ende der Labia und dem *Anus* (Darmausgang). Obwohl es vielen Frauen unbekannt ist, reagiert auch das Perineum recht empfindlich auf Berührung und Druck, da es reichlich mit Nervenendungen versorgt ist.

Die Vulva

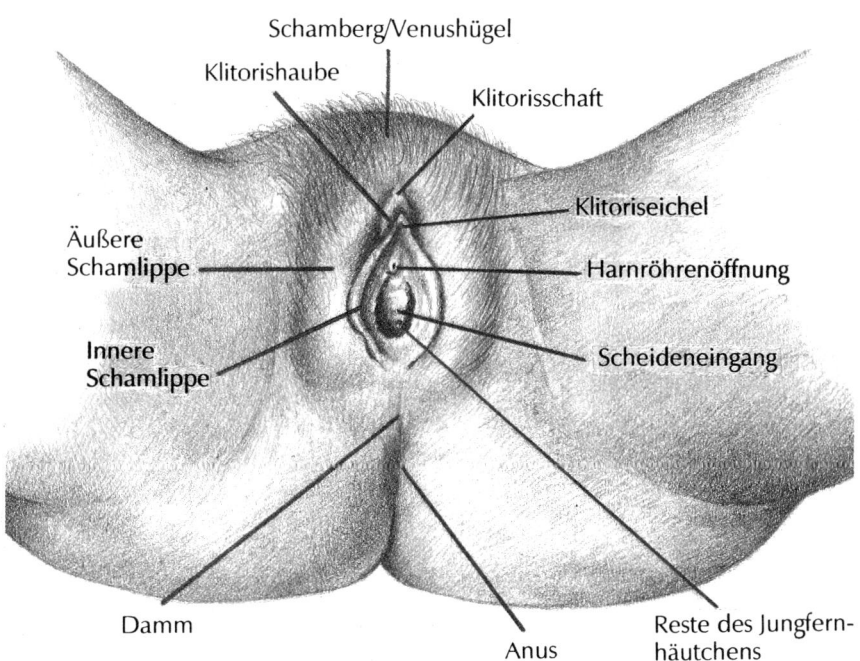

Schamberg/Venushügel

Klitorishaube

Klitorisschaft

Klitoriseichel

Äußere Schamlippe

Harnröhrenöffnung

Innere Schamlippe

Scheideneingang

Damm

Anus

Reste des Jungfernhäutchens

Es ist keinesfalls nötig, diese anatomischen Strukturen auswendig zu lernen, sondern der Zweck dieser Übung besteht allein darin, sich visuell mit dieser Region vertraut zu machen, ein Prozeß, der in der nächsten Übung auf die taktile Erkundung ausgeweitet wird.

Dritte Übung: Erkundung der Genitalien
Viele Frauen berühren ihre eigenen Genitalien nur zu bestimmten Zwecken, wie etwa um ein Tampon oder Diaphragma einzuführen, sich zu waschen oder um sexuell erregt zu werden, Handlungen, die nicht gerade dazu geeignet sind, die Empfindungen in den Geschlechtsorganen ohne Hast und Erwartungsdruck zu erforschen. Mit dieser Übung haben Sie die Gelegenheit dazu.

Beginnen Sie damit, wenn Sie sich entspannt fühlen und eine halbe Stunde Zeit für sich allein haben. (Einige Frauen finden es hilfreich, wenn sie vorher ein wohltuendes Bad nehmen.) Entkleiden Sie sich und nehmen Sie eine bequeme Position ein, entweder in einem Sessel sitzend, auf dem Rücken liegend oder, mit ein paar Kissen im Rücken, im Bett oder auf dem Sofa halb sitzend, halb liegend. Beginnen Sie mit allgemeinen Berührungen Ihres Körpers, bis Sie merken, daß Sie auf Ihre Empfindungen eingestimmt sind. Nachdem Sie Ihren Rhythmus gefunden haben, verlagern Sie den Schwerpunkt Ihrer Berührungen auf die Genitalregion. Lassen Sie Ihre Finger leicht durch die Schamhaare gleiten und erlauben Sie den Empfindungen, vom Gehirn aufgenommen zu werden. Folgen Sie den Konturen Ihrer Schamlippen und spüren Sie, wie es sich anfühlt, wenn Sie mit Ihren Fingerspitzen die Hautfalten entlang streichen. Wenn Sie wollen, können Sie die inneren Schamlippen trennen, indem Sie sie sanft auseinanderziehen. Fahren Sie langsam mit diesem Erkundungsprozeß fort, indem Sie die Region um die Klitoris streicheln und Schaft und Spitze der Klitoris massieren. Probieren Sie aus, welche Empfindungen durch eine leichte Bewegung der Klitorishaube im Gegensatz zur direkten Klitorisberührung ausgelöst werden und wie sich diese wiederum von den Gefühlen unterscheiden, die durch das Reiben Ihrer Handfläche über den Venushügel entstehen. Streichen Sie mit den Fingerspitzen über den Scheideneingang, lassen Sie dann einen Finger kurz hineinschlüpfen und ein paarmal wieder heraus und hinein gleiten. Vergleichen Sie, inwieweit verschiedene Berührungsarten – zartere oder festere, schnellere oder langsamere, auf und ab führende oder kreisförmige – verschiedene Empfindungen bewirken. Während Sie mit diesen und anderen Berührungen experimentieren, brauchen Sie sich keinerlei Gedanken darüber zu machen, ob Sie erregt werden oder nicht. Der Zweck dieser Übung besteht nicht darin, sich zu erregen, sondern einfach nur das wahrzunehmen und sich darauf zu konzentrieren, was Sie empfinden.

Wenn Sie sich bei der Erkundung Ihrer Genitalien unbehaglich fühlen, sollten Sie diese Übung vielleicht zwei- oder dreimal wiederholen. Falls Sie aber andererseits feststellen, daß Sie sich bei dieser Übung spontan wohl fühlen, können Sie gleich zum folgenden Übungsschritt übergehen.

Dritter Schritt: Selbststimulation

Das Schlüsselelement im Prozeß der sexuellen Selbsterkundung für Frauen, die noch nie einen Orgasmus hatten, ist, daß sie lernen, verschiedene Quellen des sinnlichen Vergnügens wahrzunehmen und darauf aufzubauen. Natürlich ist das sinnliche Vergnügen nicht ganz dasselbe wie die sexuelle Lust (zum Beispiel kann das Kneten eines Brotteigs durchaus sinnlich sein, ohne daß es gleich sexuell ist), aber beides ist oft eng miteinander verbunden. Beide Arten von körperlichem Genuß entwickeln sich ganz natürlich, und diese Übung soll das ermöglichen.

Es ist wichtig, daß Sie diese Übungen als einen Lernprozeß der Selbstentdeckung und des selbstbezogenen Genießens betrachten, denn dadurch können Sie vermeiden, von jedem Übungsdurchlauf zu erwarten, daß er zu einer intensiven sexuellen Erfahrung wird, und enttäuscht zu sein, wenn dem nicht so ist. Sie tun sich auch selbst einen großen Gefallen, wenn Sie nicht davon ausgehen, daß jede neue Übung besser sein wird als die vorangegangene. Der Lernprozeß verläuft nämlich nur selten geradlinig, und das gilt auch für den Sex, bei dem es Höhen und Tiefen, gute und schlechte Momente und Tage gibt, an denen scheinbar alles verkehrt läuft.

Falls Sie sich Sorgen darüber machen, ob es Sie von Ihrem Partner entfremden wird, wenn Sie für sich lernen, orgasmisch zu sein, können Sie ganz beruhigt sein, denn was Sie mit diesen Übungen lernen, führt eher dazu, daß Sie ein größeres sexuelles Selbstbewußtsein entwickeln, was sich wiederum günstig auf Ihre Erregbarkeit auswirkt und somit dazu beiträgt, die Beziehung zu Ihrem Partner zu bereichern.

Planen Sie für die Selbststimulationsübungen eine halbe Stunde pro Tag ein, wobei Sie einen Zeitpunkt wählen sollten, an dem Sie allein und ganz entspannt sind. Häufig hilft es, sich in die entsprechende Stimmung zu versetzen, indem Sie vorher ein Bad nehmen oder ruhige Musik hören, aber in jedem Fall sollten Sie die Übungen nicht nach einem anstrengenden Arbeitstag angehen, wenn Sie eigentlich zu müde sind; und es ist auch ungünstig, sie unmittelbar nach dem Essen durchzuführen, da Ihre Reflexe dann möglicherweise verlangsamt sind. Ferner sollten Sie dafür sorgen, daß Sie weder durch Personen, die ins Schlafzimmer kommen, noch durch das Telefon gestört werden.

Beginnen Sie mit allgemeinen Körperberührungen und konzentrieren

Sie sich dabei sowohl auf die Empfindungen in Ihren Fingerspitzen als auch auf die Gefühle, die an verschiedenen Körperstellen ausgelöst werden. Streicheln Sie zum Beispiel mit beiden Händen in leichten rhythmischen Bewegungen Ihre Stirn, massieren Sie Ihre Brüste, oder lassen Sie einen Finger langsam um Ihre Brustwarzen kreisen. Probieren Sie, wie sich eine Berührung mit einer Hand im Vergleich zu einer Berührung mit beiden Händen anfühlt oder wie Veränderungen im Tempo andere Empfindungen erzeugen. Wenn Sie sich bereit fühlen, können Sie dann Ihre Berührungen allmählich auf Ihre Genitalien ausdehnen. Erlauben Sie sich dabei, für alles offen zu sein, was passiert, ohne es zu bewerten. Denken Sie auch daran, daß die Berührungen keineswegs auf ein bestimmtes Ziel hin gerichtet sein müssen: Sie können sich nicht nur Zeit lassen, sondern Ihre Berührungen von den Genitalien weg zu einer anderen Stelle und wieder zurück wandern lassen, was sowohl einen interessanten Kontrast in Ihren Empfindungen erzeugt als auch eine sensorische Abstumpfung verhindert.

Wenn der Zweck dieser Übung auch darin besteht, daß Sie lernen, verschiedene Möglichkeiten für das Empfinden sinnlicher und sexueller Lust zu identifizieren, gibt es keine richtige oder falsche Art, dies zu tun. Viele Frauen haben festgestellt, daß die Gelegenheit, ganz frei und ohne einen Partner mit verschiedenen Berührungsformen experimentieren zu können, äußerst befreiend und lehrreich ist. Darüber hinaus haben Sie durch eine Verlangsamung des Vorgangs die Chance, das, was sich gut anfühlt, genau zu identifizieren, denn solche Details gehen in der manchmal ungestümen Hast einer sexuellen Aktivität mit dem Partner meistens verloren.

Lassen Sie Ihre Finger die Schamlippen entlanggleiten und ziehen Sie sie sanft auseinander. Liebkosen Sie mit verschiedenen Arten von Druck und Tempo Ihre Klitoris, rollen Sie sie sanft zwischen zwei Fingern, reiben Sie sie in einer auf- und abwärts führenden Bewegung mit einem Finger und pressen Sie sie mit der ganzen Hand. Streichen Sie mit den Fingerspitzen über Ihr Schamhaar und über die Innenseite Ihrer Oberschenkel. Vergleichen Sie, wie sich die Klitoris anfühlt, wenn Sie erst leicht erregt sind und dann, wenn Ihre Erregung rasch steigt. Lassen Sie einen Finger um die Scheidenöffnung wandern und dann die Fingerspitze ein paarmal hinein und hinaus gleiten.

Es empfiehlt sich, gelegentlich bewußt von den Genitalien abzulassen, damit ein Zuviel an Stimulation nicht zur Unempfindlichkeit führt. Das heißt nicht, daß Sie mit Ihren Berührungen pausieren oder Ihre sexuelle Erregung abfallen lassen sollen, sondern Sie können zum Beispiel statt dessen Ihre Beine zusammenpressen oder Ihre Beckenmuskeln anspannen, oder eine nichtgenitale Stimulation vornehmen, was ebenso erregend sein kann wie die direkte Genitalberührung.

An dieser Stelle möchten wir Sie auf eine Gefahr hinweisen: Einige Frauen berühren sich ein paar Minuten lang und stellen dann fest, daß sie im Hinblick auf sexuelle Gefühle kaum etwas empfinden. Das liegt möglicherweise daran, daß sie sich unbehaglich oder unsicher fühlen, wenn Sie sich selbst berühren, daß ihre Erwartungen ihr tatsächliches Erleben übersteigen oder daß sie sich vielleicht einfach nicht die Chance gegeben haben, sich zu entspannen und die vorhandenen sensorischen Informationseingaben wahrzunehmen. Deshalb sollten Sie sich darüber im klaren sein, daß ein paar Minuten der Berührungen wahrscheinlich ebensowenig zu leidenschaftlich sexuellen Gefühlen führen, wie das Lesen eines Wirtschaftsmagazins Sie zur Millionärin machen wird. Damit der Lernprozeß wirklich einsetzen kann, müssen Sie sich den Luxus des freien, natürlich fließenden Erlebens gönnen. Selbst wenn die Berührungen scheinbar nicht erregend oder uninteressant sind, sollten Sie sie lange genug durchführen, damit sich Ihre Gefühle ändern können. Außerdem sollten Sie daran denken, daß sich sexuelle Gefühle nicht ständig gleichmäßig steigern, und es kann durchaus sein, daß Sie nach 20 oder 30 Minuten der Berührungen plötzlich von einer lauwarmen Erregung in den glühendheißen Bereich Ihres erotischen Thermometers geraten.

Nachdem Sie diese Art der Selbststimulation mehrmals wiederholt haben, können Sie die folgenden Variationen ausprobieren und herausfinden, welche sich zur Bereicherung Ihres sexuellen Potentials eignen. Während Sie diese Übungen machen, versuchen Sie, sich darauf zu konzentrieren, welche Techniken und Methoden Ihre sexuelle Erregung beständig und zuverlässig fördern und welche davon am aufregendsten sind, wenn Sie sich auf einer relativ hohen Erregungsstufe befinden.

Variation 1: Das Experimentieren mit verschiedenen Berührungsformen
Dieser Prozeß des Identifizierens, was Sie am wirksamsten erregt, ist eine Art vergleichende Analyse. Versuchen Sie sich unter Verwendung eines wasserlöslichen Gels oder Öls auf Ihren Fingerspitzen zu stimulieren, um die Sanftheit der Berührungen zu verstärken. Bei einer anderen Gelegenheit können Sie dann ausprobieren, inwieweit verschiedene Texturen die Qualität Ihrer Selbststimulation verändern: Streicheln Sie sich mit einem Stück Pelz, einem Seidenschal oder einem Samthandschuh. Einige Frauen finden es besonders lustvoll, wenn Sie den Wasserstrahl aus dem Duschkopf direkt auf ihre Genitalien richten. (Zu diesem Zweck eignet sich besonders ein Duschkopf, bei dem sich die Stärke des Strahls regulieren läßt.) Andere genießen die wohltuende Wärme und Geborgenheit eines heißen Bades, eventuell mit Verwendung eines Badezusatzes. Die Möglichkeiten sind unbegrenzt, und Sie können all Ihre Experimentierfreude und Ihren Erfindungsreichtum in diese Übung hineinlegen.

Variation 2: Ansporn für Ihr sexuelles Denken

Wie wir bereits festgestellt haben, ist der Sex nicht nur ein körperlicher Vorgang, denn ebenso spielen Gedanken, Emotionen und die subjektiven Interpretationen unserer Erfahrungen eine wesentliche Rolle beim Zustandekommen unserer sexuellen Reaktionen. Und doch scheinen viele anorgasmische Frauen überrascht zu sein, wenn sie hören, daß sie bei der Steuerung und Koordinierung dieses Vorgangs eine aktive Rolle spielen können.

Das heißt, Sie können sehr wohl Ihren Verstand und Ihren Körper in die gleiche Richtung lenken, wobei eine Möglichkeit, diese erregungsfördernde Einheit zu erzielen, darin besteht, Ihr Denken auf sexuelle Dinge zu konzentrieren. Das kann die Verwendung bevorzugter (oder neuerfundener) Sexualphantasien, die Erinnerung an leidenschaftliche sexuelle Begegnungen oder auch die szenische Darstellung eines sexuellen Rollenspiels einschließlich der akustischen Untermalung durch lautes Stöhnen oder eines gesprochenen Dialogs beinhalten. Einige Frauen haben uns erzählt, daß das fünfminütige Lesen einer erotischen Lektüre ein hervorragender Auftakt für diese Übung ist, da es sie in eine erregte und konzentrierte Stimmung versetzt. Alle diese Maßnahmen sind nützlich, weil sie die sexuelle Lust aktivieren und nicht zur Sache gehörende oder ablenkende Gedanken und Sorgen zerstreuen, wodurch sie zu einem wirksamen individuellen Aphrodisiakum werden. Frauen, die Schwierigkeiten mit der Gestaltung sexueller Wunschvorstellungen haben, können sich Anregung in den von Nancy Friday verfaßten Büchern »Die sexuellen Phantasien der Frauen«, »Verbotene Früchte« und »Befreiung zur Lust« holen.

Variation 3: Das spielerische Einüben des Orgasmus

Die Suggestionskraft des kreativen Denkens ist bemerkenswert, und viele zuvor anorgasmische Frauen haben berichtet, daß ihnen die szenische Darstellung eines Orgasmus geholfen hat, ihr Selbstvertrauen aufzubauen und einen tatsächlichen Orgasmus herbeizuführen. Für eine optimale Wirkung empfiehlt es sich, diese Übung im Abstand von einigen Tagen mehrmals zu wiederholen, statt sie nur einmal durchzuführen.

Das Einüben ist am effektvollsten, wenn es mit einer Art der Selbststimulierung kombiniert wird, die einen hohen Grad an sexueller Erregung erzeugt. Dabei muß sich die Frau nicht um eine möglichst naturalistische Darstellung bemühen, sondern sie kann jede dramaturgische Freiheit in Anspruch nehmen, um einen Orgasmus zu inszenieren. Dazu kann gehören, daß sie laut stöhnt, seufzt, schwer atmet und sich hin und her wirft, oder der magische Moment kann intensiv und steigernd vokalisiert werden (»Ja, o ja, ja, ja, JA, J-A-A-A-A-A-A«). Das Ganze kann in einer absoluten Ekstase kulminieren, während Sie der Orgasmus erbeben läßt. Aber Ihr

Rollenspiel sollte nicht an diesem Punkt enden, sondern Sie sollten es abschließen, indem Sie sich darauf konzentrieren, was Sie empfinden werden, nachdem Sie einen Orgasmus hatten, indem Sie sich das Gefühl von Entspannung, Befriedigung und des warmen Nachglühens ausmalen.

Vierter Schritt: Definition Ihres Orgasmusauslösers

Falls Sie inzwischen bereits einen Orgasmus hatten, herzlichen Glückwunsch. Falls nicht, haben Sie wahrscheinlich gelernt, einen besseren Zugang zu Ihrem Körper, Ihren sexuellen Gefühlen und Ihrem sexuellen Reaktionsmuster zu finden. Trotzdem haben Sie vielleicht immer noch manchmal den Eindruck, daß Sie kurz vor dem Orgasmus irgendwie steckenbleiben oder, wie es eine Frau uns gegenüber ausgedrückt hat: »Es fühlt sich an, wie wenn ich auf das Gaspedal trete, aber der Wagen beschleunigt nicht.« Das kann eine frustrierende Situation sein, weil sich der Orgasmus selbst nach vielen Bemühungen scheinbar nicht einstellen will.

Vielleicht ist das aber überhaupt nicht der Fall. Wenn Sie nämlich regelmäßig einen hohen Erregungsgrad erreichen und dann genau an diesem Punkt »hängenbleiben«, besteht das Problem möglicherweise darin, daß Sie nicht wissen, wie Sie den Orgasmus leichter auslösen können. So ziehen zum Beispiel einige Frauen zu diesem Zweck ihre Vaginalmuskeln und die Muskeln am Rektum und Anus in langsamen, rhythmischen Kontraktionen zusammen. Diese Muskeln sind durch eine erhöhte Blutzufuhr und den Aufbau der neuromuskulären Spannung bereits auf das Auftreten eines Orgasmus vorbereitet, so daß selbst eine winzige zusätzliche Stimulierung ausreichen kann, um die orgasmischen Reaktionen im gesamten Körper auszulösen. Andere Frauen erzielen diese Wirkung durch das abwechselnde An- und Entspannen ihrer Arme und Beine oder indem sie ihren Rücken tiefer in die Matratze pressen.

Es gibt auch noch andere Methoden, die als Orgasmusauslöser funktionieren: Einigen Frauen hilft es, sich über die Schwelle zum Orgasmus zu schubsen, wenn sie im Moment der starken Erregung ausgesprochen drastische Sexualworte verwenden, andere ändern bewußt die Art ihrer Atmung (zum Beispiel in ein schnelles Keuchen) oder heben sich für diesen Moment eine besonders anregende Phantasie auf. Da es jedoch keine einzelne Strategie gibt, die bei allen Frauen einen Orgasmus auslöst, können wir Ihnen nur empfehlen, daß Sie die hier genannten und andere Möglichkeiten ausprobieren, um zu sehen, welche für Sie am besten funktionieren.

Fünfter Schritt: Die Verwendung eines Vibrators

Wenn Sie jetzt immer noch keinen Orgasmus hatten, werden Sie möglicherweise allmählich etwas nervös und machen sich Gedanken nach dem Motto: »Ich *wußte* doch, daß das bei mir nicht funktioniert.« Aber das wäre voreilig, denn wenn Sie die von uns beschriebenen Übungsschritte befolgt haben, haben Sie bereits eine Menge über Ihre sexuellen Reaktionsmuster und sinnlichen Vorlieben gelernt, selbst wenn Sie nicht bis zum Höhepunkt gekommen sind.

Eine fast immer zuverlässig wirksame Technik, um einen Orgasmus zu bekommen, ist die Verwendung eines Vibrators während der Selbststimulation. Vibratoren haben nämlich den Vorteil, daß sie die Genitalien wesentlich intensiver und konzentrierter stimulieren als die Hand. Da es verschiedene Arten von Vibratoren gibt, von kleineren, batteriegetriebenen Versionen zu größeren mit Netzanschluß oder solchen mit verstellbarer Geschwindigkeit und verschiedenen Zusatzfunktionen, müssen Sie möglicherweise ein wenig experimentieren, um herauszufinden, welches Modell für Sie am angenehmsten und erregendsten ist, und dann sollten Sie den Vibrator Ihrer Wahl allmählich in Ihre Übungen integrieren. Dabei sollten Sie den Vibrator nicht nur an Ihren Genitalien einsetzen, sondern ausprobieren, wie er sich an verschiedenen Stellen Ihres Körpers anfühlt, vom Kopf bis zu Ihren Zehen, und dabei lernen, wie man den Druck und die Intensität variieren kann.

Sie sollten sich außerdem in mehreren 15minütigen Durchgängen zunächst mit dem Gerät vertraut machen, bevor Sie es auf eine bewußt sexuell stimulierende Art und Weise einsetzen. Viele Frauen nutzen diese Gelegenheit, um herauszufinden, welche Körperstellen für eine direkte Stimulation durch den Vibrator zu empfindlich sind, und um sich an diese neue Art der körperlichen Empfindungen zu gewöhnen. Während die meisten Frauen durch die genitalen Gefühle, die der Vibrator erzeugt, einen höheren Erregungsgrad erreichen, empfinden andere seine direkte Anwendung an der Klitoris als unangenehm oder schmerzhaft. Falls dies bei Ihnen auch der Fall ist, versuchen Sie es mit einer Stimulation am Venushügel, ein wenig oberhalb der Klitoris selbst. Die von dem Vibrator erzeugten Empfindungen breiten sich wellenartig aus, wobei diese Wellen rasch an Intensität verlieren, wenn sie sich von der Stelle entfernen, an der das Gerät eingesetzt wird. Viele Frauen berichten, daß sie die Wirkung eines Vibrators an den oder um die nichtstimulierten Genitalien zwar als zu intensiv empfinden, daß er sich dort jedoch wunderbar erotisch anfühlt, sobald sie einen höheren Grad an sexueller Erregung erreicht haben. Eine andere Möglichkeit ist, das Gerät an den Innenseiten Ihrer Oberschenkel und entlang Ihres Damms zu verwenden, während Sie Ihre Klitoris mit dem

Finger reiben. Denken Sie daran: Ein Vibrator ist kein Ersatz für Ihre eigene Teilnahme, sondern nur ein zusätzliches Instrument.

Nachdem Sie sich mit Ihrem Vibrator umfassend vertraut gemacht haben, können Sie damit beginnen, ihn auf kreative Art und Weise bei Ihrer Selbststimulierung zu verwenden. Auch hier liegt die Betonung darauf, daß Sie Ihre sexuellen Gefühle natürlich entfalten lassen, anstatt zu versuchen, sie herbeizuzwingen. Aus diesem Grund empfehlen wir, zunächst mit allgemeinen Körperberührungen zu beginnen, bevor Sie allmählich zu einer manuellen Genitalstimulation übergehen, so daß sich die Intensität Ihrer Erregung steigern kann, bevor Sie den Vibrator einsetzen. Achten Sie auch darauf, daß Sie sich von dem Vibrator nicht so weit ablenken lassen, daß Sie vergessen, was Sie bereits gelernt haben. Verwenden Sie das Gerät vielmehr als eine Variante zur Erkundung Ihrer sinnlichen und sexuellen Gefühle, und benutzen Sie auch Phantasien oder erotische Tagträume zur Verstärkung der physischen Stimulation.

Einigen Frauen widerstrebt es, einen Vibrator zu benutzen; möglicherweise liegt der Grund darin, daß sie ihn als ein allzu künstliches Mittel zur orgasmischen Stimulation betrachten oder daß sie befürchten, sie könnten sich so sehr daran gewöhnen, daß dadurch der Sex mit einem Partner erschwert wird. Beide Vorbehalte sind unbegründet. Zunächst, ein Orgasmus ist ein Orgasmus, gleichgültig wie er entstanden ist, und Orgasmen, die mittels eines Vibrators erzeugt wurden, sind in physiologischer Hinsicht vollkommen identisch mit allen anderen. Zweitens, nachdem eine Frau mit dieser Methode gelernt hat, orgasmisch zu werden, wird es für sie sehr viel leichter, durch alle möglichen anderen Methoden zum Orgasmus zu kommen, denn schließlich hat sie durch die Verwendung des Vibrators die Reaktion ihres Körpers auf die für sie bislang unbekannte orgasmische Erfahrung kennengelernt und darüber hinaus zweifellos ihr sexuelles Selbstvertrauen gestärkt. Beide Faktoren tragen im weiteren Verlauf ihres Lernprozesses zu einer größeren Orgasmusfähigkeit bei. Zu der Befürchtung, die Frau könne von ihrem Vibrator sexuell abhängig werden, wollen wir nur soviel sagen: Das kann zwar vorkommen, ist dann aber meistens ein Ausdruck dafür, daß die Frau die verschiedenen Erregungsphasen, die bis zum Höhepunkt führen, nicht zu schätzen weiß und lieber mit dem Vibrator vorlieb nimmt, da er beinahe unmittelbar einen Orgasmus auslöst. Wenn Sie unser Programm zur Förderung der sexuellen Wahrnehmungsfähigkeit befolgt haben, sollte dies jedoch kein Problem für Sie sein, da der Vibrator hierbei eher als eine Brücke zu einer erwünschten Reaktion und nicht als die ultimative Befriedigung an sich benutzt wird.

Obwohl einige Frauen, die noch nie einen Orgasmus hatten, gleich bei der ersten Verwendung eines Vibrators zum Höhepunkt kommen, stellen viele andere fest, daß es eine Weile dauert, bis sie entspannt und konzentriert genug sind, um ihre innere Erregung mit der äußeren Stimulation des Vibrators in Übereinstimmung zu bringen. In dieser Situation können sich leicht die Hindernisse ergeben, daß Frauen erwarten, der Vibrator würde von selbst, also ohne ihr eigenes Zutun, funktionieren, daß sie sich einem so starken Leistungs- oder Erwartungsdruck unterwerfen oder durch ihr negatives Denken eine solche Flut von Ängsten in sich erzeugen, daß sich die sexuelle Erregung vermindert und der Orgasmus blockiert wird. Falls diese (oder ähnliche) Probleme auftreten, ist es ratsam, den Vibrator für ein paar Tage wegzulassen und zum dritten und vierten Schritt dieses Behandlungsprogramms zurückzukehren, bevor Sie den Vibrator wieder zur Selbststimulation einsetzen. Wenn Sie dann nach zwei Wochen der neuerlichen Verwendung des Vibrators immer noch keinen Orgasmus haben, ist es angebracht, daß Sie sich professionelle Hilfe suchen. Ein Sexualtherapeut kann Ihnen helfen, ein spezielles psychologisches oder beziehungsimmanentes Problem zu identifizieren und zu lösen, und praktische Vorschläge machen, die auf Ihre individuelle Situation und Bedürfnisse zugeschnitten sind.

Noch ein zusätzlicher Hinweis: Viele Frauen, die seit Jahren unter Anorgasmie gelitten haben, empfinden ihren ersten Orgasmus als enttäuschend unspektakulär. Nachdem sie erwartet hatten, daß es sich dabei um ein Ereignis handelt, das die Erde erbeben läßt – und nachdem sie dieses Ereignis (und das, was es bedeutet) so herbeigesehnt haben, daß es ihren Erwartungen nur schwer gerecht werden kann –, beschreiben diese Frauen den Orgasmus häufig als etwas, das sich mehr wie ein paar Schauder und ein kribbelndes Niesen anfühlt und keineswegs wie eine kosmische Explosion. Die Erklärung für diese weitverbreitete Erfahrung ist einfach: Erstens, die meisten dieser Frauen haben so hart daran gearbeitet, einen Orgasmus zu erreichen, daß das Ergebnis neben all der aufgewendeten Mühe verblaßt, und zweitens neigen die ersten Orgasmen dazu, physiologisch weniger intensiv als die nachfolgenden zu sein, da der innere neuromuskuläre Vorgang noch nicht so »eingespielt« ist, so daß die Reflexe nicht so automatisch zusammenwirken, wie sie es tun werden, nachdem sie bereits häufiger ausgelöst wurden.

Den Orgasmus mit einem Partner erreichen

Für viele Frauen ist es der Inbegriff von Sex, wenn sie mit einem Partner orgasmisch sind. Einigen Frauen, einschließlich derjenigen, die gerade gelernt haben, orgasmisch zu sein, gelingt der Übergang von der selbstherbeigeführten Orgasmusfähigkeit zu der beim Partnersex ganz leicht und natürlich, während andere feststellen, daß sie ihrem Partner zeigen müssen, welche Berührungen und Positionen sie bevorzugen. Obwohl es möglicherweise einiger Übung bedarf, bis der Partner die Informationen umsetzen kann und gelernt hat, seine Handlungen mit den Bedürfnissen der Frau zu koordinieren, besonders, wenn es darum geht, mit den feinen Abstufungen in Rhythmus und Druck der von ihr bevorzugten Stimulation vertraut zu werden, kann die dafür aufgewendete Zeit und Energie für die Beziehung sehr lohnend sein.

Jedoch gelingt es nicht allen Paaren, diesen Übergang automatisch zu vollziehen, und manchmal können verschiedene Probleme zusammentreffen, die verhindern, daß die Frau beim Sex mit ihrem Partner zum Orgasmus kommt. Zu den am häufigsten auftretenden Schwierigkeiten gehört, daß die Frau befangen ist oder sich von der Sorge um die Bedürfnisse und Reaktionen des Partners ablenken läßt. Und auch das nur allzu bekannte Problem des Leistungsdrucks – selbstgemachter oder vom Partner auferlegter Natur – zeigt sich häufig immer dann, wenn der Sex nicht ganz mühelos dahinfließt.

Im folgenden beschreiben wir ein paar mögliche Strategien für Frauen, die entweder zum ersten Mal versuchen, mit einem Partner orgasmisch zu sein, oder die die Häufigkeit ihrer Orgasmen beim Partnersex erhöhen wollen:

Wenn Sie noch nie einen Orgasmus mit Ihrem Partner hatten, wäre es ein logischer Ansatzpunkt, ihm zunächst zu erklären, wie Sie gelernt haben, den Orgasmus für sich selbst herbeizuführen. (Auch wenn es schwerfällt, das allein mit Worten zu tun, sollten Sie den Versuch trotzdem wagen.) Als nächstes können Sie sich entweder selbst bis zum Orgasmus stimulieren, während er zusieht, oder Sie können die im zweiten Kapitel beschriebenen Sinnlichkeitsübungen (insbesondere das gegenseitige Berühren und die Genitalberührungen) durchführen, und zwar mit besonderer Betonung auf der Handführungstechnik, um die Berührungen Ihres Partners anzuleiten. Wenn Sie das Gefühl haben, daß Sie wieder in die Beobachterrolle verfallen, können diese Übungen besonders hilfreich sein, denn sie bieten Ihnen die Möglichkeit, dieses Problem in den Griff zu bekommen, indem Sie sich in den Berührungen Ihres Partners verlieren. Denken Sie jedoch daran, daß diese Übungen beim ersten Mal nicht unbedingt automatisch funktionieren. Diese unrealistische Erwartung kann nämlich dazu führen, daß Sie sich wieder als Versagerin fühlen, wenn Sie nicht sofort orgasmisch sind, und das ist nicht nur unangebracht, sondern auch eine dieser sich selbst erfüllenden Prophezeiungen.

Falls Sie mit Hilfe eines Vibrators regelmäßig und leicht zum Orgasmus kommen, besteht eine andere Möglichkeit darin, daß Sie dieses Gerät in Ihre sexuelle Interaktion einbeziehen. Das heißt nicht, daß Sie den Vibrator zum Mittelpunkt des Geschehens machen sollen, sondern Sie können ihn zum Beispiel dazu benutzen, einen besonders hohen Grad an Erregung zu erreichen, und dann mit einer manuellen Stimulation der Klitoris durch Ihren Partner oder Sie selbst zum Höhepunkt kommen. Andere Frauen ziehen den umgekehrten Weg vor, indem sie sich durch das interaktive Liebesspiel stark erregen lassen und dann den Vibrator als Orgasmusauslöser einsetzen. Wieder andere benutzen den Vibrator in einem abwechselnden Rhythmus mit anderen Arten der sexuellen Stimulation. Sie können jede dieser Methoden ausprobieren, um festzustellen, welche für Sie am besten funktioniert.

Auch oraler Sex kann eine neue und andere Art der Stimulation bewirken. Wenn Ihnen diese Praktik Spaß macht, können Sie sie ebenfalls in die sexuelle Interaktion integrieren, wobei sie aber nicht die einzige Form der Stimulation zu sein braucht; vielmehr haben Sie die Möglichkeit, verschiedene Kombinationen auszuprobieren, um zu sehen, was zu welchem Zeitpunkt am angenehmsten, stimulierendsten und erregendsten ist.

Während Sie mit all diesen Möglichkeiten experimentieren, sollten Sie nicht vergessen, was Sie mit sich allein gelernt haben: Benutzen Sie sexuelle Wunschvorstellungen, um Ihre Erregbarkeit zu steigern, versuchen Sie zu vermeiden, daß Sie nach ein paar Minuten der Berührungen innerlich beschließen, daß es nicht funktionieren wird, und, vor allen Dingen, seien Sie nicht darauf fixiert, einen Orgasmus herbeizuführen. Kreativität und Flexibilität sind wichtige Faktoren für Ihre gemeinsame Interaktion, und manchmal kommt ein Orgasmus, wenn Sie ihn am wenigsten erwarten.

Neben diesen Techniken haben wir festgestellt, daß es einer Frau oft leichter fällt, beim Koitalverkehr einen Orgasmus zu haben, wenn sie auf dem Mann draufsitzt, was ihr die Kontrolle über den Rhythmus und die Tiefe der Stoßbewegungen gibt und sie von der häufig unbequemen Last des Körpergewichts ihres Partners befreit. Ein weiterer Vorteil dieser Position besteht darin, daß beide Partner dabei die Klitoris der Frau manuell stimulieren können, während sich der Penis in der Vagina befindet, was in der umgekehrten Position schwieriger zu bewerkstelligen ist. Die manuelle Stimulation der Klitoris kann dadurch intensiviert werden, daß man sie mit Vaginalsekret, Speichel, Lotion oder Öl befeuchtet. Eine andere Möglichkeit ist, den Vibrator zur Klitorisstimulation zu verwenden, nachdem die Frau durch den Geschlechtsverkehr einen hohen Erregungsgrad erreicht hat. Viele Frauen haben berichtet, daß sie, nachdem sie ein paarmal auf diese Art und Weise zum Orgasmus gekommen sind, auch imstande sind, ohne Vibrator beim Geschlechtsverkehr orgasmisch zu sein, obwohl sie ihn gelegentlich vielleicht immer noch benutzen.

Zugegebenermaßen funktioniert es nicht immer, ein sexuelles Problem durch ein Selbsthilfeprogramm zu lösen. Falls Sie unsere Übungsschritte eine ganze Weile befolgt haben, ohne daß sich in Ihrer sexuellen Befriedigung irgendwelche Fortschritte gezeigt hätten, ist es wahrscheinlich an der Zeit, daß Sie und Ihr Partner einen Sexualtherapeuten aufsuchen.

Vaginismus

Vaginismus oder Scheidenkrampf ist eine Reflexreaktion, bei der sich eine unwillkürliche Verkrampfung der Muskulatur um den äußeren Vaginalbereich einstellt. Diese Beschwerde kann bei Frauen jeden Alters auftreten, ist allerdings besonders verbreitet unter weiblichen Teenagern, wenn sie ihre ersten sexuellen Erfahrungen machen, und unter älteren Frauen, bei denen nach der Menopause ein chronischer Östrogenmangel dazu führen kann, daß die Vagina an Größe und Elastizität verliert. In Extremfällen kann der Vaginismus so gravierend sein, daß die Einführung eines Penis oder sogar eines Fingers vollkommen unmöglich wird, was zu den häufigsten Ursachen einer nichtvollzogenen Ehe gehört, während bei der milderen Erscheinungsform eine Penetration zwar möglich ist, der Frau aber starke Schmerzen bereitet.

Wie weit der Vaginismus unter der weiblichen Bevölkerung verbreitet ist, wurde nie genau festgestellt. In der Fachliteratur wird zumeist behauptet, es sei ein ziemlich seltenes Phänomen, wobei diese Ansicht möglicherweise auf die Tatsache zurückzuführen ist, daß nur ein kleiner Prozentsatz der in sexualtherapeutischen Kliniken behandelten Fälle auf Vaginismus entfällt. Wir vermuten jedoch, daß die tatsächliche Inzidenz von Vaginismus um einiges höher liegt, als das sexualtherapeutische Register vermuten läßt. Dabei stützen wir uns auf unsere eigenen klinischen Erfahrungen auf dem Gebiet der Gynäkologie und Unfruchtbarkeit, bei denen wir bei durchschnittlich 3 bis 4 Prozent der Frauen eine milde bis mittelschwere Form von Vaginismus vorgefunden haben, sowie auf die Ergebnisse einer großangelegten nichtklinischen Forschungsstudie, die wir während der 70er und 80er Jahre im Masters & Johnson Institut unter Probandinnen im Alter von 21 bis 40 Jahren durchgeführt haben und bei der ungefähr eine von zwanzig Frauen von Symptomen berichtete, die auf Vaginismus schließen ließen, was durch die Resultate einer anschließenden Unterleibsuntersuchung auch bestätigt wurde. Ein Grund dafür, daß die Häufigkeit von Vaginismus in der breiten Bevölkerung unterschätzt wird, liegt wahrscheinlich darin, daß eine große Zahl der betroffenen Frauen ein zölibatäres Leben wählt, um diese für sie stark angstauslösende und peinliche Situation zu vermeiden. Diese Frauen tauchen in keiner sexualtherapeutischen Statistik auf und werden nur unter gynäkologischen Patienten angetroffen.

Obwohl der Vaginismus gelegentlich mit einer Sexualaversion oder anderen Störungen einhergeht, bei denen eine Furcht vor Sexualverkehr vorherrschend ist, besteht ein auffallendes Merkmal in vielen Fällen (zumindest unter denen, die sexualtherapeutische Hilfe in Anspruch nehmen) darin, daß die Frau ein vollkommen normales Muster sexueller Erregung zeigt. In den meisten Fällen von Vaginismus, die wir behandelt haben, trat eine normale Vaginallubrikation auf, und nichtkoitale Formen der sexuellen Aktivität waren für diese Frauen häufig angenehm und befriedigend. (Eine Ausnahme stellen die Fälle von Vaginismus dar, bei denen es sich um eine sekundäre atrophische Vaginitis handelt, die meistens auf einen Östrogenmangel zurückzuführen ist und mit einer verminderten Libido und Vaginallubrikation einhergeht; diese Beschwerden können häufig mit einer Östrogensubstitutionstherapie stark verbessert werden, obwohl der Vaginismus selbst darüber hinaus noch einer weiteren Behandlung bedarf.) Frauen mit Vaginismus haben für gewöhnlich ein normales Sexualverlangen, und viele von ihnen kommen durch Masturbation, oral-genitalen Sex oder manuelle Stimulation der Klitoris durch ihren Partner zum Orgasmus. Eine 1977 im *Journal of Psychosomatic Research* veröffentlichte Studie berichtete, daß 56 Prozent der Frauen mit Vaginismus beim nichtkoitalen Sexualverkehr orgasmisch waren, 41 Prozent hatten gelegentlich einen Orgasmus im Schlaf, und 28 Prozent kamen durch Masturbation zum Höhepunkt. Weiterhin ist interessant festzustellen, daß unter Paaren, bei denen die Frau Vaginismus hat, nichtsexuelle eheliche Schwierigkeiten weit weniger vorherrschend sind als bei solchen Paaren, die wegen eines anderen Problems eine Sexualtherapie aufsuchen. Tatsächlich haben wir beobachtet, daß die meisten Frauen mit Vaginismus eine tiefe Zuneigung zu ihrem Partner und einen hohen Grad an Zufriedenheit mit ihrer Beziehung empfinden. Diese Tatsache ist jedoch nicht so eindeutig, wie sie zunächst erscheinen mag. Zum einen kann es sein, daß eine Frau mit Vaginismus ihrem Partner zutiefst dankbar dafür ist, daß er sie trotz ihres sexuellen Problems nicht verläßt. Folglich hat das, was als Liebe ausgedrückt wird, zweifellos auch etwas mit Schuldgefühlen zu tun. Darüber hinaus ist es nicht selten der Fall, daß der Mann einer Frau mit Vaginismus selbst sexuelle Probleme hat, was häufig eine starke emotionale Bindung zwischen den Partnern erzeugt, während sie versuchen, mit ihren individuellen und gemeinsamen Frustrationen fertig zu werden. Und schließlich ist uns aufgefallen, daß viele Männer, deren Partnerinnen Vaginismus haben, ziemlich passive Persönlichkeiten mit einem schwach ausgeprägten Sexualinteresse sind, was der Grund dafür sein mag, daß sie nicht vor einer Liebesbeziehung mit einer Frau zurückschrecken, mit der ein Geschlechtsverkehr nicht möglich ist.

Trotz dieser Beziehungsmuster bleibt bemerkenswert, daß sich viele

Paare – auch wenn das nicht unbedingt typisch ist – jahrelang mit dem Vaginismus abfinden, bevor sie professionelle Hilfe suchen. Ein solches Zögern mag eher darauf zurückzuführen sein, daß ihnen das Problem peinlich ist als daß sie dessen Existenz leugnen, obwohl sich die genauen Gründe für das lange Warten manchmal nicht mit Sicherheit feststellen lassen. Zwar ist der Kinderwunsch natürlich ein Faktor, der eine große Zahl von Paaren dazu veranlaßt, Hilfe zu suchen, aber bei einigen ist der Vaginismus auch nur Teil einer breiteren Konstellation von sexuellen Schwierigkeiten, wobei er häufig von einer primären Impotenz des Mannes begleitet wird.

Der Vaginismus kann ein chronisches Leiden sein, aber es gibt auch solche Fälle, bei denen er eine plötzlich einsetzende sekundäre Reaktion auf ein traumatisches Ereignis wie zum Beispiel eine Vergewaltigung ist; oder er kann auch als Schutzmechanismus gegen körperliche Schmerzen beim Geschlechtsverkehr auftreten. In Fällen dieser Art liegt häufig eine Anomalie an den äußeren Genitalien oder am Scheideneingang vor, die diese Region ausgesprochen schmerzempfindlich werden läßt. Manchmal ist zum Beispiel ein schlecht verheilter Dammschnitt die zugrundeliegende Ursache. Zu den anderen relativ häufigen Ursachen für solche Schmerzen, die einen Scheidenkrampf auslösen können, gehören Anomalien des Jungfernhäutchens (einschließlich der, daß Überreste davon bei Versuchen zur Penetration gezerrt oder gereizt werden), eine Geschwürbildung an oder bei dem Scheideneingang, wie sie zum Beispiel durch Herpes genitalis und atrophische Vaginitis verursacht werden kann. Dabei bringen mit der Zeit die wiederholt auftretenden Schmerzen die Frau natürlicherweise dazu, daß sie sich unwillkürlich anspannt und von der tatsächlichen oder erwarteten Schmerzquelle zurückzieht. Dieses Anspannen, das zunächst als Schutzmechanismus eingesetzt wird, kann sich allmählich in einen konditionierten Reflex verwandeln, so daß selbst nachdem das ursprüngliche physische Problem identifiziert und erfolgreich behandelt wurde oder einfach spontan abgeheilt ist, der Vaginismus als chronische Störung zurückbleiben kann.

In den meisten Fällen von Vaginismus läßt sich jedoch keine physiologische Ursache feststellen. Unter den verschiedenen psychologischen Erklärungen für Vaginismus wird besonders häufig auf den Hintergrund einer negativen sexuellen Konditionierung aufgrund einer streng religiösen Erziehung verwiesen; allerdings hat die Religion kein Monopol auf sexualfeindliche Einstellungen, und auch wir hatten es mit vielen Fällen zu tun, in denen andere Arten von negativen sexuellen Botschaften programmatisch für das spätere Auftreten von Vaginismus waren. Um nur ein Beispiel aus unserer Arbeit zu nennen, hat sich bei einem Paar, das uns aufgesucht hat, nachdem sie in ihrer fünfjährigen Ehe wegen des gravierenden Vaginismus der Frau keinen Geschlechtsverkehr haben konnten, herausgestellt, daß die Mutter der Frau ihrer im College lebenden Tochter allwöchentlich Zeitungsausschnitte zugeschickt hatte, in denen über die Vergewaltigungen, die in ihrer Heimatstadt begangen worden waren, berichtet wurde. Auf weiteres Befragen erzählte die Frau, daß sie von Kindheit an von ihrer Mutter immer wieder gewarnt worden sei, daß alle Männer Tiere seien, die eine Frau nur zur Befriedigung ihrer animalischen Triebe benutzen wollten. Die Mutter verstärkte diese Warnungen noch durch etliche Beobachtungen von fremden Männern, die angeblich spät in der Nacht um ihr Haus herumschlichen, und wiederholten Hinweisen darauf, wie schmerzhaft und gefährlich eine Geburt sein könne. Das vielleicht bemerkenswerteste an dieser Geschichte ist, daß sich die Tochter trotzdem verliebt und entschlossen hatte zu heiraten. Ihre aufrichtige und tiefe Liebe zu ihrem Mann konnte jedoch die Furcht, die ihr die Mutter eingeflößt hatte, nicht überwinden, und als die Tochter in der Hochzeitsnacht den erstmals versuchten Geschlechtsverkehr als überaus schmerzhaft und abstoßend empfand, schien dies nur zu bestätigen, daß die Mutter mit ihren Warnungen recht gehabt hatte.

Mit einiger Häufigkeit tritt Vaginismus auch als eine der unseligen Folgen von sexuellem Mißbrauch in der Kindheit oder Adoleszenz oder einer Vergewaltigung auf. Dabei ist es wenig verwunderlich, daß sich gegenüber dem sexuellen Kontakt eine Abwehrreaktion einstellt, und zwar besonders angesichts der Tatsache, daß vielen Opfern eines solchen Traumas nie eine angemessene psychologische Hilfe zuteil wurde oder sie sogar noch nie jemandem von ihren schrecklichen Erlebnissen erzählt haben.

Zu anderen Verursacherfaktoren für Vaginismus gehören eine als traumatisch erlebte erste gynäkologische Untersuchung sowie übersteigerte Ängste vor einer Schwangerschaft, Geburt oder sexuell übertragbaren Krankheit. (Es ist übrigens interessant festzustellen, daß in einigen unserer Fälle von Vaginismus, die auf eine Schwangerschaftsphobie zurückzuführen waren, die Frau den Analverkehr ohne Schmerzen oder Schwierigkeiten tolerieren konnte; das heißt, die Penetration an sich war dabei nicht das Hauptproblem.) In vielen anderen Fällen, in denen kein spezifisches sexuelles Trauma vorlag, scheinen mehrere Faktoren zur Entstehung beizutragen, ohne daß einer davon allein ausschlaggebend wäre. So haben wir häufig festgestellt, daß negative Einstellungen der Mütter gegenüber Sexualität, Fortpflanzung und der geschlechtlichen Entwicklung der Tochter in der Adoleszenz zusammen mit anderen Faktoren diese Störung bewirken können. Viele Frauen mit Vaginismus erinnern sich zum Beispiel daran, daß ihre Mütter vollkommen außer sich gerieten, als ihre Tochter zum ersten Mal ihre Periode bekam, und so taten, als handelte es sich dabei um eine Art Krankheit. Einige wurden auch von ihrer Mutter dazu angehalten, ihre monatlichen Blutungen in einem Kalender einzutragen, was von ihr regelmäßig kontrolliert wurde, und in vielen Fällen bekamen die Mütter einen hysterischen Anfall, wenn sich die nächste Blutung der Tochter auch nur um einen Tag verzögerte. Darüber hinaus hat uns eine große Zahl von Frauen mit Vaginismus berichtet, daß ihre Mütter besonders prüde und altmodisch in ihren Vorstellungen von Sexualität waren: Sie reagierten zum Beispiel entsetzt, wenn sich ihre jugendlichen Töchter schminkten, verboten ihnen das Tragen von engsitzenden Pullovern und stempelten die Freundinnen der Töchter bereits als »Schlampen« oder »Flittchen« ab, wenn diese einen Freund hatten oder ganz normale Teenagermode trugen.

Zwar sind Fälle, in denen der Vaginismus so schwerwiegend ist, daß der Geschlechtsverkehr vollkommen unmöglich wird, am dramatischsten, jedoch machen sie nur eine Minderheit (weniger als ein Viertel) der insgesamt 190 Fälle aus, die wir behandelt haben. Das sehr viel stärker verbreitete Muster besteht dagegen darin, daß das Paar Geschlechtsverkehr hat, wenn sich die Frau dazu zwingt, die häufig starken Schmerzen, die für sie damit einhergehen, auszuhalten. Zwar scheinen die meisten betroffenen Paare zu versuchen, diese Form des Sexualverkehrs auf sehr seltene Gelegenheiten zu beschränken, doch kann sie für die Frau aus psychischen Gründen wichtig sein, und zwar entweder weil sie schwanger werden möchte oder weil sie ihren Mann für seine Geduld mit ihrem sexuellen Problem »belohnen« will. In diesem Sinne hat es uns eine Frau einmal so beschrieben:

Alle drei oder vier Monate fing ich meistens an, mich wie eine komplette Idiotin zu fühlen, weil ich mit meinem Mann nicht »normal« verkehren konnte. Also habe ich für mich und ohne mit meinem Mann darüber zu reden beschlossen, es wäre mal wieder an der Zeit für »richtigen« Sex. Zu diesen Gelegenheiten, vor denen ich meistens eine Weile brauchte, bis ich den Mut hatte, *den* speziellen Tag auszuwählen, habe ich mich dann vorbereitet wie eine Jungfrau, die einer aztekischen Gottheit geopfert werden soll. Ich habe mir ein aufreizendes Nachthemd zurechtgelegt, zwei Flaschen Champagner gekühlt, und ein romantisches Dinner bei Kerzenlicht serviert. Dabei habe ich ungefähr anderthalb Flaschen getrunken, um dann so betrunken zu sein, daß ich kaum noch mitbekam, was passierte. Mein Mann war mir wohl sehr dankbar für die Mühe und nahm viel Rücksicht darauf, daß ich trotz des vielen Champagners die ganze Zeit Schmerzen dabei hatte. Trotzdem hat er es irgendwie geschafft, eine Erektion zu bekommen (ich habe es aber einfach nicht fertiggebracht, seinen Penis zu streicheln, weil sich meine Finger meistens so fest im Kissen verkrampften, daß ich schon einmal dachte, die Federn würden herausplatzen), und dann ist er in mich eingedrungen, und ich habe diesen schrecklichen, brennenden Schmerz gespürt, der einfach nicht wegging, und wenn es dann endlich vorbei war, fühlte ich mich wie geschlagen und geschändet. Aber dann habe ich mir immer gesagt, ich habe meine Pflicht getan. Ich hatte bewiesen, daß ich ihn wirklich liebte.

Da der Kinderwunsch ein wichtiges Problem für viele von Vaginismus betroffene Paare darstellt und da die Versuche zum Geschlechtsverkehr, wie es die oben zitierte Frau so anschaulich beschrieben hat, in höchstem Maße unangenehm sein können, ist es nicht verwunderlich, daß eine Reihe von Paaren zur künstlichen Befruchtung im Do-it-yourself-Verfahren greift. Mehrere Paare haben uns zum Beispiel berichtet, daß sie eine Tropfenpipette benutzen und versuchen, damit den Samen des Mannes (durch Masturbation erzeugt) in die Vagina zu applizieren oder einfach den Samen auf den äußeren Vaginalbereich tropfen lassen, während sie die Schamlippen vom Scheideneingang zurückziehen und hoffen, daß durch diese Prozedur eine Zeugung gelingt, was bei einigen wenigen tatsächlich der Fall war.

Die beispiellos frustrierende Natur der physischen Probleme, die der Vaginismus aufwirft, ruft bei beiden Partnern häufig komplizierte Reaktionen hervor. Viele Frauen empfinden tiefe Scham über ihre Lage und bezeichnen sich selbst als krank, unweiblich und unvollständig. Solche Reaktionen führen natürlich häufig zu einem verminderten Selbstwertgefühl, was sich auch auf die nichtsexuellen Aspekte der Paarbeziehung übertragen kann. Darüber hinaus betrachten sich diese Frauen meistens als schlechte Ehefrau oder inkompetente Sexualpartnerin, und dieses negative Selbstbild veranlaßt sie manchmal zu versuchen, ihre sexuellen Unzulänglichkeiten dadurch zu kompensieren, daß sie ihren Partnern gegenüber ausgesprochen rücksichtsvoll sind und ihre eigenen positiven Impulse unterdrücken. Durch dieses Verhalten kann dann die gesamte Beziehung so aus dem Gleichgewicht geraten, daß der Mann das Gefühl bekommt, mit einer Fremden verheiratet zu sein, eine Situation, die wiederum leicht zur Trennung führen kann. Es ist jedoch interessant festzustellen, daß trotz der außerordentlichen Hindernisse, die der Vaginismus für die Paarbeziehung darstellen kann, nur sehr wenige von den Frauen, mit denen wir gearbeitet haben, ernsthaft eine Scheidung erwogen. Vielmehr brachten die Paare ein erstaunliches Engagement füreinander und für die Lösung ihrer sexuellen Probleme auf. (Wobei es sich bei Paaren, die sich nicht die Mühe machen, eine Sexualtherapie aufzusuchen, sicher anders verhalten kann.)

Es geschieht auch häufig, daß die Frau nach einem längeren Zeitraum der wiederholten und vergeblichen Versuche, ihre Störung zu überwinden, allmählich in ein Muster der sexuellen Vermeidung verfällt, um die emotional schmerzlichen Auswirkungen ihres selbstempfundenen Scheiterns zu vermindern. Diese Vermeidung verstärkt bei dem Mann manchmal den Eindruck, von der Frau zurückgewiesen zu werden, aber in Wahrheit dient ein solches Verhalten der Frau eher dazu, sich einen zeitweiligen Aufschub von der direkten Konfrontation mit ihrer Störung und dem Ärger oder Zorn des Mannes zu verschaffen. Wie wir bereits an anderer Stelle in diesem

Buch erwähnt haben, ist dies ein Verhaltensmuster, das im Zusammenhang mit vielen verschiedenen Arten der sexuellen Dysfunktion bei Männern und Frauen auftritt und nichts mit der phobischen Reaktion zu tun hat, die das Kennzeichen einer Sexualaversion darstellt.

Allerdings verhält es sich so, daß die Frauen ganz unterschiedlich auf ihren Vaginismus reagieren. Einige können die sexuellen Symptome von ihrem Selbstwertgefühl trennen; andere versuchen, ihr Problem sofort und direkt anzugehen, ohne die oben beschriebene Vermeidungsstrategie zu wählen; und wieder andere, bei denen sich diese Störung nur in milder Form manifestiert, beißen einfach die Zähne zusammen und machen sich für ihre Partner sexuell verfügbar, wobei sie die Schmerzen in Kauf nehmen und gar nicht auf den Gedanken kommen, daß es auch anders sein könnte.

Die Anamnese von Frauen mit Vaginismus bietet häufig Hinweise für die Diagnose; so zum Beispiel wenn sie davon berichten, daß es ihnen unmöglich ist, einen Tampon einzuführen. Auch erzählen viele Frauen von einer schmerzhaften und sogar stark angstauslösenden Erfahrung bei ihrer ersten (und manchmal den nachfolgenden) Unterleibsuntersuchung. Meistens war es dabei für den behandelnden Arzt unmöglich, ein Vaginalspekulum (Handspiegel) einzuführen, oder er konnte dies nur tun, nachdem der Frau eine Narkose oder ein starkes Beruhigungsmittel verabreicht worden war. Andere Frauen berichten, daß sie große Schwierigkeiten damit haben, im Falle einer Vaginalinfektion ein Zäpfchen in die Scheide einzuführen. Natürlich benutzen Frauen mit Vaginismus auch keine Dildos oder Vibratoren bei der Masturbation, sondern konzentrieren ihre Selbststimulation allein auf die Klitoris, und sie werden meistens äußerst nervös, wenn ihr Partner versucht, einen Finger oder die Zunge in die Vagina einzuführen, selbst wenn es behutsam und liebevoll getan wird.

Ein Aspekt von Vaginismus, der häufig übersehen wird, ist, daß er auch zu sexuellen Problemen beim Mann führen kann. So kompensieren besonders sexuell unerfahrene Männer die für sie belastende Situation, daß der Geschlechtsverkehr entweder nicht möglich ist oder ihre Partnerin dabei Schmerzen leidet, sowohl durch ein allmähliches Nachlassen ihres sexuellen Interesses (was natürlich eine Art Schutzmechanismus ist) als auch durch die verminderte Fähigkeit, eine Erektion zu bekommen oder aufrechtzuerhalten. Im Anfangsstadium des Entstehens dieser koexistierenden Dysfunktion bekommt der Mann charakteristischerweise eine feste Erektion während des Liebesspiels und bewahrt sie bis zum Moment der Penetration. Dann aber, angesichts des offensichtlichen körperlichen und emotionalen Unbehagens der Frau, läßt seine sexuelle Erregung nach, und seine Erektion beginnt rasch zu schwinden. Was darauf in vielen Fällen folgt, ist eine interessante Art der sexuellen Konditionierung: Die Frau leidet darunter, daß die Erektion des Mannes aufgrund ihres Widerstands erschlafft ist, aber zur gleichen Zeit ist sie ausgesprochen erleichtert, weil die direkte Gefahr abgewendet wurde. Folglich, indem ihre Ängste vor einer drohenden Penetration (die nun offensichtlich nicht stattfinden wird) nachlassen, wird sie besonders liebevoll und zärtlich ihrem Mann gegenüber, so daß sich dieser wieder gut fühlt. Darüber hinaus kann sie auch aus ihrem schlechten Gewissen darüber, daß sie wieder einmal die Möglichkeit eines Koitalverkehrs vereitelt hat, auf eine andere Form der Stimulation zurückgreifen, um dem Mann zur sexuellen Befriedigung zu verhelfen. Und so wird das Scheitern beim Koitus beispielsweise durch eine leidenschaftliche Fellatio wettgemacht, was in nachfolgenden sexuellen Begegnungen den Erektionsverlust beim Versuch zum Koitalverkehr noch verstärken kann. Wenn sich dieses Muster regelmäßig wiederholt, wird mit der Zeit die Erektion des Mannes verschwinden – falls er überhaupt noch eine bekommt –, sobald er versucht, den Penis in die Vagina einzuführen. In einigen dieser Fälle versteift sich das Glied des Mannes sogar nur noch dann, wenn es sich im Mund seiner Partnerin befindet oder wenn er manuell durch seine Partnerin stimuliert wird (manchmal mit Hilfe eines Gleitmittels). In solchen Fällen, in denen die konditionierte Impotenz besonders gravierend ist, verliert der Mann vollständig die Fähigkeit, mit seiner Frau eine Erektion zu bekommen; beim nichtkoitalen Sex kann er dann möglicherweise durch einen schlaffen Penis ejakulieren, während er nur noch bei der Selbstbefriedigung (bei der es nicht die Möglichkeit gibt, daß sich seine Frau durch den Geschlechtsverkehr bedroht fühlen könnte) imstande ist, mit einiger Regelmäßigkeit eine Erektion zu bekommen.

Natürlich reagieren nicht alle männlichen Partner von Frauen mit Vaginismus gleich. Einige gehen sehr tolerant und verständnisvoll mit den sexuellen Schwierigkeiten ihrer Partnerin um, und zwar besonders in solchen Fällen, die auf ein vergangenes sexuelles Trauma zurückzuführen sind; andere zeigen sich eine Zeitlang geduldig, beginnen dann aber, die primären Symptome des Vaginismus – Muskelkrämpfe, die den Scheideneingang verschließen – als eine Art willentlich herbeigeführte Vermeidung von Intimität aufzufassen, so als ob die Frau damit absichtlich ihre sexuellen Annäherungsversuche zunichte machen würde. Wieder andere finden spezielle Behandlungsversuche ihrer Partnerin fragwürdig; so erregen zum Beispiel stark interpretierende Therapieansätze, bei denen die genaue »Bedeutung« des Symptoms in einem langwierigen Prozeß analysiert und zerlegt wird, oft den Zorn und die Ungeduld des Mannes. Auf der anderen Seite können auch die Versuche, eine möglichst rasche Lösung zu finden – von der Hypnosetherapie (die manchmal funktioniert) bis zur pharmazeutischen Behandlung (zum Beispiel durch die Einnahme hoher Dosen von Beruhigungsmitteln, um der Frau zu helfen, sich zu »entspannen« und damit für den Geschlechtsverkehr reaktiver zu sein) –, Ärger beim Mann hervorrufen, wenn er das Gefühl hat, daß seine Frau sich nicht ernsthaft um eine Lösung ihres Problems bemüht. Gleichzeitig kann es auch eine Phase geben, in der der Mann den Fortbestand der Beziehung aktiv in Frage stellt, was manchmal ein oder mehrere außereheliche Abenteuer einschließen kann, um zu überprüfen, ob er noch normal funktioniert oder nicht und ob ihm das, was ihm bei seiner Frau fehlt, tatsächlich so viel Lust und erotische Befriedigung verschafft, wie er glaubt.

Vaginismus
Die unwillkürlichen Muskelkrämpfe im äußeren Drittel der Vagina sind durch Pfeile angezeigt.

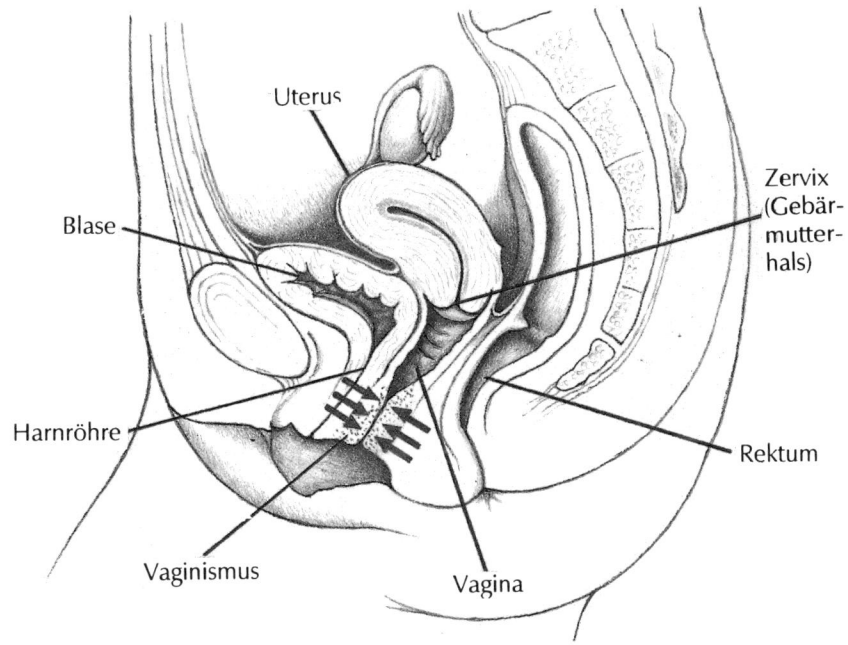

Wir sind der Ansicht, daß Vaginismus eine Beschwerde ist, die einer sorgfältig durchgeführten Behandlung bedarf und nicht mit irgendeiner Form von Selbsthilfeprogramm angegangen werden sollte. Zum einen ist eine umfassende ärztliche Untersuchung erforderlich, um festzustellen, ob eine anatomische Anomalie vorliegt, die die Muskelkrämpfe auslösen könnte. Zum anderen, und das ist besonders wichtig, hat der Vaginismus meistens mit schwerwiegenden psychischen Problemen hinsichtlich Selbstwertgefühl, Körperbild und Beziehungsdynamik zu tun, die nicht von selbst verschwinden, und zwar auch dann nicht, wenn eine physische

Gegenkonditionierung gelungen ist. Glücklicherweise ist die Erfolgsrate für eine sexualtherapeutische Behandlung von Vaginismus ausgezeichnet; und so konnten wir am Masters & Johnson Institut 98 Prozent der Fälle erfolgreich behandeln, eine Tatsache, die umso bemerkenswerter ist, wenn man bedenkt, daß in vielen dieser Fälle auch der männliche Partner sexuell dysfunktional war.

ACHTES KAPITEL
Zwanghaftes Sexualverhalten

In den letzten drei Kapiteln haben wir verschiedene Arten der sexuellen Dysfunktion erörtert, die insofern »nicht normal« sind, als sie eine statistische Minderheit, eine Abweichung von der gesunden Funktionsfähigkeit und (in vielen Fällen) konkrete physiologische Symptome oder Probleme repräsentieren. Aber es gibt auch andere sexuelle Konditionen, bei denen es sich nicht um Funktionsstörungen an sich handelt, die von der Norm abweichen. Zu dieser Kategorie gehören verschiedene Formen des zwanghaften Sexualverhaltens, bei denen sich das Ausleben von und die gedankliche Beschäftigung mit Sex mehr oder weniger störend auf das Leben der jeweiligen Person auswirkt. Wir haben hier nicht die Absicht, alle diese Störungen zu katalogisieren, sondern wir wollen einen möglichst umfassenden begrifflichen Überblick über die dahinter liegenden Vorgänge und Ursachen geben.

Die Paraphilien

Paraphilien sind Störungen des Sexualverhaltens, deren zwanghaftes Element das sexuelle Repertoire der betreffenden Person so eingrenzt oder fokussiert, daß sowohl die Erregung als auch die Befriedigung von etwas abhängig werden, was von den meisten Menschen als eine abnorme oder abweichende Form der sexuellen Phantasie oder Interaktion empfunden würde. (Ein solches Verhalten wurde in der Vergangenheit häufig als Perversion oder Abirrung bezeichnet, doch da diese Begriffe einen stark moralisierenden Beigeschmack haben, wurden sie inzwischen durch die neutralere Bezeichnung »Paraphilie« ersetzt.) Einige Paraphilien beinhalten eine spezielle Art der sexuellen Objektwahl, wie im Fall der Pädophilie (bei der Kinder das bevorzugte Sexualobjekt sind), des Fetischismus (bei dem ein bestimmter Gegenstand, wie Damenunterwäsche oder ein Körperteil wie Füße oder Haare zum bevorzugten oder erforderlichen Erregungsauslöser werden) oder der sehr seltenen Variante der Sodomie (bei der Tiere das bevorzugte Sexualobjekt sind). Andere Paraphilien beziehen sich auf das wiederholte und zwanghafte Ausüben eines bestimmten sexuellen Akts wie das Sichentblößen (Exhibitionismus), das Zufügen von Schmerz beim Sexualpartner (Sadismus) oder das heimliche Beobachten von Personen, die sich ausziehen oder Sex haben (Voyeurismus).

In praktisch allen Fällen ist die Paraphilie definitiv festgelegt und statisch: Zum Beispiel wird ein Exhibitionist im allgemeinen nicht zum Transvestiten, und Voyeure entwickeln selten einen Hang zum Sadomasochismus oder zu sexuellen Handlungen mit Tieren.

Der Begriff »Paraphilie« läßt sich nicht auf Situationen anwenden, in denen Menschen gelegentlich mit ungewöhnlichen oder sogar offensichtlich perversen sexuellen Erfahrungen experimentieren. Natürlich ist eine Festlegung dessen, was pervers ist, nicht immer ganz einfach: In bestimmten Ländern gilt oral-genitaler Sex oder Analverkehr auch heute noch als pervers, und vor ein paar Jahrzehnten wurden diese Praktiken ganz allgemein als »abnorm«, »abartig« oder »moralisch verwerflich« etikettiert. Folglich mag ein Mann, der es gelegentlich stimulierend oder erregend findet, von seiner Sexualpartnerin geschlagen, ausgepeitscht oder gefesselt zu werden, ein statistisch eher ungewöhnliches Verhalten zeigen, über das viele Menschen die Stirn runzeln würden oder das sie zu der Frage veranlassen könnte, was er an einer solchen Aktivität denn erotisch finde. Falls er diese Form von Sexualität aber nicht *bevorzugt* oder *braucht*, um erregt zu werden oder sexuelle Befriedigung zu erlangen (oder nicht zumindest unter dem ständig wiederkehrenden und hartnäckigen Drang danach leidet), stellt sein Verhalten kein Beispiel für eine Paraphilie dar. Und auch eine Frau, die sexuellen Kontakt mit ihrem Schäferhund hat, mag vieles sein – einschließlich unkonventionell, abenteuerlich oder sogar psychisch gestört –, aber sie leidet nicht unter einer Paraphilie, es sei denn, daß sie ihren Schäferhund sexuell jedem menschlichen Liebhaber vorzieht.

Uns geht es bei diesen Unterscheidungen um folgendes: Wir wollen zeigen, daß eine Paraphilie nicht bloß eine alternative Variante des »normalen« Sexualverhaltens darstellt, sondern daß eine echte Paraphilie im wesentlichen durch die Kombination aus Zwanghaftigkeit und Fixierung gekennzeichnet ist. Ebenso wie jemand mit Waschzwang oder jemand, der ständig alle Gläser und Packungen im Vorratsschrank in ordentliche und perfekt ausgerichtete Reihen sortieren muß, wird der Mensch mit einer Paraphilie nicht von Vergnügungssucht beherrscht, sondern von der Flucht vor psychischem Schmerz. Obwohl sich die Paraphilien scheinbar um bestimmte sexuelle Vorlieben drehen, geht es dabei weniger um Sex an sich als um die rituelle Beschwichtigung innerer Dämonen.

Einige Menschen mit Paraphilien sind so von ihrem Zwang besessen, daß sie sich eine bestimmte Arbeit oder ein Hobby aussuchen, um in direktem und ständigem Kontakt mit ihrem erotischen Stimulus zu sein.

So kann der Pädophile zum Beispiel Anführer einer Pfadfindergruppe oder Sportlehrer werden oder ein Fußfetischist Verkäufer in einem Schuhgeschäft. Häufiger wird die Paraphilie jedoch in einem vom sonstigen Alltag getrennten Bereich ausgelebt: Ein Vertreter entblößt sich auf seinen Reisen vor Frauen im Auto; ein Buchhalter macht zwischen zwei Geschäftsterminen obszöne Anrufe; ein Transvestit sieht am Tag vollkommen männlich aus und verhält sich auch so, zieht aber nachts Frauenkleider an.

In den gravierendsten Fällen ist der paraphile Drang so intensiv und allgegenwärtig, daß er einer fast täglichen rituellen Triebabfuhr bedarf, vorzugsweise durch die tatsächliche Handlung oder, falls das nicht möglich ist, zumindest durch eine mit entsprechenden Wunschvorstellungen unterstützte Masturbation. Die meisten Betroffenen empfinden den Zwang, ihre Paraphilie auszuleben, um dadurch ihr überwältigendes Gefühl von Angst, Depression oder Kontrollverlust einzudämmen. Dem paraphilen Drang nachzugeben hat zwar nicht unbedingt eine Befriedigung in dem Sinne von orgasmischer Zufriedenheit und Entspannung zur Folge, den andere Menschen aus der Sexualität beziehen, aber es *ist* befriedigend in der zumindest zeitweiligen Unterdrückung dieser negativen Gefühle. Im Zusammenhang mit der persönlichen Befriedigung, die aus der ersehnten Handlung bezogen wird, ist es übrigens interessant festzustellen, daß dem Betroffenen mit einem bereitwilligen Partner nicht immer gedient ist, und so berichten zum Beispiel manche Sadisten, daß sie sadistischen Sex mit einem kooperativen Partner wesentlich weniger genießen als mit einem, den sie zu einer sexuellen Handlung gezwungen haben. (Das kann auch der Grund dafür sein, warum einige Sadisten nicht gerade begeistert sind, wenn ihre Partner masochistisch sind, denn wenn der Partner den Schmerz *genießt*, vermindert das ihren Lustgewinn beträchtlich.)

In weniger schwerwiegenden Fällen ist der paraphile Drang nicht immer präsent, sondern wird periodisch durch eine spezifische Streßsituation ausgelöst: zum Beispiel nach einem Streit mit dem Partner oder einer Kränkung am Arbeitsplatz. In diesen Momenten wird das Bedürfnis nach dem paraphilen Verhalten, das sonst ruhig unter der Oberfläche des Alltagslebens schlummert, durch ein äußeres Ereignis geweckt. Der Zwang ist demnach sehr viel weniger intensiv als in gravierenderen Fällen, da er nur gelegentlich auftritt, statt praktisch rund um die Uhr spürbar zu sein. Beide Formen von Paraphilie haben jedoch gemeinsam, daß die speziellen Sexualakte nicht im Dienste der Erotik vollzogen werden, sondern daß sie eine Art Abwehrmechanismus gegenüber emotionalen Verletzungen wie Einsamkeit, Angst, Scham oder Versagen sind.

Viele Männer mit einer gravierenden Paraphilie haben Schwierigkeiten, bei einer sexuellen Aktivität, die nichts mit ihrem paraphilen Thema zu tun hat, erregt zu werden, weshalb es nicht verwunderlich ist, daß unter diesen

Männern eine hohe Rate an sexuellen Dysfunktionen wie zum Beispiel Impotenz oder Ejakulationsunfähigkeit vorliegt. Diese Funktionsstörungen können sich durch die Schwierigkeiten, die die meisten dieser Männer im Umgang mit Intimität und zwischenmenschlichen Beziehungen haben sowie durch begleitende psychische Störungen wie Depression oder Persönlichkeitsstörungen noch verschlimmern. Auch haben Männer mit einer Paraphilie besonders häufig Drogenprobleme, obwohl dies manchmal nur als Erklärung oder Ausrede für das abweichende Verhalten vorgebracht werden mag.

Zwar sind verläßliche Daten über die Häufigkeit wirklicher Paraphilien nicht verfügbar, jedoch stimmen die meisten Experten darin überein, daß Männer sehr viel stärker von diesen Störungen betroffen sind als Frauen. Natürlich gibt es vereinzelte Fälle von weiblichem Exhibitionismus, Fetischismus oder – bereits sehr viel häufiger – Sadismus beziehungsweise Masochismus, aber auf die meisten Paraphilien entfällt lediglich ein winziger Teil an weiblichen Betroffenen.

Diese Unterscheidung bringt uns zu einem wichtigen Punkt: Nur weil eine Person von Zeit zu Zeit an einer bestimmten Handlung wie zum Beispiel sadomasochistischem Sex teilnimmt, heißt das nicht, daß diese Person ein Sadist oder Masochist ist, und auch wenn er oder sie diese Aktivität sehr *genießt*, bedeutet das noch keine Paraphilie. Solange diese Aktivität nicht die bevorzugte und praktisch erforderliche Form der sexuellen Betätigung und Erregung ist, handelt es sich dabei um eine alternative Wahl im Lebensstil (wie die Entscheidung, vegetarisch zu leben), in der Freizeitgestaltung (wie wenn man lieber Golf als Tennis spielt) oder des ästhetischen Geschmacks (wie eine Vorliebe für Hard Rock statt für Modern Jazz), aber es läßt sich daraus keine sexuelle Störung diagnostizieren. Das ist auch nicht nur eine Sache der Häufigkeit, sondern das wesentliche Element bei einer Paraphilie ist der unwiderstehliche Drang. Fehlt diese Zwanghaftigkeit, ist die Paraphilie lediglich ein vereinzelt auftretendes Verhalten und nicht ein integraler Bestandteil der persönlichen Identität.

Ursachen

Der von Dr. John Money entwickelten Theorie der »vandalized lovemap« (»vandalisierter Liebeshaushalt«) zufolge entwickeln sich die meisten Paraphilien während eines Zeitraums in der frühen Kindheit, in dem die ersten Verbindungen zwischen Sex, Liebe und Lust hergestellt werden. Money ist der Ansicht, daß der zutiefst individuelle Entwurf von Liebe und Erotik in diesem Zeitraum so traumatisiert oder gestört werden kann, daß eine

232

paraphile Orientierung wahrscheinlich wird. Diese Störung beinhaltet typischerweise einen während der Kindheit stattfindenden Bruch in der natürlichen Verbindung zwischen romantischer Liebe und sexueller Lust, so daß der einzelne im Erwachsenenalter nicht mehr fähig ist, die »reine« Liebe und »schmutzige« Lust in seinem oder ihrem Sexual- und Liebesverhalten zu vereinbaren. Als ein Resultat dieser Unfähigkeit zur Integration von Liebe und Lust wird die Lust häufig durch ein hochspezifisches paraphiles Verhalten ausgedrückt, das von den Gefühlen der Zuneigung oder Intimität vollkommen getrennt und abgespalten bleibt.

Laut Money gibt es mehrere Möglichkeiten, wie die individuelle Orientierung unbewußt in eine paraphile Richtung gelenkt werden kann:

1. Eltern, die einen kleinen Jungen dafür demütigen und bestrafen, daß er stolz seinen eregierten Penis herzeigt und damit vor den weiblichen Anwesenden angibt, setzen damit das Kind dem Risiko aus, daß es später zum Exhibitionisten wird.

2. Ein Pädophiler, der einen Jungen zu einer Liebesbeziehung nötigt, traumatisiert diesen mit hoher Wahrscheinlichkeit derart, daß er als Erwachsener das pädophile Verhalten wiederholt.

3. Viele Transvestiten berichten, daß sie in der Kindheit als eine Form von Strafe Mädchenkleidung anlegen mußten.

Nach Moneys Theorie erzeugt diese Form der negativen geschlechtlichen Konditionierung in einem besonders verletzlichen Alter eine deutliche Prädisposition für das Entstehen von Transvestismus, obwohl Money klar zugibt, daß nicht jeder, der in der Kindheit auf diese Art und Weise traumatisiert wurde, eine paraphile Fixierung entwickelt.

Die Pädophilie wurde während der vergangenen Jahre umfassender erforscht als andere Paraphilien. Das mag zum Teil daran liegen, daß die Öffentlichkeit auf den Mißbrauch und die Traumatisierung von Kindern besonders sensibel reagiert und zum anderen Teil an der Tatsache, daß die große Mehrzahl – nämlich ungefähr 80 Prozent – der Pädophilen in ihrer Kindheit selbst sexuell mißbraucht worden sind, woraus sich eine große Bedeutung für die »Weitergabe« an zukünftige Generationen ablesen läßt. Aus diesem Grund werden wir einige der Theorien über die Ursachen der Pädophilie im folgenden eingehender erörtern.

David Finkelhor und Sharon Araji haben ein Vier-Faktoren-Modell entwickelt, mit dem sie die verschiedenen Theorien über die Gründe zusammenfassen, aus denen sich manche Erwachsene sexuell zu Kindern hingezogen fühlen und sie mißbrauchen.

Die Theorie der *emotionalen Kongruenz* beschreibt, warum ein Erwachsener das emotionale Bedürfnis entwickelt, seine sexuellen Wünsche auf Kinder zu richten: Es kann von einer psychischen Entwicklungshemmung herrühren, wobei der Erwachsene seine kindlichen Bedürfnisse beibehält, oder aus einem generell mangelnden Selbstwertgefühl, das sich dadurch (zumindest kurzfristig) aufwerten läßt, indem Macht und Kontrolle über ein Kind ausgeübt werden. Ein weiterer Aspekt der emotionalen Kongruenz ist das Konzept der »Identifizierung mit dem Aggressor«, das sich auf Erwachsene bezieht, die als Kinder selbst Opfer von sexuellem Mißbrauch waren und die, wenn sie älter werden, sozusagen »den Spieß umdrehen« und ihrerseits zum Täter werden, nicht nur um Rache zu üben, sondern auch, um das unerträgliche Gefühl des Ausgeliefertseins zu kompensieren. Auf gleiche Art können pädophile Sexualphantasien eine symbolische Bewältigung des Traumas darstellen, das jemand erlitten hat, der als Kind sexuell mißbraucht wurde, und dem Betroffenen helfen, sich von dem Gefühl der Scham und Ohnmacht zu befreien, das er empfunden hatte, als er sich gegen den Mißbrauch nicht wehren konnte.

Andere Theorien versuchen zu erklären, warum ein Erwachsener Kinder sexuell erregend findet. Finkelhor und Araji zitieren unter anderem eine, wonach viele Pädophile frühe sexuelle Erfahrungen gemacht haben, durch die sie entsprechend konditioniert wurden. Diese Erfahrungen können traumatisch gewesen sein und sich möglicherweise durch den damit verbundenen psychischen Schmerz umso unauslöschlicher eingeprägt haben, oder sie sind zu einer sexuellen Phantasie geworden, die regelmäßig zur Masturbation verwendet wurde, wodurch sich die Konditionierung verstärkt. Eine frühe Prägung durch andere – das heißt, durch einen Erwachsenen, der Kinder sexuell erregend fand und somit zum Vorbild für das eigene Verhalten wurde – kann ebenfalls zur Entstehung von Pädophilie beitragen.

Andere Theorien gehen von einer sogenannten »Blockierung« aus, das heißt dem Phänomen, daß einige Erwachsene scheinbar blockiert sind, wenn ihre sexuellen und emotionalen Bedürfnisse in einer konventionellen Intimbeziehung zu einer anderen erwachsenen Person erfüllt werden sollen. Zu den möglichen Ursachen für eine solche Blockierung gehören ein mangelndes Sozialverhalten in heterosexuellen Erwachsenenbeziehungen, Ängste vor Sex, ein unbewältigter ödipaler Konflikt oder Konflikte mit dem Partner sowie repressive sozio-sexuelle Normen.

Eine weitere Kategorie von Faktoren nennt sich »Desinhibition«. Dieser Begriff bezieht sich auf die Gründe, warum bei Pädophilen unsere konventionsgebundene Hemmung gegenüber sexuellen Kontakten mit Kindern nicht greift. Zu diesen enthemmenden Faktoren gehören geistiges Zurückgebliebensein, Demenz, Senilität, Psychosen, mangelnde Impulskontrolle, Drogen- oder Alkoholmißbrauch und ein Versagen des normalerweise wirksamen Inzesttabus. (Das kann z. B. zwischen einem Stiefvater und der heranwachsenden Stieftochter der Fall sein, da er noch nicht zur Familie gehörte, als das Mädchen ein Kind war, so daß sich die normale

Hemmung, die zwischen Vater und Tochter existiert, nicht ausbilden konnte.)

Zwar bietet das Vier-Faktoren-Modell von Finkelhor und Araji keine präzise Erklärung für die Dynamik jedes einzelnen Falles, doch es kann helfen, unsere theoretische Auseinandersetzung mit diesem Problem zu strukturieren, und indem wir sowohl die individuelle wie auch gesellschaftliche Wechselwirkung zwischen den einzelnen Faktoren, die zu einem pädophilen Verhalten beitragen können, berücksichtigen, gelingt es uns vielleicht, einer möglichen Lösung auf die Spur zu kommen.

Vier Fallstudien

Anstelle einer umfassenden theoretischen Erörterung anderer Paraphilien, die den Rahmen dieses Buches sprengen würde, wollen wir deren wesentliche Charakteristika – insbesondere im Zusammenhang mit unserem Thema des zwanghaften Sexualverhaltens – anhand einiger Fallstudien darstellen.

Fallstudie: Der Unterwäschendieb
Herr Z., ein 27jähriger Rechtsanwalt, war seit vier Jahren verheiratet, als er uns wegen gelegentlicher Episoden von Impotenz aufsuchte. Im persönlichen Gespräch ergab sich bald, daß Herr Z. eine auffällige fetischistische Vorliebe für Damenunterhöschen hatte; ohne dieses Requisit war seine sexuelle Erregung marginal, und selbst wenn er beim Geschlechtsverkehr mit seiner Frau an sein Fetischobjekt dachte, konnte er dadurch nicht immer seine Erektion aufrechterhalten. Außerdem ging es ihm nicht einfach um den Schlüpfer an sich, sondern er wurde nur durch solche erregt, die benutzt waren und den weiblichen Geruch trugen.

Herr Z. hatte eine ältere Schwester und einen jüngeren Bruder. Er beschrieb seine Kindheit als glücklich und seine Familie als engverbunden und wohlhabend. Im Alter von sechs oder sieben Jahren beteiligte er sich gelegentlich an Doktorspielen mit ein paar Kindern aus der Nachbarschaft, aber daran war seiner Erinnerung nach nichts Bemerkenswertes.

Im Alter von zwölf Jahren begann er zu onanieren. Manchmal versuchte er, seine Schwester (die damals 15 war) heimlich beim Auskleiden oder Duschen zu beobachten, doch meistens schlugen diese Versuche fehl. Eines Tages jedoch hatte seine Schwester ihr Unterhöschen auf dem Badezimmerboden liegenlassen – er erinnerte sich noch deutlich daran, wie es aussah und an den moschusartigen Geruch im Zwickel –, und er benutzte es fortan als Masturbationshilfe, zusammen mit der Phantasie, daß er seine Schwester vergewaltigte, während sie schlief.

In der Folgezeit kreisten seine masturbatorischen Phantasien meistens um weibliche Unterwäsche, und als er 13 Jahre alt war, stahl er seiner Cousine einen Schlüpfer, den er in seinem Zimmer versteckte und gelegentlich zur autoerotischen Stimulation benutzte. Mit 14 hatte er seine erste Freundin, und ihre sexuellen Aktivitäten bestanden hauptsächlich aus Petting, wobei sie ihre Kleider anbehielten, was bedeutete, daß er ihre Genitalien entweder durch das Unterhöschen hindurch oder im Slip berührte. Einmal überredete er sie, ihm ihren Schlüpfer zu geben, nannte ihr aber einen Grund für diesen Wunsch, der erlogen war.

Im Alter von 16 Jahren hatte er damit begonnen, Waschsalons aufzusuchen, wo er sich aus den Wäschekörben ein paar Damenunterhöschen »ausborgte«, die umso stimulierender für ihn waren, je stärker sie nach der Benutzerin rochen. Wenn es ihm lediglich gelang, Slips aus einem Trockner zu nehmen, stellte er fest, daß sie sexuell nur wenig erregend für ihn waren.

Er behielt dieses Muster während seiner College- und Studienzeit bei, und nach seiner eigenen Schätzung hatte er in einem Zeitraum von elf Jahren mehr als 500 Schlüpfer gestohlen. Auch nachdem er geheiratet hatte, stellte er seine Diebeszüge nicht ein, und es war ihm sogar während seiner Flitterwochen auf Hawaii gelungen, heimlich einen Waschsalon aufzusuchen, ein paar Schlüpfer zu stehlen, mit ihnen zu masturbieren und die Beweisstücke anschließend verschwinden zu lassen.

Obwohl er versicherte, seine Frau zu lieben und eine sehr enge Beziehung mit ihr zu haben, hatte sie keine Ahnung von seinem Fetischismus, und ihrer Ansicht nach waren seine sexuellen Schwierigkeiten die Folge von zu großer Arbeitsbelastung. Herr Z. hatte keineswegs den Wunsch, seinen Fetischismus aufzugeben, sondern er wollte einfach imstande sein, mit seiner Frau sexuell zu funktionieren. Nach ein paar Tagen brach er die Therapie jedoch ab, weil er Angst bekam, sein »Geheimnis« könnte gelüftet werden.

Einige Jahre später erfuhren wir, daß sich Herr und Frau Z. hatten scheiden lassen.

Fallstudie: Ein Mann und seine Verkleidung
Der folgende Brief wurde uns von einem 38jährigen verheirateten Mann zugeschickt, der uns um Hilfe bat, weil seine Frau zunehmend unter seinem Transvestismus (»Cross-dressing«) litt.

Ich bitte Sie aus dem einzigen Grund um Hilfe, weil ich Angst habe, daß Sally mich verläßt, wenn ich nicht etwas unternehme, um mit dem fertig zu werden, was sie das »Problem« nennt. Aber es ist eigentlich kein Problem für mich, sondern nur insofern problematisch, als meine Neigung, Frauenkleidung anzuziehen, zu einem Konflikt zwischen uns geworden ist.

Das war nicht immer so. Als wir uns vor 15 Jahren verlobten, war mir klar, daß ich Sally sagen mußte, was mich erregt. Und nachdem ich eine Weile mit mir gerungen hatte, habe ich ihr schließlich eines Abends einen Brief mit meinem Bekenntnis überreicht. Obwohl sie ziemlich verwirrt und bestürzt über die ganze Sache war, schien sie es einigermaßen akzeptieren zu können. Das heißt, sie akzeptierte es, weil sie verliebt war und sich dachte, daß sie mich schließlich ändern könne oder daß ich diese Obsession mit der Zeit überwinden würde. Ich merkte auch, daß sie von meiner Verlegenheit so gerührt war, daß sie mein Dilemma (soll ich es ihr sagen oder es geheimhalten?) als den Wunsch fehlinterpretierte, der Sache ein Ende zu setzen.

Dabei hatte ich nie die Absicht, meine persönliche Neigung aufzugeben, sondern ich wollte bloß, daß sie daran teilhatte. Ich wußte, daß viele andere Männer ihre Frauen dazu gebracht hatten, bei ihren Verkleidungen mitzumachen, und daß sie ihnen sogar beim Schminken und der Auswahl besonders reizvoller Unterwäsche halfen. Außerdem hatte ich das starke Bedürfnis, mit Sally zu schlafen, während ich Frauenkleidung trug, weil ich dann einfach am erregtesten war. Und viele Jahre lang war Sally zwar nicht gerade begeistert darüber, aber sie hat wenigstens mitgemacht, was mir genügte.

Nachdem wir eine Familie gegründet hatten, veränderten sich die Dinge allmählich. Sally fing an, immer mehr an meinem »Problem« herumzunörgeln, und drängte mich, es aufzugeben – als ob es eine Art Hobby von mir wäre, so wie Bowling, das ich nicht sehr vermissen würde, wenn ich erst einen Ersatz gefunden hätte. Erst nachdem ich ein paar Mal versucht hatte, meine transvestitischen Aktivitäten einzuschränken, nur um festzustellen, daß ich daraufhin gereizt und depressiv wurde und ständig davon phantansierte, und nachdem ich sie schließlich davon überzeugt hatte, daß ich weder fähig noch willens war, damit aufzuhören, meinte sie, daß ich mich um Hilfe bemühen soll.

Das ist also der Punkt, an dem wir jetzt stehen. Zugegeben, ich habe vier oder fünf Jahre gebraucht, bis ich mich an Sie wende. Zugegeben, ich will keine Hilfe, die mit meiner persönlichen Neigung Schluß macht. Sie ist einfach zu sehr ein Teil von mir, als daß ich sie aufgeben könnte. Die einzige Art von Hilfe, die ich will, ist eine, die dazu beiträgt, die Distanz, die wegen des »Problems« zwischen uns entstanden ist, aufzuheben – mit anderen Worten, was ich will, ist, daß Sie Sally helfen zu lernen, damit zu leben, wie ich bin und was ich tue, und es als eine legitime Form des sexuellen Ausdrucks zu akzeptieren.

Obwohl der Briefschreiber und seine Frau dann tatsächlich zur Therapie kamen, wurde bald offensichtlich, daß sie in eine solche Sackgasse miteinander geraten waren, daß eine wirkliche »Behandlung« nicht möglich war. Statt dessen halfen die Therapeuten dem Paar, eine Kompromißlösung zu finden: Der Ehemann erklärte sich bereit, sein Cross-dressing auf zweimal im Monat einzuschränken, und seine Frau erklärte sich im Gegenzug bereit, ihn nicht länger dazu zu drängen, eine Aktivität aufzugeben, die für ihn sehr befriedigend war und niemandem wirklich schadete. Darüber hinaus wurde der Frau beigebracht, selbstsicherer zu werden, indem sie ihre eigenen Bedürfnisse und Gefühle stärker in die Beziehung einbrachte und ihr Glück nicht länger allein von den Stimmungen und Handlungen ihres Mannes abhängig machte.

Am Ende wurde die Paraphilie zwar nicht »geheilt«, aber sie konnte in die Beziehung integriert werden, was natürlich nicht möglich ist, wenn die Paraphilie andere gefährdet, wie zum Beispiel bei der Pädophilie. Vier Jahre nach der Therapie war das Paar immer noch zufrieden mit der Lösung, die sie gemeinsam erarbeitet hatten.

Fallstudie: Telefonsex

Herr und Frau H. waren seit sieben Jahren verheiratet, als sie uns zur Behandlung eines praktisch nicht vorhandenen Sexualverlangens auf seiten des Mannes aufsuchten. Herr H. war von Beruf Computerfachmann, Frau H. Kindergärtnerin.

Ihren Erzählungen nach führten sie so etwas wie eine Bilderbuchehe, wenn da nicht der fehlende physische Kontakt wäre. Sie stritten nur äußerst selten, hatten einen engen Freundeskreis, waren finanziell gut situiert und teilten verschiedene Interessen wie Skilaufen, Radfahren und Reisen. Aber nach einer Zeit des Zusammenseins und am Anfang ihrer Ehe, in der sie ohne Probleme miteinander geschlafen hatten (wenn auch nur ungefähr zweimal die Woche), nahm die Häufigkeit ihrer sexuellen Aktivitäten bis auf einmal alle paar Monate ab, worunter besonders Frau H. litt, die nicht verstehen konnte, warum ihr Mann trotz ihres attraktiven Äußeren kaum mehr ein sexuelles Interesse an ihr hatte.

Mehrere Einzelgespräche mit Herrn H. brachten schließlich die Erklärung. Seit er 14 oder 15 Jahre alt war, wurde er von dem Zwang besessen, obszöne Telefonanrufe zu tätigen, was ihm die größtmögliche sexuelle Erregung und – ohne daß es seine Frau ahnte – eine große Zahl an Orgasmen verschaffte. Seit seiner Zeit auf dem College hatte er einen Rhythmus von mindestens einem halben Dutzend obszöner Anrufe pro Tag entwickelt, wobei er bei fast allen masturbierte. Zuerst hatte er aufs Geratewohl Frauen angerufen, deren Nummern er aus dem Telefonbuch hatte, aber mit der Zeit verfiel er auf die Methode, seine Opfer im voraus auszukundschaften, so daß er wußte, wie sie aussahen und manchmal auch, wo sie wohnten.

Obwohl er am Anfang seiner Ehe versuchte, die Häufigkeit seiner Anrufe zu reduzieren, kam ihm der Sex mit seiner Frau im Vergleich zu dem intensiven Kick, den ihm seine telefonischen Abenteuer verschafften, bald sehr langweilig vor. Während der letzten Jahre hatte er täglich zwei bis drei Stunden mit seinen obszönen Anrufen verbracht und dabei für gewöhnlich mindestens dreimal bis zum Orgasmus masturbiert. Er war sicher, daß seine Frau keine Ahnung von seinen Aktivitäten hatte, und er war auch nie von der Telefongesellschaft oder der Polizei erwischt worden.

Obwohl Herr H. motiviert zu sein schien, sein Verhalten zu ändern, da es sich störend auf seine Arbeit auswirkte und ihn auch sonst stark belastete, rieten wir dem Paar (mit seiner Zustimmung), ihn zunächst eine Einzeltherapie machen zu lassen, bevor sie mit einem gemeinsamen sexualtherapeutischen Programm beginnen sollten. Dabei haben wir seine Frau nicht über die genaue Art seines Problems aufgeklärt, da dies unserer Ansicht nach keinem von beiden besonders geholfen hätte.

Herr H. unterzog sich daraufhin einen Monat lang einer täglichen Psychotherapie, bei der mehrere der im nächsten Abschnitt beschriebenen Verhaltenstechniken eingesetzt wurden, um seinen zwanghaften sexuellen Mechanismus aufzuheben. Am Ende dieser Behandlung war er imstande, seine obszönen Telefonanrufe vollständig aufzugeben, und indem er feststellte, daß auch die Vorstellung solcher Aktivitäten ihren erotischen Reiz verloren hatte, verminderte er ebenfalls die Häufigkeit seines Masturbierens.

Die nächste Phase seiner Behandlung bestand in einer Paartherapie zusammen mit seiner Frau. Nachdem sie eine Weile die Sinnlichkeitsübungen durchgeführt und dabei gelernt hatten, ihre Kommunikation zu verbessern, stellten Herr und Frau H. plötzlich fest, daß sie mehrmals die Woche miteinander schliefen ... und daß es ihnen Spaß machte. In dieser Phase der traditionellen sexualtherapeutischen Behandlung trat seine natürliche Sexualität nach zwanzigjähriger Unterbrechung wieder an die Stelle seines paraphilistischen Verhaltens, und er konnte den Übergang zum ehelichen Sex ziemlich leicht vollziehen. Unsere nachfolgenden Kontakte mit diesem Paar ergaben, daß ihr Sexualleben zwei Jahre nach Beendigung der Therapie weiterhin befriedigend und mit einiger Häufigkeit – für gewöhnlich zwei- oder dreimal die Woche – verlief.

Dieser Fall illustriert einen wichtigen Punkt: Nicht alle Paraphilien sind gleich intensiv. Wir haben nämlich festgestellt, daß es leichter ist, bestimmte Arten von Paraphilie, besonders Exhibitionismus, Voyeurismus und obszöne Telefonanrufe erfolgreich zu behandeln, als solche wie Pädophilie, Sadomasochismus oder Fetischismus. (Transvestismus liegt irgendwo dazwischen.) Wir können diesen Unterschied zwar nicht genau erklären, doch scheint er etwas mit der Tatsache zu tun zu haben, daß die Paraphilien, die leichter zu behandeln sind, keine physische Interaktion mit einem Partner beinhalten, während bei den anderen Arten der Paraphilist in den meisten Fällen einen Weg findet, seinen Partner – falls er einen hat – in seine Paraphilie mit einzubeziehen, selbst wenn das einen gewissen Grad an Täuschung erfordert, wobei man bei einem Fetischisten das Fetischobjekt als den Partner betrachten kann.

Fallstudie: Eine Frau liebt die Gewalt

Eine 26jährige Jurastudentin wurde wegen ihrer sexuellen und ehelichen Probleme vom Sozialdienst ihrer Universität an einen Sexualtherapeuten verwiesen. Sie war seit vier Jahren mit einem ehemaligen College-Mitschüler verheiratet, der an der gleichen Universität Wirtschaftswissenschaften studierte.

Seit sie denken konnte, wurde sie sexuell nur dann erregt, wenn sie brutal behandelt wurde oder sich Phantasien hingab, in denen sie vergewaltigt und mißhandelt wurde. Ihr Ehemann war anfangs zwar bereit gewesen, ihre Forderungen nach gewalttätigem Sex zu erfüllen, fand das mit der Zeit aber zu mühsam und auch erniedrigend. Sie fühlte sich daraufhin von ihm betrogen und versuchte, ihn so wütend auf sie zu machen, daß er sie schlug. Als er anfing, sich ihren sexuellen Forderungen zu entziehen, ging sie dazu über, in Bars Männer anzusprechen, mit denen sie in ein Motel ging und Sex hatte, unter der Bedingung, daß sie sie dabei schlagen würden. Sie schämte sich zwar wegen ihres Verhaltens, besonders da sie es sorgfältig vor ihrem Mann geheimhielt, war jedoch unfähig, damit aufzuhören, da es ihr die intensivsten und ekstatischsten Gefühle verschaffte, die sie kannte.

Beim Erstgespräch stellte sich heraus, daß sie im Alter von acht oder neun Jahren ihren ersten Orgasmus hatte, als sie von einem Nachbarskind als Teil der »Prüfungen« für die Aufnahme in einen Geheimclub den Hintern versohlt bekam. Sie war so begeistert von dieser Erfahrung, daß sie danach absichtlich gegen die Clubregeln verstieß, um zur Strafe immer wieder verhauen zu werden, wobei sie es jedesmal als sexuell erregend empfand und auch meistens einen Orgasmus dabei bekam.

Als Teenager schlug sie sich selbst mit einem Ledergürtel, während sie masturbierte, wobei sie in ihrer Phantasie detaillierte Szenen von Folter und Züchtigung entwarf, die sie auf den Gipfelpunkt der sexuellen Erregung brachten. Bis zu ihrer Collegezeit hatte sie sich eine große Kiste voller pornographischer Bücher mit sadomasochistischem Inhalt zugelegt und war ohne die Vorstellung, sexuell mißhandelt zu werden, nicht mehr fähig, einen Orgasmus zu bekommen. Zu ihrem späteren Ehemann fühlte sie sich besonders deswegen hingezogen, weil er ein beträchtliches Interesse an ihrer Sammlung von Erotika gezeigt hatte und das Ausleben dieser Phantasien in ihrem gemeinsamen Sexualleben zu genießen schien.

Obwohl sie ihre Ehe retten wollte, weigerte sie sich, ihrem Mann ihre außerehelichen Abenteuer zu offenbaren, und machte ihre Therapie davon abhängig, daß der Therapeut einwilligte, diese Information absolut vertraulich zu behandeln. Kurz nachdem sie mit der Therapie begonnen hatte, teilte der Ehemann ihr jedoch mit, daß er sie verlassen würde, und bald darauf ließen sie sich scheiden.

Dieser Fall von Masochismus verdeutlicht mehrere Aspekte der Paraphilie:

Erstens, fast alle Paraphilien haben ihren Ursprung in der frühen sexuellen Vergangenheit der jeweiligen Person.

Zweitens, die Paraphilien, bei denen es keine »Opfer« gibt, erzeugen nur selten interpersonelle Probleme, wenn der Sexualpartner bereit ist, bei der gewünschten Erregungsform zu kooperieren. So kann zum Beispiel ein Gummi-Fetischist tatsächlich eine ausgesprochen glückliche und befriedigende Ehe führen, wenn es seiner Frau Spaß macht, beim Sex die entsprechenden Accessoires zu tragen. Wird aber einem der Partner die relativ ausschließliche Konzentration auf eine Sexualvariante langweilig – wie auf die sadomasochistische Komponente im oben beschriebenen Fall –, gerät die Beziehung sehr viel eher in eine Krise. Obwohl dies zum Teil an der Eintönigkeit solcher Aktivitäten selbst liegen kann, ist die Entfremdung wahrscheinlich eher die Folge davon, daß der nichtparaphilistische Partner den Sex als zunehmende Entpersönlichung empfindet und sich vorkommt, als sei er oder sie lediglich ein Requisit oder Schauspieler in einem von dem Partner zwanghaft inszenierten psychosexuellen Drama. Das würde bedeuten, daß er oder sie nur die Funktion hat, die sexuellen Bedürfnisse des Partners zu erfüllen, ohne daß seine oder ihre Gefühle wirklich eine Rolle spielen.

Drittens, bei einer echten Paraphilie ist die Vorliebe für die spezifische Handlung oder das Objekt so stark, daß die Neigung heimlich befriedigt wird, wenn sie vom Partner nicht akzeptiert wird; und in vielen Fällen wird eine Ehe geopfert, um weiter der lustbesetzten Aktivität nachgehen zu können. Im Falle des Sadomasochismus können Sexualtherapeuten zwar imstande sein, den Betroffenen zu helfen, neue, nichtsadomasochistische Praktiken in ihr sexuelles Verhaltensmuster aufzunehmen, jedoch haben Versuche, den sadomasochistischen Aktivitäten ihre intensive Erregungskraft zu nehmen, für gewöhnlich nur einen höchstens kurzfristigen Erfolg.

Die Behandlung von Paraphilien

Die verschiedenen Methoden zur Behandlung von Paraphilien sind hinsichtlich ihrer Effizienz und Zuverlässigkeit äußerst umstritten. Fest steht, daß die traditionelle Psychoanalyse auf diesem Gebiet ziemlich schlecht abgeschnitten hat, und auch andere Ansätze, einschließlich der Hypnose und Aversionstherapie, zeigen wenig ermutigende Resultate. Ein Teil des Dilemmas liegt darin, daß sich Menschen mit einer Paraphilie meistens nur dann einer Behandlung unterziehen, wenn sie dazu gezwungen sind, um entweder einer Strafverfolgung zu entgehen oder eine gefährdete Ehe zu retten. Da eine Therapie eigentlich nur funktionieren kann, wenn die betroffene Person motiviert von sich aus ist, sind Versuche, Paraphilisten zu behandeln, die das, was ihnen die intensivste Befriedigung verschafft, nicht wirklich aufgeben wollen, natürlich äußerst problematisch. Tatsächlich sind sich die Fachleute, die mit Sexualstraftätern arbeiten, vollkommen der Tatsache bewußt, wie sehr sie absichtlich getäuscht werden können. In der Therapiegruppe zu erzählen, daß man nun nicht mehr von der Phantasie geplagt werde, Sex mit kleinen Kindern zu haben, kann nämlich nur den Zweck verfolgen, daraufhin aus dem Gefängnis entlassen oder von den Bewährungsauflagen entbunden zu werden.

Der derzeit vielversprechendste therapeutische Ansatz beinhaltet Verhaltenstechniken, die darauf abzielen, die aus den illegalen Handlungen resultierende Erregung zu eliminieren. Diese Techniken werden manchmal in Verbindung mit einer Verabreichung von Antiandrogenen – Medikamenten zur Senkung des Testosteronspiegels – angewendet, da diese hormonelle Maßnahme das Sexualverlangen des Mannes normalerweise stark reduziert; und bei Menschen mit einer Paraphilie hat sie die Wirkung, daß der zwanghafte paraphilistische Drang so weit nachläßt, daß die verhaltensbezogenen Methoden der Gegenkonditionierung erotischer Impulse wirksamer greifen können.

Eine dieser Methoden, die mit einigem Erfolg eingesetzt wird, ist die Technik der Übersättigung, mit der die automatische Verbindung zwischen abweichenden Sexualphantasien und Orgasmus unterbrochen werden soll. Um das zu erzielen, absolvieren die Patienten zu Hause jeden Tag ein bestimmtes Programm, welches darin besteht, daß sie eine nichtabweichende Sexualphantasie laut beschreiben, während sie bis zum Orgasmus masturbieren. (Dabei wird das Gesprochene von einem Kassettenrecorder aufgezeichnet, so daß der Therapeut kontrollieren kann, ob der Patient die Anweisungen richtig befolgt.) Unmittelbar nach dem Orgasmus muß der Patient dann eine seiner oder ihrer bevorzugten paraphilistischen Phantasien beschreiben und dabei mit der Masturbation fortfahren. Die Folge davon ist natürlich, daß bei der verminderten sexuellen Reaktivität nach dem ersten Orgasmus die paraphilistische Phantasie sehr viel weniger wirksam ist, als sie es sonst wäre; und wenn diese Art der masturbatorischen Gegenkonditionierung über einen Zeitraum von vielen Wochen regelmäßig durchgeführt wird, werden die vormals so erregenden Vorstellungen allmählich sowohl physisch als auch psychisch langweilig und unbefriedigend, bis sie schließlich ihren erotischen Reiz vollkommen verloren haben.

Diese Methoden werden durch andere Verhaltenstechniken ergänzt, denn eine Verminderung der Erregungsqualität paraphilistischer Phantasievorstellungen reicht kaum aus, um den Betroffenen die Aufnahme normaler sexueller Beziehungen zu ermöglichen. Zum Standardrepertoire einer solchen Therapie gehört das Einüben sozialer Fähigkeiten (z. B. wie man mit Frauen kommuniziert, Zuneigung ausdrückt und mit Zurückweisung oder Enttäuschung umgeht), die Korrektur sexueller Mythen und Erkenntnisarbeit, um den verzerrten Vorstellungen entgegenzuwirken, die das zwanghafte Verhalten des Sexualstraftäters ausgelöst haben.

Obwohl inzwischen länger als ein Jahrzehnt mit diesen Behandlungsformen experimentiert wurde, sind die meisten auf diesem Gebiet tätigen Fachleute nicht von ihrem Erfolg überzeugt, und sie haben mit Sicherheit nicht zu einer verminderten Rate an Rückfallverbrechen geführt. Da außerdem einige Fälle mit schwerwiegendem Mißbrauch von Personen einhergehen, würden es viele Leute vorziehen, die Sexualstraftäter einzusperren, statt ihnen eine therapeutische Behandlung zu geben oder sie im Anschluß an die Behandlung auf Bewährung zu entlassen.

Sex als Sucht: Fakt oder Fiktion?

Seit einigen Jahren wird von mehreren Sexualtherapeuten und Ärzten die Ansicht vertreten, daß zwanghaftes Sexualverhalten im Grunde eine Sucht sei, so wie Alkoholismus, Drogenabhängigkeit oder Spielsucht. Die Hauptmerkmale sind

1. ein Mangel an Kontrolle über die sexuellen Impulse;
2. schädliche Folgen des Verhaltens, die von den Süchtigen jedoch typischerweise verleugnet werden;
3. die Unfähigkeit, andere Lebensbereiche zu bewältigen;
4. eine allmähliche Eskalation in der Häufigkeit;
5. Entzugssymptome bei Einstellen des Verhaltens.

Ralph Earle und Gregory Crowe haben das generelle Muster wie folgt beschrieben:

Alle unsere sexuell süchtigen Patienten beziehen aus Sex das gleiche wie Drogensüchtige aus Drogen und Alkoholiker aus dem Trinken: ein intensives Hochgefühl, das sich mit nichts anderem in ihrem Leben vergleichen läßt, ein Mittel, um quälende Gefühle wie Traurigkeit, Wut, Sorgen oder Angst zu betäuben und eine Möglichkeit, dem Druck und den Problemen des Alltagslebens zu entfliehen. Der Drang, zu fliehen und das Hochgefühl wiederzuerlangen, ist extrem stark, so stark, daß Sexsüchtige, ebenso wie Alkoholiker und andere Süchtige, praktisch unfähig sind, ihm zu widerstehen. Sie *wollen* aufhören. Immer wieder *versprechen* sie aufzuhören. Sie *versuchen* sogar aufzuhören, aber sie können es nicht.

Laut den Verfechtern dieser Theorie sind die meisten Sexsüchtigen Männer, und häufig bezieht sich die Sucht, wie bei den Paraphilien, auf unübliche Formen von Sexualität, sie kann aber auch in einer unkontrollierten Promiskuität, zwanghaftem Masturbieren, Homosexualität, Vergewaltigung oder Inzest, ebenso wie in einem eher konventionellen Sexualverhalten bestehen, das jedoch mit äußerster ritueller Häufigkeit betrieben wird. Patrick Carnes hat einen dafür typischen Fall beschrieben, bei dem es sich um einen verheirateten Rechtsanwalt handelte, der mehrere Affären hatte (oft zwei oder drei gleichzeitig), regelmäßig Prostituierte aufsuchte und sich häufig in einschlägigen Pornokinos aufhielt, in denen er mit unbekannten Männern Sex hatte. Earle und Crowe dagegen zitieren ein eher banales Beispiel von Sexsucht: Der 26jährige George, perfektionistischer Sohn eines arbeitswütigen Vaters, der sich nach einer normalen Intimbeziehung mit einer Frau sehnt, verbringt seine gesamte Freizeit damit, Pornohefte zu verschlingen, Sexfilme anzuschauen und anonyme Telefonnummern anzurufen, um mit Frauen erotische Gespräche zu führen.

Im Falle des einen Paares, das zur Behandlung ins Masters & Johnson Institut kam, bestand der Ehemann darauf, mindestens viermal täglich mit seiner Frau zu schlafen, und sie hatte seinen Forderungen nachgegeben, da er gedroht hatte, zu Prostituierten zu gehen, falls sie seine Bedürfnisse nicht erfüllte. Therapeuten wie Carnes oder Earle und Crowe würden dies vermutlich als einen Fall von Sexsucht betrachten, während es für uns darum ging, daß der Mann herrschsüchtig und manipulierend und die Frau unterwürfig war. Das als eine Sucht zu bezeichnen, würde uns nicht einleuchten.

Von Frauen wird behauptet, die Sexsucht manifestiere sich meistens in Form von »häufigen gefährlichen Sexualkontakten mit Fremden« (M. F. Schwartz und W. S. Brasted: »Sexual addiction«, in: *Medical Aspects of Human Sexuality*). Die sexuell süchtige Frau würde dabei nach Macht und Bestätigung suchen und, um Kummer und Einsamkeit zu entfliehen, den Sex als Mittel zur Kontrolle und der Erzeugung eines momentanen Hochgefühls benutzen, wie es in dem Buch *Women, Sex, and Addiction* (Frauen, Sex und Sucht) von Charlotte D. Kasl beschrieben wird:

Sexuell süchtige Frauen verfallen in einen Kreislauf, bei dem das primäre Machterlebnis in der sexuellen Eroberung besteht, und sie erfüllen ihre Bedürfnisse nach Zärtlichkeit und Berührung allein durch den Sexualakt. Hinter ihrer Sucht liegt das brennende Verlangen, den Gefühlen von Wertlosigkeit und Scham zu entkommen. Diese Frauen werden süchtig nach der Verführung, nach der Jagd und nach dem Gefühl, eine Eroberung gemacht zu haben. Sie sehnen sich danach, sich zu binden, aber sie wissen nicht wie.

Gleichgültig, worin die spezifische Form des Sexualverhaltens besteht, es ist das Element der Zwanghaftigkeit und der vollkommenen Nichtbeachtung der Konsequenzen, das für seine Bewertung als Sucht ausschlaggebend ist. Aus diesem Grund ist es wichtig zu betonen, daß nicht alle Voyeure oder Transvestiten als Sexsüchtige klassifiziert werden, sondern nur diejenigen, die von einem unkontrollierbaren Drang beherrscht werden.

Carnes identifiziert vier Grundüberzeugungen, die das negative Selbstbild vieler Sexsüchtiger ausmachen:

1. Ich bin im Grunde ein schlechter, wertloser Mensch.
2. Niemand würde mich so lieben, wie ich bin.
3. Meine Bedürfnisse werden nie erfüllt, wenn ich auf andere angewiesen bin.
4. Sex ist mein wichtigstes Bedürfnis.

Speziell auf weibliche Sexsüchtige bezogen, stellt Charlotte Kasl eine ähnliche Liste von Überzeugungen auf:

1. Ich bin machtlos.
2. Ich werde immer allein oder einsam sein.
3. Ich werde immer verlassen werden.
4. Mein Körper ist beschämend/fehlerhaft/abstoßend.

Diese Grundüberzeugungen (die sich bei Menschen mit allen möglichen Problemen finden lassen; zum Beispiel haben Frauen mit Bulimie oder anderen Eßstörungen die gleichen Überzeugungen, die Kasl als ein Anzeichen für die Sexsucht versteht) sollen wiederum das Verhalten der betreffenden Person dahingehend beinflussen, daß zum Beispiel die Überzeugung »Niemand liebt mich so, wie ich bin« zu der fälschlichen Auffassung führt, daß Sex gleich Liebe ist: »Ich bin nur dann liebenswert, wenn mich jemand sexuell begehrt« oder: »Wenn ich Sex mit jemandem habe, beweist das, daß ich liebenswert bin.« Und die Überzeugung einer Frau, daß sie immer verlassen werden wird, führt zu der Annnahme daß »ich nicht verlassen werde, wenn ich gut im Verführen bin«.

Die meisten Behandlungsprogramme für Sexsüchtige und deren Partner basieren auf dem Zwölf-Punkte-Programm der Anonymen Alkoholiker, das von den in den letzten Jahren entstandenen Selbsthilfegruppen der Anonymen Sex- und Liebessüchtigen angeboten wird. Viele Experten glauben, daß eine professionelle Therapie – sei es Einzel-, Paar- oder Gruppentherapie – ebenfalls erforderlich ist, um die Sucht angemessen zu behandeln. Zu den wichtigsten Bestandteilen einer solchen Therapie gehören die Veränderung der negativen Grundüberzeugungen, die Erkenntnis, daß es wirksame Alternativen zum Sex gibt, um mit Ängsten oder Streß fertig zu werden, und ein Kommunikationstraining. Eine dadurch erzielte Verbesserung der sozialen Fähigkeiten hilft den Sexsüchtigen, ihre Einsamkeit und Isolation zu überwinden, indem sie erfolgreich neue Beziehungen eingehen und alte retten können.

Es gibt jedoch auch Experten (einschließlich uns selbst), die dem

245

Modell der Sexsucht eher kritisch gegenüberstehen. So behaupten zum Beispiel M. P. Levine und R. R. Troiden in ihrem 1988 erschienenen Artikel »Sexual addiction« im *Journal of Sex Research*, die Definitionen sexueller Sucht und Zwanghaftigkeit seien begrifflich unscharf und die Kriterien für eine Diagnose subjektiv und vorurteilsbeladen. Sie weisen darauf hin, daß ein sexuelles Verhalten, das in den siebziger Jahren als legitim galt, in den achtziger Jahren wieder als moralisch abnormal eingestuft wurde – wobei es mit einem medizinisch-wissenschaftlich klingenden Etikett wie »Sexsucht« versehen und damit zur Krankheit erklärt wurde. Auf diese Art und Weise würden die Verfechter des Suchtmodells zu »sozialen Kontrollinstanzen«, die letztendlich einen Konformitätszwang auf die allgemeingültigen sexuellen Standards ausüben. Levine und Troiden führen diesen Zwang zur Konformität auf die mit AIDS und anderen Geschlechtskrankheiten verbundene Bedrohung sowie auf das Erstarken politisch rechter Gruppierungen zurück, die außerehelichen oder polygamen Sex moralisch ablehnen. Darüber hinaus schreiben Levine und Troiden, daß es bei Einstellen des »süchtigen« Verhaltens keine echten physiologischen Entzugserscheinungen (wie Durchfall oder Krämpfe) gebe.

John Money hält bereits die Idee der Sexsucht an sich für unlogisch und ihre Verfechter als ganz versessen darauf, die sexuelle Abstinenz als die einzige »Heilung« darzustellen.

Schließlich sollte noch erwähnt werden, daß es keine Untersuchungen gibt, die belegen könnten, daß es sich bei der Sexsucht um ein eindeutiges oder klar unterscheidbares Phänomen handelt. Das soll zwar nicht heißen, daß dieses Konzept vollkommen der Realität entbehrt – natürlich gibt es durchaus Menschen, die von einem sexuell zwanghaften Drang besessen sind –, aber das Hauptproblem, das wir darin sehen, ist die Frage, ob die Etikettierung bestimmter Personen als Sexsüchtige für die Diagnose oder Behandlung problematischen Sexualverhaltens nützlich ist oder ob sie nur eine andere Form der Stigmatisierung darstellt. Da in den USA Kliniken zur Behandlung der sogenannten Sexsucht, die manchmal eine monatliche Gebühr von 25 000 Dollar und mehr verlangen (was häufig von den Krankenversicherungen zurückerstattet wird), inzwischen zu einem einträglichen Geschäft geworden sind, ist diese Diskussion nicht nur von theoretischer Bedeutung, sondern hat auch ganz praktische Auswirkungen.

NEUNTES KAPITEL
Empfängnisverhütung

Unsere langjährige Erfahrung hat uns gelehrt, daß es nur wenige Themen auf dem Gebiet der Sexualität gibt, die so oberflächlich behandelt werden wie das der Verhütung. Denn die meisten Menschen, unabhängig von ihrem Bildungsgrad, gehen davon aus, sie hätten ein ausreichendes Wissen über die grundlegenden Fakten der verschiedenen Methoden zur Geburtenregelung. Was könnte auch schließlich einfacher sein, als ein Kondom zu benutzen oder einmal am Tag eine Pille einzunehmen? In der Realität sieht es jedoch häufig so aus, daß die »Fakten« über Verhütung von teilweise oder ganz falschen Informationen und erstaunlichen Wissenslücken durchsetzt sind.

Dabei ist es heutzutage besonders wichtig, eine zuverlässige und ausreichende Kenntnis über die Verhütung zu haben. Erstens, da das Durchschnittsalter bei Eheschließung sowohl unter Männern als auch Frauen während der letzten Jahrzehnte beträchtlich angestiegen ist, sind viele Menschen länger sexuell aktiv, ohne Kinder haben zu wollen. (Dieser Trend wird natürlich noch dadurch verstärkt, daß die heutigen Jugendlichen zu einem wesentlich früheren Zeitpunkt sexuell aktiv werden als noch vor einigen Jahrzehnten, ein Aspekt, den wir im fünfzehnten Kapitel ausführlich behandeln werden.) Zweitens sind heute mehr kontrazeptive Produkte und Methoden verfügbar als je zuvor, und um die richtige Wahl treffen zu können, ist es hilfreich, etwas darüber zu wissen, wie sie funktionieren, wie *sicher* sie funktionieren, worin ihre möglichen Nebenwirkungen bestehen und wie sie die sexuellen Gefühle beeinflussen können. Und schließlich gibt es noch einen zwingenden gesundheitlichen Grund für die Verwendung bestimmter Verhütungsmethoden – nämlich Kondome und Spermizide – der weniger mit der Geburtenkontrolle zu tun hat als damit, daß diese Produkte einen gewissen Schutz vor dem Infektionsrisiko einer sexuell übertragbaren Krankheit bieten, einschließlich einer Anstekkung durch das AIDS-Virus. Aus diesen Gründen gilt dieses Kapitel der Vermittlung praktischer und umfassender Informationen für alle, die verhüten wollen.

Daß es unter den vielen verschiedenen Methoden nicht die eine »perfekte« Methode gibt, läßt sich aus dem in untenstehender Tabelle dargestellten Muster der aktuellen kontrazeptiven Verwendung unter amerikanischen Paaren ablesen und hat damit zu tun, daß einige Methoden in der Handhabung praktischer sind als andere, einige sehr geringe Nebenwirkungen haben und wieder andere über bestimmte Vorteile hinsichtlich ihrer ästhetischen Qualitäten, ihrer Reversibilität oder ihrer Zuverlässigkeit verfügen.

Kontrazeptives Muster (in Prozent) unter sexuell aktiven amerikanischen Frauen im Alter von 15 bis 44 Jahren, 1988*

Methode	Alle Anwender	Verheiratete Anwender
Sterilisation	39,2	48,7
der Frau	27,5	31,4
des Mannes	11,7	17,3
Pille	30,7	20,4
Intrauterinpessar	2,0	2,0
Diaphragma	5,7	6,2
Kondom	14,6	14,3
Spermizide (Schaum oder Zäpfchen)	1,1	1,4
Zeitweilige Abstinenz	2,3	2,8
Coitus interruptus	2,2	2,3
Andere Methoden**	2,1	1,9

* 1988 verwendeten insgesamt 60,3 Prozent der Frauen dieser Altersgruppe Kontrazeptiva.
** Zu diesen gehören u. a. Vaginalduschen, empfängnisverhütende Schwämmchen, Gels oder Cremes.

Orale Kontrazeptiva (»Anti-Baby-Pillen«)

Nachdem die empfängnisverhütende Pille 1960 in den Vereinigten Staaten erstmals eingeführt wurde, wurde sie bald für Millionen von Frauen zur bevorzugten Verhütungsmethode. Ihre große Zuverlässigkeit und leichte Anwendbarkeit hatten sie besonders attraktiv gemacht, doch bereits nach einem Jahrzehnt wurde die Begeisterung durch Berichte über zahlreiche Nebenwirkungen gedämpft. Diese Zweifel hinsichtlich der Sicherheit der »Pille« haben sich bis heute gehalten, und das trotz der Tatsache, daß orale Verhütungsmittel gründlicher erforscht wurden als jede andere Art von Medikament.

Die populärste Pille, die derzeit 85 Prozent der in Amerika und Europa verwendeten oralen Kontrazeptiva ausmacht, ist die niedrig dosierte Kombinationspille, die zwei verschiedene Arten von Hormonen enthält: das synthetische Östrogen und eine synthetische progesteronähnliche Substanz namens Progestogen. Die Kombinationspillen von heute unterscheiden sich wesentlich von den empfängnisverhütenden Pillen der sechziger Jahre, denn sie enthalten nur ein Viertel oder weniger der Östrogenmenge und ungefähr ein Zehntel des Progestogens, das die früheren Pillen enthielten. Diese niedrigere Hormonkonzentration verursacht weniger Nebeneffekte und stellt darüber hinaus ein geringeres Risiko für gravierende Komplikationen dar.

Unter den zahlreichen Arten von Kombinationspillen gibt es solche, die eine in jeder Pille gleichbleibende Dosis von Hormonen enthalten, und andere, die *mehrphasig* sind, was bedeutet, daß die in der einzelnen Pille enthaltene Hormonmenge nach der jeweiligen Phase des Menstruationszyklus variiert. Bei der Zweiphasenpille zum Beispiel erhöht sich der Progestogengehalt ungefähr zur Zyklusmitte, während er sich in dreiphasigen Pillen dreimal ändert. Bei der Verwendung eines mehrphasigen Präparats muß deshalb darauf geachtet werden, die Pillen in der richtigen Reihenfolge einzunehmen, da sich die kontrazeptive Wirksamkeit ansonsten beträchtlich verringern kann.

Daneben gibt es eine andere Art der oralen Kontrazeption, die sogenannte »Minipille«, deren einziger Bestandteil das Progestogen ist. Da sie kein Östrogen enthält, hat sie weit weniger Nebenwirkungen als die kombinierte Pille, ist allerdings auch nicht ganz so wirksam wie diese. (Wir werden uns in diesem Kapitel hauptsächlich mit der Kombinationspille befassen, es sei denn, wir beziehen uns ausdrücklich auf die »Minipille«.)

Orale Kontrazeptiva haben mehrere einfache Funktionsmechanismen. Die Kombinationspille wirkt sich dahingehend auf den Hypothalamus und die Hirnanhangdrüse aus, daß die um die Zyklusmitte einsetzende Ausschüttung von Hormonen namens Gonadotropine, die normalerweise einen Eisprung auslöst, unterdrückt wird. Neben der Ovulationshemmung werden durch das Progestogen die Zervikalsekrete dickflüssiger und damit für Spermien undurchdringlicher und außerdem die innere Gebärmutterauskleidung so verändert, daß das Einnisten eines eventuell doch befruchteten Eis verhindert wird. (Da sie kein Östrogen enthält, beruht die Wirkungsweise der Minipille allein auf diesem progestogenerzeugten Mechanismus.)

Empfängnisverhütende Pillen, die ab dem fünften Tag des Menstruationszyklus über einen Zeitraum von drei Wochen täglich eingenommen werden, sind die derzeit wirksamste Form der hormonellen Empfängnisverhütung. Bei sachgerechter Anwendung der Kombinationspille beträgt die jährliche Mißerfolgsrate ungefähr 1 bis 2 Prozent.

Die Minipille, die täglich eingenommen wird, ist etwas weniger sicher. Bei absolut korrekter Anwendung treten zwar auch hierbei jährlich lediglich ein bis zwei Schwangerschaften unter 100 Frauen auf, doch in der *realen* Anwendungspraxis, bei der Frauen manchmal die Einnahme einer Pille vergessen, beträgt die tatsächliche Mißerfolgsrate 5 bis 10 Prozent.

Während negative Auswirkungen der Pille immer wieder reißerische Schlagzeilen machen, wird häufig übersehen, daß die Einnahme oraler Kontrazeptiva auch gesundheitliche Vorteile bietet. So reduzieren sie zum Beispiel das Risiko für Ovarialkarzinome (Eierstockkrebs) und Gebärmutterschleimhautkrebs. (Dieser Schutz gilt nicht nur kurzfristig, sondern hält mindestens 15 Jahre nach Absetzen der Pille an.) Weiterhin vermindern sie die Inzidenz gutartiger Brusttumore um 75 Prozent und das Risiko von Eierstockzysten und Gebärmutterleiomyomen (gutartigen Tumoren) um ein Wesentliches. Auch neigen Frauen, die empfängnisverhütende Pillen einnehmen, um die Hälfte weniger als andere Frauen zur Entwicklung rheumatischer Arthritis und haben ein stark reduziertes Risiko für eine Eisenmangelanämie (Blutarmut), Bauchhöhlenschwangerschaft und entzündliche Beckenerkrankung.

Ein besonders augenfälliger positiver Nebeneffekt der Pille liegt darin, daß sie die Regelmäßigkeit der Periode fördert und Probleme wie übermäßige Menstrualblutung, menstruale Krampfzustände und den bei der Ovulation auftretenden sogenannten Mittelschmerz vermindert. Außerdem lindern orale Kontrazeptiva das prämenstruelle Syndrom (PMS) und haben auch häufig eine heilende Wirkung bei Akne. Schließlich scheint sich die Pille auch günstig auf die Knochensubstanz auszuwirken, wodurch möglicherweise einer Osteoporose vorgebeugt werden kann, die bei vielen Frauen nach der Menopause auftritt.

Leichte, aber manchmal störende Nebenwirkungen der Pille ähneln den durch eine Schwangerschaft verursachten Veränderungen, sind aber gesundheitlich relativ unbedeutend. So tritt zum Beispiel eine Gewichtszunahme – die auf Flüssigkeitsretention zurückzuführen ist – häufig in den ersten Monaten der Einnahme auf, und einige Frauen klagen über Übelkeit, Schmerzempfindlichkeit in den Brüsten oder Schwindelgefühl. Diese Symptome verschwinden jedoch meistens nach einigen Monaten von selbst, und es ist ungewöhnlich, daß eine Frau allein aufgrund dieser Beschwerden die Pille absetzt. Stuhlverstopfung, Mattigkeit, geringfügige Blutdrucksteigerung, Ödeme (Flüssigkeitsansammlungen) und Hautausschläge (einschließlich der als *Chloasma* bezeichneten bräunlichen Gesichtsflecken, die durch eine häufige Sonnenexposition verstärkt werden können) sowie Schmierblutungen, eine erhöhte Vaginalsekretion und eine gesteigerte Anfälligkeit für Vaginalinfektionen sind andere relativ geringfügige Nebenwirkungen.

Orale Kontrazeptiva können zwar auch gravierendere Nebenwirkungen haben, jedoch treten diese wesentlich weniger häufig auf als die oben genannten. Zu diesen Komplikationen gehören Erkrankungen an der Gallenblase (besonders eine Tendenz zur Bildung von Gallensteinen), ein erhöhter Blutzuckerspiegel (der in seltenen Fällen zu einer Diabetes mellitus führen kann), ein erhöhter Blutdruck, ein gesteigertes Risiko für Lebertumore (einschließlich eines Karzinoms), Migränekopfschmerz und Depression. Außerdem scheint es eine Verbindung zwischen der Langzeiteinnahme von empfängnisverhütenden Pillen und der Entwicklung von Gebärmutterhalskrebs zu geben. Darüber hinaus kann die Pille zu Geburtsschäden führen, falls sie während der Schwangerschaft weiter genommen wird, und sich störend auf die Milchproduktion bruststillender Mütter auswirken. Die Minipille dagegen hat keine solche Nebenwirkung und kann während der Stillperiode weiter eingenommen werden.

Ein potentiell schwerwiegender Nebeneffekt der oralen Kontrazeptiva liegt darin, daß die Frau durch ihre Einnahme anfälliger für eine Infektion mit dem HI-Virus werden kann. Derzeit gibt es zwar noch keine klare Antwort auf diese wichtige Frage, doch haben verschiedene Studien auf diese Möglichkeit hingewiesen.

Das gravierendste Risiko der Pilleneinnahme sind Kreislauferkrankungen, wobei es um drei verschiedene Formen von Kreislaufstörungen geht: Am weitesten verbreitet ist die Bildung eines Blutgerinnsels in einer Vene (meistens in den Beinen), was für gewöhnlich durch Entzündung und Schwellung bedingte geringfügige Beschwerden verursacht. In seltenen Fällen kann sich das Blutgerinnsel lösen und in die Lunge oder das Gehirn wandern, wo es zu einer ernsten Schädigung oder zum Tode führen kann. Diese als thromboembolische Erkrankungen bezeichneten Komplikationen traten in den sechziger und siebziger Jahren bei Frauen, die die Pille einnahmen, zwei- bis viermal häufiger auf als bei anderen Frauen (bei einer von 1 000 Benutzerinnen jährlich), doch ist diese Gefahr mit der beträchtlich niedrigeren Dosis an Östrogen in der heutigen Pillengeneration wesentlich geringer geworden. Das gleiche Phänomen (niedrigerer Östrogengehalt = geringere Komplikationsrate) trifft auch auf das mit der Einnahme der Pille verbundene Risiko eines Herz- oder Schlaganfalls zu. Frühere Studien haben erbracht, daß orale Kontrazeptiva das Risiko eines Herzanfalls bei Raucherinnen und/oder Frauen über 35 Jahren steigerten, und auch ein erhöhtes Risiko, einen Schlaganfall zu erleiden (infolge arterieller Durchblutungsstörungen des Gehirns), wurde in frühen Untersuchungen an Pillenbenutzerinnen festgestellt.

Jüngere Untersuchungen weisen jedoch darauf hin, daß die Einnahme einer niedrig dosierten Kombinationspille bei gesunden Nichtraucherinnen bis 45 Jahren kein erhöhtes Risiko einer gravierenden Herz-Kreislauf-

Erkrankung in sich birgt. In einer Studie wurde sogar festgestellt, daß in 54 971 Anwendungsjahren nicht ein einziger durch die Pille verursachter kardiovaskulärer Tod eintrat, dagegen aber 11 solcher Todesfälle in der Kontrollgruppe von Frauen gleichen Alters, die die Pille nicht einnahmen.) Im Zusammenhang mit der seit vielen Jahren herrschenden Befürchtung, die Pille könne eine gesteigerte Rate von Brustkrebs verursachen, haben die meisten Studien keine Verbindung zwischen der Pille und einem Mammakarzinom feststellen können, und eine kürzlich durchgeführte Untersuchung erbrachte keinen Beweis dafür, daß selbst eine langjährige Einnahme der Pille durch Frauen, in deren Familien diese Krankheit aufgetreten war, das Risiko einer nachfolgenden Entstehung von Brustkrebs erhöht. Die Resultate anderer Studien waren jedoch eher widersprüchlich und durch methodische Probleme belastet.

Da das Risiko für das Auftreten von Brustkrebs lange nach der Einnahme der Pille (20 Jahre oder länger) noch nicht endgültig untersucht wurde, läßt sich zu diesem Zeitpunkt kein abschließendes Urteil über eine mögliche Verbindung zwischen der Pille und Brustkrebs fällen. Wir empfehlen als Vorsichtsmaßnahme, daß Frauen, deren Mütter oder Schwestern Brustkrebs hatten, auf die Verwendung der Pille verzichten sollten, bis eine schlüssigere Beweislage vorliegt.

Von einer Einnahme sollte auch abgesehen werden, wenn die Frau schwanger ist (oder sein könnte), wenn sie in der Vergangenheit eine thromboembolische Störung, einen Schlaganfall oder eine Erkrankung der Herzkranzgefäße hatte, wenn sie eine abnormale Vaginalblutung hat, wenn ihr Papanicolaou-Abstrich eine Anomalie aufweist oder wenn sie eine akute Lebererkrankung wie Hepatitis oder infektiöse Mononukleose hat. Darüber hinaus empfehlen wir Frauen mit den folgenden gesundheitlichen Problemen, eine andere Methode der Kontrazeption zu wählen, da ihre Schwierigkeiten durch die Einnahme der Pille verschlimmert werden könnten:

1. Bluthochdruck (Hypertonie)
2. Migränekopfschmerzen oder regelmäßig wiederkehrende, starke Kopfschmerzen
3. Sichelzellenanämie
4. Erkrankungen der Gallenblase, einschließlich eines vormaligen Auftretens von Gallensteinen
5. Herzerkrankung
6. Diabetes mellitus mit vaskulären Komplikationen
7. Gelbsucht während einer vorangegangenen Schwangerschaft
8. Chronische Entzündungen der Vagina (Vaginitis)

Auch stillende Mütter sollten eine alternative Verhütungsmethode anwenden.

Trotz dieser gesundheitlichen Risiken sind die heutigen niedrig dosierten Anti-Baby-Pillen um ein Wesentliches sicherer als je zuvor. Allerdings sollten sich Frauen, die sie zur Empfängnisverhütung verwenden, darüber im klaren sein, daß sie keinerlei Schutz gegen das HI-Virus bieten, so daß jede Benutzerin, die nicht in einer streng monogamen Beziehung lebt, für den maximalen Schutz gegen AIDS und andere sexuell übertragbare Krankheiten unbedingt auch Kondome verwenden sollte.

Die meisten Frauen finden, daß die Pille ihr Sexualleben bereichert, indem sie ihr die Furcht vor einer ungewollten Schwangerschaft nimmt und unangenehme Beschwerden wie menstruale oder prämenstruale Krampfschmerzen oder Mittelschmerz lindert. Manche Frauen haben auch festgestellt, daß sich durch die Einnahme der Pille die Empfindungsfähigkeit ihrer Brüste gesteigert hat, so daß sie empfänglicher für das Streicheln der Brüste oder Saugen an den Brustwarzen wurden. Andere Benutzerinnen betonen die Tatsache, daß die Pille keine Unterbrechung des Sexualakts zum Zwecke der Verhütung erfordert, wodurch sie einen stärkeren Grad an sexueller Spontanität und kontinuierlichem Genuß ermöglicht.

Während es bei der ursprünglichen Version der Pille einige Beweise dafür gab, daß sie häufig zu einem Nachlassen des Sexualverlangens und der sexuellen Empfänglichkeit führte, haben die heutigen niedrig dosierten Pillen nur selten einen solchen Effekt. Obwohl zu diesem Thema keine umfassenden und systematischen Untersuchungen angestellt wurden, beziehen wir aus unseren eigenen Erfahrungen, die wir im Laufe des letzten Jahrzehnts mit Tausenden von Pillenbenutzerinnen gemacht haben, den Eindruck, daß sich die heutigen oralen Kontrazeptiva sehr viel eher günstig statt negativ auf die Sexualität auswirken.

Intrauterinpessare

Das IUP oder Intrauterinpessar (gemeinhin unter der Bezeichnung »Spirale« bekannt) ist die moderne Variante einer sehr alten Methode, die bereits von den Griechen verwendet wurde, welche zur Geburtenkontrolle ein mit Fett gefülltes Bleiröhrchen in den Uterus einführten. Angeblich benutzten im Altertum auch Kameltreiber eine ähnliche Methode, um ihren Stuten während der langen und beschwerlichen Wüstenmärsche eine Trächtigkeit zu ersparen, indem sie einen größeren Kieselstein in ihren Uterus plazierten. Vor dem Ersten Weltkrieg wurden die ersten IUPs aus Metall und Darmsaite in Deutschland eingeführt, doch traten bald Probleme mit Infektionen auf, wodurch diese Methode unter Wissenschaftlern in Verruf geriet. Ende der zwanziger Jahre entwickelte der deutsche Gynäkologe Ernst Gräfenberg (nach ihm ist auch der sogenannte »G-Punkt« benannt) einen Ring aus Silber- und Golddraht; er wurde später von den Nazis verfolgt, die aus ideologischen Gründen eine Empfängnisverhütung ablehnten. Ungefähr um die gleiche Zeit verbesserte ein japanischer Wissenschaftler namens Ota die Funktionsweise des Gräfenbergschen Ringes, indem er ein verstärktes Mittelteil hinzufügte, doch auch er wurde aus politischen Gründen nicht anerkannt, und sowohl die von ihm als auch von Gräfenberg entwickelte Vorrichtung geriet bis zu den fünfziger Jahren praktisch in Vergessenheit. Als sich im Zuge der Erfindung der Pille das Interesse an alternativen Verhütungsmethoden verstärkte, wurde das IUP wiederentdeckt und kam bald als eine sichere, preiswerte und reversible Form der Geburtenkontrolle in Mode. Zu Beginn der siebziger Jahre erlangten die IUPs immer größere Beliebtheit unter den verheirateten amerikanischen Frauen, und weltweit verwendeten über 50 Millionen Frauen im fortpflanzungsfähigen Alter ein IUP.

Mitte der siebziger Jahre traten im Zusammenhang mit dem amerikanischen Produkt Dalkon Shield jedoch wieder Probleme hinsichtlich einer Verbindung zwischen IUPs und Infektionen zutage, wobei festgestellt wurde, daß Intrauterinpessare (speziell Dalkon Shield) das Risiko einer Infektion des oberen Genitaltrakts erhöhten, und zwar besonders in den Eileitern, was zu einer Salpingitis oder entzündlichen Beckenerkrankung führen kann. Diese Form der Infektion ist besonders schwerwiegend, da sie eine dauerhafte Sterilität verursachen kann, die Wahrscheinlichkeit einer Bauchhöhlenschwangerschaft erhöht und manchmal Abszesse an den Eierstöcken hervorrufen kann, die eine Operation erforderlich machen. 1974 wurde die Produktion und der Verkauf von Dalkon Shield eingestellt, und bis Mitte der achtziger Jahre zogen auch andere Hersteller von IUPs ihre Produkte vom Markt zurück. Aufgrund der negativen Berichterstattung und einer zunehmenden Ablehnung von seiten vieler Ärzte, ihren Patientinnen die Verwendung von IUPs zu empfehlen, sank ihre Verbreitung in den USA von 2,2 Millionen im Jahr 1982 auf 700 000 im Jahr 1988. Obwohl die älteren Metall- und reinen Kunststoffspiralen inzwischen durch die sehr viel sichereren Versionen der mit feinem Kupferdraht umwickelten Kunststoffspiralen ersetzt wurden, ist ihre Beliebtheit in den Vereinigten Staaten wesentlich geringer als noch vor einem Jahrzehnt.

Die empfängnisverhütende Wirksamkeit der IUPs beruht hauptsächlich darin, daß die Spermien an einer Befruchtung der Eizelle gehindert werden, wobei man annimmt, daß dies in erster Linie das Resultat einer Freigabe von weißen Blutkörperchen im Uterus ist, die die Spermien verschlingen oder schädigen, bevor sie das Ei erreichen. Eine durch Enzyme in den Eileitern hervorgerufene chemische Reaktion erzeugt ebenfalls eine für das Sperma feindliche Umgebung. Darüber hinaus verdickt sich durch das in den IUPs enthaltene Progesteron die Uterusschleimhaut, wodurch sie für die Spermien undurchdringlicher wird und außerdem, für den Fall, daß doch eine Befruchtung stattgefunden hat, eine Einnistung der Eizelle erschwert wird. Auch das in manchen Pessaren enthaltene Kupfer scheint eine biochemische Veränderung in der inneren Uterusschicht auszulösen, die ein Überleben der Spermien unwahrscheinlich macht.

Das Einsetzen einer Spirale sollte am besten während der Periode vorgenommen werden, da zu dieser Zeit eine Schwangerschaft mit Sicherheit ausgeschlossen werden kann und der Gebärmutterhalskanal weiter geöffnet ist. Das IUP kann jedoch auch zu anderen Zeiten eingesetzt werden, obwohl es dann unter Umständen nötig ist, den Zervikalkanal leicht zu weiten, um eine korrekte Applikation zu ermöglichen. Für gewöhnlich wird den Frauen vor dem Einsetzen eine lokale Betäubung gegeben, obwohl viele Frauen berichten, daß sie den Vorgang als relativ schmerzlos empfanden, nachdem sie eine Stunde vorher einige Aspirintabletten genommen hatten. (Man sollte auf die lokale Betäubung jedoch nur verzichten, wenn man von sich weiß, daß man eine hohe Schmerzschwelle hat.)

Bei einigen Frauen wird durch Kontraktionen des Uterus das Pessar teilweise oder ganz abgestoßen, was meistens während der ersten drei Monate nach dem Einsetzen geschieht. Die Abstoßungsrate bei Kupfer- oder Progesteronspiralen liegt bei jährlich 7 von 100 Frauen, wobei der Prozentsatz bei jüngeren Frauen und bei Frauen, die noch nie entbunden haben, höher ist.

Aber auch trotz der Möglichkeit, daß sie abgestoßen werden können, sind IUPs hochwirksam, denn selbst wenn man Abstoßungen und andere Probleme statistisch berücksichtigt, beträgt die Gesamtfehlerquote bei Frauen, die ein Jahr lang ein Pessar verwendeten, lediglich 6 Prozent.

Die gravierendste Komplikation, die sich bei Verwendung eines Pessars einstellen kann, nämlich eine Uterusperforation (hierbei durchstößt das Pessar die Gebärmutterwand und wandert in den Unterleib) tritt mit einer Häufigkeit von ungefähr 1 : 1 000 nur relativ selten auf. (Diese Inzidenz liegt jedoch bei stillenden Frauen um das Zehnfache höher, weshalb es ratsam zu sein scheint, während der Stillphase eine andere Verhütungsmethode zu wählen.)

Die Uterusperforation tritt – wenn überhaupt – für gewöhnlich während des Einpassens auf, obwohl sie nicht immer Symptome zeigt und deshalb unentdeckt bleiben kann. Häufiger wird die Perforation jedoch durch einen plötzlichen stechenden Schmerz im unteren Abdominalbereich und spontane Vaginalblutung angezeigt. In diesem Fall sollte das IUP sofort operativ entfernt werden; bleibt die Perforation unentdeckt, können kupferhaltige Pessare Adhäsionen (Verklebungen) und entzündliche Reaktionen im Unterleib verursachen.

Kupferspiralen können bei manchen Frauen stärkere Regelblutungen, Schmier- oder Zwischenblutungen und gelegentliche Krampfanfälle auslösen, wogegen die progesteronhaltigen Pessare eine leichtere Periode und eine Linderung der Krampfzustände bewirken und somit besonders für solche Frauen geeignet sind, die Schwierigkeiten mit derartigen Symptomen haben. Bei einer von zehn Frauen machen die Krampfzustände und Blutungen ein Absetzen dieser Verhütungsmethode erforderlich, aber bei den meisten Benutzerinnen lassen diese Beschwerden nach den ersten Monaten der IUP-Verwendung beträchtlich nach.

Um noch einmal auf die bereits erwähnte Gefahr einer entzündlichen Beckenerkrankung zurückzukommen, so besteht unserer Einschätzung nach das leicht erhöhte Risiko für Benutzerinnen von IUPs hauptsächlich in der Möglichkeit, daß bei der Einpassung infektionsauslösende Bakterien aus der Vagina oder dem Gebärmutterhals über das Pessar in den Uterus gelangen können. Dazu muß gesagt werden, daß Pessarbenutzerinnen mit mehreren Sexualpartnern – die also einer stärkeren Ansteckungsgefahr durch sexuell übertragbare Krankheiten ausgesetzt sind – eine höhere Inzidenz von Beckenentzündungen aufweisen als andere Frauen, während IUPs für Frauen in einer monogamen Intimbeziehung mit Ausnahme der ersten Monate nach der Einpassung nur ein geringes Infektionsrisiko darstellen.

Falls trotz der Verwendung eines Pessars eine Schwangerschaft eintritt, gibt es eine 4- bis 5prozentige Wahrscheinlichkeit einer ektopischen Schwangerschaft (Bauchhöhlenschwangerschaft). Da Frauen mit einem IUP jedoch nur sehr selten schwanger werden, ist die Rate extrauteriner Schwangerschaften sehr gering, denn sie liegt bei weniger als 1,5 solcher Fälle in 1 000 Anwendungsjahren. (Das ist ungefähr ein Zehntel der Gesamtrate extrauteriner Schwangerschaften, allerdings liegt sie höher als bei Frauen, die orale Kontrazeptiva verwenden.)

Bei Schwangerschaften von Pessarbenutzerinnen besteht die 50prozentige Wahrscheinlichkeit, daß es zu einem Spontanabort kommt (meistens während der Zeit vom dritten bis sechsten Schwangerschaftsmonat); wird das Pessar aber entfernt, sinkt die Fehlgeburtsrate auf ungefähr 25 Prozent, was der Frau eine größere Chance gibt, die Schwangerschaft auszutragen, wenn sie das möchte. Das Pessar entfernen zu lassen ist auch meistens deshalb die beste Wahl für eine schwangere Frau, da ansonsten das gravierende Risiko eines septischen Abortus besteht, einer durch schwere Infektion und toxisches Schocksyndrom komplizierten und lebensbedrohlichen Fehlgeburt.

Einpassen eines Intrauterinpessars

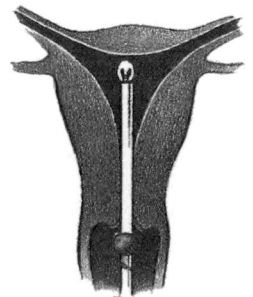 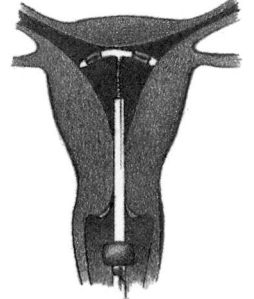 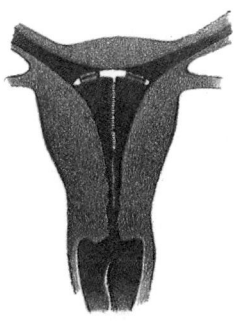

(a) Eine das IUP enthaltende Röhre wird in den Uterus eingeführt

(b) Das IUP wird an der oberen Gebärmutterwand in Position gebracht

(c) Die Röhre wird entfernt

Intrauterinpessare sind eine ausgezeichnete Verhütungsmethode für Frauen, die einen hohen Grad an Wirksamkeit wünschen und es schätzen, daß keine andere aktive Mitwirkung ihrerseits erforderlich ist, als daß sie gelegentlich daran denken müssen, die Länge des Pessarfadens zu überprüfen. Sie sind auch besonders geeignet für Frauen, die aus medizinischen Gründen keine oralen Kontrazeptiva einnehmen können, und für solche in einer monogamen Beziehung. Dagegen sollten Frauen, die an Menstrualstörungen (insbesondere starken oder schmerzhaften Blutungen) leiden oder gelitten haben, und solche, die noch nie entbunden haben, von einer Verwendung dieser Methode eher absehen. Pessare sollten *nicht* verwendet werden von Frauen, die bereits eine ektopische Schwangerschaft oder Beckenentzündung hatten oder die einen Herzklappenfehler, Blutungsstörungen, anatomische Mißbildungen des Uterus oder der Zervix oder eine Krankheit haben, die das Immunsystem beeinträchtigt (einschließlich einer HIV-Infektion). IUPs sind unbedingt kontraindiziert bei Frauen, die schwanger sind oder an einer akuten Infektion des Genitaltrakts leiden.

Pessare haben im allgemeinen wenig oder gar keine Auswirkungen auf die sexuellen Empfindungen und vermindern das Sexualverlangen in keiner Weise. In seltenen Fällen stellen Pessarbenutzerinnen fest, daß ihre Uteruskontraktionen beim Orgasmus einen kurzen, aber heftigen Krampfschmerz auslösen, und gelegentlich – besonders wenn das Pessar nicht richtig sitzt – kann sich während der koitalen Stoßbewegungen ein brennender Schmerz in der Beckengegend bemerkbar machen, jedoch betrifft dieses Problem nur 2 Prozent der Langzeitbenutzerinnen. Ein ebenfalls selten auftretendes Problem ist, daß der Plastikfaden des Pessars während des Geschlechtsverkehrs den Penis unangenehm scheuert oder kratzt.

Abschließend sei noch darauf hingewiesen, daß die Verwendung eines Intrauterinpessars zwar hochwirksam ist, wenn es darum geht, eine

Schwangerschaft zu verhüten, jedoch keinerlei Schutz gegen eine HIV-Infektion oder Ansteckung mit einer anderen sexuell übertragbaren Krankheit bietet.

Das Diaphragma

Das Diaphragma wurde in den siebziger Jahren des vorigen Jahrhunderts in Deutschland erfunden und erfreute sich bis zur Einführung der Pille sowohl in Europa als auch in den USA großer Beliebtheit. Heute wird es jedoch als eher zweitrangige Verhütungsmethode betrachtet, da es nicht ganz so sicher und in der Anwendung etwas lästig ist. Allerdings sind mit dem Diaphragma keine systemischen Gesundheitsrisiken verbunden, weshalb es besonders für Frauen geeignet ist, die aus medizinischen Gründen keine oralen Kontrazeptiva oder Pessare benutzen können, wobei seine Wirksamkeit durch die gleichzeitige Verwendung eines Kondoms beträchtlich erhöht werden kann. Ein weiterer Vorteil besteht darin, daß das Diaphragma einen starken Schutz gegen viele sexuell übertragbare Infektionskrankheiten bietet und damit das Risiko einer bakteriellen Schädigung der Eileiter vermindert.

Diaphragma

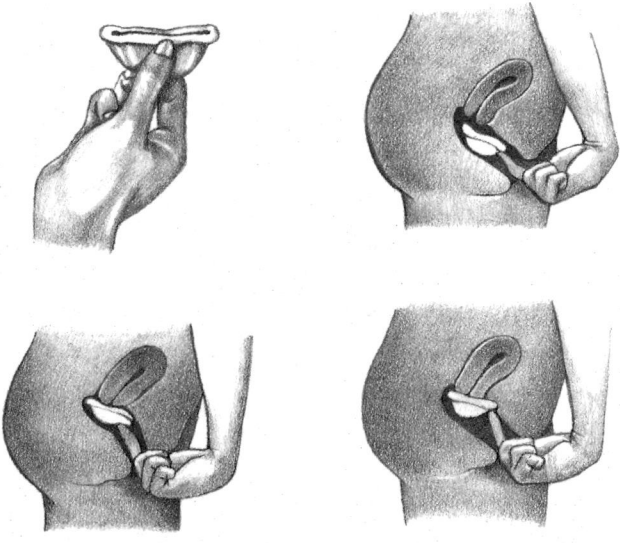

Das Diaphragma ist eine kuppelförmige Gummikappe mit einem verstärkten, aber biegsamen Ring. Da es sie in verschiedenen Größen gibt, müssen sie von medizinischen Fachkräften individuell und sachgerecht angepaßt werden. Nach der Anprobe wird der Frau gezeigt, wie sie ihr Diaphragma selbst so einführen kann, daß es sich vor den Muttermund legt und die Zervixöffnung verschließt. Durch diese mechanische Sperrvorrichtung wird verhindert, daß eine große Anzahl von Spermien in die Zervix gelangt. Da diese Funktion für eine wirksame Empfängnisverhütung jedoch nicht ausreichend ist, muß ein Spermizid verwendet werden, das auf die Innenseite der Wölbung und auf den Ring aufgetragen wird, um Spermien, die eventuell durch den Ring des Diaphragmas vorgedrungen sind, abzutöten.

Obwohl die Fehlerquote bei konsequenter und sachgemäßer Anwendung nur 2 Prozent beträgt, liegt sie im allgemeinen Durchschnitt bei 8 bis 12 Prozent beziehungsweise bei 22 Prozent während des ersten Anwendungsjahres. Die Hauptfehlerquelle besteht in einer unregelmäßigen oder unsachgemäßen Anwendung, einschließlich solcher Fälle, in denen die Paare eine Schwangerschaft in Kauf nehmen, wenn sie ohne das Diaphragma miteinander schlafen. Allerdings gibt es selbst bei regelmäßiger Anwendung des Diaphragmas auch eine Reihe anderer Probleme, die zu einer Schwangerschaft führen können:

1. Bei starker Gewichtszunahme oder -abnahme (sieben Kilo oder mehr) kann es sein, daß das Diaphragma nicht mehr richtig paßt. Auch nach einer Schwangerschaft oder bestimmten gynäkologischen Operationen kann eine anatomische Veränderung eintreten, die eine Neuanpassung des Diaphragmas erforderlich macht. Eine Veränderung in der Größe der Vagina kann auch das Resultat bestimmter sexueller Praktiken sein, wie zum Beispiel die häufige Verwendung großer Vibratoren oder regelmäßiges »fisting«, bei dem der Partner zur sexuellen Stimulation die gesamte Hand in die Vagina einführt.

2. Diaphragmen können beim Geschlechtsakt wegen der Ausdehnung der Vagina und Bewegungen des Uterus während des sexuellen Reaktionszyklus verrutschen. Auch bestimmte intravaginale Stoßbewegungen können das Diaphragma verschieben, besonders wenn die Penisspitze gegen den hinteren Rand des Diaphragmas stößt, wodurch der vordere Rand aus seiner Position rutscht.

3. Spermizide Cremes oder Gels verlieren im allgemeinen nach zwei Stunden an spermienabtötender Wirksamkeit. Das heißt, wenn eine Frau das Diaphragma in Erwartung einer späteren sexuellen Aktivität am frühen Abend einsetzt, kann die empfängnisverhütende Wirksamkeit des Diaphragmas bis zu dem Zeitpunkt, zu dem sie tatsächlich stattfindet, stark herabgesetzt sein. Dieses Problem kann dadurch gelöst werden, daß man

kurz vor dem Geschlechtsverkehr noch eine Dosis spermizider Cremes, Gels oder Schaum appliziert.

4. Diaphragmen bestehen aus einer ziemlich dünnen Gummischicht, in der Risse, kleine Löcher oder undichte Stellen entstehen können, weshalb es wichtig ist, das Diaphragma regelmäßig daraufhin zu untersuchen. Vaseline oder andere Gleitmittel auf Ölbasis können die Latexqualität mindern und sollten deshalb nicht verwendet werden. Auch Hitze oder starke Lichteinwirkung können das Diaphragma beschädigen.

Das Diaphragma sollte nicht vor Ablauf von mindestens sechs Stunden nach dem Geschlechtsverkehr entfernt werden. Wir raten jedoch davon ab, es länger als zwölf Stunden hintereinander zu tragen, um das äußerst geringe, aber real vorhandene Risiko eines toxischen Schocksyndroms zu vermeiden, das mit einem übermäßigen Bakterienwachstum in der Vagina und um die Zervix verbunden ist.

Das Diaphragma sollte nicht von Frauen verwendet werden, die allergisch auf Gummi oder auf Spermizide reagieren. Darüber hinaus mehren sich die Beweise, daß die Verwendung des Diaphragmas eine verstärkte Anfälligkeit für Infektionen der Harnwege und für negative Veränderungen in der vaginalen Bakterienflora bewirken kann. Deshalb sollten Frauen, die häufig mit einer Harnwegsentzündung oder einer Vaginalinfektion zu tun haben, eine andere Verhütungsmethode wählen. Außerdem sollten sich alle Benutzerinnen drüber im klaren sein, daß ein Diaphragma keinen Schutz vor HIV oder anderen sexuell übertragbaren Krankheiten bietet.

Viele Paare finden, daß die Verwendung eines Diaphragmas in sexueller Hinsicht lästig sein kann. Dabei weisen sie zum einen auf den Umstand hin, daß der Sexualakt unterbrochen werden muß, damit die Frau ihr Diaphragma einsetzen kann, was verständlicherweise die sexuelle Leidenschaft etwas dämpft. Und da andererseits die spontanen sexuellen Begegnungen für viele die intensivsten, erregendsten und lustvollsten sind, ergibt sich manchmal das Problem, daß die Frau gerade dann ihr Diaphragma nicht trägt. Manche Frauen klagen auch darüber, daß sie sich nach dem Einsetzen des Diaphragmas nie ganz sicher sind, ob es genau an der richtigen Stelle liegt. Einige Paare berichten auch, daß sie das Diaphragma während des Geschlechtsverkehrs spüren können; die meisten Benutzer bemerken es jedoch kaum oder gar nicht.

Das Zervikalkäppchen

Das Zervikalkäppchen oder Okklusivpessar ist eine dem Diaphragma ähnliche Vorrichtung, die eng auf dem Gebärmutterhals aufsitzt und durch

Saugwirkung festgehalten wird. (Die heutigen Zervikalkäppchen sind im Grunde eine Weiterentwicklung der Verhütungsmethode, von der Casanova im 18. Jahrhundert berichtet hat: eine Zitronenhälfte, die auf den Gebärmutterhals gesetzt wurde.) Nachdem sie während der letzten drei Jahrzehnte in Großbritannien eine zunehmende Verbreitung fanden, wurden die Zervikalkäppchen 1988 schließlich auch von der Food and Drug Administration (FDA – US-amerikanische Bundesgesundheitsbehörde) offiziell zugelassen.

Es gibt verschiedene Kappentypen, von denen eine fingerhutähnliche Version aus weichem, biegsamem Latex besteht und etwa halb so groß ist wie ein Diaphragma; andere werden aus einem härteren Kunststoffmaterial hergestellt.

Wie das Diaphragma ist das Zervikalkäppchen eine mechanische Schutzvorrichtung, durch die ein Eindringen der Spermien aus der Vagina in den Uterus verhindert wird, wobei diese Sperre wirksamer ist als beim Diaphragma, da das Zervikalkäppchen enger auf der Zervix aufliegt.

Zervikalkäppchen

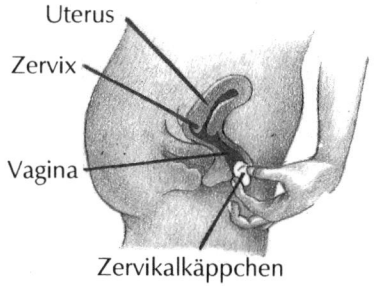

Uterus

Zervix

Vagina

Zervikalkäppchen

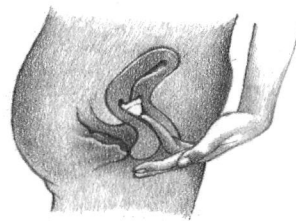

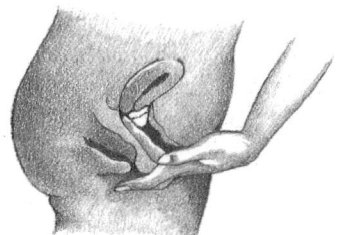

Das Okklusivpessar gibt es in vier verschiedenen Größen und muß individuell angepaßt werden. Es kann für einen Zeitraum von 48 Stunden ununterbrochen getragen werden, obwohl Untersuchungen darauf hinweisen, daß auch eine längere Anwendungsdauer möglich ist.

Von der FDA wird empfohlen, vor jeder Anwendung ein Spermizid auf die Innenseite der Wölbung aufzutragen, doch wird dadurch nur für die ersten Stunden ein zusätzlicher Schutz geboten, da sich die Wirksamkeit des Spermizids danach wesentlich vermindert. Die amerikanische Frauengesundheitsorganisation National Women's Health Work, die sich stark für die Genehmigung dieser Verhütungsmethode eingesetzt hat, ist jedoch der Ansicht, daß Spermizide für die Wirksamkeit des Zervikalkäppchens nicht erforderlich sind.

Es hat den Anschein, als hätten Zervikalkäppchen ungefähr die gleiche Sicherheit wie das Diaphragma: In der umfassendsten US-amerikanischen Untersuchung des Okklusivpessars, bei der 1500 Frauen nach dem Zufallsprinzip mit der Verwendung des Käppchens oder des Diaphragmas beauftragt wurden, ergab sich eine jährliche Schwangerschaftsrate von 17,4 pro 100 Frauen, die ein Zervikalkäppchen benutzt hatten, und von 16,7 pro 100 Diaphragma-Benutzerinnen. Die Resultate mehrerer anderer Studien wiesen eine Schwangerschaftsrate von 8 bis 20 Prozent pro 100 Frauenjahre aus (1 Frauenjahr = 1 Frau, die ein bestimmtes Verhütungsmittel über 12 Kalendermonate durchgehend benutzt).

Das einzige potentielle Gesundheitsrisiko des Zervikalkäppchens ergibt sich aus Untersuchungen, die bei einer geringen Anzahl von Benutzerinnen einen abnormalen Papanicolaou-Abstrich festgestellt hatten. Bei einer Studie ergaben sich zum Beispiel bei 4 Prozent der Frauen, die das Zervikalkäppchen drei Monate lang benutzten, Veränderungen in ihrem Abstrich, was im Vergleich zu Diaphragma-Benutzerinnen eine doppelt so häufige Inzidenz bedeutet. Da zwei weitere Untersuchungen im Zusammenhang mit der Verwendung eines Zervikalkäppchens jedoch kein übermäßiges Risiko für zervikale Anomalien festgestellt haben, bleibt die Angelegenheit umstritten. Es ist auch unklar, ob es sich bei den festgestellten Anomalien um geringfügige, durch Entzündung hervorgerufene mikroskopische Veränderungen handelt oder ob sie möglicherweise eine Vorstufe zu Krebs darstellen.

Falls die Kappe zu lange getragen wird, besteht auch das geringe Risiko eines übermäßigen Bakterienwachstums, das zu einem toxischen Schocksyndrom führen kann; und wie beim Diaphragma zeigt sich in einigen wenigen Fällen eine allergische Reaktion gegen Latexgummi.

Frauen mit einem abnormalen Papanicolaou-Abstrich oder einer anatomischen Anomalie der Zervix sollten das Okklusivpessar nicht benutzen.

Einer der größten Vorteile des Zervikalkäppchens besteht darin, daß es keinerlei Einfluß auf die Hormonproduktion oder andere Körperfunktionen der Frau hat.

Die meisten Frauen, die von der Verwendung eines Diaphragmas zu der eines Zervikalkäppchens übergegangen sind, begründen dies mit zwei Vorteilen: Es erlaubt durch die längere Wirksamkeit eine größere sexuelle Spontaneität und ist weniger aufwendig. In einigen wenigen Fällen wurde berichtet, daß die Kappe während des Geschlechtsverkehrs für den Mann störend sei, aber unserer Erfahrung nach tritt dieses Problem nur sehr selten auf. Allerdings klagt ungefähr eine von fünf Frauen darüber, daß das Okklusivpessar einen unangenehmen und störenden Vaginalgeruch verursacht. Ein anderer Nachteil besteht darin, daß sich besonders bei heftigen und tiefen Stoßbewegungen die Kappe von der Zervixöffnung verschieben kann, was einer umfassenden Untersuchung zufolge bei 40 Prozent der Benutzerinnen mindestens einmal auftrat.

Kondome

Die frühesten Kondome, deren eigentlicher Zweck eher im Schutz gegen Syphilis und weniger in der Empfängnisverhütung bestand, waren aus Leinen (mit einem eingenähten Band zum Zuziehen) und später aus dem Darmgewebe von Schafen und Ziegen (manchmal auch aus Fischhaut) gefertigt. Das im 19. Jahrhundert entdeckte Verfahren der Vulkanisation führte dann zur Herstellung eines Kondoms aus Gummi, obwohl diese Versionen noch weit entfernt von den heutigen waren.

Während das Kondom (Präservativ) noch in den sechziger und siebziger Jahren relativ wenig beachtet wurde, weil es als altmodisch und störend galt, ist es im Laufe des letzten Jahrzehnts immer populärer geworden, da es einen wirksamen Schutz gegen die Ausbreitung des AIDS-Virus und anderer sexuell übertragbarer Krankheiten darstellt. In den Vereinigten Staaten hat sich der Absatz von Präservativen in der Zeit von 1980 bis 1989 um 300 Prozent erhöht, wobei viele Hersteller in der Werbung für ihr Produkt in erster Linie die Frauen als Konsumenten ansprechen. (In einer Werbung sagt zum Beispiel eine junge Frau: »Ich tue eine Menge für die Liebe, aber ich bin nicht bereit, dafür zu sterben.«)

Damit das Kondom, dessen Zweck es ist, ein Eindringen der Spermien in die Vagina zu verhindern, optimal wirksam werden kann, muß es richtig angewendet werden, was eine größere Sorgfalt erfordert, als den meisten Menschen bewußt ist. Deshalb hier ein paar praktische Hinweise zur Beachtung:

1. Kondome in beschädigten Packungen oder solche, die offensichtliche Zeichen des Alters tragen (z. B brüchig, verklebt oder verfärbt sind), sind mit großer Wahrscheinlichkeit schadhaft und sollten nicht benutzt werden.

2. Beim Gebrauch von Kondomen sollte man darauf achten, daß sie kein Loch bekommen oder einreißen, was besonders durch spitze Fingernägel und Ringe oder beim allzu kräftigen Aufreißen ihrer Plastikverpackung passieren kann.

3. Man sollte ein Kondom nicht vor dem Gebrauch entrollen, da es sich sonst sehr viel schwieriger überziehen läßt und eher reißen kann.

4. Kondome sollten *vor* jedem Genitalkontakt über den eregierten Penis gezogen werden, um zu verhindern, daß eine eventuell austretende präejukalative Flüssigkeit, die sowohl Infektionserreger als auch befruchtungsfähige Spermien enthalten kann, in die Vagina eindringt.

5. Man sollte das Kondom nicht über einen erschlafften Penis streifen, da es sonst mit größerer Wahrscheinlichkeit abrutscht, wenn der Penis eregiert oder in die Vagina eindringt.

6. Beim Überstreifen soll man zunächst die Luft aus der Spitze des Kondoms drücken und es dann gleichmäßig über dem gesamten Penisschaft entrollen.

7. Mit einem Kondom sollten nur Gleitmittel auf Wasserbasis verwendet werden, da solche auf Ölbasis wie Vaseline, Babyöl oder Sonnencreme die Stärke des Latexgummis mindern können.

8. Die Verwendung spermizidhaltiger Kondome kann einen zusätzlichen Schutz gegen sexuell übertragbare Krankheiten bieten, allerdings bietet die vaginale Anwendung von Spermiziden zusammen mit einem Kondom einen sogar noch größeren Schutz.

9. Wenn ein Kondom beschädigt wird, sollte es sofort durch ein neues ersetzt werden. Falls die Ejakulation nach der Beschädigung aufgetreten ist, kann die sofortige Anwendung eines Spermizids von Nutzen sein.

10. Nach dem Samenerguß sollte man den Penis *unbedingt* aus der Vagina zurückziehen, solange er noch eregiert ist, und dabei das Kondom an der Peniswurzel festhalten, damit es nicht abgleiten kann.

11. Der Penis darf nicht aus dem Kondom zurückgezogen werden, solange sich dieses noch in der Vagina befindet.

12. Kondome dürfen nie wiederverwendet werden.

13. Die Kondome sollten an einem kühlen und trockenen Ort ohne starke Sonnenlichteinwirkung aufbewahrt werden. Auch wenn es praktisch scheinen mag, ist das Handschuhfach im Auto kein geeigneter Platz, um die Präservative dort länger aufzubewahren, da es zu warm wird, was dazu führen kann, daß die Kondome brüchig und beschädigt werden.

14. Es ist für Männer nicht ratsam, die Kondome in der Gesäßtasche

ihrer Hose mit sich herumzutragen, weil sie durch die ständige Bewegung und das Daraufsitzen allzusehr strapaziert werden können, wobei man den eventuell entstandenen Schaden wahrscheinlich erst bemerkt, *nachdem* man eines benutzt hat.

Kondome sind zwar im Hinblick auf den Schutz vor sexuell übertragbaren Krankheiten und einer ungewollten Schwangerschaft hochwirksam – aber sie sind keineswegs absolut sicher. Die meisten Studien haben bei Paaren, die kontinuierlich Kondome verwenden, eine jährliche Schwangerschaftsrate von 10 bis 20 Prozent festgestellt. Zwar kann durch eine peinlich genaue und konsequente Anwendung ihre Sicherheit erhöht werden, es wäre jedoch unverantwortlich, den Eindruck zu vermitteln, als seien Kondome absolut zuverlässig. So hat eine kürzlich durchgeführte Studie erbracht, daß unter realen Anwendungsbedingungen 14,6 Prozent der verwendeten Kondome entweder beschädigt wurden oder während des Geschlechtsverkehrs oder des Zurückziehens des Penis abrutschten, und eine Reihe anderer Studien hat auch bei erfahrenen und konsequenten Benutzern eine nicht unwesentliche Fehlerquote festgestellt.

Kondom

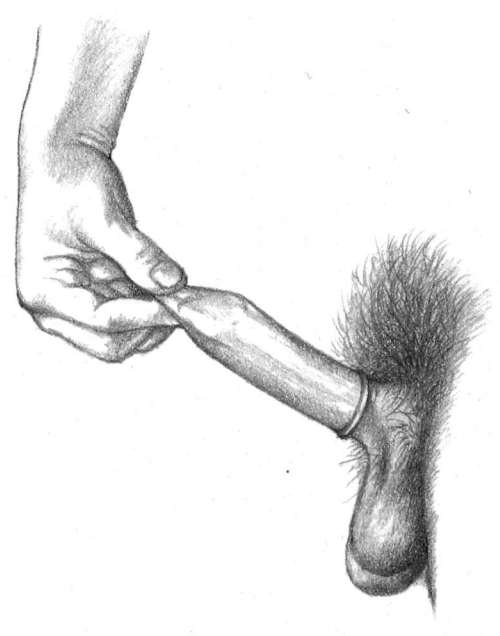

Trotz dieser Einschränkungen bieten Kondome tatsächlich einen hohen Schutz gegen eine Übertragung von HIV oder anderer Geschlechtskrankheiten; hier gilt jedoch, daß Präservative aus Latexgummi (und besonders solche, die mit Spermiziden versehen sind) sehr viel besser davor schützen als die aus natürlichen Materialien, da letztere manchmal so große Poren haben, daß ein Virus wie Hepatitis B oder HIV hindurchgelangen kann.

Kondome verursachen keine gesundheitlichen Nebenwirkungen, allerdings zeigt eine geringe Zahl von Benutzern eine allergische Reaktion auf das Latexgummi oder die Spermizide, mit denen einige Marken präpariert sind. Manche Männer fühlen sich jedoch durch Kondome in ihren sexuellen Empfindungen beeinträchtigt. Die Verwendung eines Präservativs ist auch problematisch für Männer, die Schwierigkeiten haben, eine Erektion zu bekommen oder zu bewahren, denn es ist nicht nur schwieriger, ein Kondom richtig überzustreifen, wenn der Penis nicht oder nur teilweise eregiert ist, sondern durch die gesteigerte Aufmerksamkeit für ihren Grad an Gliedsteife kann die sexuelle Erregung bei Männern, die ohnehin mit Versagensängsten zu tun haben, noch zusätzlich erschwert werden. Auf der anderen Seite können sich Kondome bei Männern mit vorzeitiger Ejakulation positiv auswirken.

Einer der größten Vorteile des Kondoms besteht darin, daß es Sexualpartnern, die sich noch nicht lange kennen, ein Gefühl der Sicherheit hinsichtlich einer Übertragung von Geschlechtskrankheiten wie *Herpes genitalis* oder einer HIV-Infektion gibt. Aus diesem Grund bestehen auch viele Frauen, die zur Schwangerschaftsverhütung eine andere Methode wie zum Beispiel die Pille oder ein IUP verwenden, darauf, daß ihre Partner ein Kondom benutzen, und auch vielen Männern wird allmählich die Tatsache bewußt, daß die Verwendung eines Kondoms ihrer eigenen Sicherheit dient.

Spermizide

Die Verwendung verschiedener chemischer Substanzen, die wegen ihrer samenabtötenden Wirkung in die Vagina appliziert werden, hat eine lange Geschichte: Im alten Ägypten wurde als Verhütungsmittel zunächst Krokodildung und später ein Tampon aus Zupflinnen, Honig und Akazienblättern verwendet. Soranus von Ephesus, ein im 1. Jahrhundert in Rom praktizierender Arzt, bevorzugte ein aus Nüssen und Früchten hergestelltes Verhütungsmittel, das wahrscheinlich durch seinen hohen Säuregehalt samenabtötend war, und das im 4. Jahrhundert von einem indischen Arzt verfaßte *Kamasutra* empfiehlt die Verwendung von Steinsalz, was eine zwar hochwirksame Verhütungsmethode war, die jedoch gravierende und schmerzhafte Nebenwirkungen bis zur Unfruchtbarkeit hatte.

Spermizide

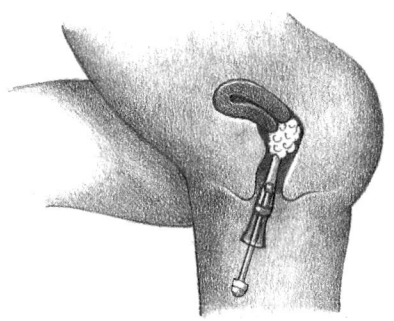 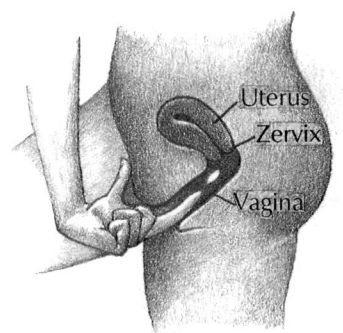

(a) korrekte Einführung des Schaums   (b) korrekte Einführung des Zäpfchens

Die heutige Generation von Spermiziden ist dagegen wesentlich sicherer und zuverlässiger. Es gibt sie in verschiedenen intravaginalen Anwendungsformen, die man rezeptfrei in jeder Apotheke kaufen kann, und zwar als Schaum, Cremes, Zäpfchen, Tabletten und Gels sowie als Vaginalemulsion oder als speziell konstruierter Schwamm, der mit einem spermiziden Mittel präpariert ist. Der aktive chemische Hauptbestandteil (meistens Nonoxinol-9) wirkt samenabtötend, indem er die Zellmembran der Spermien beschädigt, während der im Spermizid enthaltene Trägerstoff ebenfalls zur kontrazeptiven Wirksamkeit beiträgt, indem er eine absorbierende Barriere bildet, die das Eindringen eventuell überlebender Spermien in die Zervix behindert. Da es zwischen den einzelnen Spermizid-Produkten beträchtliche Unterschiede gibt, sollte man unbedingt die vom Hersteller gelieferten Informationen über Anwendung und Wirksamkeit auf dem Beipackzettel genau durchlesen und die entsprechenden Richtlinien befolgen. Zusätzlich geben wir hier noch ein paar Hinweise, die man grundsätzlich beachten sollte:

1. Verwechseln Sie nicht Spermizide mit Gleitmitteln, die keine schwangerschaftsverhütende Wirkung haben. Auch genitalspezifische Hygieneartikel für die Frau, die häufig im selben Regal wie die Spermizide angeboten werden, haben nichts mit einer Kontrazeption zu tun. Wenn Sie sich nicht sicher sind, ob es sich um ein Spermizid handelt, fragen Sie den Apotheker oder erkundigen Sie sich bei Ihrem Arzt.

2. Gleichgültig, welches Spermizid Sie wählen, achten Sie darauf, daß Sie es richtig im Inneren der Vagina, zum Gebärmutterhals hin applizieren, und nicht nahe beim Scheideneingang.

3. Für alle Spermizide mit Ausnahme des Schwamms gilt, daß sie nur für die Dauer eines Geschlechtsverkehrs eine kontrazeptive Wirkung haben. Soll danach – sei es zehn Minuten oder vier Stunden später – ein zweiter Koitus stattfinden, muß *jedesmal* eine neue Dosis Spermizid appliziert werden.

4. Einige Spermizide – wie zum Beispiel Zäpfchen oder Schaumtabletten – sind die ersten 10 bis 15 Minuten, nachdem sie eingeführt wurden, nicht wirksam, da es eine Weile dauert, bis sie sich ganz aufgelöst haben. Das bedeutet, Sie sollten nach der Applikation ein wenig warten, bis Sie mit dem Koitus beginnen.

5. Denken Sie daran, daß die meisten Spermizide (mit Ausnahme des Schwamms, auf den wir im folgenden Abschnitt näher eingehen werden) zwei Stunden nach ihrer Applikation an Wirksamkeit verlieren. Das heißt, falls Sie den Liebesakt für längere Zeit unterbrechen oder wenn sich Ihr Vorspiel zu einem Marathon aus Massieren, Schmusen und anderen intimen Vergnügungen entwickelt, sollten Sie eine zweite Spermizid-Dosis applizieren, um kein Risiko einzugehen.

6. Überprüfen Sie vor jeder Anwendung das Verfallsdatum auf der Packung: Ist es überschritten, sollte man das Spermizid auf keinen Fall verwenden, da es dann ungefähr die gleiche Wirksamkeit hat, wie wenn man beim Geschlechtsakt die Finger kreuzt.

Das empfängnisverhütende Schwämmchen ist eine ovale, etwa 2,5 mal 5 Zentimeter messende Vorrichtung aus einem mit Nonoxinol-9 präparierten Schaumstoff. Um das Spermizid zu aktivieren, muß der Schwamm vor der Anwendung mit Wasser befeuchtet werden. Im Gegensatz zu den meisten anderen Spermiziden gewährleistet er sofort nach der Einführung einen Verhütungsschutz *und* bleibt 24 Stunden lang wirksam, gleichgültig wie oft die Partner während dieser Zeit miteinander schlafen. Es sollte außerdem mindestens sechs Stunden nach dem Geschlechtsverkehr in der Vagina verbleiben. Im Hinblick auf ihre tatsächliche kontrazeptive Wirksamkeit sind die Spermizide (mit Ausnahme des Schwämmchens) nicht allzu zuverlässig, da 30,2 Prozent der Benutzerinnen während der ersten zwölf Monate ihrer Anwendung schwanger werden. Das Schwämmchen scheint eine ähnliche Fehlerquote bei Frauen aufzuweisen, die bereits entbunden haben, während sie bei Frauen, die noch nie entbunden haben, bei durchschnittlich 18 Prozent liegt. (Dieser Unterschied ist wahrscheinlich darauf zurückzuführen, daß der Schwamm für Frauen, deren Geburtskanal durch die Wehen und die Entbindung geweitet wurde, zu klein ist.)

Es sollte jedoch darauf hingewiesen werden, daß viele Studien eine wesentlich höhere Sicherheit für die Spermizide und das Schwämmchen belegen, wenn die Benutzer stark motiviert und erfahren sind. So haben zum Beispiel Untersuchungen von Frauen im zweiten Anwendungsjahr der Spermizide oder des Schwämmchens eine Schwangerschaftsrate von lediglich 5 Prozent erbracht. Darüber hinaus kann die Wirksamkeit von Spermiziden durch die gleichzeitige Verwendung eines Kondoms so weit erhöht werden, daß sie in etwa der der Pille entspricht.

Das empfängnisverhütende Schwämmchen

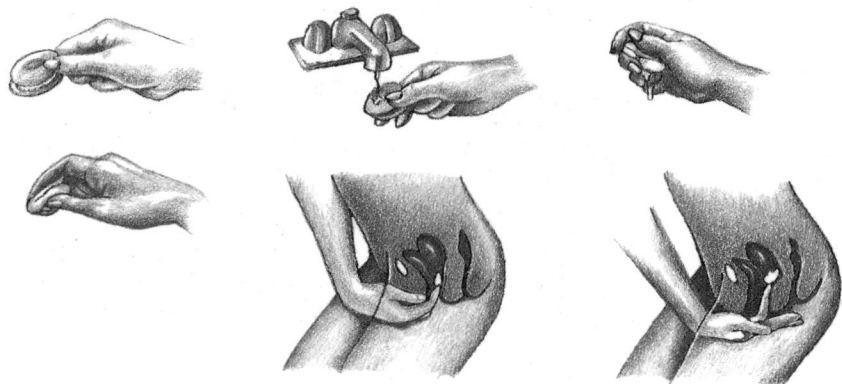

Ein eindeutiger Vorteil der Spermizide ist, daß sie keine wirklich gesundheitsschädigenden Nebenwirkungen haben. (Abgesehen von leicht allergischen Reaktionen, wie Brennen oder Juckreiz im Genitalbereich, die bei circa 5 Prozent der Benutzer auftreten und sich meistens durch den Wechsel auf ein anderes Spermizid-Produkt beseitigen lassen.) Es haben sich auch keine Beweise dafür gefunden, daß Spermizide Geburtsschäden verursachen.

Ein weiterer positiver Aspekt ist, daß Spermizide das Risiko bestimmter Arten von Vaginalinfektion (wie z. B. die im dreizehnten Kapitel erörterte bakterielle Vaginose und Trichomoniasis) und bestimmter Geschlechtskrankheiten einschließlich Gonorrhöe und möglicherweise Chlamydieninfektionen verringern. Zwar konnte im Labor festgestellt werden, daß Nonoxinol-9-haltige Spermizide einen Schutz gegen eine HIV-Infektion bieten, doch ließ sich in anschließenden praktischen Forschungsstudien keine Bestätigung für eine solche Wirkung finden, sondern es wurde vielmehr die Sorge laut, daß eine durch das Nonoxinol-9 verursachte Vaginalreizung manche Frauen stärker anfällig für eine HIV-Infektion machen könnte.

Viele Frauen sagen, das Schwämmchen sei einfacher in der Anwendung als ein Diaphragma, und es sei wesentlich weniger störend als andere Spermizide. Leichte Reizungen der Vagina oder am Penis stellen sich bei 3 bis 5 Prozent der Benutzer ein, aber mit der sehr seltenen Ausnahme eines toxischen Schocksyndroms ist mit dieser Verhütungsmethode kein gravierendes Gesundheitsrisiko verbunden.

Das Schwämmchen scheint für Frauen einen gewissen Schutz gegen eine Ansteckung mit Chlamydien oder Gonorrhöe zu bieten, während sich keine Schutzwirkung gegen eine HIV-Infektion gezeigt hat.

Viele Männer und Frauen finden, daß der Schwamm in sexueller Hinsicht eine angenehme Methode ist, da er leicht anzuwenden, geschmack- und geruchlos ist und einen 24stündigen Verhütungsschutz gewährleistet. Im Gegensatz dazu klagen Paare, die andere spermizide Mittel verwenden, häufig darüber, daß sie den spontanen Ablauf des Sexualakts stören (da man nach der Applikation der meisten Produkte 10 bis 15 Minuten warten muß, bis sie ihre volle Schutzwirkung entfaltet haben), daß sie beim Cunnilingus unangenehm schmecken und daß sie manchmal eine übermäßig starke und schaumige Vaginalbefeuchtung bewirken.

Zeitweilige Abstinenz

Die zeitweilige Abstinenz, auch als Rhythmusmethode oder natürliche Geburtenregelung bezeichnet, ist die einzige Form der Kontrazeption, die von der römisch-katholischen Kirche akzeptiert wird. Sie beinhaltet mehrere verschiedene Methoden, die häufig miteinander kombiniert werden, und beruht darauf, daß man an den Zyklustagen, an denen eine Befruchtung möglich ist, keinen Geschlechtsverkehr hat.

Die einfachste und populärste Form der zeitweiligen Abstinenz ist die Kalendermethode (Knaus-Ogino-Methode), bei der die »sicheren« Tage nach der Länge der vorangegangenen Zyklen errechnet werden. Da jedoch viele Frauen keine vollkommen regelmäßige Periode haben, beruht diese Methode auf einem einigermaßen unzuverlässigen Prinzip. Außerdem wird vorausgesetzt, daß der Eisprung 14 Tage vor dem Beginn der nächsten Menstruation auftritt, was ebenfalls nicht immer der Fall ist.

Die Kalendermethode verlangt, daß man über die Dauer der vorangegangenen sechs Monatszyklen Buch führt. Dann wird der Beginn der »unsicheren« (fruchtbaren) Periode errechnet, indem man 18 Tage von der Länge des kürzesten der vorangegangenen sechs Zyklen abzieht, und das Ende, indem man 11 Tage vom längsten Zyklus abzieht. Für eine Frau, deren Periode zwischen 26 und 33 Tagen variiert, beginnt die unsichere

Zeit demnach am achten Tag ihres Zyklus (26–18 = 8) und dauert bis einschließlich Zyklustag 22. Das heißt, daß 15 Tage lang auf den Geschlechtsverkehr verzichtet werden muß, was ein Grund dafür ist, daß viele Paare diese Methode nicht besonders ansprechend finden.

Eine andere Version der zeitweiligen Abstinenz ist die Temperaturmethode, bei der täglich vor dem Aufstehen die Basaltemperatur der Frau gemessen und aufgezeichnet wird, um den Zeitpunkt des Eisprungs zu bestimmen. Hierbei wird vorausgesetzt, daß die Temperatur in Reaktion auf den thermogenetischen Effekt des Progesterons nach der Ovulation um circa 0,4 bis 0,6 Grad ansteigt. Demnach ist der Geschlechtsverkehr vom letzten Tag der Monatsblutung bis drei Tage nach dem Anstieg der Basaltemperatur nicht erlaubt. Leider geht die Ovulation aber nicht immer mit einem Temperaturanstieg einher, und außerdem kann die Methode durch verschiedene Infektionen oder Erkrankungen, die einen leichten Anstieg der Körpertemperatur verursachen, jegliche Aussagekraft verlieren.

Bei der Ovulationsmethode (auch Billings-Ovulationsmethode genannt) handelt es sich um die wirksamste Variante der zeitweiligen Abstinenz. Sie basiert auf den optischen Veränderungen des Zervikalschleims, die sich während des Menstruationszyklus beobachten lassen. Dabei wird davon ausgegangen, daß sich durch den um die Zyklusmitte auftretenden Östrogeneinfluß Farbe und Konsistenz des Zervikalschleims verändern, und zwar von einer weißlich-trüben schleimigen Absonderung zu einer dem Eiweiß ähnlichen klareren und dünnflüssigeren Substanz, die wenige Tage vor der Ovulation auftritt und für Spermien durchlässiger ist. Nach dieser Methode ist bis zum Zeitpunkt dieser Veränderung des Zervikalschleims der Geschlechtsverkehr erlaubt und wieder ab dem vierten Tag, nachdem er seine übliche trübe Färbung angenommen hat.

Die symptothermale Methode kombiniert die Beobachtungen des Zervikalschleims mit der Basaltemperaturmessung, wobei manchmal auch andere Anzeichen oder Symptome des Eisprungs wie gesteigerte Empfindsamkeit der Brüste oder Mittelschmerz hinzugezogen werden. Bei dieser Methode ist der Geschlechtsverkehr erlaubt, bis sich Färbung und Konsistenz des Zervikalschleims verändern, und kann entweder vier Tage, nachdem er wieder sein übliches Aussehen angenommen hat, oder am vierten Tag nach dem Temperaturanstieg wiederaufgenommen werden.

Die Kalendermethode ist, wenn allein angewendet, mit einer Schwangerschaftsrate von ungefähr 40 Prozent eine der am wenigsten zuverlässigen Verhütungsmethoden. Die Temperaturmethode ist mit einer rund 30prozentigen Fehlerquote auch nicht viel sicherer. Umfassende Untersuchungen der Ovulationsmethode belegen, daß bei absolut korrekter und konsequenter Anwendung die Fehlerquote nur 3,1 Prozent beträgt, aber in der nicht so perfekten Anwendung (daß man z. B. an den unsicheren Tagen Geschlechtsverkehr hat) beträgt die Wahrscheinlichkeit, daß die Frau schwanger wird, erstaunliche 86,4 Prozent in einem einzigen Anwendungsjahr. Solche Ergebnisse lassen nur den einen Schluß zu, daß man sich nicht auf diese Methode verlassen sollte, wenn man nicht sicher ist, sie absolut korrekt und konsequent befolgen zu können.

Zwar können die Paare, die eine der Rhythmusmethoden anwenden, an den unsicheren Tagen theoretisch auf nichtkoitale Sexualpraktiken zurückgreifen, doch empfinden viele Paare die damit verbundenen Einschränkungen und die erforderliche Selbstdisziplin als frustrierend und belastend.

Mehrere Studien haben auf ein Problem hingewiesen, das noch nicht hinreichend geklärt wurde, nämlich die Frage, ob eine zeitweilige Abstinenz das Risiko einer Schwangerschaft erhöht, bei der das Ei zu einem späteren Zeitpunkt als normal befruchtet wird, was zu einem höheren Risiko für Geburtsfehler, eine Chromosomenanomalie und Spontanaborte führen könnte.

Reale kontrazeptive Fehlerquoten (in Prozent) während des ersten Anwendungsjahrs*

Methode	Fehlerquote (in Prozent)
Pille	7,3
Kondom	15,8
Diaphragma	22,0
Zeitweilige Abstinenz	31,4
Spermizide**	30,2
Intrauterinpessar***	6,0

* Diese Zahlen beziehen sich auf die im Jahr 1988 in den USA angewendeten Verhütungsmethoden.
Quelle: E. F. Jones und J. D. Forrest, »Contraceptive Failure Rates Based on the 1988 NSFG, in *Family Planning Perspektives*, Heft 24, 1992, Tabelle 1.
** Bei den in dieser Tabelle berücksichtigten Spermiziden ist das empfängnisverhütende Schwämmchen nicht eingeschlossen.
*** Die das IUP betreffenden Daten beziehen sich auf das Jahr 1982 und stammen aus dem Heft 21 der *Family Planning Perspektives*, 1989.

Sterilisation der Frau (Tubensterilisation)

Die Sterilisation der Frau ist die am weitesten verbreitete Methode der Geburtenregelung und wird weltweit jährlich von ungefähr 138 Millionen

Frauen im gebärfähigen Alter angewendet. Die Vorteile dieser Form der Kontrazeption liegen sowohl in ihrem hohen Grad an Wirksamkeit als auch in ihrer Sicherheit, da praktisch keine längerfristigen Gesundheitsrisiken mit ihr verbunden sind.

Fast alle Sterilisationstechniken blockieren die Eileiter (Tuben) und verhindern somit, daß die männlichen Samenzellen die weibliche Eizelle erreichen. Es gibt drei verschiedene Operationsmethoden: Bei der *Minilaparotomie* wird ein kleiner Einschnitt (circa 3 bis 5 cm) in der Region über dem Schambein durchgeführt, um beide Eileiter abzubinden und um ein kleines Stück zu kappen. Die *Laparoskopie* beinhaltet das Einführen einer Sonde mit Lichtquelle und Sehvorrichtung (Laparoskop) durch die Bauchwand, meistens durch eine kleine Öffnung in der Nabelgrube. Dann wird ein insuffliertes Gas (Kohlendioxid oder Luft) eingebracht, um die Bauchhöle zu weiten und die inneren Organe von der Bauchdecke zu trennen.

Anschließend werden die Tuben entweder mittels spezieller Klemmen oder Verschlußringe abgebunden oder durch Elektrokoagulation teilweise zerstört. Die *Laparotomie* ist eine Operation, die einen längeren Einschnitt in die Bauchdecke erfordert, eine Methode, die besonders geeignet ist, wenn die Sterilisation im Zusammenhang mit einem Kaiserschnitt durchgeführt wird oder wenn andere Methoden aus medizinischen Gründen (wie z. B. Fettleibigkeit oder Beckenadhäsionen) weniger praktikabel sind.

Zwar führen auch eine Hysterektomie (Entfernung der Gebärmutter) und eine Ovarialexstirpation (Entfernung der Eierstöcke) zu bleibender Unfruchtbarkeit, doch gehören diese Operationen nicht zum kontrazeptiven Repertoire, da sie meistens aus anderen medizinischen Gründen vorgenommen werden.

Minilaparotomien und Laparoskopien sind operative Eingriffe, die im allgemeinen nur etwa 15 Minuten dauern, und in den meisten Fällen können sie mit lokaler Betäubung oder einer leichten Sedierung durchgeführt werden, wodurch das mit einer Vollnarkose verbundene Risiko ausgeschaltet wird. Bei einer lokalen Betäubung sind die Komplikationsraten sehr niedrig: Gravierende Komplikationen wie Blutung, Verletzungen innerer Organe oder kardiovaskuläre Probleme ereignen sich in weniger als 1 Prozent der Fälle, während geringfügige Komplikationen wie Wundinfektion oder leichte Blutungen bei ungefähr 5 Prozent der Frauen auftreten. Auf die Sterilisation zurückzuführende Todesfälle kommen mit einem in 70 000 vorgenommenen Eingriffen nur sehr selten vor.

Im Gegensatz zu der vor 1970 gängigen Praxis, als eine Tubensterilisation noch eine Übernachtung im Krankenhaus verlangte, wird der Vorgang heutzutage meistens ambulant durchgeführt, und die Frau kann anschließend wieder nach Hause gehen. Nach einer Minilaparotomie treten häufig postoperative Unterleibsschmerzen auf, während nach einer Laparoskopie manche Frauen einen Schmerz in Brust oder Schultern verspüren, der von dem in die Bauchhöhle eingebrachten Gas verursacht wird.

Die Sterilisation der Frau gewährleistet mit einer Gesamtfehlerquote von ungefähr 0,5 Prozent (weniger als 1 in 200 Fällen) während des ersten Jahres einen hochwirksamen Empfängnisschutz. In der Mehrzahl dieser Fehlschläge hatte bereits eine Schwangerschaft vorgelegen, bevor die Tubensterilisation durchgeführt wurde, weshalb es ratsam zu sein scheint, daß die Frau kurz vor der Sterilisation einen Schwangerschaftstest machen läßt. Andere Ursachen für das Versagen dieser Methode sind Operationsfehler, wie etwa, daß die Eileiter nicht ausreichend zerstört wurden oder daß sich eine der Federklemmen lockert. In seltenen Fällen können die durchtrennten Enden einer der Eileiter auch wieder zusammenwachsen, wodurch es den Samenzellen ermöglicht wird, bis zur Eizelle vorzudringen. Ebenfalls sehr selten kann die gefährliche Situation einer durch die Sterilisation verursachten ektopischen Schwangerschaft eintreten.

Auch wenn die Sterilisation der Frau als eine dauerhafte Form der Geburtenregelung zu betrachten ist, wollen einige Frauen (besonders diejenigen, die sich in jungen Jahren sterilisieren ließen, die nach einer Scheidung wieder geheiratet haben oder denen ein Kind gestorben ist) ihre Sterilisierung rückgängig machen lassen. Eine solche Wiederherstellungsoperation ist zwar kostspielig und technisch aufwendig, bietet aber im Falle, daß die Eileiter noch genügend intakt sind, eine 40- bis 80prozentige Reversibilitätschance.

Die Sterilisation der Frau hat keinen Einfluß auf die Hormonproduktion und beinhaltet keine langfristigen Gesundheitsrisiken. Sie hat auch keine direkten Auswirkungen auf die Sexualität, obwohl sich viele Frauen hinterher sexuell freier fühlen, da sie keine ungewollte Schwangerschaft mehr zu befürchten haben. In einer geringen Zahl von Fällen kann das sexuelle Interesse der Frau nach der Sterilisation abnehmen, was aber nicht auf ein physiologisches Problem zurückzuführen ist, sondern darauf, daß für sie der Sex nach wie vor in erster Linie mit der Fortpflanzung zu tun hat. In manchen dieser Fälle stellt sich dann heraus, daß sich die Frau eigentlich gar nicht sterilisieren lassen wollte, sondern nur dem Drängen ihres Ehemannes oder Partners nachgegeben hat. Wurde die Frau auf diese Art und Weise zu ihrer Entscheidung gezwungen, ist es nur allzu verständlich, wenn sie durch ihre daraus resultierende Ambivalenz oder Wut das Interesse an Sex verliert.

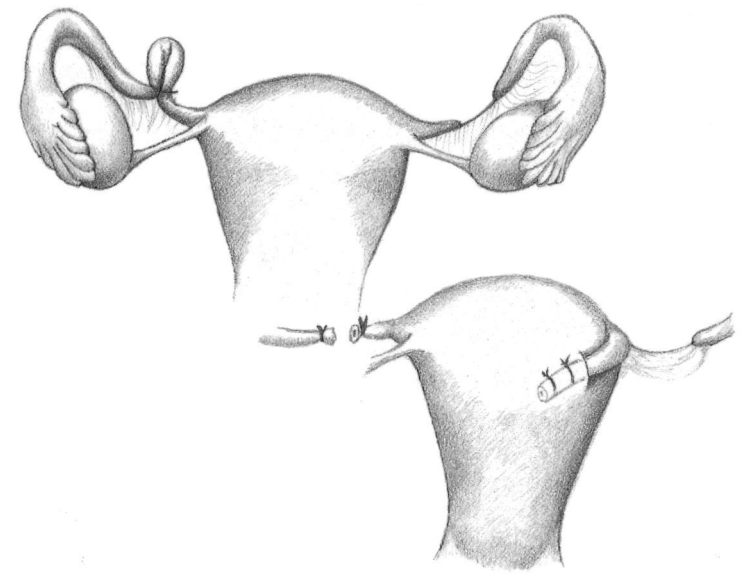

Sterilisation des Mannes (Vasektomie)

In Anbetracht der Tatsache, daß es sich bei der Vasektomie um eine der sichersten und effizientesten Formen der Empfängnisverhütung handelt, ist es erstaunlich, wie selten sie in Anspruch genommen wird. Allerdings wird sie in den USA zunehmend populärer, nachdem die Pille und das IUP an Beliebtheit verloren haben.

Aufgrund verbesserter Operationsmethoden dauert eine Vasektomie (Vasoresektion) heutzutage nicht länger als 10 bis 15 Minuten, wobei der Eingriff wesentlich einfacher und weniger kostspielig ist als eine Sterilisation der Frau. In den Vereinigten Staaten werden Vasektomien für gewöhnlich auf zwei verschiedene Arten durchgeführt: Bei der herkömmlichen Methode werden zwei kleine Einschnitte (etwa 1 bis 2 cm) in die Haut des Skrotums gemacht, um den Zugriff auf beide Samenleiter (*Ductus deferens*), durch die die Spermien von den Hoden in die Prostatadrüse und die Samenbläschen transportiert werden, zu ermöglichen. Bei der neueren Methode wird statt des Einschnitts eine kleine Punktion (weniger als 1 mm) vorgenommen, was die postoperativen Schmerzen und Komplikationen vermindert. Beide Arten des Eingriffs werden unter örtlicher Be-

täubung und ambulant ausgeführt, und bei beiden wird der Weg des
Spermas durch die Samenleiter mechanisch unterbrochen, entweder indem
beide um ein kleines Stück verkürzt und anschließend abgebunden werden,
durch den Einsatz von Elektrokauterisation (Zerstörung von Gewebebe-
zirken durch Diathermiestrom) oder durch die Verwendung von Klemmen. Bei beiden Operationsmethoden kann der Mann anschließend nach
Hause gehen und seine üblichen Aktivitäten wiederaufnehmen; allerdings
sollte er noch ein oder zwei Tage von schwerer körperlicher Arbeit absehen.

Komplikationen kommen bei beiden Arten der Vasoresektion nur sehr
selten vor. Bei der herkömmlichen Methode kommt es in circa 3 Prozent
der Fälle zu Blutungen oder Infektionen, während diese Rate bei der
neueren Methode weit unter 1 Prozent liegt. Leichtere Schwellungen und
lokale Schmerzen (die meistens mit Eispackungen und einem Unterleibs-
schutz behandelt werden) und eine zeitweilige Hautverfärbung treten zwar
häufiger auf, vergehen jedoch meistens innerhalb weniger Tage.

Nach einer Vasektomie dauert es gewöhnlich sechs bis acht Wochen –
oder etwa ein Dutzend Ejakulationen –, um die Spermien auszuscheiden,
die sich bereits oberhalb der Stelle befanden, an der die Samenleiter unterbrochen wurden. Aus diesem Grund ist es wichtig, während dieser Zeit eine
andere Verhütungsmethode anzuwenden, bis sich bei mindestens zwei
Folgeuntersuchungen gezeigt hat, daß das Ejakulat keine Samenzellen
mehr enthält.

Vasektomien sind mit einer Fehlerquote von 0,15 Prozent oder bei einer
von 665 Operationen ausgesprochen sicher. Versagt diese Methode, ist das
in den meisten Fällen auf ungeschützten Geschlechtsverkehr während der
ersten Wochen nach dem Eingriff – bevor das Ejakulat wirklich steril ist –
zurückzuführen. In anderen, weniger häufigen Fällen liegt es an einem
Operationsfehler oder daran, daß ein getrennter Samenleiter wieder zu-
sammengewachsen ist.

In den siebziger Jahren verbreitete sich in den Vereinigten Staaten die
Sorge, daß eine Vasektomie zu späteren gesundheitlichen Problemen führen könne, besonders seit Untersuchungen an Affen gezeigt hatten, daß
die Vasoresektion bei diesen Tieren eine Verhärtung der Arterien erzeugte.
Mehrere jüngere Langzeituntersuchungen haben jedoch überzeugend bewiesen, daß mit dieser Operation beim Menschen keine langfristigen
Gesundheitsrisiken verbunden sind. Dabei haben verschiedene Vergleichs-
studien sogar belegt, daß sterilisierte Männer eine geringere Inzidenz an
Krebs, Herzerkrankungen, kardiovaskulären Erkrankungen und Schlagan-
fällen sowie eine allgemein niedrigere Sterblichkeitsrate aufwiesen als die
nichtsterilisierten Männer der Kontrollgruppe.

Auch im Zusammenhang mit der in letzter Zeit aufgekommenen Befürchtung wegen eines möglichen Langzeitrisikos für Prostata- und Ho-

276

denkrebs bei sterilisierten Männern haben wissenschaftliche Untersuchungen ergeben, daß eine kausale Verbindung zwischen der Vasektomie und dem Entstehen solcher Tumorarten unwahrscheinlich ist.

Eine Vasektomie sollte zwar grundsätzlich als dauerhafte Maßnahme betrachtet werden, doch erlauben die verbesserten Operationsmethoden der modernen Mikrochirurgie in vielen Fällen die Sterilisation wieder rückgängig zu machen, und zwar mit einer anschließenden Schwangerschaftsrate von über 50 Prozent. Eine solche Wiederherstellungsoperation ist allerdings teuer und kompliziert, und die Erfolgsrate nimmt mit der Zeit beträchtlich ab, trotzdem kann es für manche Männer eine zusätzliche Sicherheit bedeuten, daß sie die Chance haben, die Vasektomie wieder rückgängig zu machen, falls sich ihre Lebenssituation dramatisch verändert hat.

Vasektomie (Vasoresektion)

Zeichnung (a) zeigt die Stelle der kleinen Einschnitte im Skrotum bei der herkömmlichen Methode; (b) zeigt das Durchtrennen der Samenleiter mit einer Operationsschere; und (c) zeigt die gekappten Enden der Samenleiter, die mittels elektrischem Strom kauterisiert werden, so daß das vernarbte Gewebe den Durchlaß für die Spermien blockiert.

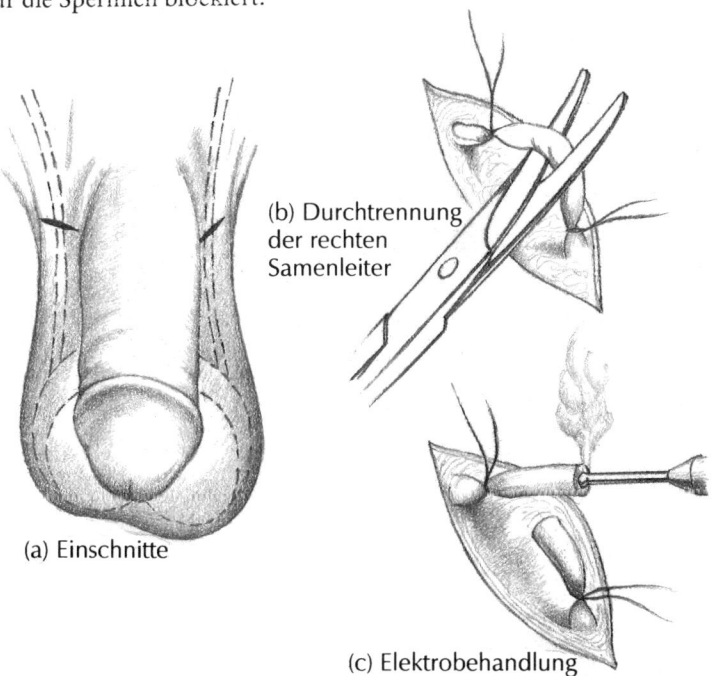

(b) Durchtrennung der rechten Samenleiter

(a) Einschnitte

(c) Elektrobehandlung

Andere Verhütungsmethoden

Das Bruststillen hat bekanntlich einen hemmenden Effekt auf die Fruchtbarkeit, wahrscheinlich indem der mit dem Stillen verbundene hohe Prolaktinspiegel die Ovulation verhindert. In den Vereinigten Staaten wurde diese Wirkung vor kurzem unter dem Begriff »Laktationsamenorrhoe-Methode« formalisiert und gilt seither als eine Methode zur Geburtenregelung. Sie beruht auf dem Prinzip, daß die Menstruation einer Frau, die ihr Baby ausschließlich oder fast ausschließlich stillt, während der ersten sechs Monate nach der Entbindung ausbleibt und sie deshalb während dieser Zeit nicht schwanger werden kann. Mehrere Studien haben für diese sechsmonatige Stillperiode eine Fehlerquote von 1,7 Prozent festgestellt. Die Methode funktioniert allerdings nicht mehr, sobald die Menstruation wieder einsetzt, was bei mehr als einem Drittel der stillenden Frauen innerhalb von drei oder vier Monaten nach der Entbindung der Fall ist.

Der *Coitus interruptus* ist eine Verhütungsmethode, bei der der Penis beim Koitus kurz vor der Ejakulation aus der Vagina gezogen wird. Diese Methode erfordert einen hohen Grad an sexueller Selbstbeherrschung, was frustrierend sein kann, und sie funktioniert selbst dann nicht unbedingt, wenn es richtig gemacht wird. Der Grund dafür ist, daß die präejakulative Flüssigkeit des Mannes häufig fruchtbare Spermien enthält. (Diese Flüssigkeit wird nicht immer in sichtbaren Mengen abgesondert, aber das heißt nicht, daß sie nicht erzeugt wird, und für ein Versagen dieser Methode reichen bereits mikroskopisch kleine Samentröpfchen.) Außerdem kann es zu einer Schwangerschaft kommen, wenn der Mann im Moment des Zurückziehens oder auch außerhalb der Vagina ejakuliert, da dabei einige Samentröpfchen in die Nähe des Scheideneingangs gelangen können. Die Fehlerquote für diese Verhütungsmethode liegt bei 20 bis 25 Prozent.

Eine andere Methode, das Duschen oder Ausspülen der Vagina, ist deshalb wenig wirksam, weil eine Vielzahl von Spermien sehr bald nach der Ejakulation in den Zervikalschleim eindringen können, wo sie von der Vaginalspülung nicht mehr erreicht werden. Nur wenige Frauen verlassen sich auf das Duschen oder Ausspülen als alleinige Verhütungsmethode, und ihre Fehlerquote wird allgemein mit über 40 Prozent angegeben.

Eine neue Variante der hormonellen Kontrazeption wurde 1992 in den USA genehmigt, war aber bereits vorher in vielen Ländern der Erde weit verbreitet: Depo-Provera, eine langwirkende synthetische Form des Progesterons, wird einmal alle drei Monate durch Injektion verabreicht und bietet eine mit der Kombinationspille vergleichbare kontrazeptive Sicherheit. Trotz dieser hohen Wirksamkeit ist Depo-Provera jedoch umstritten, da es die Befürchtung gibt, das Präparat könnte mit einem erhöhten Risiko für Brustkrebs oder Tumore der Leber oder der Zervix in Verbindung stehen. Eine kürzlich abgeschlossene Langzeituntersuchung hat allerdings keine Beweise für ein bedeutsames langfristiges Risiko für Brustkrebs festgestellt, was für die Sicherheit und Zuverlässigkeit dieser Methode spricht. Zu den möglichen Nebenwirkungen von Depo-Provera gehören unregelmäßige Monatsblutungen, Brustempfindlichkeit, Gewichtszunahme und Depression.

Eine weitere Neuheit auf dem Gebiet der Verhütung, das Kondom für die Frau, ist in den Vereinigten Staaten seit 1993 auf dem Markt. Diese Vorrichtung besteht aus einem circa 17 cm langen Beutel aus Polyurethankunststoff, der mittels zweier biegsamer Plastikringe an der Zervix und außerhalb des Scheideneingangs befestigt wird. Das Kondom ist im Inneren mit einem Gleitmittel präpariert und kann für einen Geschlechtsverkehr verwendet werden. Leider ist das Kondom für die Frau in kontrazeptiver Hinsicht jedoch weniger wirksam als andere mechanische Methoden und insbesondere weniger sicher als das Kondom für den Mann – wobei die Gesamtfehlerquote bei 25 Prozent pro Anwendungsjahr liegt. Es gibt zwar Grund zu der Annahme, daß ein Vaginalkondom gegen verschiedene Geschlechtskrankheiten, einschließlich einer HIV-Infektion schützt, aber derzeit sind noch zu wenige Forschungsdaten verfügbar, um eine solche Wirkung belegen zu können. Außerdem hat die Mehrzahl der Frauen, die wir nach der Verwendung dieses Produkts befragt haben, ausgesagt, sie fänden es in der Anwendung lästig und störend und daß sie es niemals als alleinige oder primäre Verhütungsmethode in Betracht ziehen würden.

Weiterhin gibt es drei Methoden der postkoitalen Kontrazeption: Die erste ist die sogenannte »Pille danach« (morning-after pill) und besteht aus verschiedenen hochdosierten Östrogenmitteln, die bis zu 72 Stunden nach dem ungeschützten Geschlechtsverkehr – je eher desto besser – verabreicht werden. Dabei werden entweder mehrere Östrogenpillen oder mehrere östrogen- und progesteronhaltige Kombinationspillen eingenommen; manchmal wird das Östrogen auch in Form einer Injektion verabreicht. Hierbei verhindert das Östrogen im Falle einer Empfängnis die Implantation und damit eine Schwangerschaft, wobei die Wirksamkeitsrate – je nach Zeitpunkt und Art der Hormonzuführung – bei 98 bis 99 Prozent liegt. Die primären Nebenwirkungen sind Übelkeit (manchmal mit Erbrechen) und Brustempfindlichkeit. Die »Pille danach« sollte nicht als routinemäßige Verhütungsmethode betrachtet werden, aber sie kann in besonderen Situationen von großem Nutzen sein, wie zum Beispiel nach einer Vergewaltigung oder wenn ein Kondom beziehungsweise andere Verhütungsmethoden versagt haben (z. B. bei Verrutschen des Diaphragmas oder wenn sich herausstellt, daß das Verfallsdatum eines Spermizids abgelaufen war).

Die zweite Art der postkoitalen Geburtenregelung ist weniger gebräuchlich und besteht im Einsetzen einer Kupferspirale in den Uterus innerhalb von vier bis fünf Tagen nach dem ungeschützten Verkehr. Das Intrauterinpessar verhindert zwar mit einer sehr hohen Wahrscheinlichkeit (von mehr als 99 Prozent) die Einnistung des befruchteten Eis, kann aber natürlich nicht eine Bauchhöhlenschwangerschaft verhüten. Diese Methode sollte wegen des Risikos einer Infektion nicht bei Vergewaltigungsopfern angewendet werden.

Die dritte Art ist die sogenannte »Menstrualextraktion«. Bei dieser Methode, die, kurz bevor die Frau ihre nächste Periode erwartet, angewendet wird, führt man einen dünnen biegsamen Plastikschlauch durch die Zervix in den Uterus, durch den mittels einer Spritze oder Saugpumpe das Endometrium abgesaugt wird. Falls eine Schwangerschaft vorliegt, läßt sich dadurch der fast mikroskopisch kleine Embryo leicht entfernen. Die Menstrualextraktion wird im allgemeinen ohne Anästhetika durchgeführt und verursacht nur geringfügige Beschwerden, wie etwa leichte Krampfschmerzen. Es gibt allerdings Berichte über schwerwiegende Komplikationen, wenn dieser Eingriff nicht von einer ausgebildeten medizinischen Fachkraft und unter den gebotenen hygienischen Bedingungen durchgeführt wurde.

ZEHNTES KAPITEL
Abtreibung

In unserer Gesellschaft gibt es nicht viele Angelegenheiten, die so umstritten sind wie die Abtreibung. Und nur die wenigsten können von sich behaupten, dieser Frage neutral gegenüberzustehen: Das Thema Abtreibung hat zu einer starken Polarisierung der Meinungen geführt, wobei sowohl die Befürworter als auch die Gegner häufig zu einer unsachlichen und polemischen Rhetorik neigen. Doch weder die Befürworter noch die Gegner haben sich je wirklich mit dem juristischen Hintergrund befaßt, der der Abtreibungsfrage in den USA zugrunde liegt – und das trifft auch für die große Mehrheit der Amerikaner zu, die nicht eindeutig dazu Stellung nimmt –, noch haben sie sich ein Bild davon gemacht, wer nun eigentlich eine Abtreibung vornehmen läßt, um welche Art von Eingriff es sich dabei handelt, wie sicher er ist und nicht zuletzt, welche Nebenwirkungen er haben kann.

Wir wollen hier nicht unsere persönliche Ansicht über Moral oder Unmoral eines Schwangerschaftsabbruchs abgeben, da wir meinen, daß dies nicht wesentlich zur Debatte beitragen würde. Dieses Kapitel befaßt sich daher nicht mit der Frage, ob eine Abtreibung grundsätzlich falsch ist oder unter welchen Umständen sie sich moralisch rechtfertigen ließe. Dazu gibt es Literatur in Hülle und Fülle, die sich mit dem Thema aus rein informativer Sicht auseinandersetzt. Uns geht es primär darum, sowohl praktische als auch persönliche Aspekte eines Schwangerschaftsabbruchs zu behandeln, und zwar im Kontext der sexuellen und reproduktiven Gesundheit.

Rechtlicher und soziologischer Hintergrund in den Vereinigten Staaten

In den späten sechziger Jahren wurden infolge vermehrter Rechtsanfechtungen und eines verstärkten Drucks von seiten der Öffentlichkeit zunächst in einigen Bundesstaaten und schließlich 1973 nach einem Grundsatzurteil des Obersten Gerichtshofs in den gesamten Vereinigten Staaten die Abtreibungsgesetze dahingehend liberalisiert, daß der Schwangerschaftsabbruch während der ersten drei Monate – und zwar ungeachtet der Gründe – legal war. Der gleiche Oberste Gerichtshof fällte jedoch 1989 in einem speziellen Abtreibungsfall ein Urteil, das den Grundsatz der Legalität zwar nicht außer Kraft setzte, den einzelnen Bundesstaaten jedoch nunmehr wieder das Recht erteilte, eigene Abtreibungsrestriktionen zu erlassen, woraufhin zunehmend restriktiver werdende bundesstaatliche Gesetze folgten, die das »grundlegende« Recht auf Abtreibung, wie es im Grundsatzurteil von 1973 heißt, untergraben sollen.

Obwohl 88 Prozent aller in den Vereinigten Staaten vorgenommenen Abtreibungen in den ersten zwölf Schwangerschaftswochen erfolgen, beruht die Entscheidung für eine Abtreibung im zweiten Trimester häufig auf wirtschaftlichen Überlegungen, d. h. auf der Schwierigkeit, den Eingriff zu finanzieren, wodurch sich teilweise erklären läßt, warum Teenager in vielen Fällen später abtreiben als erwachsene Frauen. Ironischerweise ist die späte Abtreibung nicht nur mit einem höheren Gesundheitsrisiko behaftet, sondern auch teurer und kann bedeuten, daß die betroffene Frau eine Zeitlang nicht arbeiten oder nicht zur Schule gehen kann. Abtreibungen im zweiten Trimester können natürlich auch durch andere Umstände bedingt sein. Etwa bei Frauen, die unregelmäßig menstruieren und oft monatelang keine Periode bekommen; in solchen Fällen kann es passieren, daß sie eine Schwangerschaft erst im zweiten Trimester erkennen. Auch Frauen, die die Pille nehmen, bemerken nicht immer gleich, daß sie versehentlich schwanger wurden, insbesondere da die Pille Nebenwirkungen haben kann, die den Symptomen einer Schwangerschaft ähnlich sind. Frauen mit Intrauterinpessaren laufen ebenfalls Gefahr, eine Schwangerschaft nicht rechtzeitig zu erkennen, weil sie der Meinung sind, durch ihre Verhütungsmethode ausreichend geschützt zu sein. Es können Monate vergehen, bevor sie irgendeinen Verdacht schöpfen. Schließlich gibt es gerade unter Teenagern viele junge Frauen, die sich in einen massiven Verdrängungszustand versetzen und die Möglichkeit einer Schwangerschaft schlichtweg verleugnen beziehungsweise ihre Schwangerschaft aus Furcht vor der Reaktion der Eltern verschweigen, in der Hoffnung, sie würde von selbst wieder vergehen, oder indem sie versuchen, durch exzessive sportliche Betätigung, selbst zugefügte Verletzungen oder die Einnahme von Medikamenten einen Abortus einzuleiten.

Ein weiterer Aspekt trat durch eine vom Alan Guttmacher Institut erhobenen Studie zutage, bei der die Hälfte aller befragten Frauen, die 1987 eine Abtreibung vornehmen ließen, aussagte, daß sie zum Zeitpunkt ihrer Empfängnis verhütet hatten. Das steht in scharfem Gegensatz zu der gängigen Vorstellung, daß Frauen, die abtreiben, entweder bezüglich möglicher Verhütungsmethoden nicht informiert sind oder sich erst gar nicht die Mühe machen, wie aus dem folgenden Kommentar einer 23jährigen Studentin klar hervorgeht:

Im zweiten Jahr am College lebte ich mit einem Mann zusammen, der mir sehr viel bedeutete. Unser Sexualleben war wunderbar, und wir paßten auf: Ich verwendete ein Diaphragma, und er nahm ein Kondom. Sie können sich vorstellen, wie schockiert – und entsetzt – wir waren, als ich schwanger wurde. Wir hatten immer darauf geachtet, zu verhüten, von »vergessen« konnte also keine Rede sein, noch dazu, da wir ja beide verhüteten. Dennoch meinte meine beste Freundin, als ich ihr davon erzählte, wir müßten das eine oder andere Mal darauf vergessen haben. »Vielleicht«, sagte sie, »wart ihr mal zu betrunken und erinnert euch jetzt nicht mehr daran.« Mich hat diese Haltung empört, zugleich wurde mir aber auch bewußt, wie leicht es ist, anderen ein Verhalten zu unterstellen, das möglicherweise überhaupt nicht den Tatsachen entspricht.

Viele Menschen scheinen zu glauben, die meisten Abtreibungen seien nichts anderes als das, was sie verächtlich mit »Abtreibung aus Bequemlichkeit« bezeichnen. Doch so einfach darf man es sich nicht machen. So meint auch Anna Quindlen in einem Artikel in der *New York Times* vom 28. Januar 1990: »Mit dieser Art von Diktion könnte man glauben, eine Schwangerschaft werde abgebrochen, weil die Frau lieber ein Kind will, das im Sternzeichen Löwe und nicht Steinbock sein soll.« Wenn eine 13jährige von einem 14jährigen geschwängert wird und abtreiben läßt, kann man dann noch behaupten, sie hätte sich aus Bequemlichkeit für eine Abtreibung entschieden? Wenn eine unverheiratete, arbeitslose Frau im Alter von 24 Jahren, die mit der Sozialhilfe versucht, sich und ihre vier Kinder durchzubringen, wieder schwanger wird und abtreiben will, ist das dann eine Abtreibung aus Bequemlichkeit? Das Wort Bequemlichkeit ist wohl eher, so scheint es, eine Frage der subjektiven Einstellung und Betrachtungsweise.

Eines läßt sich jedoch feststellen: die 1,6 Millionen Frauen, die jährlich in Amerika abtreiben (und die 37 Millionen Frauen, die sich weltweit Jahr für Jahr für den Schwangerschaftsabbruch entscheiden), weisen sehr unterschiedliche soziale Hintergründe auf. Während manche arm, ungebildet und auf die Sozialhilfe angewiesen sind, sind andere Jura-Studentinnen, Ärztinnen, Pastorinnen, Architektinnen, Hausfrauen – Frauen aus buchstäblich allen Lebenslagen. Ungeachtet unserer persönlichen moralischen Einstellung zu diesem Thema sollten wir uns hüten, diese Frauen und ihren Lebensweg aufgrund vorgefaßter Stereotypen pauschal zu verurteilen.

Abtreibungsmethoden

Es gibt unterschiedliche Methoden, wobei jedoch die optimale Vorgangsweise für gewöhnlich davon abhängt, wie lange eine Frau bereits schwanger
ist. Generell läßt sich sagen, je kürzer die Dauer der Schwangerschaft, um
so einfacher ihr Abbruch.

Die gängigste Form des Schwangerschaftsabbruchs während der ersten
drei Monate ist die *Vakuumaspiration oder Saugkürettage*. Dieser Eingriff
wird in der Regel ambulant und unter Verabreichung einer Lokalanästhesie
(in Form eines parazervischen Blocks) oder ganz ohne Betäubung vorgenommen. (Manche Frauen sind unter Lokalanästhesie so verspannt, daß
man ihnen lieber intravenös ein Beruhigungsmittel wie Valium oder ein
schmerzlinderndes Mittel wie Demerol verabreicht.) Gegenwärtig gelangt
diese Methode in den USA mit insgesamt 75 Prozent am häufigsten zum
Einsatz und setzt sich auch weltweit zunehmend durch. Das Verfahren
beinhaltet zunächst die Dilatation (Dehnung) des Gebärmutterhalskanals,
wobei dies entweder mittels zweier Sonden aus Metall erfolgt oder durch
den Einsatz kleiner Stifte aus getrocknetem, sterilisiertem Seetang (Laminariastifte), die einen Tag vor der Abtreibung in den Gebärmutterhalskanal
eingeführt werden. Da die Laminariastifte die Feuchtigkeit aufnehmen,
bedingt ihre Schwellung eine schrittweise Dehnung des Gebärmutterhalskanals, was vielfach angenehmer ist als die mit einer Sonde herbeigeführte
Dehnung. (Bei manchen Frauen machen sich die Laminariastifte durch
Druck oder leichte Krämpfe bemerkbar, doch in vielen Fällen werden
keinerlei Unannehmlichkeiten verspürt.) Nachdem die Laminariastifte
entfernt wurden oder der Gebärmutterhalskanal mit Hilfe der Instrumente
gedehnt wurde, wird durch den gedehnten Gebärmutterhalskanal eine
kleine Plastikröhre oder Kanüle bis in die Höhlung des Uterus eingeführt.
Die Kanüle wird an eine Pumpe angeschlossen, die auch Vakuumaspirator
genannt wird. Infolge der durch die Pumpe verursachten Saugtätigkeit wird
der Gebärmutterinhalt rasch und einfach evakuiert. Ein Auskratzen der
Gebärmutterschleimhaut (die sogenannte Kürettage) im Anschluß an die
Abtreibung ist zumeist nicht erforderlich. Insgesamt dauert der Eingriff
rund 10 bis 15 Minuten.

Nach einer Abtreibung durch Vakuumaspiration wird Frauen mit Rhe-
sus-negativem Blut eine Injektion verabreicht, um die Bildung von Antikörpern zu verhindern und auf diese Weise dem Risiko einer Rhesusfak-
tor-Inkompatibilität bei zukünftigen Schwangerschaften vorzubeugen (es
sei denn, der Partner ist ebenfalls Rh-negativ). In den meisten Abtrei-
bungskliniken ist es in solchen Fällen üblich, diese Frauen noch etwa eine
Stunde im Ruheraum unter Beobachtung zu halten, wobei Blutdruck und

Puls überwacht werden, um sicherzugehen, daß sie keine Blutungen oder andere Reaktionen auf die Lokalanästhesie zeigen. Bei der Entlassung aus der Klinik wird empfohlen, sich noch einen Tag lang zu schonen, doch dann können alltägliche Aktivitäten wiederaufgenommen werden, mit Ausnahme des Geschlechtsverkehrs oder Duschens im Genitalbereich, wovon für den Zeitraum von rund 14 Tagen abgeraten wird. Vier bis sechs Wochen nach der Abtreibung setzt für gewöhnlich wieder die Periode ein.

Vakuumaspiration
Die Vakuumaspiration beinhaltet das Absaugen des Fötus und der Membrane im Uterus.

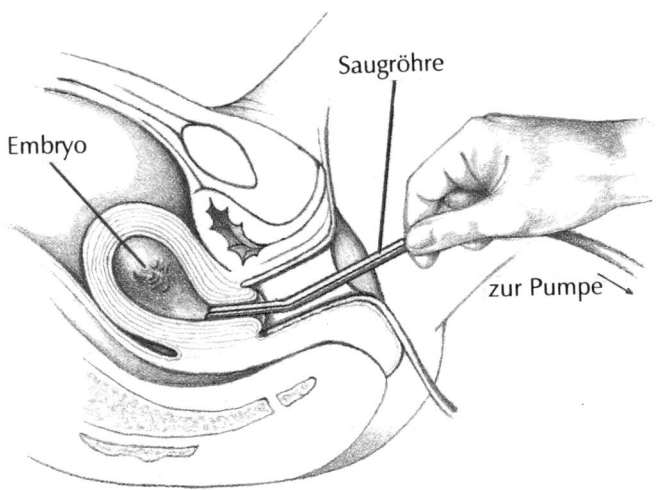

Abtreibungen mittels einer Vakuumaspiration während der ersten drei Monate beinhalten in der Regel kein Risiko (siehe folgende Tabelle). Sie haben keine negativen Auswirkungen auf die zukünftige Fruchtbarkeit, zukünftige Geburten oder hinsichtlich des Risikos einer zukünftigen extrauterinen (Eileiter-)Schwangerschaft.

Die *Dilatation und anschließende Kürettage* ist eine weitere gängige Methode für einen Schwangerschaftsabbruch während der ersten drei Monate, allerdings erfordert dieses Verfahren eine Vollnarkose und beinhaltet ein höheres Risiko des Blutverlusts sowie anderer Komplikationen. Bei einer Dilatation und anschließender Kürettage, die auch dann zum Einsatz gelangen, wenn es zu abnormalen Blutungen in der Gebärmutter kommt oder inneruterine Polypen entfernt werden müssen, wird anstelle

des Absaugens des Gebärmutterinhaltes eine scharfe Kürette zum Aus-
schaben des Gebärmuttergewebes verwendet.

Mögliche Komplikationen bei Abtreibungen im ersten Trimester*

Schwere Komplikationen (die Krankenhausaufenthalt erfordern)	
Geweberückbehalt	1 von 3 600
Schwere Infektion	1 von 4 700
Interuterine Perforation	1 von 10 600
Blutungen	1 von 14 200
Unvollständiger Abortus	1 von 28 300
Eileiterschwangerschaft	1 von 42 500
Leichte Komplikationen (ambulante Behandlung)	
Leichte Infektion	1 von 200
Verengung der Zervix	1 von 6 100
Risse an der Zervix	1 von 9 400
Krämpfe	1 von 25 100

* QUELLE: Entnommen und modifiziert aus Hakim-Elahi, E., Tovell, H. M., und
Burnhill, M. S., Komplikationen bei Abtreibungen im ersten Trimester: Bericht
anhand 170 000 untersuchter Fälle, *Obstetrics and Gynecology* 76:929, 1990.

Die Techniken der Vakuumaspiration und der Kürettage werden im allgemeinen kombiniert eingesetzt, wenn der Abbruch gegen Ende des ersten
Trimesters oder zu Beginn des zweiten Trimesters erfolgt. Diese Methode,
die auch *Dilatation und Evakuation* genannt wird, erfordert eine größere
Dehnung der Zervix als zu einem früheren Zeitpunkt in der Schwangerschaft, weil im Inneren der Gebärmutter größere Instrumente verwendet
werden müssen. (Zu diesem Zweck werden häufig Laminariastifte verwendet, weil sie durch Aufsaugen der Zervikalsekretion eine fünffache Expan-
sion ihrer normalen Größe erreichen. In manchen Fällen werden nach dem
Entfernen der Laminariastifte Dilatoren aus Metall verwendet, um die
Zervix noch zusätzlich zu öffnen.) Im Anschluß an die Dehnung der Zervix
wird der Gebärmutterinhalt mit Hilfe einer stumpfen Kürette, einer Zange
und einer Absaugvorrichtung evakuiert. Manchmal wird das Medikament
Oxytocin verabreicht, um der Gebärmutter nach Dilatation und Evakuation
zu helfen, ihre normale Größe wiederzuerlangen und die dabei auftretende
Blutung in Schach zu halten. Der Eingriff – die Dauer der mit Hilfe der
Laminariastifte verursachten Dehnung nicht mitgerechnet – beträgt zwischen 15 und 30 Minuten. Da die Gebärmutter nach dem ersten Trimester
jedoch weicher ist und ihre Wände dünner sind als vorher, stellt die
Evakuation einen chirurgischen Eingriff dar, der technisch anspruchsvoller

ist und für die Patientin ein erhöhtes Risiko beinhaltet, Komplikationen wie Blutungen oder eine Perforation der Gebärmutter davonzutragen.

Bei einer Abtreibung nach der fünfzehnten Schwangerschaftswoche wird die Gebärmutter künstlich (d. h. mit Hilfe von Medikamenten) so weit zusammengezogen, daß sie den Fötus und die Placenta abstößt, wobei der Vorgang dem Einsatz der natürlichen Wehen und einer Geburt ähnlich ist. Abtreibungen dieser Art werden Abtreibungseinleitung genannt. Man kann sie sich auch als medikamentös eingeleitete Fehlgeburten vorstellen, allerdings ist dieses Verfahren riskanter und teurer als die Dilatation mit anschließender Evakuation. Früher war es zwar üblich, die Abtreibung mittels einer hypertonischen Salzlösung einzuleiten, die durch die Bauchdecke in die Fruchtblase injiziert wurde, nachdem zuvor eine geringe Menge Fruchtwasser entnommen worden war, heute werden jedoch normalerweise Hormonpräparate namens Prostaglandine verwendet, um die Gebärmutterkontraktionen einzuleiten. Prostaglandine können entweder direkt durch die Bauchdecke in den Uterus injiziert oder durch die Zervix in die Höhlung zwischen Gebärmutterauskleidung und Fruchtblase eingeflößt werden, oder es werden Harnstofflösungen (sowohl allein als auch in Kombination mit Prostaglandinen oder Oxytocin) verwendet, wobei Prostaglandine gelegentlich auch als Vaginalzäpfchen verabreicht werden.

Unabhängig von der Methode sind Abtreibungen im zweiten Trimester auf jeden Fall riskanter als solche im ersten Trimester: Tatsächlich reicht die Häufigkeit der in manchen Kliniken auftretenden Komplikationen von 5 Prozent bei Dilatation und Evakuation bis zu 20 Prozent bei künstlich eingeleiteten Abtreibungen (M. L. Pernoll und R. C. Benson, Hrsg., »Current Obstetric & Gynecologic Diagnosis and Treatment«, 1987). Bei einer durch Salzlösung eingeleiteten Abtreibung gehören zu den schwerwiegendsten, wenngleich relativ selten auftretenden Komplikationen Hypernaträmie (überhöhter Salzgehalt im Blut), Herzversagen und disseminierte intravasale Gerinnung (starke innere Blutungen). Risse in der Zervix und starke uterine Blutungen treten häufiger auf, sind aber weniger schwerwiegend. Zu den üblichen Nebenwirkungen der mit Prostaglandin eingeleiteten Abtreibung gehören Übelkeit, Erbrechen, Durchfall und Kopfschmerzen, wobei über die Hälfte aller Frauen, die diesen Eingriff vornehmen lassen, davon betroffen ist. Zu den schwerwiegenden Komplikationen einer mit Prostaglandin eingeleiteten Abtreibung gehören eine erhöhte Blutungsgefahr, das vergleichsweise geringere Risiko krampfartiger Anfälle sowie die Gefahr, daß die Zervix einreißt. Zudem sind bei diesem Verfahren die Chancen einer nur teilweise erfolgreichen Abtreibung (was eine sofortige Dilatation und Evakuation erfordert) etwas höher als bei einer mittels Salzlösung eingeleiteten Abtreibung. Ein weiteres Problem besteht darin, daß künstlich eingeleitete Abtreibungen nicht immer funktionieren: Rund 8 Prozent aller mit Prostaglandin und 2 Prozent aller mit Salzlösung eingeleiteten Abtreibungen sind nicht auf Anhieb erfolgreich und erfordern eine zweite Injektion. Außerdem dauern diese Einleitungen viel länger (im Durchschnitt 24 Stunden), weil zunächst das Einsetzen der Gebärmutterkontraktionen abgewartet werden muß, um dann künstlich die Wehen einzuleiten. Eine zusätzliche Problematik bei dieser Methode besteht in dem für viele Frauen erhöhten emotionalen Streß, vor allem wenn sie während der Abtreibung bei Bewußtsein sind und der Fötus bereits so weit entwickelt ist, daß er ein menschenähnliches Aussehen angenomen hat.

Hysterotomie ist ein chirurgischer Eingriff, bei dem in die Gebärmutter geschnitten wird, wobei es sich dabei um eine eher seltene Abtreibungsmethode handelt. Abgesehen vom erhöhten medizinischen Risiko für die Frau, besteht in einem fortgeschrittenen Schwangerschaftstadium die Gefahr, daß der Fötus lebend geboren wird (im Grunde handelt es sich bei dem Eingriff um einen Kaiserschnitt).

Die Hysterektomie oder operative Entfernung der Gebärmutter ist bis zur 24. Woche der Schwangerschaft möglich, ohne zunächst den Gebärmutterinhalt evakuieren zu müssen. Diese Abtreibungsmethode, die selten zum Einsatz gelangt, wird im allgemeinen bei Frauen mit großen Gebärmuttertumoren (Myomen) durchgeführt, da diese die anderen Abtreibungsmethoden im zweiten Trimester behindern können, beziehungsweise bei Frauen, bei denen aus anderen medizinischen Gründen eine Hysterektomie erforderlich ist. Es handelt sich dabei um einen irreversiblen Eingriff, mit dem nicht nur die momentane Schwangerschaft abgebrochen, sondern jede zukünftige unmöglich gemacht wird.

Schließlich gibt es noch eine Form der Abtreibung, auf die wir kurz eingehen möchten. Einige wenige Kliniken führen heute Abtreibungen durch, mit denen eine Schwangerschaft nicht abgebrochen, sondern bewahrt werden soll. Diese scheinbar paradoxe Situation tritt dann auf, wenn eine Frau mit mehr Föten schwanger ist, als sie bedenkenlos austragen kann – eine Situation, die vor allem dann eintreten kann, wenn eine Frau Medikamente zur Unterstützung ihres Eisprungs erhalten hat. In einem speziellen Fall war eine Frau mit Achtlingen schwanger. Von ihren Ärzten erfuhr sie, daß keines der Kinder eine Überlebenschance hätte, wenn nicht etwas unternommen würde. Mit ihrer Einwilligung führten die Ärzte eine sogenannte selektive Abtreibung durch, wobei sie sechs der Föten abtrieben, um zweien eine Überlebenschance zu geben. Die Frau schenkte schließlich gesunden Zwillingen das Leben.

Die selektive Abtreibung wird mit Hilfe von Ultraschall durchgeführt, wobei eine winzige Nadel in den Brustkörper des Fötus eingebracht wird, der zu diesem Zeitpunkt kleiner als ein Daumen ist. Durch die Nadel wird ein Medikament verabreicht, das das fötale Herz zum Stillstand bringt. Der tote Fötus wird schließlich vom Körper der Frau absorbiert.

Bei den meisten Menschen dürfte der Fall mit den Achtlingen kaum Bedenken auslösen – schließlich wären alle acht Föten gestorben, hätte man nichts unternommen. Es gab jedoch auch Fälle, bei denen die selektive Abtreibung auf Wunsch des betroffenen Paares nur deshalb zum Einsatz gelangte, um Vierlinge auf Zwillinge zu reduzieren. Solche Fälle treten gelegentlich infolge eines GIFT-Verfahrens auf (dieses Thema wird im elften Kapitel besprochen), bei dem eine Vielzahl von Embryos implantiert wird, da davon auszugehen ist, daß ein Großteil der implantierten Embryos nicht überleben wird. Wenn es sich hierbei um eine moralisch vertretbare Praxis handelt, fragt man sich, wo die Grenze zu ziehen ist. Was geschieht zum Beispiel, wenn eine Frau, die sich einem Invitro-Fertilisations-Programm unterzieht, mit Zwillingen schwanger wird, dann aber beschließt, sie möchte nur ein Baby? Ist es dann moralisch korrekt, einen der sich bereits entwickelnden Föten abzutreiben? Was geschieht, wenn eine Frau, die mit Zwillingen oder Drillingen schwanger ist, die weiblichen Föten abtreiben und nur den männlichen zur Welt bringen will? Wir wollen gar nicht behaupten, die Antworten auf diese Fragen zu wissen, aber in der heutigen hochtechnologisierten Welt der Medizin sollte man ihnen ihre moralische Bedeutung keinesfalls absprechen.

Die Abtreibungspille

Eine der großen Neuheiten im Zusammenhang mit der Abtreibung ist eine Pille, die in Frankreich entwickelt wurde und mit der eine Abtreibung im frühen Stadium einer Schwangerschaft einfach und sicher eingeleitet werden kann. In der Fachwelt ist das Medikament als Mifepriston, gemeinhin jedoch als RU 486 bekannt, also unter jenem Namen, den es im Zuge seiner Entwicklung erhalten hat. Diese Abtreibungspille darf in Frankreich und China seit 1988 und in Großbritannien seit 1991 verabreicht werden, in den USA ist sie jedoch verboten. Normalerweise wird sie in Kombination mit Prostaglandin eingesetzt, das 48 Stunden nach der Einnahme von RU 486 entweder vaginal eingeführt oder injiziert wird. (Eine jüngste Studie in Frankreich hat ergeben, daß ein oral verabreichtes Prostaglandinanalog genauso wirksam und zudem einfacher zu verabreichen ist.) In den meisten Fällen setzt die Abtreibung binnen Stunden ab der Verabreichung von Prostaglandin ein.

RU 486 funktioniert entgegengesetzt zur Wirkung des Progesterons, eines Hormons, das für die Implantation des befruchteten Embryos im Uterus und den Verlauf der Schwangerschaft entscheidend ist. Wenngleich die exakten Mechanismen seiner Wirkung nicht zur Gänze verstanden sind, bewirkt es ein Abschälen der Gebärmutterschleimhaut, wodurch der Embryo und die im Frühstadium der Schwangerschaft bereits vorhandene Fruchtblase abgestoßen werden. Ferner blockiert es die beruhigende Progesteronwirkung auf die Muskelwände der Gebärmutter und löst somit die Krämpfe aus, die dazu beitragen, den Embryo abzustoßen. Weiters wird die Zervix durch die kombinierte Wirkung von RU 486 und Prostaglandin geöffnet und entspannt.

Die Nützlichkeit von RU 486 wurde in umfassenden Studien bestätigt: Demnach war der Abbruch bei 96 Prozent der Schwangerschaften von einer Dauer von mehr oder weniger sieben Wochen erfolgreich. Das Auftreten von Nebenwirkungen wie Kopfschmerzen, Übelkeit und Unterleibsschmerzen ist sehr gering. Weniger als 1 Prozent der Frauen, die das Medikament eingenommen haben, litten im Anschluß unter schweren Blutungen, und bei noch weniger Fällen hatte die Abtreibung eine Infektion der Gebärmutterschleimhaut zur Folge. In solchen Fällen, bei denen der Abstoß des Gebärmutterinhalts nur unvollständig erfolgte, wurde im Anschluß an die Verabreichung von RU 486 ein chirurgischer Schwangerschaftsabbruch durchgeführt.

Kontraindikativ für die Einnahme von RU 486 sind unter anderem der Verdacht auf Eileiterschwangerschaft (da das Medikament nicht wirkt, wenn die Schwangerschaft außerhalb der Gebärmutter einsetzt), Gesundheitsprobleme, die die gleichzeitige Einnahme von Glukokortikoiden wie etwa Kortison oder Prednison erfordern (da RU 486 die Wirkung dieser Steroide beeinträchtigt) sowie jede Kontraindikation gegen die Einnahme von Prostaglandin wie etwa Asthma oder überhöhter Blutdruck.

Der Erfinder von RU 486, Dr. Etienne-Emile Baulieu, setzt sich nun primär dafür ein, die politische Akzeptanz für das umstrittene Medikament zu erhöhen. Er wehrt sich gegen die Bezeichnung »Abtreibungspille« und seine Konnotation, weil er meint, das Wort »Abtreibung« werde automatisch negativ aufgefaßt; statt dessen schlägt er vor, das Medikament »contragestive« (also »der Schwangerschaft begegnend«) zu nennen, wobei er diese Bezeichnung selbst geprägt hat, um damit die Blockierung der Schwangerschaft zu verdeutlichen.

Obwohl nicht absehbar ist, ob und wann RU 486 in den USA zugelassen sein wird, sollte hervorgehoben werden, daß sich das Medikament nicht nur zur Einleitung einer Abtreibung eignet. RU 486 kann neben der Behandlung schwerwiegender Erkrankungen wie Brustkrebs, das Cushing-Syndrom (eine Hyperaktivität der Nebennierendrüsen) sowie bestimmter Gehirntumore, sondern auch als Verhütungsmittel im herkömmlichen

Sinne eingesetzt werden. Wenn es im ersten Abschnitt des menstrualen Zyklus verabreicht wird, kann die Antiprogesteronwirkung von RU 486 den Eisprung blockieren, was eines Tages möglicherweise seine wichtigste Indikation sein könnte.

Wie sicher ist eine Abtreibung?

Obwohl davon ausgegangen werden muß, daß jeder chirurgische Eingriff das eine oder andere Risiko mit sich bringt, verläuft eine legale Abtreibung nur äußerst selten tödlich. Laut Angaben der amerikanischen Regierung lag die Sterblichkeitsrate legaler Abtreibungen in den USA im Zeitraum 1980 bis 1985 bei 0,7 pro 100000 durchgeführter Abtreibungen. Im Vergleich dazu lag im selben Zeitraum die Sterblichkeitsrate bei gebärenden Müttern bei 9,1 pro 100000 Geburten. Abtreibungen während der ersten acht Wochen einer Schwangerschaft sind sogar noch sicherer: Hier liegt die Sterblichkeitsrate bei 0,2 pro 100000 Eingriffen oder weniger als einem Todesfall bei einer halben Million Abtreibungen. Alles in allem werden 88 Prozent aller Abtreibungen in den Vereinigten Staaten während der ersten drei Monate vorgenommen. Todesraten und die Häufigkeit anderer möglicher Komplikationen im ersten Trimester entsprechen rund einem Zehntel jener, die bei Abtreibungen nach der zwölften Schwangerschaftswoche eintreten können (Angaben zu Todesraten im Zusammenhang mit einer Abtreibung wurden einer Reihe von Studien des *National Center for Health Statistics* entnommen).

Es gibt mehrere Gründe, warum das Risiko bei späteren Abtreibungen steigt. Zum einen erfordern Abtreibungen im zweiten Trimester eine Vollnarkose, die eigene, von der Abtreibung selbst völlig unabhängige Gefahren mit sich bringt. Außerdem ist bei einer späteren Abtreibung der chirurgische Eingriff an sich komplizierter und birgt eine höhere Wahrscheinlichkeit für uterine Blutungen und andere Komplikationen, einschließlich einer schweren postoperativen Infektion. Schließlich steigt mit fortschreitender Schwangerschaft die Gefahr, daß die Frau verwandte medizinische Probleme entwickelt, die eine Abtreibung beeinträchtigen können. Trotz dieser Faktoren ist eine Abtreibung im zweiten Trimester um das Dreifache sicherer als eine Schwangerschaft mit anschließender Geburt. Ferner gibt es keinerlei Indikation, daß das Alter einer Frau die Sicherheit einer Abtreibung beeinflußt, wohingegen ein höheres Alter gleichzeitig eine höhere Müttersterblichkeit mit sich bringt.

Eine Frau, die sich einmalig einer Abtreibung durch Vakuumaspiration unterzieht – also jener Abtreibungsmethode, die in über 9 von 10 Eingriffen in den USA zur Anwendung gelangt –, geht kein größeres Risiko einer anschließenden Unfruchtbarkeit ein als eine Frau, die ihr Kind austrägt. Ähnlich erhöht eine einmalige Vakuumaspiration nicht das Risiko einer anschließenden Fehlgeburt, Todgeburt, möglicher Geburtsfehler oder größerer Komplikationen während zukünftiger Schwangerschaften oder Geburten. Und bei Frauen, die mehrmals abgetrieben haben, ist die Gefahr, ein untergewichtiges Baby zur Welt zu bringen, um nichts höher als bei Frauen, die nie abgetrieben haben.

Bis Jahresende 1992 wurde ein einziger Todesfall durch die Verabreichung von RU 486 und Prostaglandin bekannt (*Lancet* 337:969, 1991); es scheint also eine besonders sichere Methode zu sein. Eine Definition der relativen Sicherheit dieser Medikamentenkombination im Vergleich zu anderen Abtreibungsmethoden im frühen Schwangerschaftsstadium wäre jedoch verfrüht.

Psychologische Reaktionen auf eine Abtreibung

Den meisten Frauen fällt die Entscheidung für oder gegen eine Abtreibung keineswegs leicht, vielmehr handelt es sich um einen Entscheidungsprozeß, der von Selbstzweifel, Trauer und Ambivalenz geprägt ist. In manchen Situationen – zum Beispiel, wenn sich infolge einer pränatalen Untersuchung herausstellt, daß das Kind unter dem Down-Syndrom leidet oder mit einer schweren Erbkrankheit behaftet ist – kann diese seelische Belastung noch verstärkt werden, wenn die Schwangerschaft gewollt und kein Versehen war. Und auch wenn die Entscheidung eindeutig ist und von beiden Partnern geteilt wird, kann sie trotzdem in vielen Fällen Schuldgefühle und Verwirrung nach sich ziehen.

Aber auch wenn die Entscheidung für eine Abtreibung häufig emotional stark belastend ist, wiegen in der Regel die emotionalen Vorteile einer Abtreibung schwerer als die psychologischen Risiken (siehe zum Beispiel Nadelson C. C., »The Emotional Impact of Abortion« in *The Woman Patient*, vol. 1, S. 173–179, Plenum Press, 1978). Mit Ausnahme jener Fallstudien, in denen problematische Abtreibungen behandelt werden, läßt sich aus der Fülle an Untersuchungen über die Spätfolgen einer Abtreibung kein erhöhter psychotherapeutischer oder psychiatrischer Behandlungsbedarf ablesen.

Tatsächlich sind psychologische Probleme, hervorgerufen durch einen Schwangerschaftsabbruch, weit weniger häufig als schwere Depressionen im Anschluß an eine Geburt. Wie aus dem anerkannten *Comprehensive Textbook of Psychiatry* hervorgeht, ist »die emotionale Belastung einer

Abtreibung für gewöhnlich nicht gravierend und selbstbegrenzt. Ernste negative Folgeerscheinungen sind selten.«

Demgemäß fühlen sich viele Frauen nach einer Abtreibung erleichtert. Uns berichtete eine Frau: »Als ich bemerkte, daß ich schwanger war, hatte ich das Gefühl, eine dunkle Wolke legte sich über meine Zukunft. Nach der Abtreibung spürte ich wieder das Sonnenlicht.« Kurzfristig anhaltende Gefühle von Schuld, Trauer und Verlust sind dennoch übliche Reaktionen. Eine psychologische Beratung vor und nach der Abtreibung kann im Normalfall helfen, mit diesen Reaktionen zu Rande zu kommen.

Die Bewegung »Recht auf Leben« erfuhr einen ernsthaften Rückschlag, als C. Everett Koop, der oberste Amtsarzt im amerikanischen Gesundheitswesen (und persönlich ein Abtreibungsgegner), in einem an Präsident Reagan gerichteten Brief über die gesundheitlichen Folgen einer Abtreibung zugeben mußte, daß keine ernsthaften psychologischen Nachwirkungen feststellbar seien. Koop schrieb: »Gegenwärtig kann anhand der verfügbaren medizinischen Daten ... weder die vorgefaßte Meinung der Befürworter noch der Gegner unterstützt werden.« Koop vertrat grundsätzlich die Einstellung, daß infolge methodologischer Unzulänglichkeiten wie etwa dem Mangel an Kontrollgruppen, sehr sporadischen Nachfolgeuntersuchungen und nicht repräsentativen Beispielen keine wissenschaftlichen Beweise für psychologische oder physische Auswirkungen einer Abtreibung gegeben seien. Später stellte sich heraus, daß Koops Schlußfolgerungen bezüglich der relativen Sicherheit einer Abtreibung in Wirklichkeit noch günstiger ausgefallen waren, jedoch von seinen Vorgesetzten in der amerikanischen Regierung zensuriert wurden.

Das spielte teilweise eine Rolle, als die *American Psychological Association* ein Gremium renommierter Wissenschaftler beauftragte, bereits erfolgte Untersuchungen über die psychologischen Reaktionen amerikanischer Frauen auf eine Abtreibung einer Revision zu unterziehen. Das Gremium gelangte zu folgendem Schluß: »Die aus den wissenschaftlichen Studien hervorgegangene Beweislast zeigt, daß für die meisten Frauen der legale Abbruch einer ungewollten Schwangerschaft keine psychologische Gefährdung bedeutet« und daß »schwerwiegende negative Reaktionen auf eine Abtreibung selten sind«.

Natürlich findet die psychologische Reaktion einer Frau auf eine Abtreibung nicht im luftleeren Raum statt; zu einem wesentlichen Ausmaß hängt ihre Reaktion vom sozialen Kontext ab, in dem die Abtreibung erfolgt, und von der emotionalen Unterstützung, die sie von anderen, für sie wichtigen Personen erhält. Eine Frau, der man das Gefühl vermittelt, sie habe sich schuldig gemacht, so als ob ihre Schwangerschaft wichtiger sei als sie selbst, wird nach der Abtreibung eindeutig größere Schwierigkeiten haben, damit zurechtzukommen. Ebenso verhält es sich, wenn die

Frau im Zuge der Abtreibung unangenehme Erfahrungen mit gefühllosem und voreingenommenem Klinik- oder Krankenhauspersonal macht oder von ihrer Umwelt aufgrund gesellschaftlicher oder religiöser Mißbilligung verurteilt wird. Wenn sie hingegen von ihrer Familie und ihren Freunden Verständnis und Anteilnahme erwarten kann, wird ihr das zweifellos dabei helfen, die Erfahrung für sich zu meistern.

ELFTES KAPITEL
Unfruchtbarkeit

»Es gibt nichts Schlimmeres, als erfahren zu müssen,
daß der Wunsch nach einem Kind unerfüllt bleiben wird.«

In den letzten 25 Jahren tritt das Problem Unfruchtbarkeit mit einer
Häufigkeit auf, wie sie nie zuvor in der Geschichte Amerikas (und der
Welt) verzeichnet wurde, wobei die Ursachen, die dafür geltend gemacht
werden können, sehr unterschiedlich sind. Zweifellos hat das veränderte
Sexualverhalten, insbesondere unter Teenagern und jungen Erwachsenen,
zu einem vermehrten Auftreten sexuell übertragbarer Krankheiten
(STDs aus dem Englischen *sexually transmitted diseases*) geführt, die bei
späterer Unfruchtbarkeit einen entscheidenden Faktor darstellen können.
Es dürften auch die Langzeiteinflüsse unserer Umwelt, etwa Luftver-
schmutzung und Schadstoffausstoß, eine Rolle spielen, doch in einem
vergleichsweise nur sehr geringerem Maße. Zahlreichen Untersuchungen
der *American Fertility Society* zufolge dürfte der wesentlichste Faktor eine
grundlegende Veränderung der zeitlichen Planung unseres Fortpflan-
zungsverhaltens sein: Einfach ausgedrückt bedeutet das, daß heute vermehrt Fälle von Unfruchtbarkeit verzeichnet werden, weil die Baby-
Boom-Generation mit dem Kinderkriegen länger wartet und ein Kind oft
erst in einem Alter plant, in dem auch eine Unfruchtbarkeit viel wahrscheinlicher ist.

Das Problem kann folgendermaßen umrissen werden: In den Industrieländern ist eines von sieben Paaren im Alter von 30 bis 34 Jahren unfruchtbar, während die Inzidenz bei den 35- bis 39jährigen bereits auf eines von
fünf Paaren ansteigt. Bei über 40jährigen Paaren erhöhte sich das Verhältnis
noch zusätzlich. Und dennoch ist dieses Problem – sieht man von spekta-
kulären Nachrichten über die Fortschritte in der High-Tech-Behandlung
von Unfruchtbarkeit ab – in der modernen amerikanischen Gesellschaft
immer noch ein Thema, über das erstaunlich wenig gesprochen wird. Trotz
der großen Erfolge der letzten 20 Jahre, was sowohl Diagnose als auch
Behandlungsmethoden anbelangt, verursacht Unfruchtbarkeit immer
noch Ängste und Schamgefühle und kann für junge Paare eine beträchtliche
psychosexuelle Belastung bedeuten.

Unfruchtbarkeitsmythen

Über Unfruchtbarkeit kursieren mehr Fehlinformationen, als die meisten Menschen glauben würden. Nehmen Sie sich ein paar Minuten Zeit, um die folgenden Fragen zu beantworten und Ihren eigenen Wissensstand zu diesem Thema zu überprüfen.

1. Eine Frau muß einen Orgasmus haben, um schwanger werden zu können.

2. Die Spermienzahl beim Mann ist im Sommer höher als im Winter, weil das Sonnenlicht dann länger anhält.

3. Einer der Hauptgründe für die weibliche Unfruchtbarkeit ist die psychische Anspannung; wären die Frauen etwas entspannter, würden sie auch leichter schwanger werden.

4. Eine Frau ist nur in den 12 Stunden vor ihrem Eisprung fruchtbar; so lange benötigt das Sperma, um die Eizelle zu erreichen.

5. Wenn man schwanger werden will, schläft man am besten nur einmal pro Woche miteinander.

6. In 75 Prozent aller Fälle ist die Unfruchtbarkeit auf ein Problem bei der Frau zurückzuführen.

7. Der Testosteronspiegel (Testosteron ist das männliche Sexualhormon) der meisten zeugungsunfähigen Männer liegt unter dem normalen Niveau.

8. In vielen Fällen, in denen ein unfruchtbares Paar ein Kind adoptiert, wird die Frau kurz darauf schwanger.

Jede dieser Aussagen ist falsch. Im folgenden Abschnitt wollen wir diesen Mythen die Fakten gegenüberstellen.

1. Der Orgasmus einer Frau hat nicht den geringsten Einfluß auf die Tatsache, ob sie schwanger werden kann oder nicht.

2. Die Spermienzahl ist im Sommer in Wirklichkeit niedriger als im Winter. De facto ist es sogar so, daß eine Arbeitssituation in klimatisierten Räumen diesen Umstand keineswegs umkehrt. Die wahrscheinliche Erklärung dürfte sein, daß der Prozeß der Samenbildung sehr sensibel auf Temperaturschwankungen reagiert und daß höhere Temperaturen die Samenbildung verlangsamen.

3. Der Mythos von der »psychischen Anspannung« entbehrt gerade im Zusammenhang mit Unfruchtbarkeit jeder Grundlage. Die Spannung kann natürlich aufgrund der vergeblichen Versuche, schwanger zu werden, steigen, aber sie ist keinesfalls die »Ursache« einer Unfruchtbarkeit. Dennoch muß man sich von wohlmeinenden Freunden und Angehörigen sagen lassen: »Macht mal Urlaub und entspannt euch, ihr werdet sehen, dann wird alles gut.« Sie irren sich, wenn sie meinen, eine Schwangerschaft werde dann ganz von selbst eintreten.

4. Der tatsächliche Zeitraum der weiblichen Empfängnisfähigkeit liegt in den 12 bis 24 Stunden *nach* dem Eisprung. Da Sperma fähig ist, auch noch 24 bis 72 Stunden nach dem Geschlechtsverkehr in die Eizelle einzudringen, ist zum Glück keine Stoppuhr erforderlich, um den genauen Zeitpunkt nicht zu verpassen.

5. Ein Geschlechtsverkehr pro Woche ist in vielen Fällen *nicht* ausreichend, um ein Kind zu zeugen, vor allem dann nicht, wenn das »eine Mal« nicht rund um den Zeitpunkt des Eisprungs stattfindet. Täglicher Sex kann die Zeugungschancen zwar tatsächlich schmälern, weil sich die Spermienzahl des Mannes dadurch verringert, doch die optimale Häufigkeit, mit der ein Paar miteinander schläft, liegt bei zwei- bis dreimal wöchentlich, wie wir weiter unten noch genauer ausführen werden.

6. Früher führte man 40 Prozent der Unfruchtbarkeitsfälle auf die Frau und 40 Prozent auf den Mann zurück, wobei die übrigen Fälle entweder eine Kombination männlich/weiblicher Faktoren repräsentierten beziehungsweise Fälle waren, für die es keine Erklärung gab. Bessere Diagnoseverfahren sowie ein besseres Verständnis der Empfängnismechanismen lassen nunmehr darauf schließen, daß eine Unfruchtbarkeit in den meisten Fällen auf eine Kombination der einzelnen Faktoren zurückzuführen ist, wobei weder der männliche noch der weibliche Faktor als ausschließliche Ursache herhalten kann. Und trotz der heute möglichen Untersuchungsmethoden bleiben immer noch 10 Prozent aller Fälle völlig unerklärlich. Eines steht jedenfalls fest: Die Unfruchtbarkeit ist nicht bloß ein Problem der Frau, sie ist ein Problem des Paares.

7. Nur wenige zeugungsunfähige Männer weisen einen Testosteronmangel auf, weshalb Testosteronpillen in der modernen Behandlung der Unfruchtbarkeit nichts zu suchen haben.

8. Dieser Mythos ist nur eine andere Variante des »anstatt sich so anzustrengen, sollten sich die beiden lieber mal richtig entspannen«. Eine Reihe sorgfältiger Untersuchungen hat ergeben, daß die Ansicht, die Fruchtbarkeit werde nach einer Adoption erhöht, jeglicher Grundlage entbehrt.

Einige praktische Ratschläge für Paare, die ein Kind wollen

Es hat uns immer schon fasziniert, daß viele Paare an die Zeugung eines Kindes auf eine Weise herangehen, als könnten sie die Empfängnis dem Zufall überlassen und davon ausgehen, daß ihnen das Kind einfach in den Schoß fallen wird. Natürlich gibt es Paare, bei denen das ganz gut funktioniert. Aber bei vielen anderen wäre ein wenig Vorausplanung bei der Zeugung sicherlich zielführender und würde dafür sorgen, daß sie sich nicht in die Gruppe der unfruchtbaren oder nur teilweise fruchtbaren Paare einreihen müssen. Im folgenden finden Sie mehrere Punkte, die hilfreich sein könnten.

1. *Verwenden Sie keine künstlichen Gleitmittel, wenn Sie ein Kind zeugen wollen.* Substanzen wie Gleitgel, Handcreme oder Vaseline ermöglichen Ihnen zwar ein lustvolleres Sexualerlebnis, enthalten aber durchwegs Chemikalien, die den Samenzellen schaden beziehungsweise das chemische Umfeld im Inneren der Scheide so verändern können, daß das Vordringen der Samenzellen in den Fortpflanzungsapparat der Frau behindert wird.

2. *Um die Erfolgschancen zu optimieren, sollten beide Partner auf Drogen wie Marihuana, Kokain oder sogenannte »Lustdrogen« völlig verzichten.* Im Gegensatz dazu, was man gemeinhin hört, können sich diese Stoffe auf die Fortpflanzungsprozesse sowohl beim Mann als auch bei der Frau negativ auswirken. Zum Beispiel unterdrückt chronischer Marihuanakonsum die Samenbildung und senkt vorübergehend den Testosteronspiegel des Mannes. Bei der Frau kann chronischer Marihuanakonsum eine Reihe von hormonellen Veränderungen bewirken, die das Gleichgewicht des normalen Monatszyklus durcheinanderbringen. Wenngleich diese Probleme bei exzessivem Drogenkonsum am deutlichsten zutage treten, sollte man sich fragen, ob man das Risiko bei einer so entscheidenden Sache wie dem Kinderwunsch überhaupt eingehen soll. Zudem lassen immer mehr Untersuchungen darauf schließen, daß Drogen wie Kokain Anomalien bei den Samenzellen verursachen können. Vorsicht ist auch bei jungen Männern angebracht, die Hochleistungssport betreiben und womöglich aufbauende Steroidhormone einnehmen. Es gibt handfeste Beweise, daß Anabolika die Samenbildung unterdrücken können; wenn Sie also ein Kind zeugen wollen, sollten Sie sie bereits einige Zeit vor dem Zeugungsversuch (im Idealfall mindestens sechs Monate vorher) absetzen. (Für mehr Information zu diesem Thema, einschließlich einer genauen Besprechung der durch Anabolika hervorgerufenen Gesundheitsrisiken, siehe zwölftes Kapitel.)

3. *Obwohl es keine »optimale« Art und Weise gibt, miteinander zu schlafen, um ein Kind zu zeugen, könnten einige praktische Ratschläge dennoch hilfreich sein.* Insgesamt dürfte außer Frage stehen, daß bestimmte Mechanismen des Geschlechtsverkehrs einen Einfluß darauf haben, wo in der Vagina die Samenzellen deponiert werden. Bei bestimmten Stellungen, etwa wenn der Mann von hinten in die Frau eindringt oder die Frau auf dem Mann draufsitzt, kann eine tiefe Penetration etwas schwieriger sein und ein Teil der Samenflüssigkeit aufgrund der Schwerkraft verlorengehen. Wenn die Spermienzahl des Mannes normal ist, dürften diese Faktoren für den Zeugungserfolg unbedeutend sein. Wenn sie jedoch reduziert oder die Bewegungsfähigkeit der Spermien beeinträchtigt ist, dann ist auf jeden Fall anzuraten, daß der Mann beim Geschlechtsverkehr auf der Frau liegt (Missionarsstellung), wobei die Frau, nachdem der Mann ejakuliert hat,

fünf Minuten auf dem Rücken liegen bleiben und dabei die Knie bis zur Brust anziehen sollte.

4. *Bei der Zeugung eines Kindes ist, wie in vielen anderen Lebenslagen auch, die Wahl des richtigen Zeitpunktes entscheidend.* Der Monatszyklus der Frau erlaubt einen nur relativ schmal bemessenen Zeitraum, in dem sie tatsächlich fruchtbar ist. Tatsächlich kann die Eizelle nur 12 bis 24 Stunden nach dem Eisprung befruchtet werden. Wenn der Geschlechtsverkehr also zum falschen Zeitpunkt stattfindet, sind die Chancen für eine Befruchtung oder Empfängnis gleich Null. So schlimm, wie es klingt, ist es aber nicht. Zum einen, da die Samenzellen im Fortpflanzungsapparat der Frau 24 bis 72 Stunden weiterleben können, muß man den Geschlechtsverkehr nicht exakt auf die Stunde des Eisprungs abstimmen. Im Grunde genügt es für gewöhnlich, binnen 24 Stunden rund um den Zeitpunkt des Eisprungs miteinander zu schlafen, um die Wahrscheinlichkeit einer Empfängnis zu maximieren. Und zum anderen ist es nicht notwendig, wilde Vermutungen anzustellen, wann der Eisprung denn nun sein wird. Bei vielen Frauen läßt sich der Zeitpunkt ziemlich genau vorherbestimmen. Vor allem jene Frauen, deren Zyklus regelmäßig und mit mehr oder weniger gleichbleibender Länge auftritt, können ihren Eisprung relativ genau vorhersagen. Normalerweise tritt er vierzehn Tage vor dem Ende des Zyklus ein. Wenn der Zyklus einer Frau also 28 Tage dauert, müßte am 14. Tag mit ihrem Eisprung zu rechnen sein. Wenn ihr Zyklus in der Regel 32 Tage dauert, tritt der Eisprung mit größter Wahrscheinlichkeit am 18. Tag ein. Um das zu überprüfen (oder wenn der Zyklus nicht so regelmäßig ist), kann man heutzutage zu Hause einen Urintest machen, mit dem sich der genaue Zeitpunkt des Eisprungs feststellen läßt.

5. *Herauszufinden, wie häufig man miteinander schlafen soll, um ein Kind zu zeugen, ist einfach.* Hierbei handelt es sich um ein wunderbares Beispiel für das weise Wort, daß mehr nicht unbedingt besser ist. Wenn der Mann zu oft ejakuliert, verringert sich seine Spermienzahl ganz gravierend, weshalb von den meisten Fachleuten empfohlen wird, ab dem Moment der letzten Ejakulation zumindest 48 bis 72 Stunden zu warten, bis man eine Probe der Samenflüssigkeit für eine Laboranalyse abgibt. (Einmal hatten wir den Fall eines jungen Mannes, dessen normale Spermienzahl bei 120 000 000 je Kubikzentimeter lag; eines Tages erschien er mit einer Probe im Labor, bei der die Zählung plötzlich nur noch 18 000 000 ergab. Da wir befürchteten, das Labor hätte die Probe falsch etikettiert, baten wir den Spender zu einem vertraulichen Gespräch. Es stellte sich heraus, daß seine Verlobte von einem sechsmonatigen Auslandsaufenthalt zurückgekehrt war und die beiden vier Tage lang zwei- bis dreimal am Tag miteinander geschlafen hatten, bevor er die Probe abgegeben hatte, die weit unter dem Durchschnitt gelegen war.) Andererseits wirkt sich ein zu langer Zeitraum

zwischen den einzelnen Ejakulationen ebenfalls negativ auf die Spermien aus. In diesem Fall kann es nicht nur sein, daß die Spermienzahl reduziert ist, sondern – und das ist das eigentliche Problem – daß die Beweglichkeit der Samenzellen beeinträchtigt wird. Daher scheint der goldene Mittelweg darin zu bestehen, alle zwei Tage rund um den vermutlichen Zeitpunkt des Eisprungs der Frau miteinander zu schlafen. Bei einer Frau mit einem 28-Tage-Zyklus hieße dies, am 12., 14. und 16. Tag und zwischen dem 8. und dem 12. Tag des Zyklus auf den Geschlechtsverkehr zu verzichten (ebenso wie auf eine sonstwie herbeigeführte Ejakulation, sei es durch Oralverkehr oder Masturbation). (Nach dem 16. Tag kann sich das Paar entspannen und sexuell vergnügen: was sie nun tun, hat nur noch mit Lust und nichts mit der Zeugung eines Kindes zu tun.)

6. *Ein besonderer Tip für Frauen: Verzichten Sie auf Intimduschen, wenn Sie schwanger werden möchten.* Intimduschen verändern den normalen Säuregehalt der Vagina, wodurch das Überleben der Samenzellen gefährdet wird. Außerdem kann häufiges Duschen eine Frau anfälliger für Infektionen im Vaginalbereich sowie für Beckenentzündungen machen.

7. *Ein besonderer Tip für den Mann: Vermeiden Sie häufige und lang anhaltende Besuche in der Sauna oder im Dampfbad.* Übermäßige Hitze ist für die Spermienproduktion abträglich.

8. *Noch ein wichtiger Tip für den Mann: Verzichten Sie auf anstrengende Radtouren.* Ein harter Fahrradsitz, der gegen das Skrotum drückt, dürfte nicht gerade die Art von Umgang mit den Hoden sein, wie ihn Mutter Natur vorgesehen hat. Immerhin sind sie für die Samenproduktion zuständig. Wenn Sie als Teil Ihres Fitneßtrainings täglich 30 Kilometer radfahren, sollten Sie sich zumindest so lange eine andere Art der körperlichen Betätigung überlegen (Laufen, Wandern oder Schwimmen sind hervorragende Alternativen), bis Ihre Partnerin tatsächlich schwanger ist. Und auch wenn Sie nur ab und zu auf dem Zimmerfahrrad trainieren, sollten Sie sich diesen Rat zu Herzen nehmen, obwohl der Druck auf die Hoden bei stationären Fahrrädern im Vergleich zur offenen Straße nicht ganz so schlimm ist.

9. *Hier noch ein paar Richtlinien, wann angesichts wiederholter, jedoch vergeblicher Versuche, schwanger zu werden, medizinischer Rat angebracht ist.* Wenn die Frau bis zu dem Moment, in dem sich das Paar für ein Kind entscheidet, die Pille genommen hat, lohnt es sich, zunächst 15 Monate abzuwarten, bevor man eine Untersuchung in Erwägung zieht. (Es kann eine Weile dauern, bevor eine Frau, nachdem sie jahrelang die Pille genommen hat, wieder einen normalen Zyklus mit regelmäßigem Eisprung hat; üblicherweise ist das kein Grund zur Sorge.) Wenn die Frau über 30 ist und die Pille nicht genommen hat und nach sechs Monaten immer noch nicht schwanger ist, sollte sie sich untersuchen lassen. Denn je länger ein Paar

unfruchtbar ist, desto geringer werden die Chancen für eine tatsächliche Heilung; die Behandlung der meisten Formen von Unfruchtbarkeit, einschließlich der fortschrittlichsten Fortpflanzungstechnologien, sind bei Frauen unter 35 viel erfolgreicher als bei älteren Frauen. Weiters ist die Empfängnisfähigkeit einer Frau ab dem 25. Lebensjahr rückläufig (ab dem 30. Lebensjahr geht diese Rückläufigkeit noch rascher vor sich). Paaren, bei denen die Frau unter 30 ist, raten wir, ein Jahr lang ungeschützten Geschlechtsverkehr zu haben und erst dann eine medizinische Untersuchung in Erwägung zu ziehen.

Ursachen

Zwar sind es fast immer die Frauen, die sich zuerst an den Arzt wenden, doch häufig ist es so, daß beide Partner bestimmte Voraussetzungen mitbringen, die es ihnen unmöglich machen, ein Kind zu zeugen. Wichtig ist, daß sowohl der Mann als auch die Frau einen Arzt konsultieren, da die richtige Behandlung und die Chance, dennoch schwanger zu werden, von der Genauigkeit der Untersuchung abhängen. Bei rund 85 Prozent aller unfruchtbaren Paare läßt sich die spezifische Ursache feststellen.

Weibliche Unfruchtbarkeit

Für die weibliche Unfruchtbarkeit gibt es zwei Hauptursachen: Es sind dies ein Ausbleiben des Eisprungs oder eine Undurchlässigkeit der Eileiter. Das Ausbleiben des Eisprungs (oder ein nur sporadisch erfolgender Eisprung) kann durch unterschiedliche Störfaktoren ausgelöst werden. Gesundheitliche Probleme, die sich entweder auf den Hypothalamus oder die Hypophyse auswirken – dazu gehören Tumore und Unregelmäßigkeiten im Hormonhaushalt –, sind heute infolge moderner Testverfahren, bei denen der von Hypothalamus und Hypophyse ausgestoßene Hormongehalt direkt im Blut gemessen wird, leichter feststellbar als in der Vergangenheit. Zum Beispiel weiß man heute, daß ein übermäßiger Prolaktinausstoß, also des Laktationshormons, das die Milchproduktion im Körper regelt, eine häufige Ursache für Unfruchtbarkeit ist. Es gibt eine Reihe von Untersuchungen, wonach dies bei rund einem Fünftel aller unfruchtbaren Frauen der Fall ist. Ein spezieller hypothalamischer Störfaktor, der den Eisprung blockiert (und unter Medizinern als Amenorrhoe oder Ausbleiben der Periode bezeichnet wird), ist Gewichtsverlust. Das trifft vor allem auf Frauen zu, die unter Anorexia nervosa leiden (auch als sogenannte

Magersucht bekannt – siehe dazu das zwölfte Kapitel), kann jedoch auch bei Frauen auftreten, die regelmäßig lange Strecken laufen, Ballett tanzen oder radfahren – mit anderen Worten, bei Frauen, die irgendeine Form von Hochleistungssport betreiben, und zwar so intensiv, daß sie ihre subkutanen Fettschichten wesentlich reduzieren.

Anomalien der Eierstöcke sind ein weiterer Hauptgrund für ein Ausbleiben des Eisprungs. Die üblichste Funktionsstörung dieser Art, von der schätzungsweise 3 bis 5 Prozent aller Frauen im fortpflanzungsfähigen Alter betroffen sind, ist das polyzystische Ovarialsyndrom, dessen typische Symptome vergrößerte Eierstöcke und ein abnormal starker Haarwuchs in Gesicht und am ganzen Körper sind (bei rund 70 Prozent aller Frauen mit dieser Störung feststellbar). 50 bis 55 Prozent der davon betroffenen Frauen leiden zugleich unter Amenorrhoe, während 30 Prozent unregelmäßige und starke Blutungen haben. Das polyzystische Ovarialsyndrom ist ferner durch einen relativ gleichbleibend hohen Östrogen-, Androgen- und luteinisierenden Hormonhaushalt (LH) gekennzeichnet, während diese Hormonspiegel beim normalen Monatszyklus eher fluktuieren. (Manche Frauen mit dieser Funktionsstörung ovulieren nur unregelmäßig, andere gar nicht.)

Ovarialtumore, Eierstockentzündungen, Autoimmunerkrankungen, eine Beschädigung der Eierstöcke infolge von Bestrahlung oder Chemotherapie sowie genetisch bedingte Störungen der Ovarialfunktion (wie etwa das Turner-Syndrom, eine Funktionsstörung des Sexualchromosoms, die eine normale Entwicklung der Eierstöcke verhindert) sind weitere Verursacher von Unfruchtbarkeit, die unmittelbar mit dem ausbleibenden Eisprung zusammenhängen. Bestimmte chronische Erkrankungen, einschließlich schwerer Schilddrüsenerkrankungen sowie Störungen der Nebennierendrüsen, können ebenfalls Unfruchtbarkeit als Begleiterscheinung haben, weil sie sich negativ auf den Eisprung auswirken. Drogensucht und -mißbrauch haben ebenfalls das Ausbleiben des Eisprungs zur Folge, allerdings gibt sich diese Störung für gewöhnlich zwischen einem halben und einem Jahr nach Absetzen der Drogen von selbst. Nur in den seltensten Fällen wird der Eisprung aufgrund von psychischem Streß blockiert.

Ein anovulatorischer Zyklus läßt sich mittels regelmäßiger Messung der Basaltemperatur, hormoneller Untersuchungen oder durch operativen Eingriff feststellen, bei dem eine Probe der Gebärmutterschleimhaut entnommen und das endometrische Gewebe anschließend mikroskopisch untersucht wird. Die Aufzeichnung der Basaltemperatur wird von der Frau selbst durchgeführt, wobei sie ihre Körpertemperatur täglich unmittelbar nach dem Aufwachen und vor dem Aufstehen mißt und in eine Tabelle einträgt. Im ersten Abschnitt des Menstruationszyklus ist die Basaltemperatur niedrig, doch sobald die Progesteronproduktion im Eierstock unmittelbar nach dem Eisprung steigt, steigt auch die Körpertemperatur und bleibt dann 10 bis 16 Tage lang erhöht. Theoretisch steigt die Basaltemperatur unmittelbar nach dem Eisprung. Wenn sich kein Temperaturanstieg zeigt, ist das ein Hinweis dafür, daß der Eisprung nicht stattgefunden hat.

Die Aufzeichnung der Basaltemperatur war zwar bis vor kurzem die primär zum Einsatz gelangende Methode, um Zeitpunkt beziehungsweise Ausbleiben des Eisprungs festzustellen, neuerdings wird sie aber durch Urintests komplementiert, die man ebenfalls selbst durchführt und die eine Überwachung des LH-Spiegels im Urin ermöglichen, um den LH-Anstieg 12 bis 24 Stunden vor dem Eisprung zu erkennen. (Das luteinisierende Hormon wird in der vorderen Hypophyse produziert. Wenn das Hormon zyklisch abgegeben wird, ist der LH-Ausstoß zur Mitte des Zyklus der hormonelle Stimulus für die Eierstöcke, welcher normalerweise den Eisprung auslöst.) LH-Tests basieren auf derselben monoklonalen Antikörpertechnologie wie einige Schwangerschaftstests und werden für die Dauer von vier bis sechs Tagen durchgeführt, um mit Sicherheit feststellen zu können, wann und ob der Eisprung stattfindet. Sie sind zwar kostspielig, aber ungleich präziser als die Messung der Basaltemperatur.

Blockierte Eileiter können durch Vernarbungen infolge einer Infektion im Beckengewebe oder Unterleib verursacht werden. Die üblichsten Verursacher einer solchen Blockierung sind *Gardnerella vaginalis* im unteren Genitalbereich aufgrund von Gonorrhöe oder Chlamydien-Infektionen (eine detaillierte Besprechung erfolgt im dreizehnten Kapitel), wovon in den USA jährlich rund drei Millionen Frauen betroffen sind, wobei die stärkste Häufigkeit auf die Bevölkerungsgruppe der Frauen unter 24 entfällt. Jährlich werden etwa 125 000 Frauen infolge dieser sexuell übertragbaren Krankheiten unfruchtbar, woraus man schließen kann, daß gegenwärtig etwa zwei Millionen Frauen im fortpflanzungsfähigen Alter aufgrund blockierter Eileiter unfruchtbar sind. Zumeist weisen die betroffenen Frauen keine typischen Symptome für eine Beckeninfektion auf, zu denen u. a. Unterleibsschmerzen, Schüttelfrost und Fieber oder Zervikalausfluß gehören. Eine in Schweden großflächig durchgeführte Untersuchung hat ergeben, daß nach jeder Beckeninfektion die Gefahr, blockierte Eileiter davonzutragen, größer wird: Demnach liegt das Risiko bei erstmaliger Infektion bei 11 Prozent, beim zweiten Mal ist das Risiko bereits auf 23 Prozent und beim dritten Mal auf 54 Prozent angestiegen.

Die Blockierung der Eileiter kann auch die Folge von Endometriose sein, einer häufigen Funktionsstörung, bei der das gesunde Endometrium (das Gewebe, mit dem das Innere der Gebärmutter ausgekleidet ist) außerhalb der Gebärmutter in andere Becken- oder Unterleibsorgane wächst und häufig Narbenbildungen zur Folge hat. Die Endometriose tritt am häufigsten im Alter zwischen 20 und 40 auf und ist als einer der primären Mitverursacher bei 15 Prozent aller unfruchtbaren Frauen generell anerkannt. Das deutlichste Symptom dieser Störung ist ein tiefliegender Schmerz im Becken oder Unterleib, der für gewöhnlich mehrere Tage vor dem Beginn der Monatsblutung einsetzt, nach einigen Tagen nachläßt und normalerweise gegen Ende oder unmittelbar nach der Regel ganz aufhört. Sie kann auch Schmerzen beim Geschlechtsverkehr verursachen, was jedoch weniger üblich ist. Heute weiß man, daß bis zu 20 Prozent der Frauen mit Endometriose überhaupt keine Symptome haben, auch wenn die Erkrankung bereits fortgeschritten ist. Endometriose wird heute häufiger diagnostiziert als in der Vergangenheit, allerdings dürfte dieser mutmaßliche Anstieg darauf zurückzuführen sein, daß dem Problem im Vergleich zu früher eine größere Aufmerksamkeit zukommt und weil Frauen heute im Vergleich zu noch vor 20 bis 30 Jahren ihren Kinderwunsch erst später verwirklichen.

Endometriose wird für gewöhnlich diagnostiziert, indem die Fortpflanzungsorgane der Frau mittels einer Laparoskopie untersucht werden. Das ist ein Verfahren, bei dem eine schmale, beleuchtete teleskopartige Röhre durch einen kleinen Schnitt neben dem Bauchnabel in den Bauch eingeführt wird. Wenn endometrische Implantate oder Zysten entdeckt werden, kann dem abnormalen Gewebe eine kleine Probe entnommen und einer genauen mikroskopischen Untersuchung unterzogen werden.

Die Durchlässigkeit der Eileiter wird entweder durch Insufflation festgestellt, wobei Kohlendioxid in den Uterus eingebracht wird, um zu sehen, ob das Gas in den Unterleib vordringt, oder mittels Röntgenaufnahmen von sowohl Uterus als auch Eileitern, wobei ein Kontrastmittel verwendet wird, um die Organe sichtbar zu machen. Aufgrund ihrer größeren Genauigkeit wird die Röntgenmethode (man nennt sie auch Hysterosalpinographie) von den meisten Unfruchtbarkeitsspezialisten bevorzugt; ferner hat sie den Vorteil, daß die undurchlässige Stelle, falls eine vorhanden ist, sofort lokalisiert werden kann.

Zu den anderen, weniger häufigen Ursachen für die weibliche Unfruchtbarkeit gehören ein abnormaler Zervikalmukus, der das Passieren der Samenzellen behindert, angeborene Schäden der Fortpflanzungsorgane, Tumorbildungen, Infektionen und Samenzellen-Antikörper. Manchmal kann das Problem darin begründet sein, daß ein Paar um den Zeitpunkt des Eisprungs keinen Geschlechtsverkehr hat, und in wieder anderen Fällen kann die Ursache die Verwendung von Gleitmitteln wie Vaseline sein, die Samenzellen abtöten (wenngleich diese Mittel keinesfalls als Spermizide und somit als Verhütungsmittel mißverstanden werden dürfen).

Männliche Zeugungsunfähigkeit

Die Hauptursache für die Zeugungsunfähigkeit beim Mann ist eine niedrige Spermienzahl. Eine Spermienzahl von weniger als 40 Millionen Samenzellen pro Kubikzentimenter liegt bereits unter dem normalen Niveau, allerdings kommt eine Schwangerschaft auch häufig mit einer Spermienzahl von 20 Millionen Samenzellen pro Kubikzentimeter zustande. Die Chancen für eine erfolgreiche Zeugung werden bereits sehr gering, wenn auch nicht ganz ausgeschaltet, wenn die Zählung einen noch niedrigeren Wert ergibt. Lange Zeit war es üblich, sich beinahe ausschließlich auf die Spermienzahl zu konzentrieren, ohne zu erkennen, daß auch die funktionellen Fähigkeiten des Spermas und nicht nur die Gesamtanzahl der vorhandenen Samenzellen das entscheidende Kriterium für die Zeugungsfähigkeit sind. Zu den funktionellen, für die Zeugungsfähigkeit ausschlaggebenden Faktoren gehören die Motilität (Bewegungsfähigkeit) des Spermas, die Anzahl normaler gegenüber abnormaler Spermienformen sowie das Ejakulatvolumen. Ein ebenfalls wichtiger Faktor ist die Fähigkeit der Samenzelle, in die Eizelle einzudringen, wenngleich dieses Phänomen bislang noch nicht ganz verstanden wurde.

Zu den Ursachen für eine niedrige Spermienzahl gehören Verletzungen der Hoden, Infektionskrankheiten (insbesondere eine erst nach der Kindheit erfolgte Ansteckung mit Mumps, da sie dann bis in die Hoden vordringen kann), Bestrahlungstherapien, endokrine Störungen, Krampfadern im Skrotum, ein Ausbleiben der Hodensenkung und Geburtsschäden. Drogenmißbrauch kann die Samenbildung ebenfalls beeinträchtigen, wobei Alkohol, Zigaretten, narkotisierende Substanzen, Marihuana und einige Medikamente (insbesondere die Chemotherapie im Falle einer Krebserkrankung) potentielle Verursacher dieses Problems sind. Aus manchen Berichten geht hervor, daß Radtouren über weite Strecken und enganliegende Unterwäsche zu einer Senkung der Spermienzahl führen können. Da die Spermienproduktion sehr temperaturempfindlich ist, können sich lange und häufige Aufenthalte im Dampfbad und in der Sauna schädlich auf die Samenbildung auswirken. Häufiges Ejakulieren kann die Spermienzahl ebenfalls herabsetzen.

Krampfadern im Skrotum, in der Medizin auch als Varikozele bekannt, trifft nach Angaben der *American Fertility Society* auf etwa 30 bis 40 Prozent aller zeugungsunfähigen Männer zu und gilt somit als einer der Hauptverursacher der Zeugungsunfähigkeit. (Varikozele muß jedoch nicht automatisch eine Zeugungsunfähigkeit zur Folge haben, da sie auch bei 10 bis 15 Prozent aller zeugungsfähigen Männer festgestellt wird.) Die genaue Verbindung zwischen Varikozele und männlicher Zeugungsunfähigkeit ist nicht ganz klar, jedoch weist ein hoher Anteil der von ihr betroffenen

Männer zugleich entweder eine niedrige Spermienzahl und/oder eine abnormale Fehlformenrate beziehungsweise Beweglichkeit der Spermien auf. Varikozele kann durch Abtasten festgestellt werden. Im allgemeinen fühlt sie sich wie ein »Sack Würmer« an, der direkt über dem Hoden im Inneren des Skrotums liegt, wenn der Mann aufrecht steht, und automatisch kleiner wird oder ganz verschwindet, sobald er liegt (das ist einer der Gründe, warum dieser Zustand beim Sexualverkehr oft unbemerkt bleibt). Subklinische Varikozelen, also solche, die zu klein sind, um ertastet zu werden (jedoch mit besonderen Untersuchungsmethoden wie etwa der Ultraschalldiagnostik nach Doppler, der Thermographie oder speziellen röntgenologischen Untersuchungen des Venensystems festgestellt werden können), werden von manchen Experten ebenfalls als Verursacher der Zeugungsunfähigkeit genannt, allerdings handelt es sich dabei um eine Hypothese, die nicht erwiesen ist. Die genaue Wirkung der Varikozele auf die Zeugungsunfähigkeit ist noch nicht geklärt.

Eine weitere wichtige Verursacherkategorie sind hormonelle Störungen. Tumore der Hypophyse, die eine erhöhte Prolaktinsekretion zur Folge haben (die ihrerseits die Funktionstüchtigkeit der Hoden beeinträchtigt und sich typischerweise in verringertem sexuellem Verlangen, Potenzproblemen und eingeschränkter Spermienproduktion äußert) lassen sich heute durch Messung des Prolaktingehalts im Blut leicht feststellen. Ebenfalls leicht feststellbar sind andere, im Zusammenhang mit der Hypophyse und dem Hypothalamus stehende Probleme, indem zum Beispiel der LH-Spiegel und das follikel-stimulierende Hormon (FSH) gemessen werden. Ein stark erhöhter FSH-Spiegel bei einem Mann mit niedriger Spermienzahl (oder Azoospermie, also ausbleibender Spermienbildung) indiziert für gewöhnlich ein Hodenversagen, das in der Regel nicht behandelbar ist. Andererseits, wenn LH- und FSH-Spiegel nicht erhöht sind (was sie normalerweise als Reaktion auf die niedrige Spermienbildung sein müßten), ist das ein Hinweis auf ein zentrales Problem, das nicht mit den Hoden, sondern mit der Hypophyse und dem Hypothalamus zu tun hat.

Wir wollen auch noch kurz auf eine andere Art der Zeugungsunfähigkeit eingehen: Gelegentlich kann eine sexuelle Dysfunktion die einzige Ursache sein. Schwere Erektionsstörungen können verhindern, daß das Sperma in die Vagina gelangt; hier kann sich das betroffene Paar mit künstlicher Befruchtung behelfen (siehe weiter unten). Ebenso kann es sein, daß ein Mann zwar keine Erektionsstörungen hat, aber in der Vagina nicht ejakulieren kann – also ejakulationsunfähig ist. Im allgemeinen ist das aber ein seltenes Phänomen. Eine weitere Ejakulationsstörung, die auch *Ejaculatio retardata* genannt wird, ist dadurch gekennzeichnet, daß die Samenflüssigkeit nach rückwärts in die Harnblase fließt, anstatt aus dem Penis herauszuspritzen. Diese Störung betrifft 1 bis 2 Prozent der zuckerkranken Männer und findet sich auch ab und zu bei Multiple-Sklerose-Patienten beziehungsweise als Folge bestimmter Prostataoperationen. Man möchte zwar glauben, daß Komplikationen dieser Art leicht diagnostizierbar wären, aber leider nehmen sich nur wenige Ärzte die Zeit, sich eingehend nach der Sexualität eines Patienten zu erkundigen, während der Patient häufig aus Schamgefühl oder Unsicherheit lieber verzichtet, dieses Thema anzusprechen.

Die Behandlung weiblicher Unfruchtbarkeit

Frauen, bei denen der Eisprung ausbleibt, kann vielfach mit der Verabreichung von Clomiphen geholfen werden, einem Medikament, das den Eisprung einleitet, indem es die LH- und FHS-Sekretion der Hypophyse stimuliert. Rund die Hälfte aller Frauen, die mit diesem Medikament behandelt werden, werden im Anschluß schwanger. Die Gefahr einer Mehrlingsschwangerschaft (Zwillinge, Drillinge usw.) ist im Vergleich zu normalen Schwangerschaften leicht erhöht, wobei die Häufigkeit bei einer Clomiphen-Behandlung 8 Prozent und bei normalen Schwangerschaften 1,2 Prozent beträgt.

Frauen, die auch nach einer Clomiphen-Behandlung nicht schwanger werden, können sich einer Behandlung mit HMG (Menopausengonadotropin) unterziehen, einem Medikament, das mehrmals injiziert wird. Es wirkt unter Umgehung der Hypophyse unmittelbar auf die Eierstöcke und leitet bei über 90 Prozent der Frauen mit funktionstüchtigen Eierstöcken den Eisprung ein. 60 bis 70 Prozent der Frauen, die sich einer solchen Behandlung unterziehen, werden schwanger, wobei es bei 20 Prozent zu Mehrlingsschwangerschaften kommt (15 Prozent Zwillinge und 5 Prozent Drillinge, Vierlinge, Fünflinge oder Sechslinge). Weder Clomiphen noch HMG beinhalten gegenüber natürlich erfolgten Schwangerschaften ein erhöhtes Risiko für eine Fehlgeburt oder angeborene Schäden. Jedoch können diese Medikamente die Eierstöcke überstimulieren und bewirken, daß sie anschwellen (manchmal auf die Größe einer Grapefruit) und Flüssigkeit in den Unterleib abgeben. Diese Nebenwirkungen, die bei HMG häufiger auftreten als bei Clomiphen, erfordern in vielen Fällen einen Krankenhausaufenthalt, da die Gefahr besteht, daß die Eierstöcke bersten.

Blockierte Eileiter lassen sich in manchen Fällen mit Mikrochirurgie behandeln. Der Chirurg behilft sich visuell mit einem Mikroskop, während er die Verstopfung entfernt und anschließend die gesunden Teile der Eierstöcke mit winzigen Nadeln und Nahtmaterial vernäht. Mikrochirurgie ist allerdings kein Allheilmittel: Gegenwärtig beläuft sich die Erfolgsrate auf nur 30 bis 50 Prozent aller Frauen mit Eileiterstörungen. Frauen, deren Eileiter unwiederbringlich beschädigt sind oder die keine Eileiter mehr haben, können heute auf eine der unterschiedlichen Formen der *Invitro*-Fertilisation zurückgreifen, die auch als »Test-Tube-Baby«-Verfahren Berühmtheit erlangt haben und im folgenden besprochen werden.

Wenn Endometriose die Ursache für die Unfruchtbarkeit ist, wird gewöhnlich ein chirurgischer Eingriff vorgenommen. Eine vielversprechende Entwicklung ist die Lasertechnologie, wobei der Chirurg einen Laserstrahl gezielt einsetzt, um die endometrischen Implantate oder Verwachsungen wegzubrennen. Da der Laserstrahl bei der Entfernung des erkrankten Gewebes kleine Blutgefäße verödet, ist der Blutverlust bei diesem Verfahren sehr gering. Die Schwangerschaftshäufigkeit nach einer Laser-Laparoskopie liegt zwischen 40 und 65 Prozent.

Schwere Endometrioseerkrankungen, insbesondere jene, bei denen die Verwachsungen weitläufig oder massiv sind, lassen sich in der Regel nicht durch laparoskopische Chirurgie behandeln. Hier wird häufig die ältere Operationsmethode der offenen Laparoskopie eingesetzt, um das nichtuterine endometrische Gewebe zur Gänze lokalisieren und Verwachsungen entfernen zu können. Eine kürzlich an der *Stanford University School of Medicine* durchgeführte Studie hat allerdings ergeben, daß die Schwangerschaftsraten nach einer Laser-Laparoskopie gleichwertig mit jenen waren, die mit dem konservativeren chirurgischen Ansatz erzielt wurden, und zwar unabhängig von der Schwere der Erkrankung.

Endometriose kann auch mit Medikamenten wie Danazol oder Nafarelin behandelt werden. Diese Medikamente wirken auf die Hypophysen-Ovarialachse und lösen eine verringerte Östrogenbildung aus, die ihrerseits für eine Rückbildung des endometrischen Gewebes sorgt, das normalerweise Östrogen benötigt, um wachsen zu können. (Eine der Nebenwirkungen dieser Art von Medikamenten ist die sogenannte fliegende Hitze, die dieselbe physiologische Grundlage hat wie während der Menopause: Sie tritt aufgrund einer wesentlich niedrigeren Östrogenbildung auf. Eine ebenfalls verwandte Nebenwirkung ist eine verminderte Vaginalfeuchte, die bei rund einem Drittel der mit Nafarelin behandelten Frauen vorkommt.) Danazol, das chemisch dem Testosteron verwandt ist, führt üblicherweise zu Gewichtszunahme und Akne und kann bei manchen Frauen als unangenehme Folgeerscheinung verstärkten Haarwuchs im Gesicht und am ganzen Körper bewirken. Die beiden Medikamente werden typischerweise für die Dauer von vier bis sechs Monaten verabreicht, wobei in diesem Zeitraum mit keiner Schwangerschaft zu rechnen ist, da der Eisprung unterdrückt wird. (Danazol wird oral verabreicht; Nafarelin ist ein Nasenspray.) Nachdem die medikamentöse Behandlung abgeschlossen ist, liegt die Erfolgsrate zwischen 40 und 50 Prozent.

Hinsichtlich der Endometriose ist noch eine praktische Überlegung angebracht. Wenn sie leicht ist, ist eine Behandlung für gewöhnlich nicht erforderlich; in vielen Fällen kommt es zu einer Schwangerschaft, sobald andere koexistente und behandelbare Probleme behoben wurden. Ebenso wie bei anderen Krankheiten kann eine übertriebene medizinische Intervention Probleme erst hervorrufen beziehungsweise unnötigen Aufwand und Besorgnis verursachen.

Die Behandlung männlicher Zeugungsunfähigkeit

Die Behandlungsmöglichkeiten zur Behebung der Zeugungsunfähigkeit sind vergleichsweise weit weniger fortgeschritten. Eine chirurgische Behandlung der Krampfadern im Skrotum kann die Produktion der Spermienzahl entscheidend anheben oder die Qualität der Samenzellen (d. h. die Spermienbeweglichkeit und Spermienformen) eindeutig verbessern, allerdings ist es noch nicht möglich, vorherzusagen, welchen Männern mit diesem Eingriff am ehesten geholfen ist.

Generell scheint die Samenqualität bei rund 60 Prozent der Männer im Anschluß an die Operation verbessert, von denen dann 30 bis 40 Prozent tatsächlich ein Kind zeugen. Allerdings sind die größten Varikozelen diejenigen, die auf den chirurgischen Eingriff nicht immer am besten reagieren, und gelegentlich werden gerade durch die Korrektur kleiner und asymptomatischer Läsionen die größten Erfolge erzielt. Jedenfalls sollte die operative Behandlung der Varikozelen nur Teil einer Behandlung sein, wenn die Fruchtbarkeit der Frau normal ist (oder sein könnte, sobald eine Behandlung erfolgt ist) und das Sperma des Mannes von einer oder mehr Abnormalitäten gekennzeichnet ist.

Wenn es sich um eine endokrine Störung handelt, sind die Chancen für eine erfolgreiche Behandlung für gewöhnlich sehr gut. Eine zu hohe Prolaktinausscheidung läßt sich entweder mit dem Medikament Bromocriptin oder auf chirurgischem Wege behandeln, indem der Tumor, der das Prolaktin ausscheidet, entfernt wird. In beiden Fällen kann für gewöhnlich mit einer raschen Verbesserung der Funktionstüchtigkeit der Hoden gerechnet werden (wenngleich eine Verbesserung der Spermienzahl und der Samenqualität drei bis sechs Monate in Anspruch nimmt). Eine nur unzureichende Funktionstüchtigkeit der Hoden, die auf eine Störung im Hypothalamus oder in der Hypophyse zurückgeführt wird, wird in vielen Fällen erfolgreich mit der Verabreichung von HMG behoben. De facto wird bei 95 Prozent der Männer mit einer isolierten LH- oder FSH-Deffizienz durch Hypophysenhormon-Ersatz die Zeugungsfähigkeit durch Stimulation der Samenbildung erreicht. Ein Vorbehalt bezüglich der endokrinen Diagnose als Verursacher von Zeugungsunfähigkeit sollte jedoch genannt werden: Vor Jahren dachte man, daß für eine schlechte Spermienzählung häufig eine mangelhafte Schilddrüsenfunktion verantwortlich sei, weshalb viele Ärzte ihren männlichen Patienten automatisch Schilddrüsenpräparate als »Versuchstherapeutikum« verabreichten (mit anderen Worten, sie wollten einfach sehen, ob es funktionierte). Heute weiß man, daß solche Fälle sehr ungewöhnlich sind: Abgesehen davon, daß überhaupt nichts dafür spricht, einem nur teilweise zeugungsfähigen Mann routinemäßig Schilddrüsenhormone zu verschreiben, ist von einem Arzt, der diesen Heilungsansatz vorschlägt, ohne eine endokrine Untersuchung vorzunehmen, abzuraten.

Zu den weniger häufigen und manchmal heilbaren Verursachern der Zeugungsunfähigkeit gehört eine Verstopfung des Ejakulationsapparates, der bei rund 5 Prozent azoospermischer Männer auftritt. Diese Störung kann auf chirurgischem Wege behoben werden, doch in vielen Fällen, vor allem wenn die Verstopfung die Folge einer schweren Infektion oder Verletzung ist, ist sie irreversibel.

Die meisten anderen Verursacher der Zeugungsunfähigkeit reagieren kaum oder gar nicht auf eine Behandlung. Die Verabreichung von Testosteron, um einen »Rebound-Effekt« im Anschluß an eine Unterdrückung der Samenbildung zu erzielen, funktioniert nur sehr selten, während die Ergebnisse, die bei Männern mit Clomiphen erzielt wurden, nicht überzeugend sind. (Wir bezweifeln, ob diese beiden Techniken tatsächlich funktionieren, und meinen, daß es vielfach besser ist, den Erfolg dem Zufall zu überlassen, was jedenfalls nicht annähernd so teuer kommt.) Die Diagnose, daß ein Mann gegen seinen eigenen Samen »autoimmunisiert« ist, ist im Kontext der Zeugungsunfähigkeit ebenfalls von zweifelhafter Signifikanz: Viele Männer, die mit dieser Diagnose zu uns gekommen sind, haben schließlich ohne Behandlung dieses Symptoms ihre Frauen geschwängert. Die geeignete medizinische Behandlung akuter Infektionskrankheiten, anatomischer Defekte oder hormoneller Störungen ist auf jeden Fall hilfreich, nur sind diese Fälle eher die Ausnahme. (Zeugungsunfähigkeit infolge chronischer Infektionen oder solcher, die lange Zeit zurückliegen, ist häufiger, allerdings kaum mehr behandelbar.) Bei Männern, deren Spermienzahl grenzwertig ist, kann die Zeugungsfähigkeit durch tägliche Ejakulation beeinträchtigt werden, wobei die Chancen für eine Zeugung bereits angehoben wird, wenn man die Ejakulationshäufigkeit dahingehend reduziert, daß zwischen einer Ejakulation und der nächsten mindestens 48 Stunden liegen.

Da viele vermeintlich zeugungsunfähige Männer oft spontan eine

Schwangerschaft herbeiführen, scheint es uns wesentlich, daß der behandelnde Arzt zunächst sorgfältige Untersuchungen durchführt und erst dann entscheidet, ob eine Behandlung erforderlich ist. Ähnlich sollte einem Paar, das sich bereits mit der Unfruchtbarkeit abgefunden hat, klar sein, daß eine Schwangerschaft in vielen Fällen nicht ausgeschlossen ist, auch wenn die medizinische Behandlung zunächst keine Wirkung gezeigt zu haben scheint.

Künstliche Befruchtung

Eine künstliche Befruchtung erfolgt dann, wenn Samenzellen anders als über den Geschlechtsverkehr in die Scheide oder Gebärmutter gelangen. Es gibt grundsätzlich zwei Arten der künstlichen Befruchtung: entweder mit dem Samen des Ehemanns oder mit dem Samen eines Spenders. In beiden Fällen muß die Fruchtbarkeit der Frau relativ normal sein. Die künstliche Befruchtung mit dem Samen des Ehemanns (KBE) erfolgt, indem sein Sperma bis zur Zervix (oder auch bis in den Uterus hinein) gebracht wird, während beim Koitus nur ein kleiner Bruchteil der Samenzellen bis dorthin gelangt. Mit anderen Worten, KBE ist der Versuch, die Effizienz der Samenablagerung in der Vagina zu verbessern.

KBE kann versucht werden, wenn die Spermienzahl des Mannes niedrig, jedoch nicht null ist. Häufig ohne Erfolg ist eine KBE, wenn die Zählung unter 10 Millionen Samenzellen pro Kubikzentimeter liegt oder wenn die Spermienbeweglichkeit sehr eingeschränkt ist. Am besten funktioniert die KBE, wenn eine frische Samenprobe in die Vagina und direkt zur Zervix gebracht wird, wobei der Samen mit einer kleinen Kunststoffschale an Ort und Stelle gehalten wird. Tiefgefrorener und dann aufgetauter Samen verfügt über eine nur eingeschränkte Beweglichkeit (außerdem werden bei diesem Verfahren die Samenzellen teilweise abgetötet), und der kombinierte Einsatz mehrerer tiefgefrorener Proben scheint trotz wiederholter Versuche keinen Einfluß auf Erfolg oder Mißerfolg zu haben.

Wird das Sperma direkt in den Uterus injiziert (diese Technik wird intrauterine Insemination beziehungsweise IUI genannt), kommt es für gewöhnlich zu Krämpfen, außerdem besteht dabei Infektionsgefahr; generell weist diese Methode im Vergleich zu anderen keine höhere Erfolgsquote auf, obwohl sie gegenwärtig häufig zum Einsatz gelangt. IUI kann die zielführende Methode sein, wenn eine Störung des Zervikalschleims bei der Empfängnisunfähigkeit eine Rolle spielt, da in diesem Fall durch die direkte Injektion des Spermas in den Uterus das chemisch oder immunologisch feindselige Umfeld umgangen wird.

Versuche, »separate Ejakulationsproben« zu verwenden, wobei der erste Teil der ejakulierten Samenflüssigkeit separat vom zweiten Teil gesammelt wird, damit nur der relativ samenreiche erste Teil für die KBE verwendet wird, mag theoretisch gewisse Vorteile aufweisen, hat jedoch eine Erfolgsquote, die buchstäblich ident ist mit jener, die mit gewöhnlichen Proben erzielt wird.

Die Befruchtung mit dem Samen eines Spenders wird dann durchgeführt, wenn die Spermienzahl des Mannes null oder sehr niedrig ist. Ein Spender, der nach den Kriterien einer ausgezeichneten physischen und psychischen Gesundheit und Ähnlichkeiten mit den physischen Merkmalen des Mannes ausgewählt wird, stellt (gegen Bezahlung) eine Probe seines Samens zur Verfügung. Die Identität des Spenders bleibt dem Paar verborgen. In vielen Bundesstaaten in den USA ist der rechtliche Status des Spenders noch nicht geklärt, nur in Kalifornien gilt der Ehemann, sobald er seine schriftliche Einwilligung für die Verwendung von Spendersamen erteilt hat, als der rechtmäßige Vater des Kindes. Die Erfolgsquote bei Befruchtungen mit gespendeten Samenzellen liegt bei rund 60 Prozent, wobei tiefgefrorenes Sperma verwendet wird, das aus einer Samenbank stammt. (Früher bevorzugte man frischen Spendersamen, da er die höchsten Befruchtungsraten ermöglichte. Heute dürfen aufgrund des Risikos einer HIV-Übertragung nur noch gefrorene Proben verwendet werden.)

Die Entscheidung, eine künstliche Befruchtung mittels Spendersamen vornehmen zu lassen, muß von den Eheleuten gemeinsam getroffen werden; zweifellos kann bei dieser Art von Behandlung nicht automatisch davon ausgegangen werden, daß sie aus psychologischer Sicht die richtige ist. Manche Menschen verstehen darunter einen Ehebruch, andere geraten in Konflikt mit ihren religiösen Wertvorstellungen, und wieder andere befürchten, der Mann könnte das Kind nicht annehmen oder nicht mögen, weil es nicht »seines« ist. Trotz dieser zuletzt genannten Befürchtung finden fast alle Paare, die mit Hilfe von Spendersamen ein Kind zeugten, daß sie einander durch die Erfahrung sehr nahegekommen sind und die Freude des Mannes über die Vaterschaft aufrichtig ist. In manchen amerikanischen Kliniken wird Spendersamen manchmal auch zur künstlichen Befruchtung alleinstehender Frauen verwendet.

IVF: *Invitro*-Fertilisation

Am 25. Juli 1978 spätabends kam mittels Kaiserschnitt und etwas verfrüht ein 2 514 Gramm schweres Mädchen zur Welt. Seine Eltern hießen Lesley und John Brown, waren im englischen Oldham zu Hause und gaben ihrem gesunden und völlig normalen Baby den Namen Louise. Name und Foto des Mädchens gingen damals durch fast alle westlichen Zeitungen. Das Sperma und die Eizelle, die sich vereinten, um Louise zu zeugen, trafen nicht in Lesley Browns Eileiter aufeinander, sondern in einem Reagenzglas, also *in vitro*, und außerhalb des Körpers der Mutter. Louise Brown war das erste Baby, das mit Hilfe der Invitro-Fertilisation geboren wurde (siehe Abbildung S. 314).

Die britischen Ärzte, die für diese erstaunliche Leistung verantwortlich zeichneten, hießen Patrick Steptoe und Robert Edwards. Steptoe hatte bereits zehn Jahre lang mit der Invitro-Fertilisation (IVF) experimentiert, bevor er Lesley Brown kennenlernte, die aufgrund einer Eileiterverstopfung kein Kind bekommen konnte. Bevor sie sich an Steptoe wandte, hatte sie sich einer Operation unterzogen, mit der die Eileiter freigelegt werden sollten. Davon abgesehen, daß die Operation nicht erfolgreich war, stellte Steptoe im Zuge seiner Untersuchungen der Fortpflanzungsorgane von Lesley Brown fest, daß die Eileiter stark beschädigt waren (»Nur noch Reste«, sagte er damals) und ganz entfernt werden mußten.

Zunächst wurden Lesley Hormone verabreicht, um den Reifungsprozeß der Eizellen in ihren Eierstöcken zu stimulieren. Daraufhin machten Steptoe und Edwards einen kleinen Einschnitt gleich neben dem Bauchnabel und entnahmen unter Verwendung eines Instruments, das das winzige Ovum vergrößerte und beleuchtete, eine reife Eizelle, die sie in eine Laborschale legten. In der Schale befand sich eine sorgfältig abgemischte Kulturflüssigkeit aus Nährstoffen, die dem Umfeld der Eileiter nachempfunden war. John Browns Sperma (das durch Masturbation bereitgestellt worden war) wurde der Kultur so rasch wie möglich beigegeben. Nun warteten die Ärzte ab, bis die Samenzellen die Eizelle befruchteten. Nachdem sich Ei- und Samenzelle in der Laborschale vereint und die präembryonische Zellteilung eingesetzt hatten, wurde die Blastozyste (eine Hohlkugel aus 60 separaten Zellen) in den Uterus von Lesley Brown verpflanzt. Nach etwa einer Woche wußten die Ärzte, daß sich der Fötus im präembryonalen Stadium in der Gebärmutter eingepflanzt hatte und Lesley Brown schwanger war.

Steptoe und Edwards hatten vor dem Erfolg mit den Browns bereits über dreißig Versuche gemacht, Eizellen zu implantieren, die außerhalb des Körpers der Mutter befruchtet worden waren. Zweimal war es zu einer Schwangerschaft gekommen, doch beide Frauen erlitten einen spontanen Abortus – einmal, weil das Häutchen um den Embryo barst, und das zweite Mal aufgrund einer genetischen Anomalie. Dieses zweite Szenarium ist eine der Hauptsorgen der in diesem Bereich tätigen Mediziner. Wer ist verantwortlich, wenn das Kind mit einem genetisch bedingten Schaden zur Welt kommt? Ist der Schaden darauf zurückzuführen, wie der präembryonale Fötus außerhalb der Gebärmutter gehandhabt wurde, oder wäre er auch im

Falle einer normalen Befruchtung aufgetreten? Wenn eine befruchtete Eizelle im Reagenzglas zerstört wird, ist das dann Abtreibung?

Die Invitro-Fertilisation (IVF)

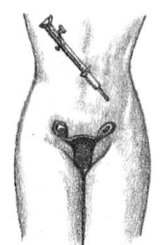

(a) Täglich verabreichte Hormoninjektionen stimulieren die Eizellenbildung. Nach rund sieben Tagen bewirkt die Injektion des Proteohormons die Freisetzung der Eizelle.

(b) Neben dem Bauchnabel wird ein Laparoskop eingebracht, um die Follikel, die die Eizellen enthalten, sichtbar zu machen und mit Hilfe einer Hohlnadel zu entnehmen.

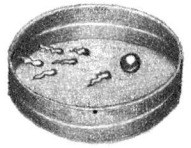

(c) Jede Eizelle wird in eine eigene Petrischale mit Kulturmedium gelegt, das dem chemischen Umfeld im Uterus nachempfunden ist. Während die Inkubation einsetzt, wird der Samen gesammelt.

(d) Die Spermien werden 5 bis 6 Stunden später hinzugegeben. Es werden nur die aktivsten Samenzellen verwendet, wodurch die Anzahl der für die Befruchtung erforderlichen Samenzellen reduziert wird.

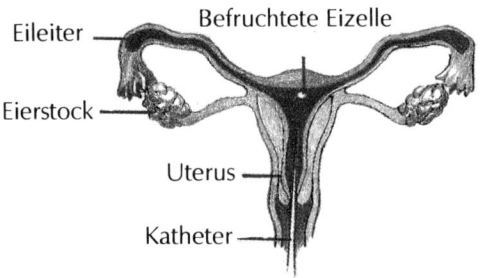

Eileiter — Befruchtete Eizelle
Eierstock —
Uterus —
Katheter —

(e) Die befruchteten Eizellen werden nach etwa 48 Stunden Reifung in den Uterus rückplantiert. Dort kann nun die Einpflanzung stattfinden.

Seit dem Durchbruch von Steptoe und Edwards wurden auf der ganzen Welt unzählige IVF-Kliniken eröffnet, über 200 davon allein in den USA. 1993 belief sich die Zahl der *in vitro* gezeugten und auch zur Welt gekommenen Babys auf 25 000, wobei 1992 in Amerika 5 000 Kinder dank dieses Verfahrens das Licht der Welt erblickt hatten. Abgesehen von einer höheren Rate an Mehrlingsschwangerschaften und einer sehr hohen Kaiserschnitthäufigkeit (50 bis 60 Prozent an manchen Kliniken) – was sowohl auf das höhere Alter der Mütter als auch den »Erfolgszwang«, unter dem solche Schwangerschaften stehen, zurückzuführen ist –, entspricht die generelle Erfahrung mit IVF im großen und ganzen jenen mit der Kontrollgruppe, die auf natürliche Weise empfangen hat. Im besonderen besteht für IVF-Kinder kein erhöhtes Risiko, mit angeborenen Schäden oder Entwicklungsschwierigkeiten zur Welt zu kommen.

Eine IVF funktioniert am ehesten bei Frauen unter 35 mit einem normalen Monatszyklus und Männern mit einer normalen Spermienzahl. (Ungefähr die Hälfte aller IVF-Programme behandelt jedoch auch Frauen, die bereits 40 Jahre oder älter sind, und die meisten Kliniken in den USA werden eine Behandlung nicht ablehnen, wenn die Spermienzahl etwas unter dem normalen Wert liegt. Ist diese sehr niedrig oder gleich Null, kann eine IVF auch mit Spendersamen in Erwägung gezogen werden.) Mit IVF kann eine Reihe der für die Unfruchtbarkeit verantwortlichen Gründe, einschließlich blockierter oder nicht vorhandener Eileiter, schwerer Endometriosen sowie der immunologisch bedingten Unfruchtbarkeit überwunden werden, die früher für Hunderttausende Paare praktisch unüberwindbare Hindernisse für eine Schwangerschaft dargestellt hatten.

Wie jedes komplizierte medizinische Verfahren hat auch dieses eine Reihe von Kehrseiten. Zum einen ist die IVF teuer: Jeder Versuch, eine Schwangerschaft einzuleiten, kostet zwischen 4 000 und 6 000 Dollar. Das hatte den Vorwurf der Kommerzialisierung zur Folge (der sich vor allem gegen private, gewinnorientierte Kliniken richtete) sowie einigen Unmut gegenüber den Versicherungsgesellschaften, die sich weigern, die Kosten für das Verfahren zu übernehmen. Ein weiteres Problem besteht darin, daß nicht alle IVF-Kliniken vergleichbare Ergebnisse vorweisen: Tatsächlich gibt es Kliniken, denen noch nie eine Schwangerschaft mit anschließender Geburt gelungen ist. Da das IVF-Gewerbe im wesentlichen nicht reguliert ist, sind auch viele Ärzte, die in diesem Bereich tätig sind, besorgt, daß die Öffentlichkeit mit irreführenden Behauptungen und Praktiken verwirrt und zum Teil sogar angelogen wird. Das ist insofern sehr beunruhigend, da ein Paar, das nach jahrelangen vergeblichen Bemühungen eine IVF in Erwägung zieht, oft emotional nicht in der Lage ist, dieselbe Objektivität zu bewahren wie beispielsweise ein Konsument, der sich den Kauf eines neuen Wagens überlegt. (Eine Checkliste mit Fragen, die Sie stellen können, um ein IVF-Programm auf Herz und Nieren zu prüfen, finden Sie am Ende dieses Abschnitts.) Da ferner bei nur rund 14 Prozent aller IVF-stimulierten Zyklen auch tatsächlich eine Geburt erfolgt, muß man sich darüber im klaren sein, daß nicht jedes Paar, das diesen physisch und emotional schwierigen Prozeß durchmacht, am Ende ein Baby zur Welt bringen wird. Manche Experten meinen, daß nur die Hälfte aller Paare, die den Versuch mit IVF wagen, erfolgreich sein werden, wobei dieser Erfolg normalerweise in den ersten vier Zyklen einer versuchten IVF eintritt.

Um das alles ins rechte Licht zu rücken, sollte man auch daran denken, daß die IVF trotz der Kosten und Probleme, die mit diesem Verfahren verbunden sind, in vielen Fällen wie ein Wunder ist, das Wirklichkeit wurde. Ein glücklicher Vater meinte:

> Im Grunde hatten wir längst aufgegeben und uns nach zehnjähriger Behandlung damit abgefunden, daß wir nie ein Kind bekommen würden. Als an der Universität in unserer Nähe das IVF-Programm ins Leben gerufen wurde, beschlossen wir, es noch einmal zu versuchen. Heute sind unsere Zwillinge zwei Jahre alt und der lebende Beweis für das Können der Ärzte an der Klinik. Gibt es einen schöneren Lohn für unsere Beharrlichkeit?

Andere unterstützte Fortpflanzungstechniken

Die IVF hatte mehrere andere Verfahren zur Folge, die ihr in gewisser Weise verwandt sind. Wir wollen sie kurz zusammenfassen:

GIFT (Gamete Intrafallopian Transfer) beinhaltet die unmittelbare Plazierung einer Mischung aus Samen- und Eizellen in den Eileiter. Die Befruchtung findet auf natürlichem Wege im Eileiter und nicht wie bei der IVF im Labor statt. Um für GIFT in Frage zu kommen, muß eine Frau zumindest einen funktionstüchtigen Eileiter haben. Generell ist die Erfolgsquote bei diesem Verfahren etwas höher als bei der IVF: 1991 wurde in den USA von einer mit diesem Verfahren erzielten Geburtenrate von insgesamt 23 Prozent berichtet, wobei vereinzelte Zentren Erfolgsraten von 30 Prozent und mehr meldeten. GIFT ist vor allem dann besonders geeignet, wenn die Unfruchtbarkeit durch Endometriose bedingt oder unerklärlich ist (wenn z. B. vermutet wird, daß das chemische Umfeld der Zervix die Samenzellen zerstört). Das Verfahren sorgt dafür, daß das Ovum und eine große Anzahl beweglicher Spermien den physiologischen Befruchtungsstandort – also den Eileiter – tatsächlich erreichen. (GIFT kann auch mit Spendersamen durchgeführt werden, wenn die Spermienzahl des Mannes unzureichend ist; mit dieser Methode ist die Erfolgsquote sehr hoch.) Es sollte auch hier hervorgehoben werden, daß die Erfolgsrate ebenso wie mit anderen Behandlungsmethoden bei Frauen unter 40 Jahren wesentlich besser ist als bei älteren Frauen. Frauen im Alter von 40 Jahren und darüber wiesen 1990 eine nur 9prozentige Geburtenrate pro Transferzyklus mittels GIFT auf.

ZIFT (Zygote Intrafallopian Transfer) ist ein Verfahren, bei dem die IVF- mit der GIFT-Methode kombiniert zum Einsatz gelangt. Die Eizellen der Frau werden *in vitro* mit dem Samen des Mannes befruchtet. Die Zygote (befruchtete Eizelle) wird daraufhin innerhalb von 24 Stunden in den Eileiter übertragen. Dieses Verfahren hat den Vorteil, daß die Ärzte mit Sicherheit wissen, daß die Befruchtung stattgefunden hat. Sollte die Befruchtung nicht erfolgt sein, kann das Paar immer noch eine Befruchtung mit Spendersamen in Erwägung ziehen. Rund 16 Prozent aller ZIFT-Verfahren werden erfolgreich mit der Geburt eines Kindes abgeschlossen.

In den USA wird es neuerdings immer üblicher, Frauen, bei denen der Eisprung ausbleibt oder die keine Eierstöcke haben, gespendete Eizellen zu implantieren. (Manchmal werden gespendete Eizellen bei unfruchtbaren Frauen über 40 verwendet, da bei ihnen andere Verfahren erwartungsgemäß nicht so vielversprechend sind wie bei jüngeren Frauen.) Das Spenden von Eizellen – wenngleich ein noch relativ neuer Ansatz in der Behandlung von Unfruchtbarkeit – verläuft in mancherlei Hinsicht ähnlich wie das Spenden von Samenzellen. Die Spenderin bleibt zumeist anonym, wird aber ebenfalls nach ähnlichen physischen Merkmalen mit der Empfängerin ausgewählt. In vielen anderen Programmen werden überhaupt keine Aufzeichnungen über mögliche Spenderinnen geführt und nur solche Spenderinnen genommen, die von der Frau, die sich ein Kind wünscht, selbst ausgewählt wurden. Sehr üblich in diesem Zusammenhang sind Schwestern oder nahe Verwandte, aber auch enge Freundinnen und zuweilen Spenderinnen, die für die Spende ihrer Eizellen finanziell entschädigt werden. (Üblich sind Beträge in der Höhe von 500 bis 2 000 Dollar pro Aspiration.) Gespendete Eizellen können auch von jenen Frauen als Alternative in Erwägung gezogen werden, bei denen zu befürchten ist, daß sie eine in der Familie der Frau gegebene genetische Störung wie etwa die Bluterkrankheit an ihr Kind weitervererben.

Sobald die Eizellen der Spenderin entnommen sind, werden sie im Labor mit dem Samen des Mannes befruchtet; das befruchtete Ei kann daraufhin mittels der ZIFT-Methode in die Eileiter übertragen oder durch IVF implantiert werden. (Die Empfängerin muß durch hormonelle Stimulation vorbereitet werden, damit ihr Uterus für die Schwangerschaft bereit ist.) Wie das bei neuen Technologien dieser Art erwartungsgemäß der Fall ist, wird auch das Spenden von Eizellen von vielen ethischen und religiösen Einwänden begleitet, wobei es aber nicht Aufgabe dieses Buches ist, diese Fragen zu diskutieren.

Die mit gespendeten Eizellen erzielten Ergebnisse sind in etwa vergleichbar mit jenen der unterstützten Fortpflanzungstechniken, bei denen die körpereigenen Eizellen der Frau verwendet werden. Allerdings gibt es aufgrund der relativen Neuheit dieses Verfahrens noch zu wenige Erfahrungsberichte, um eine umfassende Auswertung zuzulassen. Als 1992 eine Studie über die Eizellenspender-Programme in den USA durchgeführt wurde, stellte sich heraus, daß von insgesamt 63 befragten Kliniken erst drei mehr als 100 Embryotransfers mit gespendeten Eizellen durchgeführt hatten. Es ist also wichtig, sich genau zu erkundigen, welche Erfahrungswerte eine Klinik mit dieser Methode aufweist, da die Erfolgsquoten in Kliniken, die 100 oder mehr dieser Verfahren durchgeführt haben, in der Regel wesentlich höher liegen. Insgesamt kann davon ausgegangen werden, daß 22 Prozent aller mit gespendeten Eizellen durchgeführten Verfahren die Geburt eines Kindes zur Folge haben; davon resultiert ungefähr ein Drittel an Mehrlingsgeburten.

Die Embryo-Transplantation ist eine eher umstrittene Methode; hier wird mit Hilfe des Spermas des Ehemannes eine Frau künstlich befruchtet, die nicht mit ihm verheiratet ist. Nach fünf Tagen wird der Embryo aus der Gebärmutter der Spenderin, wo er das frühe Implantationsstadium verbringt, herausgespült und in die Gebärmutter der Ehefrau übertragen. Wenn er sich dort erfolgreich implantiert, nimmt die Schwangerschaft in der Regel einen normalen Verlauf. (Bei diesem Verfahren ist ein entscheidendes Kriterium die hormonell herbeigeführte Synchronisierung des Monatszyklus der Empfängerin mit jenem der Spenderin, damit das Endometrium der Empfängerin entsprechend vorbereitet ist, um den Embryo anzunehmen und seine Einpflanzung zu ermöglichen.) Wesentlich bei dieser Methode ist die Vergewisserung, daß die Spenderin gesund ist und während des Zyklus, in dem sie empfängt, keine Drogen und keinen Alkohol konsumiert. Es mag auch rechtliche Einschränkungen geben, weshalb ein Paar, das sich für diesen Ansatz entscheidet, zunächst mit einem Anwalt sprechen sollte.

Das Einfrieren von Embryos gehört ebenfalls zu den noch relativ neuen Entwicklungen; die erste Geburt mit einem zuvor tiefgefrorenen Embryo (de facto war es ein tiefgefrorener Präembryo) fand 1985 statt. Einer der Hauptgründe, warum Präembryonen eingefroren werden, ist die Verminderung des Risikos einer Mehrlingsschwangerschaft, wenn die Frau »superovuliert« hat, das heißt, wenn sie infolge der hormonellen Stimulation, welche der Eizellenentnahme bei einem IVF-Verfahren vorangeht, eine große Anzahl an Eizellen produziert hat. Außerdem wird durch das Einfrieren der überschüssigen Präembryonen der finanzielle Aufwand für zukünftige Behandlungszyklen stark eingeschränkt, da keine Eizellen mehr entnommen werden müssen.

Vor 1989 ließen rund 2 000 Patientinnen an 25 US-Kliniken insgesamt

7000 Eizellen und Präimplantationsembryonen einfrieren, mit denen, nachdem sie aufgetaut wurden, 48 Lebendgeburten verzeichnet wurden. Die für 1990 gültigen Daten zeigen, daß die Erfolgsquote der amerikanischen Kliniken nur 9 Prozent je Transferzyklus mit eingefrorenen Embryonen beträgt, woraus eindeutig hervorgeht, daß der Prozeß des Auftauens nicht immer funktioniert. Zudem ist noch nicht ganz klar, inwieweit das Einfrieren und Auftauen der befruchteten Eizelle schaden kann und welcher Art die Folgen sind; und schließlich gibt es viele ethische und rechtliche Fragen, die noch geklärt werden müssen. Wem »gehört« zum Beispiel der Präembryo im Falle einer Scheidung oder wenn das Paar ums Leben kommt? Wer bestimmt, wann beziehungsweise ob überhaupt der eingefrorene Präembryo zerstört werden soll? Wir zitieren hier keineswegs theoretische Fragestellungen. Vielmehr sind bereits Gerichtsverfahren anhängig, die den Streit um das elterliche Sorgerecht über eingefrorene Embryonen entscheiden sollen.

Die erstaunlichen Fortschritte, die vor allem in jüngster Zeit in den für unfruchtbare Paare vorgesehenen Behandlungsmöglichkeiten erzielt wurden, beinhalten allerdings auch negative, freilich keineswegs so publik gemachte Begleiterscheinungen. So sind die Erwartungen der Konsumenten mittlerweile auf ein Niveau gesteigert worden, das in keinem Verhältnis zu den tatsächlichen Ergebnissen steht. Auch wenn die Voraussetzungen bestens sind und die behandelnden Ärzte zu den erfahrensten und qualifiziertesten zählen, werden immer noch viele Paare enttäuscht und vor die Tatsache gestellt werden, daß ihr Traum nie Wirklichkeit werden wird. Der psychologische Preis, den diese Paare vielfach zahlen müssen, ist weit höher, als allgemein zur Kenntnis genommen wird; wir werden in Kürze näher auf dieses Problem eingehen.

Ein Umstand, auf den ebenfalls selten hingewiesen wird, ist, daß eine Behandlung manchmal zu einer zwei- bis dreijährigen Odyssee ausarten kann und eigene emotionale Höhen und Tiefen mit sich bringt. Die Tiefpunkte können zuweilen erschreckend sein. Paare, die zum ersten Mal an einem IVF-Programm teilnehmen, empfinden das Ausbleiben der Befruchtung der Eizelle im ersten Zyklus der IVF-Behandlung als besondere Enttäuschung, weil sie meinen, damit sei ihre Unfähigkeit, ein Kind zu empfangen, bewiesen. Viele unterbrechen das Programm dann in der Überzeugung, ihren Bemühungen sei kein Erfolg beschieden. Tatsächlich ist es aber so, daß diese Paare in anschließenden IVF-Zyklen ungefähr genausooft schwanger werden wie andere Paare.

Eine Auswertung der Statistiken, die die Behandlungserfolge von Unfruchtbarkeit zum Inhalt haben, ist kompliziert. Dennoch lohnt es sich, einige der jüngeren Daten über die Wahrscheinlichkeit, mit der ein unfruchtbares Paar infolge einer IVF-Behandlung ein Kind bekommen kann, genauer anzusehen; wir haben sie einer in England durchgeführten und im *Lancet* erschienenen Studie entnommen, bei der über 5 000 aufeinanderfolgende IVF-Zyklen ausgewertet wurden. Demnach werden 45 Prozent der Frauen im Alter von bis zu 34 Jahren nach fünf IVF-Behandlungszyklen ein Kind zur Welt bringen. Frauen im Alter von 35 bis 39 Jahren werden mit einer Wahrscheinlichkeit von 29 Prozent schwanger. Bei Frauen über 40 ist die Wahrscheinlichkeit, erfolgreich schwanger zu werden und ein Kind auf die Welt zu bringen, mit 14,4 Prozent wesentlich niedriger. Die Rückläufigkeit bei Frauen über 34 ist zum einen auf eine verringerte Empfängnisfähigkeit und zum anderen auf eine höhere Inzidenz unterbrochener Schwangerschaften (entweder aufgrund von Abortus oder Fehlgeburt) zurückzuführen. Aus der Studie ging ferner hervor, daß die Erfolgschancen ungleich geringer waren, wenn eine Zeugungsunfähigkeit oder mehrere Unfruchtbarkeitsfaktoren gegeben waren.

Wichtige Fragen über ein IVF-/GIFT-Programm

Wie bei jeder anderen medizinischen Behandlung auch, sollten sich die Patienten zunächst selbst ein Bild machen, ob eine bestimmte Behandlung in ihrem Fall überhaupt geeignet ist, wie erfahren und qualifiziert das medizinische Personal ist, das die Behandlung durchführen wird, was an Kosten und Zeit aufzuwenden sein wird und vor allem, wie erfolgversprechend die Behandlung für sie ist. Wenn so hochtechnische Verfahren zur Debatte stehen wie IVF oder GIFT, kann gar nicht oft genug darauf hingewiesen werden, wie wichtig es ist, sich entsprechend zu informieren und eine Entscheidung auf der Grundlage der erteilten Informationen zu treffen.

Es folgen elf Schlüsselfragen, die eine Auswertung des jeweiligen IVF-/GIFT-Programms ermöglichen sollen. Wenn Sie auf diese Fragen keine klare Antworten erhalten oder der Arzt beziehungsweise Leiter der Klinik aufgrund Ihrer Fragen verärgert oder ungeduldig reagiert, sollten Sie grundsätzlich eine andere Einrichtung konsultieren.

1. Wann wurde Ihr Institut gegründet?

2. Wann wurde IVF (bzw. GIFT) an Ihrem Institut zum ersten Mal durchgeführt?

3. Wie viele Babys wurden an Ihrem Institut infolge von IVF (bzw. GIFT) bereits geboren? Wie viele Babys kamen in den letzten zwei Jahren infolge von IVF (bzw. GIFT) zur Welt?

4. Wie hoch ist die klinische Schwangerschaftsrate pro IVF-Verfahren (bzw. GIFT)? Wie hoch ist Ihre klinische Schwangerschaftsrate bei Paaren unseres Alters mit unserem speziellen Problem?

5. Werden an Ihrem Institut Eizellen oder Embryonen eingefroren? Wenn ja, was geschieht mit ihnen, sobald unser Baby geboren ist?

6. Bieten Sie auch die Möglichkeit an, auf gespendete Eizellen zurückzugreifen? Wenn ja, stellen wir die Spenderin zur Verfügung oder Sie? Wenn Sie die Spenderin zur Verfügung stellen, wie wird sie ausgewählt? Wie hoch ist ihre Entschädigung? Welche Maßnahmen ergreifen Sie, um die Gesundheit der Spenderin festzustellen?

7. Werden die an Ihrem Institut erzielten Ergebnisse an die IVF-Registrierbehörde weitergeleitet?

8. Verfügen die Ärzte Ihres Stabes über eine bescheinigte Ausbildung in reproduktiver Endokrinologie?

9. Was kostet das gesamte Verfahren pro Zyklus, und zwar einschließlich der Medikamente?

10. Müssen wir im voraus bezahlen? (Wenn ja, wieviel?)

11. Gibt es für Ihre Patienten eine Altersbegrenzung?

Leihmutterschaft

Wenn die Frau unfruchtbar, der Mann aber zeugungsfähig ist, entscheidet sich ein Paar manchmal dafür, mit Hilfe einer Leihmutter ein Kind zu bekommen. Dabei wird die Leihmutter mit dem Samen des Mannes künstlich befruchtet und trägt das Kind bis zur Geburt aus, um es daraufhin zur Adoption durch das Paar freizugeben, für das sie es ausgetragen hat. Manchmal wird einer solchen Leihmutter auch ein Ovum der unfruchtbaren Frau implantiert, das mit dem Samen des Ehemanns *in vitro* befruchtet wurde. In einem besonderen Fall wurden der unfruchtbaren Frau kurz zuvor Uterus und Eileiter entfernt, wodurch sie selbst zwar nicht mehr in der Lage war, schwanger zu werden, da sie aber immer noch funktionstüchtige Eierstöcke hatte, konnte eine ihrer körpereigenen Eizellen im Anschluß an die IVF in die Leihmutter übertragen werden.

Schätzungen zufolge wird diese Vorgangsweise in den Vereinigten Staaten derzeit von Tausenden Paaren und Leihmüttern vertraglich vereinbart, wobei die Leihmutter für das Austragen des Kindes bezahlt wird (in der Höhe von 2 000 bis 20 000 Dollar), und Anwaltskosten in der Höhe von noch einmal 5 000 Dollar anfallen.

Im Januar 1983 erhielt diese bis dahin wenig beachtete Praxis mit einem Mal große Aufmerksamkeit, als in den Zeitungen die Schlagzeile erschien: »Neugeborenes einer Leihmutter wurde nicht abgeholt.« Es stellte sich heraus, daß die 26jährige Leihmutter Judy Stiver aus Michigan ein mißgestaltetes und wahrscheinlich geistig behindertes Kind zur Welt gebracht hatte; das Kind war von dem 46jährigen Alexander Malahoff aus New York vertraglich bestellt und mit der Begründung zurückgewiesen worden, daß er nicht der Vater sei. Obwohl medizinische Untersuchungen Malahoff schließlich recht gaben, war der Zwischenfall in vielerlei Hinsicht abstoßend, insbesondere da eine zuvor arrangierte und geschmacklose TV-Konfrontation zwischen den Stivers und den Malahoffs stattgefunden hatte, in der die gegenseitigen Anschuldigungen wichtiger schienen als das Wohlergehen des Säuglings. Obwohl sich die Stivers schließlich bereit erklärten, das Baby zu behalten, warf dieser Fall eine Reihe von schwierigen Fragen auf, was die ethische Zulässigkeit unserer neuen Fortpflanzungstechnologien anbelangt.

Was wäre geschehen, wenn sich herausgestellt hätte, daß Malahoff tatsächlich der Vater des Säuglings war? Hätte er dann, wie der Journalist R. Rosenblatt im Februar 1983 im *Time Magazin* meinte, versuchen können, das Kind zurückzuschicken und eine Entschädigung zu verlangen?

Die mit technologischen Mitteln herbeigeführte Elternschaft mag wie eine Geschäftstransaktion anmuten, nur ist sie das nicht; sie ist vielmehr die Antwort auf den innigsten Wunsch zweier Menschen. Als solche sollte sie gesehen und gehandhabt werden. Wenn dieser Wunsch in Form eines mißgestalteten oder behinderten Kindes erfüllt wird, ändert das nichts; und wie schon viele Eltern solcher Kinder entdeckt haben, schenken sie einer Familie oft mehr Glück und Zufriedenheit als gesunde kräftige Kinder und werden somit zur Antwort auf ganz andere Wünsche.

Diese Ansicht ist an sich lobenswert, nur im wirklichen Leben verhält es sich oft anders. Was soll mit mißgestalteten Kindern geschehen, die, abgesehen von den Leihmüttern, von alleinstehenden Frauen entbunden werden, die sich an eine Samenbank gewandt haben? Wenn ein Baby, das *in vitro* empfangen wurde, mit geistigen oder körperlichen Schäden zur Welt kommt, werden dann die Prozesse auf den Fuß folgen und finanzielle Entschädigungen gefordert werden? Oder stehen wir bereits auf der Schwelle zu einem Zeitalter, in dem die Regierung in unsere Fortpflanzungswünsche im Stile von Orwells *1984* oder Aldous Huxleys *Schöne neue Welt* eingreift?

Die Leihmutterschaft erhielt 1986 eine zusätzliche Dimension, als Mary Beth Whitehead aus New Jersey – sie hatte sich vertraglich verpflichtet, ein Kind für William und Elizabeth Stern auszutragen, wobei sie mit dem Samen von William Stern künstlich befruchtet worden war – nach der Geburt des Mädchens beschloß, das Kind nicht an die Sterns auszuhändigen. Sie floh mit ihrem Mann und dem Kind, das als »Baby M« berühmt wurde, nach Florida. Ein Jahr später wurde jedoch in einem aufsehenerregenden Prozeß entschieden, daß das Sorgerecht den Sterns zustünde und die Rechtskräftigkeit des Vertrages aufrechtzuerhalten sei, den Mrs. Whitehead mit den Sterns abgeschlossen hatte. Der Prozeß und die gerichtliche Entscheidung löste eine große Kontroverse aus, wobei viele Beobachter meinten, es sei ungehörig, einem Vertrag Geltung zu verschaffen, der Mrs. Whitehead zwang, ihr Baby aufzugeben. In der Folge erklärte der Oberste Gerichtshof von New Jersey den Leihmutterschafts-Vertrag für null und nichtig und befand, daß die Bezahlung einer Leihmutter »illegal, möglicherweise kriminell und für eine Frau potentiell entwürdigend« sei, sprach aber ebenfalls den Sterns das Sorgerecht zu. Mary Beth Whitehead erhielt jedoch das uneingeschränkte Besuchsrecht.

Seit »Baby M« wurde die Leihmutterschaft durch weitere Ereignisse noch zusätzlich umstrittener. In einem Fall übernahm eine 42jährige Großmutter die Leihmutterschaft für ihre Tochter, die ohne Gebärmutter geboren worden war. Am 31. Oktober 1991 brachte sie gesunde Zwillinge zur Welt. In einem anderen Fall kam es in Kalifornien zu einem Drei-Parteien-Rechtsstreit, in dem es um das Sorgerecht über ein von einer Leihmutter geborenes Kind ging, nachdem sich der biologische Vater von seiner Frau getrennt hatte. In einem weiteren Fall stritt sich die Leihmutter mit ihren Auftraggebern um das Sorgerecht, wobei die Leihmutter zugleich die beteiligten Ärzte und Rechtsanwälte wegen Vernachlässigung der beruflichen Sorgfaltspflicht und Mißhandlung klagte.

Obwohl in mehreren Bundesstaaten die Leihmutterschaft seit neuestem nur noch eingeschränkt möglich ist und andere Staaten nun ebenfalls einschränkende Maßnahmen in Erwägung ziehen, läßt sich zugleich unter der Bevölkerung, den Ärzten und Anwälten eine wachsende Akzeptanz für diese Vorgangsweise feststellen. Ein Vertreter der amerikanischen Anwaltskammer äußerte sich wie folgt (C. Lawson in der *New York Times*, Okt. 1986):

> Die Bewegung muß im Lichte der besonderen Priorität gesehen werden, die unsere Gesellschaft dem Kinderwunsch zumißt. Eine Gesetzgebung, die die Leihmutterschaft verbietet, würde als verfassungswidrig empfunden, da sie das Selbstbestimmungsrecht eines Paares, seinen Fortpflanzungswunsch zu verwirklichen, das ihm gemäß des Rechts auf Privatspähre zusteht, einschränken würde. Daher müssen wir uns eine öffentliche Politik überlegen, wie für alle Beteiligten annehmbare Lösungen gefunden werden können. Wir können in dieser Frage nicht länger wie der Vogel Strauß den Kopf in den Sand stecken.

Zugleich stellte der Expertenausschuß für Ethik und Fortpflanzung der *American Fertility Society* die moralische Vertretbarkeit einer erlaubten Leihmutterschaft in Frage und sprach sich für ernsthafte ethische Vorbehalte bezüglich der Leihmutterschaft aus, die so lange gelten sollten, bis entsprechende Daten für eine Auswertung der Risiken und möglichen Vorteile dieser Alternative zur Verfügung stünden.

Die Gegner der Leihmutterschaft argumentieren, daß Kinder zur Ware werden und eines Tages eine Situation eintreten werde, in der wohlhabende Männer Frauen anheuern werden, damit sie deren Kinder austragen. Ferner sind sie der Ansicht, daß die Mutterschaft auf diese Weise zum Vertragsgeschäft wird, wobei es in der Natur der Sache liege, daß dieses Geschäft sich mehr nach dem Gewinn ausrichtet als nach dem Wohl der betroffenen Vertragsparteien. In feministischen Kreisen vertreten viele Frauen die Ansicht, die Leihmutterschaft leiste der Ausbeutung der Frau Vorschub, und in Kirchenkreisen wird sie als entmenschlichende und unmoralische Praxis angesehen, mit der die Heiligkeit der Ehe und der Familie untergraben werde. Ebenfalls ins Spiel gebracht wird die Sorge um die Leihmütter, daß sie durch die Weggabe eines Kindes, das infolge der neunmonatigen Schwangerschaft und Geburt genetisch das ihre ist, psychologische Schäden davontragen könnten, auch wenn sie zunächst meinen, die Trennung von dem Säugling sei emotional verkraftbar. Phyllis Chesler schreibt in ihrem Buch über den Fall »Baby M«: »Keine Staatsbürgerin kann ihre unveräußerlichen verfassungsmäßigen Rechte verkaufen oder das Versprechen leisten, dieselben zu verkaufen. Mary Beth Whitehead kann zum Beispiel für sich entscheiden, ihr Wahlrecht nicht in Anspruch zu nehmen – aber sie kann dieses Recht nicht an Bill Stern veräußern ... Ebensowenig kann eine Frau, und zwar auch dann nicht, wenn sie sich in einem Leihmutterschaftsvertrag dazu verpflichtet hat, ihre elterlichen Rechte veräußern. Sie sind unveräußerlich und verfassungsrechtlich geschützt.«

Die Befürworter der Leihmutterschaft – und zu ihnen gehören die meisten Paare, die gegen die eigene Unfruchtbarkeit ankämpfen – sehen diese Frage natürlich ganz anders. Sie verweisen darauf, daß für jene Paare, bei denen die Unfruchtbarkeit der Frau irreparabel oder der die Möglichkeit, ein Kind auszutragen, aus medizinischen Gründen versagt ist, die Leihmutterschaft die einzige Möglichkeit des Mannes ist, ein Kind zu zeugen und aufzuziehen, das genetisch das »seine« ist. Es wird auch argumentiert, daß ein Kind, das von einer Leihmutter zur Welt gebracht wurde, ein Wunschkind ist und sich dadurch rein begrifflich von einer Adoption nicht wirklich unterscheidet. Die Befürworter argumentieren ferner, daß die Leihmutterschaft keinesfalls eine Kommerzialisierung der menschlichen Fortpflanzung oder eine Umwandlung der Kinder zur Ware sei, sondern ein tiefer und ehrlicher Ausdruck von Liebe und als solcher ein Schöpfungsakt. Ferner bestehen sie darauf, daß, wenngleich für die Leihmutter potentielle Risiken gegeben seien, diese von den voraussichtlichen Beteiligten verstanden und in Kauf genommen werden können, so daß die vertragliche Verpflichtung, die eine Leihmutter eingeht und für die sie bezahlt wird, um nichts riskanter sei als so manche andere Wahl, die eine Frau aus beruflichen Überlegungen möglicherweise trifft. Sie verwahren sich auch dagegen, daß die Leihmutterschaft Frauen ausbeutet, und verweisen statt dessen darauf, daß eine Frau, die sich freiwillig bereit erklärt, die Leihmutterschaft zu übernehmen, für ihre Dienste und daraus möglicherweise entstehende Unannehmlichkeiten nicht nur entsprechend entschädigt werde, sondern auch die Gelegenheit erhalte, der Gesellschaft einen willkommenen Dienst zu erweisen.

Diese Debatten sagen jedoch kaum etwas über das Kind aus, das in eine solche Situation geboren wird. Das Kind kann genetische Schäden davontragen, die ihm von der Leihmutter vererbt wurden (es sei denn, die Frau, die eine Leihmutter beauftragt, stellt ihre eigene Eizelle zur Verfügung, die dann *in vitro* befruchtet und anschließend in den Uterus der Leihmutter implantiert wird, was allerdings eher die Ausnahme ist). Leider lassen sich viele dieser Schäden durch derzeitige Untersuchungsmethoden nicht feststellen. Dem in der Entwicklung befindlichen Fötus kann auch geschadet werden, wenn die Leihmutter während der Schwangerschaft nicht vorsichtig ist und beispielsweise Drogen nimmt oder sich falsch ernährt. Ebenso wichtig ist die Frage, wie sich diese Kinder psychologisch entwickeln werden, die sich jedoch noch nicht beantworten läßt. Wenn dem Kind mitgeteilt wird (oder wenn es zufällig selbst dahinter kommt), daß es von einer Leihmutter zur Welt gebracht wurde, wird es dann damit Probleme haben oder darunter leiden? Wenn die Leihmutter den Kontakt zu dem Kind auch nach der Geburt aufrecht erhält, wie das manchmal der Fall ist, wenn sie eine Freundin oder Verwandte ist, wie wird sich das auf das Kind auswirken?

Die Praxis der Leihmutterschaft wird von einer Menge unbeantworteter Fragen begleitet. Aus juristischer Sicht werden die nächsten Jahre wohl einige Klärung bringen. Die Beantwortung der psychologischen Fragen wird zweifellos mehrere Jahrzehnte in Anspruch nehmen, denn so lange wird es keine entsprechenden Erfahrungswerte geben. Die ethischen Bedenken werden wohl nie wirklich gelöst werden – das liegt im Wesen der Sache begründet. Vermutlich werden sie so lange vorgebracht werden, bis die Gesellschaft hinsichtlich der moralischen Zulässigkeit der Leihmutterschaft einen Konsens gefunden hat. Für viele unfruchtbare Paare ist sie jedoch eine annehmbare Alternative – wenngleich eine weit hergeholte und zumeist in äußerster Not erwogene Alternative –, die sich jedoch als eine der Optionen, ein eigenes Kind zu bekommen, nicht so ohne weiteres verwerfen läßt.

Auswirkungen der Unfruchtbarkeit

Anfängliche Reaktionen

Die Millionen amerikanischer Paare, die gegen ihren Willen kinderlos bleiben, sind eine häufig ignorierte und kaum verstandene und vor allem unsichtbare Minderheit. Selbstverständlich sind unfruchtbare Paare, die sich einer Behandlung unterziehen, einer Reihe ganz charakteristischer psychologischer Probleme ausgesetzt. Nicht nur, daß sie in vielen Fällen zunächst ihre Selbstachtung einbüßen und infolge ihrer Unfähigkeit, ein Kind zu zeugen, sowie des gesellschaftlichen Stigmas, das der unfreiwilligen Kinderlosigkeit anhaftet, ihr Gefühl von Männlichkeit beziehungsweise Weiblichkeit stark unterminiert wird, dürfte ihre Psyche auch längerfristig stark belastet werden. Zum Beispiel geht aus mehreren Studien eindeutig hervor, daß Depression, Ängste, Frustration und Wutausbrüche unter unfruchtbaren Paaren weit verbreitet sind. Andere Untersuchungen haben gezeigt, daß diese Gefühle auch bei jenen Paaren häufig auftreten, die noch in der Untersuchungs- oder Behandlungsphase sind. Es verwundert daher nicht, daß die Unfruchtbarkeit von vielen Fachleuten als psychische Krise angesehen wird.

Die Dynamik dieser Reaktionen ist nur allzu verständlich. Eine Gesellschaft, die ihren Jugendlichen und jungen Erwachsenen die Versicherung mit auf den Weg gibt, daß eine Schwangerschaft quasi automatisch eintritt, darf sich nicht wundern, wenn nach wenigen Monaten bewußter, jedoch fruchtloser Bemühungen Bestürzung die unmittelbare Folge ist. Eine typische Reaktion unter betroffenen Paaren lautet dann: »Was machen wir falsch?« Um eine Antwort auf ihre Frage zu erhalten, besorgen sie sich zunächst Bücher und Zeitschriften und wenden sich schließlich an enge Freunde oder Verwandte. Erst nachdem sie sich überzeugt haben, daß sie nichts »falsch« machen, folgt die nächste Frage: »Ist mit uns etwas nicht in Ordnung?«

Die Erkenntnis, daß etwas womöglich nicht in Ordnung ist, wird in vielen Fällen verleugnet. Wenngleich die Möglichkeit einer ärztlichen Untersuchung in Erwägung gezogen und von der Suche nach vergangenen Gesundheitsproblemen begleitet wird, zeigen viele unfruchtbare Paare, nachdem ihnen bewußt geworden ist, daß ihr Wunsch nach einem Kind nicht so ohne weiteres in Erfüllung gehen wird, die Tendenz, eine medizinische Auswertung zunächst einmal aufzuschieben. (Die Ausnahme zu dieser Regel sind Frauen, die beim Versuch, schwanger zu werden, begleitende gynäkologische Probleme wie eine nicht normal verlaufende Periode oder Unterleibsschmerzen haben; sie sind eher bereit, sofort zum Arzt zu gehen, da es weit schwieriger ist, ein physiologisches Problem auf die Dauer zu verleugnen.) Während dieser Verdrängungsphase kommt es in der Beziehung üblicherweise zu den ersten Spannungen. Das hat teilweise damit zu tun, daß wir dazu neigen, die Schuld zunächst beim anderen zu suchen: »Wenn du nicht so verspannt wärst, wärst du längst schwanger.« – »Hättest du mit neunzehn nicht abgetrieben, hätten wir dieses Problem jetzt nicht.« – »Wenn du aufhören würdest, so viel Bier zu trinken, hätten wir vielleicht mehr Glück.« Hinzu kommt, daß sich jeder der beiden insgeheim sorgt, der Fehler liege an ihm/ihr selbst; nun beginnen beide, die unterschiedlichen Aspekte ihrer beider Leben und Körper zu untersuchen, um Erklärungen und somit eine Lösung zu finden. Die Folge ist, daß bereits in der ersten Zeit, in der sich beide Partner mit der eigenen Unfruchtbarkeit abzufinden beginnen, die eigene sexuelle Fähigkeit, Gesundheit und sogar Persönlichkeit in Frage gestellt werden.

Zahlreiche Forschungen haben ergeben, daß die Frauen in der Regel die Initiative ergreifen und zum Arzt gehen, wenn die Schwangerschaft nicht so rasch eintritt, wie sie es gerne hätten; Männer neigen eher zu Ambivalenz und zu einer Haltung des »Abwartens und Teetrinkens«. Ähnlich verhält es sich, wenn die Behandlung der Unfruchtbarkeit begonnen wurde und Männer im Vergleich zu ihren Partnerinnen die eher weniger aktiven (und weniger enthusiastischen) Teilnehmer sind. Wenngleich man diese unterschiedliche Haltung teilweise einer von Mann zu Frau unterschiedlichen Motivation, was den Kinderwunsch anbelangt, zuschreiben kann, vermuten wir, daß die Dynamik doch eine komplexere ist. Teil des Dilemmas besteht darin, daß Männer im Gegensatz zu Frauen die Zeugungsunfähigkeit als Makel ihrer sexuellen Potenz sehen. Ferner scheinen Männer generell durch die medizinische Auswertung und Behandlung der Unfruchtbarkeit verängstigter als Frauen, wenngleich klar ist, daß Frauen mehr »mit sich geschehen lassen« (in Form von Untersuchungen und vor allem in Form von invasiven Verfahren).

Uns ist natürlich bewußt, daß sich Menschen nicht so einfach in stereotype Reaktionsmuster einteilen lassen und daß es keine »typisch« männlichen oder weiblichen Muster gibt, wie wir sie soeben beschrieben haben. Manchmal wird der Diagnose- und Behandlungsprozeß natürlich auch von Männern initiiert, und manchmal sind es die Frauen, die sich aus Scham, tiefverwurzelten Ängsten oder Ambivalenz bezüglich ihres Kinderwunsches nur ungern testen lassen. Es gibt viele individuelle Ansätze, wie das Problem in Angriff genommen wird, die nicht zuletzt durch die Geschichte und kulturelle Prägung eines Menschen bestimmt sind. Hinzu kommt natürlich noch die besondere Qualität einer Beziehung und die Art und Weise, inwieweit zwei Menschen ihre individuellen Lösungsansätze vereinbaren können, um einen gemeinsamen, für beide zufriedenstellenden Weg zu finden.

Langzeit-Muster

Unumstritten ist, daß die Diagnose Unfruchtbarkeit für sehr viele Menschen Depressionen zur Folge hat, die ihrerseits dazu führen können, daß ihre persönlichen Beziehungen in Mitleidenschaft geraten, sie nur noch eingeschränkt fähig sind, ihren Beruf auszuüben, und generell eine Haltung einnehmen, die sie im Alltag hilflos und pessimistisch werden läßt: Sie sind also Belastungen ausgesetzt, die ihr früheres Verhalten qualitativ entscheidend verändern.

Auch wenn die unmittelbare Folge keine Depression ist, so wird häufig die Beziehung eines Paares stark in Mitleidenschaft gezogen. Zum einen verwandelt sich der Sex sehr rasch von einer Quelle des Vergnügens und des spontanen Lustaustausches in eine Aufgabe, mit der nun ein ganz bestimmtes Ziel verfolgt wird. Dieser Wandel nimmt dem Sex nicht nur den Spaß, sondern auch die Erotik. Im folgenden berichten mehrere Personen, wie es ihnen nach über einem Jahr Behandlung ergangen ist, wobei sie sehr anschaulich illustrieren, was geschieht.

- *Eine 36jährige Frau:* Früher gehörte Sex zu den besten Dingen unserer Ehe, aber seit wir versuchen, ein Kind zu bekommen, hat sich das auf eine Weise verändert, die ich im Grunde gar nicht erklären kann. Monatelang mußten wir buchstäblich mit der Uhr in der Hand miteinander schlafen, um meinen Eisprung nicht zu verpassen. John hatte dann manchmal Schwierigkeiten, eine Erektion zu bekommen, und meine Ungeduld und Frustration haben dabei natürlich auch nicht geholfen. Ich war so sehr mit meinen Sorgen beschäftigt, daß ich im Bett keine sehr aufmerksame oder liebevolle Partnerin war. Tatsächlich verwandelte sich der Sex für uns in eine lästige Aufgabe, so wie Wäsche waschen oder das Laub zusammenrechen. Mit Begehren oder Liebe hatte das nichts mehr zu tun, es sei denn, man versteht auch unter angespannter Pflichterfüllung einen Ausdruck von Liebe.

- *Ein 29jähriger Mann:* Unser »Problem« hatte zur Folge, daß Jodie mich nicht mehr oral befriedigen wollte. Sie weigerte sich, beim Geschlechtsverkehr auf mir drauf zu sitzen, weil sie gehört hatte, daß die Samenflüssigkeit tiefer in die Vagina eindringt, wenn der Mann oben ist. Es gab Tage, an denen ich keine Samenprobe produzieren konnte, woraufhin wir uns stritten und ich mir dann wie ein totaler Idiot vorkam. Wir liebten uns nur noch mechanisch, und anschließend stellten wir uns ständig die Frage: »Hat es diesmal geklappt?« Da bleibt dann von Lust oder Spaß nicht mehr viel übrig.

- *Eine 41jährige Frau:* In den Jahren vor der Behandlung schliefen wir zwei- bis dreimal die Woche miteinander. Heute lieben wir uns vielleicht dreimal im Monat. Und der Zeitpunkt für diese dreimal wird immer vom

Arzt bestimmt. Sex hat nicht nur aufgehört, Spaß zu machen, sondern wurde zur ständigen Erinnerung an unser Versagen und unsere Enttäuschung.

Ein zusätzliches Problem für langfristig unfruchtbare Paare besteht darin, daß der Streß, dem sie ausgesetzt sind, häufig zu Konflikten führt. Zu Beginn, wenn erst festgestellt werden muß, ob das Paar tatsächlich unfruchtbar ist, geschieht es zum Beispiel häufig, daß der Mann einen Test verweigert, solange seine Frau nicht untersucht wurde. Diese zögernde Haltung vieler Männer (die häufig mit einem deplazierten Machismo verbunden ist) wird von den Frauen normalerweise als Weigerung empfunden, das Problem entsprechend ernst zu nehmen; für den Mann, der seinen Standpunkt rationalisiert oder intellektualisiert, geht es darum, sein Ego zu schützen. Im späteren Verlauf der Behandlungsphase gibt es zahlreiche Situationen, die wiederum auf ihre Weise Konflikte heraufbeschwören können. Wir wollen nur ein paar Beispiele nennen, um dies zu verdeutlichen.

1. Bezüglich der möglichen Behandlung kann es zu gravierenden Meinungsverschiedenheiten kommen (z. B. plädiert die Frau für eine künstliche Befruchtung mit Spendersamen, der Mann ist aber strikt dagegen).

2. Der Mann und die Frau gehen womöglich jeweils ganz anders mit ihrer Unfruchtbarkeit um, was Verhaltensweisen zur Folge haben kann, die den Eindruck der gegenseitigen Quälerei erwecken.

3. Die Konfrontation mit Verwandten wird für viele Paare zur Belastung.

4. Ein Paar ist sich möglicherweise nicht einig, wann der Zeitpunkt für einen Abbruch der Behandlung oder für einen anderen Behandlungsansatz gekommen ist.

Nicht nur stellt sich vielen Paaren die Frage, ob sie ihre Unfruchtbarkeit geheimhalten sollen, weil sie ihnen peinlich ist, sondern es kommt auch häufig zu einer Belastung ihres Verhältnisses zu Verwandten und Freunden, weil deren Kommentare oder Fragen in solchen Situationen besonders schmerzlich sein können: »Wann werde ich endlich Großvater?« – »Ihr fangt besser jetzt an, wenn ihr eine Familie gründen wollt, sonst seid ihr im Altersheim, wenn eure Kinder gerade mit der Uni anfangen.« – »Hört mal, ihr denkt viel zuviel darüber nach. Macht doch eine Kreuzfahrt und entspannt euch mal so richtig, dann kommt ihr nach Hause, und das Kind ist schon unterwegs.«

Konflikte und Frustration, die häufige Reaktionen auf die Belastung durch Unfruchtbarkeit sind, drücken sich unterschiedlich aus. In den meisten Fällen ist der Kinderwunsch stark genug, um das Gleichgewicht innerhalb der Beziehung aufrechtzuerhalten. Tatsächlich ist es so, daß die meisten unfruchtbaren Paare einen ausgeprägten Spürsinn dafür entwikkeln, wann ein Kompromiß oder ein verständnisvoller Umgang angebracht sind, um Spannungen und Mißverständnisse in der Beziehung abzubauen, und sie zeigen vielfach großes Geschick, wenn es darum geht, ihren Partner in den schwierigsten Momenten entsprechend zu unterstützen und ihm Mut zuzusprechen. In diesem Zusammenhang haben wir auch beobachtet (obwohl wir das nur am Rande bemerken, da diesbezüglich erst wenig geforscht wurde), daß Scheidungen unter unfruchtbaren Paaren relativ selten sind. Der Wunsch nach einem Kind scheint ihnen ein gemeinsames Ziel zu geben, das so stark ist, daß sogar dann, wenn ihnen die Erfüllung dieses Wunsches am Ende verwehrt bleibt, die gemeinsam gemachte Erfahrung sie noch stärker aneinanderzubinden scheint, als man vielleicht annehmen würde.

Andererseits fordern die Konflikte eindeutig ihren Preis. Es geschieht zum Beispiel immer wieder, daß die Männer sich außerehelich sexuell befriedigen, um sich ihrer Männlichkeit zu vergewissern. (Männlichkeit unterscheidet sich natürlich von Zeugungsfähigkeit, aber die beiden Begriffe scheinen in den Köpfen vieler Männer ein und dasselbe zu bedeuten, so als würde eine Verstärkung ihrer Männlichkeit *ipse facto* den Status ihrer Zeugungsfähigkeit anheben.) Weniger häufig, aber auch nicht ohne Beispiel, sind Frauen, die aufgrund der Unfruchtbarkeit in ihrer Ehe außerehelichen Sex suchen, wie das folgende Beispiel zeigt:

M. L., eine 35jährige Hausfrau, hatte bereits eine zweijährige Behandlungsphase wegen Unfruchtbarkeit hinter sich, als eine künstliche Befruchtung mit Spendersamen als nächster Schritt vorgesehen war, da die Unfruchtbarkeit auf den Mann zurückgeführt wurde. Sie hatte während ihrer Ehe nie außerehelichen Sex gehabt. Die Aussicht auf eine Befruchtung mit Spendersamen ließ sie ungeduldig werden, und die offensichtliche Reserviertheit ihres Mannes gegenüber ihren eigenen Anstrengungen veranlaßten sie schließlich, eine Reihe sorgfältig geplanter außerehelicher Liebschaften einzugehen. Die Auswahl ihrer Liebhaber, die von nichts wußten, erfolgte auf der Grundlage, daß sie verheiratet sein und Kinder haben mußten, und außerdem koordinierte sie ihre nachmittäglichen Abenteuer so, daß sie mit ihren fruchtbaren Tagen zusammenfielen. Sie war fest davon überzeugt, daß ihr Plan funktioniert hatte, als sie binnen dreier Monate schwanger wurde. »Was mein Mann nicht weiß, macht ihn nicht heiß«, meinte sie. »Wichtig ist nur, daß wir ein Baby haben werden.«

Die Strategie dieser Frau ist zwar atypisch, aber nicht beispiellos. Soweit wir wissen, ist bisher keine Forschung über das außereheliche Verhalten vermeintlich unfruchtbarer Frauen betrieben worden, weshalb diese Vermutung nur unseren Eindruck wiedergibt.

Jedes Paar, das sich aktiv einer langfristigen Behandlung unterzieht, muß mit einer emotionalen Achterbahn rechnen, bei der Monat für Monat auf die Hoffnung die Erkenntnis auf den Fuß folgen wird, daß die Zeugung wieder nicht geklappt hat. Das Einsetzen der Periode bei der Frau wird für viele zum Inbegriff des persönlichen Versagens. Aufzeichnungen der Basaltemperatur (und der Muster des Zervikalmukus) werden mit wachsender Anspannung verfolgt. Und auch wenn sie einen Fortschritt zeigen (d. h. das Eintreten des Eisprungs), sind sie nur vorübergehende Anzeichen für die Möglichkeit einer Schwangerschaft. Zu der enormen emotionalen (und manchmal physischen) Herausforderung der unterschiedlichen medizinischen Ansätze gesellen sich die Anforderungen an das Paar selbst – unter anderem daß der Mann masturbieren muß, um seine Samenprobe abzugeben, das Paar nur zu ganz bestimmten Zeiten Geschlechtsverkehr haben soll sowie das schier endlos anmutende Warten auf die Testergebnisse. Insgesamt fordern diese Erlebnisse einen hohen emotionalen Preis und wirken sich zunehmend auf die persönliche Autonomie und das Selbstwertgefühl aus. Die spezifische Angst vor einer Fehlgeburt oder einer Eileiterschwangerschaft, die sich dann auch noch hinzugesellt, ist für viele, die noch nie in dieser Situation waren, schlichtweg unvorstellbar. Und auch ansonsten völlig normale Situationen – etwa die Begegnung mit einer schwangeren Frau auf der Straße – sind ein ständiger und schmerzlicher Hinweis auf die eigene Unzulänglichkeit.

Jene Paare, die ihre Unfruchtbarkeit schließlich als unbehandelbar annehmen (oft nach Jahren der intensiven und kostspieligen Behandlung), können seitens der Gesellschaft mit nur sehr wenig Unterstützung rechnen. Sie sieht zwar Rituale vor, die uns ermöglichen, unsere Trauer um einen Verstorbenen zum Ausdruck zu bringen, doch für ein unfruchtbares Paar, das die Hoffnung aufgegeben hat, gibt es keine Möglichkeit, seinen Kummer zu artikulieren. Es muß die Vergeblichkeit seines Kinderwunsches im stillen und insgeheim verarbeiten, und manchmal gelingt auch das nicht.

ZWÖLFTES KAPITEL
Sexuelle Aspekte verbreiteter Gesundheitsprobleme

Millionen von Menschen leiden aus gesundheitlichen Gründen unter sexuellen Schwierigkeiten, die unmittelbar mit diesen Problemen zusammenhängen. Darüber hinaus beeinträchtigen der Konsum und Mißbrauch von Drogen und Alkohol die sexuelle Funktionsfähigkeit, wobei sich viele dieser Auswirkungen gar nicht bewußt sind. Dieses Kapitel bietet daher einen Überblick der häufigsten sexuellen Dysfunktionen, die mit einer Reihe von Krankheiten sowie mit der Einnahme und dem Mißbrauch bestimmter rezeptpflichtiger und nicht rezeptpflichtiger. Medikamente und anderer Substanzen einhergehen.

Alkoholismus

Alkoholismus und Alkoholmißbrauch zählen heute sowohl in den USA als auch in Europa zu den größten Gesundheitsproblemen. Schätzungen zufolge leiden mehr als 10 Millionen Amerikaner unter gesundheitlichen Störungen, die in direktem Zusammenhang mit Alkohol stehen, wobei dieses Problem in buchstäblich alle sozioökonomischen und kulturellen Gruppierungen hineinreicht. Es ist also kaum überraschend, daß zwischen Alkoholismus und sexuellen Dysfunktionen bestimmte Zusammenhänge herrschen, die eine genauere Untersuchung erfordern.

Obwohl jeder von uns intuitiv zu wissen meint, was Alkoholismus ist, möchten wir an dieser Stelle die offizielle Definition dieser Krankheit zitieren, wie sie vor kurzem vom *National Council on Alcoholism and Drug Dependence* (Nationaler Rat für Alkoholismus und Drogenabhängigkeit) und der *American Society of Addiction Medicine* (Amerikanische Gesellschaft für Suchtgift) wie folgt revidiert wurde:

> Alkoholismus ist eine chronische Primärerkrankung, die in Verlauf und Manifestation von genetischen, psychosozialen und milieubedingten Faktoren beeinflußt wird. Der Krankheitsverlauf ist häufig progressiv und tödlich. Charakterisiert ist sie durch eine mangelhafte Kontrolle über die Trinkgewohnheiten,

eine vordergründige Auseinandersetzung mit der Droge Alkohol, Alkoholkonsum trotz negativer Folgen und ein verzerrtes, vor allem durch Verleugnung gekennzeichnetes Denken. Diese Symptome können jeweils entweder kontinuierlich oder periodisch auftreten.

Die negativen Folgen starken Alkoholmißbrauchs und eindeutigen Alkoholismus reichen von spezifischen physischen Auswirkungen (z. B. Erkrankung der Leber, neurologische Störungen) über Beziehungsprobleme (z. B. Probleme in der Ehe, ein gestörtes Verhältnis zu Intimität, Kindesmißbrauch) bis hin zu psychologischen Dysfunktionen (z. B. eine ausgeprägte Launenhaftigkeit, Behinderung der Denkfähigkeit), die jede für sich in den sexuellen Bereich übergreifen können.

Bevor wir im einzelnen auf die sexuellen Probleme in Verbindung mit Alkoholismus eingehen, möchten wir kurz die akuten Auswirkungen starken Alkoholkonsums auf die sexuelle Reaktion beschreiben, da die meisten Menschen meinen, Alkohol sei ein sexuelles Stimulans. Obwohl sich dieser Eindruck im urbanen Nachtleben zu bestätigen scheint, ist es de facto so, daß Alkohol pharmazeutisch gesehen eine hemmende Wirkung auf das zentrale Nervensystem ausübt (wie schon Shakespeare erkannt hat, als er den Pförtner in *Macbeth* sagen ließ: »... er befördert das Verlangen und dämpft das Tun ...«), mit der Folge, daß sexuelle Reflexe und Empfindungen üblicherweise gedämpft werden.

Bei geringem Alkoholkonsum wird die Erektionsfähigkeit des Mannes zunächst kaum beeinträchtigt; entspricht der Alkoholgehalt im Blut jedoch einer Menge von zwei bis drei Schnäpsen, wird sie bereits leicht unterdrückt und die Ejakulation verzögert. Bei höherem Alkoholgehalt im Blut bleibt bei vielen Männern die Ejakulation aus, während sie gleichzeitig erhebliche Schwierigkeiten haben, eine Erektion zu bekommen beziehungsweise aufrechtzuerhalten. Masters und Johnson haben die klinische Bedeutung dieser Akutfolgen starken Trinkens bereits 1970 erkannt, als sie infolge einer umfassenden klinischen Untersuchung exzessiven Alkoholkonsum als eine der entscheidenden Ursachen für die sekundäre Impotenz identifizierten.

Bei Frauen ist die Sache etwas komplizierter. Ein sehr niedriger Alkoholgehalt im Blut scheint sich nur minimal auf die sexuelle Reaktionsfähigkeit auszuwirken, wohingegen ein moderater Alkoholgehalt von zwei bis drei Schnäpsen die Durchblutung im Vaginalbereich definitiv reduziert, die Orgasmusfähigkeit verzögert und die Intensität des Orgasmus selbst verringert. Ein hoher Alkoholgehalt im Blut kann die orgasmische Reaktionsfähigkeit blockieren und häufig eine eindämmende Wirkung auf die Vaginallubrikation ausüben. Jedoch – und das ist ein sehr interessantes Phänomen – neigen Frauen dazu, sich sexuell umso stimulierter zu fühlen, je mehr sie getrunken haben, wobei sie bei hohem Alkoholgehalt im Blut ihre sexuelle Erfahrung als lustvoller beschreiben als im nüchternen Zustand, *obwohl ihre sexuellen Reflexe physiologisch eindeutig eingeschränkt sind.* Diese Reaktion kann sehr wohl ein Hinweis dafür sein, wie die Selbstwahrnehmung durch die Erwartung getragen werden kann, sowie für die Tatsache, daß viele Frauen sich gelöster und sexuell geneigter fühlen, sobald sie ein paar Gläser getrunken haben. Diese Auffassung wurde immer wieder mit der »enthemmenden« Wirkung des Alkohols auf das sexuelle Empfinden und Verhalten in Verbindung gebracht. Zweifellos erkennen viele jugendliche Mädchen sehr bald, daß Alkohol eine bequeme Ausrede ist, sich auf sexuelle Beziehungen einzulassen, ohne irgendeine persönliche Verantwortung übernehmen zu müssen, wodurch sie die Möglichkeit haben, zu experimentieren und zugleich in ihrem Selbstbild moralischen Anstand zu bewahren.

Bei Männern ist sexuelle Dysfunktion als Folge chronischen Alkoholmißbrauchs sehr verbreitet. Diverse Studien haben ergeben, daß 50 bis 75 Prozent aller alkoholkranken Männer zumindest eine sexuelle Funktionsstörung aufweisen. Generell kann man sagen, daß das sexuelle Verlangen bei 40 bis 50 Prozent dieser Männer niedrig (bis nicht vorhanden) ist, während 30 bis 40 Prozent impotent sind. Ferner berichten 10 bis 20 Prozent von einer nur eingeschränkten Ejakulationsfähigkeit. Diese Probleme und sexuellen Dysfunktionen können bereits dann auftreten, wenn die Leber noch gesund ist, werden jedoch um so häufiger, je stärker die Leberfunktion angegriffen ist.

Diese Folgen sind primär auf die physischen Veränderungen zurückzuführen, die chronischer Alkoholmißbrauch im Laufe der Zeit hervorruft. Im besonderen wirkt sich Alkohol unmittelbar toxisch auf die Hoden aus, wobei sie bei vielen Alkoholikern sichtbar kleiner werden und die Bildung des männlichen Sexualhormons Testosteron stark reduziert ist. (Auch die Spermienbildung wird durch Alkoholismus häufig angegriffen.) Das hormonelle Problem wird noch zusätzlich durch die Tatsache erschwert, daß die von den Hoden bereits reduziert ausgeschüttete Testosteronmenge im Körper rascher abgebaut wird, weil sich die Enzyme in der Leber, die dieses Hormon metabolisieren, verändern. Neurologische Probleme sind unter Alkoholikern ebenfalls häufig und dürften ein zusätzlicher Katalysator für sexuelle Dysfunktionen sein. Ein permanent hoher Alkoholspiegel im Blutkreislauf kann ferner die Neurotransmitter im Zentralnervensystem, einschließlich des Gehirns, angreifen, was sich ebenfalls auf die sexuellen Reflexe auswirken kann.

Die Folgen chronischen Alkoholmißbrauchs auf die weibliche Sexualität wurden von der Wissenschaft bislang größtenteils ignoriert. Obwohl erwiesen ist, daß Alkoholismus für eine Reihe von Störungen der weiblichen Sexualität unmittelbar verantwortlich ist, scheint das sexuelle Verlangen von Alkoholikerinnen häufiger intakt zu bleiben als das alkoholkranker Männer. 30 bis 40 Prozent der von uns befragten alkoholkranken Frauen haben Schwierigkeiten, sexuell erregt zu werden, und rund 15 Prozent berichteten entweder von einem völligen Verlust ihrer Orgasmusfähigkeit oder einer signifikanten Verminderung in Häufigkeit und Intensität ihres Orgasmus. Viele Alkoholikerinnen haben jedoch bekanntlich sexuelle Probleme, bevor sie zu trinken beginnen (d. h., daß die Dysfunktion eine auslösende Funktion für das Trinken haben könnte), wodurch eine Interpretation dieser Daten in bezug auf Ursache und Wirkung schwierig wird. In einer der wenigen Studien, die gezielt zu diesem Thema durchgeführt wurden, konnten zwischen jungen verheirateten Alkoholikerinnen und gleichaltrigen gesunden Kontrollgruppen keine wesentlichen Unterschiede in der Häufigkeit sexueller Dysfunktionen festgestellt werden. Andererseits stellte sich im Zuge einer von uns durchgeführten Untersuchung heraus, daß Alkoholikerinnen, die eine Entwöhnungskur machen, signifikant mehr sexuelle Schwierigkeiten haben als Frauen, die nicht trinken, wobei über 60 Prozent der alkoholkranken Frauen nur eingeschränkt sexuell erregbar waren und unter Anorgasmie (Ausbleiben des Orgasmus) litten. Es gibt zudem medizinische Beweise, daß starker Alkoholkonsum bei gesunden Frauen den Eisprung blockieren und andere hormonelle Störungen verursachen kann, allerdings wurden bislang an Alkoholikerinnen noch keine umfassenden endokrinen Untersuchungen durchgeführt.

Das gesamte Spektrum sexueller Störungen, wie es bei Alkoholikern zu beobachten ist, läßt sich freilich nicht ausschließlich mit organischen Faktoren erklären, da die physischen, auf den Alkoholmißbrauch zurückzuführenden Probleme nur ein Teil in einem komplexen Gesamtbild sind. Alkoholismus gilt als ein mehrdimensionales Syndrom, bei dem nunmehr erkannt wird, daß es neben genetischer Prädisposition auch soziale Erfahrungen und psychologisch bedingte Faktoren umfaßt, bei denen es sich um sehr komplexe Zusammenhänge handelt, die wir hier nur kurz ansprechen können.

Manche Menschen greifen zum Alkohol, um ihr sexuelles Selbstwertgefühl zu heben. Diese Art von gewohnheitsmäßigem Umgang mit Alkohol läßt sich häufig bei Teenagern beobachten, jedoch zuweilen auch bei älteren Erwachsenen, die zur eigenen Sexualität ein von Selbstzweifel und Unsicherheiten geprägtes Verhältnis haben. Manchmal soll mit dem Konsum großer Mengen Alkohols Streß abgebaut werden – etwa bei einem Mann, der um seine sexuelle Orientierung besorgt ist oder den seine sexuelle Leistungsschwäche verzweifeln läßt. In solchen Situationen hat Alkohol die Funktion eines rezeptfreien Barbiturats (Beruhigungsmittel) mit der besonders attraktiven, allerdings nur vermeintlichen Begleitwirkung eines Aphrodisiakums. Die Tatsache, daß seine stimulierenden Eigenschaften häufig ausbleiben (und de facto in vielen Fällen die gegenteilige Wirkung haben), verliert sich angesichts der Erleichterung, daß sich die sexuelle Anspannung legt (und mehr Selbstvertrauen einstellt), wobei bei vielen Alkoholikern die durch den morgendlichen Kater verursachten Beschwerden im Vordergrund stehen und sie sich nicht wirklich an ihre sexuelle Erfahrung in der Nacht zuvor erinnern. Somit entsteht ein Bild, das wohl eher den eigenen Erwartungen entspricht und die Lücken ausfüllen muß, die ein betäubtes Erinnerungsvermögen nicht zur Gänze verarbeitet hat. Häufig ist es dann so, daß die Erinnerung positiv besetzt wird, selbst wenn die Erfahrung in Wirklichkeit eine einzige Katastrophe war.

In anderen Fällen wird Alkohol ganz bewußt zur Unterdrückung des sexuellen Verlangens eingesetzt, auch wenn sich der Trinker dieses Beweggrundes womöglich gar nicht bewußt ist. Viele Menschen, die sich damit abgefunden haben, sexuell nicht zu entsprechen, empfinden Erleichterung, wenn sie an Sex nicht mehr wirklich interessiert sind. In Zeiten, in denen sie weniger trinken, stellt sich das unangenehme Gefühl wieder ein, das sie beim Gedanken an Sex befällt, da ihr Verlangen (und der Konflikt damit) wieder in den Vordergrund ihres Bewußtseins dringt.

Bei vielen Alkoholikern gesellt sich häufig noch die erhebliche Schwierigkeit hinzu, eine intime Beziehung zu entwickeln und aufrechtzuerhalten.

Der alkoholkranke Mensch ist vielfach nicht in der Lage, richtig zu beurteilen, wie Intimität eingeleitet und beibehalten wird; mit hoher Wahrscheinlichkeit wird er sich manipulativ, unflexibel und feindselig verhalten, wenn die Dinge nicht »richtig laufen«; und in sexueller Hinsicht nimmt er wenig Rücksicht auf die Gefühle und Wünsche seines Partners. Konflikte in der Ehe sind noch schwerer zu lösen, wenn einer der Ehepartner Alkoholiker ist; eine typische Folge dieses Musters besteht darin, daß der Alkoholiker sein Problem verleugnet, die Schuld dem anderen zuweist und Verantwortung aus dem Weg geht, während beim Partner Gefühle der Wut und der Wunsch nach Rache aufkommen.

Brustkrebs

Den jüngsten Statistiken zufolge erkrankt in den USA eine von acht Frauen an Brustkrebs. Brustkrebs ist gegenwärtig die häufigste, bei Frauen festgestellte Krebsart und nach dem Lungenkrebs der unter Frauen zweithäufigste Krebstod. Jährlich werden über 150 000 neue Brustkrebsfälle gemeldet, wobei die Überlebenschancen um so geringer werden, je später der Tumor erkannt wird.

Über ein Drittel der Frauen, die an Brustkrebs erkranken, entdecken die Krankheit leider nur zufällig. Die meisten versäumen es, ihre Brust entweder selbst routinemäßig zu untersuchen oder sich in regelmäßigen Abständen einer Mammographie (Röntgenuntersuchung der Brust) zu unterziehen, obwohl aus medizinischer Sicht alles dafür spricht, daß diese Maßnahmen lebensrettend sein können. Tatsächlich haben sich zum ersten Mal in der Geschichte elf wichtige medizinische Organisationen, unter anderem die *American Cancer Society*, das *National Cancer Institute* und die amerikanischen Ärzteverbände, darauf geeinigt, daß alle Frauen über 40 eine Mammographie vornehmen lassen sollten. Die Untersuchungsergebnisse mehrerer Forschungsinstitute haben ergeben, daß die Todesrate infolge von Brustkrebs um 20 bis 40 Prozent reduziert werden kann, vorausgesetzt, die Mammographie wird routinemäßig durchgeführt.

Mit einem Mammogramm ist es möglich, Tumore zu erkennen, die die Größe einer Bleistiftspitze haben und die durch eigenhändiges Abtasten (oder während einer gynäkologischen Untersuchung) unmöglich feststellbar wären. Das Verfahren selbst beinhaltet die Röntgenaufnahme jeder Brust, die zu diesem Zweck in eine Vorrichtung gelegt wird, welche Druck auf die Brust ausübt und sie somit flachdrückt, um eine genaue Röntgenaufnahme zu gewährleisten. Für gewöhnlich wird jede Brust von der Seite und von vorne nach hinten photographiert, insgesamt werden also vier Röntgenaufnahmen gemacht. Frauen, die eine Mammographie vornehmen ließen, berichten mehrheitlich von keinen oder nur geringfügig unangenehmen Begleiterscheinungen; nur 2 Prozent empfinden die Untersuchung als sehr unangenehm beziehungsweise als tatsächlich schmerzhaft.

Zwar sind sich die Experten einig, daß Frauen unter 35 keine Mammographie benötigen, weil Brustkrebs bis zu diesem Alter äußerst selten ist, dennoch empfehlen sie Frauen zwischen 35 und 39 Jahren, die Untersuchung erstmals durchführen zu lassen, damit die Röntgenaufnahme bei zukünftigen Untersuchungen als Ausgangs- und Vergleichsbasis dienen kann. Gegenwärtig wird Frauen über 40 empfohlen, alle zwei Jahre eine Mammographie vornehmen zu lassen, es sei denn, es ist in der Familie einer Frau bereits zu Brustkrebserkrankungen gekommen, dann lautet die Empfehlung auf eine Untersuchung pro Jahr. Ab dem Alter von 50 Jahren sollte ein Mammogramm einmal jährlich gemacht werden.

Das *Breast Cancer Detection Demonstration Project* (Projekt zur Erkennung von Brustkrebs) erarbeitete mittels jüngerer Studien eine Methode, wie das Risiko einer Frau, an Brustkrebs zu erkranken, berechnet werden kann. Die Kalkulation wird mit Hilfe einer Gleichung erstellt, die vier Faktoren berücksichtigt: das Alter, in dem eine Frau zum ersten Mal menstruierte, mögliche Brustkrebserkrankungen mütterlicherseits oder

der weiblichen Geschwister, das Alter, in dem die Frau zum ersten Mal ein Kind bekam, und die Zahl der negativen Brustbiopsien.

In der Zwischenzeit sind mehrere Variablen bekannt, die für die Prognose eines Brustkrebsrisikos wesentlich sind. Der entscheidende Einzelfaktor ist selbstverständlich die Frage, ob jemand von den weiblichen Angehörigen einer Frau bereits an Brustkrebs erkrankt ist: Wenn zum Beispiel die Mutter vor ihrem 60. Lebensjahr an Brustkrebs erkrankt ist, verdoppelt sich das relative Risiko der Frau. Gibt es innerhalb der Familie zwei Verwandte ersten Grades (Mutter, Schwester, Großmutter), die von dieser Krankheit befallen wurden, erhöht sich das Risiko der Frau um das Drei- bis Fünffache.

Indem Frauen mit einem besonders hohen Brustkrebsrisiko nun identifiziert werden können, besteht zumindest die Hoffnung, sie zu Maßnahmen anzuhalten, die sowohl eine Prävention als auch eine Früherkennung ermöglichen. Zu den Präventivmaßnahmen gehören beispielsweise Gewichtsabnahme, falls die Frau übergewichtig ist, eine verringerte Fettzufuhr bei der Ernährung und das Aussetzen jeglichen Alkoholkonsums, da es für jeden dieser Faktoren eindeutige Hinweise gibt, daß sie das Brustkrebsrisiko erhöhen. Um die Erkrankung im Anfangsstadium zu erkennen, wird den Frauen empfohlen, einmal monatlich ihre Brust abzutasten beziehungsweise ab dem Alter von 40 Jahren regelmäßig eine Mammographie vornehmen zu lassen. Wie wichtig eine frühe Diagnose ist, zeigt die folgende Statistik: Wenn ein Tumor im lokalisierten Stadium entdeckt wird, liegt die 5-Jahres-Überlebensrate für gewöhnlich bei über 85 Prozent.

Früher war es üblich, Brustkrebs entweder durch radikale Mastektomie, also die operative Entfernung der befallenen Brust und der benachbarten Lymphdrüsen, oder durch totale Mastektomie zu behandeln, bei der die befallene Brust zur Gänze entfernt wurde. Seit 1985 eine Studie veröffentlicht wurde, die sich als Meilenstein in der Geschichte der Brustkrebsbehandlung erwies und verdeutlichte, daß eine nicht ganz so radikale (und entstellende) Chirurgie genügt, um gleichwertige Ergebnisse zu erzielen, bevorzugen viele Ärzte (und viele Frauen) einen auch als »Lumpektomie« oder Tumorresektion bekannten Eingriff, bei dem der Tumor entfernt und gleichzeitig möglichst viel Brustgewebe bewahrt wird. Dieser Eingriff ist aber nur dann möglich, wenn der Brustkrebs im Anfangsstadium erkannt wurde (außerdem wird er mit einer Bestrahlungstherapie kombiniert, um optimale Ergebnisse zu erzielen), wobei jedoch hervorzuheben ist, daß er weit weniger oft zum Einsatz gelangt, als zu wünschen wäre. Diese Praxis dürfte mehrere Ursachen haben. Zum einen spielt die Haltung des Chirurgen gegenüber seiner Patientin eine entscheidende Rolle. Zum Beispiel deutet vieles darauf hin, daß die Tumorresektion, also die brusterhaltende Methode, vor allem jüngeren Frauen vorgeschlagen wird. (Diese altersbedingte Voreingenommenheit wird bei den mehrheitlich männlichen Chirurgen von einer zweiten, inhärent vorhandenen Voreingenommenheit begleitet. Uns ist aufgefallen [hier gilt es freilich noch fundierte Forschung zu betreiben], daß Chirurgen die Tumorresektion eher alleinstehenden als verheirateten Frauen empfehlen. Ein chauvinistischer Chirurg erklärte das folgendermaßen: »Eine alleinstehende Frau muß eine intakte Figur haben, wenn sie einen Mann finden will, während sich eine verheiratete Frau darüber nicht so große Sorgen zu machen braucht.«) Zum anderen tendieren viele Frauen, denen die brusterhaltende Chirurgie vorgeschlagen wird, aufgrund ihrer Angst vor Metastasen dazu, den radikaleren Eingriff zu bevorzugen. Da dieser Eingriff der nicht informierten Patientin zwar nicht unbedingt effektiver, aber dafür umso sicherer zu sein *scheint* (besonders in Hinblick auf die Ausschaltung des Risikos einer Wiederkehr des Tumors in derselben Brust, wenn diese Brust zum großen Teil erhalten bleibt), darf es nicht verwundern, wenn sich so viele Frauen für den in ihren Augen »besseren« Eingriff entscheiden. Hinzu kommt, daß sich die meisten Ärzte gar nicht die Mühe machen, die Frauen entsprechend aufzuklären, um diesem Vorurteil entgegenzuwirken. Jedenfalls sollten Erfahrungen, wonach Frauen, deren Brust erhalten wurde, nach der Operation eine bessere Einstellung zu ihrem Körper haben als jene, denen die Brust entfernt wurde, nicht auf die leichte Schulter genommen werden.

Unabhängig vom Eingriff, der bei einer Brustkrebspatientin vorgenommen wird, sind die Bedenken bezüglich seiner Auswirkungen auf die Sexualität mannigfaltig. Zwar verursacht die Entfernung einer Brust im physischen Sinne keine unmittelbare sexuelle Störung, bedenkt man jedoch, in welchem Ausmaß die weibliche Brust als Symbol für Sexualität und Weiblichkeit überbetont wird, darf es nicht verwundern, wenn die meisten Frauen der Brustoperation mit Entsetzen entgegenblicken. Diese Reaktion, die sich von Frau zu Frau unterschiedlich manifestieren kann, beinhaltet mehrere Einzelfaktoren. Zum einen fürchten viele Frauen infolge der Brustoperation um ihre physische Anziehungskraft. Bei manchen Frauen verwandelt sich dieser aus ihrer Sicht erlittene Verlust der körperlichen Anziehungskraft in ein vermindertes Selbstwertgefühl, ein Gefühl von Hilflosigkeit, und kann (was nicht überraschen dürfte) zu einem erhöhten Depressionsrisiko führen. Zum anderen befürchten viele Frauen, die kurz vor einer Mastektomie stehen, eine sexuelle Ablehnung durch ihren gegenwärtigen oder zukünftigen Partner. Diese Befürchtungen reflektieren elementare Ängste bezüglich dessen, was Intimität ist, wie der Partner auf die Diagnose Krebs und die Operation reagieren wird, sowie in manchen Fällen die Angst der Frau, aufgrund der Krankheit ihre eigene Sexualität einzubüßen. Der Sexualtherapeut Witkin beschreibt das so:

Es dürfte klar sein, daß die Schwierigkeit einer Frau, den Verlust einer Brust zu akzeptieren und sich mit dem Gedanken anzufreunden, in erster Linie mit ihrer Angst zu tun hat, wie andere darauf reagieren werden. Der Schmerz, der mit einer Ablehnung einhergeht, wird in dem Maße größer, in dem die Intimität wächst, wobei sich die größten Ängste einer Frau um den Mann drehen, mit dem sie am intimsten verkehrt. Wovor die Frauen die größte Angst haben, ist nicht bloß eine Ablehnung in Form von sexueller Aversion oder Verweigerung, sondern auch in Form von Mitleid; denn während Mitgefühl und Besorgnis eine Aufmerksamkeit für das Verlust- und Angstgefühl der Frau implizieren, bedeutet Mitleid die Überzeugung, daß die Frau *tatsächlich* etwas eingebüßt hat, und ist demnach keine Anteilnahme an ihren Gefühlen, sondern eine Verstärkung ihrer eigenen Vorstellung, nämlich unvollständig und wertlos zu sein.

Sogar in solchen Beziehungen, in denen die Frau keinen Grund hat, an der Liebe und Hingabe ihres Partners zu zweifeln, stellt sich häufig heraus, daß sie sich insgeheim fragt, ob er sie nach der Operation noch begehrenswert finden wird. Außerdem haben wir festgestellt, daß viele Frauen nach einer Mastektomie ihren Sexualpartner aufgefordert haben, zu hinterfragen, wie authentisch sein sexuelles Interesse und Lustempfinden tatsächlich ist, und sie taten das mit solcher Beharrlichkeit, daß der Partner irgendwann verzweifelte. Ein Ehemann beschrieb das so: »Ich verstehe ja, warum Mary so sehr in Sorge war, aber nachdem ich ihr zum zwölften Mal gesagt hatte, daß ich sie immer noch sexy finde und wirklich gerne mit ihr schlafe, müßte es doch eigentlich gereicht haben.« In Wirklichkeit ist es aber so, daß einfache und rationale Antworten nicht immer unmittelbar beim anderen ankommen und daher häufig nicht für bare Münze genommen werden, und schon gar nicht, wenn es gilt, die emotionalen Folgen einer Brustkrebsoperation zu überwinden. Während die beste Beruhigung zweifellos im Verhalten begründet ist (also darin, was man tut, und nicht darin, was man sagt), kann eine verbale Beruhigung außerordentlich hilfreich sein, um einer Frau zu ermöglichen, sich an eine Situation anzupassen, die in ihrem Kern so bedrohlich und unberechenbar ist.

Bei vielen Frauen geht nach einer Mastektomie die Bruststimulation als Teil des Liebesspiels stark zurück. Dieser Umstand reflektiert zwei voneinander unabhängige Faktoren: Viele Männer neigen dazu, die Stelle, an der die Brust entfernt wurde, nicht mehr zu berühren (aus Furcht, die Frau an ihre Krankheit und den Verlust zu erinnern), während viele Frauen nach der Operation jede Art von Zärtlichkeit an ihrer Brust verweigern, um ihre psychische Stabilität zu wahren. Ferner geschieht es häufig, daß sich Frauen nach einer Mastektomie ihrer Nacktheit beim Sexualverkehr besonders bewußt sind. Für manche Frauen, die befürchten, der Anblick ihrer Operationsnarbe könnte sich negativ auf das Lustempfinden des Partners

340

auswirken, bedeutet das eine Veränderung der bevorzugten Koitalpositionen. Die Zahl der Frauen, die beim Koitus die »Frau-oben-Stellung« verweigern, da in dieser Position die fehlende Brust am deutlichsten sichtbar wird, verdreifacht sich nach einer Mastektomie.

Obwohl es natürlich kein einheitliches Reaktionsmuster gibt und individuelle Reaktionen auf stark belastende Situationen nicht zuverlässig vorhersagbar sind beziehungsweise jede Frau auf die Diagnose Brustkrebs und die psychologischen Traumata einer Mastektomie (oder teilweisen Mastektomie) anders reagieren wird, scheint es doch eindeutige Hinweise zu geben, daß alleinstehende jüngere Frauen ihre Zukunft in sozialer Hinsicht als zerstört ansehen. (Zum Glück ist Brustkrebs bei jüngeren Frauen weit seltener als bei Frauen über 60.)

Die folgende Stellungnahme ist eine für viele Frauen typische Reaktion:

Nachdem mir im Alter von 45 eine Brust entfernt worden war, war ich überzeugt, daß mein Liebesleben ein für alle Mal vorbei war. Immerhin, dachte ich, war es schon schlimm genug, alleinstehend zu sein, aber jetzt mit der häßlichen Narbe und dem entstellten Körper würde ich für einen Mann wohl kaum mehr begehrenswert sein. Zwei Jahre lang verbrachte ich in diesem halb-depressiven Zustand, bemitleidete mich selbst und fühlte mich einsam. Als mich dann ein Nachbar zur Weihnachtsfeier seiner Firma einlud, wollte ich zunächst absagen. Sie können sich meine Überraschung vorstellen, als unsere erste Verabredung zu weiteren Einladungen führte und zwischen uns langsam romantische Gefühle aufkamen. Obwohl mir die Situation enormes Unbehagen bereitete, beschloß ich eines Tages, ihm von meinem »Zustand« zu erzählen – und war absolut verblüfft, als ihn das nicht verschreckte, ja nicht einmal zu stören schien. Obwohl wir am Ende nicht geheiratet haben, so hatte das nichts mit irgendwelchen sexuellen Problemen zu tun – im Gegenteil, der Sex stellte sich schließlich als der beste Teil unserer Beziehung heraus und gab mir das Selbstvertrauen zurück, daß ich immer noch sexuell anziehend war.

Es gibt natürlich auch alleinstehende jüngere Frauen, die mit der Diagnose Brustkrebs und seiner Behandlung sehr gut zurechtkommen und möglichst nicht zulassen, daß ihre Psyche und ihr Sexualleben dadurch beeinträchtigt werden. »Es ging darum, entweder dem Gefühl, verändert beziehungsweise behindert zu sein, nachzugeben oder mir mein bis zur Operation aktives Sexualleben keinesfalls nehmen zu lassen«, berichtete uns eine alleinstehende Frau. »Natürlich gibt es Idioten, die angesichts der Mastektomie die Lust auf mich verlieren, aber daß diese Männer Idioten sind, hätte ich mit oder ohne Operation erkannt.«

Zum Zeitpunkt, da wir dieses Buch schreiben, hat die *U.S. Food and Drug Administration* (US-Arzneimittelbehörde) aus Sicherheitsgründen ein teilweises Verbot für Brustimplantate aus Silikongel verordnet, weshalb nun viele Brustkrebspatientinnen der plastischen Brustrekonstruktion mißtrauisch gegenüberstehen; die Rekonstruktionen sind jedoch weiterhin erlaubt (ebenso wie ähnliche Implantate, die anstelle des Silikongels mit einer Salzlösung gefüllt sind), wenn sich die Frau, die sich operieren läßt, einverstanden erklärt, an einem von der FDA genehmigten klinischen Versuch teilzunehmen.

Hysterektomie

Die Hysterektomie oder chirurgische Entfernung der Gebärmutter gehört in den USA zu den am häufigsten durchgeführten Operationen, wobei jährlich etwa 750000 Eingriffe dieser Art vorgenommen werden. Die Gründe für diese Operation sind mannigfaltig und können von der Entfernung gut- oder bösartiger Tumore über die Behandlung einer Endometriose, starker und häufiger Blutungen aus dem Uterus bis hin zum Gebärmuttervorfall reichen. Ungeachtet der Gründe, die eine Hysterektomie erforderlich machen, wird sie häufig von Veränderungen in der Sexualität begleitet.

In manchen Fällen hat die Hysterektomie ein entschieden besseres Sexualleben zur Folge, insbesondere wenn der Geschlechtsverkehr aufgrund der Störung im Unterleib, die zur Operation führte, bereits schmerzhaft war. Wenn das Sexualleben einer Frau vor der Operation durch Symptome wie langwierige Monatsblutungen oder häufige uterine Blutungen beziehungsweise Krämpfe beeinträchtigt wurde, leuchtet es ein, daß eine Hysterektomie sowohl in physischer wie auch psychischer Hinsicht zu einer gesünderen Sexualität beitragen kann. Ferner hat sich gezeigt, daß manche Frauen, die eine besonders ausgeprägte Angst vor Zervikal- oder Gebärmutterkrebs hatten (oder nicht schwanger werden wollten), nach der Operation ein wesentlich ausgeprägteres Sexualinteresse und eine verbesserte sexuelle Reaktivität entwickelten.

Es gibt natürlich auch ganz andere Erfahrungen. Häufig handelt es sich dabei um Frauen, die infolge der Operation das Gefühl haben, ihrer Weiblichkeit beraubt worden zu sein. Für manche ist der Uterus nicht bloß ein Fortpflanzungsorgan, sondern auch ein Sexualorgan; sie können seinen Verlust als Alterserscheinung und Schwäche empfinden und sich in ihrer Vitalität bedroht fühlen. Hier kann die psychologische Auswirkung so weit gehen, daß sie in Depressionen verfallen.

Frauen, denen mit der Gebärmutter auch die Eierstöcke entfernt wurden, können ungeachtet ihres Alters unter Menopausensymptomen wie fliegender Hitze und einer herabgeminderten Vaginalfeuchte leiden, die das Sexualleben deutlich beeinträchtigen können. Obwohl das Aussetzen der Östrogenproduktion an sich die Orgasmusfähigkeit nicht unmittelbar zu behindern scheint, ist die sexuelle Erregbarkeit manchmal negativ betroffen (im sechzehnten Kapitel wird dieses Thema ausführlicher behandelt), wobei eine Östrogen-Substitutionstherapie im allgemeinen angebracht ist, um die Gesundheit im Genitalbereich zu bewahren und die Chancen für ein befriedigendes Sexualleben zu optimieren.

Eine Studie über Frauen, an denen sowohl eine Hysterektomie als auch eine Entfernung der Eierstöcke vorgenommen wurde, ergab, daß 37 Prozent nach der Operation sexuelle Probleme hatten, während 34 Prozent von einer verbesserten sexuellen Reaktivität berichteten. Hier ist erwähnenswert, daß präoperative Ängste vor der Entwicklung sexueller Störungen in einem eindeutigen Zusammenhang mit der tasächlichen Entwicklung solcher Störungen standen; bei diesen Frauen trug auch die Östrogen-Substitutionstherapie im Anschluß an die Operation nicht wirklich dazu bei, ihr sexuelles Verlangen zu verbessern, die Vaginallubrikation zu erleichtern, die Orgasmusfähigkeit zu gewährleisten oder die Lust der Frau am Sex insgesamt zu fördern (wenngleich sich die Schmerzen beim Geschlechtsverkehr anscheinend reduzierten).

Manche Frauen klagen, daß sich ihr Orgasmus seit der Hysterektomie verändert habe. Dafür gibt es eindeutige physiologische Gründe, da der Uterus (der in erster Linie ein Muskel ist), solange er intakt ist, beim Orgasmus heftig kontrahiert. Es ist allerdings nicht erklärbar, warum manche Frauen im Anschluß an die Hysterektomie überhaupt keinen Unterschied in Qualität und Intensität ihrer Orgasmen bemerken, während wieder andere berichten, ihr Orgasmus sei seit der Operation besser geworden, was allerdings darauf zurückzuführen sein dürfte, daß ein abnormer Uterus orgasmische Krämpfe und Schmerzen erzeugen kann.

Prostatektomie

Die Prostata, eine Drüse von der Größe einer Walnuß unterhalb der Blase, kann beim Mann eine Reihe von Gesundheitsproblemen und sexuellen Symptomen hervorrufen. Prostatakrebs gilt als zweithäufigste Krebserkrankung unter Männern und führt von allen Krebserkrankungen am zweithäufigsten zum Tode. 1992 wurden rund 132 000 Prostatakrebserkrankungen diagnostiziert, wovon schätzungsweise 34 000 tödlich verliefen. Prostatakrebs unterscheidet sich aber insofern von anderen Krebserkrankungen, als er sich in zumindest drei Viertel aller Fälle nicht ausbreitet und keinen tödlichen Verlauf nimmt. Dennoch wurden früher radikale Behandlungsmethoden empfohlen, einschließlich der operativen Entfernung der Drüse sowie einer Östrogen- und Bestrahlungstherapie. Diese Behandlungsmethoden werden jedoch von dem erheblichen Risiko einer anschließenden sexuellen Dysfunktion begleitet.

Die Entfernung der Prostata aufgrund von Prostatakrebs führt bei vielen Männern zu Erektionsstörungen, wobei dieses Risiko jedoch von der Art des chirurgischen Eingriffs abhängt. Bei einer sogenannten radikalen Operation, bei der neben der Prostata auch die Samenblasen entfernt werden, läßt sich eine postoperative Impotenz infolge der Beschädigung der Nervenstränge, die die Erektion steuern, fast nicht vermeiden. Bei einfacheren chirurgischen Verfahren, die ebenfalls den perinealen Ansatz verfolgen (mit Einschnitt im Perineum, dem Bereich zwischen Penis und Rektum), besteht immer noch ein 40- bis 50prozentiges Risiko, nach der Operation unter Erektionsversagen zu leiden. Wenn der Patient nach einem solchen Eingriff ein Penisimplantat erhält, um ihm die sexuelle Funktionsfähigkeit zu erhalten, wird er in der Regel nicht mehr ejakulieren können, da alle samenproduzierenden Drüsen operativ entfernt wurden. In manchen Fällen kommt es nach der Operation zu sogenannten »trokkenen« Orgasmen – also zu keiner Ejakulation, aber zu den für den Orgasmus typischen Kontraktionen im rektalen Bereich und im Becken, allerdings klagen die meisten Männer, daß sie dabei nur sehr minimale orgasmische Empfindungen erleben. Die Bestrahlungstherapie bei Prostatakrebs, die häufig mit einer Östrogenbehandlung kombiniert wird, führt ebenfalls zu einer hohen sexuellen Dysfunktionshäufigkeit. Östrogen verringert den Sexualtrieb des Mannes selbstverständlich ganz erheblich und dürfte bei dieser Art von Behandlung ausschlaggebend für die anschließende Impotenz sein.

Die Vergrößerung der Prostata, ein nichtkarzinomer Zustand, der bei fast allen Männern ab den späten Vierzigern auftritt, unterscheidet sich in seiner Problematik vollkommen von der Krebserkrankung. Auch als BHP (benigne Prostatahyperplasie) bekannt, wird diese Diagnose üblicherweise mittels einer Rektaluntersuchung erstellt. BHP verursacht eine Reihe von unangenehmen Symptomen, insbesondere beim Urinieren. Das ist darauf zurückzuführen, daß die vergrößerte Prostata auf die Urethra (Harnröhre) drückt und schließlich Probleme wie häufiges Urinieren, eine nur unvollständige Blasenentleerung, Schwierigkeiten beim Harnlassen und einen schwachen Harnstrom hervorruft.

BHP wurde früher operativ behandelt, um den mechanischen Druck der vergrößerten Prostata zu lindern. Es handelt sich dabei fast immer um eine transurethrale Resektion (TUR), bei der kein Einschnitt erforderlich ist, sondern das Operationsbesteck, mit dem das prostatische Gewebe teilweise abgeschabt wird, durch die Harnröhre eingebracht wird. Schätzungen zufolge werden in den USA jährlich rund 400 000 BPH-Operationen durchgeführt, wobei zu rund 95 Prozent die TUR eingesetzt wird. Die TUR verursacht nur selten eine erektile Dysfunktion, allerdings entwikkeln 90 Prozent der behandelten Männer aufgrund einer Beschädigung des Schließmuskels der Blase eine retrograde Ejakulation (Samenerguß in die Harnblase). Heute wird die Eignung eines operativen Eingriffs als routinemäßige BHP-Behandlung aus mehreren Gründen in Frage gestellt. Auslösend waren die Ergebnisse jüngster Studien, wonach bei einer TUR die Sterblichkeitsrate nach 5 Jahren höher ist als bei einer offenen Prostataoperation.

Zu den anderen Therapiemöglichkeiten, die derzeit untersucht und ausprobiert werden, gehören kleine ballonähnliche Vorrichtungen, die in die Urethra geschoben werden können, um die Prostata zu dilatieren, sowie die Behandlung mit Laser-Mikrostrahlen, um Teile des überschüssigen Prostatagewebes wegzuschmelzen. Eine der interessantesten neuen Behandlungsmethoden in den USA ist ein Medikament namens Proscar (Finasterid), das tatsächlich ein Schrumpfen der Prostata bewirkt. Dieses Medikament, das mindestens sechs Monate lang verabreicht werden muß, um seine Wirksamkeit feststellen zu können, behindert die Funktion jenes Enzyms, das das Testosteron in eine andere Form umwandelt, welche im besonderen und vorzugsweise das Wachstum der Prostata unterstützt. Einer mit Proscar durchgeführten Langzeitstudie zufolge entwickeln 5 bis 6 Prozent der damit behandelten Männer eine signifikante Verminderung ihres Sexualtriebes, 4,4 Prozent sind nur noch teilweise ejakulationsfähig, während 4 bis 5 Prozent ihre Erektionsfähigkeit verlieren. Wir vermuten jedoch, daß zukünftige klinische Erfahrungen mit diesem Medikament eine weit höhere sexuelle Dysfunktionshäufigkeit aufzeigen werden. Dennoch, als Alternative zur chirurgischen Behandlung, ist Proscar ganz sicher ein Weg, den man sich überlegen sollte.

Sex nach einem Herzanfall

In den Vereinigten Staaten werden Jahr für Jahr rund 1,24 Millionen Herzanfälle gemeldet (etwa 800 000 davon sind Erstinfarkte), wobei heute mehr Menschen als je zuvor diese Anfälle überleben. Eine der wichtigsten Fragen, die sich für jeden Menschen nach einem Infarkt stellt, ist, inwieweit sich der Herzfehler auf die unterschiedlichen Aktivitäten im Alltag auswirken wird, denen man zuvor eigentlich selbstverständlich nachgegangen ist. Bei vielen Infarktpatienten rangiert die Sorge, ob sich der Herzanfall auf ihr Sexualleben auswirken wird, ganz oben auf der Liste. Leider sind nur wenige Ärzte in diesem Zusammenhang wirklich informiert (beziehungsweise an dieser Art von persönlichen Beratung nicht wirklich interessiert), um ihren Patienten klare Richtlinien zu vermitteln. Viele Männer und Frauen (und deren Partner) sind nach dem Herzanfall bezüglich einer Wiederaufnahme ihrer sexuellen Aktivität sehr verunsichert, was häufig dazu führt, daß der Herzinfarktpatient in Ermangelung einer entsprechenden Aufklärung eine sexuelle Invalidität vermutet, die zu sexuellen Störungen oder zum Verzicht auf Sex führen kann, was aber keineswegs notwendig ist. In vielen Fällen kommt es zu dieser irrtümlichen Auffassung, weil die Betroffenen meinen: »Wenn der Arzt nicht darüber gesprochen hat, muß es ganz schön schlimm sein.«

Insbesondere bei Männern kommt es nach einem Herzinfarkt sehr häufig zu sexuellen Störungen. Mehrere Studien haben ergeben, daß 25 bis 45 Prozent der Männer in den Monaten nach dem Infarkt impotent werden, während 30 bis 70 Prozent ein Verhaltensmuster entwickeln, das sie wegen ihrer Selbstzweifel und der Besorgnis um ihr Herz jede sexuelle Aktivität vermeiden läßt. Erwähnenswert ist der Umstand, daß viele Männer, auch wenn sie sich erfolgreich von ihrem Herzinfarkt erholt haben, weniger häufig Geschlechtsverkehr haben und daß solche Männer, die nach einem Herzinfarkt ihren sexuellen Aktivitäten mit derselben Intensität nachgehen wie vorher, in der Tat eine Minderheit darstellen. Diese Tendenz mag als Beschleunigung der männlichen, mit dem Alter in Verbindung stehenden rückläufigen Sexualität verstanden werden, wenn man davon ausgeht, daß sich der Mann infolge des Herzanfalls physisch älter fühlt und auch älter »denkt«, aber es spielen noch andere Faktoren mit.

Natürlich finden Herzanfälle in keinem Vakuum statt, und es müssen bereits vor dem Infarkt medizinische Faktoren gegeben gewesen sein (und das Risiko eines Herzanfalls sogar erhöhten), die nun die sexuelle Funktionstüchtigkeit behindern können. Beispiele dafür wären Diabetes, ein hoher Blutdruck, Alkoholismus, Fettleibigkeit oder eine Verkalkung der Arterien (Arteriosklerose). Ferner können nach dem Herzanfall Komplikationen wie Angina pectoris (starke Schmerzen in der Brust), Herzversagen infolge eines Blutstaus oder Herzrhythmusstörungen auftreten und die sexuelle Funktion erschweren. Bei solchen Fällen oder anderen Beispielen komplizierter Herzinfarkte müssen Ratschläge bezüglich einer sexuellen Rehabilitation auf die jeweilige Krankengeschichte eines Menschen abgestimmt sein; dazu gehören die Berücksichtigung der Medikamente, die regelmäßig eingenommen werden, die zumutbare körperliche Anstrengung sowie die funktionelle Herz-Lungen-Kapazität.

Zu diesen medizinischen Faktoren gesellen sich psychologische, die für eine erfolgreiche Genesung von einem Herzinfarkt und die anschließende Rehabilitation ebenfalls eine sehr wichtige Rolle spielen. Für die meisten Männer bedeutet der erste Herzinfarkt nicht nur unmittelbare Lebensgefahr, sondern auch die Auseinandersetzung mit einer unangenehmen und vor allem unerwarteten Realität – die vom High-Tech-Umfeld einer modernen Herzstation noch zusätzlich dramatisiert wird. Doch sobald die ersten Stunden vergangen sind und die Schmerzen in der Brust mit Hilfe von Medikamenten gelindert wurden, realisiert er zunächst, daß er höchstwahrscheinlich überleben wird, aber auch, daß er ernsthaft darüber nachdenken muß, wie der Infarkt sein Leben verändern wird. Besonders häufig sind Gedanken über die Arbeit (»Wann kann ich wieder arbeiten?« – »Muß ich mir eine andere Arbeit suchen oder nur meine Arbeitsgewohnheiten ändern?«) und über das Sexualleben (»Wird mir der Arzt sagen, daß ich von nun an sexuell enthaltsam leben muß?« – »Wenn ich weiterhin Sex haben darf, werde ich dann überhaupt dazu fähig sein?«) Befürchtungen, daß der Herzinfarkt der sexuellen Aktivität wesentliche Einschränkungen abfordern wird, gehen vielen Männern durch den Kopf, während sie im Krankenhaus liegen, und tragen wahrscheinlich erheblich zu der Depression bei, unter der Herzpatienten in diesem besonderen Stadium üblicherweise leiden. Ein Grund für diese Depression (die sich zu dem Gefühl von Hilflosigkeit gesellt, vor allem wenn jemand zum ersten Mal in seinem Leben im Krankenhaus liegt) ist eine irrtümliche Auffassung dessen, wie sich das Leben durch den Herzinfarkt verändern wird. Die Depression ist zum Teil Ausdruck der Trauer um den Verlust von Gesundheit und Vitalität, die ein Herzinfarktpatient mit besonderer Vehemenz verspürt.

Herzpatienten und deren Partner bringen ihre Besorgnis um die sexuelle Funktionstüchtigkeit immer wieder zur Sprache. Teilweise basiert diese Besorgnis nicht so sehr auf Fakten, sondern auf Mythen, und teilweise reflektiert sie die Übertreibungen nicht informierter (oder falsch informierter) Freunde. Generell läßt sich diese Besorgnis jedoch in die folgenden Kategorien einteilen:

1. Die Befürchtung, daß die durch den Geschlechtsverkehr verursachte Erregung und Anstrengung den sofortigen Tod auslösen können;

2. die Befürchtung, der Arzt könnte jegliche sexuelle Aktivität verbieten, oder daß Sex infolge des ärztlichen Rats keinen Spaß mehr macht (»Naja, Sie können schon Sex haben – *solange Sie sich dabei nicht bewegen. Sie wissen ja, Sie dürfen sich nicht überanstrengen. Der Motor will nicht mehr so recht.*«);

3. die Befürchtung, daß der Herzinfarkt zu sexuellen Dysfunktionen führt;

4. die Angst vor einem weiteren Herzinfarkt aufgrund der sexuellen Erregung und der Orgasmusintensität.

In Anbetracht solch massiver Ängste ist es eigentlich nicht verwunderlich, daß eine relativ hohe Anzahl von Menschen während der Rehabilitation eine Zeit lang auf Sex verzichten beziehungsweise auf Schwierigkeiten stoßen, sobald sie versuchen, erneut ein aktives und befriedigendes Sexleben aufzunehmen.

Diesen weitverbreiteten Ängsten und Befürchtungen begegnet man am besten mit Fakten. Zunächst sollte jeder Herzinfarktpatient wissen, daß ein plötzlicher Tod infolge sexueller Überanstrengung äußerst selten ist. Trotz gelegentlicher Sensationsberichte in der Presse gibt es keinerlei Beweise, daß ehelicher Sex (beziehungsweise Sex mit einem langjährigen Partner) lebensgefährlich ist, es sei denn, Sie versuchen es beim Autofahren. Die einzige Studie, die sich mit dem Zusammenhang zwischen plötzlichem Tod und Geschlechtsverkehr befaßte, ergab vielmehr eine sehr niedrige Sterblichkeitsrate (0,6 Prozent aller plötzlichen Tode), wohingegen die bei weitem höchste Sterblichkeitsrate bei außerehelichem Sex festgestellt wurde, wobei das wohl mehr über die Kombination von Sex und Alkohol aussagt als über die Anstrengung, die ein Koitus dem Herzen abverlangt.

Die wesentliche Aussage bezüglich der physiologischen Belastung, der das Herz eines Infarktpatienten durch sexuelle Aktivität ausgesetzt ist, ist folgende: Die unter genauer elektrokardiographischer Überwachung durchgeführten Studien haben ergeben, daß die Herzbelastung durch sexuelle Aktivität der Anstrengung entspricht, derer es bedarf, um zwei Treppen hochzusteigen oder einmal um den Block zu laufen. (Natürlich gibt es auch hier Ausnahmen, insbesondere wenn ein Fall durch andere Gesundheitsprobleme oder durch wiederkehrende Herzrhythmusstörungen infolge körperlicher Anstrengung erschwert wird.) Demnach kann jemand, der in der Lage ist, zwei Treppen hochzusteigen, ohne ein Stechen in der Brust oder Atemnot zu verspüren, einigermaßen darauf vertrauen, daß die körperliche Anstrengung eines Geschlechtsverkehrs für das Herz keine übermäßige Belastung darstellt. Es bedeutet aber auch, daß jemand, der in einigermaßen guter körperlicher Verfassung ist, viel rascher imstande sein wird, ein sexuell aktives Leben wiederaufzunehmen, als jemand, der übergewichtig und in einer schlechten körperlichen Verfassung ist. Tatsächlich kann die Teilnahme an einem postkoronaren Rehabilitationsprogramm, das regelmäßige Gymnastik und eine vernünftige Ernährung beinhaltet, für die anschließende sexuelle Funktionsfähigkeit sehr hilfreich sein.

Einige wenige Vorsichtsmaßnahmen sind natürlich angebracht. Es gibt viele verschiedene Möglichkeiten, sexuell aktiv zu sein – ähnlich wie bei jeder anderen körperlichen Aktivität –, wobei Tempo und körperliche Anstrengung stark variieren können. Nach einem Herzinfarkt ist es sicher vernünftig, zunächst sehr anstrengende Koitalpositionen und sexuelle Marathonläufe zu vermeiden. Für viele Männer ist es nach dem Herzinfarkt auch ratsam, den Koitus zunächst in der »Frau-oben-Position« zu praktizieren, da sie sich auf diese Weise nicht der zusätzlichen Belastung aussetzen müssen, ihr eigenes Gewicht mit den Armen abstützen zu müssen (was Liegestützen sehr nahe kommt). (Wenn die Frau jedoch sehr schwer ist, kann die »Seite-an-Seite-Position« weniger anstrengend sein.) Ebenso ist es ratsam, wenn das Paar zunächst mit weniger anstrengenden, langsamen Sexspielen (einschließlich des Geschlechtsverkehrs) experimentiert, um sicherzugehen, daß die körperliche Anforderung erträglich ist, bevor es den Versuch macht, Tempo und Rhythmus des Geschlechtsverkehrs zu steigern, da mit einer erhöhten Anstrengung natürlich auch der Herzschlag beschleunigt und somit eine größere Belastung auf das Herz ausgeübt wird.

Einige einfache und praktische Richtlinien sollten ebenfalls befolgt werden, um Probleme weitestgehend zu vermeiden. Zum Beispiel sollte jemand, der sich von einem Herzinfarkt erholt, nach dem Essen oder Trinken zumindest eine Stunde lang keinen Sexualverkehr haben, da der Blutfluß nach einer Mahlzeit eine Zeitlang zum Magen- und Darmbereich umgeleitet wird. Weiters sollte jeder Herzkranke darauf verzichten, Sex mit Alkohol zu kombinieren, da Alkohol (auch in geringen Mengen) die Pumpeffizienz des Herzens verringert. Und sollten während des Geschlechtsverkehrs Symptome wie Stechen in der Brust, Beklommenheit im Brustbereich oder Atemnot auftreten, verlangsamen oder brechen Sie den Verkehr ab, da Ihr Körper auf diese Weise ein Warnsignal auslöst, das nicht ignoriert werden sollte. Sollte das Symptom trotz Verlangsamung Ihres Tempos spürbar bleiben, unterlassen Sie jede Aktivität und verständigen Sie Ihren Arzt.

Wenn während des Geschlechtsverkehrs wiederholt Schmerzen in der Brust spürbar werden, ist es möglich, dieses Problem durch die Einnahme von langwirkenden Nitro-Präparaten oder sogenannten Beta-Blockern zu beheben. Allerdings können diese Medikamente, insbesondere wenn sie in hoher Dosierung eingenommen werden, die Erektionsfähigkeit beeinträchtigen.

Noch ein Aspekt sollte in diesem Zusammenhang kurz erwähnt werden: die Rolle des Partners. Ein Partner, der übertrieben besorgt ist, der Herzinfarkt könne sich infolge zu hoher Anstrengung wiederholen, und der generell versucht, bei allem übertrieben vorsichtig zu sein, kann sich für die Wiederaufnahme einer liebevollen Sexualbeziehung als Hindernis entpuppen. Dafür zu sorgen, daß der Partner in die Gespräche über sämtliche Aspekte des Genesungsprozesses mit einbezogen wird und selbst Fragen stellen kann, wie die Sexualaktivität wieder aufgenommen werden soll, ist eine Möglichkeit, das zu verhindern. Wir haben außerdem festgestellt, daß es besonders beruhigend sein kann, den Partner zusehen zu lassen, wenn der Herzinfarktpatient eine elektrokardiographisch überwachte Belastungsprüfung (etwa auf einer Tretmühle oder einem Zimmerfahrrad) durchführt, da es ihm zeigt, daß das Herz genügend Reserven hat, um den vergleichsweise bescheidenen Ansprüchen des Geschlechtsverkehrs unbeschadet standzuhalten.

Diabetes mellitus

In den USA leiden schätzungsweise 7 000 000 Menschen an Diabetes oder Zuckerkrankheit, bei der die Blutzuckersteuerung des Körpers nur mangelhaft erfolgt, weil entweder die Insulinproduktion der Bauchspeicheldrüse nicht ausreichend oder die biologische Wirksamkeit des Insulins reduziert ist oder aufgrund einer Kombination der beiden Faktoren. Obwohl nur 10 Prozent der Zuckerkranken eine Insulintherapie benötigen, sind buchstäblich alle Diabetiker für eine Reihe von Langzeitkomplikationen anfällig, so u. a. für Bluthochdruck, Herz- und Gefäßkrankheiten sowie Störungen der Seh- und Nierenfunktion. Sexuelle Dysfunktionen sind unter Diabetikern besonders häufig.

Erektionsstörungen betreffen etwa 50 Prozent der männlichen Diabetiker. Diese Störung kann in buchstäblich jedem Alter auftreten und ist mit ungefähr derselben Häufigkeit bei Männern feststellbar, die insulinabhängig sind, wie bei jenen, die es nicht sind.

Bei über 90 Prozent der Fälle setzen die Erektionsstörungen schrittweise ein und verlaufen dann typischerweise so, daß das gelegentliche Ausbleiben der Erektion binnen sechs bis zwölf Monaten in eine vollständige Impotenz übergeht. Dieser schrittweise Prozeß ist ferner dadurch gekennzeichnet, daß die Erektionsfähigkeit nicht plötzlich verlorengeht, sondern die Erektion zunächst an Steife einbüßt und von Mal zu Mal kürzer aufrecht erhalten werden kann. Viele Diabetiker klagen, daß die länger anhaltende und steifere Erektion, die sie früher gewöhnt waren, nur noch teilweise erfolgt. Ebenfalls charakteristisch für diabetische Männer ist der Umstand, daß ihr Sexualtrieb unverändert bleibt und ihre Ejakulationsfähigkeit auch dann nicht gestört ist, wenn ihre Erektionen nur noch relativ selten und mit langen Zeitabschnitten dazwischen eintreten. Die durch den Diabetes verursachte Erektionsstörung wirkt sich also für gewöhnlich nicht auf das Genitalempfinden aus.

Für die erektile Dysfunktion aufgrund von Diabetes gibt es zwei Hauptursachen: Die häufigste und 80 Prozent aller Diabetiker betreffende Dysfunktion ist eine noch kaum geklärte Komplikation namens diabetische Neuropathie, die in dieser Form eine mikroskopische Schädigung der die Erektion steuernden Nerven beinhaltet. Weniger häufig sind Anomalien in den Gefäßen, die den Penis mit Blut versorgen; sie sind die unmittelbare Ursache für die Impotenz diabetischer Männer, wobei der sexuell erregte

Penis nur unzureichend durchblutet und daher nicht genügend hydraulischer Druck erzeugt wird, um eine Erektion zu ermöglichen.

Wichtig ist außerdem, daß die Impotenz eines Diabetikers nicht notwendigerweise eine Folge des Diabetes sein muß. Daher sollte jeder Mann, der unter dieser Störung leidet, unbedingt eine gründliche medizinische und psychologische Auswertung durchführen lassen, um mögliche andere, die Erektionsstörung verursachende Faktoren zu identifizieren (z. B. Drogenmißbrauch, Depressionen, koexistente Gesundheitsprobleme).

Etwa 1 Prozent diabetischer Männer entwickeln eine retrograde Ejakulation, wobei die Samenflüssigkeit bei der Ejakulation nach rückwärts in die Blase geht. Bei Diabetikern ist das normalerweise die Folge einer diabetischen Neuropathie, die die Nerven der Harnblase befällt. Unserer Erfahrung nach ist eine retrograde Ejakulation keine wirklich fundierte Prognose für eine spätere diabetische Impotenz. Bei 30 Diabetikern mit retrograder Ejakulation im Alter zwischen 21 und 45 Jahren ging die Störung in 22 Fällen innerhalb von drei Jahren ab der ersten retrograden Ejakulation in eine vollständige Impotenz über.

Die Behandlung einer diabetischen Impotenz ist insofern problematisch, als es kein Mittel zur Heilung der diabetischen Neuropathie gibt. Wenn die Neuropathie besonders schwer ist, kann dem Diabetiker durch ein Penisimplantat zur Erektionsfähigkeit verholfen werden, allerdings ist das nicht jedermanns Sache. Wir haben festgestellt, daß Männer, bei denen sich kein unmittelbarer Beweis für eine Neuropathie finden ließ, sehr gut auf eine Sexualtherapie angesprochen haben.

Die Sexualprobleme diabetischer Frauen wurden im Vergleich zu männlichen Betroffenen weniger umfassend untersucht, weshalb hier auch weniger Klarheit herrscht. In einer ersten Studie wurde festgestellt, daß ungefähr ein Drittel der Diabetikerinnen an sekundärer Anorgasmie leidet, wobei sich dieser Zustand zumeist innerhalb von vier bis sechs Jahren, nachdem der Diabetes zum ersten Mal diagnostiziert wurde, schrittweise entwickelt. Obwohl dieser hohe Prozentsatz an Orgasmusstörungen durch andere Untersuchungen nicht bestätigt werden konnte, berichteten mehrere Studien von einer hohen Häufigkeit an unzureichender Vaginalfeuchte, und wieder andere stellten fest, daß Diabetikerinnen im Vergleich zu gleichaltrigen, nichtdiabetischen Kontrollgruppen häufiger Probleme mit ihrem Sexualtrieb haben.

Sexuelle Störungen bei Diabetikerinnen werden manchmal von chronischer Hefepilzinfektion im Vaginalbereich verstärkt, und es mutet logisch an, daß eine Neuropathie im Unterleib ebenfalls eine Rolle spielen dürfte. Letzteres bestätigt sich durch unsere Beobachtung, daß bei manchen Diabetikerinnen, die meinten, ihre Orgasmusfähigkeit verloren zu haben, die Ursache in der Intensität der sexuellen Stimulation begründet war: Bei den meisten dieser Frauen stellte sich heraus, daß der Einsatz eines Vibrators/Massagestabs während des Geschlechtsverkehrs oder der Masturbation (mit dem der sexuelle Stimulus konzentrierter und intensiver herbeigeführt werden kann als beim »gewöhnlichen« Sexualverkehr) sehr wohl zum Orgasmus führte. Die Erklärung dürfte darin liegen, daß aufgrund der Schäden an den Sinnesnerven im Unterleib eine »gewöhnliche« körperliche Stimulation nicht ausreicht, um die Frau an die Schwelle zum Orgasmus (also zum neurophysiologischen Auslösepunkt für den Orgasmusreflex) zu bringen, wohingegen die intensivere Stimulation diese Störung der sensorischen Effizienz überwindet.

Psychiatrische Erkrankungen

Affektstörungen

Affektstörungen sind durch eine anhaltende emotionale Störung gekennzeichnet, die in alle Lebensbereiche eines Menschen hineinreicht. Im allgemeinen handelt es sich bei diesen Störungen entweder um eine Depression, eine Euphorie (Manie) oder einen launenhaften Zustand, bei dem sich Depression und Euphorie abwechseln. Der zuletzt genannte Zustand, der traditionell unter dem Begriff manisch-depressiv bekannt ist, wird heute auch bipolare Störung genannt (um die Stimmungsschwankungen zwischen zwei Extremen hervorzuheben). Eine Depression ohne begleitende manische Schübe wird als unipolare Störung bezeichnet.

Laut der *American Psychiatric Association* sind die zentralen Merkmale einer Depression eine deprimierte Stimmung (manchmal auch mit Traurigkeit, Hoffnungslosigkeit oder Verzweiflung beschrieben) und/oder die Unmöglichkeit, sich an den alltäglichen Aktivitäten anderer zu erfreuen oder sich dafür zu interessieren. Die typischsten Symptome sind Appetitlosigkeit, Gewichtsverlust, Schlafstörungen, Energielosigkeit, das Gefühl, nichts wert zu sein, übertriebene oder grundlose Schuldgefühle, Denk- und Konzentrationsschwierigkeiten sowie wiederholt der Gedanke an Tod oder Selbstmord.

Die zentralen Merkmale für den manischen Zustand sind eine unangebrachte und anhaltende Euphorie, Hyperaktivität und »gedankliche Höhenflüge« – also plötzliche, häufig chaotische Gedankensprünge. Ein Mensch, der einem ungezügelten manischen Schub ausgesetzt ist, fällt auch durch eine veränderte Sprechweise auf; er wechselt von seiner natürlichen Sprechweise in eine rasche, beinahe überstürzte Art zu reden, macht Wortspiele und Witze, spricht in Reimen und benutzt eine übertrieben

dramatische Ausdrucksweise. Normalerweise ist das Schlafbedürfnis reduziert, wobei vordergründig eine enorme Rastlosigkeit auffällt – manische
Menschen können nicht stillsitzen oder zuhören, ohne den anderen zu
unterbrechen. Dabei unterliegen sie einem erhabenen Selbstvertrauen und
meinen, andere über Dinge aufklären zu müssen, über die sie besonders gut
Bescheid zu wissen glauben – etwa, wie der Weltfriede zu schaffen oder wie
ein Hotel von internationalem Rang zu führen sei. Zugleich nehmen
manische Menschen häufig ehrgeizige, ihnen jedoch völlig unvertraute
Projekte in Angriff, die sie ebenso rasch wieder aufgeben. Zum Beispiel
kündigen sie in einem Moment an, einen Roman schreiben zu wollen, im
nächsten rufen sie einen Bekannten an, um ihm mitzuteilen, daß sie ein
System erfunden hätten, wie der Börsenmarkt zu knacken sei, und im
dritten behaupten sie, als PR-Manager für ein Elton-John-Konzert enga-
giert worden zu sein. Bezeichnend für diese Schübe sind die hochtrabende
Art, die Impulsivität und die Desorganisiertheit; diese Eigenschaften wirken auch in andere Verhaltensbereiche hinein, wobei der/die Betroffene
plötzlich Unmengen einkaufen, wie verrückt Auto fahren oder von einem
Moment auf den anderen seinen/ihren Arbeitsplatz kündigen kann.

Affektstörungen gehören zu den weitestverbreiteten psychiatrischen
Krankheiten, wobei aus den meisten Studien hervorgeht, daß Frauen davon
eher betroffen sind als Männer. In den USA wird der Anteil der erwachsenen Bevölkerung, der gegenwärtig unter Affektstörungen leidet, auf rund
5 Prozent geschätzt. Das Risiko, einmal im Leben von einer Affektstörung
betroffen zu sein, wird bei Männern auf 12 Prozent und bei Frauen auf 20
Prozent geschätzt. Manische Schübe treten weit seltener auf als Depressionen, doch beide Zustände kehren in der Regel wieder. Rund 70 Prozent
aller Menschen, die einmal unter starken Depressionen gelitten haben,
werden zumindest ein weiteres Mal in ihrem Leben von depressiven Schüben erfaßt, während rund 12 Prozent in der Folge unter manischen Schüben
leiden.

Die sexuellen Auswirkungen einer Affektstörung sind unterschiedlich.
Deprimierte Menschen verspüren zumeist eine deutliche Verminderung
ihres Sexualtriebes, jedoch zeigt sich nur in einem knappen Drittel dieser
Fälle eine eindeutige sexuelle Dysfunktion. Eine chronische Depression
wird üblicherweise von einem eingeschränkten Sexualtrieb begleitet, wobei
in vielen Fällen die Fähigkeit, sich sexuellen Phantasien hinzugeben, verlorengeht. Wie wir bereits in einem anderen Buch bemerkt haben,

... besteht ein übliches Symptom darin, daß der unter Depressionen leidende
Patient praktisch keine sexuellen Phantasien hat und sich über Sex keine
Gedanken macht; ebenfalls üblich ist ein signifikanter Rückgang im einleiten-
den sexuellen Verhalten, wenngleich die sexuelle Reaktivität eines deprimierten

Menschen eher weniger betroffen ist. Die Mechanismen der sexuellen Erregung (die Erektionsfähigkeit beim Mann und die Vaginalfeuchte der Frau) sind in der Regel intakt, jedoch ist häufig die Wahrnehmung der sexuellen Erregung negativ betroffen.

Sollte infolge einer Depression eine echte sexuelle Dysfunktion gegeben sein, sind zuweilen andere Probleme dafür ausschlaggebend. Ein 42jähriger Mann, der unter Depressionen litt, zog sich zum Beispiel von buchstäblich jedem sozialen Austausch mit seiner Frau zurück und bestand sogar darauf, seine Mahlzeiten alleine einzunehmen. Monate später stellte sich heraus, daß diese selbstauferlegte soziale Isolation Teil seiner Reaktion darauf war, daß er sich aufgrund von Erektionsstörungen schuldig fühlte, die jedoch bereits vorher als Teil seiner depressiven Symptome aufgetreten waren. Da sich die Depression eines Partners klarerweise auf viele Aspekte des Zusammenlebens eines Paares auswirkt, darf es nicht verwundern, wenn sie auch das Intimleben beeinträchtigt.

In seltenen Fällen kann die Depression der Auslöser für ein ungewöhnliches Sexualverhalten sein, etwa für Inzucht, Pädophilie oder Exhibitionismus. Und manchmal kann es geschehen, daß ein unter Depressionen leidender Mensch Affären hat, um sowohl die eigene Stimmungslage als auch die sexuelle Leistungsfähigkeit zu stimulieren.

Das sexuelle Verhalten im Verlauf eines manischen Schubs wird von einer Reihe von anderen Merkmalen gekennzeichnet, wobei die Impulsivität im Vordergrund steht. Während eines manischen Schubs (der zumeist Wochen oder Monate anhalten kann), ist Hypersexualität ein häufiges Merkmal. Übliche soziale und sexuelle Hemmschwellen können gelockert oder überhaupt aufgehoben sein, wobei sowohl männliche als auch weibliche Maniker plötzlich (und für sie untypisch) zahlreiche Sexpartner, einschließlich ihnen völlig unbekannter Menschen, haben, wie aus den folgenden, in verkürzter Version dargestellten Fallstudien hervorgeht:

Fall 1: Eine 28jährige verheiratete Frau, von Beruf Buchhalterin, die bereits mehrmals aufgrund sowohl manischer als auch depressiver Schübe, unter denen sie seit ihren frühen Zwanzigern sporadisch litt, in psychiatrischer stationärer Behandlung war, rief eines Tages völlig unvermutet ihren Mann von der Arbeit aus an, um ihm mitzuteilen, daß sie soeben das gemeinsame Konto aufgelöst habe und auf dem Weg nach Kalifornien sei, um Freunde zu besuchen. Nachdem sie von Boston nach Los Angeles geflogen war, bestieg sie plötzlich ein Flugzeug nach Las Vegas. Sie blieb vier Tage und sprach an der Hotelbar sieben verschiedene Männer an, mit denen sie auch schlief; die letzten beiden Männer erklärten sich mit einer sexuellen Ménage à trois einverstanden, nachdem sie hartnäckig darauf bestanden hatte.

Fall 2: Der 43jährige Priester einer presbyterianischen Kirche, der von seiner

Gemeinde aufgrund seines Engagements hochangesehen war, begann plötzlich und aus unerklärlichen Gründen, Prostituierte zu frequentieren und in einem »verrufenen« Viertel der Stadt zur Mittagszeit in Bars mit Oben-ohne-Bedienung zu gehen. Dort kletterte er manchmal auf die Bühne, um mit den Mädchen zu tanzen und ihre Brüste zu lecken. Trotz seiner Stellung in der Gemeinde (oder vielleicht gerade deshalb) dauerte es jedoch fast zwei Monate, bevor seine Manie diagnostiziert wurde, da sein Hausarzt irrtümlich annahm, sein Verhalten sei Teil einer »midlife crisis«.

Fall 3: Eine 37jährige Psychologieprofessorin wurde zum Psychiater gebracht, nachdem sie sich während einer Professorenkonferenz plötzlich die Kleider vom Leib gerissen und zu masturbieren begonnen hatte. Der Psychiater kam dahinter, daß sie bereits seit Wochen alle Termine abgesagt und 25 000 Dollar, die sie für ein Forschungsstipendium erhalten hatte, mit beiden Händen zum Fenster hinausgeworfen hatte. Die Manie wurde dann rasch diagnostiziert.

Manische Patienten, die in ein Krankenhaus eingewiesen werden, stören die psychiatrische Abteilung häufig durch ähnliche Demonstrationen einer übertrieben extrovertierten und unangebrachten Sexualität beziehungsweise durch sexuelle Annäherungsversuche an sowohl Krankenhauspersonal als auch andere Patienten. Manche Maniker demonstrieren ihre Hypersexualität durch eine energische Suche nach sexuellen Partnern oder durch ein permanent verführerisches Verhalten beziehungsweise durch ihre plötzliche Bereitschaft für nie zuvor erprobte sexuelle Praktiken wie etwa Bisexualität, Homosexualität oder Gruppensex.

Manie wird häufig mit einem Medikament namens Lithiumcarbonat behandelt. Obwohl es normalerweise den manischen Schub wirksam kontrolliert und Rückfälle verhindert, verursacht Lithium bei manchen Männern Sexualstörungen, einschließlich erektiler Schwierigkeiten und eines verminderten sexuellen Verlangens. Diese Wirkung dürfte darin begründet sein, daß Lithium den Testosteronspiegel im Blut verringert. Bei Frauen sind durch Lithium verursachte negative Auswirkungen auf die Sexualität weit weniger häufig, allerdings kann es in Kombination mit einem Beruhigungsmittel wie Librium oder Valium das sexuelle Verlangen drosseln und/oder Orgasmusschwierigkeiten hervorrufen.

Für die Behandlung von Depressionen gibt es eine Reihe unterschiedlicher Medikamente, die in vielen Fällen mit einer kognitiven Psychotherapie kombiniert werden. Antidepressiva können sich sowohl bei Männern als auch bei Frauen negativ auf die Sexualfunktion auswirken; de facto ist es aber so, daß dieses Problem nur bei einer Minderheit der Patienten festgestellt wird. (Bei Männern drückt sich die häufigste sexuelle Schwierigkeit in Form einer eingeschränkten Ejakulationsfähigkeit aus, bei Frauen in Form einer eingeschränkten Orgasmusfähigkeit.) Aus praktischer Sicht haben die sexuellen Auswirkungen von Antidepressiva insofern auch eine vorteilhafte Funktion, als sie eine symptomatische Verbesserung der Affektstörung bewirken und somit für gewöhnlich das Sexualinteresse eines Menschen auf das Niveau zurückbringen, auf dem es vor der Erkrankung war. Ferner kann in vielen Fällen davon ausgegangen werden, daß eine sexuelle Dysfunktion, die infolge einer Depression auftritt, mit dem Abklingen der Depression ebenfalls verschwindet.

Anorexia nervosa und Bulimie

Anorexia nervosa, die selbstauferlegte Magersucht, und *Bulimie*, eine durch Heißhunger und anschließendes Erbrechen gekennzeichnete Eßstörung, sind verwandte Krankheiten, die durch ein gestörtes Körperbild und eine an Besessenheit grenzende gedankliche Auseinandersetzung mit Nahrungsmitteln und Eßgewohnheiten gekennzeichnet sind. Beide Störungen treten charakteristischerweise unter Jugendlichen oder jungen Erwachsenen auf und betreffen Frauen häufiger als Männer. Es gibt jedoch immer mehr Hinweise, daß die Häufigkeit, mit der Anorexia und Bulimie in der Gesamtbevölkerung auftreten, in den letzten zwei Jahrzehnten eindeutig gestiegen ist. Bulimie scheint vor allem unter Studenten besonders akut zu sein, wobei mehrere Studien zu dem Schluß gelangt sind, daß schätzungsweise 10 Prozent der amerikanischen Studentinnen ein bulimisches Verhalten aufweisen, das sie anderen Mädchen nachmachen. Dieser Anstieg dürfte teilweise reflektieren, welche Betonung in unserer Kultur auf Schlankheit als ein Ausdrucksmittel von Attraktivität und persönlichem Selbstwertgefühl gelegt wird – nach dem Motto »dünn ist in«.

Wesentliche Merkmale der Anorexia nervosa sind:

1. fortschreitender Gewichtsverlust bis zu dem Punkt, an dem das Körpergewicht 15 Prozent unter dem nach Alter und Größe berechneten Mindestnormalgewicht liegt (oder es wird in einer Phase, in der der Körper noch wächst, kein Gewicht zugenommen);

2. Ekel vor Essen (paradoxerweise häufig von einer intensiven gedanklichen Beschäftigung mit der eigenen Ernährung begleitet);

3. eine stark ausgeprägte Furcht davor, zuzunehmen oder dick zu werden, auch wenn der oder die Betroffene bereits so dünn ist, daß er/sie nur noch aus Haut und Knochen besteht;

4. ein verzerrtes Körperbild, so daß sich jemand als »dick« empfindet, obwohl er/sie bereits völlig abgemagert ist;

5. das Ausbleiben der Monatsperiode bei Frauen. Die Störung ist zwar heilbar, verläuft jedoch manchmal tödlich und erfordert in vielen Fällen einen Krankenhausaufenthalt.

Obwohl die Ursache der Anorexia nicht bekannt ist, wird von vielen Experten der Standpunkt vertreten, sie sei eine Art Verweigerungshaltung, eine erwachsene Sexualität zu entwickeln. In den Anfängen der Psychoanalyse wurde die Theorie vertreten, magersüchtige Frauen verdrängten durch das Hungern den Wunsch nach einer Schwangerschaft; eine andere These begründete die phobische Nahrungsverweigerung als Reaktion auf sexuelle und soziale Spannungen, die durch die physischen Veränderungen während der Pubertät hervorgerufen würden.

Die magersüchtige Frau sorgt tatsächlich dafür, daß ihr Körper sexuell regrediert, indem sie die Nahrungsaufnahme mit äußerster Konsequenz einschränkt. Sie kann den Beginn ihrer Menarche verzögern (falls sie noch nicht zu menstruieren begonnen hat) oder die Menstruation durch starken Gewichtsverlust zum Stillstand bringen; dieser Effekt tritt ein, wenn die Produktion des luteinisierenden Hormons und des die Follikel stimulierenden Hormons unterdrückt wird. Durch Störung der Funktionstüchtigkeit ihrer Eierstöcke (die Östrogenbildung wird bei Anorexia im Grunde auf präpubertärem Niveau gehalten) kann die Magersüchtige oft die Entwicklung ihrer Brust verzögern oder dafür sorgen, daß die Brust auf eine Größe zurückgeht, die keine sexuelle Bedrohung darstellt. Ähnlich ist der Testosteronspiegel bei männlichen Magersüchtigen stark reduziert, wodurch die Entwicklung sekundärer Geschlechtsmerkmale wie Bartwuchs und Stimmbruch verzögert werden.

Magersüchtige Frauen haben ein nur sehr geringes oder gar kein Interesse an Sex; tatsächlich scheinen sie sich vielfach vor Sex zu fürchten. Die meisten von ihnen vermeiden Verabredungen, masturbieren nicht und haben kein Bedürfnis, ihre Jungfräulichkeit zu verlieren. Jugendliche, die unter Anorexia nervosa leiden, sind in der Regel schüchtern und zurückgezogen und wirken in ihrer sozialen Interaktion kindlich. In manchen Fällen geht der Entwicklung von Anorexia ein sexueller Mißbrauch oder eine Vergewaltigung voran. Auch unter verheirateten Magersüchtigen ist die Vermeidung von Sex üblich, und häufig werden sexuelle Dysfunktionen wie primäre Anorgasmie oder Vaginismus beobachtet.

Bulimie äußert sich durch anfallsartigen Heißhunger beziehungsweise das periodische Verschlingen großer Essensmengen in einem relativ kurzen Zeitraum (im allgemeinen in weniger als zwei Stunden) und anschließendem selbst herbeigeführtem Erbrechen oder dem Mißbrauch von Abführmitteln oder Diuretika. Die Anfälle, die normalerweise geplant sind, beinhalten zumeist das rasche Verschlingen solcher Speisen, die kalorienreich sind und einen hohen Zuckergehalt haben – zum Beispiel Speiseeis, Kuchen, Kekse, Schokolade –, und erfolgen insgesheim, wobei das Essen hinuntergeschlungen und kaum gekaut wird. Während eines solchen Anfalls fühlt sich die Bulimikerin außer Kontrolle und befürchtet, sie könne nicht mehr aufhören zu essen. Unmittelbar auf einen Anfall folgen häufig Depressionen und Selbstvorwürfe. Manchmal herrscht zwischen den einzelnen Anfällen ein anorexisches Ernährungsmuster; üblicherweise ist die Bulimikerin jedoch um ihr Gewicht besorgt, befolgt unterschiedliche Diätpläne und betreibt täglich Sport, um schlank zu bleiben.

Im Gegensatz zu Magersüchtigen sind Bulimiker in der Regel sozial extrovertiert und bereits in einem frühen Alter sexuell aktiv. Die Psychiaterin Domeena Renshaw hebt jedoch hervor, daß Bulimiker eine relativ hohe sexuelle Dysfunktionsrate aufweisen sowie ein gehemmtes sexuelles Verlangen. Renshaw verweist ferner darauf, daß viele Bulimiker unter Schuldgefühlen leiden, wenn sie masturbieren, was aus ihrer Sicht »eine verblüffende Ähnlichkeit mit ihrem Ernährungszyklus aufweist, in dem auf einen Anfall Schuldgefühle und der Wunsch nach Sühne folgen«. Andererseits gibt es Bulimikerinnen, die ein sehr befriedigendes Sexualleben führen, weshalb es falsch wäre, anzunehmen, daß jede Bulimikerin automatisch sexuell gestört ist.

Sex und Drogen

Narkotika

Die Abhängigkeit von stark suchtbildenden Drogen wie Heroin wird bei beiden Geschlechtern mit einer ganzen Reihe von sexuellen Problemen in Verbindung gebracht, obwohl dies nicht nur auf die unmittelbare Wirkung der Droge selbst zurückgeführt werden kann, sondern auch auf eine Reihe von Faktoren, die bereits vor der Drogensucht akut waren, etwa Probleme psychologischer Natur oder Intimitäts- und Beziehungsschwierigkeiten.

Das Ausmaß dieser sexuellen Störungen läßt sich anhand der folgenden Statistiken verdeutlichen. In einer Studie über heroinsüchtige Männer stellte sich heraus, daß 63 Prozent ein nur geringes Sexualinteresse aufwiesen, 53 Prozent impotent waren und 79 Prozent eine verzögerte Ejakulation hatten. Eine andere Studie ergab, daß das Sexualinteresse bei 100 Prozent der untersuchten männlichen Heroinsüchtigen und bei 96,5 Prozent der männlichen Methadonsüchtigen unterdrückt war und beide Gruppen sehr häufig unter Potenzproblemen und Ejakulationsstörungen litten. Bei den weiblichen Süchtigen wurden ähnliche Auswirkungen beobachtet. Einer Studie zufolge wiesen 60 Prozent der süchtigen Frauen ein nur geringes Sexualinteresse auf, während in einer anderen Studie bei 27 Prozent der weiblichen Süchtigen Orgasmusschwäche und bei 57 Prozent ein geringes Sexualinteresse verzeichnet wurde.

Diese hohen Prozentsätze sexueller Dysfunktion reflektieren zum Teil die hormonelle Auswirkung der Narkotika, wenn sie über einen längeren Zeitraum in hoher Dosierung konsumiert werden: Narkotika unterdrükken die Testosteronbildung und reduzieren ferner den LH-Ausstoß der Hypophyse. Allerdings dürften auch andere mit einer Sucht einhergehende Gesundheitsprobleme wie Hepatitis B sowie eine schlechte Ernährung zu den genannten Sexualstörungen beitragen. Außerdem nehmen viele Süchtige auch andere Drogen und Alkohol zu sich (insbesondere wenn sie kein Heroin beschaffen können), wobei diese pharmakologische Kombination sogar noch schwerwiegendere sexuelle Störungen bewirken kann.

Hinzu gesellt sich ein praktischer Aspekt: Je stärker die Sucht ist, umso mehr ist der Süchtige damit beschäftigt, sich seinen nächsten »Schuß« zu verschaffen. Weiters verfällt der Süchtige, sobald der anfängliche »Rush« nachläßt, der unmittelbar auf den Schuß folgt, in einen Dämmerzustand, der eine ganze Weile anhält. Für die Aufnahme oder Beibehaltung intimer Beziehungen bleibt ihm dann verständlicherweise nicht mehr viel Zeit, auch wenn die sexuelle Funktion noch relativ intakt ist. Das Sexualleben der Drogensüchtigen ist jedoch weit komplizierter, als diese Fakten andeuten mögen. In einer Arbeit mit dem aussagekräftigen Titel »Wenn Drogen ins Spiel kommen, fliegt die Liebe zum Fenster hinaus« wird der typische Drogen-Teufelskreis folgendermaßen beschrieben: Süchtige sind häufig mit anderen Süchtigen zusammen. In solchen Beziehungen verfügt der männliche Partner vielfach über ein nur geringes Sexualinteresse und ist aufgrund unterschiedlicher drogenbedingter Dysfunktionen sexuell beeinträchtigt, während die Frau meint, daß die Wirkung des Heroin-Schusses weit intensiver und unendlich angenehmer sei als jeder Orgasmus. (Außerdem verlieren Frauen, die mit einem Drogensüchtigen zusammen sind, oft die Geduld, weil ihr Partner viel zu lange braucht, um zu ejakulieren. Die Wirkung, die ein Schuß hat, erfolgt rascher, ist leichter zu kriegen und zuverlässiger.) In solchen Beziehungen macht sich keiner der beiden wirklich Gedanken über den stetig abnehmenden sexuellen Austausch, teils weil das Sexualinteresse beider eher niedrig ist, teils weil die Frau oft in die Prostitution gezwungen wird, um die finanziellen Mittel für beider Drogensucht zu beschaffen. Eine ehemals Drogensüchtige formuliert das so: »Während der drei Jahre, in denen ich an der Nadel hing, war Sex nichts anderes als Geldbeschaffung. Ich verspürte buchstäblich keine sexuellen Empfindungen und war an Sex überhaupt nicht interessiert. Tatsächlich war ich an überhaupt nichts wirklich interessiert außer an der Befriedigung meiner Sucht.«

Kokain

Kokain stand jahrelang in dem Ruf, ein Aphrodisiakum zu sein und sexualstimulierend zu wirken. In Wirklichkeit ist es jedoch so, daß die Auswirkungen der Droge auf die Sexualität viel komplexer sind. Wie bei jeder anderen Droge auch sind Häufigkeit des Mißbrauchs und die Art und Weise, wie die Droge konsumiert wird, entscheidend für ihre pharmakologische Wirkung; hinzu gesellt sich die Erwartungshaltung des Kokainkonsumenten, wie er/sie ein so subjektives Erlebnis wie Sex wahrnimmt. Erste Studien mit erfahrenen Drogenkonsumenten ergaben, daß Kokain aufgrund seiner vorgeblichen sexualstimulierenden Wirkung eindeutig vor allen anderen illegalen Drogen bevorzugt wurde. Gelegentlicher Kokainmißbrauch führte nach Aussage der Befragten zu einem spürbaren Anstieg des sexuellen Verlangens (einigen Benutzern zufolge hätte es ihre Lust auf Sex voll auf Touren gebracht), einer generellen Intensivierung der sexuellen Empfindung sowie einer Orgasmusverzögerung bei Männern, wodurch Rekordzahlen von Sexualakten möglich würden. Manche Männer gaben an, durch das vorübergehende, jedoch starke Gefühl von Macht und Unbesiegbarkeit, das die Droge vermittelt, eindeutig sexuell stimuliert worden zu sein; aus Interviews mit Paaren, die die Droge gemeinsam nahmen, läßt sich jedoch schließen, daß dies wohl eher eine Folge der individuellen Wahrnehmung sein dürfte als eines tatsächlich veränderten Sexualverhaltens. Aber wie das bei den meisten Drogen der Fall ist, berichtete jeder Kokainsüchtige etwas anderes. Andere Berichte lassen vermuten, daß Kokainmißbrauch bei beiden Geschlechtern eine begleitende sexuelle Dysfunktion verursacht. Siegel stellte zum Beispiel fest, daß von 23 chronischen Kokainkonsumenten 20 mit der Zeit jedes Interesse an Sex verloren und eine situationsbedingte Impotenz entwickelten. Eine andere Studie ergab, daß 62 Prozent der männlichen Kokainsüchtigen, die zudem auch schwere Trinker waren, ein nur sehr geringes sexuelles Verlangen verspürten und 52 Prozent unter Erektionsunfähigkeit litten. Robert Kodolny stellte in einer zehnjährigen Langzeitstudie, die die Verhaltensänderungen durch ständigen Kokainmißbrauch zum Inhalt hatte, fest, daß die sexuellen Störungen dann am offensichtlichsten waren, wenn Kokain in der sehr hochkonzentrierten Form namens »Crack« eingenommen wurde. 60 Prozent der 70 weiblichen Cracksüchtigen erwiesen sich als anorgasmisch, während 44 Prozent der Kokainkonsumentinnen, die die Droge mindestens dreimal wöchentlich »snifften«, und 28 Prozent der Gelegenheitskonsumentinnen (die Kokain weniger als einmal wöchentlich konsumierten) anorgasmisch waren. Unter den männlichen Cracksüchtigen berichteten 65 von 90 (72 Prozent) über wiederholte Erektionsunfähigkeit, während nur 8 Prozent der »gelegentlichen« Crack-Konsumenten dieses

Problem nannten. Die Ergebnisse bei Männern, die häufig Kokain (dreimal wöchentlich oder öfter), allerdings kein Crack konsumierten, ergaben sexuelle Dysfunktionsraten, die in der Mitte zwischen diesen beiden Extremen lagen, wobei 24 Prozent unter erheblichen Erektionsproblemen litten.

Ein Bericht (A. M. Washton, »Cocaine abuse and compulsive sexuality« in: *Medical Aspects of Human Sexuality*, 34, 1989) hob unter Berücksichtigung dieser Studien hervor:

> Irgendwann kommt der Punkt, an dem der chronische und hochdosierte Kokainkonsument sexuell dysfunktional wird (d. h. impotent oder anorgasmisch). Trotz der physischen Leistungsunfähigkeit befinden jedoch viele Süchtige, daß ihr sexuelles Empfinden und ihre sexuellen Phantasien durch den Kokaingenuß verstärkt würden, und sie legen weiterhin ein stark extrovertiertes sexuelles Verhalten an den Tag. An diesem Punkt angelangt, ist es aber zumeist so, daß die sexuelle Erregung und Stimulation eines Süchtigen auf eine rein mentale (psychologische) Erfahrung reduziert sind.

Da Crackmißbrauch häufig mit Prostitution einhergeht, um die Sucht zu finanzieren, haben weibliche Cracksüchtige oft mehrmals am Tag sexuellen Verkehr mit unterschiedlichen Partnern. Crackmißbrauch wird als einer der Gründe angeführt, warum die Übertragungshäufigkeit von Geschlechtskrankheiten in den letzten Jahren so stark angestiegen ist. Der Psychologe Arnold Washton behauptet ferner, daß eine Cracksucht bei vielen Menschen ein zwanghaftes sexuelles Verhalten hervorruft.

Marihuana

Entgegen der weitverbreiteten Meinung, Marihuana führe zu einer Steigerung der sexuellen Empfindungen und Leistungsfähigkeit, sind seine Auswirkungen auf die Sexualität sehr umstritten. Der Reiz dieser Droge geht tatsächlich zum großen Teil auf ihren Ruf zurück, ein Aphrodisiakum zu sein, beruht also in der Vorstellung, daß sie nicht nur zur Steigerung der sexuellen Gefühle beiträgt, sondern auch dabei hilft, jemanden sexuell geneigt zu stimmen (weshalb Marihuana gerade unter männlichen Teenagern als sehr begehrte Verführungshilfe begrüßt wird). Doch abgesehen von den unter Konsumenten kursierenden Mythen, gibt es keinen einzigen wissenschaftlichen Beweis, der die sexualstimulierende Wirkung von Marihuana bestätigen würde. Seine Hauptwirkung dürfte in Wirklichkeit darin bestehen, die Stimmung vor dem Konsum zu akzentuieren. Wenn jemand romantische Gefühle hegt, kann Marihuana tatsächlich ein erotisches Steigerungsmittel sein. Wenn jemand jedoch müde ist, wird er in der Regel nach dem Marihuanagenuß einschlafen. Viele Menschen, die Marihuana ausprobiert haben, gaben an, daß es sie in unkontrollierbares Kichern versetzt oder auf eine »starke« (und für sich allein erlebte) psychedelische Gedankenreise geschickt hat oder daß sie Sex wie im Zeitlupentempo erlebten.

Sporadischer Marihuanakonsum hat in der Regel keine nennenswerten sexuellen Nebenwirkungen, obwohl 10 bis 15 Prozent der weiblichen Konsumenten über Vaginaltrockenheit klagen, ein ähnliches Phänomen wie die Mundtrockenheit, von der die meisten Benutzer berichten. Dadurch kann der Geschlechtsverkehr schmerzhaft werden, es sei denn, man verwendet ein Gleitmittel. Die meisten Benutzer gaben jedoch an, die Droge trage zu einer Intensivierung ihrer sexuellen Erfahrungen bei. In Interviews mit über 1 000 Marihuanakonsumenten wurde diese Auffassung von mehr als 85 Prozent der Befragten bestätigt, wobei uns immer wieder gesagt wurde, daß es primär drei Mechanismen seien, die zu dieser erotischen Steigerung beitrügen:

1. der Sexualverkehr erfolge langsamer und halte länger an;
2. zwischen den Partnern herrsche eine größere Harmonie;
3. es komme zu einer gesteigerten Berührungsintensität am ganzen Körper (also nicht nur im Genitalbereich).

Eine Frau meinte: »Mein ganzer Körper war erotisiert; als mein Partner mein Gesicht berührte, fühlte sich das an, als stünde er in direkter Verbindung mit meiner Klitoris.«

Das Problem bei diesen Erfahrungsberichten besteht darin, daß der subjektive Eindruck der Benutzer nicht wirklich in Einklang mit einer Reihe von physiologischen Fakten steht. Es mag schon stimmen, daß sich zwei Menschen, die »high« sind, entspannter »fühlen« und sich beim Sex Zeit lassen, zugleich ist aber eindeutig erwiesen, daß jemand, der »high« ist, die Geschwindigkeit, mit der die Zeit vergeht, nicht mehr richtig beurteilt. Somit muß es gar nicht sein, daß das Liebesspiel länger anhält als sonst; es macht nur den *Anschein*, als täte es das. Darüber hinaus geben erfahrene Benutzer immer wieder an, daß beim Geschlechtsverkehr, bei dem ein Partner »high« ist und der andere nicht, asynchrone und unangenehme Erfahrungen gemacht würden. Somit wirkt Marihuana nur dann harmonisierend, wenn beide Partner unter seinem Einfluß stehen. Laborstudien haben zudem ergeben, daß Marihuana in nichtsexuellen Situationen die Berührungssensitivität nicht steigert *beziehungsweise* die Berührungswahrnehmungen sogar mindert (obwohl von den Konsumenten immer wieder behauptet wird, die Berührungssensitivität sei »besser«, wenn sie »high« sind). Summiert man all diese Fakten, liegt der Schluß nahe, daß die Erlebnisse im Kopf des Benutzers stattfinden – was nicht heißt, daß die Leute nicht tatsächlich das Erlebte »fühlen«; es hebt höchstens hervor, daß die Unterscheidung zwischen der tatsächlichen und der wahrgenommenen Wirkung problematisch ist.

Anders sieht die Situation bei langfristigem und starkem Marihuanakonsum aus. Beim Mann bewirkt er eine Senkung des Testosteronspiegels im Blut und eine Unterdrückung der Spermaproduktion, und bei Frauen kann die Funktion der Eierstöcke beeinträchtigt werden. (Diese Wirkungen verschwinden, sobald die Droge abgesetzt wird.) Beinahe ein Fünftel aller Männer, die über lange Zeit täglich Marihuana konsumieren, leidet unter Impotenz, wohingegen bei Frauen, die chronische Marihuanakonsumenten sind, keine sexuelle Dysfunktion festgestellt wurde.

Anabole Steroide

Anabole Steroide beziehungsweise aufbauende Steroidhormone sind eine synthetische Form des Testosterons, die entwickelt wurde, um die androgene Wirkung des Testosterons (die die männlichen Geschlechtsmerkmale hevorbringt) zu minimieren und zugleich seine anabolen (wachstumsfördernden) Eigenschaften zu unterstützen. Wenngleich dieses Hormon als Medikament für mehrere medizinische Anwendungsbereiche geeignet ist (z. B. zur Behandlung von Osteoporose, Endometriose, Brustkrebs und vereinzelten Formen der Anämie), gerieten anabole Steroide generell in einen zweifelhaften Ruf, weil sie trotz Verbots vor allem von Athleten eingenommen werden. Da die anabolischen Eigenschaften die Fähigkeit des Körpers steigern, Stickstoff, den wir aus den Proteinen der Ernährung gewinnen, in Muskelgewebe umzuwandeln, sind Anabolika unter Hochleistungssportlern besonders gefragt, vor allem wenn es sich um Sportarten (z. B. American Football, Gewichtheben, Leichtathletik) handelt, bei denen eine größere Muskelmasse als vorteilhaft gilt. Ob anabole Steroide tatsächlich kraft- oder geschwindigkeitssteigernd sind oder sonstwie zur Leistung eines Athleten beitragen oder ob die Leistungssteigerung nicht wirklich, sondern nur vermeintlich ist, ist bis heute nicht geklärt.

Das »dunkelste und bestgehütete Geheimnis unter Spitzensportlern«, als das anabole Steroide jahrelang behandelt wurden, geriet mit einem Mal in den Blickwinkel der weltweiten Aufmerksamkeit, als der kanadische Kurzstreckenläufer Ben Johnson, der 1988 Olympiasieger im Hundertmeterlauf geworden war, disqualifiziert wurde, nachdem er zugegeben hatte, im Training Anabolika genommen zu haben. Es sind jedoch nicht nur Weltklasse-Sportler, die Anabolika nehmen. Eine jüngste stichprobenartige Erfassung 46 staatlicher und privater Schulen im ganzen Land ergab, daß 6,6 Prozent der amerikanischen männlichen Schüler im Alter von 17 bis 18 Jahren Anabolika genommen hatten, von denen zwei Drittel bereits im Alter von 16 Jahren oder noch früher damit begonnen hatten. In einer anderen Untersuchung wurde festgestellt, daß an den amerikanischen Schulen sowohl Mädchen als auch Jungen im Abiturjahrgang gelegentlich zu Anabolika greifen; ein Prozent der Mädchen gab an, diese Medikamente im Zuge ihrer sportlichen Laufbahn an der Schule genommen zu haben. Unter den College-Athleten ist der Mißbrauch weit üblicher und riskanter, da häufig zwei oder mehr Anabolika gleichzeitig genommen werden.

Anabole Steroide haben eine Reihe von unerwünschten oder schädlichen Nebenwirkungen. Zumeist hängt die Schwere der ungünstigen Nebenwirkungen von der Häufigkeit der Einnahme und von der Dosierung beziehungsweise davon ab, ob mehrere Medikamente kombiniert werden. Viele Athleten, die sich ihre Anabolika am Schwarzmarkt besorgen, erhöhen die medizinisch übliche Dosis um das Zehn- bis Fünfzehnfache, wodurch die Häufigkeit schädlicher Nebenwirkungen weit höher ist, als würden die Steroide ausschließlich für medizinische Zwecke verwendet. Sowohl Männer als auch Frauen sind einem hohen Risiko ausgesetzt, Leberschäden davonzutragen (einschließlich chemisch herbeigeführter Hepatitis, Gelbsucht und Tumorbildung), ferner setzen sie sich der Gefahr eines hohen Blutdrucks sowie endokriner und reproduktiver Schäden aus. Bei Frauen sind die sichtbarsten Folgen Haarwuchs im Gesicht und am ganzen Körper, Ansätze zur Kahlköpfigkeit und eine Vergrößerung der Klitoris. Frauen neigen ferner zu menstruellen Unregelmäßigkeiten und blockierter oder nur sporadischer Ovulation. Bei Männern bewirken diese Medikamente in erster Linie einen starken Rückgang in der Testosteronzirkulation (die schwache androgene Wirkung reicht aus, um den Hypothalamus daran zu hindern, die hormonellen Signale für eine Testosteronproduktionssteigerung abzugeben) sowie eine Atrophie (Schrumpfung) der Hoden. Die Spermienproduktion wird bei längerem Gebrauch drastisch eingeschränkt, wobei die resultierende Sterilität manchmal irreversibel ist, auch wenn die Anabolika abgesetzt werden. Gynäkomastie (Wachstum der männlichen Brust) ist eine weitere übliche Begleiterscheinung.

Viele Männer, die Anabolika in hoher Dosierung einnehmen, entwickeln im Laufe der Zeit einen Verlust des sexuellen Verlangens und Erektionsstörungen – vermutlich aufgrund der herabgesetzten Testosteronproduktion –, jedoch neigen sie dazu, ihr mangelndes Sexualinteresse dem »Training« zuzuschreiben und sich der hormonellen Veränderungen nicht bewußt zu sein. Da sie an Sex nicht sonderlich interessiert sind, kann es manchmal Monate dauern, bevor ihnen auffällt, daß sie Erektionsschwierigkeiten haben.

Der Anabolikamißbrauch in hoher Dosierung hat auch potentielle psychologische Auswirkungen. Die vordergründigste ist eine gesteigerte Aggressivität, die auch als »Steroid-Rage« bekannt ist. Plötzliche Stimmungsschwankungen werden ebenfalls häufig festgestellt, wobei eine Studie bei 12 Prozent der Konsumenten psychotische Symptome feststellte. Es gibt auch Theorien, wonach die durch Anabolika hervorgerufenen Stimmungsschwankungen und aggressiven Schübe manchmal bei sexuellen Angriffen, die von männlichen Athleten begangen wurden, eine Rolle gespielt haben dürften, obwohl es sich dabei um ein komplexes Thema handelt, bei dem die Schuld nicht ausschließlich bei den Medikamenten gesucht werden sollte.

Schließlich herrscht ein erhöhtes Infektionsrisiko, da Anabolika zuweilen injiziert werden und bei dieser Art von Verabreichung häufig Spritzen und Injektionsnadeln gemeinsam benutzt werden und somit eine Ansteckungsgefahr mit Hepatitis und AIDS gegeben ist.

Die sexuellen Auswirkungen rezeptpflichtiger Medikamente

Viele vom Arzt verordnete Medikamente können sich störend auf die Sexualfunktion auswirken. Eine detaillierte Auseinandersetzung mit diesem Thema würde zwar den Rahmen dieses Kapitels sprengen, dennoch wollen wir einige der üblichsten Problemverursacher, und was man dagegen tun kann, kurz ansprechen.

An erster Stelle stehen Medikamente, die zur Blutdruckstabilisierung eingesetzt werden. Früher hatte buchstäblich jedes Medikament dieser Kategorie sexuelle Nebenwirkungen, wobei aber heute jene Medikamente, die diese Probleme am häufigsten verursachen, zum Glück nicht mehr im selben Ausmaß verabreicht werden wie früher. Vor 15 Jahren wurden zum Beispiel zur Behandlung von Bluthochdruck in erster Linie Alpha-Methyldopa-Präparate verschrieben, die eindeutige sexuelle Probleme hervorriefen. Wie bei vielen Medikamenten waren die Nebenwirkungen dosisbedingt: Ihr Auftreten wurde vor allem bei höherer Dosierung beobachtet. Bei einer Dosierung von weniger als 1 Gramm Methyldopa pro Tag wiesen zum Beispiel 10 bis 15 Prozent der Männer eine verminderte Libido und/oder Potenzprobleme auf, während bei einer nur geringfügig höheren Dosierung (1,0 bis 1,5 Gramm pro Tag) bereits 20 bis 25 Prozent der Männer und Frauen sexuelle Probleme hatten. (Bei Frauen kann die höhere Methyldopa-Dosierung eine orgasmische Dysfunktion sowie eine erschwerte sexuelle Erregbarkeit und eine verminderte Libido verursachen.) Ein anderes Beispiel ist ein Medikament namens Guanethidin, das bei vielen Männern den Samenerguß einschränkt oder blockiert. In milder Dosierung ist bei 50 bis 60 Prozent der Benutzer eine *Ejaculatio retardata* oder eine völlige Ejakulationsunfähigkeit zu beobachten, während weitere 15 Prozent Erektionsschwierigkeiten entwickeln. In hoher Dosierung leiden 85 Prozent der Männer unter einer nur eingeschränkten Ejakulationsfähigkeit. (Viele Männer empfinden diese Begleiterscheinung als so störend, daß sie das Medikament absetzen.)

Medikamente, die in die Kategorie der sogenannten Beta-Blocker fallen, unter anderem Propanolol, Atenolol, Metropolol, Nadolol und Timolol, werden durchwegs mit Erektionsschwierigkeiten in Zusammenhang gebracht, obwohl dieses Problem nur bei rund 8 bis 12 Prozent der Männer auftritt, es sei denn, das Medikament wird in hoher Dosis verabreicht. (Diese Medikamente werden nicht nur zur Stabilisierung des Blutdrucks, sondern beispielsweise auch bei Angina pectoris eingesetzt.) Interessanterweise galten diese Medikamente zum Zeitpunkt ihrer Einführung als sexuell unbedenklich, was sich aber im Laufe der Zeit als Irrtum erwiesen hat.

Diuretika, die auch als »Wassertabletten« bekannt sind, helfen dem Körper, sich überschüssiger Flüssigkeit zu entledigen. Sie können aber auch bei anderen Krankheiten eingesetzt werden, so zum Beispiel zur Behandlung des prämenstruellen Syndroms sowie gefäßbedingtem Herzversagen. Ferner werden sie häufig mit einem anderen blutdruckstabilisierenden Mittel kombiniert. Ob allein oder in Kombination mit anderen Medikamenten können sie sexuelle Begleiterscheinungen haben. Spironolacton hat in diesem Zusammenhang die stärksten Nebenwirkungen; es schränkt das sexuelle Verlangen ein und verursacht bei 20 bis 25 Prozent der männlichen Patienten Erektionsschwierigkeiten. Im Gegensatz zu anderen Diuretika verfügt Spironolacton über Wirkstoffe, die sich auf das Testosteron auswirken, wodurch eine seiner üblichen Begleiterscheinungen eine Vergrößerung der Brust beim Mann ist. Bei Frauen verursacht Spironolacton häufig Unregelmäßigkeiten im Monatszyklus, aber davon abgesehen hat es keine negative sexuelle Auswirkung. Die sorgfältige Untersuchung anderer Diuretika wie Chlorothiazid, Hydrochlorothiazid, Fuorosemid und Chlorthalidon hat ergeben, daß sie die Libido vermindern und zu Erektionsproblemen führen, obwohl diese Schwierigkeiten in der Regel weniger als 10 Prozent der Patienten betreffen, es sei denn, die Mittel werden in hoher Dosierung verabreicht.

Calzium-Kanalblocker wie Nifedipin und Norvasc wirken sich generell nicht so stark auf die Sexualfunktion aus, allerdings hat eine Studie ergeben, daß Norvasc bei 20 Prozent der Männer die Häufigkeit, mit der sie sexuell verkehrten, reduziert hat. Dieselbe Studie befaßte sich auch mit einem neuen Medikament, den sogenannten ACE-Hemmern, die bis dahin als sexuell relativ unbedenklich galten, und fand heraus, daß bei 16,3 Prozent der Männer die Libido vermindert war. ACE-Hemmer wie Enalapril oder

Captopril scheinen jedoch keine Erektionsschwierigkeiten zu verursachen. Die zweite, für sexuelle Nebenwirkungen hauptverantwortliche Medikamentengruppe sind die in der Psychiatrie eingesetzten Psychopharmaka. So werden fast alle Antidepressiva mit sexuellen Problemen in Verbindung gebracht. Dieser Bereich ist jedoch insofern verwirrend, als eine Depression, die unbehandelt bleibt, an sich zu Sexualstörungen führt – insbesondere zum Verlust des sexuellen Verlangens. Da aber ein Antidepressivum den meisten Patienten hilft, ihrer Affektstörung Herr zu werden, wirkt sich das auch auf ihr Sexualinteresse und ihre Sexualfunktion eher positiv aus. Dennoch ist bei Medikamenten wie Prozac (Fluctine), Nardil, Zoloft, Trazodon und Clomipramin die Wahrscheinlichkeit besonders hoch, daß Frauen eine orgasmische Dysfunktion und Männer eine eingeschränkte Ejakulation davontragen. Aufgrund dieser Nebenwirkung wird Prozac zum Beispiel auch als Therapeutikum bei vorzeitiger Ejakulation vorgeschlagen. Nach unserer Erfahrung verursachen Antidepressiva jedoch üblicherweise keine Erektionsstörungen.

Eine andere Medikamentenklasse, die in der Psychiatrie primär zur Behandlung von Psychosen eingesetzt werden, sind Phenotiazine und verwandte Substanzen. Sie wirken sich eher auf die Ejakulationsfähigkeit als auf die Erektion oder Libido aus. Diese Medikamente, zu denen auch Thioridazin, Trifluoperazin, Fluphenazin und Chlorpromazin gehören, können bei der Ejakulation Schmerzen verursachen. Bei Frauen können diese Medikamente den Orgasmus blockieren; es hat sich ferner herausgestellt, daß sie die sexuelle Erregung einschränken, weil sie die Vaginalfeuchte beeinträchtigen.

Es gibt noch andere rezeptpflichtige Medikamente, die sexuelle Probleme nach sich ziehen können. Cimetidin, ein Mittel zur Behandlung von Magengeschwüren, kann den Testosteronspiegel senken und die Spermienproduktion behindern. Bei rund 12 Prozent der Benutzer verursacht es Potenzprobleme. Antihistamine, die häufig gegen Heuschnupfen verschrieben werden und ein Austrocknen der Nasenschleimhäute bewirken, führen auch zu einem Austrocknen der Vagina. Ferner sind Medikamente, die zur Behandlung von Epilepsie verwendet werden (zum Beispiel Phenytoin und Phenobarbital), in manchen Fällen für eine sexuelle Dysfunktion und ein reduziertes sexuelles Verlangen bei beiden Geschlechtern verantwortlich, obwohl Uneinigkeit bezüglich des Auftretens dieser Probleme herrscht.

Wenn Sie die Behandlung mit einem neuen Medikament beginnen, sollten Sie Ihren Arzt bereits vorher wegen möglicher Nebenwirkungen auf die Sexualität ansprechen. Sollten Sie das Gefühl haben, Ihre sexuellen Reaktionen verändern sich während der ersten Behandlungswochen (oder nachdem Ihre Dosis erhöht wurde), sollten Sie sofort Ihren Arzt verständigen. Oft finden sich andere Medikamente, die diese Nebenwirkungen nicht haben, beziehungsweise kann dazu übergegangen werden, mehrere Medikamente zu kombinieren, wobei jedes niedriger dosiert wird. Leider sind viele Ärzte nicht entsprechend informiert, was diese pharmakologischen Zusammenhänge anbelangt. Außerdem wurden die meisten medizinischen Therapeutika kaum systematisch auf ihre sexuellen Aspekte hin erforscht, weshalb diese Informationen oft nur Spezialisten zugänglich sind.

Sie sollten zwar nie ein Medikament absetzen, weil Sie den Verdacht haben, daß es Ihr Sexualleben beeinträchtigt, da sich eine Unterbrechung der Behandlung als gefährlich erweisen kann, aber Sie haben das Recht, dieses Problem mit Ihrem Arzt zu besprechen und sich helfen zu lassen. Wenn das nicht möglich ist, sollten Sie sich an einen anderen Arzt wenden.

DREIZEHNTES KAPITEL
Sexuell übertragbare Krankheiten

Viele Menschen setzen sich mit dem Thema sexuell übertragbarer Krankheiten (STDs; aus dem Englischen: *sexually transmitted diseases*) nur ungern auseinander, weil sie befürchten, sich entweder durch viele Informationen durcharbeiten zu müssen, oder weil sie den belehrenden, predigenden Ton ablehnen, in dem es häufig behandelt wird. Wir haben uns um einen anderen Ansatz bemüht und das Thema nicht zu umfangreich, dafür aber von einem praktischen und informativen Blickwinkel aufbereitet, da sexuell übertragbare Krankheiten in unserer modernen Gesellschaft nicht zuletzt wegen ihrer Allgegenwart und ihrer Folgen ein wichtiges Thema sind.

Zunächst möchten wir aber noch auf zwei Punkte hinweisen, die wir für wesentlich erachten. Auch wenn wir sexuell übertragbare Krankheiten vom Standpunkt ihrer »klassischen« Symptomatik bei Frauen und Männern behandeln, ist es wie bei fast allen Krankheiten generell so, daß nicht jeder Fall gleich verläuft oder sich gleich »anfühlt«. Der Leser darf nicht davon ausgehen, nach der Lektüre dieses Kapitels ein unfehlbarer Diagnostiker zu sein. Die richtige Diagnose einer spezifischen Erkrankung ist Aufgabe eines qualifizierten Arztes, der bereits Hunderte ähnlicher Fälle erlebt hat (und somit über eine mentale Datenbank verfügt, die ihn für diese Aufgabe qualifiziert). Außerdem haben wir es unterlassen, in den Abschnitten, in denen die Behandlungsmöglichkeiten besprochen werden, die genaue medikamentöse Dosierung anzugeben, da wir der Ansicht sind, daß die optimale Dosierung jedem Fall angepaßt gehört und darüber hinaus auf den jüngsten Empfehlungen basieren sollte.

Gonorrhöe

Das Bakterium, das Gonorrhöe verursacht, wurde erstmals 1879 von Albert Neisser entdeckt und nach ihm benannt (*Neisseria gonorrhoeae* oder *Neißer-Diplokokkus*), die klinischen Manifestationen der Krankheit finden sich jedoch bereits in den Schriften der alten Griechen, Römer und Ägypter sowie im Alten Testament.

Die Gonorrhöe (auch »Tripper« genannt) wird fast ausschließlich durch sexuellen Kontakt übertragen. Frauen sind einem höheren Ansteckungsrisiko ausgesetzt als Männer, wobei eine Ansteckung sowohl von der Art des Kontakts als auch von der Häufigkeit, mit der man sich ihr aussetzt, abhängt. Das Ansteckungsrisiko eines Mannes nach einmaligem ungeschütztem Koitalkontakt mit einer infizierten Frau dürfte bei etwa 20 bis 25 Prozent liegen; nach vier, voneinander getrennten Geschlechtsverkehren steigt das Risiko auf 70 Prozent. Das Ansteckungsrisiko einer Frau nach einmaligem Geschlechtsverkehr mit einem gonorrhoischen Mann liegt bei etwa 50 Prozent; bei wiederholtem Verkehr steigt die Wahrscheinlichkeit einer Ansteckung auf etwa 80 bis 90 Prozent. Das unterschiedliche Risiko dürfte darauf zurückzuführen sein, daß die Frau einer höheren Anzahl infektiöser Bakterien ausgesetzt ist und daß infizierte Spermien in der Vagina zurückbehalten werden, wo sie sich bei der Zervix sammeln.

Bei Analverkehr ist das Übertragungsrisiko (sowohl unter Homosexuellen als auch Heterosexuellen) etwas höher, wenngleich es in diesem Zusammenhang keine zuverlässigen Daten gibt. Ebenso geht jemand, der einen gonorrhoischen Mann durch Fellatio sexuell befriedigt, ein sehr hohes Risiko ein, Gonorrhöe im Rachen zu entwickeln, hingegen ist das Übertragungsrisiko bei Cunnilingus gering.

In den USA wurden in den Jahren 1990 und 1991 gemäß den Angaben der CDCs (*Centers for Disease Control of Notifiable Diseases*; US-Behörde für Seuchenkontrolle) 700000 beziehungsweise 620000 Neuerkrankungen mit Gonorrhöe registriert, allerdings sind sich die Behörden einig, daß nicht einmal die Hälfte aller Fälle tatsächlich gemeldet wird und wohl eher von 2 Millionen Neuerkrankungen pro Jahr ausgegangen werden muß. Diese Dunkelziffern bedingen natürlich eine Verzerrung der Muster, die diese Krankheit innerhalb der Gesamtbevölkerung zeichnet (zum Beispiel werden Einzelfälle, auf die ein praktischer Arzt stößt, weit seltener gemeldet als von Krankenhäusern, wodurch die sozioökonomischen und ethnische Minderheiten betreffenden Daten nicht wirklich objektiv sind), dennoch gibt es eine Reihe von Kriterien, die als allgemein gültig hervorgehoben werden können. Zunächst tritt die Gonorrhöe in erster Linie unter Teenagern und jungen Erwachsenen auf: 1990 waren 72 Prozent der Erkrankten zwischen 15 und 29 Jahre alt (CDCs, zusammenfassender Bericht für den Zeitraum 1990). Zweitens sind mehr Männer als Frauen mit der Krankheit infiziert: Das Geschlechterverhältnis lautet auf etwa 1,5 : 1. Drittens sind Afro-Amerikaner unverhältnismäßig stärker und mit ungleich höherer Häufigkeit von dieser Krankheit betroffen als die weiße Bevölkerung. Außerdem können folgende Generalisierungen gemacht werden: Gonorrhöe wird am häufigsten bei Personen festgestellt, die mehrere Sexualpartner haben. Ferner läßt sich das Ansteckungsrisiko teilweise mit der Art der Empfängnisverhütung einer Frau in Verbindung bringen, wobei die Pille das Risiko erhöht, während Frauen, die Spermizide, ein Diaphragma oder einen empfängnisverhütenden Schwamm verwenden, einer geringeren Ansteckungsgefahr ausgesetzt sind. Schließlich koexistiert die Gonorrhöe oft mit anderen sexuell übertragbaren Krankheiten. 15 bis 25 Prozent der Männer und 30 bis 50 Prozent der Frauen, die an Gonorrhöe erkrankt sind, sind gleichzeitig von Chlamydien-Infektionen befallen, und viele betroffene Frauen sind zudem mit *Trichomonas vaginalis* infiziert.

Symptome

Beim Mann machen sich die ersten Anzeichen einer Gonorrhöe durch brennenden Schmerz beim Urinieren sowie einen milchigen Ausfluß an der Penisöffnung bemerkbar. Diese anfänglichen Symptome zeigen sich meist innerhalb von zwei bis vier Tagen nach der Ansteckung. Ein oder zwei Tage später wird der Ausfluß aus der Harnröhre gelblich, dickflüssiger und stärker und weist in manchen Fällen Blutspuren auf. Diese Symptome treten aufgrund der Gonokokken auf, die sich an der Schleimhautoberfläche der Harnröhre festsetzen und normalerweise eine starke Entzündung zur Folge haben, da der Körper versucht, den Vorstoß der Mikroorganismen abzuwehren. Etwa 10 Prozent der männlichen Infektionsfälle sind jedoch vollkommen asymptomatisch, wodurch eine gefährliche Situation entsteht, da die Betroffenen ohne Warnsignale keinen Arzt aufsuchen und somit ihre Sexualpartner weiterhin anstecken.

Die Behandlung männlicher Infizierter ist für gewöhnlich kein Problem. Bei Nichtbehandlung kann die Infektion die Harnröhre hinaufwandern und die Prostata und/oder die Epididymis (Nebenhoden) befallen und starke Schmerzen und Fieber hervorrufen. (Die Epididymis ist ein enges Netz aus winzigen Röhren, das an der Hinterseite jedes Hodens anliegt; Epididymitis – eine Entzündung dieser Struktur – ist äußerst schmerzhaft und beinhaltet als typische Symptome Anschwellen und Rötung des Skrotums.) Diese Erkrankungen dürfen nicht unterschätzt werden, denn in manchen Fällen haben sie eine irreversible Sterilität zur Folge. In der Regel heilt eine nichtbehandelte Gonorrhöe beim Mann jedoch nach einigen Wochen oder Monaten von selbst, ohne ernsthafte Folgen zu haben.

Frauen, die sich mit Gonorrhöe infizieren, sind im Vergleich zu Männern in zweierlei Hinsicht im Nachteil. Zum einen sind rund die Hälfte aller Gonorrhöe-Erkrankungen bei Frauen asymptomatisch oder zeigen derart schwache Symptome, daß sie unbemerkt bleiben und sich daher ein weit höherer Prozentsatz der Frauen in Ermangelung irgendwelcher früher Warnzeichen nicht in Behandlung begibt. Zum anderen können Frauen im Gegensatz zu Männern bei Nichtbehandlung der Gonorrhöe weit gravierendere Komplikationen entwickeln, worauf wir in Kürze zurückkommen werden.

Zu den typischsten Symptomen einer gonorrhoischen Frau gehören Schmerz oder Brennen beim Urinieren, häufigeres und dringlicheres Urinieren als sonst und ein eitriger Ausfluß aus der Harnröhre. Eine Infektion der Zervix kann ferner Vaginalausfluß zur Folge haben sowie abnorme Monatsblutungen. Allerdings ist keines dieser Symptome besonders deutlich, und eine Gonorrhöe-Infektion im Rachen oder Rektum zeigt für gewöhnlich überhaupt keine Symptome.

Wie wir bereits im elften Kapitel erwähnt haben, entwickelt eine erhebliche Anzahl gonorrhöischer Frauen eine Beckenentzündung, wobei der infizierende Organismus durch den Fortpflanzungstrakt hinaufwandert und die Eileiter infiziert. Obwohl diese Erkrankung normalerweise durch Fieber, Unterleibsschmerzen und einen Anstieg der weißen Blutkörperchen gekennzeichnet ist, manifestiert sich die Krankheit von Fall zu Fall anders und kann manchmal mit einer Blinddarmentzündung oder anderen gynäkologischen Gesundheitsproblemen verwechselt werden. Beckenentzündungen sind für eine Frau besonders schädlich, weil sie zu Narbenbildung an den Eileitern und somit zu Unfruchtbarkeit, chronischen Schmerzen im Unterbauch und einem entschieden höheren Risiko einer Eileiterschwangerschaft führen können. Einem Bericht zufolge kommt es bei 15 Prozent der Frauen, die einmalig an einer Beckenentzündung erkrankt sind, und bei 50 Prozent der Frauen, die drei solcher Erkrankungen erlebt haben, zu ungewollter Unfruchtbarkeit. Beckenentzündungen sind auch aus einem anderen Grund problematisch: Aus einer im *Journal of the American Medical Association* veröffentlichten Analyse geht hervor, daß diese Entzündungen dem öffentlichen Gesundheitswesen in den USA jährlich Kosten in Höhe von über 4 Milliarden Dollar verursachen. (Obwohl Gonorrhöe nicht die einzige Ursache für Beckenentzündungen ist, so ist sie sicher eine der Hauptursachen; die andere sind Chlamydien-Infektionen, ebenfalls eine sexuell übertragbare Krankheit, auf die wir in diesem Kapitel noch näher eingehen werden.)

Bei beiden Geschlechtern kann eine Nichtbehandlung der Gonorrhöe andere schwerwiegende, allerdings eher unübliche Gesundheitsprobleme nach sich ziehen. Bei etwa 1 Prozent der Fälle breitet sich die Gonorrhöe über die Blutbahn aus und verursacht Arthritis (Entzündung der Gelenke) und Hautausschläge; ferner kann sie eine milde From der Hepatitis, die Infektion einer oder mehrerer Herzklappen (Gonokokken-Endokarditis) oder Meningitis (Hirnhautentzündung) zur Folge haben. Eine weitere mögliche Komplikation ist ein Gonokokkenbefall der Augen, die durch Berührung der Augen mit einer infizierten Hand hervorgerufen werden kann. Neugeborene können durch direkten Kontakt mit den bakteriell infizierten Ausscheidungen im Geburtskanal ebenfalls an den Augen infiziert werden.

Diagnose und Behandlung

Beim Mann wird zur Diagnose von Gonorrhöe ein Abstrich des Harnröhrenausflusses nach besonderer Einfärbung unter dem Mikroskop untersucht, bei der Frau erlauben solche Abstriche jedoch in der Regel keine zuverlässige Diagnose. Bei Frauen, aber auch bei Männern mit homosexuellen oder bisexuellen Kontakten müssen zur Untermauerung der Diagnose Eiter- oder Ausscheidungskulturen angelegt werden; Abstriche sollten von der Zervix und aus dem Rektum entnommen werden, selbst wenn eine Frau noch nie Analverkehr hatte, weil der Ausfluß aus der Vagina auf den Anus tropfen und dort zu Infektionen führen kann. (Analinfektionen werden bei rund 40 Prozent aller gonorrhoischen Frauen festgestellt.) Wenn die Frau Fellatio ausgeübt hat, sollten auch Proben von der Mund- und Rachenschleimhaut entnommen werden (etwa 10 Prozent aller gonorrhoischen Frauen weisen positive Rachenproben auf).

Früher wurde zur Behandlung der Gonorrhöe ausschließlich Penicillin verabreicht, heute ist das jedoch anders. Neuerdings werden in 9 Prozent aller gemeldeten Fälle penicillinresistente Abarten der Gonorrhöe festgestellt. Daher empfiehlt die amerikanische Gesundheitsbehörde für nicht schwangere Gonorrhöe-Patientinnen eine Behandlungsmethode, bei der das Antibiotikum namens Ceftriaxon (das intramuskulär injiziert wird) mit dem Medikament Doxycyclin kombiniert wird, das eine Woche lang zweimal täglich in Tablettenform verabreicht wird. Das hat den Vorteil, daß die häufig mit der Gonorrhöe koexistierende Chlamydien-Infektion gleich mitbehandelt wird.

Bei einer Gonorrhöe-Infektion sollte unbedingt eine Blutprobe gemacht und diese auf eine Syphilis-Infektion untersucht werden. Ferner sollte dem Erkrankten unter Zusicherung der Vertraulichkeit und gleichzeitiger Beratung zu einem HIV-Test geraten werden. Weiters sollten sich alle, die im Zeitraum von 30 Tagen vor der Diagnose mit einem/einer Gonorrhöe-Infizierten sexuellen Kontakt hatten, untersuchen und einen Abstrich vornehmen lassen und sich einer Behandlung wie oben unterziehen.

Syphilis

Die Syphilis wurde erstmals gegen Ende des 15. Jahrhunderts wahrgenommen, als sie sich in Form einer tödlichen Epidemie in ganz Europa ausbreitete. Bis heute ist nicht ganz klar, ob die Krankheit in einer besonders ansteckenden Form von Kolumbus und seinen Männern aus der Neuen Welt eingeschleppt wurde oder ob es sie in Europa längst gegeben hatte. Jedenfalls verbreitete sich die Syphilis in den folgenden Jahrhunderten weltweit, wenn auch nicht mehr mit derselben Virulenz.

Der Syphiliserreger ist ein spiralförmiger Mikroorganismus, das *Treponema pallidum*, der beinahe jedes Organ oder Gewebe im Körper infizieren kann. Da der Erreger durch intakte Schleimhäute oder kleine Hautverletzungen in den Organismus gelangt, ist die Syphilis auf sexuellem Wege besonders leicht übertragbar.

Noch zur Jahrhundertwende galt Syphilis als einer der Hauptverursacher von Herz- und Gefäßkrankheiten und neurologischen Erkrankungen und somit als besonders gravierendes Gesundheitsproblem, doch seit der Einführung des Penicillins in den vierziger Jahren dieses Jahrhunderts, der umfassende öffentliche Gesundheitskampagnen auf dem Fuß folgten, konnte sie weitestgehend unter Kontrolle gebracht werden. Mitte der fünfziger Jahre lag die Zahl der gemeldeten Neuerkrankungen in den USA bei nicht einmal mehr 7 000 Fällen.

Im Zuge der sexuellen Revolution während der sechziger und siebziger Jahre stieg die Zahl der Neuerkrankungen in der Gesamtbevölkerung erheblich an, was einerseits die Veränderungen im sexuellen Verhaltensmuster und andererseits eine gewisse Nachlässigkeit bei den öffentlichen Vorbeuge- und Aufklärungsmaßnahmen reflektierte. Gegen Ende der achtziger Jahre begann sich dieser Trend noch einmal zu verstärken. Viele Experten brachten diesen plötzlichen, vor allem in der heterosexuellen Bevölkerung beobachteten Anstieg primär mit der gleichzeitigen Einführung von Crack (einem Kokain-Derivat, das geraucht wird und besonders suchterregend ist) in Verbindung, da sich viele weibliche Cracksüchtige ihre Sucht durch Prostitution finanzieren. In den sogenannten Crack-Häusern, wo die Droge konsumiert wurde, konnte eine Frau zum Beispiel mit zehn oder mehr Männern verkehren und das häufig zu einem Preis von 5 Dollar pro Geschlechtsverkehr. Die Konsequenz war, daß die CDCs 1990 in den USA über 50 000 Syphiliserkrankungen registrierten, wobei die Zahl der Neuerkrankungen 1991 immer noch im Ansteigen begriffen war und auf fast 129 000 kletterte. So viele Fälle hatte es seit den vierziger Jahren nicht mehr gegeben. (Wobei die Experten wie bei fast allen sexuell übertragbaren Krankheiten von einer höheren Dunkelziffer ausgehen.)

Die Übertragung der Syphilis erfolgt zwar vor allem durch Sexualkontakt, kann aber auch durch Bluttransfusionen oder durch unter Fixern gemeinsam verwendete Injektionsnadeln übertragen werden. Die Syphilis überträgt sich ferner über die Placenta einer infizierten Schwangeren auf ihren Fötus. In sehr seltenen Fällen erfolgt die Übertragung auch auf nichtsexuellem Wege, etwa wenn Krankenhauspersonal unabsichtlich mit Verletzungen eines Infizierten oder infizierten Gegenständen in Berührung kommt.

Der Sexualkontakt mit einem infizierten Partner führt in rund 30 Prozent der Fälle zu einer Ansteckung. Die Syphilis überträgt sich über Vaginal-, Anal- oder Oralverkehr, über das Küssen und buchstäblich jede Form der sexuellen Stimulation, die einen Hautkontakt beinhaltet. Syphilitische Verletzungen an den Fingern, Brüsten und sogar in der Nase werden ebenfalls manchmal für eine Übertragung verantwortlich gemacht und beweisen die Vielseitigkeit des Erregers. Personen mit Syphilis im Frühstadium sind für gewöhnlich am ansteckendsten, während der Sexualkontakt mit langjährigen Syhilitikern weit weniger riskant ist.

Symptome

Obwohl die Syphilis manchmal aufgrund ihrer unterschiedlichen Manifestationen auch die »große Imitatorin« genannt wird, ist in den meisten Fällen ein klassischer Verlauf zu beobachten. Die Krankheit ist von vier unterschiedlichen Stadien geprägt: Man unterscheidet zwischen dem primären, sekundären, latenten und tertiären Stadium (oder Spätsyphilis). Primäre und sekundäre Syphilis werden zuweilen mit dem Begriff »frühe« oder »infektiöse« Syphilis zusammengefaßt.

Syphilis im Primärstadium manifestiert sich erstmals nach einer Inkubationszeit von durchschnittlich 21 Tagen, die jedoch auch zwischen 10 und 90 Tagen schwanken kann. Generell läßt sich sagen, daß die Inkubationszeit umso kürzer wird, je höher die Anzahl der treponemalen Organismen ist. Das erste Symptom im Primärstadium ist ein Geschwür namens Schanker. Der Schanker (oder mehrere, einander ähnliche Schanker) tritt immer an der Stelle auf, wo der Erregerorganismus in die Haut eingedrungen ist. Schanker verursachen zumeist keine Schmerzen und brechen vor allem im Genital- und Anusbereich auf. Meist zeigt sich der Schanker als stumpfroter Fleck, der sich rasch zu einem Pickel entwickelt. Die Oberfläche des Pickels wird dann zu einem runden, schmerzlosen Geschwür, das oft irrtümlich als »kleine Wunde« interpretiert wird. Die Ränder des Geschwürs sind fast immer leicht erhöht und fühlen sich nicht weich, sondern hart an. Mit der Zeit erreicht das Geschwür einen Durchmesser von ein bis zwei Zentimetern. Der Schanker heilt meist in vier bis sechs Wochen ab, was zu dem gefährlichen Irrglauben veranlaßt, das Problem habe sich von selbst gelöst, und dazu führt, daß viele Infizierte im frühen syphilitischen Stadium den Arztbesuch aufschieben und somit die Ansteckungsgefahr für ihre Sexualpartner weiter besteht. Man kann zwar davon ausgehen, daß die meisten Menschen, wenn sie im Genitalbereich ein Geschwür haben, von sexuellem Verkehr absehen werden, allerdings wird der Anstieg an Syphilis-Neuerkrankungen nicht zuletzt darauf zurückgeführt, daß insbesondere weibliche Crack-Süchtige auch dann bereit sind, ungeschützten Verkehr zu haben, wenn ein Schanker auf dem Penis des Kunden deutlich sichtbar ist. Und umgekehrt kümmern sich nur die wenigsten Männer, die zu einer cracksüchtigen Prostituierten gehen, darum, ob sie Geschwüre im Genitalbereich oder Anzeichen für eine andere STD aufweist.

Die sekundäre Syphilis setzt mehrere Wochen nach dem Abheilen des Schankers ein. Typische Symptome sind leichtes Fieber, geschwollene Lymphknoten, Kopfschmerzen, Halsschmerzen und Hautausschläge. Die typischen Ausschläge können sich unterschiedlich manifestieren: Sie können sich als rötliche Flecken symmetrisch über den ganzen Körper ausbreiten oder als leicht erhobene runde Pickel unterschiedlicher Größe zumeist in Gesicht, auf den Handflächen und den Fußsohlen auftreten (und häufig eine schuppende Oberfläche haben) oder sich als flache, warzenähnliche Geschwüre namens *Condylomata lata* präsentieren, die an feuchten Hautstellen, etwa um die Genitalien oder den Anus auftreten. Auf der Kopfhaut läßt sich manchmal unregelmäßiger Haarausfall beobachten, der auch als »mottenzerfressen« beschrieben wird, und ein ebenfalls häufiges Symptom sind unregelmäßige graue Geschwüre an den Schleimhäuten, insbesondere im Mundinneren, auf der Zunge und im Rachen sowie auf dem Penis oder den Schamlippen. Diese unregelmäßigen Geschwüre werden oft mit anderen sexuell übertragbaren Krankheiten verwechselt, vor allem jedoch mit *Herpes genitalis*. Sowohl die *Condylomata lata* als auch die Geschwüre an den Schleimhäuten sind extrem ansteckend, da sie einen hohen Treponemagehalt aufweisen. Bei rund 10 Prozent der Fälle im Sekundärstadium tritt eine milde Form der Hepatitis auf, andere Komplikationen sind Meningitis, Anomalien der Nieren und Augeninfektionen.

Die Symptome des Sekundärstadiums dauern gewöhnlich drei bis sechs Monate an, wobei die Betroffenen als latent syphilitisch bezeichnet werden, sobald sie verschwinden. Im Latenzstadium treten zwar keine Symptome auf, aber die Erreger breiten sich nun im ganzen Körper aus und können Schäden anrichten, die zumindest temporär unerkannt bleiben. Da Infizierte ab dem Zeitpunkt der Infektion ein Jahr lang ansteckend bleiben, können sie die Krankheit unbewußt auf andere übertragen. Rund ein Viertel aller Infizierten erleben im Latenzstadium Rückfälle ins Sekundärstadium, wobei dies gewöhnlich im ersten Jahr nach der Ansteckung passiert. Nach dem ersten Jahr ist Syphilis im Latenzstadium kaum noch ansteckend; Ausnahmen sind die besondere Übertragung auf den Fötus während einer Schwangerschaft, die bei Nichtbehandlung auch dann stattfinden kann, wenn sich die Mutter bereits seit mehreren Jahren im Latenzstadium befindet.

Nach einem bestimmten Zeitraum im Latenzstadium, der von Fall zu Fall unterschiedlich lange dauern kann, entwickelt ungefähr ein Drittel der unbehandelten Syphilis-Fälle die tertiäre Syphilis. Zu den schwersten Folgen im Falle einer Nichtbehandlung, wovon rund 10 Prozent der Fälle betroffen sind, gehören schwere Herz- und Gefäßerkrankungen sowie Schädigungen des Nervensystems. Es kann zu Herzstillstand (normalerweise aufgrund einer Insuffizienz der Aortenklappe), Aneurysmen (eine krankhafte Erweiterung der Arterien, die ein Blutgefäß zum Bersten bringen und infolge der massiven inneren Blutungen zum Tode führen kann), Geistesgestörtheit und einer Konstellation neurologischer Störungen kommen, die *Tabes dorsalis* genannt wird und die Folge einer Degenerierung der Wirbelsäule ist.

Diagnose und Behandlung

Syphilis wird normalerweise im Anschluß an eine Blutuntersuchung diagnostiziert. Bei Syphilis im Primärstadium kann der Bluttest in manchen Fällen negativ ausfallen; hier sollten im Sinne einer zuverlässigen Diagnose entweder aufwendigere Blutuntersuchungen erfolgen oder ein Abstrich von einem Schanker gemacht werden, der unter dem Mikroskop untersucht wird, um die spiralenförmigen Syphiliserreger sichtbar zu machen.

Bei Infizierten im Primär-, Sekundär- oder frühen Latenzstadium ist eine Penicillin-Injektion nach wie vor die wirksamste Behandlungsmethode. Wenn jemand gegen Penicillin allergisch ist, kann er/sie mit Tetracyclin oder Erythromycin in Tablettenform oder mit dem Antibiotikum Ceftriaxon behandelt werden, das injiziert wird. Patienten mit latenter oder tertiärer Syphilis müssen in der Regel mit höheren Penicillindosen und über längere Zeiträume behandelt werden.

Chlamydien-Infektionen

In den Vereinigten Staaten sind weder die Gonorrhöe noch die Syphilis die am weitesten verbreiteten, sexuell übertragbaren Krankheiten, sondern

Infektionen, die von der *Chlamydia trachomatis* verursacht werden. Diese sexuell übertragbare Krankheit, deren Folgen im allgemeinen jenen der Gonorrhöe sehr ähnlich sind, soll allein in den USA eine jährliche Inzidenz von drei bis vier Millionen Fällen haben. Genaue Zahlen sind jedoch nicht bekannt, da Chlamydien-Infektionen im Gegensatz zu den meisten STDs nicht meldepflichtig sind.

Die weite Verbreitung dieser Infektionen wird deutlich, wenn man sich eine Reihe von Stichprobenuntersuchungen unter jenen Bevölkerungsgruppen ansieht, die einem hohen Risiko ausgesetzt sind. Demnach sind 3 bis 5 Prozent aller Frauen, die eine Routineuntersuchung beim Gynäkologen vornehmen lassen, von diesen Infektionen befallen; an den Familienplanungszentren wurde eine weibliche Ansteckungshäufigkeit von 9 Prozent und an den Kliniken für sexuell übertragbare Krankheiten von 20 Prozent festgestellt. Bei Männern wurde im Rahmen von Gesundenuntersuchungen eine Ansteckungshäufigkeit von 3 bis 5 Prozent festgestellt; ferner sind 11 Prozent der Armeeangehörigen und 15 bis 20 Prozent der Männer, die eine Klinik für sexuell übertragbare Krankheiten aufsuchen, von Chlamydien-Infektionen befallen. Unter Jugendlichen ist die Ansteckungshäufigkeit besonders hoch: Demnach sind 15 Prozent der Mädchen und 18 Prozent der Burschen mit dieser Krankheit infiziert.

Mit Ausnahme einer Form der Chlamydien-Infektion, die *Trachoma* genannt wird und eine chronische Augenkrankheit ist, die Millionen von Menschen in Asien und Afrika betrifft (Trachoma wird von Fliegen verbreitet) und deren Folge Erblindung sein kann, in den USA und Europa aber selten ist, werden Chlamydien-Infektionen über den Sexualverkehr übertragen. Zwar sind Chlamydien-Infektionen nicht so leicht übertragbar wie die Gonorrhöe, dennoch entsprechen sie dem allgemeinen Muster einer sexuell übertragbaren Krankheit. Im besonderen werden sie durch Vaginal- oder Analverkehr sowie durch Oralverkehr übertragen. Ähnlich wie bei der Gonorrhöe sind Frauen einem höheren Ansteckungsrisiko ausgesetzt als Männer: 70 Prozent der Frauen, die Sexualkontakt mit einem infizierten Partner haben, werden infiziert, während weniger als die Hälfte der Männer, die mit einer infizierten Frau verkehren, anschließend selbst eine Chlamydien-Infektion entwickeln. Es gibt keine Angaben bezüglich des Ansteckungsrisikos bei einmaligem Verkehr mit einem Infizierten.

Symptome

Bei Männern verursachen Chlamydien-Infektionen im Genitalbereich mehrere unterschiedliche Symptome. Das häufigste Symptom ist die chlamydische Urethritis, wobei vermutet wird, daß sie ungefähr zweieinhalb Mal häufiger auftritt als die Gonokokkenurethritis. Nach einer Inkubationszeit von ein bis drei Wochen manifestiert sich die chlamydische Urethritis zumeist in Form eines brennenden Schmerzes beim Urinieren und/oder eines weißlichen Ausflusses an der Penisöffnung, der sich zunächst vom für die Gonorrhöe typischen Ausfluß überhaupt nicht unterscheidet. Ungefähr ein Drittel aller Männer mit chlamydischer Urethritis sind vollkommen asymptomatisch – wodurch die Diagnose erschwert und die Ausbreitung beschleunigt wird –, und ein weiteres Drittel zeigt so schwache Symptome, daß die Betroffenen in der Regel nicht an eine STD denken.

Chlamydia trachomatis hat bei jungen heterosexuellen Männern häufig auch eine Epididymitis zur Folge. Dieses Symptom macht sich dadurch bemerkbar, daß das Skrotum einseitig anschwillt, schmerzhaft und extrem berührungsempfindlich ist, wobei typische Begleiterscheinungen Fieber und häufig (aber nicht immer) Urethritis sind. Chlamydien-Infektionen können ferner Prostatitis verursachen, obwohl es hierfür keine schlüssigen Untersuchungsergebnisse gibt. Bei homosexuellen oder bisexuellen Männern kann eine Chlamydien-Infektion eine Infektion des Rektums (chlamydische Proctitis) hervorrufen, für die Schmerzen im Rektum, Blutungen, Schleimausstoß und Diarrhöe symptomatisch sind. Eine *C. trachomatis*, die sich im ganzen Körper ausbreitet, kann zur Reiter-Krankheit führen, die durch Urethritis, Konjunktivitis (Bindehautentzündung der Augen), Arthritis und charakteristische Hautentzündungen gekennzeichnet ist. (Diese Krankheit tritt bei 1 bis 3 Prozent der von chlamydischer Urethritis befallenen Männer auf.)

Bei Frauen greifen Chlamydien-Infektionen buchstäblich den gesamten Fortpflanzungsapparat an, sind aber oft nur schwer zu diagnostizieren, weil sie häufig asymptomatisch verlaufen. Ein typisches Beispiel ist eine Infektion der Harnröhre (als Harnröhrensyndrom bekannt): Sie ist bei nur einem Drittel der Frauen symptomatisch. Außerdem sind die Symptome selbst (Schmerzen beim Urinieren oder häufiger Harndrang) oft so unspezifisch, daß sie unbemerkt bleiben. Die bei Männern so typischen Anzeichen einer Urethritis, also urethraler Ausfluß oder eine Entzündung an der Harnröhrenöffnung, werden von einer infizierten Frau nicht empfunden, wodurch es sogar noch wahrscheinlicher wird, daß die Infektion unbemerkt bleibt. (Das Ausbleiben irgendwelcher Symptome ist aus mehreren Gründen problematisch: Abgesehen davon, daß sich die Infektion bei Nichtbehandlung weiter ausbreitet, hat sie eine Reihe von gesundheitlichen Komplikationen zur Folge, die wir weiter unten besprechen werden.)

Die chlamydische Zervizitis (Infektion der Zervix) – die in manchen Fällen gleichzeitig mit dem Harnröhrensyndrom auftritt – kann ebenfalls ohne spürbare Symptome verlaufen. Rund ein Drittel der Frauen mit dieser

Krankheit weisen einen trüben, milchig-weißen Zervikalausfluß auf, aber das ist gerade unter Jugendlichen und jungen Erwachsenen ein übliches Phänomen und läßt nur selten den Verdacht aufkommen, man könnte sich mit einer STD angesteckt haben. Doch auch hier besteht die Gefahr, daß die Infektion in den Fortpflanzungsapparat hinaufwandert.

Hier kann es zu Infektionen der Uterusauskleidung (chlamydische Endometritis) kommen, was bei rund der Hälfte aller Frauen mit Chlamydien-Infektionen der Fall ist, sowie zu Beckenentzündungen, die bei 30 bis 40 Prozent aller Frauen mit unbehandelter chlamydischer Zervizitis beobachtet wird. Eine Beckenentzündung ist insofern besonders problematisch, als sie zu Vernarbungen an den Eileitern und somit zu Unfruchtbarkeit führen kann. Außerdem steigt bei einmaliger Beckenentzündung das Risiko einer Eileiterschwangerschaft im Vergleich zu Frauen, die noch nie eine solche Infektion hatten, um 700 Prozent. Ferner besteht bei einer Beckenentzündung die Gefahr, eine Reihe von anderen Komplikationen davonzutragen, unter anderem Abszesse an den Eierstöcken oder Eileitern, Verwachsungen im Beckenbereich sowie Schmerzen beim Geschlechtsverkehr. Diese Probleme, die bei 15 bis 20 Prozent aller Frauen mit Beckenentzündungen auftreten, erfordern häufig einen chirurgischen Eingriff.

Bei milderen Fällen chlamydischer Beckenentzündung treten vielfach überhaupt keine Symptome auf. Bei schwereren Fällen sind die typischen Symptome Schmerzen im Unterbauch, Fieber, Übelkeit oder Erbrechen, unregelmäßige Monatsblutungen und Vaginalausfluß, allerdings handelt es sich dabei um überaus variable Symptome, die nicht immer auftreten müssen. Schmerzen beim Geschlechtsverkehr sind ein typisches Symptom einer akuten Beckenentzündung, da die Zervix auf jede Bewegung äußerst empfindlich reagiert.

Manchmal breitet sich eine Chlamydien-Infektion von den Eileitern bis zur Leber aus und greift ihre Oberfläche an. Diese Krankheit wird Perihepatitis genannt, ist durch Schmerzen im rechten oberen Bauchbereich gekennzeichnet und wird von Übelkeit, Erbrechen und Fieber begleitet. Anzeichen für eine Beckenentzündung können in diesem Fall gegeben sein oder auch nicht.

Wie fast alle sexuell übertragbaren Krankheiten können Chlamydien-Infektionen im Zuge einer Geburt von der Mutter auf das Kind übertragen werden. (Im Gegensatz zur Syphilis dürfte diese Infektion während der Schwangerschaft nicht auf den Fötus übertragen werden, was entweder über die Placenta oder durch ein Hinaufwandern des Erregers in den Uterus erfolgen müßte.) Chlamydia verursacht bei ungefähr einem Viertel der Neugeborenen, deren Mütter infiziert sind, Konjunktivitis; ebenfalls üblich sind Ohrenentzündungen (Mittelohrentzündung) und Infektionen im Nasen- und Rachenbereich. Ungefähr 10 Prozent der Neugeborenen infizierter Mütter entwickeln eine milde Form der chlamydischen Lungenentzündung.

Wir möchten noch kurz auf eine andere Chlamydien-Infektion eingehen: Bestimmte Abarten dieses Bakteriums können zu einer völlig anderen STD führen, die als *Lymphogranuloma venereum* (LGV) bekannt ist. Diese Krankheit tritt vor allem in tropischen und subtropischen Ländern auf, wird aber auch immer wieder in den USA und in Europa festgestellt. Männer sind von ihr etwa fünfmal häufiger betroffen als Frauen. Die LVG nimmt ihren Verlauf für gewöhnlich mit einem Geschwür im Genitalbereich, das in der Regel nicht schmerzhaft ist und rasch abheilt. Nach mehreren Monaten geht die Infektion in ihre Sekundärphase über, die durch eine schmerzhafte Schwellung der Lymphknoten in der Leistengegend (zumeist nur einseitig, bei einem Drittel der Infizierten jedoch beidseitig) sowie Fieber, Schüttelfrost, Kopfschmerzen, Gewichtsverlust und Schwindel- oder Übelkeitsanfälle gekennzeichnet ist. Bei Frauen, die sich mit dieser Krankheit anstecken, ist das Anschwellen der Lymphknoten, das für Männer so bezeichnend ist, nur selten zu beobachten, weshalb die Krankheit bei Frauen besonders schwer diagnostizierbar ist. Bei Männern können die geschwollenen Lymphknoten zusammenwachsen, durch die Haut brechen und Fisteln bilden, die wochenlang nässen und einen dickflüssigen, gelben Eiter abgeben. LVG kann bei beiden Geschlechtern zu Abszessen im oder um das Rektum führen und zuweilen Vernarbungen im Rektalbereich nach sich ziehen, die so massiv sein können, daß sie eine teilweise Blockierung der rektalen Öffnung bewirken (auch Rektalstriktur genannt). Personen mit LVG-Rektalstrikturen dürften außerdem einem erhöhten Krebsrisiko im Rektalbereich ausgesetzt sein. Ferner kann LVG Jahre nach der Erstinfektion eine starke Schwellung der Genitalien zur Folge haben, die auch als genitale Elephantiasis bekannt ist.

Diagnose und Behandlung

Chlamydien-Infektionen lassen sich am genauesten mittels spezieller Zellkulturen feststellen, wobei die Bakterien im Labor gezüchtet werden. Da diese Methode aber schwierig in der Durchführung und sehr zeitaufwendig ist, wird mit der Behandlung für gewöhnlich begonnen, sobald ein medizinischer Verdacht für Chlamydia gegeben ist. Es wurden jedoch auch Antikörpertests entwickelt, mit denen chlamydische Bakterien in infektiösen Ausscheidungen festgestellt werden können und die leichter durchzuführen sind, wenngleich sie nicht denselben Präzisionsfaktor haben wie eine Zellkultur.

Chlamydien-Infektionen werden für gewöhnlich mit Tetracyclin oder

Doxycyclin in Tablettenform behandelt. Schwangere Frauen werden mit Erythromycin behandelt. Die Behandlung sollte mindestens eine Woche andauern und die Sexualpartner der Infizierten unbedingt mit einschließen, um eine neuerliche Infektion zu verhindern. Nachuntersuchungen sind anzuraten, da bei rund 5 Prozent der Patienten festgestellt wurde, daß die Chlamydien-Infektion drei bis sechs Wochen nach der Behandlung neuerlich aufgetreten ist.

Es ist auch wichtig zu wissen, daß Medikamente wie Penicillin, Ampicillin und Spectinomycin, die bei Gonorrhöe oft schon nach einmaliger Behandlung eine Wirkung zeigen, eine Chlamydien-Infektion nicht ausräumen.

Der weiche Schanker

Der weiche Schanker (*Ulcus molle*) ist eine bakterielle Erkrankung, die sexuell übertragbar ist und bis vor kurzem in den westlichen Industrieländern unüblich war, weltweit jedoch häufiger auftreten soll als die Syphilis. Verursacht durch *Haemophilus ducreyi*, ein kurzes, kompaktes und stabförmiges Bakterium, tritt diese Krankheit in den USA heute immer häufiger auf, wobei von jährlich schätzungsweise 5000 bis 10000 Neuerkrankungen ausgegangen wird, was im Vergleich zu jährlich 1000 Fällen in den siebziger Jahren ein jäher Anstieg ist.

Die öffentlichen Gesundheitsbehörden in den USA führen den jüngsten Anstieg des weichen Schankers darauf zurück, daß drogensüchtige Frauen zur Finanzierung ihrer Sucht immer häufiger den Weg in die Prostitution einschlagen, da sich gezeigt hat, daß diese Krankheit vor allem von infizierten Prostituierten verbreitet wird. Eine einzige infizierte Prostituierte kann in nur einer Woche Dutzende Männer anstecken. Ebenfalls eine Rolle in der Vorkommenshäufigkeit des weichen Schankers und anderer in den USA bislang unbekannter STDs dürften ein vermehrtes internationales Reiseaufkommen sowie veränderte Einwanderungsmuster spielen.

Symptome

Die Inkubationszeit nach der Ansteckung beträgt in der Regel nur 4 bis 7 Tage. Das bezeichnende Symptom ist ein schmerzhaftes Geschwür im Genitalbereich (der »weiche Schanker« im Unterschied zum »harten Schanker«, der für die Syphilis bezeichnend ist), das als Pickel inmitten eines geröteten Hautbereichs seinen Anfang nimmt. Innerhalb von ein bis zwei Tagen füllt sich der Pickel mit Eiter und bildet sich zu einem scharf abgegrenzten Geschwür mit ausgefransten Rändern. Etwa die Hälfte aller Infizierten weisen gleich mehrere Geschwüre im Genitalbereich auf.

Bei Männern finden sich die Geschwüre zumeist auf der Vorhaut, am Frenulum oder am Rand der Corona (dem Bereich, der die Penisspitze vom Penisschaft trennt). Spitze oder Schaft des Penis können zwar auch befallen sein, allerdings ist das eher selten.

Bei Frauen treten die Geschwüre gewöhnlich am Scheideneingang oder in seiner Nähe auf. Sie können die Labia, die Klitoris oder den Bereich im Inneren der Vagina, der unmittelbar an die Scheidenöffnung anschließt, sowie den Bereich zwischen Vagina und Anus befallen. Die Zervix kann ebenfalls befallen sein, und bei manchen Frauen wurden Läsionen an den Brüsten, Fingern, Oberschenkeln und am Mund festgestellt, allerdings treten diese sehr viel seltener auf.

Ein weiteres typisches Symptom ist eine schmerzhafte Schwellung der Lymphknoten an einer Seite in der Leistengegend (an jener Seite, die den infizierten Genitalbereich drainiert). Obwohl dieses Symptom bei nur etwa der Hälfte aller an weichem Schanker erkrankten Patienten festgestellt wird, kann es einen dramatischen Verlauf nehmen, da die stark angeschwollenen Lymphknoten, die auch *Bubones* genannt werden, bersten und einen dickflüssigen, cremigen Eiter ausscheiden können.

Der weiche Schanker dürfte, abgesehen von den oben genannten Symptomen, keine wesentlichen Gesundheitsprobleme verursachen. Ein wichtiges Kriterium ist jedoch, daß der weiche Schanker (ebenso wie andere sexuell übertragbare Krankheiten, die Geschwüre im Genitalbereich zur Folge haben) anscheinend eine HIV-Übertragung erleichtert (darauf wurde 1991 bei der 7. Internationalen AIDS-Konferenz in Florenz, Italien, hingewiesen). Eine gebärende Mutter, die mit dem *Haemophilus ducreyi* infiziert ist, dürfte den Erreger im Zuge der Geburt nicht auf das Neugeborene übertragen.

Diagnose und Behandlung

Der weiche Schanker läßt sich nicht mit Hilfe eines Bluttests diagnostizieren, weshalb die Diagnose für gewöhnlich anhand der klinischen Manifestationen und durch Untersuchung der befallenen Körperstellen erfolgt. Kulturen mit Proben des Geschwürs oder des geborstenen Bubons sind nützlich, wenn sie den *H. ducreyi* isolieren können, allerdings erfordert dieser Test eine Spezialausrüstung, wobei das Resultat nicht immer zuverlässig ist.

Die empfohlene Behandlungsmethode besteht in der Verabreichung von Erythromycin, das eine Woche lang in Tablettenform eingenommen wird, beziehungsweise in der einmaligen Injektion des Antibiotikums Ceftriaxon. Beide Methoden sind sehr effektiv; sollte sich keine prompte Besserung einstellen (binnen einer Woche nach der Therapie), muß die Zuverlässigkeit der Diagnose angezweifelt und die Frage gestellt werde, ob die betroffene Person nicht mit einer anderen Geschlechtskrankheit – insbesondere HIV – infiziert ist beziehungsweise ob es sich um eine Abart des *H. ducreyi* handelt, die gegenüber dem eingesetzten Antibiotikum resistent ist.

Jeder, der im Zeitraum von 10 Tagen vor dem Ausbruch der Infektion oder während der Infektion mit einem mit weichem Schanker infizierten Partner Geschlechtsverkehr hatte, sollte untersucht und behandelt werden, und zwar unabhängig davon, ob Symptome vorhanden sind oder nicht.

Herpes genitalis

Die griechischen Ärzte der Antike wählten das Wort »herpes« (von *herpein*, »schleichen, kriechen«), um das charakteristische Ausbreiten der Hautläsionen zu beschreiben, das sie damals bereits beobachteten und von dem man heute weiß, daß es eine von Viren hervorgerufene Krankheit ist. *Herpes genitalis*, gekennzeichnet durch schmerzhafte Bläschen an den Geschlechtsorganen, wird durch Infektion mit dem Herpes-simplex-Virus hervorgerufen. In den USA sind schätzungsweise 40 Millionen Menschen von dieser sexuell übertragbaren Krankheit betroffen (wobei jährlich 500 000 Neuerkrankungen registriert werden). Die Krankheit ist chronisch und unheilbar, weil das Herpes-simplex-Virus eine latente Infektion auslöst, die dann inaktiv auf unbestimmte Zeit weiterlebt. Rückfälle erfolgen in unregelmäßigen und unvorhersagbaren Zeitabschnitten, wobei diese Reaktivierung häufig (aber nicht immer) zu einem Wiederaufflammen der Bläschen an den Geschlechtsorganen führt, die für die symptomatische Genitalherpes so charakteristisch sind.

Genitalherpes wird von zwei verschiedenen, aber verwandten Formen des Herpes-simplex-Virus (HSV) verursacht, die als »Typ 1« und »Typ 2« bezeichnet werden. 80 bis 90 Prozent der Genitalherpes-Fälle sind vom HSV vom Typ 2 befallen; die übrigen Fälle werden vom Herpes simplex vom Typ 1 verursacht, das auch (und als solches viel verbreiteter) der Verursacher von Lippenherpes und Fieberbläschen ist, dem typischen Krankheitsbild einer HSV-Infektion an den Lippen oder im Mund.

Eine landesweite Studie, die vor kurzem anhand von in den späten

siebziger Jahren gesammelten Blutproben durchgeführt wurde, hat ergeben, daß 16,4 Prozent der US-Bevölkerung im Alter von 15 bis 74 Jahren
mit Herpes simplex vom Typ 2 infiziert waren. Herpes-Antikörper vom
Typ 2 stiegen von weniger als 1 Prozent bei den unter 15jährigen auf 20
Prozent bei den 30- bis 44jährigen.

Genitalherpes wird normalerweise, jedoch nicht ausschließlich, sexuell
übertragen. Die Ansteckung kann durch buchstäblich jede Art des sexuellen Verkehrs erfolgen, einschließlich oral-genitaler und oral-analer Kontakte, aber auch durch bloßes Aneinanderreiben der Geschlechtsteile ohne
Geschlechtsverkehr. HSV dringt entweder über die Schleimhäute (zum
Beispiel in der Vagina, im Mund, in der Harnröhre) oder über winzige
Hautverletzungen in den Körper ein. Da der Speichel einer infizierten
Person während eines Herpes-Schubs den ansteckenden Virus enthalten
kann, kann die Übertragung auch durch bloßes Küssen erfolgen. Ferner
besteht ein Ansteckungsrisiko, wenn man mit infizierten Kleidungsstük-
ken oder Handtüchern in Berührung kommt oder Vibratoren beziehungsweise dergleichen untereinander austauscht.

Die Ansteckungsgefahr ist bei dieser STD besonders hoch. Ein Mann,
der ein einziges Mal mit einer infizierten symptomatischen Frau sexuell
verkehrt, hat eine 50prozentige Chance, sich selbst anzustecken, während
das Ansteckungsrisiko einer Frau nach einmaligem Kontakt mit einem
infizierten Mann zwischen 80 und 90 Prozent liegt. Wie bei fast allen STDs
gibt es auch hier einen direkten Zusammenhang zwischen Ansteckung und
Anzahl der Sexualpartner: Je häufiger man die Partner wechselt (unabhängig davon, ob homosexuelle oder heterosexuelle Partner), desto höher wird
das Risiko, *Herpes genitalis* zu bekommen.

Symptome

Im Falle einer Erstinfektion mit *Herpes genitalis* beträgt die Inkubationszeit
drei bis sechs Tage. Normalerweise verspürt man ein bis zwei Tage vor dem
eigentlichen Ausbruch der Bläschen eine Irritation im Genitalbereich. Das
charakteristische Symptom ist eine Ansammlung (oder Ansammlungen)
kleiner durchsichtiger Bläschen auf den oder in der Nähe der Geschlechtsorgane. Sobald die schmerzenden Bläschen aufbrechen, hinterlassen sie an
der Oberfläche kreisförmige rötliche Hautaufbrüche von einem bis zwei
Millimeter Durchmesser, die entweder gebündelt oder in leicht unregelmäßiger Reihe auftreten können. Zumeist heilen sie nach 10 bis 20 Tagen ab.

Die Schwere eines Erstbefalls mit *Herpes genitalis* hängt zum Teil davon
ab, ob es bereits zu einem früheren Zeitpunkt zu einer HSV-Infektion
gekommen ist. Das hat damit zu tun, daß frühere Herpes-Infektionen

(etwa Lippenherpes oder Fieberbläschen) die Bildung von Antikörpern zur Folge haben, die die Schwere der Symptome bei neuerlichen Attacken lindern. Daher kann es auch geschehen, daß manche Menschen sich überhaupt nicht bewußt sind, daß sie Genitalherpes haben. Tatsächlich ergab eine jüngste Studie, daß weniger als 20 Prozent der Männer und Frauen mit HSV-Antikörpern vom Typ 2 angaben, noch nie unter Genitalherpes gelitten zu haben. Die typische Primärinfektion ist im allgemeinen während der ersten Tage durch Fieber, Kopfschmerzen und Muskelschmerzen gekennzeichnet, wobei die vorherrschenden Symptome jedoch im Anstekkungsbereich lokalisiert sind. Schmerzen und Juckreiz sind generelle Begleiterscheinungen eines Ausbruchs der Genitalherpes, während ein brennendes Gefühl beim Urinieren auf rund 80 Prozent aller Frauen zutrifft, jedoch nur auf rund die Hälfte aller Männer. 85 Prozent der Frauen weisen ferner einen Ausfluß aus der Vagina oder der Harnröhre auf, und Herpesinfektionen an der Zervix werden bei fast 9 von 10 Frauen mit primärer HSV-Infektion vom Typ 2 festgestellt. Schmerzen und Reizung aufgrund der Bläschen nehmen normalerweise während der ersten Woche zu und klingen dann schrittweise ab, wobei eine vollständige Abheilung 14 bis 16 Tage nach dem ersten Ausbruch erfolgt. Während der zweiten und dritten Woche nach der Ansteckung kann es zu einer Schwellung der Lymphknoten in der Leistengegend kommen.

Bei rund 5 Prozent der Primärinfektionen mit HSV kommt es zu Komplikationen in Form von Meningitis (eine Entzündung der Hirnhaut), die manchmal so schwer ist, daß ein Krankenhausaufenthalt erforderlich wird. Hier sind die Symptome ein steifer Nacken, starke Kopfschmerzen und Lichtempfindlichkeit. Diese Erkrankung hat zwar keine neurologischen Spätfolgen, kann aber bei Menschen, deren Immunsystem durch AIDS oder eine Chemotherapie infolge einer Krebserkrankung bereits angegriffen ist, lebensgefährlich sein. Zu den anderen Komplikationen gehören Herpes in den Augen (1 Prozent) und im Rachen (10 Prozent).

Obwohl die HSV-Infektion ein Leben lang bestehen bleibt, da das Virus latent im Körper weiterlebt, flammt die Krankheit bei rund einem Drittel der HSV-Infizierten nicht mehr spürbar auf. Bei einem weiteren Drittel kommt es einige Male zu einer Reaktivierung, während das übrige Drittel unter wiederholten Attacken – öfter als dreimal pro Jahr – leidet. Rezidivfälle sind üblich, wenn es sich um Genitalherpes mit dem HSV vom Typ 2 handelt. Im allgemeinen sind die Symptome bei einem Rezidivfall weit weniger schwer als bei der Primärinfektion, die Hautläsionen sind weniger zahlreich, nicht so schmerzhaft und kurzlebiger, und systemische Symptome treten nur geringfügig auf. Wiederausbrüche werden im Laufe der Zeit seltener und weniger intensiv, obwohl bei einer geringen Anzahl an HSV-Infizierten die Wiederausbrüche 5 Jahre lang oder länger häufig auftreten und schmerzhaft sein können. Wiederausbrüche können durch Fieber, Krankheit, Sonnenbrand, körperliche Erschöpfung und extreme Klimaveränderungen ausgelöst werden; es ist jedoch nach wie vor umstritten, ob emotionaler oder psychischer Streß diese Attacken auslöst.

In ungefähr der Hälfte aller Fälle gehen einem Wiederausbruch Warnsignale voraus. Diese reichen von Juck- oder Kribbelgefühlen im Genitalbereich oder einem brennenden Gefühl beim Urinieren bis zu scharfen stechenden Schmerzen in den Hinterbacken und Hüften, die für gewöhnlich ein bis zwei Tage vor dem Ausbruch der Hautbläschen auftreten. Diese Warnsymptome sollten unbedingt beachtet werden, da sie mit hoher Wahrscheinlichkeit ein Zeichen dafür sind, daß der/die Betroffene bereits infektiös ist, auch wenn noch keine Bläschen oder Geschwüre sichtbar sind.

Neuerdings weist alles darauf hin, daß das Muster der Wiederausbrüche sehr stark vom infizierenden Virustyp abhängt. Wiederausbrüche im Mund oder auf den Lippen sind bei Infektionen mit dem Virus vom Typ 1 üblich, allerdings selten bei Infektionen mit HSV vom Typ 2, während bei einer HSV-Infektion vom Typ 2 Wiederausbrüche im Genitalbereich sechsmal häufiger sind als solche im Mund.

Ein interessanter Aspekt der Genitalherpes, der erst jüngst erkannt wurde, besteht darin, daß fast die Hälfte der HSV-Infizierten, bei denen der Wiederausbruch »asymptomatisch« verläuft, lernen kann, Genitalläsionen zu erkennen, und zwar auch dann, wenn diese das klassische Erscheinungsbild der Bläschen nicht aufweisen, sondern nur in Form leichter Reizungen der Haut oder kleiner Risse in der Haut der Geschlechtsorgane zutage treten. Die Fähigkeit, solche Verletzungen als Herpes zu identifizieren, ist sehr wichtig, da sie den Betroffenen ermöglicht, so lange keine sexuellen Kontakte zu haben, solange Ansteckungsgefahr herrscht.

Ein weiterer wichtiger Punkt ist folgender: Es ist mittlerweile erwiesen, daß jemand mit Genitalherpes das Virus auch dann übertragen kann (und somit infektiös ist), wenn keine Bläschen sichtbar sind. Diese »asymptomatische« Übertragung erfolgt über Schleimsekretionen wie Speichel sowie vaginale oder zervikale Sekrete und die Samenflüssigkeit. Das bedeutet, daß jemand, der sich einmal mit *Herpes genitalis* infiziert hat, nie sicher sein kann, ob er/sie gerade ansteckend ist oder nicht.

Zwei durch Genitalherpes hervorgerufene Komplikationen sollten kurz angesprochen werden. Zum einen häufen sich die Anzeichen, daß Genitalherpes einen Menschen anfälliger für eine HIV-Infektion, also eine Ansteckung mit dem AIDS-Virus, macht. Ein Grund dürfte sein, daß offene Genitalläsionen eine HIV-Ansteckung erleichtern. Allerdings dürften auch noch andere Faktoren mitspielen, einschließlich der auf fast alle STDs zutreffenden Tatsache, daß Ansteckungsgefahr und Anfälligkeit mit der Anzahl der wechselnden Sexualpartner steigen.

Die zweite Komplikation besteht darin, daß HSV von einer schwangeren Frau auf den Fötus übertragen werden kann, wobei dieses Problem ungefähr einmal pro 3 500 Geburten auftritt und in den letzten zwei Jahrzehnten an Häufigkeit gewonnen hat. In den meisten Fällen findet die Übertragung über Kontakt mit Sekreten im Genitalbereich zum Zeitpunkt der Geburt statt, in anderen resultiert sie aus einer früheren intrauterinen Infektion, und zwar insbesondere dann, wenn die Primärinfektion mit Genitalherpes während der Schwangerschaft erfolgt ist. Die HSV-Infektion eines Neugeborenen ist eine besonders ernstzunehmende Erkrankung, da sie zu Enzephalitis (einer Infektion des Gehirns) oder zu einer den ganzen Körper befallenden Infektion führen kann, während sie sich in milderer Form auf eine Infektion der Haut, des Mundes oder der Augen beschränkt. 15 Prozent der Neugeborenen mit HSV-verursachter Enzephalitis sterben, und weitere 50 Prozent leiden unter schweren Entwicklungsstörungen, einschließlich geistiger Zurückgebliebenheit und Blindheit; 60 Prozent der Neugeborenen mit einer disseminierten, also den ganzen Körper befallenden HSV-Infektion sterben ebenfalls.

Frühere Vermutungen, wonach HSV möglicherweise Zervikalkrebs verursacht, haben sich in der Zwischenzeit zum großen Teil als unbegründet erwiesen.

Diagnose und Behandlung

Herpes genitalis wird zumeist anhand seines klinischen Erscheinungsbildes diagnostiziert, obwohl es andere sexuell übertragbare Krankheiten gibt, die sich ähnlich manifestieren und somit leicht mit dieser Krankheit verwechselt werden können.

Es gibt zwei Anhaltspunkte, die für die Diagnose besonders wichtig sind: 1. Im Gegensatz zum Schanker bei Syphilis im Primärstadium bestehen die Hautläsionen einer Genitalherpes aus Bläschen oder Geschwürbildungen, die in Gruppen auftreten. 2. Im Gegensatz zu den von anderen Geschlechtskrankheiten (einschließlich der Syphilis) verursachten Geschwürbildungen im Genitalbereich reagieren die Hautläsionen der Genitalherpes bei Berührung mit Schmerzen.

Zur Untermauerung der Diagnose kann eine Viruskultur im Labor angelegt oder eine Blutprobe entnommen werden, um festzustellen, ob die Zahl der Herpes-simplex-Antikörper angestiegen ist. Ein Abstrich von den Hautläsionen, der mikroskopisch untersucht wird, dient ebenfalls einer genauen Diagnose, da auf diese Weise die charakteristischen Veränderungen sichtbar werden.

Herpes genitalis ist zwar unheilbar, aber es gibt ein virenwirksames

Medikament namens Acyclovir, das sowohl Intensität als auch Dauer der Symptome eines Primärausbruches mindert. Auch wenn Acyclovir die Schwere eines Rezidivfalles nicht wirklich beeinflussen kann, hat es bei Personen, die unter häufigen und besonders symptomatischen Attacken leiden, die Anzahl der Rückfälle reduziert. Von 525 Fällen, die innerhalb des ersten Jahres nach dem Primärbefall unter mindestens sechs Genital-herpes-Attacken litten und dann drei Jahre lang ununterbrochen mit Acy-clovir behandelt wurden, kam es bei 61 Prozent im dritten Behandlungsjahr zu überhaupt keinem Wiederaufflammen der Krankheit mehr, und es wur-den auch keine nennenswerten Nebenwirkungen beobachtet. Das Problem bei solchen Langzeitbehandlungen ist jedoch die potentielle Gefahr, daß sich resistente Herpes-simplex-Stämme entwickeln können und befürchtet werden muß, daß eine wahllose Verabreichung von Acyclovir einen noch virulenteren Herpesstamm hervorruft, der sich sodann verbreiten kann.

Im folgenden bieten wir mehrere praktische Hinweise für einen opti-malen Umgang mit Genitalherpes.

1. Ein leichtes schmerzstillendes Mittel wie Aspirin oder ein Aspirin-surrogat wie p-Azetaminophene (z. B. Paracetamol) oder Ibuprofen bezie-hungsweise ein rezeptfreies Oberflächen-Anästhetikum (am besten in Form eines Sprays) können lokal helfen und die Beschwerden lindern.

2. Eine nicht eng anliegende Unterbekleidung aus Baumwolle hilft die Hautreizung zu lindern, wobei Frauen auf Bodies verzichten sollten, so-lange sie externe Läsionen haben, und Männer auf zu enge Sportbeklei-dung, da jede Reibung in der Leistengegend die Symptome verschlimmern und den Abheilungsprozeß verzögern kann.

3. Eine sorgsame Körperhygiene ist besonders wichtig. Mehrmals täg-lich durchgeführte Waschungen der befallenen Stellen mit nichtreizenden Seifen und warmem Wasser (vermeiden Sie Seifen, die Hautlotionen oder Deodorants enthalten, da diese Inhaltsstoffe in manchen Fälle sehr reizend wirken) nebst sanftem, aber gründlichem Abtrocknen der Genitalien kann ebenfalls wohltuend sein. Verwenden Sie immer saubere Handtücher und betupfen Sie die Stelle, anstatt sie trockenzureiben. *Sorgen Sie unbedingt dafür, daß Handtücher und Waschlappen, die mit den Herpesläsionen in Berührung gekommen sind, nicht mit anderen Körperstellen in Kontakt kommen.* (Es ist ratsam, die Tücher nach einmaligem Gebrauch zu wa-schen.) Manchmal hilft es, die Läsionen mehrmals täglich mit warmer Luft, etwa aus einem Föhn, zu trocknen, insbesondere, wenn sie nässen. Nach Berührung der Genitalien sollten unbedingt die Hände gewaschen werden, damit Sie die Infektion nicht unabsichtlich auf Augen oder Mund übertra-gen.

4. Vermeiden Sie während eines Rezidivausbruches das Tragen feuchter oder nasser Kleidungsstücke wie Badeanzüge.

5. Verzichten Sie eine Zeitlang auf körperlich anstrengende und stark mechanische Aktivitäten. Abzuraten ist von Radfahren und Langstreckenläufen sowie intensivem Tanzen. (Sobald die Läsionen im Begriff sind, abzuheilen, können diese Aktivitäten langsam wiederaufgenommen werden).

6. Verwenden Sie mehrmals täglich ein Desinfektionsspray (wir empfehlen solche, die üblicherweise in Krankenhäusern und Kliniken verwendet werden), um bakterielle Sekundärinfektionen in den Läsionen zu vermeiden, sobald sie aufbrechen.

Unserer Ansicht nach ist es ausgesprochen fahrlässig, während einer Herpesattacke irgendeinen sexuellen Kontakt zu haben. Bei einer Erstinfektion sollten Sie bis zu zehn Tagen nach völligem Abheilen der Läsionen auf Sex verzichten, bei Rezidivausbrüchen ist bis zu zwei Tagen nach dem Abheilen abzuwarten. Jemand, der *Herpes genitalis* hat und ein Brennen, Jucken oder Kribbeln im Genitalbereich verspürt, *bevor* ein Wiederaufflammen der Infektion offensichtlich ist, sollte ebenfalls eine Zeitlang keinen Sexualkontakt haben, da das Risiko der Virusübertragung zu diesem Zeitpunkt besonders hoch ist.

Wie wir bereits weiter oben gesagt haben, ist *Herpes genitalis* eine chronische Krankheit, wobei manche Menschen das Virus übertragen, auch wenn sie gerade unter keiner symptomatischen Attacke leiden. Das bedeutet, daß man das Risiko einer Virusübertragung nie mit Sicherheit ausschließen kann. Wenn Sie Virusträger sind, ist es daher ratsam, ein Kondom zu verwenden. Kondome sind zwar keine Garantie, daß Ihr Partner sich nicht anstecken wird, aber sie verringern auf jeden Fall das Risiko.

Die Behandlung schwangerer Frauen mit Genitalherpes muß zwar von Fall zu Fall verschieden und auf der Grundlage biomedizinischer Überlegungen erfolgen, doch bis dato gibt es keinen Beweis, daß die Verabreichung von Acyclovir in den letzten Wochen vor der Geburt eine neonatale Herpesinfektion verhindert. Die präventive Funktion eines Kaiserschnitts bei Gebärenden mit Herpes ist äußerst umstritten.

Papeln

Papeln (*Kondylomata acuminata*) oder Feigwarzen sind trockene, gewöhnlich schmerzfreie Warzen, die in oder nahe der Genitalien und rund um den Anus auftreten. Obwohl Papeln seit der Antike bekannt sind, wurde weder ihr Wesen noch ihre Bedeutung bis vor wenigen Jahren wirklich verstanden. Im Mittelalter dachte man zum Beispiel irrtümlich, sie seien eine Form der Syphilis; später waren die Experten überzeugt, sie würden durch die Gonorrhöe verursacht. Bis 1945 wurde die Tatsache, daß diese Warzen ansteckend und durch Sexualkontakt leicht übertragbar sind, von den Ärzten heftig geleugnet. Erst als nach dem Korea-Krieg eine Studie den Ausbruch von Papeln bei den Ehefrauen der heimgekehrten Soldaten belegte, ließ sich die medizinische Fachwelt überzeugen, daß es sich dabei tatsächlich um eine sexuell übertragbare Krankheit handelte.

Heute erfährt diese einst nichtbeachtete STD aufgrund ihrer weiten Verbreitung und ihrer gesundheitlichen Implikationen dafür umso mehr Aufmerksamkeit. Allein in den USA sind gegenwärtig schätzungsweise 12 Millionen Menschen von dieser Krankheit befallen, wobei Jahr für Jahr 750000 Neuerkrankungen gemeldet werden. Auslöser für die Papeln ist ein sexuell übertragenes Virus, das Humanpapillomavirus (HPV). Die Papeln selbst sind gewöhnlich rosa oder weißlichgrau mit einer blumenkohlähnlichen Oberfläche.

Ein HPV-Träger überträgt die Krankheit auf rund zwei Drittel seiner Sexualpartner. Die Inkubationszeit beträgt sechs bis acht Wochen. Gewiß ist, daß die Infektion durch direkten Kontakt mit den Läsionen übertragen wird, allerdings gibt es nunmehr Beweise, daß das Virus auch über die Samenflüssigkeit weitergegeben wird.

Wenn die Epithelzellen (das Epithelium ist das Zellgewebe, das die äußere oder innere Oberfläche des Körpers bedeckt) mit dem HPV infiziert werden, erfahren sie eine Umwandlung, bei der sie sich ununterbrochen teilen und somit den Aufbau abnormalen Gewebes auslösen, das schließlich zur Warze wird.

Früher galten Papeln zwar als primär kosmetisches und nicht so sehr als gesundheitliches Problem, doch heute weiß man, daß der auslösende Virusstamm ein Langzeitverursacher von Krebs an der Zervix und anderen Krebsformen im Anal- und Genitalbereich einschließlich des Peniskrebses ist. So ergab eine umfassende Studie mit Kontrollgruppen in Lateinamerika, daß eine Infektion der Zervix mit HPV vom Typ 16 oder 18 bei Frauen mit Zervikalkrebs um mehr als das Doppelte häufiger auftrat als bei den Kontrollgruppen. Das Humanpapillomavirus kann zwar sicherlich nicht als Alleinverursacher dieser Krebsformen gelten, aber es werden gegenwärtig Theorien erarbeitet, die erklären sollen, welche Rolle diese immerhin weitverbreiteten Viren bei der Bildung bösartiger Geschwüre spielen und warum nur manche HPV-Träger an diesen Krebsarten erkranken.

In einer Studie, die an schwangeren Frauen durchgeführt wurde, stieß man bei 29 Prozent auf HPV; die oben genannte Lateinamerikastudie stellte bei 32 Prozent der Frauen in der Kontrollgruppe eine HPV-Infektion an der Zervix fest; und eine jüngste Untersuchung amerikanischer Universitätsstudenten ergab, daß erstaunliche 46 Prozent der jungen Frauen mit HPV infiziert waren. Die männlichen Sexualpartner der HPV-infizierten Frauen sind häufig ebenfalls infiziert. So ergab eine Untersuchung, daß fast drei Viertel der Männer Papeln im Genitalbereich aufwiesen. Da Papeln außerdem häufig mit anderen sexuell übertragbaren Krankheiten koexistieren, sollten sich HPV-Träger auf jeden Fall auf eine mögliche asymptomatische Gonorrhöe, Chlamydien-Infektion oder Syphilis untersuchen lassen. Zur Zeit geht man davon aus, daß Papeln vor allem unter Jugendlichen und jungen Erwachsenen auftreten – und zwar in exakt derselben Altersgruppe wie die Gonorrhöe.

Symptome

Obwohl die Papeln zumeist auf den Geschlechtsteilen auftreten (oder in ihrem Inneren), kann man sie auch an anderen Stellen, etwa im Mund, auf dem Augenlid, auf den Lippen und Brustwarzen und um den Anus, bekommen. (Genitalwarzen sind keine gewöhnlichen Hautwarzen, die am ganzen Körper auftreten können.)

Beim Mann können die Warzen an jeder beliebigen Stelle auf dem Penis auftreten. Zu den üblichen Stellen gehören der gerade noch versteckte Teil der Penisöffnung (wo sie zumeist ein stark gerötetes Erscheinungsbild haben), am Frenulum, auf der Penisspitze oder an der Corona sowie an der Innenoberfläche der Vorhaut und entlang des Penisschaftes. Das Erscheinungsbild der Warzen kann von winzig kleinen, vereinzelten, punktartigen Verwachsungen bis hin zu großen, unregelmäßigen und an ihren Oberflächen rauhen Warzen reichen, die vom Penis abstehen.

Bei der Frau treten die Warzen üblicherweise an der Labia, der Scheidenöffnung, im inneren Drittel der Vagina und an der Zervix auf. In manchen Fällen erscheinen sie als relativ isolierte graurosa Gewebsfetzen, während bei anderen Fällen das Wachstumsmuster äußerst unangenehm sein kann, da die Warzen buchstäblich den gesamten äußeren Genitalbereich bedecken können. (Ganz selten werden die Warzen so groß, daß sie zum Zeitpunkt der Geburt den Geburtskanal blockieren und einen Kaiserschnitt erfordern.) Ebenso wie beim Mann können die Warzen bei der Frau knapp innerhalb der Harnröhre wachsen.

Wenngleich die Warzen bei den meisten Menschen in erster Linie Verlegenheit hervorrufen, können sie, insbesondere wenn sie groß sind, auch mechanische Probleme (vor allem beim Geschlechtsverkehr) verursachen. Außerdem besteht bei großen Warzen ein erhöhtes Risiko einer Sekundärinfektion oder einer Geschwürbildung (häufig aufgrund der Reibung, die durch die Unterwäsche entsteht). Manchmal können die Papeln, vor allem wenn sie groß sind, zu bluten beginnen.

Diagnose und Behandlung

Dem medizinisch geschulten Auge bleiben Papeln für gewöhnlich nicht verborgen. Da ähnliche Läsionen (*Kondylomata lata*) bei Syphilis im Sekundärstadium auftreten, empfehlen wir die gleichzeitige Untersuchung einer Blutprobe auf Syphilis. Gegenwärtig werden Tests durchgeführt, um die spezifische DNA der Humanpapillomaviren festzustellen, allerdings weiß man noch nicht, inwieweit sich mögliche Ergebnisse auf die Behandlung auswirken werden.

Es gibt keine Therapie, die eine HPV-Infektion tatsächlich heilt. Daher besteht das Behandlungsziel in der bloßen Entfernung sichtbarer oder symptomatischer Warzen. Zu den Behandlungsmethoden gehören:

1. das Auftragen einer Flüssigkeit mit Podophyllingehalt, einer kaustischen Chemikalie, die die Warzen »wegbrennt«, wenn sie über einen kurzen Zeitraum regelmäßig aufgetragen wird (das muß beim Arzt oder in einer Klinik erfolgen und sollte bei Schwangeren unterlassen werden);

2. die Verwendung von Trichloressigsäure, die einmal wöchentlich auf die Warzen aufgetragen wird;

3. der Einsatz einer Kohlendioxid-Laserchirurgie, um die Warzen schmerzfrei wegzubrennen;

4. das Einfrieren der Warzen mit Flüssigstickstoff, der sie zumeist nach einer oder zwei Behandlungen zerstört;

5. die Verwendung eines Proteins namens Interferon, das in die Warzen injiziert wird.

Keine dieser Behandlungen ist eine Garantie, daß die Warzen nicht wiederkehren, und keine beseitigt die HPV-Infektion, da das Virus im Gewebe neben einer Warze, die auf chemischem oder chirurgischem Wege entfernt wurde, weiterlebt.

HPV-Träger sollten beim Geschlechtsverkehr Kondome verwenden, um das Übertragungsrisiko zu verringern. (Aus Sicherheitsgründen sollte das auch dann erfolgen, wenn die Warzen nicht sichtbar sind.) Außerdem sollte jemand, der mit einem HPV-Träger in Kontakt kam, zum Arzt gehen, um festzustellen, ob eine Behandlung erforderlich ist.

Virushepatitis

Die Virushepatitis ist eine Leberinfektion, die von einer der verschiedenen Hauptarten der Hepatitis ausgelöst wird, wobei man zwischen Hepatitis A, B, C, D und E unterscheidet. Die Schwere der Krankheit reicht von einer leichten kurzfristigen Infektion bis hin zu einer virulenten Form, die rasch tödlich verlaufen kann. Zu den üblichen Symptomen gehören Fieber, Appetitlosigkeit, Übelkeit und Erbrechen sowie grippeähnliche Symptome; Gelbsucht (eine gelbliche Verfärbung der Haut) und Bauchschmerz sind ebenfalls charakteristisch. Bei den meisten Fällen klingt die akute Erkrankung nach zwei bis drei Wochen ab, wobei die Leberfunktion normalerweise nach einigen Monaten rehabilitiert ist. Dennoch tragen 10 Prozent der Hepatitis-B-Patienten und 50 Prozent der Hepatitis-C-Patienten einen chronischen Leberschaden davon, der sich manchmal nach Jahren zu einer Zirrhose entwickelt und zum Tod führt.

Hepatitis A wird hauptsächlich auf dem fäkal-oralen Weg übertragen. Früher wurde sie generell mit Überbevölkerung, mangelnder Körperhygiene, schlechten sanitären Verhältnissen und verseuchtem Essen und Wasser in Verbindung gebracht, wobei ein ebenfalls typischer Modus die Übertragung durch verseuchte Injektionsnadeln ist. Jüngere Forschungsergebnisse zeigten, daß männliche Homosexualität aufgrund häufigen oral-analen Kontakts ebenfalls als Risikofaktor für diese STD einzustufen ist, obwohl in den achtziger Jahren nicht einmal 10 Prozent der Fälle auf diese Risikogruppe entfielen. 1991 kam es unter homosexuellen Männern zu einem plötzlichen Anstieg an Hepatitis-A-Erkrankungen, wobei vermutet wurde, daß erneut zu riskanten sexuellen Praktiken übergegangen wurde, bei denen das Virus übertragen wird. Eine Hepatitis-A-Übertragung unter Heterosexuellen ist ebenfalls möglich, allerdings geht aus umfassenden Bevölkerungsstudien hervor, daß der Risikofaktor hier eher niedrig ist. Das dürfte in erster Linie darauf zurückzuführen sein, daß der oral-anale Kontakt unter heterosexuellen Paaren unüblich ist. In den Vereinigten Staaten werden jährlich rund 30 000 Hepatitis-A-Fälle gemeldet.

Hepatitis B, an der in den USA schätzungsweise 200 000 Menschen pro Jahr erkranken, kann auf mehreren Wegen übertragen werden, wobei jedoch die Übertragung hauptsächlich über Blut oder Blutprodukte erfolgt (entweder über Blut-Transfusionen, gemeinsam benutztes Fixer-Besteck oder versehentlichen Kontakt). Da das Hepatitis-B-Virus in der Samenflüssigkeit, im Speichel, in Vaginalsekreten und anderen Körperflüssigkeiten identifiziert wurde, besteht auch ein hohes sexuelles Übertragungsrisiko. Das Virus kann durch buchstäblich jede Form der sexuellen Aktivität übertragen werden, sei es Küssen oder oral-genitaler Sex. Obwohl homosexuelle Männer anscheinend die höchste Vorkommenshäufigkeit vergangener und gegenwärtiger Hepatitis-B-Erkrankungen aufweisen, ist in den USA der Anteil der Fälle, die auf homosexuelle Sexualaktivität zurückzuführen sind, zwischen 1981 und 1988 um 62 Prozent gesunken. Im selben Zeitraum ist die heterosexuelle Übertragungshäufigkeit wesentlich angestiegen und steht heute für 26 Prozent aller Erkrankungen (dieser Umstand ist hauptsächlich darauf zurückzuführen, daß andere Hepatitis-B-Übertragungsmodi – etwa über Bluttransfusionen oder unter Homosexuellen – infolge der AIDS-Problematik rückläufig waren). Jüngste Informationen lassen vermuten, daß Analverkehr und die Tatsache, daß kaum noch vaginale Verhütungsmittel verwendet werden, eine sexuelle Übertragung der Hepatitis-B auf Frauen erleichtern. Ein zusätzlicher Schlüsselfaktor für das Übertragungsrisiko unter Heterosexuellen ist Sexualverkehr mit zahlreichen Partnern.

Hepatitis-B-Infektionen sind vielfach vollkommen asymptomatisch oder subklinisch; sie sind so leicht, daß sie eher wie kurzfristige, grippeähnliche Erkrankungen anmuten. Rund 5 bis 10 Prozent der Hepatitis-B-Infizierten werden zu chronischen Virusträgern, die zwar selbst nicht krank werden, aber für andere dennoch ansteckend sind. Alle anderen werden für gewöhnlich immun. Chronische Virusträger stellen nicht nur ein Potential für Neuinfektionen, sondern haben auch ein erhöhtes Risiko, im Verlauf ihres Lebens an Leberkrebs zu erkranken oder ein Leberversagen zu erleiden.

Hepatitis C tritt jährlich rund 150 000 Mal auf. Obwohl Hepatitis C dafür bekannt ist, in über 90 Prozent aller Fälle infolge einer Infusion aufzutreten, ist nicht einmal ein Zehntel aller Fälle auf Bluttransfusionen zurückzuführen. Der vermutlich häufigste Übertragungsmechanismus erfolgt unter Drogensüchtigen, die ihr Besteck austauschen. Die heterosexuelle Übertragung spielt bei der Ausbreitung dieser Hepatitisform allerdings auch eine zunehmende Rolle, auch wenn neue Untersuchungen ergeben haben, daß die Hepatitis C weit weniger rasch sexuell übertragen wird als die Hepatitis B.

Hepatitis D, beziehungsweise Delta-Hepatitis, wurde erst in den siebziger Jahren entdeckt und gilt in den USA als unübliche Infektionskrankheit. Das Hepatitis-D-Virus benötigt als Voraussetzung für seine Vermehrung das Vorhandensein einer Hepatitis B. Das Virus setzt sich gewissermaßen auf den Rücken des Hepatits-B-Virus, und zwar entweder zum Zeitpunkt, da eine akute Hepatitis-B-Infektion auftritt, oder zu einem späteren Zeitpunkt, wenn sich ein chronischer Hepatitis-B-Träger mit dem Hepatitis-D-Virus infiziert. In beiden Fällen handelt es sich um eine sehr schwere Infektion, die häufig zum Tod führt oder gravierende Dauerschäden an der Leber anrichtet. Im Gegensatz zu anderen Hepatitis-Arten tritt diese Hepatitis in Form von ausgedehnten epidemischen Ausbrüchen in entlegenen Regionen auf, insbesondere im Mittelmeerraum und im Nahen Osten; relativ selten ist sie in Nordeuropa, in der westlichen Hemisphäre, in China und in Südostasien. Ein wesentlicher Übertragungsmechanismus dürfte gemeinsam benutztes Besteck unter Drogensüchtigen sein, allerdings hat sich gezeigt, daß homosexuelle Männer und nicht drogensüchtige Prostituierte ebenfalls mit Hepatitis D infiziert waren. Die sexuellen Übertragungsmechanismen dieser Hepatitis-Form sind noch weitgehend unbekannt.

Hepatitis E findet sich in Nordafrika und Asien; in den USA wurden laut Angaben der CDCs bislang nur wenige Virusträger festgestellt, die sich durchwegs im Ausland angesteckt hatten.

Eine Hepatitis-Erkrankung läßt sich anhand von klinischen Symptomen, einer Anamnese früherer Infektionen oder körperlicher Erscheinungsbilder wie Gelbsucht vermuten, die Diagnose erfolgt jedoch durch Labortests, bei denen anhand von Blutproben Anomalien der Leberenzyme und das spezifische Erregervirus anhand von Antigen- und Antikörperreaktionen festgestellt werden. Es gibt für diese Virusinfektionen keine spezifische Heilung; die Behandlung ist im allgemeinen auf die Symptome zugeschnitten und beinhaltet während der akuten Phase strenge Bettruhe und danach eine nur schrittweise Wiederaufnahme der alltäglichen Aktivitäten.

Zum Glück kann eine Hepatitis-Erkrankung durch eine Reihe von Impfstoffen verhindert werden, die in den letzten 15 Jahren entwickelt wurden. In Europa wurde 1992 ein Hepatitis-A-Impfstoff freigegeben, der in den USA allerdings noch nicht zur Verfügung steht. Der Impfstoff zur Prävention von Hepatitis B ist überall erhältlich und relativ sicher und wirksam. Außerdem wird nunmehr empfohlen, daß alle, die einem erhöhten Ansteckungsrisiko mit Hepatitis B ausgesetzt sind, also homosexuelle oder bisexuelle Männer, Heterosexuelle mit wechselnden Sexualpartnern, Personen, die illegale Drogen injizieren, alle im Gesundheitswesen Beschäftigten und die Angehörigen von Hepatitis-B-Trägern geimpft werden. Für Hepatitis C gibt es keinen Impfstoff. Da Hepatitis D nur mit früheren oder akuten Hepatitis-B-Infektionen einhergeht, kann sie durch den Hepatitis-B-Impfstoff wirksam verhindert werden.

Vaginalinfektionen

Vaginitis

Vaginalinfektionen zählen zu den häufigsten gynäkologischen Beschwerden unter postpubertären Jugendlichen und jungen Erwachsenen; davon abgesehen, sind sie der Grund für sexuelle Unannehmlichkeiten und persönliche Schamgefühle. Wenngleich der Begriff »Vaginitis« oft als Synonym für »Vaginalinfektion« angeführt wird, sollte hervorgehoben werden, daß es auch nichtinfektiöse Formen der Vaginitis gibt: Einfach erklärt, bezieht sich Vaginitis auf alle möglichen Entzündungen im Vaginalbereich.

Allergische Vaginitis und Vaginitis, die durch chemische Reizung ausgelöst wird, sind relativ selten. Atrophische Vaginitis (verursacht durch Östrogenmangel) wird im sechzehnten Kapitel noch genauer besprochen. Hier wollen wir auf die beiden üblichsten Arten der infektiösen Vaginitis eingehen.

Trichomonas vaginalis wird von einem ungewöhnlichen Organismus, einem sogenannten Einzeller, ausgelöst, wobei es sich in Wirklichkeit um einen mikroskopisch kleinen, einzelligen Parasiten handelt. Er wird ausnahmslos auf sexuellem Wege übertragen und ist extrem ansteckend. 85 Prozent der weiblichen Partner infizierter Männer und 40 Prozent der männlichen Partner infizierter Frauen stecken sich an. Während die meisten infizierten Männer asymptomatisch sind (ein geringer Prozentsatz leidet unter Urethritis), löst eine trichomonale Infektion bei Frauen eine Art der Vaginitis aus, die in der Regel sehr lästig ist. Die entscheidenden Merkmale sind ein starker, oft übelriechender, schaumiger gelblicher oder grünlich-weißer Ausfluß, starker Juckreiz in der Vagina sowie Schmerzen beim Geschlechtsverkehr. Die Symptome setzen häufig während oder unmittelbar nach der Periode ein. Die Diagnose erfolgt durch mikroskopische Untersuchung oder Anlegen einer Zellkultur. Zur Behandlung werden gewöhnlich Metronidazol-Präparate in Tablettenform verschrieben, die von der betroffenen Frau *und* ihrem männlichen Sexualpartner eingenommen werden. Eine Nichtbehandlung des männlichen Partners erhöht die Gefahr einer »Pingpong«-Wirkung, das heißt, die Frau ist vorübergehend geheilt, um dann von ihrem Partner gleich wieder infiziert zu werden. Die Verwendung eines Kondoms ist anzuraten, bis die Infektion vollkommen abgeklungen ist.

Eine andere Art der Vaginitis, die *Moniliose* oder Hefepilzinfektion, ist eine Pilzinfektion, die durch vermehrtes Wachstum der *Candida albicans* ausgelöst wird. Diese Infektion, bei der vermutet wird, daß sie zum einen oder anderen Zeitpunkt drei Viertel aller Frauen befällt, ist gewöhnlich durch Juckreiz an der Vulva und/oder in der Vagina, dickflüssigen, weißlich-käsigen und geruchsfreien Ausfluß und Brennen beim Geschlechtsverkehr gekennzeichnet. Sie wird bei nur etwa 30 Prozent aller Fälle auf sexuellem Wege übertragen. Andere übliche Faktoren, die einer Moniliose Vorschub leisten, sind eine Schwangerschaft, die Einnahme einer Antibabypille mit hohem Östrogengehalt und Diabetes. Eine Hefepilzinfektion tritt auch häufig mit der Einnahme von Breitbandantibiotika wie etwa Tretracyclinen oder Ampicillin auf und ist besonders üblich unter Frauen, die sich einer Langzeitbehandlung mit Corticosteroiden wie Cortison oder Prednison unterziehen müssen. Die Antibiotika dürften den natürlichen mikrobiologischen Haushalt in der Vagina verändern, indem sie die Anzahl der in der Vagina vorhandenen schützenden Mikroorganismen reduzieren, deren Aufgabe es ist, eine Invasion oder Überhandnahme von *Candida albicans* zu verhindern, während die Corticosteroide einerseits die immunologische Abwehr des Körpers verändern und zum anderen ebenfalls in den mikrobiologischen Haushalt in der Vagina eingreifen.

Die Diagnose einer Hefepilzinfektion wird entweder durch mikroskopische Untersuchung eines Vaginalabstriches erstellt, um die charakteristischen Pilzfäden oder -sporen zu identifizieren, oder durch Anlegen einer Vaginalkultur. Die Behandlung erfolgt mit Spezialsalben, Lotionen, Vaginaltabletten oder -zäpfchen, unter anderem mit Miconazol, Nystatin, Clotrimazol und ähnlichen Produkten. Bei einer leichten Infektion reicht für gewöhnlich eine Behandlungsdauer von drei bis fünf Tagen, bei schweren oder Rezidivfällen sind längere Behandlungsperioden (eine bis zwei Wochen) effektiver (in Verbindung mit einer HIV-Infektion kann die Hefepilzinfektion besonders virulent sein und sich gegenüber herkömmlichen Medikamenten als resistent erweisen). Die dreimal tägliche orale Einnahme von Nystatin kann sich als wirksam erweisen, wenn andere Medikamente nichts genützt haben.

Eine jüngste Studie läßt Hoffnung bezüglich verbesserter Präventivmaßnahmen aufkommen: Laut dieser Studie wird die Gefahr einer Hefepilzinfektion durch den täglichen Verzehr von rund 250 Gramm Joghurt, das den *Lactobacillus acidophilus* enthält, stark eingeschränkt, wenn es für einen Zeitraum von sechs Monaten konsumiert wird. Da nicht alle Joghurtsorten diesen Bazillus enthalten, ist es entscheidend, daß man das richtige Joghurt (gewöhnlich in Reformhäusern) erwirbt.

Obwohl normalerweise eine Behandlung des Sexualpartners einer betroffenen Frau nicht notwendig ist, so ist sie in besonders hartnäckigen Fällen dennoch anzuraten. Da eine Hefepilzinfektion auch im Mund auftreten kann, ist von oral-genitalem Verkehr vorübergehend abzusehen, um festzustellen, ob das eine mögliche Ursache für eine Neuinfektion ist.

Bakterielle Vaginose

Die bakterielle Vaginose ist eine Vaginalinfektion, die früher als nichtspezifische Vaginits oder *Haemophilus vaginitis* bekannt war. Der Begriff »Vaginose« hat sich gegenüber der Bezeichnung »Vaginitis« durchgesetzt, da bei dieser Erkrankung Anzeichen einer Entzündung (wie Rötung und Empfindlichkeit) für gewöhnlich nicht gegeben sind; in der Medizin bezieht sich das Suffix »-itis« aber üblicherweise auf eine Entzündung. Außerdem weiß man heute, daß das Bakterium *Haemophilus vaginalis*, nunmehr umbenannt auf *Gardnerella vaginalis*, nur eines von mehreren Bakterien ist, die diese Störung auslösen, auch wenn es in 95 Prozent aller Vaginalkulturen auftritt. Das Hauptproblem dürfte darin bestehen, daß die normalerweise in der Vagina vorhandenen bakteriellen Schutzorganismen zahlenmäßig einen drastischen Rückgang erfahren, während die infizierenden Bakterien überhandnehmen. Infolge dieses Überhandnehmens kommt es zu weißlich-grauem Ausfluß, der einen fauligen »Fischgeruch« abgibt und zumeist von Brennen und Juckreiz begleitet wird. Allerdings sind diese Symptome in der Regel weit weniger heftig als bei vielen anderen Vaginalinfektionen.

Bakterielle Vaginose ist besonders unter sexuell aktiven Frauen verbreitet. Rund 15 Prozent der Studentinnen an den amerikanischen Universitäten, die sich einer gynäkologischen Untersuchung unterziehen, 10 bis 25 Prozent der schwangeren Frauen und 40 Prozent der Frauen, die an einer Klinik für sexuell übertragbare Krankheiten untersucht werden, sind von ihr betroffen. Viele dieser Infektionen sind jedoch asymptomatisch, wobei ihre Langzeitauswirkung nicht bekannt ist. *G. vaginalis* wird häufig in den Harnröhren solcher Männer festgestellt, deren weibliche Sexualpartner von dieser Störung betroffen sind. Die Behandlung erfolgt entweder mit Metronidazol in Tablettenform oder mittels eines Antibiotikums namens Clindamycin, das als intravaginale Salbe verabreicht wird. Die Behandlung des männlichen Partners scheint nach heutigem Wissensstand nicht erforderlich. Der männliche Partner sollte aber auf jeden Fall ein Kondom verwenden, und zwar nicht nur, um seine eigene Ansteckungsgefahr zu mindern, sondern auch, um die Übertragung anderer Pathogene (insbesondere der Gonorrhöe) zu verhindern, für die eine Frau mit bakterieller Vaginose besonders anfällig sein kann.

Wie Vaginalinfektionen vorgebeugt werden kann

Vaginalinfektionen, von denen Millionen Frauen betroffen sind, sind aufgrund ihrer Symptome, ihres häufig ungewissen Ursprungs und der emotionalen Konflikte, die sie gelegentlich auslösen, sehr unangenehm. Zwar sind die meisten Vaginalinfektionen relativ leicht heilbar, allerdings ist das nicht immer der Fall: Chronische, wiederkehrende Vaginitis ist eine frustrierende, manchmal extrem ärgerliche Störung. Hier ein paar Anregungen, wie man Vaginalinfektionen vermeiden kann:

1. Häufige Intimduschen können die wichtigen natürlichen Bakterien in der Vagina zerstören und zu einem Überhandnehmen pathologischer Mikroorganismen führen, die die Infektion verursachen. Außerdem reduziert häufiges Vaginalduschen den natürlichen Säuregehalt der Vagina, wodurch die Anfälligkeit für Vaginalinfektionen steigt. Unser Rat: Unterlassen Sie Vaginalduschen entweder zur Gänze oder schränken Sie sie auf maximal ein- bis zweimal monatlich ein.

2. Unterwäsche aus Nylon oder synthetischen Fasern halten Wärme und Feuchtigkeit zurück und schaffen damit eine günstige Umgebung für das Wachstum von Bakterien und Pilzorganismen. Tragen Sie daher Unterwäsche aus Baumwolle, die nicht zu eng sein darf, da eine gute Durchlüftung hilft, Vaginalinfektionen vorzubeugen.

3. Wenn möglich, sollten Sie von der langfristigen Einnahme eines Breitbandantibiotikums absehen, da auf diese Weise einem Wuchern von Hefepilzen in der Vagina Vorschub geleistet werden kann. Frauen, bei denen die Hefepilzinfektion immer wiederkehrt, sprechen möglicherweise auf prophylaktische Spezialsalben oder -zäpfchen an, wenn sie aufgrund anderer Krankheiten eine langfristige Behandlung mit Antibiotika erfordern.

4. Sollten Sie mit Ihrem Partner Analverkehr haben, sollte der Penis niemals unmittelbar anschließend in die Vagina eingeführt werden, da auf diese Weise Bakterien aus dem Darmtrakt in das Umfeld der Vagina gelangen. (Den Penis zu waschen reicht oft nicht aus, da die Bakterien in die Harnröhre des Mannes gelangt sein können.)

5. Nach dem Urinieren oder der Stuhlabgabe sollten Sie sich immer durch eine Bewegung säubern, die von vorne nach hinten erfolgt, damit Bakterien aus dem Rektum nicht unbeabsichtigt in den Vaginalbereich gelangen.

6. Benutzen Sie keine Intim-Hygienesprays, da sie Hautreizungen im Bereich der Vulva und der Vaginaauskleidung hervorrufen können. Eine chemische Reizung erleichtert es den eindringenden Bakterien, eine Infektion auszulösen.

7. Wenn Sie mehr als einen Sexualpartner haben, fordern Sie sie auf, sich vom Arzt untersuchen zu lassen. Viele Männer, die Organismen in sich tragen, mit denen eine Vaginitis ausgelöst werden kann, sind vollkommen asymptomatisch. Aussagen wie: »Ich weiß, daß ich nichts habe, weil ich es sofort spüre, wenn was nicht stimmt« sind keine Garantie.

8. Eine vorübergehende sexuelle Enthaltsamkeit mag beim Auftreten einer Vaginalinfektion ratsam sein. Auf diese Weise kann sich Ihr Vaginalgewebe entsprechend erholen. Sexuelle Erregung und intravaginale Reibungen rufen in der Vagina möglicherweise mechanische und chemische Veränderungen hervor, die bei gleichzeitigem Vorhandensein einer Infektion sehr irritierend sein können. Nichtkoitaler Sex kann in diesem Zeitraum eine Alternative sein; außerdem empfinden die meisten Frauen während einer Vaginalinfektion jede Art der sexuellen Erregung als ausgesprochen unangenehm, da die verstärkte Durchblutung im Gewebe der Vagina zugleich den Juckreiz und das brennende Gefühl im Vaginalbereich verstärkt.

Vierzehntes Kapitel
HIV-Infektion und AIDS

1981 wurde die neueste und zugleich bedrohlichste sexuell übertragbare Krankheit erstmals dokumentiert. AIDS steht für *Acquired Immune Deficiency Syndrome*, ist eine verheerende Krankeit und wird infolge einer Ansteckung mit dem *Human Immunodeficiency Virus* (HIV) ausgelöst. Kennzeichnend für diese Krankheit ist der Zusammenbruch des körpereigenen Abwehrsystems, also jenes Systems, das den Körper normalerweise vor Infektionen schützt. Aufgrund der Ausschaltung des eigenen Immunsystems fallen AIDS-Kranke einer Reihe von seltenen, sogenannten opportunistischen Infektionen zum Opfer, die man sonst nur bei Krebspatienten oder solchen Patienten kennt, deren körpereigene Abwehrkräfte nach einer Organtransplantation durch Medikamente herabgesetzt sind.

Da die ersten AIDS-Fälle primär unter homosexuellen und bisexuellen Männern sowie unter intravenös injizierenden Drogensüchtigen auftraten, wurde der HIV-/AIDS-Epidemie zunächst mit einer gewissen Gelassenheit begegnet (nach dem Motto: »Das betrifft mich nicht.«). Der anerkannte Biologe und Harvard-Professor Stephen Jay Gould faßte diese Haltung so zusammen: »Wäre AIDS zunächst aus Afrika in ein Apartment an der Park Avenue eingeschleppt worden, hätte niemand auch nur eine Sekunde gezögert, als sich die ersten Anzeichen einer Epidemie bemerkbar machten« (*New York Times Magazine*, April 1987). In Wirklichkeit steht hinter der HIV-Epidemie ein Virus, das zwischen Hautfarbe, sexuellen Vorlieben oder Klassenzugehörigkeit nicht unterscheidet. Wir wissen längst, daß Heterosexuelle in zunehmendem Maße von der Epidemie betroffen sind und daß die HIV-Infektion nicht auf bestimmte Bevölkerungsgruppen eingeschränkt werden kann. Man findet sie mittlerweile überall – auf dem College-Campus ebenso wie an den Privatschulen, in entlegenen Kleinstädten und wohlhabenden Vorstädten, unter den Reichen und Berühmten genauso wie unter den Armen, Alten, Jungen, sozial Ausgegrenzten und Obdachlosen.

In den USA zählen HIV-Infektion und AIDS heute zu den drei häufigsten Todesursachen bei Männern im Alter zwischen 15 und 44 Jahren, wobei die Krankheit sowohl für Männer als auch für Frauen, insbesondere in den Altersgruppen zwischen 20 und 40 Jahren, als für einen verfrühten

Tod hauptverantwortlich ist. Untersuchungen zufolge wurden 1990 täglich 212 Fälle mit dem Vollbild AIDS diagnostiziert, und alle 12 Minuten starb ein Mensch an AIDS. Heute muß von wesentlich höheren Zahlen ausgegangen werden. Da es nach einer Erstinfektion üblicherweise zwischen 7 und 10 Jahren dauert, bis sich AIDS voll entwickelt hat, müssen diese Angaben jedoch als bloße Spitze des Eisbergs angesehen werden, zumal die heute diagnostizierten AIDS-Fälle in erster Linie auf HIV-Infektionen zurückzuführen sind, die zur Mitte der achtziger Jahre erfolgten. Die Zahl der AIDS-Toten wird also weiterhin mit alarmierender Geschwindigkeit wachsen, es sei denn, der Forschung gelingt ein Durchbruch. Solange das nicht der Fall ist, kann jeder von uns Schutzmaßnahmen treffen, um die HIV-Ansteckungsgefahr für jeden einzelnen zu mindern. Darauf werden wir noch zurückkommen.

Es ist irreführend, das Augenmerk in erster Linie auf AIDS, das heißt die Krankheit, anstatt auf das viel umfassendere Spektrum der HIV-Infektion zu legen. Daher befaßt sich dieses Kapitel vorrangig mit der HIV-Infektion, ihren biologischen Faktoren, ihrem klinischen Verlauf, ihren sozialen und emotionalen Folgen sowie den politisch-öffentlichen Maßnahmen, die zwingend erforderlich sind, um der gefährlichsten Epidemie, von der die Welt jemals betroffen war, Einhalt zu gebieten.

Ein korrekter sprachlicher Umgang im Zusammenhang mit HIV und AIDS ist uns ein besonderes Anliegen, da die Wortwahl rasch zu unbeabsichtigten Mißverständnissen und unterschwelligen Vorurteilen führen kann. Wenn man AIDS zum Beispiel als »Plage«, also als Seuche im biblischen Sinne, bezeichnet, läuft man Gefahr, daß manche in der Krankheit eine Strafe für sündhaftes Verhalten sehen, wohingegen die Bezeichnung »Epidemie« wissenschaftlicher und weniger stigmatisierend klingt. Ebenso, wenn wir davon sprechen, AIDS den Krieg zu erklären, müssen wir immer daran denken, daß sich dieser Kampf nicht gegen den Menschen richten darf, der mit HIV infiziert ist, sondern gegen das Virus selbst.

Die HIV- und AIDS-Forschung befindet sich in einem kontinuierlichen und raschen Entwicklungsprozeß, weshalb die hier berichteten Angaben nicht auf dem allerletzten Stand sein dürften und dem Leser dringend angeraten wird, sich laufend zu informieren. Die Geschwindigkeit, mit der neue Erkenntnisse gemacht werden, ist sicherlich einer der wichtigsten Hoffnungsschimmer, daß diese Krankheit eines Tages doch heilbar sein wird: Immerhin haben wir in nur einem Jahrzehnt mehr über HIV in Erfahrung gebracht als über irgendein anderes uns bekanntes Virus. Außerdem haben wir gelernt, wie dieser Herausforderung auf einer menschlichen Ebene zu begegnen ist und wie wir uns vorbereiten müssen, um die heute noch als gewaltig anmutenden Hindernisse zu überwinden, wenn wir diese Epidemie unter Kontrolle bringen wollen. Der Kernsatz dieses Kapitels lautet jedoch, daß wir in der Lage sind, mit der Epidemie umzugehen, sie zu verhindern und ihren Verlauf vorherzusagen. Jeder von uns kann einen realen Beitrag leisten, um sie aufzuhalten.

Muster der Epidemie: ein Überblick

Den Berichten der US-Zentren für die Kontrolle von Krankheiten (*Centers for Disease Control*/CDC) zufolge waren in den USA zum Ende des Jahres 1992 rund 243 000 AIDS-Fälle gemeldet. Während AIDS in Westeuropa vergleichsweise weniger stark verbreitet ist, ist die Lage in den Großstädten Ost- und Zentralafrikas besonders alarmierend, wo Schätzungen zufolge 10 bis 20 Prozent der erwachsenen Bevölkerung mit HIV infiziert sein sollen. Hinzu kommen Regionen, die bislang von der Krankheit eher verschont schienen und neuerdings rasant steigende HIV-Infektionsraten melden. In Thailand etwa breitet sich die HIV-Infektion mit dramatischer Geschwindigkeit aus: Unter den intravenös injizierenden Drogensüchtigen in Bangkok kletterte die HIV-Infektionsrate von 1 Prozent im Jahre 1987 auf über 30 Prozent zur Mitte des Jahres 1991, während eine wachsende Anzahl weiblicher Prostituierter ebenfalls infiziert ist und nicht nur die eigenen Landsleute gefährdet, sondern auch die Zehntausenden Ausländer, die Jahr für Jahr als »Sextouristen« nach Thailand strömen. Die Gefahr noch größerer epidemischer Ausmaße wird nun auch in anderen Regionen auf der Welt offensichtlich, so unter anderem in Indien und Lateinamerika, wo die Epidemie immer mehr Fuß zu fassen scheint.

Die Zahlen liefern jedoch kein genaues Bild des vollen Ausmaßes der weltweiten Pandemie. Zum einen werden sogar in den USA viele der diagnostizierten AIDS-Fälle nie den dafür zuständigen öffentlichen Stellen gemeldet. Weiters dürften die Statistiken mancher Länder bezüglich der AIDS-Ausbreitung innerhalb der eigenen Landesgrenzen nicht korrekt und aus politischen und/oder wirtschaftlichen Gründen »beschönigt« worden sein, etwa um einen Rückgang im Fremdenverkehr abzuwenden oder um sich keine nationale Blöße zu geben. Ein weiterer Faktor, der die realen Zahlen nach unten hin verzerrt, besteht darin, daß an manchen Orten das Aufkommen von AIDS nie richtig identifiziert wird. Während also zu Jahresende 1992 »offizielle« Berichte von weltweit rund 400 000 AIDS-Fällen sprachen, lauteten die Schätzungen der Weltgesundheitsorganisation (WHO) und der amerikanischen *Centers for Disease Control*, daß es weltweit in Wirklichkeit rund 1,5 Millionen Fälle geben müsse.

Weltweite Ausbreitungsmuster der HIV-Infektion (Stand Jahresmitte 1993)

(Schätzungen der Weltgesundheitsorganisation; siehe M. H. Merson, *Slowing the Spread of HIV*, Science 260:1266, 1993)

Nordamerika	> 1 Million
Lateinamerika und Karibik	1,5 Millionen
Westeuropa	500 000
Nordafrika, Naher Osten	> 75 000
Afrika südlich der Sahara	> 8 Millionen
Osteuropa und Zentralasien	50 000
Ostasien/Pazifik	> 25 000
Süd-/Südostasien	> 1,5 Millionen
Australasien	> 25 000

Eine genaue Anzahl aller AIDS-Fälle ließe aber auch kein genaues Bild vom Ausmaß der HIV-Epidemie zu, da AIDS nur das Endstadium der HIV-Infektion bezeichnet. Angaben der öffentlichen Gesundheitsbehörde der USA zufolge sind 1,5 Millionen Amerikaner mit HIV infiziert und somit fähig, die Krankheit auf andere zu übertragen, ohne selbst noch Symptome entwickelt zu haben; weltweit schätzt man diese Zahl auf 12 Millionen Erwachsene und eine Million Kinder. (Die gegenwärtigen Prognosen für das Jahr 2000 lauten auf 40 bis 110 Millionen HIV-Infizierte weltweit.)

Anfangs herrschte noch die Hoffnung, daß nur ein geringer Anteil der HIV-Infizierten, die damals noch asymptomatisch waren, schließlich das AIDS-Vollbild entwickeln würde. Gegenwärtigen Untersuchungen zufolge dürften jedoch fast alle, die mit HIV infiziert sind, schließlich ins AIDS-Vollbild übergehen, wenn keine wirksame Behandlungsmethode gefunden wird. Da AIDS in fast allen Fällen tödlich verläuft, sind die Implikationen vernichtend. Die amerikanische Gesundheitsbehörde hat eine Prognose erstellt, wonach es in den USA bis Jahresende 1993 450 000 und bis 1998 eine Million AIDS-Kranker geben wird. Andere Prognosen vermuten, daß bis zur Jahrhundertwende zwischen einer und zwei Millionen Amerikaner die Diagnose AIDS erhalten haben werden.

Außerdem wurden zunächst weltweit zwei unterschiedliche Übertragungs- beziehungsweise Ausbreitungsmuster der Infektion vermutet. In Nordamerika, Teilen Südamerikas, Australien, Neuseeland und vielen westeuropäischen Ländern waren die meisten AIDS-Fälle entweder auf eine homosexuelle Übertragung oder auf eine Übertragung infolge intravenösen Drogenmißbrauchs zurückzuführen. Hingegen scheinen in den Ländern Afrikas und der Karibik die bei weitem meisten Fälle die Folge einer heterosexuellen Übertragung zu sein. Heute läßt sich jedoch auch in

Europa, Südamerika und in den USA das rasanteste Wachstum an Neuinfektionen und -erkrankungen in der heterosexuellen Bevölkerung beobachten. (In einem Artikel im *New England Journal of Medicine* schreibt H. W. Haverkos, daß die Zahl der heterosexuellen AIDS-Fälle in den USA von 1989 bis 1992 bei Frauen um 108 Prozent und bei Männern um 114 Prozent gestiegen sei, während die Ansteckungsrate unter homosexuellen und bisexuellen Männern im Vergleich dazu um nur 21 Prozent gestiegen sei.) Ob sich diese beiden Übertragungsmuster weiterhin so entwickeln werden oder ob die meisten AIDS-Fälle eines Tages infolge einer heterosexuellen Übertragung auftreten werden, läßt sich gegenwärtig noch nicht sagen.

In den Vereinigten Staaten entfielen 63 Prozent der ersten 100 000 AIDS-Fälle auf homosexuelle oder bisexuelle Männer, die sich nicht über intravenösen Drogenkonsum infiziert hatten; 19 Prozent waren heterosexuelle, intravenös konsumierende Drogensüchtige, 7 Prozent homosexuelle oder bisexuelle Drogensüchtige, 7 Prozent heterosexuelle Partner von Personen mit AIDS oder Personen, die einer der Risikogruppen angehörten, und 3 Prozent Personen, die sich mit kontaminierten Bluttransfusionen infiziert hatten. In Afrika teilten sich die Fälle beinahe gleichmäßig auf Männer und Frauen auf. In anderen Regionen der Welt haben sich die Statistiken im Zuge der Epidemie deutlich verschoben: In Zentral- und Südamerika, wo früher noch drei- bis zehnmal mehr Männer von AIDS betroffen waren als Frauen, hat sich das Verhältnis in der Zwischenzeit wesentlich verändert, wobei in manchen Regionen Frauen heute im selben Ausmaß betroffen sind. Tatsächlich weiß man, daß die heterosexuelle Übertragung heute nicht nur der übliche, sondern der vorherrschende weltweite Übertragungsmodus ist – der WHO zufolge ist er für rund 80 Prozent aller gemeldeten Neuinfektionen verantwortlich – und daß hinsichtlich einer Erkrankung keine Einzelgruppe mehr als »Risikogruppe« bezeichnet beziehungsweise ausgegrenzt werden kann.

In den USA ist längst offensichtlich, daß sich die HIV-Epidemie seit den ersten Fällen, als die überwältigende Mehrheit der AIDS-Patienten entweder homosexuelle oder bisexuelle Männer waren, auf signifikante Weise verändert hat. In den letzten Jahren hat sich AIDS unverhältnismäßig stark unter der wirtschaftlich armen, schwarzen und hispanischen Bevölkerung in den innerstädtischen Bereichen ausgebreitet, wobei der Primärfaktor für die Ausbreitung der Austausch infizierter Injektionsnadeln unter Drogensüchtigen war, gefolgt von einer Übertragung durch HIV-Infizierte an ihre Sexualpartner. In diesem Zusammenhang ist hervorzuheben, daß in diesen Gruppen vor allem Frauen betroffen sind. Außerdem verändert sich die geographische Streuung der Epidemie. Was zunächst ein Problem war, das sich auf New York und Kalifornien zu beschränken schien, betrifft heute jeden Bundesstaat und jede Region und läßt sich längst nicht mehr auf die Großstädte allein eingrenzen.

Diese neue Entwicklung der Epidemie wird durch jüngste Daten untermauert, wonach sich HIV nun sehr rasch unter bestimmten Teenager- und jungen Erwachsenengruppen ausbreitet, wobei hier Männer und Frauen bereits in gleicher Anzahl infiziert sind. In einer 1989 durchgeführten Studie stellten die *Centers for Disease Control* fest, daß in Städten wie New York und Miami, wo die HIV-Epidemie besonders grassierte, bereits damals ein Prozent der Teenager mit dem AIDS-Virus infiziert war. Unterprivilegierte junge Erwachsene scheinen einem besonders hohen Risiko einer HIV-Infektion ausgesetzt zu sein, wobei das Verhältnis Männer zu Frauen in dieser Gruppe mit 1,2 : 1 alarmierend ist. Es ist daher nicht verwunderlich, daß sich viele Experten der Meinung von Dr. Gary Strokash anschließen, einem Spezialisten für Jugendmedizin, der der HIV-Infektionsrate unter Teenagern »erschreckende und verheerende Ausmaße« voraussagt; seiner Ansicht nach wird »die nächste AIDS-Krise die Teenager betreffen«.

Der Ursprung von HIV

Obwohl es immer noch keine Gewißheit gibt, wo das AIDS-Virus ursprünglich herstammt, sind viele Wissenschaftler der Ansicht, daß die Epidemie in Zentralafrika ihren Ausgang nahm. Eine mögliche Erkärung dürfte sein, daß ein leicht veränderter AIDS-Virusstamm zunächst eine Affenkolonie infizierte und davon ausgehend auf den Menschen übertragen wurde. Es ist kein seltenes Phänomen, daß Viren von Tierarten auf den Menschen übergehen, vielmehr handelt es sich dabei um einen natürlichen Prozeß der Evolution, der seit Jahrtausenden stattfindet. Unsere moderne Welt macht es exotischen oder zuvor unbekannten Viren de facto leichter, auf neue Träger überzugehen, da unsere Transportsysteme effizienter und viel weitreichender geworden sind. Insofern ist es gar nicht unwahrscheinlich, daß sowohl die unterschiedlichen HI-Viren als auch die Abarten des AIDS-Virus, das Affen infiziert, einem gemeinsamen Virenahnen entsprungen sind.

Davon abgesehen, ergab eine Forschungsstudie an jahrelang gelagerten eingefrorenen Blutproben, daß es HIV in Zentralafrika bereits 1959 gegeben hat. Von dort könnte AIDS von Haitianern, die eine Zeitlang in Zentralafrika gelebt hatten oder dort auf Besuch waren, über den Atlantischen Ozean gebracht worden sein. Von Haiti könnte AIDS über zwei mögliche Routen in die USA eingeschleppt worden sein: über haitianische

Einwanderer und amerikanische homosexuelle Männer, die häufig in Haiti Urlaub machten. Wenn diese Erklärung richtig ist, könnte die frühe Häufung von AIDS-Fällen unter homosexuellen Männern in den USA weitgehend zufällig gewesen sein. Und wenn dieses Szenario der Wirklichkeit entspricht, dann ist es sehr wahrscheinlich, daß zukünftige AIDS-Fälle in Amerika primär auf heterosexuelle Übertragungsmodi zurückzuführen sein werden.

Der erste bekannte AIDS-Fall in den USA (obwohl er als solcher damals nicht erkannt wurde) wurde anhand von Laboranalysen langfristig eingefrorener Blut- und Gewebeproben aus dem Jahr 1968 rückwirkend festgestellt und betraf einen männlichen Jugendlichen aus St. Louis. Anderen Berichten zufolge kam es in den sechziger Jahren in einer norwegischen Familie zu AIDS-Erkrankungen, und in England wurde rückwirkend ein 25 Jahre alter Matrose identifiziert, der 1959 einer HIV-Infektion zum Opfer gefallen war.

Die Geschichte der AIDS-Epidemie

1981   Den *Centers for Disease Control* werden fünf junge homosexuelle Männer gemeldet, die in Los Angeles an *Pneumocystis-carinii*-Pneumonie erkrankt sind; aus New York und Kalifornien langen zur selben Zeit Berichte über insgesamt 26 Fälle mit Kaposi-Sarkom ein und erregen erstmals die Aufmerksamkeit der medizinischen Fachwelt.

1982   Die neue Krankheit erhält den Namen »Acquired Immune Deficiency Syndrome« (AIDS); die Definition der Krankheit wird vom CDC erstmals publiziert; zugleich werden erste AIDS-Fälle unter Blutern und Patienten festgestellt, die Bluttransfusionen erhalten haben.

1983   Die amerikanische Gesundheitsbehörde veröffentlicht Richtlinien zur AIDS-Vorbeugung; erste Fälle einer heterosexuellen Übertragung werden bekannt.

1984   Ein Retrovirus, zunächst HTLV III genannt, wird als AIDS-Erreger identifiziert; später wird es in »Human Immunodeficiency Virus« (HIV) umbenannt.

1985   Blutuntersuchungen zum Nachweis von HIV-Antikörpern werden generell verfügbar und zum ersten Mal routinemäßig eingesetzt, um die Blutreserven des Landes zu untersuchen; AZT (Zidovudin) wird für erste klinische Versuche freigegeben; die Nachricht, daß Rock Hudson an AIDS erkrankt ist, lenkt die Aufmerksamkeit der internationalen Medien auf die Krankheit.

1986   Der *Surgeon General's Report on AIDS* (Bericht des Obersten Amtsarztes der USA) von Dr. C. Everett Koop erscheint; klinische Tests ergeben, daß AZT die Überlebenschancen und Lebensqualität der AIDS-Patienten verbessert; die gemeldeten AIDS-Fälle überschreiten die Zahl 25 000.

1987   Die FDA (*Food and Drugs Administration*/US-Behörde für Nahrungs- und

Arzneimittel) genehmigt für schwere HIV-Infektionen die Freigabe von AZT; in den USA werden klinische Versuche mit einem HIV-Impfstoff begonnen; Präsident Reagan ordnet an, daß alle Einwanderer und Häftlinge einem HIV-Test zu unterziehen sind; das *AIDS Quilt Project* wird ins Leben gerufen.

1988   Der Präsidentenausschuß für die HIV-Epidemie gibt einen Bericht heraus, in dem dringend dazu aufgefordert wird, den Schwerpunkt nicht so sehr auf AIDS zu legen, sondern auf die HIV-Infektion, frühe Diagnosen sowie Maßnahmen, wie der Diskriminierung von Betroffenen zu begegnen ist; Pentamidin-Aerosol erweist sich als wirksames Mittel zur Prävention der PCP-Pneumonie.

1989   Eine landesweite Studie über die Ausbreitung von HIV wird durch politischen Druck blockiert; die FDA gibt Pentamidin-Aerosol frei; die Zahl der gemeldeten AIDS-Fälle in den USA überschreitet 100000.

1990   Die empfohlene AZT-Dosierung wird von der FDA halbiert; ein erster Bericht über einen Zahnarzt, der HIV möglicherweise auf Patienten übertragen hat, wird vom CDC veröffentlicht.

1991   Der Basketballspieler »Magic« Johnson gibt öffentlich bekannt, daß er mit HIV infiziert ist.

1992   Berichte über eine AIDS-verwandte Krankheit, bei der sich HIV nicht nachweisen läßt, lenken die weltweite Aufmerksamkeit auf sich.

Die Biologie des HIV

Das Virus

AIDS wird von einem Virus namens *Human Immunodeficiency Virus* (HIV) verursacht, das erstmals Mitte der achtziger Jahre entdeckt wurde. Das HIV ist so winzig, daß 16000 Viren in einen Stecknadelkopf hineinpassen würden. Die HIV-Übertragung erfolgt normalerweise durch Sexualkontakt oder intravenösen Drogenmißbrauch mit einer verseuchten Nadel. (Das Virus dürfte in den meisten Fällen durch eine kleine Verletzung in der Haut oder in einem anderen Gewebe, etwa durch einen Schnitt, eine wunde Stelle oder einen Riß in den Körper gelangen, weshalb Drogensüchtige einem besonders hohen Risiko ausgesetzt sind.) Sobald das Virus im Körper ist, selektiert es für seinen Angriff zwei Arten von weißen Blutzellen, die sogenannten T-Helferzellen und die Makrophagen. Die T-Helferzellen agieren als die entscheidenden Koordinatoren des Immunsystems. Ihre chemischen Signale stimulieren die Bildung von Antikörpern, und sie kontrollieren die Entwicklung einer Reihe von anderen, für das Immunsystem wesentlichen Zellarten, worauf wir noch zurückkommen werden. Die Makrophagen hingegen bilden im Blutstrom eine Art Suchtrupp und erfüllen dabei zwei wesentliche Aufgaben: Sie erkennen einen Eindringling und fangen ihn ein, um ihn aus dem Blutkreislauf zu entfernen. Da sie Fremdkörper buchstäblich auffressen, werden die Makrophagen einer Zellgruppe zugeordnet, die als sogenannte Freßzellen oder Phagozyten (von dem griechischen Wort *phagein*, essen) bekannt sind. Die Makrophagen suchen und verschlingen jedoch nicht nur Mikroben, sondern sie alarmieren auch das restliche Immunsystem, indem sie Proteine namens Lymphokine freisetzen.

Sobald HIV an der Außenfläche der T-Helferzellen »angedockt« hat, wobei der biochemische Prozeß, der hier erfolgt, an einen Schlüssel erinnert, der in ein Schloß gesteckt wird, injiziert das Virus seinen Kern in das Innere der Zelle und etabliert auf diese Weise eine permanente Infektion. (Der HIV-Kern besteht aus zwei RNS-Stämmen sowie aus einer Gruppe struktureller Proteine und Enzyme, die zu einem späteren Zeitpunkt im Lebenszyklus des Virus wichtig sind.) Sobald das geschehen ist, überträgt das Virus eine Kopie seiner genetischen Information in die DNS der Wirtszelle und wird somit zum Bestandteil der genetischen Struktur dieser Zelle. (Dazu Haseltine und Wong-Staal in einem 1988 im *Scientific American* erschienenen Artikel, *The molecular biology of the AIDS virus*: Aus dieser Erkenntnis stammt der Begriff »Retrovirus«. Normalerweise ist die DNS die genetische Information der Zellen, wobei die von ihr ausgesandte genetische Information von der RNS (Ribonukleinsäure) in Proteine übersetzt wird. Bei einem Retrovirus wird dieser Prozeß im wesentlichen umgekehrt: Die RNS wird in DNS umgeschrieben, bevor sie ausgesandt oder dupliziert werden kann. Mit anderen Worten, Retroviren kehren um, was bis dahin der normale genetische Informationsfluß zu sein schien.) In dieser Form kann das Virus jahrelang inaktiv und im verborgenen bleiben. Kaum wird jedoch das Immunsystem in Reaktion auf einen anderen Eindringling aktiviert, vermehren sich die infizierten T-Helferzellen, wobei sie viele neue HIV-Teilchen produzieren, die dann von der T-Wirtszelle freigesetzt werden. Diese neuen Viren attackieren nicht nur andere T-Zellen, sondern auch andere Zellen des Immunsystems und des Gehirns.

Das Immunsystem

Die wichtigste Streitmacht unseres Immunsystems wird von Trillionen weißer Blutkörperchen gebildet, deren Aufgabe es ist, in den Körper eindringende Mikroben anzugreifen und abzuwehren. Der immunologische Prozeß ist ein komplizierter und mehrdimensionaler, weshalb wir hier nur eine Zusammenfassung des Ablaufs dieses Systems wiedergeben werden. Denken Sie daran, daß dieselben Grundsätze gelten, wenn unser Körper eine beliebige Infektion, sei es eine gewöhnliche Erkältung oder ernste und lebensbedrohende Krankheiten abwehrt.

Wenn es einem Eindringling gelingt, die erste Verteidigungslinie des Körpers – die Haut und Schleimhäute – zu passieren, wird er von den Makrophagen sofort entdeckt; sie gehören zu den weißen Blutkörperchen und sind wie ein bewaffneter Spürtrupp im Blutstrom unterwegs, um einerseits Fremdkörper zu beseitigen und andererseits Alarm zu schlagen, sobald ein Feind entdeckt ist. Eine der wesentlichen Aufgaben der Makrophagen ist die Suche nach Antigenen – Ketten einzigartiger Proteine, die sich an die Oberfläche eines Eindringlings heften und als Erkennungsmerkmale dienen, damit der Körper unterscheiden kann, was »fremd« und was »eigen« ist. Abgesehen von der Aufspürung verdächtiger Eindringlinge und deren Verschlingen, aktivieren die Makrophagen ferner den Hauptbestandteil des Immunsystems, indem sie Boten-Proteine, die sogenannten Lymphokine, freisetzen. Außerdem tragen manche Makrophagen einen Teil dessen, was sie verschlungen haben, als eine Art biochemische »rote Flagge«, um einem anderen Element des Immunsystems, den T-Helferzellen, Gefahr zu signalisieren. (Dieses Oberflächenfragment nennt man Antigen, weil es zum *Anti*körper-*Gen*erator wird.)

Die T-Zellen werden wie alle weißen Blutkörperchen im Knochenmark gebildet. Ihre Programmierung erfolgt im Thymus, einer wie ein Schmetterling aussehenden Drüse im oberen Brustraum. Hier wird eine T-Zellenart, die T-Helferzelle, entsprechend vorbereitet, um auf spezifische »fremde« Antigene zu reagieren und an jeder Körperzelle einen Strang aus Molekülen zu erkennen, der sie als körpereigen ausweist. Eine eigene Gruppe von T-Zellen, die sogenannten T-Killerzellen, dient als Spezialtruppe, die infizierte Zellen attackiert.

Wenn die Makrophagen einen Eindringling wie HIV verschlingen, agiert das an ihrer Oberfläche befestigte Antigen wie ein Notsignal, das Hilfe anfordert. Die immunologische Unterstützung erfolgt zunächst in Form einer Armee aus T-Helferzellen. Die T-Zellen wandern in eigens spezialisierten Gruppen durch den Blutkreislauf. Jede Gruppe erkennt nur ein ganz bestimmtes Antigen. Wenn das Antigen auf der Makrophagenoberfläche in den Rezeptor an der Oberfläche der T-Zelle paßt, vereinen sich die beiden. Dieses »Schlüssel-im-Schloß«-Phänomen veranlaßt die Makrophage zur Freisetzung einer Chemikalie, die die T-Zellen aktiviert und das Immunsystem insgesamt alarmiert, damit die T-Killerzellen losgeschickt werden, die sich vermehren und ihren Angriff auf den Eindringling konzentrieren, wobei sie gemäß ihrer chemischen Programmierung vorgehen.

Bei diesem Prozeß wird noch ein anderer Bestandteil des Immunsystems aktiviert. Er besteht aus einer separaten Gruppe weißer Blutkörperchen, den sogenannten B-Zellen, die unter normalen Umständen in der Milz und in den Lymphknoten gelagert sind. Die wesentliche Funktion der B-Zellen besteht darin, Antikörper zu bilden, sogenannte Eiweißkörper, deren Aufgabe es ist, in den Körper eindringende Antigene aufzuspüren und eng aneinanderzubinden und auf diese Weise für die Vernichtung zu markieren. Von diesen B-Zellen werden viele verschiedene Antikörper gebildet. Jede einzelne bindet sich an ein bestimmtes Antigen. Um eine meßbare Antikörperreaktion auf eine eindringende Mikrobe zu schaffen, der man nie zuvor ausgesetzt war, benötigt der Körper normalerweise mehrere Wochen. War man ihr jedoch bereits ausgesetzt – entweder durch eine Impfung oder durch eine bereits einmal erfolgte Abwehr der jeweiligen Mikrobe –, erfolgt die Antikörperreaktion viel rascher, da sich der Körper an den Eindringling »erinnert« und für eine schnellere Bildung der Antikörper biochemisch programmiert ist. Sobald die Antikörper an der Antigen-Oberfläche eindringender Mikroben angedockt haben, hindern sie sie gewöhnlich daran, andere Zellen anzugreifen, und machen sie zu einer leichten Zielscheibe für die Makrophagen.

Bei einer HIV-Infektion läuft im körpereigenen Immunsystem etwas falsch. Zwar wird oft die Bildung der Antikörper rasch aktiviert, doch scheinen die gebildeten HIV-Antikörper nicht in der Lage zu sein, effektiv vorzugehen. Diese verminderte Effektivität dürfte zum Teil daran liegen, daß das HIV in das Innere der T-Zellen und Makrophagen gelangt, wo es seine eigene genetische Information in die DNS der Wirtszelle überträgt und somit zum Bestandteil der genetischen Struktur der Wirtszelle wird. In einer solchen Situation wird durch die Aktivierung des Immunsystems die Vermehrung des Eindringlings stimuliert – es findet also exakt das Gegenteil dessen statt, was eigentlich passieren müßte. Im Laufe der Zeit – für gewöhnlich über einen Zeitraum von mehreren Jahren – richtet diese heimtückische Invasion eine Katastrophe an: Die T-Helferzellen werden sukzessive zerstört und die erste Verteidigungslinie des Körpers somit ernsthaft dezimiert, wobei die Anzahl der T-Zellen schließlich auf ein Niveau gebracht wird, das es dem Körper unmöglich macht, noch entsprechend zu reagieren und die sogenannten opportunistischen Infektionen und Krebsarten abzuwehren, die bei AIDS für gewöhnlich zum Tode führen.

Wie wird HIV übertragen?

Die sexuelle Übertragung

Bei über 78 Prozent der AIDS-Fälle wurde das Virus auf sexuellem Wege übertragen. HIV ist jedoch im Gegensatz zu anderen sexuell übertragbaren

Krankheiten wie Syphilis, Gonorrhöe und Hepatitis B bei weitem nicht so ansteckend. Gegenwärtigen Schätzungen zufolge beträgt das Risiko, sich bei einmaligem heterosexuellem Vaginalverkehr mit einem infizierten Partner mit HIV anzustecken, für eine Frau 1 : 500 und für einen Mann 1 : 700. Das Risiko bei einmaligem Analverkehr mit einem infizierten Partner ist bereits erheblich höher, wobei die Gefahr mit 1 : 50 bis 100 angenommen wird. Bei Analverkehr ist das Risiko deshalb größer, weil die Auskleidung des Rektums sehr empfindlich ist und es zu Verletzungen kommen kann, wodurch es den infizierten weißen Blutkörperchen und HIV in der Samenflüssigkeit leicht gemacht wird, in das Gewebe und den Blutkreislauf des Partners (egal ob männlich oder weiblich) zu gelangen.

Bedenkt man, daß die Ansteckungsgefahr mit Gonorrhöe bei einmaligem heterosexuellem Verkehr mit einem infizierten Partner für Frauen bei 50 Prozent und für Männer bei 25 Prozent liegt und die Gefahr einer sexuellen Übertragung von Hepatitis B um das Achtfache höher sein dürfte als die Gefahr einer HIV-Infektion, ist HIV deutlich weniger ansteckend. Dennoch besteht vor allem bei riskanten Sexualpraktiken die wenn auch geringe, aber definitive Wahrscheinlichkeit, mit HIV angesteckt zu werden – und je öfter das Risiko eingegangen wird, desto größer wird diese Wahrscheinlichkeit. Davon abgesehen, gibt es zahlreiche Fälle, die sich bei einmaligem heterosexuellem Koitus infiziert haben. Trotz eines durchschnittlichen Risikos von 1 : 500 je Sexualverkehr ist also die Möglichkeit einer HIV-Übertragung durch einmaligen Sexualkontakt dennoch gegeben.

Es herrscht mittlerweile kein Zweifel mehr, daß HIV primär über vaginalen und analen Geschlechtsverkehr übertragen wird, allerdings kann die Infektion auch durch andere Sexualpraktiken erfolgen (siehe dazu Tabelle S. 415).

Oral-genitaler Sex, von dem man weiß, daß er auch jede andere STD überträgt, ist ein mittlerweile schlüssig erwiesener HIV-Übertragungsmodus. Frühere Schwierigkeiten, den diesbezüglichen Nachweis zu erbringen, lagen in erster Linie daran, Paare ausfindig zu machen, die ausschließlich oral-genitalen und nie koitalen Verkehr miteinander hatten und auch nie Drogen intravenös konsumierten. Eine an 45 Ehepaaren durchgeführte Studie, in denen ein Partner HIV-infiziert war, ergab, daß die Häufigkeit, mit der oral-genitaler Sexualkontakt stattfand, mit der HIV-Ansteckung des zuvor nicht infizierten Partners in Wechselwirkung stand, jedoch konnte dies nicht als Beweis für ein Verhältnis von Ursache zu Wirkung gelten. (Studien in bezug auf Wechselwirkungen können diese Art von Beweis nicht erbringen.) Wenngleich oral-genitaler Sex kein ähnlich hohes HIV-Ansteckungsrisiko beinhalten dürfte wie ein Koitus, kann ausgehend vom derzeitigen Wissensstand keine präzise Risikoabschätzung hinsicht-

Die Immunantwort

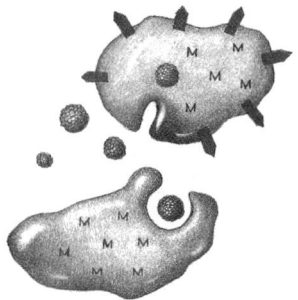
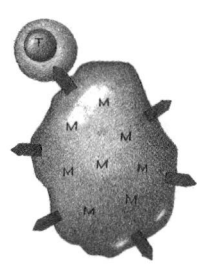
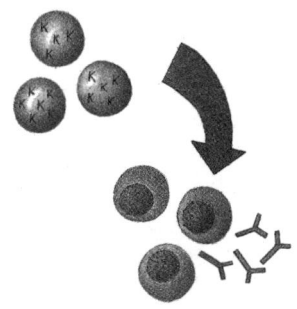

1. Sobald infektiöse Mikroben in den Körper gelangen, werden sie von den Makrophagen (M) angegriffen und verschlungen. Manche der Makrophagen tragen Fragmente der verschlungenen Mikroben (Antigene) wie Flaggen auf ihrer Oberfläche, um sie für den Angriff der T-Zellen zu markieren.

2. Eine T-Helferzelle (T) dockt auf der Oberfläche des Antigens an und wird durch chemische Botschaften der Makrophage aktiviert.

3. Sobald sie aktiviert ist, gibt die T-Helferzelle allgemeinen Alarm, wobei die T-Killerzellen (K) mobilisiert und die B-Zellen (B) veranlaßt werden, Antikörper zu erzeugen.

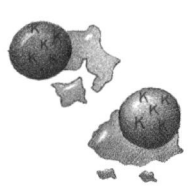
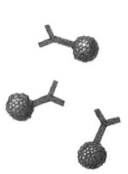
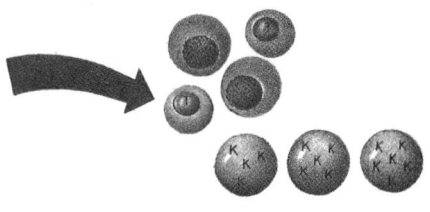

4. Infizierte Zellen werden identifiziert und von den T-Killerzellen vernichtet; der Replikationszyklus, der die Krankheit verursacht, wird unterbrochen.

5. Die von den B-Zellen erzeugten Antikörper binden sich an die eindringenden Mikroben, schränken ihre Infektiosität ein und markieren sie für den Angriff und die Zerstörung.

6. Sobald die Infektion unter Kontrolle ist, erfolgt über chemische Signale eine »Entwarnung« an das gesamte Immunsystem. Spezialisierte Gedächtniszellen, die sich von nun an an das jeweilige Antigen »erinnern«, bleiben vorhanden, um für den Fall einer neuerlichen Invasion derselben Mikrobe eine rasche Immunantwort zu gewährleisten.

lich der unterschiedlichen Modi erteilt werden. Es ist jedenfalls unbedingt anzuraten, in einer jeweiligen Situation davon auszugehen, daß das Risiko höher ist, wenn Sie oder Ihr Partner im Genitalbereich, an den Lippen oder im Mund kleine Verletzungen oder Wunden haben, wobei dies jedoch nicht als Hinweis dafür gelten darf, daß oral-genitaler Sex sicherer ist, wenn keine Verletzungen gegeben sind.

Es gilt jedoch auch zu bedenken, daß oral-genitaler Sex das AIDS-Virus nicht »schaffen« kann, es sei denn, eine Person ist bereits infiziert; wenn Sie sicher sind, daß weder Sie noch Ihr Partner infiziert sind, besteht kein Grund, auf oralen Sex zu verzichten.

Sehr umstritten ist die Frage, ob HIV durch Zungenküsse (also gegenseitigen Speichelaustausch) übertragen werden kann. In manchen Berichten wird zwar behauptet, daß es Fälle gebe, die sich auf diese Weise angesteckt hätten, andererseits gibt es eindeutige Hinweise, daß Speichel HIV inaktiviert (wenigstens in Laborversuchen). Außerdem ist die HIV-Konzentration im Speichel viel niedriger als im Blut oder Sperma. Da es andererseits kein seltenes Phänomen ist, im Mundinneren oder auf den Lippen winzige Verletzungen zu haben, ist dieser Modus eine biologisch plausible Möglichkeit. Daß die Übertragung unter bestimmten Umständen tatsächlich so erfolgt, wird von einem jüngsten Bericht angedeutet, wonach eine 70jährige Frau, die durch eine Bluttransfusion angesteckt worden war, HIV durch Speichelaustausch auf ihren 72jährigen Mann übertragen hat; die beiden hatten angegeben, daß sie seit Jahren außer leidenschaftlichem Küssen keinen anderen sexuellen Verkehr miteinander gehabt hätten.

Der unwiderlegbare Beweis, daß HIV durch Zungenküsse nicht übertragen werden kann, muß erst erbracht werden, wobei das wohl nur unter extremen Schwierigkeiten möglich sein wird. Auszuschließen ist dieser Übertragungsmodus jedenfalls nicht. Das bedeutet zwar nicht, daß Sie von einem Partner ein medizinisches Gutachten verlangen sollen, bevor Sie den ersten Kuß wagen, oder daß Küsse nur noch für langfristige Beziehungen zulässig sind, aber wenn Sie von einem Menschen wissen, daß er/sie HIV-positiv ist, ist von Zungenküssen abzuraten.

Es gibt in der Zwischenzeit eine Menge Beweismaterial, daß das Vorhandensein einer anderen Geschlechtskrankheit ein wesentlicher Risikofaktor für eine HIV-Ansteckung auf sexuellem Wege ist. (Ein solcher Risikofaktor wird häufig als Kofaktor bezeichnet, der eine kausale Rolle spielt, obwohl er nicht als einzige Ursache für eine Infektion gilt.) Diese Beobachtung wurde zuerst in Afrika gemacht, wo die hohe Rate an koexistenten Geschlechtskrankheiten (insbesondere solcher, die an den Genitalien Wunden oder Geschwürbildungen verursachen) zu dem Schluß geführt hat, daß sie bei dem hohen Anteil an heterosexuell erfolgten HIV-

Übertragungen eine wesentliche Rolle spielen müssen. Die Verbindung zwischen STDs und einer HIV-Infektion wurde in den USA ebenfalls beobachtet. Zum Beispiel stellte ein Forschungsteam in Baltimore, Maryland, eine Verbindung zwischen Syphilis und HIV-Infektionen bei Männern sowie eine ähnliche Verbindung bei Frauen fest, die eine Krankengeschichte mit Genitalwarzen aufwiesen. Andere Studien haben ferner ergeben, daß das HIV-Ansteckungsrisiko wesentlich höher ist, wenn jemand Genitalherpes hat. Aber auch wenn keine anderen STDs im Spiel sind, schließt das die heterosexuelle Übertragung nicht aus.

Risikoeinschätzung einer HIV-Übertragung durch unterschiedliche Sexualpraktiken

sicher – wahrscheinlich kein HIV-Übertragungsrisiko

- sexuelle Enthaltsamkeit
- monogame Beziehung, beide Partner sind nicht infiziert
- Selbstbefriedigung
- Berührungen, Massagen, Umarmungen, Liebkosungen
- Küsse ohne Speichelaustausch

geringes, aber mögliches Risiko einer HIV-Übertragung

- Anal- oder Vaginalverkehr unter Verwendung eines Kondoms
- Zungenküsse
- Fellatio ohne Ejakulation im Mund
- Genitalkontakte ohne Penetration
- Kontakt mit Urin (ausgenommen: Mund, Rektum oder Hautverletzungen)

unsicher – Risiko einer HIV-Übertragung

- Fellatio mit Ejakulation in den Mund
- Cunnilingus (Risiko dürfte zum Zeitpunkt der Periode größer sein, wenn Blutungen noch anhalten oder kleine Verletzungen im Mund gegeben sind)
- Austausch von Sexspielzeug
- Sexualverkehr (wie Sadomasochismus), der Verletzungen zur Folge hat

unsicher – hohes HIV-Übertragungsrisiko

- zahlreiche Sexualpartner
- ungeschützter Verkehr mit einem infizierten Partner
- ungeschützte Anuspenetration mit der Hand (fisting)
- Analverkehr ohne Kondom, einschließlich Ejakulation
- oral-analer Verkehr
- Vaginalverkehr mit infiziertem Partner ohne Kondom

QUELLE: Modifiziert übernommen von T. Cohen, M. A. Sande und P. A. Volberding, Hrsg., *The AIDS Knowledge Base*, 1990, Kapitel 11.1.4.

Die Übertragung auf nichtsexuellem Wege

Abgesehen vom sexuellen Übertragungsmodus, ist eine weitere Hauptursache für die HIV-Übertragung die unter Drogensüchtigen häufig gemeinsame Benutzung von Injektionsnadeln und Spritzen, die mit kleinen Mengen infizierten Blutes verseucht sind. Jemand, der sich auf diese Weise angesteckt hat, kann daraufhin das Virus sowohl auf sexuellem Weg wie auch über gemeinsam benutztes Besteck verbreiten.

Intravenös konsumierende Drogensüchtige sind möglicherweise für eine HIV-Infektion anfälliger als andere, da ihr allgemeiner Gesundheitszustand und Ernährungsstatus in vielen Fällen schlecht ist und ihre Abwehrkräfte bereits durch andere Krankheiten geschwächt sind.

Das AIDS-Virus kann ferner durch die Transfusion verseuchter Blutspenden oder Blutprodukte übertragen werden. In den neunziger Jahren fielen in den USA 2 bis 3 Prozent der AIDS-Fälle in diese Kategorie, davor war die Ziffer noch erheblich höher. Die routinemäßigen Suchtests, die seit 1985 zur Feststellung von HIV-Antikörpern in Blutspenden und Blutprodukten (siehe dazu den Abschnitt »Wie eine HIV-Infektion festgestellt wird«) durchgeführt werden, haben dieses besondere Ansteckungsrisiko wesentlich verringert. Dennoch kann bei den Suchtests nicht von einer 100prozentigen Ergebnissicherheit ausgegangen werden (darauf kommen wir noch weiter unten zu sprechen). Schätzungen zufolge werden jährlich immer noch rund 1 000 Menschen infolge einer HIV-verseuchten Bluttransfusion mit HIV infiziert. Wir sollten diese Zahl aber in ihrer relativen Bedeutung sehen, denn auch wenn das Risiko einer HIV-Infektion mit einer einmaligen Bluttransfusion bei rund 1 : 40 000 liegt, ist es nicht einmal annähernd so hoch wie das Risiko, an einer Vollnarkose zu sterben (rund 1 : 10 000).

Aufgrund dieses geringen, aber realen Risikos sorgen immer mehr Menschen, die sich einer Operation unterziehen müssen, insofern vor, als sie Monate oder Wochen vor dem Termin Eigenblut spenden, das dann eingefroren und verwendet werden kann, sollte eine Transfusion erforderlich werden. Obwohl das nur möglich ist, wenn es sich um keine Notoperation handelt, wird diese Vorgangsweise von den Ärzten zunehmend empfohlen. Man schützt sich auf diese Weise nicht nur vor einer HIV-Infektion, sondern schaltet gleichzeitig andere, mit Bluttransfusionen in Verbindung stehende Infektionsgefahren, etwa eine Ansteckung mit Hepatitis, vollkommen aus.

In diesem Zusammenhang sollte auch gesagt werden, daß man als Blutspender absolut kein Risiko eingeht, sofern sterile Nadeln benutzt werden, was in den USA, in Kanada und in Europa zwingend vorgeschrieben ist.

HIV kann ferner von einer infizierten Mutter im Zuge der Schwangerschaft oder der Geburt auf das Kind übertragen werden. Nach jüngstem Forschungsstand sind 20 bis 50 Prozent der Säuglinge, die von infizierten Müttern zur Welt gebracht werden, ebenfalls infiziert, obwohl noch nicht bekannt ist, wie viele von ihnen AIDS entwickeln werden. Aufgrund des hohen Risikos, daß das Baby HIV-infiziert zur Welt kommt, sollten HIV-infizierte Frauen, sofern möglich, erst gar nicht schwanger werden. Die meisten Experten sind der Ansicht, daß eine HIV-positive Frau im Falle einer Schwangerschaft eine Abtreibung in Erwägung ziehen sollte. Die beste Lösung für HIV-positive Frauen dürfte jedoch sein, zu verhüten und eine Schwangerschaft zu vermeiden.

Eine weitere mögliche HIV-Übertragung erfolgt durch Samen- oder Organspenden an einen nichtinfizierten Menschen, allerdings sind solche Fälle äußerst selten. Dennoch hat dieser Übertragungsmodus eine Reihe von US-Bundesstaaten veranlaßt, Gesetze zu verabschieden, wonach jeder Samenspender auf HIV getestet werden muß.

HIV kann auch beim Stillen übertragen werden. Da HIV in der Muttermilch festgestellt wurde, besteht die Möglichkeit, daß die Infektion von der Mutter auf den Säugling übertragen wird. Außerdem wurde aus einem russischen Krankenhaus berichtet, daß Säuglinge, die mit verseuchten Nadeln angesteckt wurden, in der Folge beim Stillen ihre Mütter angesteckt haben. Vermutlich gelangte Blut aus kleinen Verletzungen im Mund des Säuglings über winzige Risse an den Brustwarzen in den Organismus der Mutter.

HIV kann ferner übertragen werden, wenn man sich mit einer verseuchten Nadel verletzt, was manchmal vorkommt, wenn Ärzte oder Krankenschwestern eine Injektion verabreichen (oder eine Blutprobe abnehmen) und sich dabei versehentlich mit der bereits gebrauchten Nadel stechen. Zur Zeit vermutet man, daß dieser Modus auf nicht einmal ein halbes Prozent der Fälle zutrifft. Im Vergleich dazu liegt das Risiko, sich in derselben Situation mit Hepatitis B anzustecken, bei schätzungsweise 23 bis 43 Prozent, wobei die Centers of Disease Control davon ausgehen, daß in den USA jährlich 10 000 Hepatitis-B-Fälle auf berufsbedingte Ansteckungen zurückzuführen sind. In zumindest einem Fall war eine verseuchte Akupunkturnadel für die HIV-Infektion verantwortlich.

Wie HIV *nicht* übertragen wird

Trotz der Erkenntnis, daß die Ansteckungsgefahr nur unter bestimmten Voraussetzungen sehr hoch ist, versetzte die AIDS-Epidemie viele Menschen derart in Angst und Schrecken, daß sie befürchten, sie könnten sich durch bloßes Händeschütteln mit einem infizierten Menschen oder an Türklinken, auf Toiletten oder durch öffentliche Trinkwasserbrunnen mit HIV anstecken. Diese Ängste sind erwiesenermaßen unbegründet: Es gibt keinen Hinweis, daß das AIDS-Virus durch beiläufige Berührungen dieser Art übertragen wird. HIV wurde zwar in Körperflüssigkeiten wie Blut, Tränen, Urin, Speichel, Samenflüssigkeit und Vaginalsekreten identifiziert, doch haben zahlreiche Studien ergeben, daß jemand, der täglich in engem Kontakt mit einem AIDS-Kranken steht – etwa Eltern, deren Kind erkrankt ist, Krankenschwestern, Ärzte, Zahnärzte – infolge dieser Berührungen keine HIV-Infektion davontragen. Auch durch die gemeinsame Verwendung der Gläser und Teller eines AIDS-Kranken ist es noch nie zu einer HIV-Infektion gekommen.

Frühere Befürchtungen, daß das AIDS-Virus von Insekten wie Stechmücken übertragen würde, sind in der Zwischenzeit ebenfalls widerlegt. Zwar kann HIV in Stechmücken 48 Stunden lang überleben, doch deutet nichts darauf hin, daß sich das Virus in Stechmücken oder anderen Insektenarten vermehrt. Würde HIV durch Insektenstiche übertragen, müßte es in Afrika und anderen tropischen Regionen eine hohe Infektionsrate unter Kindern im vorjugendlichen Alter geben, und das ist erwiesenermaßen nicht der Fall.

Wie man sich vor einer HIV-Infektion schützt: Richtlinien für »safer« Sex

Die Experten sind sich nicht ganz einig, wie »safe« Sex tatsächlich zu definieren ist. Vollkommene Abstinenz wäre natürlich eine Lösung, nur sagt diese Option den meisten Menschen nicht zu. Eine andere Möglichkeit wäre eine beidseitig monogame Beziehung mit einem nicht infizierten Partner. Um festzustellen, ob jemand HIV-positiv ist, muß ein Bluttest gemacht werden (siehe dazu Abschitt »Wie eine HIV-Infektion festgestellt wird«), andernfalls läßt sich nicht sagen, ob ein Mensch Virusträger ist oder nicht. Wenn Sie und Ihr Parter getestet sind und das Ergebnis in beiden Fällen negativ ist und wenn Sie beide sexuell treu sind, können Sie ganz beruhigt sein, daß Sie nicht an AIDS erkranken werden (nicht ganz ausschließen läßt sich freilich ein Restrisiko, durch eine Bluttransfusion infiziert zu werden). Sollte dieser Ansatz aufgrund Ihrer persönlichen Umstände entweder unpraktikabel oder unrealistisch sein, bieten wir im folgenden eine Reihe von Richtlinien, mit denen Sie sich schützen können.

1. *Vollkommen sicherer Sex ist dann möglich, wenn es zu keinem Austausch von Körperflüssigkeiten kommt.* Das schließt zwar Oralverkehr und Koital-

verkehr aus – denn auch ohne Ejakulation besteht die Gefahr, daß HIV über den sogenannten präejakulativen »Lusttropfen« oder über Vaginalsekrete übertragen wird –, doch Techniken wie Massagen, die Verwendung eines Vibrators und gegenseitige Masturbation sind gefahrlose Alternativen. Ferner sollten Sexualpraktiken vermieden werden, die Verletzungen oder Einrisse im Gewebe verursachen können.

2. *Der richtige und konsequente Gebrauch von Kondomen reduziert das HIV-Übertragungsrisiko infolge sexuellen Kontakts erheblich.* Untersuchungen haben gezeigt, daß die Poren der (»synthetischen«) Latexkondome so winzig sind, daß nicht einmal Viren durch den Kunststoff gelangen und Latexkondome daher, sofern sie richtig eingesetzt werden, ein wirksamer Schutz gegen eine HIV-Übertragung sind. (Kondome aus sogenannten Naturmembranen oder Tierhäuten lassen gelegentlich Virusteilchen durch und sind daher nicht empfehlenswert.) Da jedoch ein fälschlicher Gebrauch oder ein Riß im Kondom ein Durchsickern der jeweiligen Körperflüssigkeiten ermöglicht, kann diese Methode nicht als 100prozentig sicherer Ansteckungsschutz angesehen werden (siehe neuntes Kapitel). Tatsächlich versagen Kondome öfter, als man denkt. Eine Studie ergab, daß 22 Prozent der heterosexuellen und 31 Prozent der homosexuellen Benutzer in den drei Monaten, die der Studie vorangingen, schlechte Erfahrungen gemacht hatten. Ebenso wie Kondome keinen perfekten Verhütungsschutz bieten, bieten sie auch keinen perfekten Schutz vor HIV oder anderen STDs.

3. *Spermizide mit Nonoxinol-9-Gehalt können zusätzlichen Schutz bieten.* Im Laborversuch konnte der Beweis erbracht werden, daß Nonoxinol 9 HIV abtötet, wenngleich es im wirklichen Leben nicht denselben Schutz bieten dürfte wie ein Kondom. Das beste dürfte sein, während des Geschlechtsverkehrs beides, also ein Kondom und ein Spermizid mit Nonoxinol-9-Gehalt, zu verwenden.

4. *Seien Sie bei der Wahl Ihrer Sexualpartner vorsichtig.* Wie wir bereits erwähnt haben, ist es nicht möglich, eine HIV-Infektion anhand irgendwelcher Symptome abzuschätzen, da es nach einer Infektion Jahre dauern kann, bis Symptome auftreten. Außerdem wissen die meisten HIV-Träger gar nicht, daß sie infiziert sind, weshalb man sich nicht darauf verlassen kann, daß ein möglicher Sexualpartner von sich aus auf eine Übertragungsgefahr hinweist. Gegenwärtig sollte man davon ausgehen, daß Menschen, die häufig wechselnde Sexualpartner haben oder Drogen injizieren, einer Ansteckung möglicherweise bereits ausgesetzt waren und somit HIV-positiv sein könnten. Ähnlich verhält es sich mit Männern, die im letzten Jahrzehnt gleichgeschlechtlichen Verkehr hatten: Statistisch gesehen, besteht bei ihnen eine höhere Wahrscheinlichkeit, HIV-infiziert zu sein. Einen Sexualpartner sorgfältig auszuwählen kann Ihr Leben retten.

5. *Lernen Sie jemanden möglichst gut kennen, bevor Sie mit ihm/ihr ins Bett gehen, legen Sie dabei aber kein blindes Vertrauen an den Tag.* Die Forschung hat gezeigt, daß hinsichtlich der Anzahl der Sexualpartner, die jemand im Laufe der Zeit gehabt hat, oft nur ausweichende Antworten gegeben werden. Der neue Kinsey-Sexualreport hebt beispielsweise hervor: »Wir vermuten, daß die Wahrheit sogar noch öfter beschönigt wird, wenn es um homosexuelle Erfahrungen, den Verkehr mit Prostituierten und den Konsum illegaler Drogen geht.«

6. *Unterlassen Sie mit einem neuen Partner sexuelle Aktivitäten, die als besonders riskant eingestuft sind; sie sollten erst dann erfolgen, wenn Sie in Ihrer Beziehung das Vertrauen und gegenseitige Verständnis aufgebaut haben, um einander einigermaßen gut zu kennen.* Bei einem neuen Partner muß man zwar nicht unbedingt über Monate von jedem sexuellen Kontakt absehen, aber es ist sicherlich vernünftig, sich zunächst Zeit zu lassen und bezüglich sexueller Vorlieben, bei denen Sie lieber noch abwarten möchten, offen und ehrlich zu sein.

Diese Richtlinien sollten in Kombination mit einer guten Portion gesunden Menschenverstands angewendet werden, um wirklich nützlich zu sein. Es ist zum Beispiel nicht ratsam, mit einem Partner (ob homosexuellen oder heterosexuellen) Verkehr zu haben, von dem Sie wissen, daß er/sie HIV-positiv ist, auch wenn Sie ein Kondom verwenden. (Wir sind uns der Tragweite dieses Problems in langjährigen Beziehungen, einschließlich Ehen, in denen ein Partner infiziert ist, bewußt. Dennoch vertreten wir diesen Standpunkt, da Kondome zwar das Übertragungsrisiko reduzieren, aber keinen 100prozentigen Schutz bieten.) Ebenso, wenn Sie den Verdacht haben (diesen aber nicht beweisen können), daß ein voraussichtlicher Sexualpartner in der Vergangenheit Drogen intravenös konsumiert hat, ist dringend anzuraten, daß Sie nichts übereilen und jeden sexuellen Kontakt vermeiden, solange Sie in Ermangelung eines HIV-Tests keine Sicherheit haben können.

Wie eine HIV-Infektion festgestellt wird

Es gibt heute mehrere Bluttests, mit denen sich die HIV-Antikörper feststellen lassen. Der am häufigsten zum Einsatz gelangende Test wird ELISA genannt (engl. Abkürzung für *Enzyme-Linked Immunoabsorbent Assay*), der zunächst für die Suchtests bei Bluttransfusionen entwickelt wurde. Wie alle biomedizinischen Testverfahren ist ELISA nicht unfehlbar, auch wenn die Präzision der gegenwärtigen ELISA-Versionen in den letzten fünf Jahren wesentlich verbessert wurde und sehr hoch ist. ELISA-

Tests versagen bei 0,3 Prozent der Proben, von denen bekannt ist, daß sie HIV-positiv sind (ein Fehler, der mit »falsch-negativ« bezeichnet wird). Bei rund 1 Prozent der Proben »findet« dieser Test HIV-Antikörper, die in Wirklichkeit gar nicht da sind (mit anderen Worten: bei ausschließlichem Einsatz des ELISA-Testverfahrens wird 1 von 100 Tests irrtümlich »positiv« ausfallen, auch wenn keine Infektion vorliegt – hier spricht man vom »falsch-positiven« Ergebnis).

Aufgrund dieser Ungenauigkeiten, die statistisch gesehen nicht so wichtig anmuten, freilich alles andere als unwichtig sind, wenn es sich um *Ihren* Test handelt, sollte man ein mit ELISA festgestelltes positives Ergebnis unbedingt mittels eines zweiten ELISA-Tests und eines anderen, komplizierteren (und kostspieligen) Testverfahrens verifizieren. Dieser Bestätigungstest wird *Western blot* genannt. In Kombination (zuerst ein ELISA-Test, der bei positivem Ergebnis wiederholt und dann durch das Western-blot-Verfahren bestätigt wird) ist die Präzision, mit der auf HIV-Antikörper getestet wird, ungleich besser als mit anderen medizinischen Suchtests, obwohl nicht einmal diese Suchmethode perfekt ist. Mehrere Laboratorien haben bei kombiniertem Einsatz der beiden Methoden eine Häufigkeit von falsch-positiven Ergebnissen von 1 in 100000 Tests berichtet.

Untersuchungen werden außerdem durch die Tatsache erschwert, daß in seltenen Fällen jemand bereits seit über zwei Jahren HIV-positiv sein kann und weder mit dem ELISA- noch mit dem Western-blot-Test Antikörper entdeckt werden. Ferner hat es vereinzelte Fälle gegeben, bei denen jemand zunächst seropositiv (d. h., HIV-Antikörper wurden entdeckt) und dann seronegativ (es waren keine HIV-Antikörper im Blut zu entdecken) getestet wurde, obwohl er/sie eindeutig HIV-infiziert war. Hier vermutet man, daß sich das HIV in den Makrophagen und Monozyten »versteckt«, wo es von den herkömmlichen Tests unentdeckt bleibt. Dieses Phänomen der verschwindenden HIV-Antikörper ist mit 0,4 Prozent (bei 4 von 1000 getesteten Personen) zum Glück äußerst selten und nach wie vor von ungeklärter Signifikanz.

Ein falsch-positives Testergebnis kann infolge eines technischen Verfahrensirrtums oder aufgrund eines Fehlers bei der Kennzeichnung der Probe auftreten. Ein falsch-positives Testergebnis kann auch dann zustandekommen, wenn eine im Blut enthaltene Substanz mit den im Testverfahren eingesetzten Chemikalien auf eine Weise reagiert, die das Ergebnis verfälscht. (Falsch-positive Ergebnisse kommen bei Frauen häufiger vor als bei Männern und könnten mit früheren Schwangerschaften zusammenhängen.)

Trotz dieser Möglichkeiten und Probleme, die mit den Testverfahren einhergehen, *ist* ein bestätigtes positives Testergebnis sehr ernst zu nehmen und sollte unbedingt eine sorgfältige medizinische Langzeitauswertung nach sich ziehen. Hinzu kommt, wie von einem Expertengremium hervorgehoben wurde, daß »alle, die HIV-Antikörper-positiv getestet wurden, als potentiell infektiös für andere zu gelten haben, sei es durch sexuelle Übertragung, gemeinsamen Gebrauch von Injektionsnadeln, Schwangerschaft oder durch die Spende von Blut, Samen oder Organen«. (Consensus Conference, »The impact of routine HTLV-III antibody testing of blood and plasma donors on public health«; *Journal of the American Medical Association*, 1986.)

Es kann nicht oft genug darauf hingewiesen werden, daß die Feststellung von HIV-Antikörpern im Blut eines Menschen an sich nicht bedeutet, daß dieser Mensch AIDS hat. Bis 1993 war es üblich, die Diagnose AIDS dann zu stellen, wenn eine schwere Krankheit wie *Pneumocystis-carinii*-Pneumonie oder Kaposi-Sarkom vorlag, die eine zugrundeliegende Insuffizienz des Immunsystems signalisieren, ohne daß andere Krankheiten gegeben waren, die bekannte Risikofaktoren für diese Erkrankungen darstellen. AIDS wurde auch manchmal diagnostiziert, wenn ein positives HIV-Antikörper-Testergebnis, Beweise für ein geschwächtes Immunsystem (zum Beispiel aufgrund einer niedrigen T-Zellenzahl) und zumindest eine Krankheit aus einer Liste der weniger häufigen, mit AIDS in Verbindung stehenden Indikatorerkrankungen vorlagen. Seit dem 1. Januar 1993 gelten jedoch Diagnosekriterien, die von der öffentlichen Gesundheitsbehörde der USA und den *Centers for Disease Control and Prevention* revidiert und ausgeweitet wurden und wonach nun alle HIV-infizierten Personen mit weniger als 200 T4-Zellen als AIDS-krank zu diagnostizieren sind und den bereits früher festgelegten Indikatorerkrankungen drei »AIDS-definierende« Krankheiten hinzugefügt wurden: Lungentuberkulose, wiederkehrende Pneumonie und invasiver Gebärmutterhalskrebs. Wir werden weiter unten näher darauf eingehen, wie sich diese veränderte Definition auswirkt.

Die Stadien der HIV-Infektion

Wie wir bereits mehrmals erwähnt haben, ist es entscheidend, das gesamte Spektrum einer HIV-Erkrankung zu berücksichtigen und das Augenmerk nicht bloß auf AIDS zu legen, da HIV ein langsam agierendes Virus ist. Jemand, der sich heute ansteckt, hat möglicherweise während der nächsten zehn Jahre oder länger überhaupt keine Symptome, während wieder andere die Krankheit viel schneller entwickeln. Trotz dieser Variabilität ist klar, daß die HIV-Infektion eine chronische, fortschreitende Krankheit ist. Das AIDS-Vollbild ist das Endstadium einer HIV-Infektion, das bereits lange vor dem Auftreten physischer Symptome einsetzt. Wenn wir dieses Fortschreiten verstehen, hilft uns das vielleicht, sowohl für Menschen, die HIV-infiziert sind, ein besseres Verständnis zu entwickeln, als auch zu erkennen, was wir gegen eine Ansteckung tun können.

Erstinfektion

Unabhängig davon, auf welchem Wege jemand mit HIV infiziert wird, reagiert das Immunsystem dieser Person ab dem Moment, in dem das Virus in den Blutkreislauf gelangt, mit der Bildung von Antikörpern gegen das eindringende Virus. Die meisten Menschen zeigen keine Symptome, die auf eine Erstinfektion oder die Bildung von Antikörpern hinweisen, allerdings treten bei 10 bis 25 Prozent binnen zwei bis fünf Wochen, nachdem das Virus in den Körper eingedrungen ist, kurzfristig Erkrankungen auf. Symptome sind unter anderem Fieber, Schüttelfrost, Lymphknotenschwellung und juckende Hautausschläge, wobei diese Symptome jenen einer infektiösen Mononukleose sehr ähnlich sind. Aufgrund der nonspezifischen Natur dieser Symptome, die häufige Begleiterscheinungen vieler Virusinfektionen – einschließlich der gewöhnlichen Erkältung – sind, haben Sie *keinen* Grund zu glauben, daß ein zweitägiger Krankheitsschub mit geschwollenen Drüsen, Schnupfen und Fieber bedeutet, Sie hätten sich mit HIV angesteckt! HIV-Antikörper können gewöhnlich binnen zwei Monaten nach der Erstinfektion festgestellt werden, allerdings gibt es auch Fälle, bei denen die Antikörper erst nach einem Jahr oder noch später auftreten.

Die asymptomatische HIV-Infektion

Eine infizierte Person geht daraufhin in ein Stadium über, das man als asymptomatische HIV-Infektion (asymptomatische HIV-Infektion in der Latenzphase) bezeichnet. In diesem Stadium weist nichts darauf hin, daß jemand krank sein könnte, aber die Infektion ist gegeben, und die Antikörper bleiben bestehen. Viele asymptomatische HIV-Infizierte weisen auch eine reduzierte Anzahl an T-Helferzellen im Blut auf. *Jemand, der/die im Stadium der asymptomatischen HIV-Infektion das Virus in sich trägt, kann andere infizieren, ohne von der eigenen Infektion eine Ahnung zu haben.* Asymptomatische HIV-Infizierte – und das ist wesentlich – haben kein AIDS (die Krankheit); vielmehr sind sie mit dem Virus infiziert, das AIDS verursacht.

Es folgen mehrere persönliche Reaktionen, die Überraschung und

Schock asymptomatischer HIV-Träger illustrieren sollen, wenn sie mit dem positiven Testergebnis konfrontiert sind:

Eine 23jährige verheiratete Frau: Ich mußte einen HIV-Test machen, als ich mich um einen Posten im Ausland bewarb. Als das Ergebnis kam, war ich überzeugt, daß ein Irrtum vorliegen mußte. Ich konnte mir einfach nicht vorstellen, wie ich mich angesteckt haben sollte. Ich hatte nie herumgeschlafen, nie Drogen genommen und nie eine Bluttransfusion erhalten. Außerdem hatte ich mich in meinem ganzen Leben nie so gesund gefühlt. Dann stellte sich jedoch heraus, daß mein Mann ebenfalls positiv war und als Student eine bisexuelle Affäre gehabt hatte. Ich war am Boden zerstört.

Ein 28jähriger Rockmusiker: Ich erfuhr, daß ich positiv bin, als ich für einen Freund Blut spendete, der operiert werden mußte. Das klingt jetzt beinahe banal, aber als ich das Ergebnis erfuhr, dachte ich, das gibt es nicht. Der Mitarbeiter der Blutbank sagte damals: »Wieso sind Sie eigentlich so überrascht? Auf Sie trifft so ziemlich jeder Risikofaktor zu, den es gibt.« Jetzt, da ich es annehmen kann, denke ich, daß ich ein ziemlich wildes Leben geführt habe, aber der Gedanke ist nicht leicht, daß ich nur noch wenige Jahre zu leben habe, es sei denn, es wird eine Heilung gefunden.

Ein 26jähriger Homosexueller: Als ich einen Anruf von der Gesundheitsbehörde bekam, daß einer meiner früheren Liebhaber an AIDS erkrankt sei, hatte ich Nacht für Nacht Alpträume. Ich schob den Test hinaus, weil ich es einfach nicht wissen wollte. Und ständig redete ich mir ein: »Beruhige dich – du fühlst dich doch so gut. Du kannst unmöglich krank sein.« Schließlich ging ich dann doch zum Test und erfuhr genau das, was ich nicht hören wollte. Wie sollte ich mich nun in meinem Sexualleben verhalten? Sollte ich anderen sagen: »Hör mal, mich hat's erwischt«, bevor wir miteinander ins Bett gehen? Und was soll ich den Leuten sagen, mit denen ich in den letzten Jahren zusammen war? »Hey, ich hab's von Larry, und jetzt hast du es auch«?

Es gibt nach wie vor keine Gewißheit, wie lange jemand asymptomatisch bleibt, bevor erste Anzeichen einer Erkrankung auftreten. Viele bleiben für einen Zeitraum von fünf Jahren oder länger im asymptomatischen Stadium, bevor sie AIDS oder verwandte Symptome entwickeln. Zur Zeit vermutet man, daß rund 20 Prozent der asymptomatischen HIV-Infizierten binnen sechs Jahren das AIDS-Vollbild entwickeln, während Untersuchungsergebnisse vermuten lassen, daß alle anderen im Laufe der Jahre mit 99prozentiger Sicherheit an AIDS erkranken werden. In den späten 70er Jahren wurde in San Francisco eine Hepatitis-Studie durchgeführt, wobei die damals erfaßten Blutproben eingefroren und aufbewahrt wurden; die auf diesen Proben basierenden Langzeitangaben, die zu den derzeit zuverlässigsten zählen, zeigen, daß 53 Prozent der Versuchspersonen elf Jahre nach der HIV-Infektion in das AIDS-Vollbild übergegangen waren, während weniger als ein Viertel nach wie vor ohne Symptome war.

Es muß noch viel getan werden, um zu klären, wie und zu welchem

Zeitpunkt eine HIV-Infektion in das Krankheitsbild AIDS übergeht. Die verschiedenen Gruppen weisen unterschiedliche Verläufe auf. Zum Beispiel scheinen homosexuelle Männer schneller ins Vollbild überzugehen als Bluter. Ähnlich scheinen erwachsene HIV-Infizierte, die älter als 35 sind, schneller an AIDS zu erkranken als jüngere Erwachsene und Jugendliche. Diese Unterschiede dürften durch mehrere Faktoren bedingt sein. Zum Beispiel dürften wiederholte HIV-Infektionen das Virus reaktivieren, wenn es sich zwar im Körper befindet, aber relativ inaktiv ist. Weiters ist es möglich, daß Personen mit akuten oder vergangenen Virus-Infektionen (etwa Hepatitis-B) einem höheren Risiko ausgesetzt sind, an AIDS zu erkranken. Einer anderen Theorie zufolge könnte der Mißbrauch bestimmter illegaler Drogen – insbesondere der volatilen Nitrite wie Amylnitrit (sogenannter »Poppers«) – den Beginn einer AIDS-Erkrankung eher beschleunigen, da sie die natürliche Resistenz gegenüber HIV senken. Ob sich diese Theorien als korrekt erweisen werden, ist fraglich.

Ferner ist wichtig, sich vor Augen zu führen, daß bislang nur relativ kurzfristige Folgestudien mit HIV-Infizierten durchgeführt werden konnten, da die Infektion erst zu Beginn der achtziger Jahre identifiziert wurde. Wenn kein Heilmittel gefunden wird, vermutet man, daß die meisten Infizierten nach 15 oder 20 Jahren ab der Erstinfektion in das AIDS-Vollbild übergehen oder an anderen, HIV-verwandten Komplikationen sterben werden. Da andererseits die Angaben aus den achtziger Jahren primär auf homosexuellen Männern und intravenösen Drogenkonsumenten basieren, muß dieses Muster nicht unbedingt für zukünftige heterosexuelle Infizierte zutreffen, die nie Drogen genommen haben.

Die symptomatische HIV-Infektion

Bei manchen Menschen führt die HIV-Infektion zu Symptomen, die weniger schwerwiegend sind als AIDS selbst. Dieses Stadium wurde früher als *AIDS-related Complex* (ARC) bezeichnet, in der Zwischenzeit hat man diesen Terminus aber wieder verworfen, weil sich herausgestellt hat, daß es sich dabei um keine spezifische Erkrankung handelte und somit keine Signifikanz für eine Behandlung oder den Verlauf gegeben war. Die symptomatische HIV-Infektion sollte als Teil eines Kontinuums möglicher Auswirkungen verstanden werden. Während sich das HI-Virus im Laufe der Zeit im Körper vermehrt, zerstört es langsam die Abwehrkräfte des Immunsystems. Während die Abwehrkräfte abnehmen, nimmt die Anfälligkeit für eine Reihe von Infektionen zu, die vom Immunsystem normalerweise unter Kontrolle gehalten werden. Dazu gehören Infektionen, die keineswegs lebensbedrohlich sind, wie *Herpes zoster* oder *Sprue* (eine

Pilzinfektion im Mund) sowie bereits gefährlichere Infektionen wie Tuberkulose.

Die symptomatische HIV-Infektion ist auch in vielen Fällen durch anhaltende Lymphknotenschwellung an mehreren Körperstellen gekennzeichnet (etwa am Hals, in den Achselhöhlen, unmittelbar über den Schlüsselbeinen), wobei diese Symptome allein oder gemeinsam mit anderen auftreten können. Die üblichsten Symptome sind Durchfall, Gewichtsverlust, Müdigkeit und Fieber, allerdings treten diese für gewöhnlich vorübergehend auf und sind nicht chronisch. Ferner stößt man häufig auf neurologische Probleme. Es sollte jedoch hervorgehoben werden, daß viele Menschen mit symptomatischer HIV-Infektion in der Lage sind, ein relativ normales Leben zu führen, weiterhin produktiv zu arbeiten, sportlichen und anderen Freizeitaktivitäten nachzugehen und insgesamt einigermaßen gesund zu wirken. Ein Betroffener beschreibt das wie folgt:

Ein 32jähriger Architekt: Ich bin seit über sechs Jahren HIV-positiv. Bis vor einem Jahr hatte ich überhaupt keine Symptome, aber in diesem Jahr habe ich ungefähr sechs Kilo abgenommen, und in der Nacht leide ich gelegentlich unter starken Schweißausbrüchen und Fieberschüben. Es gelingt mir aber immer noch, täglich sieben Kilometer weit zu joggen, fast jedes Wochenende Tennis zu spielen und ein aktives Sozialleben zu führen. Mein Arzt meint, solange ich in guter körperlicher Verfassung bleibe, hilft mir das, diesen Killer zu bekämpfen – und bisher hat er recht behalten.

Menschen mit symptomatischer HIV-Infektion erkennen leider nicht immer, daß sie infiziert sind, und zwar entweder weil ihr Zustand falsch diagnostiziert wird oder weil sie nicht zum Arzt gehen oder weil sie die Bedeutung ihrer gesundheitlichen Probleme herunterspielen. Solche Menschen setzen, wenn auch unbewußt und unbeabsichtigt, ihre Sexualpartner der Gefahr aus, sich mit HIV zu infizieren.

Es ist praktisch unvermeidbar, daß alle, die unter symptomatischer HIV-Infektion leiden, eines Tages ins AIDS-Vollbild gelangen werden.

AIDS und seine Symptome

Es gibt zwar kein typisches Muster, was Anzeichen und Symptome für eine AIDS-Erkrankung anbelangt, aber einige der üblichsten sind jenen der symptomatischen HIV-Infektion sehr ähnlich: fortschreitender und unerklärlicher Gewichtsverlust, anhaltendes Fieber (manchmal begleitet von massivem Nachtschweiß), Anschwellen der Lymphknoten und leicht erhobene, rötlich-bläuliche münzgroße Flecken auf der Haut. Diese Hautflecken stellen sich in vielen Fällen als eine Krebsart heraus, die von den Blutgefäßen ausgeht, Kaposi-Sarkom genannt und häufig mit KS abgekürzt wird. In den USA galt das Kaposi-Sarkom vor dem Ausbruch der HIV-Epidemie als äußerst seltene Erkrankung. Rund ein Viertel der homosexuellen Männer, die in den USA an AIDS erkrankt sind, sind davon betroffen, während KS unter heterosexuellen intravenösen Drogenkonsumenten und Blutern mit AIDS relativ selten ist.

Sobald die ersten AIDS-Symptome auftreten, können sie über viele Monate unverändert bleiben oder sehr rasch eine oder mehrere der opportunistischen Infektionen nach sich ziehen: Das sind Infektionen, die auftreten, wenn das Immunsystem zusammengebrochen ist. Eine der üblichsten ist die seltene, oft tödlich verlaufende und durch *Pneumocystis carinii* ausgelöste Lungenentzündung, wobei ihr Auftreten bis 1993 bei rund zwei Drittel aller Fälle in den USA die Diagnose AIDS bestimmt hat.

Zu den anderen häufigen Infektionen gehören schwere Pilzinfektionen (einschließlich einer Form, die sich bis zur Hirnhaut ausbreitet und Meningitis verursacht), Tuberkulose und unterschiedliche Herpesformen, die viel schwerer sind als sonst und häufiger wiederaufflammen. Enzephalitis (eine Entzündung des Gehirns), eine ebenfalls lebensbedrohende Erkrankung, tritt unter AIDS-Patienten mit zunehmender Häufigkeit auf. Da HIV die Gehirnzellen unmittelbar infizieren kann, kommt es bei rund 30 bis 65 Prozent der AIDS-Patienten zu einer Reihe von neurologischen Störungen. Diese beinhalten Gedächtnisstörungen, psychiatrische Symptome, schwere geistige Verwirrung (Demenz), Gehschwierigkeiten, Anfälle und Koma. Obwohl diese Infektionen oft behandelt und vorübergehend abgewehrt werden können, besteht der typische Verlauf in der Aufeinanderfolge einer schweren Infektion auf die andere, bis der/die Betroffene stirbt, weil die Immunschwäche von Mal zu Mal zunimmt und schließlich eine letzte Infektion auftritt, die nicht mehr abgewehrt werden kann.

Die menschliche Dimension dieser Symptome ist schwer vorstellbar, es sei denn, man hat persönliche Erfahrung mit der Pflege eines AIDS-Kranken. Im folgenden beschreibt ein Mann, wie er sich ein Jahr lang um seinen sterbenden Bruder gekümmert hat und wie beide mit der Krankheit umgegangen sind.

Tom war entschlossen, seine Angelegenheiten in Würde zu regeln. Er war bis zum Schluß Realist, aber es gelang ihm auch, dem Schicksalsschlag, der ihn da ereilt hatte, ohne Bitterkeit oder dem Gefühl von Resignation zu begegnen. »Wir müssen alle eines Tages sterben«, war ein Satz, den er immer wieder gebrauchte, zumeist um seine Besucher aufzumuntern, die angesichts seines Zustandes verzweifelten. Als er aber dann so schwach wurde, daß er nicht mehr in der Lage war, mehr als ein paar Schritte weit zu gehen, wurde uns beiden klar, daß es nun rasch bergab gehen würde. Seine größte Sorge war, AIDS-Demenz zu bekommen. Trotz dreier Krankenhausaufenthalte und einer wirklich schlimmen Gürtelrose blieb Tom zum Glück bis zu seinem Tod bei hellem

Verstand. Für uns alle war das eine schlimme Zeit, aber ich hatte die Möglichkeit, meinen Bruder auf eine Weise kennenzulernen, wie ich ihn sonst niemals kennengelernt hätte.

Zur Zeit ist es in fast allen Fällen so, daß AIDS ab dem Zeitpunkt der Diagnose innerhalb von zwei bis vier Jahren zum Tod führt. (Die durchschnittliche Lebenserwartung für AIDS-Patienten in San Francisco wird mit 12,5 Monaten angegeben, wobei weniger als 9 Prozent der Patienten drei Jahre lang am Leben bleiben.) Diesen Statistiken zum Trotz sind viele AIDS-Patienten im Frühstadium der Erkrankung in der Lage, ein noch relativ normales Leben zu führen; viel schwieriger ist der Umgang mit den sozialen, wirtschaftlichen und emotionalen Aspekten ihrer Krankheit, worauf wir in Kürze zu sprechen kommen werden. Da jedoch immer mehr Behandlungsmethoden entwickelt und für AIDS und die schweren AIDS-assoziierten Infektionen verfügbar werden, werden sich sowohl die Lebensqualität als auch die Überlebenschancen wesentlich verbessern.

Manchen Menschen mit AIDS gelingt es zwar, ihrer Arbeit und ihren üblichen Aktivitäten noch eine Zeitlang nach der Diagnose (sechs Monate oder mehr) nachzugehen, doch irgendwann nehmen Gewichtsverlust, permanente Müdigkeit und multiple Infektionen die Betroffenen so sehr mit, daß jede Bewegung zu einer enormen Anstrengung wird und sie invalid werden. (In Afrika wird AIDS oft mit dem Begriff »Magerkrankheit« bezeichnet, weil seine Opfer im späten Stadium wie ausgehungert aussehen.)

Behandlung der HIV-Infektion und von AIDS

Es gibt zwar mit Stand Ende 1993 immer noch keine erfolgreiche Heilmethode für AIDS oder eine HIV-Infektion, dennoch konnten im Laufe der Jahre mehrere eindeutige Fortschritte im Kampf gegen diese Krankheit erzielt werden. Der bemerkenswerteste Erfolg war die Entdeckung eines Medikaments namens AZT (Azidothymidin oder Zidovudin, das in den USA unter der Handelsbezeichnung Retrovir verkauft wird), das sich erwiesenermaßen wirksam einsetzen läßt. Anfänglich galt AZT als wirksames Medikament, um den Krankheitsverlauf bei AIDS-Patienten im Vollbild zu verlangsamen. Dann stellte man fest, daß AZT nicht nur den Krankheitsverlauf bei AIDS-Patienten sowie Patienten mit asymptomatischer HIV-Infektion verzögerte, sondern auch in niedrigeren Dosen als ursprünglich angenommen wirksam eingesetzt werden kann. Durch eine Verringerung der Dosierung wurde es möglich, den Nebenwirkungen des Medikaments zu begegnen, unter denen viele Patienten litten, wobei eine der üblichsten eine unterdrückte Knochenmarksfunktion ist. Da die Funktion des Knochenmarks darin besteht, neue Blutkörperchen zu bilden, löst eine Unterdrückung dieser Funktion schwere Anämie (Blutarmut beziehungsweise eine niedrige Anzahl an roten Blutkörperchen, deren Folge permanente Müdigkeit ist) und eine Verminderung der weißen Blutkörperchen aus (und somit eine zusätzliche Schwächung der körpereigenen Abwehrkraft).

Die Überzeugung, daß AZT das Leben HIV-Infizierter verlängern kann, war einer der Hauptgründe, warum die AIDS-Experten eine Früherkennung der Infektion und eine unmittelbar einsetzende Behandlung forderten. Es hat sich jedoch gezeigt, daß manche HIV-Stämme eine Resistenz gegen AZT entwickeln, wenn sie dem Medikament über lange Zeiträume ausgesetzt sind. Breitet sich diese Resistenz aus, besteht die Gefahr, daß der Gesamtnutzen von AZT erheblich reduziert wird. Ferner haben jüngste Studien in Europa ergeben, daß die positive Wirkung des Medikaments auf die Dauer möglicherweise nicht aufrechtzuerhalten ist und AZT ein Leben nicht in bedeutsamem Maße verlängern dürfte, wodurch Fragen bezüglich der Nützlichkeit dieser Behandlungsmethode aufgekommen sind. Zum Glück gibt es noch andere Medikamente, die anstelle von AZT oder in Kombination damit eingesetzt werden können, so unter anderem ddI (Didanosin), das 1991 von der US-Behörde für Lebens- und Arzneimittel (FDA) zugelassen wurde.

Fortschritte wurden auch bei der Behandlung bestimmter Infektionen erzielt, die bei AIDS zum Tode führen können. Zum Beispiel unterstützt das Medikament Pentamidinisethoniat (Handelsbezeichnung: *Pentacarinat*) die Behandlung und Prophylaxe der *Pneumocystis-carinii*-Pneumonie; andere Medikamente werden zur Behandlung der Enzephalitis oder anderer lebensbedrohender AIDS-Komplikationen eingesetzt.

Zudem wird das Augenmerk auf eine Reihe experimenteller Medikamente gelegt, die im Kampf gegen die HIV-Epidemie mit großer Geschwindigkeit entwickelt werden. Zu den vielversprechendsten gehören:

1. *Synthetisches CD4.* CD4 ist der Rezeptor an der Oberfläche der T-Helfer-Zellen, mit dem sich gp120, ein Glykoprotein, das aus der Hülle von HIV herausragt, verbindet. Durch die Bildung synthetischer CD4-Rezeptoren, die in den Blutkreislauf eingebracht werden, wird HIV an diese »Attrappen«-Moleküle angelockt und somit daran gehindert, sich an noch mehr gesunde T-Helfer-Zellen zu heften. Dieser Ansatz hat bislang aber nur im Labor funktioniert und ist für eine Erprobung am Menschen noch nicht ganz ausgereift. Das Problem besteht teilweise darin, daß synthetische CD4-Rezeptoren im Körper nicht sehr lange überleben.

2. *Enzym-Blocker.* Mehrere Wissenschaftler arbeiten daran, Wege zu finden, wie die von HIV für seine Vermehrung unbedingt benötigten

Enzyme blockiert werden könnten. Eines dieser Enzyme ist die Protease; wenn sie sich wirksam blockieren ließe, vermutet man, daß HIV keine Möglichkeit hätte, sich in den T-Zellen und Makrophagen zu vermehren und dem Immunsystem somit auch nicht ernsthaft schaden könnte. Dieser Ansatz befindet sich zwar noch im Frühstadium, doch die Experten meinen, auf diese Weise einer wirksamen Behandlung auf der Spur zu sein.

3. *Impfstoffe.* Impfungen können entweder in Form einer Schutzimpfung, also als Prophylaxe *gegen* eine Infektion, oder zur Behandlung einer bereits erfolgten Infektion verabreicht werden. Dr. Jonas Salk, der als Erfinder der Polio-Schutzimpfung berühmt geworden ist, hat sich letzterem Ansatz verschrieben, wobei er bereits mehrere vorläufige Erfolge erzielen konnte. Er und sein Kollege, der Virologe Dr. Clarence Gibbs Jr., entwickelten einen AIDS-Impfstoff, der getötete HIV-Zellen enthielt. Sie verabreichten diesen Impfstoff zwei Schimpansen, die bereits mit HIV infiziert waren. Bei beiden Schimpansen kam es zu einem starken Zuwachs an HIV-Antikörpern. Ein dritter Schimpanse, der nicht HIV-infiziert war, verzeichnete nach zwei Immunisierungen ebenfalls einen starken HIV-Antikörper-Anstieg. Salk und Gibbs impften daraufhin 19 HIV-Infizierte, die durchwegs eine niedrige T-Zellen-Anzahl sowie andere Anzeichen eines stark angegriffenen Immunsystems aufwiesen. Obwohl der Impfstoff das Virus nicht eliminieren konnte, entwickelte nur eine der Versuchspersonen innerhalb eines Jahres eindeutige AIDS-Symptome, während bei 8 Patienten eine deutliche Verbesserung ihres Immunsystems festgestellt werden konnte.

Fortschritte wurden auch in der Entwicklung einer Schutzimpfung erzielt, die für den Fall, daß sie erfolgreich ist, eine entscheidende Rolle spielen könnte, um die weltweite Ausbreitung der HIV-Infektion aufzuhalten. Den Forschern ist es kürzlich gelungen, einen Impfstoff herzustellen, der 8 von 9 Affen gegen SIV (*Simian Immunodeficiency Virus*) Schutz bietet, eine AIDS-verwandte Krankheit, die von einem dem HIV nahe verwandten Retrovirus ausgelöst wird. Viele Experten meinen nun, daß sie ausgehend von dieser Erkenntnis eines Tages eine sichere und wirksame AIDS-Schutzimpfung für den Menschen entwickeln könnten, obwohl die meisten von ihnen vermuten, daß diese Aufgabe fünf bis zehn Jahre in Anspruch nehmen wird.

Eine der technischen Schwierigkeiten bei der Entwicklung einer wirksamen Schutzimpfung besteht darin, daß es unterschiedliche HIV-Stämme gibt, gegen die der Impfstoff gleichzeitig Schutz bieten müßte. Hinzu gesellt sich die praktische Schwierigkeit, daß ein Impfstoff, um wirksam zu sein, eine langfristige Schutzwirkung haben muß – also in Monaten oder Jahren und nicht in Wochen gemessen. Ob eine Langzeit-Immunität gegen HIV entwickelt werden kann, ist derzeit noch nicht klar.

Ein zusätzliches Problem ist die Tatsache, daß eine Schutzimpfung normalerweise dem menschlichen Immunsystem dazu verhilft, Antikörper zu bilden, um ein Virus zu töten. Im Falle einer HIV-Infektion scheinen die gebildeten Antikörper jedoch nicht in der Lage zu sein, das Virus zu töten – weshalb jemand, der HIV-Antikörper hat, eines Tages AIDS bekommt. Diese Hürde dürfte der primäre Stolperstein in der Entwicklung einer wirksamen Schutzimpfung sein.

Schließlich ist die Frage der Sicherheit von entscheidender Bedeutung: Bei jedem Impfstoff, der getötete Viren enthält, besteht immer ein Restrisiko, daß Viruspartikel überleben und reaktiviert werden, so daß sie, sobald sie einem Menschen verabreicht wurden, genau die Krankheit auslösen können, die sie verhindern sollen. Trotz dieser Hindernisse ist der Affenimpfstoff ein wesentlicher Fortschritt im Kampf gegen die HIV-Epidemie, auch wenn die Fortschritte viel langsamer erfolgen, als viele zunächst gehofft hatten.

Der Umgang mit einem AIDS-kranken Menschen

Da sich eine AIDS-Erkrankung unterschiedlich manifestiert, wobei jemand zum Beispiel nur schwache Symptome der Krankheit aufweisen kann, jemand anders jedoch gegen akute lebensbedrohliche Infektionen ankämpfen muß oder auch irgendwo zwischen diesen beiden Extremen liegt, wurden in vielen Städten besondere Betreuungs- und Unterstützungszentren eingerichtet, um den Hilfsbedürftigen ein möglichst breitangelegtes Spektrum an Hilfsmaßnahmen verfügbar zu machen. In San Francisco gibt es beispielsweise folgende Einrichtungen:

1. eine Ambulanz für alle, seien sie »gesund, aber beunruhigt« bis hin zu Todkranken;

2. eine Sonderabteilung für AIDS-Kranke, die einen Krankenhausaufenthalt benötigen;

3. ein umfangreiches Spektrum an Betreuungseinrichtungen, die von der Gemeinde getragen werden und folgende, am Wohnort des AIDS-Patienten geleistete Betreuungsdienste beinhalten: Unterstützung beim Einkauf, Saubermachen, Kochen, besondere Pflegedienste, Rechtsbeistand sowie die Besorgung der nötigen Medikamente;

4. Freiwilligenorganisationen, die eine Vielzahl an Unterstützungen bereitstellen (in San Francisco ist die bekannteste dieser Gruppen das *Shanti Project*, das für jeden Menschen mit der Diagnose AIDS einen entsprechend geschulten, ehrenamtlichen Mitarbeiter zuteilt und die Betroffenen unter anderem mit Beratungen bezüglich der jeweiligen Selbsthilfegruppen bis hin zur Organisierung erschwinglicher Wohnprojekte für Bedürftige unterstützt);

5. ein Hospizprogramm für jene, die im Endstadium der Krankheit sind. Hospize bemühen sich darum, einem Todkranken die letzten Wochen oder Monate sowohl in physischer wie psychischer Hinsicht leichter zu machen. Neben der medizinischen Betreuung, deren Ziel es ist, die Qual eines Menschen, für den es keine Hoffnung mehr gibt, so gering wie möglich zu halten, bemühen sich die Hospize für gewöhnlich auch um andere Aspekte, die dem Patienten am Herzen liegen; es sind diese unter anderem spirituelle Bedürfnisse, Familienangelegenheiten sowie die Regelung finanzieller und rechtlicher Fragen. Die Hospize helfen auch den Familienangehörigen und Freunden im Umgang mit Trauer und Verlust.

In den USA lernen ehrenamtliche Betreuer, die von der Gemeinde bereitgestellt werden, aber auch die Familienangehörigen und Freunde von AIDS-Kranken neue Umgangs- und Kommunikationsformen, die auf Anteilnahme, Mitgefühl und Würde beruhen und im Umgang mit der Epidemie eine wichtige Rolle spielen. Auch wenn es falsch wäre zu glauben, daß mit diesen Maßnahmen den Vorurteilen, die in manchen Kreisen unserer Gesellschaft gegenüber Menschen mit HIV oder AIDS vorherrschen, zur Gänze begegnet werden kann, so sind sie sicherlich ein dringend benötigter Schritt in die richtige Richtung.

Wenn ein Bekannter von Ihnen AIDS hat

Wenn in Ihrer Familie oder Ihrem Freundeskreis eine Krankheit wie AIDS zuschlägt, ist es nur natürlich, daß man zunächst das Gefühl hat, nichts tun und dem/der Betroffenen nicht einmal Hoffnung machen zu können. Man darf diesem Gefühl aber nicht nachgeben, denn es gibt konkrete Möglichkeiten, wie man helfen und sehr wohl etwas beitragen kann. Im folgenden finden Sie eine Reihe von Vorschlägen und konkreten Ansätzen.

• Seien Sie für den Menschen einfach da, und zwar so, wie Sie es früher auch waren (und vielleicht sogar etwas mehr), denn auf diese Weise können Sie Ihre Sorge und Anteilnahme am ehesten zeigen. Rufen Sie aber immer vorher an, damit Ihr Freund/Ihre Freundin entscheiden kann, ob er/sie gerade besucht werden möchte.
• Bieten Sie Ihre Hilfe auf unterschiedlichen Ebenen an. Geschirr abwaschen, einkaufen gehen oder die Wäsche aus der Reinigung holen mögen aus Ihrer Sicht banal sein. Ihre Bemühungen sind aber ein greifbarer Beweis für Ihre Anteilnahme und daher weit mehr als »bloßes« Kochen oder die Erledigung einiger Haushaltspflichten.
• Sie sollten sich im klaren sein, daß der Umgang mit einer tödlichen Krankheit nicht einfach ist. Wenden Sie sich daher an die diversen AIDS-Hilfen in Ihrer Umgebung, allerdings immer in dem Bewußtsein,

daß das keinen Experten aus Ihnen machen wird. Verhalten Sie sich also auch nicht so, als wären Sie einer – dadurch entstehen nur Konflikte mit den Leuten, die sich um die Gesundheit Ihres Freundes/Ihrer Freundin kümmern.

• Denken Sie daran, daß Feiertage und Ferien eine Zeit sind, in der das Gefühl von Einsamkeit besonders schmerzlich sein kann. (Das trifft besonders dann zu, wenn jemand gerade im Krankenhaus ist.) Ein Besuch kann dem/der Betroffenen das Gefühl von Zugehörigkeit vermitteln und eine große Stütze sein. Und wenn Sie – etwa in der Weihnachtszeit – das Krankenzimmer weihnachtlich schmücken und kleine Geschenke und Naschereien mitbringen, hinterlassen Sie einen konkreten Beweis Ihrer Gefühle, der auch dann noch da ist, wenn der Besuch vorüber ist.

• Sich ständig mit dem Gesundheitszustand des/der Betroffenen oder den an ihm/ihr angewandten Behandlungsmethoden auseinanderzusetzen ist wahrscheinlich nicht besonders sinnvoll, aber so zu tun, als gäbe es die Krankheit nicht, ist sicherlich auch nicht klug. Erkundigen Sie sich nach dem Befinden (so wie Sie es bei jeder anderen Krankheit auch tun würden).

• Erzählen Sie Ihrem Freund/Ihrer Freundin auch von der Außenwelt, damit er/sie sich nicht ganz isoliert und ausgeschlossen fühlt. Sprechen Sie über gemeinsame Bekannte und Freunde, was sich in Ihrer Arbeit tut, diskutieren Sie gemeinsame Interessen und aktuelle Ereignisse, die sich im eigenen Land und auf der ganzen Welt zutragen.

• Scheuen Sie sich nicht, Ihren Freund/Ihre Freundin zu berühren. Eine Umarmung, ein Kuß oder ein Arm um die Schulter bedeuten mehr, als Sie sich möglicherweise vorstellen können.

• Belügen Sie Ihren Freund/Ihre Freundin nicht, was sein/ihr Aussehen oder seinen/ihren Zustand anbelangt. Natürlich soll man nicht einfach damit herausplatzen, sondern taktvoll und sanft auf den anderen eingehen – das ist jedoch ein Grundsatz, der für alle menschlichen Beziehungen gilt. Sofern Sie sich bemühen, werden Sie auch positive Merkmale finden, und sei es nur, daß sich Ihr Optimismus auf eine nahe Zukunft bezieht: »Bis zum Wochenende geht es Dir sicher wieder besser.«

• Belehren Sie Ihren Freund/Ihre Freundin nicht, wenn Sie meinen, er/sie geht mit der Krankheit nicht richtig um. Sie wissen nicht, welche medizinischen, rechtlichen oder sonstigen Ratschläge ihm/ihr gegeben wurden, und Sie können auch nicht wissen, wie er/sie sich fühlt.

• Seien Sie darauf gefaßt, daß Ihr Freund/Ihre Freundin oder Angehöriger manchmal zornig mit Ihnen sein wird, auch wenn Sie versucht haben zu helfen. Wenn das passiert, dürfen Sie es nicht persönlich nehmen. Zorn ist manchmal ein Weg, im Umgang mit der Krankheit das Gefühl von

Nutz- und Hilflosigkeit zu kompensieren. Nehmen Sie es als eine Art Kompliment, daß sich Ihr Freund/Ihre Freundin Ihrer Anteilnahme und Freundschaft so sicher sein kann, daß er/sie mit Ihnen zornig werden darf, ohne befürchten zu müssen, seine/ihre Gefühlen würden mißverstanden.

- Versuchen Sie mit anderen wichtigen Personen im Leben Ihres Freundes/Ihrer Freundin in Kontakt zu sein. Sie können eine Hilfe sein, um laufend über gesundheitliche Fortschritte (oder Komplikationen) informiert zu sein und Hilfe anzubieten, wann sie benötigt wird – Hilfe, nach der zu fragen Ihr Freund/Ihre Freundin möglicherweise selbst nicht den Mut hat. Wenn zum Beispiel der Partner Ihres Freundes/Ihrer Freundin eine Erholung von den Betreuungspflichten benötigt, können Sie das Angebot machen, die Betreuung einen Sonntagnachmittag lang zu übernehmen, damit er/sie den eigenen Bedürfnissen nachgehen kann.
- Verwechseln Sie die Annahme der Diagnose AIDS nicht mit einer Kapitulation vor dem Tod. Wenn es Ihrem Freund/Ihrer Freundin gelingt, die Realität der Krankheit zu akzeptieren, kann ihm/ihr das zu einem ruhigeren und sichereren Umgang damit verhelfen. Die Annahme der Krankheit kann auch das Gefühl von Kraft vermitteln.
- Wenn Sie Ihrem Freund/Ihrer Freundin oder Angehörigen besonders nahe stehen, kann es sein, daß Sie selbst auch Unterstützung und Beratung benötigen. Viele AIDS-Organisationen haben für die Freunde und Angehörigen von Betroffenen eigene Selbsthilfegruppen eingerichtet.

Der Verlauf der Epidemie anhand von Zahlen

Bedauerlicherweise hat man es in den USA bislang verabsäumt, eine landesweite Studie bezüglich der Prävalenz und der exakten Dimensionen der HIV-Epidemie durchzuführen, obwohl mittlerweile zwölf Jahre vergangen sind, seit AIDS zum ersten Mal erkannt wurde, und acht Jahre seit der Entwicklung von Testverfahren zur Feststellung von HIV-Antikörpern im Blut. (Prävalenz bezieht sich auf den Anteil einer Bevölkerungsgruppe, der gegenwärtig infiziert ist.) Der frühere Oberste Amtsarzt der USA, C. Everett Kopp, hat dieses Problem sogar eingestanden, als er in der *New York Times* im Juli 1988 sagte: »Wie viele sind infiziert? Das ist unser Problem – wir kennen die Zahl nicht. Wir sprechen von einer Million oder einunhalb Millionen, aber es können ebenso gut 400 000 oder vier Millionen sein. Wir wissen es einfach nicht.« Es gibt aber eine Reihe von Studien, die sich auf die einzelnen Bevölkerungssegmente konzentrierten. Wir haben uns die

Bandbreite der Ergebnisse genauer angesehen und sind zu dem Schluß gelangt, daß ein vorläufiges Bild der HIV-Epidemie, so wie sie sich gegenwärtig in den USA präsentiert, sehr wohl gezeichnet werden kann.

Bevor wir uns diesen Studien widmen, ist es nützlich, sich die Entwicklung der HIV-Epidemie noch einmal vor Augen zu führen. Zunächst hilft es, daran zu denken, daß die Epidemie in den ersten Jahren vor allem in den US-Bundesstaaten New York, New Jersey und Kalifornien auftrat. Tatsächlich meinten damals noch viele Wissenschaftler und Politiker im mittleren Westen und im Süden der USA (mit Ausnahme Floridas), daß AIDS auf ihre Regionen nicht übergreifen würde. Heute weiß man zwar, wie sehr sie sich geirrt haben, aber diese Haltung des Nichtwahrhabenwollens, die sich da entwickelte, machte sich auch in anderer Weise bemerkbar. Zum Beispiel vertraten viele Wissenschaftler bis zur Mitte der achtziger Jahre die Ansicht, daß eine HIV-Übertragung auf heterosexuellem Wege unwahrscheinlich sei, und verrannten sich in detaillierte Erklärungen, warum das Ansteckungsmuster in Afrika und im karibischen Raum ein »anderes« sein müsse als in den USA. Dadurch wurde die AIDS-Epidemie auf sträfliche Weise vereinfacht und als Problem der Schwulengemeinde und der Drogensüchtigen angesehen. Und es ist noch gar nicht lange her, daß so mancher Beobachter behauptete, die Epidemie betreffe vor allem Minderheiten – innerstädtische Randgruppen, also insbesondere die schwarze und hispano-amerikanische Bevölkerung. Dieser Versuch, das Problem zu »ghettoisieren«, spiegelt ein wesentliches (und zugleich fatales) Mißverständnis wider: Das HI-Virus unterscheidet nicht zwischen Hautfarbe und sozialer Schicht, wenn es in den menschlichen Körper eindringt.

Verlauf und Trends der HIV-Infektion

Die Gesamtanzahl der gegenwärtig gemeldeten AIDS-Fälle sagt höchstens aus, was vor sieben bis zehn Jahren passiert ist, da dies der durchschnittliche Zeitraum ab der HIV-Erstinfektion bis zur AIDS-Diagnose ist. Um gegenwärtige epidemische Trends festzustellen, bedarf es daher einer genauen Untersuchung solcher Daten, die sich auf unterschiedliche Segmente innerhalb der Gesamtbevölkerung und die Prävalenz von HIV-Infektionen innerhalb dieser Segmente beziehen. Im folgenden fassen wir zusammen, was bislang erkannt wurde.

Homosexuelle und bisexuelle Männer
In San Francisco und New York City liegt die HIV-Infektionsrate unter homosexuellen und bisexuellen Männern bei rund 50 Prozent. Man ging bis vor kurzem noch davon aus, daß die Aufklärungsarbeit, die in diesen

Städten von den betroffenen Gruppen geleistet wurde, ein bewußteres und somit sichereres Sexualverhalten nach sich gezogen hätte, doch eine Reihe jüngerer Studien zeigte, daß es in diesen Gruppen immer noch Jahr für Jahr zu Neuinfektionen kommt – wenn auch in geringerem Ausmaß. In anderen Regionen der Vereinigten Staaten ist die Prävalenz unter homo- und bisexuellen Männern etwas niedriger. Zum Beispiel sind in Milwaukee laut jüngsten Angaben nur 24 Prozent infiziert, während in Albuquerque, New Mexiko, 14 Prozent betroffen sind. Ähnlich verhielt es sich bei einer Studie über homosexuelle Männer, die jüngst in 16, im ganzen Land verstreuten Kleinstädten durchgeführt wurde und ergab, daß 9 Prozent HIV-positiv waren.

Intravenöse Drogenkonsumenten
Eine Untersuchung intravenöser Drogenkonsumenten, die im Rahmen von Behandlungseinrichtungen, Krankenhäusern und Drogentherapiezentren erfolgte, ergab, daß an der amerikanischen Ostküste erheblich mehr HIV-infiziert sind als an der Westküste. Zum Beispiel liegen die Infektionsraten in New York City und im nördlichen Teil des Bundesstaates New Jersey zwischen 50 und 60 Prozent, während eine in Washington D. C. durchgeführte Studie eine Infektionsrate von 28 Prozent ergeben hat. Hingegen wurde in Los Angeles eine Infektionsrate von nur 3 Prozent festgestellt, und in Sacramento, einer Stadt nördlich von San Francisco, lag die Infektionshäufigkeit unter Entzugspatienten, die an einer Drogentherapie teilnahmen, bei 2 Prozent.

Heterosexuelle
Bislang wurden nur relativ wenige Studien über die Prävalenz von HIV-Infektionen in der heterosexuellen Allgemeinbevölkerung durchgeführt. In einer der ersten Studien (sie erfolgte 1987) wurden in vier verschiedenen Städten (New York City, Los Angeles, Atlanta und St. Louis) insgesamt 800 heterosexuelle Männer und Frauen untersucht: Demnach waren 5 Prozent der Männer und 7 Prozent der Frauen seropositiv, die während der vorangegangenen fünf Jahre jährlich zumindest sechs verschiedene Sexualpartner gehabt hatten. (Sechs oder mehr Sexualpartner pro Jahr wird von vielen als mathematische Definition für Promiskuität angewandt; es sollte aber auch darauf hingewiesen werden, daß dieses Kriterium auf einen nur sehr kleinen Teil der heterosexuellen Gesamtbevölkerung zutrifft.) Im Gegensatz dazu konnte bei keiner der Frauen und nur 1 von 200 Männern, die in streng monogamen Beziehungen lebten, eine HIV-Infektion festgestellt werden.

Eine ähnliche Untersuchung sexuell aktiver Heterosexueller, die keinen bekannten Risikofaktor für eine HIV-Infektion mitbringen, wurde von

Margaret Fischl und ihren Mitarbeitern in Miami durchgeführt. Von 346 untersuchten Personen waren 5 Prozent HIV-positiv, wobei der einzige nachweisbare Risikofaktor der Umstand war, daß die Betroffenen häufig ihre Sexualpartner wechselten. (Bemerkenswerterweise war das hier erzielte Ergebnis jenem unserer eigenen Studie, die wir im vorhergehenden Absatz beschrieben haben, durchaus ähnlich, allerdings wurde die Fischl-Studie nicht im selben Maße publik gemacht.)

HIV-Infektionen unter Heterosexuellen der Mittelschicht, die sich primär infolge von Kontakten mit intravenösen Drogenkonsumenten infiziert haben, werden neuerdings mit zunehmender Häufigkeit erfaßt.

Ein wesentlicher Punkt ist der, daß HIV-Infektionen unter Frauen zunehmend mit heterosexuellen Kontakten und nicht so sehr mit intravenösem Drogenmißbrauch in Verbindung zu stehen scheinen. Zum Beispiel stieg in New Jersey der Prozentsatz der Frauen, die HIV-infizierte Babys zur Welt brachten und deren einziger Risikofaktor im heterosexuellen Geschlechtsverkehr zu finden war, von 14 Prozent im Zeitraum von 1982 bis 1985 auf 43 Prozent im Zeitraum von 1986 bis 1988.

AIDS-Überwachung/Aufsichtsbehörden

In den USA wurden bislang aus allen 50 Bundesstaaten AIDS-Fälle gemeldet, allerdings variiert die geographische Streuung der Fälle – die sich im Laufe der Zeit außerdem verschoben hat – von Region zu Region ganz erheblich. 1992 reichte die jährliche Inzidenz der gemeldeten AIDS-Fälle von einem sehr hohen Wert von 116 Fällen je 100 000 Einwohner in Washington D. C. und 46 je 100 000 Einwohner in New York zu einem sehr niedrigen Wert von 0,9 Fällen je 100 000 Einwohner in Wyoming. 1983 wurden noch 63 Prozent aller in den USA erfaßten AIDS-Fälle aus New York, New Jersey und Pennsylvania gemeldet, wobei dieser Anteil bis 1992 schrittweise auf unter 30 Prozent gesunken ist.

Die US-Behörde für die Kontrolle von Krankheiten (CDCs) hat darauf hingewiesen, daß die Zahl der gemeldeten AIDS-Fälle infolge mangelhafter Berichte, verspätet einlangender Meldungen und der Tatsache, daß nicht alle Menschen mit AIDS Zugang zu geeigneten medizinischen Einrichtungen haben, nicht den Tatsachen entspreche, so daß »die gemeldeten Fälle weniger als 80 Prozent aller erkannten oder unerkannten, mit einer HIV-Infektion assoziierten Erkrankungen repräsentieren dürften« (*Morbidity and Mortality Weekly Report*, 38, 1989).

Persönliche Aspekte der HIV-Epidemie

Die HIV-/AIDS-Epidemie hat viele Gesichter. Bislang haben wir in diesem Kapitel in erster Linie die medizinisch-biologischen Aspekte untersucht. Die Epidemie hat aber auch eine enorme persönliche Dimension.

Gesellschaftliche und emotionale Reaktionen

Die Auswirkung der HIV-Epidemie auf unsere Gesellschaft hat sie längst in unterschiedliche Lager geteilt und stark emotionalisiert. Für viele ist die Epidemie eine bequeme Ausrede, ihr Vorurteil Homosexuellen gegenüber nur noch deutlicher zum Ausdruck zu bringen, und zwar insbesondere wenn sie uninformiert sind und meinen, sich mit einer tödlichen Krankheit anzustecken, wenn sie einem Homosexuellen die Hand reichen oder im Restaurant von einem homosexuellen Kellner bedient werden. Manche gingen sogar so weit, Quarantänemaßnahmen für HIV-Infizierte zu fordern – abgesehen davon, daß dieses Konzept unmenschlich wäre, ist es wirtschaftlich nicht durchführbar, da es die jahrelange Zwangsisolierung von schätzungsweise 1,5 Millionen gegenwärtig mit HIV infizierten Amerikanern erforderte. Andere kümmert diese öffentliche Gesundheitskrise herzlich wenig, da sie irrigerweise annehmen, sie betreffe nur Homosexuelle, Bisexuelle und Drogensüchtige, jedoch nicht die amerikanische Gesellschaft insgesamt.

Zum Glück hat sich das Bewußtsein und die Haltung gegenüber HIV und AIDS in den letzten Jahren auch positiv verändert, und das dank einer Reihe von kleinen Schritten, mit denen die Epidemie entmystifiziert und zugleich humanisiert werden konnte. Eine Maßnahme in diese Richtung, auf die wir im besonderen hinweisen möchten, war die Schaffung des *AIDS Quilt Project* (»Quilt« ist eine aus vielen Flicken zusammengenähte Steppdecke), eine von Cleve Jones 1987 ins Leben gerufene Kampagne. Das Projekt wurde als Ausdruck des Gedenkens an einen an AIDS verstorbenen Freund begonnen. In der Zwischenzeit ist die Steppdecke, deren Flicken von Freunden und Angehörigen der Verstorbenen beigesteuert werden, zu einer aus über 11 000 Flicken bestehenden Riesendecke angewachsen. Das *Quilt Project* ist im ganzen Land auf Tournee gewesen und wurde von Millionen Menschen gesehen.

Das gestiegene HIV-/AIDS-Bewußtsein macht sich auch in anderen Bereichen bemerkbar. In vielen Städten wird in den Todesanzeigen nun auch AIDS als Todesursache angegeben, was vor rund sechs Jahren, als das Thema noch ein Tabu war, zumeist undenkbar gewesen wäre. Benefizveranstaltungen zugunsten der AIDS-Forschung, deren Ehrenvorsitz von berühmten Persönlichkeiten wie Elizabeth Taylor oder Madonna eingenommen wird, finden oft und mit Erfolg statt. Und auch in den Fernsehserien sieht man immer häufiger Episoden, die in irgendeiner Weise mit AIDS zu tun haben, wenn auch dieselben Fernsehsender nach wie vor nicht bereit sind, Werbeeinschaltungen über Kondome zu bringen, weil sie befürchten, ihren Zusehern zu nahe zu treten (und weil sie Angst haben, von rechtsgerichteten Gruppen boykottiert zu werden).

In der homosexuellen Gemeinde, die im ersten Jahrzehnt der HIV-Epidemie eindeutig am stärksten betroffen war, hat die anfängliche Angst und Verzweiflung rasch einer hervorragend organisierten Aufklärungskampagne Platz gemacht, die von einer verantwortungsvollen und mitfühlenden Betreuung der AIDS-Kranken und einer intensiven Lobbytätigkeit für mehr finanzielle Unterstützung auf Regierungsebene, für Anti-Diskriminierungsgesetze sowie für verbesserte Richtlinien bezüglich der Freigabe neuer Behandlungsmethoden begleitet wurde. Die sexuellen Aufklärungskampagnen haben im Verhalten dieser Gruppe zu weitgreifenden Veränderungen geführt: Die meisten homosexuellen Männer haben völlig damit aufgehört, Schwulensaunen zu besuchen, und eine große Anzahl hat ihre Geschlechtspartner auf eine Handvoll Personen reduziert, die einander gut kennen. Außerdem ist die Mehrheit der schwulen Männer zu sicheren Sexualpraktiken übergegangen, indem sie auf Analverkehr verzichten oder analem Sex nur noch bei Verwendung von Kondomen zustimmen. Infolge dieser Verhaltensänderungen, insbesondere der Tatsache, daß die Anzahl der Sexualpartner stark reduziert wurde, ist auch die Inzidenz anderer sexuell übertragbarer Krankheiten wie Gonorrhöe oder Syphilis unter homosexuellen Männern stark zurückgegangen.

Dann gibt es homosexuelle Männer, deren AIDS-Angst so überwältigend ist, daß sie beschlossen haben, auf Sex so lange zu verzichten, bis eine Schutzimpfung oder eine Heilung gefunden ist. Wieder andere homo- und bisexuelle Männer, wenn auch in geringer Anzahl, sind zumindest vorübergehend dazu übergegangen, nur noch heterosexuelle Partnerschaften in Erwägung zu ziehen. Schließlich gibt es Homosexuelle, die aus nur zu verständlichen Gründen eine solche AIDS-Angst entwickelt haben, daß sie bei jeder noch so geringen physischen Schwäche in Panik geraten. Für diese Männer ist jeder Halsschmerz, Hautausschlag oder eine erhöhte Temperatur ein erster Hinweis, daß sie sterben werden. Unter den besonders Ängstlichen kann man häufig einen scharfen Rückgang im Sexualinteresse und in der sexuellen Aktivität beobachten.

Alle, denen mitgeteilt wird, daß einer seiner oder ihrer früheren Sexualpartner an AIDS erkrankt ist oder HIV-positiv getestet wurde, haben eindeutig Grund zur Sorge. Bislang galt das in erster Linie für Homosexuelle und Drogensüchtige, doch in der Zwischenzeit ist klar geworden, daß sich auch die heterosexuelle Bevölkerung zunehmend mit dieser Möglichkeit auseinandersetzen muß, da die HIV-Epidemie definitiv in die Gesamtbevölkerung vorgedrungen ist und sich dort ausbreitet. Wie geht es jemandem, der in diese Lage gerät?

Ein 28jähriger heterosexueller Mann: Ich erfuhr von einem Freund, daß eine meiner Ex-Freundinnen an AIDS erkrankt war. Zunächst dachte ich, das sei bloß eine verrückte Geschichte, mit der mir angst gemacht werden sollte. Doch dann ging ich der Geschichte nach und mußte zu meinem Entsetzen feststellen, daß sie der Wahrheit entsprach. Mein Gott, dachte ich, wir hatten Dutzende Male miteinander geschlafen und nie ein Kondom verwendet, weil sie damals die Pille nahm. Mein Arzt sandte eine Blutprobe ein, die zu meiner Erleichterung negativ zurückkam, aber die 24 Stunden, während ich auf das Ergebnis wartete, waren die schlimmsten meines Lebens. Ich stellte mir ständig vor, wie ich langsam und qualvoll sterben würde, und glaubte, vor Angst den Verstand zu verlieren. Eines können Sie mir glauben, an diese Stunden werde ich mich noch lange erinnern.

Eine 33jährige geschiedene Frau: Ich war bereits drei Jahre geschieden, als ich erfuhr, daß mein »Ex« mit AIDS im Krankenhaus lag. Ich wußte, daß er ab und zu Drogen genommen hatte, aber für mich war er nie ein Süchtiger gewesen. Die Nachricht kam wie ein Schock. Als das Testergebnis kam und mein Arzt mir mitteilte, daß ich positiv sei, brach ich weinend zusammen. Ich habe zwei Kinder, die mich brauchen. Ich bin noch nicht bereit zu sterben. Bis jetzt hatte ich Glück. Meine T-Zellen halten sich ganz gut, und so richtig krank war ich auch noch nicht, nur kleinere Infektionen und so. Aber daß er mir das antun konnte – obwohl, ich weiß ja, daß er es nicht absichtlich getan hat.

Unter den Heterosexuellen beginnt die AIDS-Angst nun auch Fuß zu fassen, da sich langsam herumspricht, daß AIDS keine »Schwulenkrankheit« ist. Es ist zum Beispiel gar nicht mehr so unüblich, daß ein HIV-Antikörper-Test verlangt wird, bevor eine sexuelle Beziehung überhaupt begonnen wird. Eine junge Frau sagte uns:»Ich habe sicher keine AIDS-Panik, aber wenn man bedenkt, wie hoch das Risiko ist, muß man doch verrückt sein, zu glauben, jeder neue Bekannte sei ehrlich. Wenn sich jemand nicht in dem Ausmaß auf mich einlassen möchte, daß er bereit ist, den Test zu machen, hat die Beziehung sowieso keine Zukunft.« Und dennoch legen viele Heterosexuelle immer noch eine erstaunliche Gelassenheit an den Tag, was ihr persönliches Ansteckungsrisiko anbelangt. Darauf werden wir noch zurückkommen.

Die meisten Menschen, denen mitgeteilt wird, daß sie HIV-positiv sind oder AIDS haben, reagieren mit Schock, Wut und Verdrängung. Ein Mitarbeiter in einem HIV-Testzentrum in New York beschreibt seine Erfahrungen so:

Zu den typischen Reaktionen gehören hysterisches Weinen, eine totale Versteinerung und innere Lähmung, völliges Ausflippen und Herumschreien – »Jetzt muß ich sterben!« – und immer wieder die Frage: »Kann man aus dem Test herauslesen, wie lange ich noch leben werde?« Manche versuchen, aus dem Büro zu stürmen, andere meinen, sie hätten sich darauf eingestellt und bereits einen Plan, wie sie vorgehen werden, welche Behandlungen sie sich vorstellen... Aber die meisten flippen einfach völlig aus (R. James, HIV testing and counseling: crisis and coping for adolescents and adults; In: G. Anderson, Hrsg., *Courage to Care*. 1990).

Das sind ganz normale Reaktionen, die dem Selbstschutz dienen und den Schlag, den man mit dieser Diagnose erhält, anfänglich abschwächen können. In den Wochen und Monaten nach der Diagnose erfährt diese anfängliche Reaktion gewöhnlich einen Wandel, und der/die Betroffene fühlt sich schuldig, voller Trauer und kapituliert vor dem eigenen Schicksal – das ist eine Art von unglücklicher Annahme der eigenen Lage. Natürlich läßt sich das nicht verallgemeinern, und jeder Mensch reagiert anders.

In der Regel sind jene, die als HIV-positiv oder AIDS-krank diagnostiziert werden, junge Erwachsene, die im Grunde immer gesund waren und daher kaum vorbereitet sind, einer lebensbedrohlichen Krankheit, die wenig Anlaß zu Hoffnung bietet, ins Gesicht zu sehen. Doch als wäre das nicht schwierig genug, müssen sich Infizierte, egal ob schwul oder nicht, auch noch mit einer feindselig gesinnten und ängstlichen Gesellschaft auseinandersetzen. Viele müssen die Erfahrung machen, daß man sie am Arbeitsplatz ausgrenzt oder daß sie von ihren Angehörigen und Freunden gemieden und in die soziale Isolation abgedrängt werden. Wenn man plötzlich vor die Tatsache gestellt ist, daß der Vermieter einen aus der Wohnung werfen will, der Zahnarzt die Behandlung verweigert oder daß man am Arbeitsplatz gekündigt werden soll, ist man emotional überfordert – ganz abgesehen davon, daß es sich dabei um Diskriminierungen handelt, die unerhört und ungerechtfertigt sind. In den USA wurden die Gesetze, die eine Diskriminierung behinderter Menschen verbieten, zum Glück auf AIDS-Kranke und HIV-Infizierte ausgeweitet, allerdings geht mit solchen Gesetzen in der Regel kein unmittelbarer Einstellungswandel innerhalb der Gesellschaft einher.

Das Ausmaß der emotionalen Belastung, dem die Betroffenen ausgesetzt sind, geht in vielen Fällen weit über die soeben beschriebenen Ausgrenzungsprobleme hinaus. Stellen Sie sich zum Beispiel eine Frau vor, die weiß, daß sie an AIDS stirbt, und plötzlich erfahren muß, daß ihr sechs Monate altes Baby ebenfalls mit HIV infiziert ist. Wer wird sich nach ihrem Tod um ihr Baby kümmern? Wie soll sie mit dem Schuldgefühl zu Rande kommen, daß sie die Krankheit auf ihr Kind übertragen hat? Und wer wird sich um ihr 4jähriges Kind kümmern, das *nicht* infiziert ist? Oder ein anderes Beispiel: Versetzen Sie sich in die Lage einer Frau, die durch eine Bluttransfusion infiziert wurde und in der Folge, ohne es zu wissen, ihren Ehemann angesteckt hat. Wie soll sie damit fertig werden?

Zu diesen emotionalen Herausforderungen gesellen sich dann noch die rein praktischen: Den Betroffenen stehen enorme gesundheitliche Komplikationen und zahlreiche Krankenhausaufenthalte bevor, sie müssen sich darauf einstellen, aufgrund ihrer Krankheit vor wirtschaftliche Probleme gestellt zu werden und schließlich vor die Notwendigkeit, mit sich selbst und ihren Gefühlen ins Reine zu kommen, um sich auf den Tod vorzubereiten.

Verhaltensfragen im Zusammenhang mit der HIV-Epidemie

Wenn der HIV-Epidemie Einhalt geboten werden soll, dürfte eigentlich kein Zweifel bestehen, daß entscheidende Veränderungen im sexuellen und drogenbezogenen Verhalten absolut erforderlich sind, solange es keine effektive Schutzimpfung oder Heilung gibt. Es gibt allerdings nur wenige Hinweise, daß das in der Gesamtbevölkerung der Fall ist.

Die homosexuelle Gemeinde ist bislang die einzige Ausnahme. Nachdem Wesen und Ansteckungsmuster der AIDS-Epidemie erkannt waren, gelang es ihr, ein Verhalten zu propagieren, mit dem das Risiko erfolgreich reduziert werden konnte. Dennoch waren die tatsächlich erfolgten Veränderungen erwartungsgemäß unvollständig, wobei neuerdings befürchtet wird, daß mit einer zweiten Welle an HIV-Infektionen unter jüngeren homosexuellen Männern zu rechnen sein wird. Diese Sorge ist teilweise darin begründet, daß sich der unter jüngeren homosexuellen Männern weitverbreitete Drogen- und Alkoholmißbrauch auf ihr Urteilsvermögen und somit auf ihre Absicht, nur sichere Sexualpraktiken nachzugehen, auswirken könnte. Ein anderer Grund ist der, daß manche Leute es irgendwann überdrüssig sind, Richtlinien für sicheren Sex zu befolgen und erneut in riskantere Verhaltensmuster zurückfallen.

Zum Beispiel ergab eine Langzeitstudie in San Francisco (Stall R., et al., Alcohol and drug use during sexual activity and complance with safe sex guidelines for AIDS. In: *Health Education Quarterly*, 1986), daß zwischen 1985 und 1986 die durchschnittliche Zahl der Sexualpartner jener Männer, die in keiner monogamen Beziehung waren, um 20 Prozent zurückgegangen war, während jedoch 37 Prozent der Befragten angaben, weiterhin sexuellen Praktiken nachzugehen, die »wahrscheinlich als riskant zu bewerten sind« (etwa das Verschlucken von Samenflüssigkeit bei oral-genitalem Sex), und 38 Prozent unverändert extrem riskante Praktiken wie Analverkehr ohne Kondom angaben. Bis Jahresende 1987 hatte zwar beinahe ein Drittel aller Befragten ihr Verhalten geändert und Sexualpraktiken angegeben, die als wenig riskant eingestuft wurden, doch 16 Prozent verfielen nach einer kurzfristigen Verhaltensänderung erneut in ein riskantes Sexualverhalten. Eine ähnliche Langzeitstudie, die in New York durchgeführt wurde, ergab, daß 48 Prozent der in der Studie untersuchten homosexuellen Männer weiterhin riskantem Sex, einschließlich des Verkehrs mit mehreren anonymen Partnern, nachgingen und daß von jeweils zwei Männern, deren Sexualverhalten sicherer wurde, einer im Laufe der Zeit zu riskanteren Verhaltensweisen zurückkehrte. Unverändert hohe Raten an riskantem Sexualverhalten wurden vor allem unter homosexuellen Männern in amerikanischen Kleinstädten festgestellt, also außerhalb der ursprünglichen Epizentren der HIV-Epidemie. Zum Beispiel gaben 40 Prozent dieser Männer an, in den letzten beiden Monaten mehr als einen Partner gehabt zu haben, und fast ein Drittel gab an, ungeschütztem Analverkehr nachgegangen zu sein.

Andere Studien haben ebenfalls ergeben, daß es unter schwulen und bisexuellen Männern durchwegs zu positiven Verhaltensänderungen gekommen ist, jedoch auch hier mit der Einschränkung, daß diese risikoeinschränkenden Veränderungen alles andere als vollständig sind. Eine Zusammenfassung von 24 Einzelstudien über infolge von AIDS eingetretenen sexuellen Verhaltensänderungen unter schwulen Männern stellte fest, daß alles in allem 20 Prozent ihre unsicheren Praktiken nicht aufgegeben hatten und daß diese Weigerung, sich zu ändern, teilweise auf die häufige Einnahme von Drogen zurückzuführen sein dürfte. Eine nicht unerhebliche Anzahl schwuler Männer betreibt zum Beispiel immer noch Analverkehr mit mehreren Partnern – und das, obwohl diese Männer wissen, daß sie HIV-infiziert sind. Rund die Hälfte dieser Männer verwendet entweder überhaupt kein Kondom oder wenn, dann nur sehr sporadisch.

In der heterosexuellen Bevölkerung scheint die Auseinandersetzung mit sicheren Sexualpraktiken und somit einem veränderten Verhalten kein vordergründiges Anliegen zu sein, wenngleich vorauszuschicken ist, daß die Untersuchungen in diesem Zusammenhang weit weniger umfangreich betrieben wurden. In San Francisco wurde festgestellt, daß alleinstehende heterosexuelle Frauen weit weniger geneigt sind, auf sicheren Sexualpraktiken zu bestehen als etwa alleinstehende homosexuelle Männer. Eine andere Studie ergab, daß nur sechs von 200 heterosexuellen Frauen, die jährlich mindestens sechs Sexualpartner hatten, ihre Partner routinemäßig aufforderten, während des Vaginalverkehrs ein Kondom zu verwenden. Ähnlich ging aus einer Untersuchung kanadischer Studenten hervor, daß unter jenen, die jährlich mehr als zehn Sexualpartner haben, nur 21 Prozent der Männer und 7,5 Prozent der Frauen regelmäßig Kondome verwendeten. Und eine jüngste an weiblichen Angehörigen der US-Armee durchgeführte Studie ergab, daß eine wachsende Anzahl mit HIV infiziert ist, und zwar »infolge ungeschützten Geschlechtsverkehrs mit bisexuellen oder solchen Männern, die Drogen intravenös konsumieren«, obwohl die meisten von ihnen angaben, nur einen oder zwei Sexualpartner gehabt zu haben (Staver S., Women found contracting HIV via unprotected sex. In: *American Medical News*, Juni 1990).

Ein landesweite Untersuchung amerikanischer Frauen bewies eindeutig, daß lebenslange Monogamie längst nicht mehr die Norm ist; demnach gaben zwei Drittel aller sexuell erfahrenen Frauen im Alter von 15 bis 44 Jahren mehr als einen Partner an, und über 41 Prozent gaben an, vier oder mehr außereheliche Partner gehabt zu haben. Eine ähnliche, an amerikanischen Männern durchgeführte Untersuchung ergab, daß 23 Prozent der Männer im Alter von 20 bis 39 Jahren im Laufe ihres Lebens mit 20 oder mehr Frauen Geschlechtsverkehr gehabt hatten.

Infolge des stärkeren AIDS-Bewußtseins in der Öffentlichkeit sind zwar die Kondomabsätze in den späten achtziger Jahren sprunghaft gestiegen, doch bedeutet das nicht, daß die Verwendung von Kondomen unter Heterosexuellen deshalb üblicher geworden ist oder daß Heterosexuelle generell zu streng monogamem Sex übergegangen wären. In den USA ergab eine Untersuchung der heterosexuellen Bevölkerung, daß nur 17 Prozent der Befragten mit mehreren Sexualpartnern und nur 12,6 Prozent jener mit risikobehafteten Sexualpartnern (z. B. intravenösen Drogenkonsumenten, bisexuellen Männern) ständig ein Kondom verwendeten. Infolge dieser Gelassenheit ist in den USA die Häufigkeit, mit der andere Geschlechtskrankheiten wie etwa Syphilis, der weiche Schanker und Hepatitis B auftreten, in den letzten fünf Jahren erheblich gestiegen, wobei sich der Anstieg zur Gänze auf die heterosexuelle Bevölkerung beschränkt. In Wirklichkeit verwenden sogar jene Leute, die sich an eine Klinik für sexuell übertragbare Krankheiten wenden, bestenfalls nur sporadisch ein Kondom. Und nur eine Minderheit sexuell aktiver Jugendlicher verwendet überhaupt je ein Kondom.

Es gibt noch andere Zeichen, wonach die heterosexuelle Bevölkerung bezüglich der HIV-Epidemie nicht wirklich beunruhigt sein dürfte, obwohl sich noch niemand wirklich ausführlich damit beschäftigt hat. So blüht zum Beispiel in den meisten urbanen Zentren nach wie vor die Prostitution, und das trotz massiver Hinweise auf die Möglichkeit einer HIV-Übertragung. (Da die meisten Prostituierten gleichzeitig Drogen konsumieren, müßte die Gefahr, sich beim sexuellen Verkehr mit HIV zu infizieren, eigentlich offensichtlich sein.) Dazu muß aber auch gesagt werden, daß die meisten Freier einen Verkehr ohne Kondom bevorzugen; auch wenn es diesbezüglich kaum Daten gibt, wurde in einer Studie festgestellt, daß ungefähr die Hälfte der Männer, die Prostituierte frequentieren, nie ein Kondom verwenden und viele andere nur gelegentlich diesen Schutz in Anspruch nehmen.

Die Verwendung von Kondomen ist auch in den schwarzen und hispano-amerikanischen Bevölkerungsgruppen sehr niedrig, obwohl sie aufgrund des weitverbreiteten Drogenkonsums in ihren Gemeinden besonders gefährdet sind. Hinzu gesellt sich ein noch relativ neuer Risikofaktor, der die Ausbreitung von HIV ebenfalls vorantreiben dürfte: die Einnahme von Kokain in einer besonders konzentrierten Form, die als »Crack« bekannt ist. Crack-Kokain macht sehr rasch süchtig und wird häufig beinahe ununterbrochen über mehrere Tage eingenommen. Um die Sucht zu finanzieren, behelfen sich viele weibliche Cracksüchtige mit der Prostitution, wobei manche von ihnen zehn oder mehr Kunden pro Tag haben. Da viele dieser Kunden selbst aus dem Drogenmilieu kommen und somit eine größere Chance besteht, daß sie sich schon früher mit HIV infiziert haben, sind viele Beobachter der Ansicht, daß dieser Übertragungsmechanismus ein wesentlicher Faktor in der heterosexuellen HIV-Übertragung geworden ist.

Aber sogar in Kreisen, die keine Randgruppen darstellen, deutet vieles darauf hin, daß der unbeabsichtigten HIV-Übertragung Tür und Tor geöffnet ist. Wenn man an einem Wochenende durch die Singles-Bars wandert oder sich die Kontaktanzeigen in den Zeitungen und Zeitschriften ansieht, wird rasch klar, daß sich am heterosexuellen Verhalten kaum etwas geändert hat. Trotz Lippenbekenntnis zugunsten von »Safe Sex« verhalten sich viele Heterosexuelle immer noch wie in den Zeiten vor AIDS, was angesichts der Tatsache, daß vielen von ihnen eingeredet wurde, AIDS sei »bloß« eine Schwulenkrankheit, nicht ganz unverständlich ist. Diese Fehlinformation kam im Zuge einer landesweiten Umfrage ans Licht, die 1989 von der *Los Angeles Times* durchgeführt wurde und ergeben hatte, daß nicht nur die AIDS-Sorge innerhalb der Gesamtbevölkerung, sondern auch die Anzahl der Leute, die infolge der Epidemie ihren Lebensstil tatsächlich grundlegend verändert haben, rückläufig waren.

Die folgenden Stellungnahmen aus Interviews mit alleinstehenden Heterosexuellen reflektieren diese vorherrschende Gelassenheit:

Eine 26jährige Frau: Ich möchte ja nicht wie ein Idiot klingen, aber ich kenne niemanden, der AIDS hat, und ich kann mir nicht vorstellen, daß die Typen, mit denen ich ausgehe, Fixer sind. Wahrscheinlich würde ich mir mehr Sorgen machen, wenn ich in New York oder San Francisco daheim wäre, aber ich will mein Leben nicht in ständiger Angst verbringen.

Ein 29jähriger Mann: Ich glaube, die Zeitungen haben diese ganze AIDS-Geschichte zu sehr aufgebauscht. Voriges Jahr ist mir ein Bericht der Regierung zu Ohren gekommen, in dem es hieß, daß die AIDS-Epidemie schon wieder im Abklingen ist. Und obwohl ich jedes Jahr fünf oder sechs verschiedene Partnerinnen habe, habe ich noch nie ein Problem gehabt.

Eine ähnliche Sorglosigkeit ist auch an den Universitäten zu beobachten, wo das Sexualverhalten trotz präventiver AIDS-Aufklärung so gut wie unverändert geblieben ist. Mehrere an den amerikanischen Colleges durchgeführte Umfragen haben ergeben, daß nur relativ wenige Studenten eine HIV-Ansteckung als Gefahr einstufen, die sie persönlich betreffen könnte, oder konsequent sicheren Sexualpraktiken nachgehen. Eine dieser Studien, die im südlichen Kalifornien 851 Studenten befragte, ergab, daß 66 Prozent während der drei Monate vor der Befragung trotz reger sexueller Tätigkeit kein einziges Mal ein Kondom verwendet hatten. Ferner verwendeten jene Studenten, die jährlich vier oder mehr Sexualpartner angaben, Kondome um nichts häufiger als solche, die mit weniger Partnern pro Jahr verkehrten. Ähnliche Ergebnisse wurden in einer Umfrage an einer Universität an der amerikanischen Ostküste festgestellt; demnach gaben die meisten der 350 befragten Studenten an, das Gefühl zu haben, keinem oder so gut wie keinem Risiko einer HIV-Ansteckung ausgesetzt zu sein, und daß sie ferner ihrer Intuition vertrauten, ob ein möglicher Sexualpartner »sicher« sei oder nicht. Viele meinten, daß sie nie ein Kondom verwendeten und daß »sie ›safer sex‹ generell mit Sex gleichstellten, ›der keinen Spaß macht‹«. (Caron, S. L. und McMullen, T., AIDS and the college student: the need for sex education. In: *SIECUS Report*, Juli/August 1987.)

Diese Einstellung ist für die Universitäten im ganzen Land bezeichnend. An einer großen Universität im mittleren Westen beschrieb uns der medizinische Leiter des studentischen Gesundheitsdienstes diese Haltung, wobei er um die Wahrung seiner Anonymität bat, da er interne Probleme mit der Verwaltung vermeiden wollte:

Ich habe den Eindruck, die Studenten nehmen die AIDS-Epidemie einfach nicht zur Kenntnis, so als würde HIV beschlossen haben, diesen Teil des Landes zu verschonen. Für uns wird das offensichtlich durch eine grassierende Chlamydien-Epidemie, die ein ganz klarer Hinweis für das generelle sexuelle Verhalten ist. Was niemand weiß, ist, daß wir im Vorjahr fünf HIV-infizierte Studenten hatten – der Rektor der Universität wollte aber unter keinen Umständen, daß das öffentlich würde, weil er befürchtet, Sponsoren und zukünftige Studenten zu verlieren.

Die Situation an den Universitäten ist jedenfalls keine Ausnahme, sondern repräsentiert relativ genau den generellen Umgang mit der Epidemie. Es kann demnach keine Rede davon sein, daß es uns gelungen ist, weitgreifende sexuelle Verhaltensänderungen durchzusetzen, um der Epidemie Einhalt zu gebieten. Das hat teilweise damit zu tun, daß die amerikanische Öffentlichkeit nicht richtig informiert wurde, Nachrichten höchstens in abgeschwächter Form erhielt oder oft überhaupt nicht darüber aufgeklärt wurde, wie der Ansteckungsflut zu begegnen ist. Zum Beispiel haben führende Persönlichkeiten in Politik und Kirche Bemühungen, öffentliche Gelder für die Bereitstellung von Aufklärungsmaterial zur Verfügung zu stellen, mit allen Mitteln behindert, weil sie befürchteten, das Material könnte sexuell zu explizit sein. AIDS-Aufklärungskampagnen an den Schulen sind vielfach deshalb gescheitert, weil man sich nicht einig werden konnte, welcher der »moralisch« vertretbare Ansatz wäre, um über AIDS und HIV aufzuklären (so wurde u. a. argumentiert, daß AIDS nur dann im Unterricht erwähnt werden dürfe, wenn man zu seiner Vermeidung als einzigen Weg die sexuelle Enthaltsamkeit lehrte). An mehreren Universitäten mußten die Kondomautomaten entfernt werden, da sich die *alumni* (ehemalige Studenten und für viele Universitäten in den USA wichtige Geldgeber) sich in ihrer persönlichen Ethik beleidigt fühlten. Wenn es jedoch nicht bald zu effektiveren HIV-/AIDS-Aufklärungskampagnen kommt, mit denen die Öffentlichkeit auch tatsächlich erreicht wird, wird sich diese Epidemie wohl weiter ausbreiten, und zwar mit beängstigender Geschwindigkeit.

Die öffentliche Politik

Die ersten Jahre der HIV-Epidemie, die Randy Shilt in seinem Buch *And the Band Played On* (1987) ausführlich dokumentiert hat, waren im Grunde eine einzige Tragödie. Das Leben vieler Menschen wurde leichtfertig aufs Spiel gesetzt, und der Kampf gegen die tödliche Krankheit wurde anfänglich aufgrund homophober Vorurteile, Gleichgültigkeit und relativer Inaktivität von seiten der Regierung kostbare Zeit verschwendet. Bereits 1983 wandte sich der damalige Leiter der Kaposi-Sarkom-Hotline in San Francisco, Donald Currie, im *Time Magazine* mit folgendem Apell an die Öffentlichkeit: »Würden ebenso viele Pfadfinder an dieser Krankheit sterben, dann hätte niemand gezögert, der Forschung ein Vielfaches an Geld zur Verfügung zu stellen.« Dennoch sollten über fünf Jahre vergehen, bevor die Regierung die entsprechenden finanziellen Mittel für die AIDS-Forschung genehmigte. Sogar noch 1990 schrieb Larry Kramer, der Begründer der *Gay Men's Health Crisis* in der *New York Times* (Juli 1990): »Meine größte Angst ist, daß der Kampf gegen AIDS längst verloren ist. Es ist unbegreiflich, wie eine angeblich zivilisierte Gesellschaft, noch dazu in unserem modernen Zeitalter, der fortschreitenden und verheerenden

Vernichtung von Menschenleben mit solcher Zurückhaltung, Schwäche und vor allem Feigheit einfach zusehen kann.«

Und auch heute noch wird der Epidemie mit beinahe erschreckender Gelassenheit begegnet. Homophobie spielt nach wie vor eine wesentliche Rolle, wie die HIV-Infektion und AIDS von vielen gehandhabt werden. Doch unser Versagen im Umgang mit der Epidemie hat auch noch eine andere Seite. Jahrelang wurde in den USA der Wahrung des Rechts des einzelnen auf Privatsphäre mehr Bedeutung zugeteilt als dem Schutz der öffentlichen Gesundheit. Außerdem wurden dringend erforderliche Untersuchungen des Sexualverhaltens und anderer Aspekte der HIV-Epidemie aus politischen Gründen entweder behindert oder im Keim erstickt. Die Durchführung mehrerer auf Bundesebene finanzierter, landesweiter Umfragen zugunsten der Sexualforschung – die nach Ansicht vieler im Kampf gegen eine weitere Ausbreitung von HIV von wesentlicher Bedeutung sind – wurden blockiert, weil eine Handvoll Politiker den Einwand erhob, das Recht des einzelnen auf Privatsphäre würde mit zu expliziten Fragen über das Sexualverhalten verletzt.

Da die verschiedenen Gruppen je nach Eigeninteresse für oder wider bestimmte politische Maßnahmen argumentieren, ist es schwierig, einen Konsens zu finden. Es folgen mehrere der wichtigsten Punkte in diesem Zusammenhang, wobei wir die Empfehlungen der folgenden Expertengruppen mit einbezogen haben: National Research Council (Nationaler Forschungsrat), Institute of Medicine of the National Academy of Sciences (Medizinisches Institut der nationalen Wissenschaftsakademie), Presidential Commission on AIDS (Präsidentenausschuß zum Thema AIDS) sowie andere Fachausschüsse. Insgesamt stellen diese Empfehlungen einen zu Beginn der neunziger Jahre endlich aufkommenden Konsens dar, wie wir alle vorgehen sollen, um die HIV-/AIDS-Epidemie einzudämmen.

In einer unserer früheren Publikationen haben wir bereits Schritte empfohlen, mit denen ein umfassendes Erziehungs- und Aufklärungsprogramm an den Bildungseinrichtungen dieses Landes entwickelt werden könnte.

1. Es muß ein umfassender AIDS-Lehrplan erarbeitet werden, der an allen öffentlichen Schulen unterrichtet wird. Um auch wirksam zu sein, müßte ein solches Programm lange, bevor die jungen Leute erste Erfahrungen mit Sexualität und Drogen machen, einsetzen, also bei den 10- bis 11jährigen.

2. Besondere Aufklärungsprogramme müssen für Gruppen erarbeitet werden, deren Verhalten oder Lebensumstände sie unter die hohen Risikogruppen einreihen. Dazu gehören unter anderem intravenös konsumierende Drogensüchtige und deren Sexualpartner, homo- und bisexuelle

Männer, Prostituierte und deren Kundschaft sowie Heterosexuelle mit häufig wechselnden Sexualpartnern. Außerdem müssen Sonderprogramme für Gruppen entwickelt werden, die spezifische eigene Bedürfnisse haben. Das sind unter anderem Randgruppen und Minderheiten, Blinde und Taube und Analphabeten.

3. Es sollte möglichst bald zu einer breitenwirksamen multimedialen, allgemeinen Aufklärungskampagne kommen, die zur Förderung eines verantwortungsvollen Verhaltens beiträgt. Diese Kampagne sollte die Fernseh- und Filmindustrie (Drehbuchautoren könnten zum Beispiel AIDS-Warnungen in ihre für die Hauptsendezeit vorgesehenen Programme mit einschließen), berühmte Rockmusiker, Sportgrößen und andere Sprecher mit »starker Öffentlichkeitswirkung«, die besonders unter Jugendlichen und jungen Erwachsenen einen hohen Grad an Glaubwürdigkeit haben, mit einbeziehen.

4. An allen Colleges und Universitäten sollten den Studenten umfassende Aufklärungs- und Beratungsmöglichkeiten angeboten werden, deren Schwerpunkt der Schutz vor einer HIV-Infektion zu sein hat.

5. Zur Koordination und Durchführung sämtlicher Aufklärungsmaßnahmen sollte im *US Department of Health and Human Services* (Gesundheitsministerium der Vereinigten Staaten) eine eigene Stelle eingerichtet werden, und sie sollte genügend finanzielle Unterstützung und administrative Autorität erhalten, um ihre Aufgabe erfüllen zu können.

Davon abgesehen ist es von zwingender Notwendigkeit, daß ausgehend von den Fortschritten, die im Laufe des letzten Jahrzehnts im Kampf gegen die HIV-Epidemie erzielt wurden, sofortige und intensive Forschungen im verhaltenswissenschaftlichen und biomedizinischen Bereich erfolgen.

Testen

Zu Beginn der HIV-Epidemie wurde der Vorstellung, die Bevölkerung großräumig auf das HI-Virus zu testen, mit großem Widerstand begegnet, da Befürchtungen bezüglich der Genauigkeit der verfügbaren Testverfahren und der vertraulichen Handhabung der Ergebnisse aufkamen, aber auch Sinn und Zweck eines Tests in Frage gestellt wurde: Welchen Nutzen sollte das Wissen um eine HIV-Infektion haben, wenn es keine Behandlungsmöglichkeit gab, mit der das Leben verlängert werden konnte? Seither hat sich diese Haltung dramatisch verändert: Die meisten Experten sind sich heute einig, daß jeder, der auch nur ansatzweise gefährdet ist, auf freiwilliger und streng vertraulicher Basis getestet werden sollte.

Die Gründe für diesen Meinungsumschwung sind relativ klar. Erstens ist die Genauigkeit der HIV-Tests wesentlich besser geworden. Zweitens hat sich die Sorge, ein positives Testergebnis würde nicht mit der erforderlichen Vertraulichkeit behandelt werden, beruhigt, da in vielen Ländern eigene Gesetze verabschiedet wurden, die diese Frage regeln, und es zudem die Möglichkeit für anonyme Tests gibt. Das wichtigste Kriterium besteht jedoch darin, daß die Früherkennung einer HIV-Infektion die einzige Chance für eine früh einsetzende medizinische Behandlung ist, denn man weiß nun, daß ein früher Behandlungsbeginn das Leben verlängern und einige der schweren AIDS-Komplikationen verhindern (oder zumindest hinausschieben) kann.

Großräumiges freiwilliges Testen bedeutet außerdem eine Reihe persönlicher Vorteile. Zum Beispiel werden viele, die sich testen lassen, erfahren, daß sie *nicht* infiziert sind, was nicht nur psychisch beruhigend ist, sondern auch bei wichtigen Entscheidungen bezüglich Ehe, Schwangerschaft und dergleichen eine wichtige Stütze sein kann. Andererseits können diejenigen, die erfahren, daß sie infiziert sind: 1. ihre Sexualpartner vor einer Infektion schützen; 2. Vorkehrungen für die richtige medizinische Betreuung treffen; 3. Situationen vermeiden, in denen sie sich weiteren HIV-Infektionen aussetzen; 4. Pläne bezüglich Beruf, Versicherung, Finanzen und anderer relevanter Fragen fassen.

Selbstverständlich sind auch enorme persönliche Schwierigkeiten damit verbunden. Ein positives Testergebnis stürzt einen Betroffenen in tiefste Ängste und Depressionen. Außerdem besteht immer noch die geringe Chance, daß man ein falsch-positives Ergebnis erhalten hat, was sich auf das Leben eines Menschen auf furchtbare Weise auswirken kann. Ein weiteres Problem besteht darin, daß große Schwierigkeiten entstehen können, wenn das Testergebnis nicht vertraulich behandelt wird (Anm. d. Ü.: Nach Aussage der Wiener AIDS-Hilfe wird im deutschsprachigen Raum empfohlen, sich nur dort testen zu lassen, wo die Anonymität gewährleistet ist, was zwar in vielen Fällen Kosten verursacht, da diese Tests von den Kassen nicht bezahlt werden, aber dafür die Garantie einer vertraulichen Handhabung beinhaltet; man vermutet, daß das in Krankenhäusern, Arztpraxen oder Labors nicht der Fall ist und bedeuten kann, daß das Ergebnis an die Versicherungsträger, Arbeitsämter usw. weitergeleitet wird).

Von großräumig durchgeführten Tests würde die Gesamtbevölkerung ebenso profitieren wie jeder einzelne. Die öffentlichen Gesundheitsbehörden könnten sich ein besseres Bild von den Trends der HIV-Epidemie machen und in der Folge ihre Aufklärungskampagnen und sonstigen Präventivmaßnahmen gezielter an bestimmte Bevölkerungsgruppen richten. Außerdem sind diese Informationen wesentlich, um eine wirtschaftliche Vorausplanung im Umgang mit zukünftigen Auswirkungen der Epidemie durchführen zu können und das Gesundheitswesen entsprechend zu entlasten.

In den USA werden Blut-, Organ- und Gewebespender und die Armee-angehörigen derzeit per Gesetz getestet. Routinemäßige pränatale HIV-Suchtests wurden von manchen Experten immer wieder empfohlen, sind jedoch in den meisten Einrichtungen nach wie vor unüblich.

Maßnahmen des öffentlichen Gesundheitswesens

Das Ausforschen und Informieren der Sexualpartner jener Personen, die an einer meldepflichtigen Geschlechtskrankheit erkrankt sind, um sie von einer möglichen eigenen Ansteckung in Kenntnis zu setzen, ohne die Identität des »Indexfalles« preiszugeben, zählte zu einer der am intensivsten erprobten Strategien des öffentlichen Gesundheitswesens in den USA. Diese Vorgangsweise ist gesetzlich geregelt, trifft jedoch nicht auf AIDS zu, da HIV in den meisten Bundesstaaten nicht als sexuell übertragbare Krankheit klassifiziert ist. (Der Grund dafür ist, daß man eine automatische Ausforschung und Informierung kraft Gesetzes vermeiden will, was nicht möglich wäre, würde HIV als STD klassifiziert werden.) Mehrere US-Bundesstaaten (z. B. Colorado und South Carolina) haben diese Maßnahme dennoch eingeführt und verweisen auf generell gute Erfahrungen. Andere Staaten, darunter Kalifornien, bieten diese Maßnahme auf freiwilliger Basis an.

Durch eine Konzentration auf jene Menschen, die mit hoher Wahrscheinlichkeit HIV-infiziert sind, wäre das Ausforschen insofern wirksam, als auf diese Weise jene aufgespürt würden, die bislang nichts von ihrer Infektion wußten. Das hat für eine Prävention zwei wesentliche Implikationen:

1. werden die nicht infizierten Partner einer bereits infizierten Person gewarnt, ändern sie möglicherweise ihr Verhalten, um ihr Ansteckungsrisiko in Zukunft zu reduzieren;

2. ermöglicht die Identifizierung jener, die bislang von ihrer Infektion nichts wußten, daß diese Leute Schritte unternehmen, um ihre Sexualpartner zu schützen und das Risiko, HIV weiter auszubreiten, auf ein Mindestmaß zu reduzieren.

Die Rolle des praktischen Arztes bei der Ausforschung eines Partners ist in den USA sehr umstritten. Man befürchtet, die Identität der infizierten Person und die damit verbundene vertrauliche Handhabung könnte auf diese Weise verletzt werden, doch in manchen Staaten, unter anderem in New York und Kalifornien, gilt neben der gesetzlich vorgeschriebenen Wahrung der Vertraulichkeit gegenüber dem Patienten auch die Verantwortung, jeden zu warnen, der/die in unmittelbarer Gefahr schwebt, infiziert zu werden. Wenn also ein HIV-infizierter Mann sich weigert, seine

Sexualpartner von seiner Infektion zu informieren, ist sein Arzt befugt, die Partner selbst zu informieren, um ihre Gesundheit zu schützen.

Zwar gibt es in den USA gesetzliche Vorkehrungen bezüglich der Isolierung von Menschen mit übertragbaren Krankheiten, und in manchen Staaten wurden Gesetze verabschiedet, die die Zwangsisolierung von HIV-infizierten Personen ermöglichen, wenn sich diese ihrer HIV-Infektion bewußt sind, ihr Verhalten, sofern es andere gefährdet, aber nicht aufgeben, doch sind sich die öffentlichen Gesundheitsbehörden einig, daß im Falle der HIV-Epidemie Quarantänemaßnahmen nicht nötig – und unmenschlich – sind.

Eine weitere öffentliche Gesundheitsmaßnahme, die ebenfalls umstritten ist, ist die Verteilung steriler Spritzen und Injektionsnadeln an Drogensüchtige, um die Ausbreitung von HIV innerhalb dieser Gruppe einzuschränken. Programme dieser Art werden in Europa seit Jahren erfolgreich durchgeführt, doch in den USA wurden sie bislang nur in wenigen Städten, so etwa in New York, Seattle und Portland, in Form kleiner Pilotprojekte durchgeführt. Das hauptsächliche Argument gegen eine solche Maßnahme lautet, daß durch die Bereitstellung von Spritzen an Drogensüchtige eine kriminelle Tätigkeit quasi legalisiert und zu noch mehr Drogenmißbrauch führen würde. Untersuchungen in Europa haben jedoch gezeigt, daß das nicht der Fall ist. Allerdings würde das HIV-Ansteckungsrisiko durch solche Programme allein nicht ausgeschaltet werden.

Anti-Diskriminierungskampagnen

Da AIDS in den USA zunächst in Bevölkerungsgruppen auftrat, die bereits damals stigmatisiert waren – also unter Homosexuellen und Drogensüchtigen –, war die anfängliche Reaktion der Gesellschaft sehr stark von Vorurteilen, Schuldzuweisungen und Nichtbeachtung der Bedürfnisse jener geprägt, die am unmittelbarsten von der Epidemie betroffen waren. Zudem herrschten in der ersten Zeit große Ängste vor einer beiläufigen Ansteckung mit HIV (diese Ängste wurden in der Zwischenzeit als vollkommen unbegründet widerlegt), die einer Reihe von diskriminierenden Reaktionen auf HIV-Infizierte oder AIDS-Kranke Vorschub leisteten. Beispiele dafür gibt es in Hülle und Fülle: etwa die Arbeitskollegen, die einen Betroffenen wie einen Aussätzigen behandelten, weil sie befürchteten, durch bloße Berührung angesteckt zu werden. Oder der Hausbesitzer, der versuchte, einen betroffenen Mieter zu delogieren, und dies damit begründete, daß die anderen Mieter gefährdet seien. Oder die traurigen Fälle betroffener Kinder, die nicht mehr zur Schule gehen durften, weil sie als Gesundheitsrisiko für die anderen Schüler eingestuft wurden.

Wir haben seither große Fortschritte gemacht und viele dieser diskriminierenden Vorgangsweisen überwunden, doch die Angst vor Diskriminierung ist immer noch ein wesentlicher Stolperstein, wenn es darum geht, eine Akzeptanz für die Vorschläge homosexueller Bürgerrechtsgruppen und anderer AIDS-Aktivisten bezüglich öffentlicher Gesundheitsstrategien zu erhalten. Wahrscheinlich wird es noch einige Zeit dauern, bevor endlich erkannt wird, daß HIV uns alle betrifft und jeder einzelne von uns infiziert werden kann. Es muß ein Einstellungswandel erzielt werden, wonach HIV-Infizierte nicht länger anders behandelt werden als Krebspatienten, Menschen mit Herzkrankheiten oder Bluthochdruck.

Abschließend sei noch gesagt, daß die HIV-Epidemie aufgehalten werden kann, wenn jeder von uns persönliche Verantwortung übernimmt und sich an die Richtlinien für »safer sex« hält und davon absieht, Drogen intravenös zu konsumieren.

Die medizinische Forschung ist mit den technologischen Voraussetzungen ausgestattet, um das Rätsel der HIV-Infektion zu lösen – allerdings ist unklar, wann dieses Ziel erreicht sein wird.

Innerhalb der nächsten Jahre wird in den USA jeder einzelne einen Menschen persönlich kennen, der mit HIV infiziert ist. Wie wir darauf reagieren werden, sei es als Individuen oder als Gesellschaft, ist nicht vorhersehbar. Eines ist jedoch ganz sicher: AIDS geht uns alle an. Denn, wie der Schriftsteller James Caroll sagt:

Niemand ist immun. Die Dinge, die uns voneinander abgegrenzt haben – Sexismus, Homophobie, Rassismus, der Haß auf Drogensüchtige –, dienen dieser Krankheit, räumen ihr noch mehr Macht ein. Man mag diesen gemeinsamen Impuls der Schuldzuweisung verstehen, man mag ihn sogar als »menschliche« Regung ansehen, doch das ändert nichts an der Tatsache, daß jeder einzelne von uns gefährdet ist.
Prävention kann nur in einem Klima fruchten, in dem nicht die Schuldzuweisung an vorderster Stelle steht, sondern die Sorge füreinander. Dieses Klima erfordert einen ehrlichen und offenen Informationsaustausch, auch wenn es sich um Informationen handelt, die wir bis vor kurzem noch als ungehörig von uns wiesen. Es erfordert die Bereitschaft, im Namen der Prävention Ideen und Strategien zu erwägen, die uns auf den ersten Blick unangenehm sind. Mit anderen Worten, wenn wir die Epidemie aufhalten wollen, müssen wir an unserer Einstellung arbeiten, einen Wandel herbeiführen und unser Denken und unsere Herzen offenhalten.

FÜNFZEHNTES KAPITEL
Sexualität in der Adoleszenz

Über Sexualität in der Adoleszenz gibt es eine Vorstellung, die sich mit folgendem Dialog gut veranschaulichen läßt:

VATER: »Ich denke, es ist an der Zeit, daß wir uns mal über Sex unterhalten.«
SOHN: »Klar, Dad. Was willst du denn wissen?«

Diese Vorstellung entspricht jedoch nicht ganz der Realität, denn Jugendliche wissen nicht wirklich alles, was es über Sexualität zu wissen gibt, obwohl viele so tun als ob. Zusätzlich dazu, daß ihre Informationen unvollständig, ungenau oder fehlinterpretiert sind, fühlen sich viele Jugendliche in sexuellen Angelegenheiten verunsichert und überfordert. So machen sich 14jährige Teenager zum Beispiel Gedanken über die »richtige« Art des Zungenkusses oder darüber, wie sie mit einem allzu stürmischen Partner beim Rendezvous umgehen sollen. 16jährige sind vielleicht unsicher, wie man oralen Sex »macht«, und fast alle Teenager fragen sich, ob sie sexuell normal sind. Auch wenn Jugendliche nach außen hin sexuell besonders versiert auftreten, verbergen sie damit häufig ein unterschwelliges Gefühl von Angst und Verwirrung.

Die Entwicklung der eigenen Sexualität während der Adoleszenz geht mit einer Reihe verschiedener Aspekte einher, von denen wir die folgenden näher erläutern wollen:

1. der Zusammenhang zwischen Geschlechtsreife, Körperbild und Selbstbild;

2. das Kennenlernen des eigenen Körpers und seiner sinnlichen und sexuellen Reaktionen und Bedürfnisse;

3. das Ausformen einer persönlichen Identität in der Auseinandersetzung mit gesellschaftlich vorgeschriebenen Geschlechtsrollen und der Entwicklung einer eigenen sexuellen Orientierung;

4. erste Erfahrungen mit sexuellen und romantischen Beziehungen, in denen das Aushandeln sexueller Bedürfnisse und der Umgang mit Intimität und Verbindlichkeit erlernt werden;

5. die Entwicklung eines sexuellen Wertesystems.

Bei der Erörterung dieser Themen sollte man allerdings nicht vergessen, daß es hinsichtlich der sexuellen Ausdrucksformen beträchtliche Unterschiede zwischen den einzelnen Jugendlichen gibt, die auf kulturelle, sozioökonomische und geschlechtsspezifische Faktoren beziehungsweise auf den individuellen Grad an körperlicher oder emotionaler Reife zurückzuführen sind.

Der Zusammenhang zwischen Geschlechtsreife, Körperbild und Selbstbild

Teenager befassen sich besonders intensiv mit ihrer persönlichen Attraktivität, was sehr stark mit der Art und Weise zu tun hat, wie sie ihren eigenen Körper sehen – also mit ihrem Körperbild. Wir leben in einer Gesellschaft, die häufig den Wert eines Menschen nach seinem Aussehen bemißt, und diese Tatsache wird von den Heranwachsenden, besonders unter dem Einfluß der Medien, sehr rasch begriffen.

Wir können uns wahrscheinlich alle daran erinnern, wie oft wir während unserer Teenagerjahre vor dem Spiegel standen und unser Gesicht auf Pickel untersuchten, unseren Körper aus verschiedenen Blickwinkeln betrachteten oder speziell über unsere Größe oder unser Gewicht besorgt waren. Es ist traurig, aber wahr, daß auch später die meisten Erwachsenen das Gefühl für sich selbst von einer überkritischen Beschäftigung mit ihrer körperlichen Attraktivität bestimmen lassen.

Bei Jugendlichen scheinen diese Sorgen unverhältnismäßig groß zu sein, und so fühlt sich ein 15jähriger Junge, bei dem der für die Adoleszenz typische Wachstumsschub noch nicht eingesetzt hat und der deshalb einige Zentimeter kleiner ist als die meisten Mädchen seiner Klasse, oder ein 14jähriges Mädchen, das im Lauf seines körperlichen Reifungsprozesses stark zunimmt, sowohl unzulänglich als auch gehemmt. Für Jugendliche sind diese Sorgen über ihr Äußeres meistens sehr viel wichtiger als für Erwachsene, was der amerikanische Psychologe O. Siegel damit erklärt, daß die Adoleszenz eine Zeit ist, in der es um nahezu jeden Preis zu vermeiden gilt, körperlich anders zu sein als die anderen, und daß körperliche Charakteristika, die von der Norm abweichen, den Jugendlichen der Gefahr aussetzen, verspottet oder ausgeschlossen zu werden.

Ein Grund für diese intensive Beschäftigung mit dem Körperbild liegt darin, daß Teenager noch keine Klarheit über die eigene Identität haben, so daß für sie die Frage, wie sie aussehen oder wie sie von den anderen gesehen werden, gleichbedeutend mit der Frage ist, wer sie sind. Gleichzeitig hat sich bei den meisten Heranwachsenden noch kein ausreichend fundiertes Selbstwertgefühl, basierend auf ihren Leistungen, persönlichen Eigenschaften und Beziehungen zu anderen herausgebildet, das ihrer Einbildung, äußerlich unattraktiv zu sein, entgegenwirken könnte.

Die Beschäftigung der Heranwachsenden mit ihrem Aussehen erfährt noch eine zusätzliche Dimension durch die Tatsache, daß ihr Körper einen Wandlungsprozeß durchmacht, in dessen Verlauf er sich in Größe, Form und anderen Merkmalen stark verändert. Weibliche Teenager verfolgen aufmerksam die Entwicklung ihrer Brüste, wobei sie sich kritisch mit den anderen Mädchen in ihrer Klasse oder ihrem Freundeskreis vergleichen. Bei männlichen Teenagern ist der sexuelle Reifungsprozeß nicht so sehr ein Gegenstand allgemeiner Beobachtung und Bewertung, da seine körperlichen Anzeichen weniger sichtbar sind, aber sie selbst und andere bewerten die physische Seite ihrer Männlichkeit nach der Körpergröße, Muskelkraft, Gesichtsbehaarung und der Ausbildung einer tieferen Stimme. All diese Faktoren spielen in der frühen Adoleszenz eine zentrale Rolle, und da es während dieser Periode einen eindeutigen Zusammenhang zwischen körperlicher Attraktivität und sozialer Akzeptanz gibt, ist es nur logisch, daß sich die Jugendlichen so intensiv mit dem eigenen Körperbild auseinandersetzen.

Das Kennenlernen des eigenen Körpers und seiner sinnlichen und sexuellen Reaktionen und Bedürfnisse

Neben der Beschäftigung mit ihrer äußeren Erscheinung müssen Teenager viel über ihren Körper lernen. Das ist nicht so einfach, wie es klingt, denn es gibt zahlreiche Aspekte der Pubertät, von denen sich niemand die Mühe macht, sie zu erklären, und dieser Mangel an Informationen erzeugt ebenfalls Ängste und Unsicherheit. So wissen zum Beispiel die meisten Mädchen nicht, daß sich aufgrund des erhöhten Östrogenniveaus in ihrem Körper meistens eine vollkommen normale Vaginalausscheidung einstellt, und sie sind beschämt oder besorgt, wenn sie feststellen, daß ihre Unterhöschen davon befleckt sind. Jungen können ähnlich auf ihre ersten sogenannten »feuchten Träume« reagieren, wenn ihnen niemand gesagt hat, daß solche nächtlichen Samenergüsse eine völlig normale Reaktion ihres Körpers sind. Auch das häufige Auftreten scheinbar vollkommen unmotivierter Erektionen kann beim männlichen Teenager Verwirrung und Besorgnis auslösen. Ein Collegestudent hat den peinlichsten Moment seiner Schulzeit wie folgt beschrieben:

> In meinem ersten Jahr an der High-School bin ich in die Schwimmschulmannschaft aufgenommen worden, was eine große Leistung war. Das ganze Team trug solche Wettkampfbadehosen, die besonders eng anliegend und knapp geschnitten waren, um im Wasser möglichst wenig Widerstand zu bieten. Und einmal, als ich auf dem Siegerpodest stand, um meine Medaille in Empfang zu nehmen, passierte es mir plötzlich, daß ich einen Steifen bekam. Während ich

also stillstehen mußte, weil die Schulhymne gespielt wurde, ragte der Schritt aus meiner Badehose hervor, als hätte ich da drinnen eine überdimensionale Gurke.

Heranwachsende lernen ihren Körper in erster Linie durch eingehendes Untersuchen und Erkunden kennen. Viele Jugendliche verbringen Stunden damit, ihre Genitalien zu erforschen, manchmal mit Hilfe eines Handspiegels, und die Jungen nehmen häufig ein Metermaß oder Lineal, um die exakten Maße zu überprüfen. Weibliche Teenager untersuchen ihre Brüste in allen Einzelheiten und machen sich Gedanken über den Größenunterschied zwischen beiden Brüsten sowie die Form ihrer Brustwarzen. Solche Untersuchungen führen meistens zu einem Erkunden des eigenen Körpers, wobei Mädchen und Jungen ausprobieren, wie sich verschiedene Berührungsarten anfühlen und welche Reaktionen sie auslösen. Ein 18jähriges Mädchen hat dies so geschildert:

Als ich 13 oder 14 Jahre alt war, habe ich ausprobiert, wie es sich anfühlt, wenn ich Babyöl oder Handcreme auf meine Genitalien gebe, oder ich habe sie mit meiner Hand oder mit verschiedenen Gegenständen, wie einer Feder oder einem weichen Stofftier, gerieben oder gestreichelt. Ich habe das nicht als Masturbation gesehen, und ich habe auch nicht versucht, einen Orgasmus zu bekommen. Ich bin nicht einmal sicher, woher ich damals überhaupt wußte, was ein Orgasmus ist. Aber ich erinnere mich daran, wie ich mit meinen Brustwarzen spielte, sie zuerst ganz leicht berührt und dann gekniffen habe, oder ich habe warmes Wasser auf meine Brüste tropfen lassen. Manchmal habe ich auch gleichzeitig meine Klitoris berührt und meine Brustwarzen gerieben. Es war so, als würde ich versuchen, das richtige Rezept zu finden – nur, daß ich nicht wußte, für was.

Diese Art des Lernens führt schließlich dazu, daß die Teenager mehr zielgerichtet versuchen, sexuell erregt zu werden. Sie wollen herausfinden, wie schnell und wie stark sie erregt werden, wie sie ihre Erregung steuern können, wie sie Sexualphantasien mit der körperlichen Reaktion verbinden können, wie sich ein Orgasmus anfühlt und wie es ist, wenn man erregt ist, ohne zum Höhepunkt zu kommen. Diese Erfahrungen dienen nicht nur dazu, sich mit dem eigenen Körper und dessen Reaktionen vertraut zu machen, sondern sie sind auch eine Art Übung für die spätere Sexualität mit einem Partner.

Auch wenn sich dieser Lernprozeß für jeden Teenager individuell verschieden gestaltet, gibt es wahrscheinlich nur wenige männliche Jugendliche, die nicht irgendwann versucht haben, ein Kondom überzustreifen – einfach nur, um zu sehen, wie das ist. Und auch die Mehrzahl der weiblichen Teenager führt gelegentlich einen Gegenstand in die Vagina ein, um auszuprobieren, wie sich eine Penetration anfühlt. Neugierde und das Bedürfnis, sich »erwachsen« zu fühlen, sind ganz normale Elemente der frühen Adoleszenz.

Das Kennenlernen des eigenen Körpers findet nicht nur statt, wenn die Heranwachsenden allein mit sich sind, sondern auch zusammen mit anderen, zum Beispiel beim Berühren, Küssen oder Entkleiden. Im Stadium der frühen Adoleszenz geht es meistens nicht so sehr um den Sex an sich, sondern man läßt sich Zeit mit Händchenhalten und Schmusen, während sich für 17- oder 18jährige Teenager die Grundregeln meistens beträchtlich geändert haben und oraler Sex bei der ersten Verabredung eine realistische Möglichkeit geworden ist.

Die Entwicklung der persönlichen Identität

Der Psychologe Erik Erikson ist der Ansicht, daß die Suche nach einer Identität und die Bewältigung von Identitätskonflikten einen zentralen Bestandteil des Reifungsprozesses ausmachen. Diese Suche wird für Teenager allerdings durch eine Reihe potentieller Hindernisse erschwert, zu denen eine rigide Definition der Geschlechtsrollen und die damit einhergehenden Probleme der sexuellen Orientierung gehören. Heranwachsende, die keine Schwierigkeiten damit haben, den traditionellen Erwartungen zu entsprechen, nach denen ein Junge athletisch, emotional beherrscht und risikofreudig und ein Mädchen attraktiv, lebhaft und einfühlsam zu sein hat, tun sich mit ihrer Identitätsfindung natürlich leichter als jene, die diesen stereotypischen Verhaltenszuschreibungen nicht entsprechen. Ein männlicher Teenager, der sich mehr für Ballett als für Baseball interessiert, oder ein Mädchen, das ausgezeichnet Fußball spielt, können dabei leicht als Sonderlinge oder Schlimmeres betrachtet werden, wenn es ihnen nicht gelingt, auf andere Art und Weise ihre Männlichkeit beziehungsweise Weiblichkeit unter Beweis zu stellen.

Das sexuelle Verhalten während der frühen und mittleren Pubertät beruht eher auf diesen geschlechtsspezifischen Rollenerwartungen und dem damit verbundenen Wunsch, von den Altersgenossen akzeptiert zu werden, als auf tatsächlichen sexuellen Bedürfnissen. So »beweisen« Teenager zum Beispiel ihre Männlichkeit oder Weiblichkeit, indem sie die vorgeschriebenen heterosexuellen Rituale mitmachen oder zumindest so reden, als täten sie es. Ein 16jähriger Junge, der noch keine Freundin hat, der nicht über Sex spricht und der auf der Klassenparty nicht gesehen wird, wie er mit einem hübschen Mädchen schmust, kann durchaus suspekt sein. Auch ein gleichaltriges Mädchen, das nicht mit Jungen ausgeht, kann von den anderen ausgeschlossen werden, besonders wenn sie darüber hinaus nicht so gekleidet ist, wie es unter ihren Mitschülerinnen als »in« gilt, oder wenn sie in ihrem allgemeinen Verhalten als zu aggressiv empfunden wird.

Erste Erfahrungen mit sexuellen und romantischen Beziehungen

Die ersten Beziehungserfahrungen werden gewöhnlich während der frühen Adoleszenz gemacht, wenn die Jungen und Mädchen in den gemeinsamen Aktivitäten mit Gleichaltrigen ihre sozialen Fähigkeiten einüben. Bei den meisten Teenagern verläuft diese Vorbereitungsphase für das, was sich später zu ernsteren Bindungen entwickelt, in Form einer heterosexuellen Paarbildung (in einem folgenden Abschnitt dieses Kapitels werden wir über Jugendliche mit einer homosexuellen Orientierung sprechen). Während die Heranwachsenden älter und erfahrener werden, steigert sich im allgemeinen das Maß an emotionaler Nähe und sexueller Intimität in den Beziehungen, und die meisten haben während ihrer Teenagerjahre eine ganze Reihe solcher romantischer Verbindungen. Innerhalb dieses Musters gibt es jedoch eine Vielzahl an Variationsmöglichkeiten, denn in einigen Fällen sind die Teenager bereits mit 13 oder 14 Jahren heftig verliebt und werden mit ihren Partnern sexuell intim, während in den meisten anderen Fällen das sexuelle Experimentieren erst in der späten Adoleszenz den Geschlechtsverkehr mit einschließt. Es gibt auch Beispiele dafür, daß die sexuelle Aktivität außerhalb der romantischen Beziehung stattfinden kann. Zwar haben heutzutage nur noch die wenigsten männlichen Jugendlichen ihren ersten Geschlechtsverkehr mit einer Prostituierten, aber Sex kann sich auch mehr oder weniger beiläufig aus dem Drogenkonsum oder einem Bedürfnis nach Bestätigung ergeben, ohne daß er eine romantische Bedeutung hätte.

Obwohl sich viele der früher für das Sexualverhalten von Männern und Frauen vorgeschriebenen Geschlechtsrollen in den letzten 25 Jahren grundlegend gewandelt haben, trifft es immer noch zu, daß Sex von den meisten männlichen Teenagern als eine Form von Leistungsbeweis oder Eroberung gesehen wird, während es den meisten weiblichen Teenagern dabei sehr viel stärker um Zuneigung, Zärtlichkeit und Intimität geht. Trotzdem bleibt festzustellen, daß die alte Doppelmoral, nach der das sexuelle Experimentieren bei männlichen Jugendlichen akzeptiert war, während bei den weiblichen auf Jungfräulichkeit bestanden wurde, unter den heutigen Teenagern weitgehend von einer eher gleichberechtigten Anschauung abgelöst wurde.

Sei es in Liebesbeziehungen oder in anderen Formen sozialer Interaktion, ein wichtiger Aspekt der mittleren und späten Adoleszenz besteht darin, daß man lernt, sexuelle Bedürfnisse auszuhandeln. Dazu gehört, daß man lernt, Grenzen zu setzen, offen über Sex zu kommunizieren, Mißverständnisse zu vermeiden und dem Partner zu zeigen, was man mag und was man nicht mag.

Auch wenn Erwachsene häufig vergessen haben, wie wichtig diese Fragen im Alter von 16 oder 17 Jahren sind, tragen die Beziehungsfähigkeit und das Selbstvertrauen, die Jugendliche im Aushandeln ihrer Bedürfnisse entwickeln, viel dazu bei, wie sie später ihre sexuellen Gefühle regeln. Zum Beispiel wird eine junge Frau, die als Teenager gelernt hat, nein zu einem Jungen zu sagen, der sie sexuell bedrängt, oder sich nicht auf eine sexuelle Beziehung einzulassen, wenn sie es nicht wirklich will, sehr viel selbstbewußter mit ähnlichen Situationen umgehen. Auch ein Junge, der in der Adoleszenz gelernt hat, sich weniger aggressiv und unsensibel zu verhalten, wird später davon profitieren. Wenn Jugendliche dagegen das Gefühl haben, daß es ihnen nicht gelungen ist, ihre Bedürfnisse auszuhandeln, können sie in ihren zukünftigen Intimbeziehungen zu Mißtrauen und Zurückhaltung neigen, was ihnen viel an Spontaneität und Genußfähigkeit nimmt.

Die Entwicklung eines sexuellen Wertesystems

Der Entwicklungsprozeß eines persönlichen sexuellen Wertesystems ist eng mit der allgemeinen Identitätsfindung verknüpft. Auf der Suche nach Antworten auf die Frage »Wer bin ich?« stellen sich Heranwachsende auch solche Fragen wie »Wofür trete ich ein? Woran glaube ich? Wen soll ich als Vorbild wählen?« Die allmähliche Herausbildung sexueller Werte ist teilweise eine Folge der Auseinandersetzung mit diesem wichtigen Aspekt der Adoleszenz. Zum Beispiel kann der Teenager entscheiden, in seinem Verhalten grundsätzlich ehrlich zu sein, oder beschließen, daß die Täuschung manchmal zulässig ist, um das zu bekommen, was man will. Außerdem müssen Teenager unter der Sexualität als einem Ausdrucksmittel für Intimität und Zuneigung oder als einer unverbindlichen Form der Bedürfnisbefriedigung wählen. Diese Entscheidungen werden jedoch nicht in einem moralischen oder intellektuellen Vakuum getroffen, sondern die durch Familie, Religion oder gleichaltrige Freunde vermittelten Werte spielen dabei zweifellos eine wichtige Rolle.

Zwar weiß niemand genau, wie sich das sexuelle Wertesystem eines individuellen Teenagers unter diesen verschiedenen Einflußfaktoren entwickelt, jedoch steht fest, daß die innerhalb der Familie vermittelten Werte auf zwei Arten prägend für die Ausbildung späterer Einstellungen und Verhaltensweisen sind: Wenn die Teenager ein gutes Verhältnis zu ihren Eltern haben, werden sie wahrscheinlich sexuelle Werte entwickeln,

460

die mit denen ihrer Eltern übereinstimmen. Gibt es jedoch auf allen Ebenen Konflikte und Streit mit den Eltern, drücken Teenager häufig über die Sexualität ihre Rebellion und Unabhängigkeit aus, indem sie die Werte und Vorschriften ihrer Eltern zurückweisen.

Sexuelle Verhaltensmuster unter Jugendlichen

Falls die sexuelle Revolution vorbei ist, haben die Teenager von heute noch nichts davon bemerkt. Trotz der AIDS-Epidemie, der sprunghaft angestiegenen Inzidenz anderer sexuell übertragbarer Krankheiten und dem wachsenden Problem ungeplanter Schwangerschaften in der Adoleszenz, sind amerikanische Jugendliche in den neunziger Jahren sexuell aktiver als je zuvor. Dabei zeigt sich seit drei Jahrzehnten der Trend, daß die ersten sexuellen Aktivitäten zu einem altersmäßig immer früheren Zeitpunkt stattfinden, was möglicherweise auf ein soziales Klima zurückzuführen ist, in dem sexuelle Themen in den Medien und in der Öffentlichkeit sehr viel umfassender und direkter behandelt werden als früher.

Für alle Altersstufen der Pubertät gilt, daß mehr männliche als weibliche Jugendliche aussagen, sie hätten Erfahrungen mit Geschlechtsverkehr (siehe Tabellen S. 462/463). Das ist nichts Neues, denn es traf bereits zur Zeit der Recherchen von Alfred Kinsey zu. Neu ist allerdings, daß die Differenz zwischen den Geschlechtern hinsichtlich ihrer Koitalerfahrung seit den sechziger Jahren stark abgenommen hat. Trotzdem scheinen männliche und weibliche Teenager immer noch eine etwas unterschiedliche Einstellung gegenüber den ersten sexuellen Erfahrungen mit einem Partner einzunehmen, was in dem 1988 veröffentlichten Forschungsbericht des *Children's Defense Fund* (Kinderschutzbund) so ausgedrückt wurde: »Obwohl beide Geschlechter ähnlich starke Ängste vor dem ersten Geschlechtsverkehr haben, sind Mädchen eher darüber besorgt, ob sie das Richtige machen, während Jungen besorgt sind, ob sie es richtig machen.«

Jungen und Mädchen haben auch unterschiedliche Motive für ihre sexuellen Aktivitäten. Für Jungen ist Sex in erster Linie ein Zeichen ihrer Männlichkeit, das heißt, die sexuellen Erfahrungen dienen ihnen dazu, Reife und sozialen Status zu erwerben und sich als Erwachsene fühlen zu können. Zwar betrachten auch weibliche Teenager Sex als ein Kennzeichen ihrer persönlichen und sozialen Reife (und damit als eine Art des Erwachsenwerdens), doch geht es ihnen beim Geschlechtsverkehr stärker als den Jungen um Liebe und Verbindlichkeit. Männliche Teenager dagegen sind in ihrer Auffassung von Liebe und Intimität sehr viel weniger romantisierend als weibliche, wobei sie häufig versuchen, ein Mädchen dazu zu bringen, mit ihnen zu schlafen, indem sie ihr einreden, dies sei ein Beweis ihrer Liebe zu ihm.

Während des letzten Jahrzehnts hat sich das früher übliche Verhältnis zwischen männlichen und weiblichen Jugendlichen stark gewandelt, und so ist es heutzutage nichts Ungewöhnliches mehr, wenn die Initiative für eine sexuelle Beziehung von dem Mädchen ausgeht. Dies ist zum großen Teil das Resultat veränderter Ansichten über Geschlechtsrollen und der damit einhergehenden Abkehr von der so lange vorherrschenden Doppelmoral. (Heute erwarten nur noch sehr wenige Männer von ihrer zukünftigen Ehefrau, daß sie noch Jungfrau ist, und viele junge Männer würden das sogar als bedenklich empfinden.) Allerdings hat sich auch gezeigt, daß einige männliche Jugendliche weniger begeistert über diesen Rollentausch sind oder davon sogar in die Flucht geschlagen werden, was darauf schließen läßt, daß die sexuelle Befriedigung für sie hauptsächlich in der Eroberung besteht und sie mit der Position des begehrten Liebesobjekts nicht umgehen können.

Es gibt nur wenige verläßliche Daten über das sexuelle Verhaltensmuster unter Jugendlichen, was teilweise auf einer mangelnden Förderung entsprechender Forschungsarbeiten von seiten der Regierung und zum anderen Teil darauf beruht, daß es sehr schwierig ist, eine wissenschaftlich gültige Erhebungsauswahl zu treffen. Hinzu kommt, daß die in den siebziger und frühen achtziger Jahren erstellten Statistiken inzwischen zum größten Teil überholt sind, und zwar besonders im Hinblick auf die HIV/AIDS-Epidemie. Trotzdem vermitteln die folgenden Tabellen und die Zusammenfassung der Resultate aktueller Studien einen Eindruck vom Sexualverhalten heutiger Jugendlicher in den Vereinigten Staaten.

Amerikanische High-School-Studenten mit Sexualerfahrung (in Prozent; Stand 1990)

Alter	weibliche Teenager	männliche Teenager
14 Jahre	37,0	48,7
15 Jahre	42,9	52,5
16 Jahre	52,7	62,6
17 Jahre	66,6	76,3
Gesamt	48,0	60,8

QUELLE: Centers for Disease Control: »Sexual Behavior among High School Students – United States, 1990«. In: *Morbidity and Mortality Weekly Report* Heft 40, 1992, S. 885–888, Tabelle 1.

Amerikanische unverheiratete männliche Teenager mit Koitalerfahrung (in Prozent; Stand 1988)

Alter	Gesamt	Schwarze	Weiße	Hispanics
13 Jahre	5,4	19,8	2,9	3,9
14 Jahre	11,0	34,6	7,1	6,3
15 Jahre	21,2	47,8	16,2	19,4
16 Jahre	37,8	63,5	33,0	37,7
17 Jahre	57,5	78,4	53,0	60,9
18 Jahre	67,4	84,7	69,8	63,2
19 Jahre	79,0	95,8	75,9	80,5

QUELLE: Freya L. Sonnenstein, Joseph H. Pleck und Leighton C. Ku: »Levels of sexual activity among adolescent males in the United States«. In: *Family Planning Perspectives* Heft 23, 1991, S. 162–167, Tabelle 1.

Amerikanische unverheiratete weibliche Teenager mit Koitalerfahrung (in Prozent; Stand 1988)

Alter	Gesamt	Schwarze	Weiße	Hispanics
15–17 Jahre	38,4	50,5	36,2	36,1
18–19 Jahre	74,4	78,0	74,3	70,0

QUELLE: J. D. Forrest und S. Singh: »The sexual and reproductive behavior of American women, 1982–1988«. In: *Family Planning Perspectives*, Heft 22, 1990, S. 206–214, Tabelle 4.

- Eine Umfrage unter 758 Schülern im Alter zwischen 13 und 14 Jahren aus einer ländlichen Gegend in Maryland erbrachte das überraschende Ergebnis, daß 61 Prozent der Jungen und 47 Prozent der Mädchen keine »Jungfrauen« mehr waren.
- Eine kürzlich durchgeführte landesweite Erhebung unter High-School-Studenten ergab, daß 40 Prozent der 14jährigen und 72 Prozent der 17jährigen Schüler Geschlechtsverkehr gehabt hatten (siehe Tabelle).
- Die *National Survey on Family Growth* (Studie über Familienzuwachs) erbrachte, daß drei Viertel der jungen Frauen im Alter zwischen 18 und 19 Jahren Geschlechtsverkehr gehabt hatten (siehe Tabelle).
- Bei einer aktuellen Umfrage unter heterosexuellen Universitätsstudenten wurde festgestellt, daß die männlichen Befragten im Durchschnitt

11,2 verschiedene Sexualpartner gehabt hatten und die weiblichen durchschnittlich 5,6.

Diese Statistiken verdeutlichen die Tatsache, daß die Mehrzahl der heutigen amerikanischen Teenager bereits sexuelle Erfahrungen gemacht hat. Jedoch gibt es immer noch eine beträchtliche Zahl von Jugendlichen, die – entweder weil es ihre streng religiöse Erziehung vorschreibt, weil sie zu schüchtern oder körperlich unattraktiv sind oder aufgrund ihrer persönlichen Entscheidung – »jungfräulich« bleiben. Außerdem geben die oben erwähnten Umfragen nur einen Teil der sexuellen Aktivitäten wieder, die unter den heutigen Jugendlichen stattfinden, da sie auf die Fragen über das Sexualverhalten nur einfache Ja/Nein-Antworten zuließen.

Wegen dieses Mangels an verläßlichen Daten über das nichtkoitale Sexualverhalten während der Adoleszenz können wir nur ein paar generelle Feststellungen zu diesem Thema treffen, die auf unseren zugegebenermaßen begrenzten Untersuchungen basieren. Eine davon betrifft die Häufigkeit der Masturbation unter Jugendlichen. Kinsey und seine Mitarbeiter hatten festgestellt, daß männliche Jugendliche zu jedem Zeitpunkt der Pubertät sehr viel häufiger masturbieren als weibliche, und auch die in den siebziger Jahren durchgeführten Studien belegten einen zwischen männlichen und weiblichen Teenagern deutlichen Unterschied hinsichtlich ihrer Erfahrungen mit Masturbation. Dagegen weisen die Angaben, die wir während der letzten zwölf Jahre gesammelt haben, darauf hin, daß dieser geschlechtsspezifische Unterschied immer geringer wird, denn gegenüber annähernd 95 Prozent der männlichen Teenager verfügen nun auch fast 80 Prozent der weiblichen Teenager auf Erfahrungen auf diesem Gebiet. Diese Trendwende spiegelt die in den vergangenen 20 Jahren vollzogene Veränderung in der gesellschaftlichen Einstellung gegenüber Masturbation wider, denn heutzutage gilt die Selbstbefriedigung sehr viel eher als eine gesunde Form der Sexualität und kaum noch als eine sündige oder schmutzige Angelegenheit.

Auch oral-genitaler Sex wird unter den Jugendlichen eher akzeptiert und praktiziert als noch zu Kinseys Zeiten. Mehrere Studien belegen, daß 40 bis 50 Prozent der Teenager diese sexuelle Praktik ausprobiert haben, und unsere eigenen Untersuchungen legen nahe, daß dieser Prozentsatz sogar noch höher liegen könnte. Oral-genitaler Sex kann ein praktikabler Kompromiß sein, wenn Teenager sexuelle Befriedigung suchen, aber das Risiko einer Schwangerschaft vermeiden wollen. Für andere ist es im Hinblick auf die moralische Bedeutung des Geschlechtsverkehrs entlastend, und wieder andere betrachten es lediglich als eine mögliche Variante des sexuellen Experimentierens.

Über den bereits erwähnten Trend hinaus, daß die Jugendlichen zu einem immer früheren Zeitpunkt sexuell aktiv werden, besteht die wohl bemerkenswerteste Veränderung, die sich im Lauf der letzten 20 Jahre ergeben hat, darin, daß die heutigen Teenager mit einer weit größeren Zahl verschiedener Partner Geschlechtsverkehr haben als vorher. Zwar gibt es darüber noch keine genauen Statistiken, doch belegt eine aktuelle Studie, daß ein durchschnittlich sexuell aktiver 15jähriger amerikanischer Junge mit mindestens vier verschiedenen Partnerinnen Geschlechtsverkehr hatte. Die folgenden Aussagen zweier Jugendlicher zeigen, wie locker viele von ihnen scheinbar damit umgehen:

Ein 16jähriges Mädchen: Ich hatte zum ersten Mal Sex, als ich 14 war, aber ich habe den Typen nicht besonders gemocht – es war bloß eine Art Zeitvertreib. Im Sommer darauf habe ich es mit zwei anderen Jungen ausprobiert, und das war klasse, weil ich es viel mehr genießen konnte und auch mehr Selbstvertrauen hatte. Als ich auf die High-School kam, bin ich ein halbes Jahr mit einem Jungen gegangen, der jünger war als ich, und wir haben in dieser Zeit fast jedes Wochenende miteinander geschlafen, aber dann haben wir Schluß gemacht. Mein nächster Freund war älter als ich, und irgendwie war es da so, daß von dir erwartet wurde, mit deinem Freund zu schlafen ... ich meine, es gehört einfach dazu. Während der Schulferien habe ich einen Typen in Florida kennengelernt, und wir haben auch ein paarmal miteinander geschlafen. Das heißt, bis jetzt habe ich mit sechs verschiedenen Jungen geschlafen, aber ich betrachte das nicht als besonders extrem – eine meiner Freundinnen hat mir erzählt, daß sie allein in diesem Jahr zwölf verschiedene Typen hatte.

Ein 15jähriger Junge: Ich nehme an, daß wir wohl ineinander verliebt waren, als wir zum ersten Mal Sex hatten. Jedenfalls wollte Marcia, daß ich das sage, und deshalb habe ich ihr erklärt, daß ich sie liebe, und damit war alles klar. Aber nach einer Weile habe ich das Interesse an ihr verloren – ich glaube, wir waren anderthalb Monate zusammen –, und da fing ich an, mit Sally, ihrer besten Freundin, auszugehen. Sie hat mich gefragt, ob ich mit Marcia geschlafen hätte, und als ich ja sagte, wollte sie unbedingt auch mit mir schlafen, und dann wollte sie wissen, ob sie besser war als Marcia. Obwohl der Sex mit Sally ganz gut war, habe ich im November aufgehört, mit ihr zu gehen, und dann habe ich bloß mit irgendwelchen Mädchen rumgemacht, aber ich hatte keine spezielle Freundin. Ich glaube, in der Zeit habe ich mit drei verschiedenen Mädchen geschlafen. Das ist keine große Sache für mich. Wenn ein Mädchen keinen Sex will, dann will sie auch nicht mit mir zusammensein.

Dennoch trifft es auf die meisten heutigen Jugendlichen zu, daß sie nach wie vor dem alten Ideal von Treue anhängen, und sie geben sich häufig große Mühe, zu erklären, wie dieses Ideal damit zu vereinbaren ist, daß sie in einem Jahr mit fünf verschiedenen Partnern Sex haben. Dabei wird deutlich, daß es unter den meisten sexuell aktiven Jugendlichen einen typischen Verlauf der fortlaufend monogamen Beziehungen gibt, jedoch liegt die Betonung dabei eher auf »fortlaufend« als auf »monogam«.

Wie die oben zitierten Kommentare zeigen, haben viele Teenager den Anspruch aufgegeben, daß Sex unbedingt mit Liebe zu tun haben muß, obwohl es immer noch Jugendliche gibt, die den Geschlechtsverkehr für eine Liebesbeziehung oder für ein voreheliches Ausprobieren mit dem Partner aufsparen, für den sie sich bestimmt fühlen. Diese Tatsache weist auf eine weitere Veränderung im Sexualverhalten heutiger Teenager hin, denn der Geschlechtsverkehr unter Jugendlichen ist nicht mehr in dem Sinne »vorehelich«, in dem er es früher war:

> Obwohl der Sex vor der Ehe stattfindet, geschieht es nur noch teilweise im Zusammenhang mit der Institution Ehe. Wenn ein Teenager zum Beispiel seinen ersten Geschlechtsverkehr im Alter von 15 oder 16 Jahren hatte, mit Mitte 20 heiratet und dazwischen eine Reihe von intimen Beziehungen zu anderen Partnern hatte, steht die erste und viele der nachfolgenden Koitalerfahrungen nur für sich selbst und nicht für die Suche nach einem Ehepartner.[*]

Neben diesen verschiedenen Veränderungen scheinen die Teenager der neunziger Jahre etwas gewissenhafter mit der Empfängnisverhütung umzugehen als während vorangegangener Jahrzehnte, denn mehr als drei Viertel der sexuell aktiven Teenager geben an, bei ihrem letzten Geschlechtsverkehr die eine oder andere Form von Empfängnisverhütung angewandt zu haben. Da sich jedoch viele Teenager auf die bekanntermaßen untaugliche Methode des *Koitus interruptus* verlassen, läßt diese Statistik einen weniger positiven Schluß zu, als man zunächst glauben könnte.

Homosexuelle Jugendliche

In einer Gesellschaft, die ihre Kinder und Jugendlichen ausschließlich heterosexuellen Rollenvorbildern aussetzt, kann es für einen Teenager emotional überaus belastend sein, wenn er oder sie eine andersartige sexuelle Präferenz an sich feststellt. Zum einen steht unsere Gesellschaft der Homosexualität nach wie vor weitgehend ablehnend gegenüber, und diese allgemein negative Haltung kann sich in Zurückweisung, Feindseligkeit und Grausamkeit dem einzelnen Teenager gegenüber äußern – etwa von seiten der Eltern, Freunde oder Kirchengemeinde –, wodurch sich der homosexuelle Teenager ausgestoßen fühlt. Da zum anderen die Anerken-

---

[*] J. Gagnon: »Sexuality Across the Life Course in the United States«. In: C. F. Turner, H. G. Miller und L. E. Moses, Hrsg.: »AIDS: Sexual Behavior and Intravenous Drug Use«. *National Academy Press*, 1989.)

nung der Altersgenossen für das Selbstwertgefühl der meisten Jugendlichen von grundlegender Wichtigkeit ist – sehr viel wichtiger zumindest als in jeder anderen Lebensperiode –, beraubt diese Ablehnung die homosexuellen Jugendlichen einer wesentlichen Stütze und Bestätigung, die sie in dem Gefühl finden, akzeptiert zu werden.

Folglich kämpfen viele Teenager, die eine starke gleichgeschlechtliche Anziehung verspüren, gegen diese Gefühle an und versuchen damit, sich der vorgeschriebenen heterosexuellen Verhaltensnorm anzupassen. Der Verdrängungsprozeß kann auch darin bestehen, daß sie sich einreden, es wäre nur eine vorübergehende Phase, oder daß sie sich in eine soziale Isolation zurückziehen, indem sie intensiv solchen Hobbys nachgehen, die man allein ausüben kann, wie zum Beispiel Computer, Kunst oder Musik.

Es gibt nur relativ wenige homosexuelle Frauen, die sich bereits während ihrer Teenagerjahre als lesbisch definieren, während sich die meisten ihre gleichgeschlechtlichen Neigungen erst sehr viel später eingestehen – besonders nach einer gescheiterten Ehe. Und relativ wenige Frauen, die sich als Erwachsene zu ihrem Lesbischsein bekennen, hatten während ihrer Adoleszenz eine sexuelle Beziehung zu einer anderen Frau.

Unter männlichen Teenagern gibt es in dieser Hinsicht jedoch eine größere Variabilität. Viele haben ihre gleichgeschlechtliche Neigung bereits in früher Jugend an sich erkannt und gelernt, sie als gegeben zu akzeptieren. Andere experimentieren eher vorsichtig zögernd mit ihren homosexuellen Impulsen: Zuerst suchen sie in Büchern, Zeitschriften und Filmen nach Vorlagen für ihre Reaktionen und Erwartungen, und später machen sie häufig ihre ersten homosexuellen Erfahrungen mit einem Freund, der ähnliche Bedürfnisse hat, oder sie lassen sich von einem erwachsenen Mann in die Geheimnisse und Praktiken der gleichgeschlechtlichen Liebe einweihen. (Männliche Teenager, die in einer Großstadt leben, in der es eine »Schwulenszene« oder organisierte Gruppen für Homosexuelle gibt, haben einen gewissen Vorteil in diesem Selbsterfahrungsprozeß. Es ist für sie meistens leichter, Kontakte zu knüpfen und Informationen – ebenso wie einen Partner – zu finden als für ihre Altersgenossen aus Kleinstädten oder ländlichen Gegenden.) Wieder andere, die sich zwar zu Mädchen hingezogen fühlen, aber auch positiv auf Sexualkontakte mit anderen Jungen reagieren, sind verwirrt und besorgt hinsichtlich ihrer sexuellen Orientierung und Identität.

Viele männliche Teenager, die von sich vermuten, sie könnten schwul sein, kämpfen gegen dieses Gefühl an: So versuchen sie etwa, ihre Männlichkeit durch besondere sportliche Leistungen unter Beweis zu stellen (und dadurch von ihren Altersgenossen akzeptiert zu werden); sie verabreden sich mit Mädchen und versuchen, sich damit in die heterosexuelle Welt einzufügen, und vor allem bemühen sie sich verzweifelt, den Teil von sich zu verbergen, den sie für abartig oder sogar gefährlich halten. Dennoch hatte die Mehrzahl homosexueller Männer während ihrer Adoleszenz eine sexuelle Erfahrung mit einem anderen Mann, wobei viele von ihnen bis zum Ende ihrer High-School-Zeit eine größere Zahl von männlichen Sexualpartnern hatte.

Jedoch ist klar, daß für Jugendliche, die sich als homosexuell betrachten, eine gesunde psychosexuelle Entwicklung mit einigen Schwierigkeiten verbunden ist. Auch wenn viele homosexuelle Jugendliche inzwischen Unterstützung und Hilfe durch spezielle Gruppen und Organisationen finden, scheinen sich nur sehr wenige von ihnen ihren Familien gegenüber als schwul oder lesbisch zu deklarieren, bevor sie das Erwachsenenalter erreicht haben. Die mit der Adoleszenz einhergehende Unsicherheit über die eigene Identität scheint den meisten homosexuellen Jugendlichen diesen Schritt nicht zu erlauben, bis sich ihr Verhältnis zu sich selbst gefestigt hat.

Auswirkungen der sexuellen Aktivität

Während sich die meisten Untersuchungen über die Auswirkungen sexueller Aktivität unter Jugendlichen auf den Aspekt der ungeplanten Schwangerschaft konzentriert haben, wurde den kurzfristigen sozialen und psychologischen Konsequenzen der frühen Sexualerfahrung nur wenig Beachtung geschenkt. Erst eine 1988 veröffentlichte Studie, die auf der Auswertung von Daten basierte, welche von 1980 bis 1982 unter 1 405 Teenagern im Alter von 11 bis 17 Jahren erhoben worden waren, brachte Erkenntnisse zu diesem Thema. Aus den Befragungsergebnissen ließen sich zwei grundlegende Schlüsse hinsichtlich der kurzfristigen Auswirkungen einer frühen sexuellen Aktivität in der Adoleszenz ziehen:

1. Im Gegensatz zu den Befürchtungen einiger Erwachsener führt die sexuelle Aktivität unter Teenagern nicht zu deutlichen Veränderungen in ihrem soziopsychologischen Verhaltensmuster. Allerdings zeigte sich bei einigen Jugendlichen eine negative Auswirkung auf ihre schulischen Leistungen.

2. Frühe sexuelle Aktivitäten bedingen im allgemeinen eine eher positive Einstellung gegenüber der Sexualität.

Jedoch hat die Sexualaktivität auch abgesehen von einer unerwünschten Schwangerschaft eine biologisch-medizinische Kehrseite, die in dem Risiko einer Ansteckung mit einer sexuell übertragbaren Krankheit besteht, die, wenn unerkannt oder unzureichend behandelt, langfristige Auswirkungen auf die Fruchtbarkeit und Gesundheit haben kann (siehe Kapitel

11 und 13). Eine unter amerikanischen Jugendlichen während der vergangenen zwei Jahrzehnte sprunghaft angestiegene Inzidenz von STDs kontrastiert in aller Schärfe mit der »das kann mir doch nicht passieren«-Einstellung, die viele Heranwachsende in diesem Zusammenhang an den Tag legen. Dabei ziehen sich in den Vereinigten Staaten jährlich circa 2,5 Millionen Teenager eine sexuell übertragbare Krankheit zu. Zwar sollte man annehmen, daß es im Zeitalter von AIDS lebenswichtig für Jugendliche sein müßte, auf die mit der Sexualität verbundenen Risiken zu achten, doch läßt sich kaum feststellen, daß das Wissen über AIDS zu einer wesentlichen Veränderung des Sexualverhaltens unter Jugendlichen geführt hätte. Darüber hinaus gibt es überzeugende Beweise dafür, daß frühe Koitalerfahrungen und sexuelle Beziehungen mit mehreren verschiedenen Partnern ein Risikofaktor für eine im Erwachsenenalter auftretende Gebärmutterhals-Krebserkrankung sind.

Abgesehen von diesen Gesundheitsrisiken scheinen die koitalen Aktivitäten keine größeren persönlichen oder emotionalen Probleme für unverheiratete Teenager aufzuwerfen, vorausgesetzt, daß sie eine zuverlässige Form der Empfängnisverhütung verwenden. Doch auch wenn für die meisten Jugendlichen gilt, daß das Ausleben ihrer Sexualität zum Erlernen von Beziehungsfähigkeit gehört, muß darauf hingewiesen werden, daß nicht alle Teenager, die Geschlechtsverkehr haben, dies freiwillig tun, und daß jene, die irgendeiner Form von sexueller Nötigung oder Zwangsausübung ausgesetzt sind, von dieser Erfahrung häufig langfristige seelische Narben zurückbehalten.

Vergewaltigung in der Adoleszenz

Aus einer 1991 veröffentlichten Studie geht hervor, daß 15 Prozent der befragten weiblichen Teenager im Alter von 12 bis 17 Jahren mindestens einmal zum Sex gezwungen worden waren. Bei mehr als einem Viertel dieser Fälle wurde körperliche Gewalt angewendet, und ein weiteres Viertel ereignete sich im Zusammenhang mit Drogen- oder Alkoholkonsum. In einer weiteren Untersuchung berichteten annähernd 13 Prozent der weißen und 8 Prozent der afro-amerikanischen Frauen, vor ihrem 20. Lebensjahr vergewaltigt oder sexuell genötigt worden zu sein. Die Verfasser letzterer Studie, bei der eine für das gesamte Land repräsentative Erhebungsauswahl getroffen wurde, wiesen darauf hin, daß aufgrund des sensiblen Charakters der erfragten Informationen die tatsächlichen Zahlen wahrscheinlich noch höher liegen.

Eines der weitgehend verborgenen Probleme der Sexualität unter Teenagern ist ein bemerkenswert häufiges Vorkommen von sexueller Zwangsausübung, wobei die Vergewaltigung in den allermeisten Fällen von einem Verabredungspartner oder Freund begangen wurde und nur sehr selten von einem Unbekannten. Eine von der Frauenzeitschrift *Ms.* durchgeführte Befragung unter den Studentinnen von 32 verschiedenen amerikanischen Colleges ergab, daß eine von zehn jungen Frauen im vorangegangenen Jahr vergewaltigt und eine von sechs das Opfer einer versuchten Vergewaltigung geworden war. In 57 Prozent der Fälle wurde die Vergewaltigung im Lauf einer Verabredung begangen, und 84 Prozent der Opfer kannten ihre Vergewaltiger.

Vergewaltigungen kommen selbst unter jüngeren Teenagern im Alter von 14 bis 16 Jahren relativ häufig vor. In manchen Fällen gehen sie mit einem offenkundig gewaltsamen Verhalten von seiten des Jungen einher, wobei er Drohungen oder körperliche Gewaltanwendung einsetzt, um sein Opfer zu bezwingen, und in anderen Fällen vollzieht der Junge (oder mehrere Jungen bei einer Gruppenvergewaltigung) den Geschlechtsverkehr an einem Mädchen, dessen Bewußtsein oder Urteilsvermögen durch Drogen- oder Alkoholkonsum eingeschränkt ist. Auch wenn es sich in beiden Fällen eindeutig um eine Vergewaltigung handelt, ist es eine traurige Tatsache, daß die meisten weiblichen Teenager, die vergewaltigt wurden, den oder die Täter nicht anzeigen, da sie das Gefühl haben, irgendwie selbst an dem Vorfall schuld zu sein, oder weil sie sich nicht einmal sicher sind, ob es überhaupt eine Vergewaltigung war.

Ein Grund für diese Unsicherheit mag darin liegen, daß in einer Vergewaltigung, bei der sich Täter und Opfer kennen, fast nie eine Waffe eingesetzt wird, was es für viele Teenager, die sich unter einem Vergewaltiger einen unbekannten Mann mit einer Strumpfmaske vorstellen, der nachts mit vorgehaltener Pistole Frauen überfällt, schwer macht, die Vergewaltigung als solche zu definieren. Frauen, die von einem Bekannten vergewaltigt wurden, neigen auch häufig dazu, selbst einen großen Teil der Verantwortung für die Tat zu übernehmen und ihrer eigenen Urteilsfähigkeit zu mißtrauen, statt die Schuld demjenigen zu geben, der sie verdient, nämlich dem Vergewaltiger.

Falls es unter den jugendlichen Vergewaltigungsopfern überhaupt einen gemeinsamen Nenner gibt, läßt er sich wohl am ehesten in einem Mangel an Erfahrenheit und Selbstbewußtsein Männern gegenüber ausmachen. Amerikanische College-Schülerinnen sind in dieser Hinsicht besonders gefährdet, denn sie leben – oft zum ersten Mal – fern von Zuhause und wissen möglicherweise nicht, wie sie mit dieser neuen Situation umgehen sollen. Darüber hinaus sind sie vielleicht auch zu vertrauensvoll gegenüber den Jungen, mit denen sie ausgehen, indem sie automatisch annehmen, daß ein Mitschüler sie nicht willentlich verletzen oder benutzen würde. Dies trifft besonders dann zu, wenn ein weiblicher Teenager den Jungen in seinem Zimmer besucht und die einer solchen Situation meistens zugrunde liegenden sexuellen Absichten nicht erkennt.

Weibliche Teenager können auch das Opfer von Inzest sein, obwohl diese Form von Vergewaltigung meistens vor der Adoleszenz beginnt. Da wir das Thema Inzest und dessen Auswirkungen in unserem Buch *Liebe und Sexualität* behandelt haben, wollen wir an dieser Stelle nicht weiter darauf eingehen.

Das Bewußtsein von AIDS unter Jugendlichen

Forschungsdaten über das unter Jugendlichen vorherrschende Bewußtsein von der HIV/AIDS-Epidemie und deren Auswirkungen auf das Sexualverhalten werden erst allmählich verfügbar. Trotz eindeutiger Beweise dafür, daß der Analverkehr und der Geschlechtsverkehr mit mehr als einem Partner das Risiko einer HIV-Infektion in sich bergen und daß Kondome dieses Risiko vermindern, scheinen viele Teenager der Notwendigkeit solcher Vorsichtsmaßnahmen gegenüber blind zu sein.

Mehrere Studien haben belegt, daß weniger als 10 Prozent der sexuell aktiven Teenager regelmäßig Kondome verwenden. Eine dieser Untersuchungen erbrachte, daß 26 Prozent der befragten Teenager Analverkehr praktiziert und nur ein Drittel von ihnen bei dieser hochriskanten Sexualpraktik ein Kondom benutzt hatte. Ungefähr 40 Prozent der sexuell aktiven Teenager haben jedes Jahr mehrere verschiedene Sexualpartner, wobei die mit der größten Anzahl von Partnern am wenigsten die Richtlinien für »Safer Sex« befolgt hatten.

Eine kürzlich unter Collegestudenten mit einem Durchschnittsalter von 13,2 Jahren durchgeführte Studie ergab, daß die 25 Prozent, die sexuell aktiv waren, weniger gut über HIV unterrichtet waren und weniger Angst vor einer Ansteckung mit dem AIDS-Virus hatten als ihre nicht sexuell aktiven Altersgenossen.

Selbst unter den männlichen Teenagern mit Hämophilie – einer der Risikogruppen, die besonders häufig von einer Ansteckung mit dem AIDS-Virus betroffen sind – scheint der erwiesenermaßen hohe Wissensstand über AIDS keine Veränderung im Sexualverhalten bewirkt zu haben: Nur einer von neun sexuell aktiven jugendlichen Blutern gab an, immer ein Kondom zu benutzen, während 69 Prozent ihr Sexualverhalten im Hinblick auf eine mögliche HIV-Übertragung nicht geändert hatten. Demnach scheint das Wissen über das AIDS-Risiko keinen Einfluß darauf zu haben, inwieweit Teenager Kondome verwenden oder nicht.

Auf der anderen Seite belegt eine 1988 durchgeführte landesweite Umfrage unter männlichen Jugendlichen, daß die Verwendung von Kondomen im Zeitraum von 1979 bis 1988 stark angestiegen ist; unter den 17- bis 19jährigen Jugendlichen in urbanen Siedlungsgebieten hatte sie sich fast verdreifacht (von 21 Prozent 1979 auf 58 Prozent 1988). Gleichzeitig wurde jedoch festgestellt, daß männliche Teenager, die sich Drogen gespritzt hatten oder deren Sexualpartner dies getan hatten, die Sex mit einer Prostituierten gehabt hatten oder die im vorangegangenen Jahr mehr als fünf verschiedene Sexualpartner gehabt hatten, eine stark unterdurchschnittliche Verwendung von Kondomen aufwiesen. Da diese Gruppe 42 Prozent der Gesamtzahl der Befragten ausmachte, wird deutlich, daß es unter den meisten Jugendlichen eine beträchtliche Diskrepanz zwischen AIDS-Prävention und Risikofaktor gibt.

Ungeplante Schwangerschaften in der Adoleszenz

Obwohl in den amerikanischen Medien seit Jahren über das Problem der ungewollten Schwangerschaften unter Jugendlichen berichtet wird, sind seine aktuellen Ausmaße erschreckend. Hierzu ein paar statistische Zahlen:
- Jedes Jahr wird eins von zehn amerikanischen Mädchen im Alter zwischen 15 und 19 Jahren schwanger; fünf von sechs dieser Schwangerschaften sind unbeabsichtigt.
- Die Gesamtzahl der 1985 schwanger gewordenen Teenager beträgt mehr als eine Million. Fast eine halbe Million dieser Teenager haben das Baby ausgetragen, und mehr als 400 000 ließen eine Abtreibung vornehmen (der Rest entfällt auf Fehl- oder Totgeburten).
- Weniger als die Hälfte der weiblichen Teenager benutzt ein Verhütungsmittel, wenn sie zum ersten Mal Geschlechtsverkehr haben; die Hälfte aller Schwangerschaften tritt deshalb innerhalb von sechs Monaten nach dem ersten Geschlechtsverkehr ein.
- In den Vereinigten Staaten werden pro Jahr ungefähr 18 Prozent der sexuell aktiven weiblichen Teenager im Alter von 15 bis 19 Jahren schwanger.
- Zwar trifft es zu, daß seit 1970 die Geburtenrate unter Teenagern stark gesunken ist, doch ist das in erster Linie auf die 1973 erfolgte Legalisierung der Abtreibung zurückzuführen.
Im allgemeinen scheint den amerikanischen Jugendlichen das Risiko einer ungewollten Schwangerschaft zwar bewußt zu sein, doch viele halten es für unwahrscheinlich, daß dieses Risiko auch für ihr eigenes Verhalten zutrifft, oder, wie es ein sexuell aktives 15jähriges Mädchen ausgedrückt hat: »Wir

tun alle so, als wäre eine Schwangerschaft etwas, das nur jemand anderem passiert.« Diese Einstellung wird noch verstärkt durch solche Eltern, die ihre halbwüchsigen Kinder zwar vor einer Schwangerschaft warnen, sie aber nicht über die möglichen Verhütungsmethoden informieren oder keine konkreten Schritte unternehmen, um sie ihnen verfügbar zu machen.

Auch wenn einige Teenager in der Empfängnisverhütung sehr gewissenhaft sind – teilweise aus Rücksicht auf ihre Eltern oder aus Sorge wegen einer sexuell übertragbaren Krankheit wie HIV/AIDS –, benutzen andere grundsätzlich keine Kontrazeptiva. Dazu haben wir zum Beispiel folgende Erklärungen von Teenagern gehört:

Ein 17jähriger Junge: Kondome sind lästig und schränken deine Gefühle ein. Außerdem machen sie den Sex mechanisch, als hätte er nichts mehr mit Intimität zu tun.
Ein 16jähriges Mädchen: Ich wollte, daß mein Freund was benutzt, aber er hat sich geweigert, und nachdem wir dann mal angefangen haben, hätte es sowieso keinen Sinn mehr gehabt.
Ein 14jähriges Mädchen: Ich bin zu jung, um die Pille zu nehmen, und wenn ich ein Kondom mit mir rumtrage, würden die Jungen mich für eine Nutte halten.
Ein 15jähriger Junge: Ich weiß eigentlich gar nicht, warum wir nichts benutzen. Ich meine, es ist einfach so, daß noch nie etwas passiert ist, deshalb scheint es für uns kein Problem zu sein.

Obwohl sich diese Erklärungen und Rationalisierungen für Erwachsene ziemlich dumm anhören mögen, scheinen sie für viele Teenager vollkommen logisch zu sein, und das ist einer der Gründe dafür, warum es bei ihnen so häufig zu ungewollten Schwangerschaften kommt. Außerdem hat es auch mit der unter Jugendlichen weitverbreiteten Vorstellung zu tun, daß der Sex authentischer und schöner sei, wenn er ganz spontan stattfindet, was etwas so Vorausplanendes wie den Kauf einer Packung Kondome oder das Einsetzen eines Diaphragmas ausschließt. Aber auch diese Vorstellung ist das Reflexbild einer unzureichenden oder fehlenden Sexualaufklärung von seiten der Familie, denn Jugendliche, deren Eltern die Notwendigkeit einer Empfängnisverhütung genau erläutern, statt ihnen nur zu sagen, sie sollten aufpassen, daß sie nicht schwanger werden, benutzen im allgemeinen sehr viel eher Kontrazeptiva. Ein weiterer Faktor besteht darin, daß viele weibliche Teenager, die schwanger wurden, überhaupt nicht damit gerechnet hatten, daß sie mit einem Jungen schlafen würden:

Ein 14jähriges Mädchen: Es ist einfach irgendwie passiert. Wir haben eng getanzt, uns geküßt, und im nächsten Moment waren wir nackt und haben miteinander geschlafen. Das Ganze ging so schnell, daß ich kaum begriffen habe, was da passiert ist.

Der Verzicht auf Verhütungsmittel oder ihre nur unregelmäßige Verwendung – was eine unter Jugendlichen noch häufiger anzutreffende Verhaltensweise ist – erklärt eine Schwangerschaft in der Adoleszenz jedoch nicht zur Gänze. Es gibt nämlich auch Teenager, die es als ein Zeichen ihres Erwachsenseins und ihrer Unabhängigkeit betrachten, wenn sie ein Kind bekommen, obwohl sie wahrscheinlich einen anderen Ton anschlagen, wenn das Baby erst einmal da ist und ihnen klar wird, wie sehr es sie in ihrer Bewegungsfreiheit einschränkt. Andere Teenager schätzen das Risiko einer Schwangerschaft einfach falsch ein oder spielen es herunter.

Jugendliche Mütter

Obwohl Statistiken belegen, daß die Schwangerschaftsrate unter afro-amerikanischen Teenagern doppelt so hoch ist wie unter weißen, ereignen sich ungewollte Schwangerschaften in allen ethnischen Gruppen und Bevölkerungsschichten.

Eine Mutterschaft in der Adoleszenz ist aus mehreren Gründen problematisch, aber eines der gravierendsten Probleme beruht auf der Tatsache, daß damit in fast allen Fällen die soziale, wirtschaftliche und berufliche Zukunft der jungen Mutter und ihres Kindes gefährdet ist. Zum einen verfügen die meisten jugendlichen Mütter nur über geringe finanzielle Mittel, was in Kombination mit ihren schlechten Berufsaussichten häufig dazu führt, daß sie langfristig von der Sozialfürsorge abhängig werden. Diese Abhängigkeit wird noch dadurch verstärkt, daß die meisten Teenager-Mütter nach dem ersten Kind noch weitere Kinder bekommen, und zwar rascher als ihre Altersgenossinnen, die während der Adoleszenz nicht schwanger wurden. Diese Tatsache kann jedoch auch bedeuten, daß für Mädchen, die aus sozial schwachen Familien kommen oder deren schulische Leistungen unzureichend sind, die Mutterschaft eine attraktivere Option ist als für andere (da sie weniger günstige Zukunftsmöglichkeiten für sich sehen), und sie es deshalb vorziehen, schwanger zu werden.

Auch die Kinder jugendlicher Mütter sind einer Reihe von Nachteilen ausgesetzt, die über die Auswirkungen der sozioökonomischen Situation hinausgehen. So zeigt sich unter ihnen eine höhere Inzidenz von Kinderkrankheiten sowie von körperlichen und geistigen Entwicklungsstörungen als bei den Kindern älterer Mütter, was später dazu führt, daß sie häufiger schulische Probleme bekommen. Jüngere Teenager haben außerdem bei einer Schwangerschaft ein höheres gesundheitliches Risiko als Frauen in der Altersgruppe von 18 bis 30 Jahren, und die Wahrscheinlichkeit medizinischer Komplikationen ist bei einer Schwangerschaft im Teenager-Alter ebenfalls höher, was sich wiederum negativ auf die Gesundheit des Fötus auswirkt. Eine Studie, die der Frage nachging, warum die Kinder von Teenager-Müttern in Leistungstests durchschnittlich schlechter abschnitten als andere Kinder, erbrachte die Erklärung, daß das Maß an kognitiver Stimulation in der häuslichen Umgebung des Kindes – zum Beispiel, inwieweit es Kinderbücher zur Verfügung hat oder vorgelesen bekommt – häufig dramatisch gering ist.

Die Resultate einer 1992 veröffentlichten Studie weisen darauf hin, daß Frauen, deren Mütter ihr erstes Kind während der Adoleszenz zur Welt brachten, mit größerer Wahrscheinlichkeit selbst jugendliche Mütter werden als Frauen, deren Mütter bei ihrer ersten Geburt älter waren. Zwar haben auch andere Studien dieses generationsübergreifende Muster bestätigt, doch zeigte es sich nur bei einer Minderheit von Teenager-Müttern, und die genauen Gründe dafür blieben unklar.

Jugendliche Väter

Bis vor kurzem wußte man nur sehr wenig über die Umstände und Auswirkungen einer Vaterschaft unter Teenagern, doch nun gibt es neues Datenmaterial, das – wenn auch nach wie vor unvollständig – einige interessante Ergebnisse und Fakten aufzeigt.

Eine umfassende Vergleichsstudie, die zwischen 1980 und 1984 durchgeführt wurde, befaßte sich mit einem Personenkreis von 15jährigen Jungen an 1 100 High-Schools in den gesamten Vereinigten Staaten. Aus ihren Untersuchungen schlossen die Wissenschaftler, daß es drei Hauptfaktoren für die Wahrscheinlichkeit einer Vaterschaft im Teenageralter gibt:

1. Afro-amerikanische Jugendliche werden mit größerer Wahrscheinlichkeit Vater, und zwar unabhängig von ihrem sozioökonomischen Status;

2. eine feste Beziehung zu einem Mädchen erhöht die Wahrscheinlichkeit einer Vaterschaft um 50 Prozent;

3. männliche Teenager mit einer weniger traditionellen und toleranteren Einstellung gegenüber einer unehelichen Geburt werden ebenfalls eher Vater als andere.

Außerdem wurde festgestellt, daß es keinen Kausalzusammenhang zwischen dem Besuch des Sexualkundeunterrichts und der Wahrscheinlichkeit einer Vaterschaft in der Adoleszenz gibt.

Allerdings scheinen jugendliche Väter früher sexuell aktiv zu sein als andere Teenager und in ihrem Wissen über die Sexualität relativ unerfahren zu sein, besonders wenn es um die Verhütung geht.

Einem allgemein verbreiteten Klischee zufolge sind jugendliche Väter verantwortungslos, nur auf ihre eigene sexuelle Befriedigung bedacht und schnell verschwunden, wenn es darum geht, eine materielle oder emotionale Verantwortung für ihren Nachwuchs zu übernehmen. Jedoch legen mehrere, in den achtziger Jahren durchgeführte Untersuchungen nahe, daß dieses Bild längst nicht immer den Tatsachen entspricht, denn viele jugendliche Väter lassen ihre Babys nicht im Stich, sondern zeigen ein nicht nur vorübergehendes Engagement in finanzieller und sonstiger Hinsicht. Im Gegensatz zu der Vorstellung, daß jugendliche Väter nur an Sex interessiert sind, erbrachten diese Studien, daß die meisten von ihnen eine enge Beziehung zu ihrer Freundin und eine positive Einstellung zu ihrer Schwangerschaft haben. In der Vergangenheit verließ ein junger Mann, der ein Mädchen geschwängert hatte, häufig die Stadt oder ging zur Armee. Doch auch das hat sich inzwischen geändert. Nicht nur, daß »Muß-Ehen« heutzutage seltener geworden sind, sondern die jugendlichen Väter entschließen sich häufig freiwillig, das Mädchen zu heiraten. (Eine aktuelle Studie hat erbracht, daß ein Drittel der Jugendlichen die Mutter ihres Babys innerhalb eines Jahres geheiratet hatte und die Hälfte von ihnen mit dem Kind und der Mutter zusammenlebte.)

Natürlich heißt das nicht, daß alle jugendlichen Väter rücksichtsvoll und verantwortungsbewußt sind. Viele von ihnen verlassen vorzeitig die High-School (manche allerdings auch schon, bevor ihre Freundin schwanger wurde). Dadurch verschlechtern sich ihre Chancen auf dem Arbeitsmarkt und ihre Verdienstmöglichkeiten, weshalb sie finanziell weniger zur Erziehung ihres Kindes beitragen können. Andere Teenager-Väter verfallen auf den Handel mit Drogen oder andere kriminelle Aktivitäten, um sich Status, Anerkennung und Geld zu verschaffen, und wieder andere kümmern sich weder um das Mädchen, das sie geschwängert haben, noch um das Kind.

Aber auch jenen Vätern, die als Teenager heiraten, scheint nicht gerade eine glückliche Zukunft vorherbestimmt zu sein, denn Wissenschaftler haben kürzlich auf eine Reihe negativer Folgeerscheinungen hingewiesen, die eine frühe Vaterschaft und Ehe mit sich bringen. In einer landesweit durchgeführten repräsentativen Umfrage unter mehr als 14 000 Männern aus verschiedenen Altersgruppen wurde die Lebenssituation derer, die vor dem Alter von 19 Jahren geheiratet hatten, mit der jener verglichen, die erst später eine Ehe eingegangen waren. Das Resultat war, daß Männer, die in ihren Teenagerjahren geheiratet hatten, über einen schlechteren Ausbildungsstand verfügten (mit durchschnittlich 11,8 Schuljahren im Vergleich zu 13,1) und dementsprechend niedriger bezahlte und weniger qualifizierte Berufe hatten. Darüber hinaus hat sich gezeigt, daß die in der Adoleszenz geschlossenen Ehen doppelt so häufig geschieden wurden wie die in späteren Jahren eingegangenen.

Der Vollständigkeit halber sollte noch darauf hingewiesen werden, daß die Väter der Babys, die von Teenager-Müttern zur Welt gebracht werden, nicht immer selbst Teenager sind. Eine kürzlich in Baltimore durchgeführte Untersuchung ergab, daß 28 Prozent der Partner afro-amerikanischer Frauen und 45 Prozent der Partner weißer Frauen mindestens 20 Jahre und älter waren. Nur 16 Prozent dieser Väter lebten 15 Monate nach der Geburt des Kindes mit der Mutter zusammen oder hatten sie geheiratet.

Sexualerziehung für Jugendliche

Es wäre schön, wenn sich sagen ließe, daß eine umfassende Sexualaufklärung das Problem der ungeplanten Schwangerschaften und hohen Inzidenz sexuell übertragbarer Krankheiten unter Jugendlichen lösen könnte, aber dies scheint nur in relativ geringem Maß der Fall zu sein. Dennoch muß entschieden betont werden, daß Eltern, die ihre Kinder nicht lange bevor sie ins Teenageralter kommen, regelmäßig über sexuelle Fragen aufklären, eine wichtige Chance zur Vermeidung dieser Probleme vertan haben, denn die entscheidende Phase der Sexualerziehung findet während der Kindheit statt, und nicht erst kurz bevor ein 14jähriger Teenager das erste Mal mit einem Jungen oder Mädchen ausgeht.

Es ist erwiesen, daß relativ wenige Jugendliche eine sinnvolle oder ausreichende Sexualaufklärung von ihren Eltern erhalten. Das heißt, auch wenn die meisten Eltern ihren Kindern einmal einen Vortrag über die grundlegenden Fakten der Anatomie und Fortpflanzung halten, beziehen die Teenager den größten Teil ihres Wissens über Sexualität aus Gesprächen mit Freunden und aus den Medien. So lesen 13jährige Mädchen zum Beispiel Zeitschriftenartikel wie »Was tun, wenn Sie herausfinden, daß Ihr Mann bisexuell ist?« oder »Zehn Möglichkeiten zur Verbesserung Ihres Orgasmuspotentials«, während unter männlichen Teenagern die verschiedensten Männermagazine kursieren. Selbst wenn Jugendliche sich mit sexuellen Fragen an ihre Eltern wenden, erhalten sie häufiger strenge Ermahnungen statt aufklärende Informationen. Folglich dienen die wenigsten Eltern als geeignete Rollenvorbilder, wenn es um die Sexualität geht, da die Heranwachsenden eigentlich gar nicht genau wissen, wie ihre Eltern über dieses Thema denken oder empfinden.

Das Fehlen einer umfassenden Sexualerziehung im Elternhaus läßt die Botschaften über Sexualität, die Teenager aus Filmen und Fernsehsendungen beziehen, nur umso stärker wirken. Hier wird gezeigt, wie schöne Menschen miteinander ins Bett gehen, ohne daß zwischen ihnen ein Wort über Empfängnisverhütung, Verantwortlichkeit oder mögliche Konsequenzen gewechselt wird. Da amerikanische Teenager im Durchschnitt 30 Stunden pro Woche fernsehen, ist es kaum verwunderlich, daß aus diesen sexuellen Vorbildern sehr unrealistische und romantische Ansichten über Sexualität entstehen. Erschwerend kommt hinzu, daß die meisten amerikanischen Fernsehstationen die Ausstrahlung von Werbespots für Kontrazeptiva mit der Begründung untersagt haben, sie seien zu kontrovers und für das moralische Empfinden vieler Zuschauer verletzend. Man kann nur hoffen, daß sich diese Situation in Zukunft ändert.

Auch das Thema des Sexualkundeunterrichts an öffentlichen Schulen hat zunächst eine heftige Kontroverse ausgelöst. Dabei lehnt eine kleine, aber lautstarke Gruppe von Eltern und einigen kirchlichen Organisationen jede Form von Sexualaufklärung an den Schulen ab und fordert, daß die Sexualerziehung statt dessen nur im Elternhaus oder im kirchlichen Umfeld stattfinden dürfe, um sie mit den entsprechenden moralischen und familiären Werten vermitteln zu können. Die Mehrheit der amerikanischen Eltern und Lehrer ist jedoch davon überzeugt, daß eine schulische Beteiligung an der Sexualerziehung ebenso angemessen wie notwendig ist.

Während der vergangenen Jahre haben immer mehr Schulen den Sexualkundeunterricht in ihren Lehrplan aufgenommen, auch wenn festzustellen ist, daß mittlerweile mehr Gewicht auf die AIDS-Aufklärung gelegt wird als auf die allgemeine Sexualerziehung. So werden derzeit von fast allen Bundesstaaten schulische AIDS-Aufklärungsprogramme finanziert und durchgeführt, während nur zwei Drittel der Bundesstaaten solche zur Schwangerschaftsverhütung fördern.

Darüber hinaus gibt es beträchtliche zeitliche und inhaltliche Unterschiede zwischen den einzelnen Aufklärungsprogrammen. Das heißt, Themen, die nach Ansicht der meisten Pädagogen spätestens in der Altersstufe der 12- bis 13jährigen behandelt werden sollten, werden häufig erst mit den 14- oder 15jährigen durchgenommen, und im Sexualkundeunterricht einiger Schulen werden solche wichtigen Themen wie Methoden der Empfängnisverhütung, »Safer Sex«-Praktiken oder Homosexualität ganz ausgelassen. Bleibt die schulische Sexualerziehung nur den älteren Teenagern vorbehalten, vermindert das beträchtlich ihre aufklärerisch-präventive Funktion, was ein Grund dafür sein mag, daß der Sexualkundeunterricht an den Schulen im Hinblick auf ein verändertes Sexualverhalten und damit eine Verhütung ungewollter Schwangerschaften nur wenig wirksam zu sein scheint. Eine Ausnahme hiervon stellt eine 1982 veröffentlichte Studie dar, die gezeigt hat, daß sexuell aktive weibliche Teenager, die eine schulische Sexualaufklärung erhalten haben, weniger häufig schwanger werden als Mädchen, die keinen Sexualkundeunterricht erhielten.

Ein schulisches Aufklärungsprogramm, das sich durchaus als äußerst wirksam erwiesen hat, wurde in Baltimore durchgeführt. Hier wurde in allen High-School-Klassen der Unterricht mit individueller Beratung sowie pädagogischen und medizinischen Angeboten – einschließlich der

478

Ausgabe kostenloser Verhütungsmittel – kombiniert. Zwar wurde mit diesem Programm erreicht, die Rate der ungeplanten Schwangerschaften über einen Zeitraum von zwei Jahren um 30 Prozent zu senken, doch läßt sich diese intensive Form von Betreuung und Aufklärung, bei der nur 22 Prozent des Lehrer-Schüler-Kontakts im Klassenzimmer stattfand, kaum mit dem herkömmlichen Sexualkundeunterricht vergleichen.

Ein ebenfalls sehr innovatives Programm für 13jährige High-School-Schüler in Atlanta konzentrierte sich auf die Verwendung von Rollenspielen und praktischen Übungen, um den Jugendlichen einen selbstbestimmten Umgang mit Sexualität zu vermitteln. Unter den Teilnehmern dieses Programms, die bis dahin noch keinen Geschlechtsverkehr gehabt hatten, warteten wesentlich mehr mit dem Beginn sexueller Beziehungen, bis sie etwa 15 Jahre alt waren, als Schüler, die nicht an dem Programm teilgenommen hatten.

Diese beiden Beispiele für ein erfolgreiches Konzept der schulischen Sexualerziehung werfen gleichzeitig ein Licht auf eines der Hauptprobleme mit der bislang an den meisten Schulen angebotenen Form des Sexualkundeunterrichts, die in ihrer Beschränkung auf eine bloße Informationsübermittlung kaum einen Einfluß auf das Sexualverhalten der Jugendlichen zu haben scheint. Darüber hinaus sind viele Aufklärungsprogramme so einseitig auf eine Propagierung der sexuellen Abstinenz ausgerichtet, daß sie an den Bedürfnissen der Jugendlichen vollkommen vorbeigehen.

Weitgehende Einigkeit herrscht auch darüber, daß es für eine Reduzierung ungeplanter Schwangerschaften und eine Eindämmung der sexuell übertragbaren Krankheiten einschließlich AIDS von entscheidender Wichtigkeit ist, daß die männlichen Jugendlichen stärker als bisher die Verantwortung für die Verwendung von Verhütungsmitteln übernehmen. So haben Studien belegt, daß männliche Jugendliche, die im frühen Teenageralter über die verschiedenen Verhütungsmethoden aufgeklärt wurden, eher Kontrazeptiva verwenden. Solche Aufklärungskampagnen müssen aber nicht auf die Schule beschränkt bleiben, sondern können auch über die Medien, Gemeinden und Kirchen stattfinden. Allerdings sollten sie auch die Vermittlung ganz praktischer Informationen beinhalten: Es muß den Jugendlichen erklärt werden, wie und wo sie Verhütungsmittel kaufen können, warum es wichtig ist, mit der Partnerin über Geburtenregelung zu reden und warum eine konsequente und regelmäßige Form der Verhütung notwendig ist.

Grundsätzlich gehen wir jedoch davon aus, daß eine schulische Sexualerziehung nicht erfolgreich sein kann, wenn sie sich nur auf die biologischen Fakten und negativen Konsequenzen beschränkt. Ohne eine umfassende Behandlung der Themen Intimität, Liebesbeziehungen, sexuelle Selbstbestimmung, unterschiedliche sexuelle Orientierungen und sexuelle

Zwangsausübung, um nur einige wichtige Bereiche zu nennen, wird der Sexualkundeunterricht unvollständig und letztendlich wirkungslos bleiben. Außerdem vermittelt eine Sexualaufklärung, die nicht ehrlicherweise die Tatsache anerkennt, daß die sexuelle Aktivität unter Jugendlichen nicht unbedingt schädlich, sündhaft oder gefährlich sein muß, sondern auch lustvoll, verantwortlich und liebevoll sein kann, mit Sicherheit die falschen Botschaften.

SECHZEHNTES KAPITEL
Sexualität im späten Erwachsenenalter

Das Thema der Alterssexualität ist mit einem starken Tabu besetzt, das in Verbindung mit einer generell negativen Einstellung gegenüber dem Alter ein Konglomerat von Klischees und Vorurteilen erzeugt. So werden ältere Menschen weitgehend für unbeweglich und unfähig zur Weiterentwicklung oder Veränderung gehalten; man betrachtet sie auch häufig als Hypochonder, die besonders zu Depressionen neigen; und sie gelten vielen nicht nur als altmodisch und unproduktiv, sondern als weltfremd und mehr oder weniger senil. Angesichts dieser vorherrschenden Stereotypen ist es kaum verwunderlich, daß ältere Menschen als asexuell betrachtet werden. Diese ablehnende Einstellung erklärt auch, warum es nicht viele Hollywood-Filme gibt, in denen ältere Paare miteinander im Bett gezeigt werden, sondern viel eher wird in den Filmen die Vorstellung vermittelt, die »goldenen Jahre« seien eine Zeit der platonischen Liebe, in der eine Umarmung, das Streicheln einer Wange oder vielleicht sogar der eine oder andere Kuß akzeptabel sind, aber alles offenkundig Sexuelle pervers oder unnatürlich wäre.

Die gerade in unserer modernen Gesellschaft herrschenden Vorurteile über Sexualität im Alter werden sogar von einigen Ärzten und Pflegekräften geteilt, von denen man eigentlich erwarten sollte, daß sie besser informiert sind und sich weniger von diesem Thema einschüchtern lassen. Da sich die Zahl der älteren Menschen in den USA von 17 Millionen im Jahr 1960 auf 32 Millionen im Jahr 1991 nahezu verdoppelt hat, und bis zum Jahr 2020 über 50 Millionen betragen soll, bekommt dieses Thema eine besondere Relevanz.

Die physiologischen Fakten

Es gibt bestimmte Veränderungen in den sexuellen Funktionsabläufen, die ein Kennzeichen des Alterns sind. Diese Veränderungen sind zwar ebenso wenig als pathologische Symptome zu betrachten wie etwa graue Haare, aber da sie eine von der in früheren Jahren abweichende physiologische

Realität ausmachen, stimmen sie mit den Erwartungen, die die meisten Menschen im Hinblick auf ihre körperliche Leistungskraft haben, nicht mehr überein. Diese Kluft zwischen Erwartung und Wirklichkeit führt häufig dazu, daß ältere Menschen glauben, ihre sexuelle Reaktivität und Funktionsfähigkeit verloren zu haben, und sich in der Annahme, dies sei eine unvermeidliche Begleiterscheinung des Alterns, ganz von der körperlichen Seite einer Liebesbeziehung zurückziehen. Ausgerüstet mit einem besseren Verständnis über die mit dem Alterungsprozeß einhergehenden körperlichen Vorgänge können sich ältere Menschen jedoch auf diese Veränderungen einstellen und damit ihr bleibendes Recht auf Sexualität und Intimität ausleben.

Sexuelle Auswirkungen des Alterungsprozesses bei Männern

Das sichtbarste Anzeichen für die Auswirkungen des Alterungsprozesses auf die sexuelle Reaktion des Mannes besteht darin, daß die Erektion bei Männern über 55 Jahren nicht mehr so spontan und rasch auftritt wie in früheren Lebensjahren. Für einen Mann, der es gewohnt war, daß sein Penis bei jeder sexuellen Stimulation praktisch sofort eregiert war, kann es äußerst frustrierend sein, wenn es nun mehrere Minuten dauert, bis sein Glied steif wird. Jemand, der jahrzehntelang das Ausmaß seiner Leidenschaft an seiner erektilen Reaktionsschnelligkeit gemessen hat, ist jetzt sicher verwirrt über die Diskrepanz, die zwischen seiner Erregung und deren physischer Manifestation zu liegen scheint. Damit verwechselt er aber nur die Geschwindigkeit eines körperlichen Reflexes mit dessen Qualität, so als ob schneller immer gleichbedeutend mit besser wäre. Das trifft auf die Sexualität aber ebensowenig zu wie auf das Essen, bei dem sich ein rasches Verspeisen ja auch nicht günstiger auf die Qualität der Mahlzeit auswirkt.

Neben ihrem verlangsamten Auftreten gibt es im Zusammenhang mit der Erektion noch ein zweites Phänomen, das vielen älteren Männern Sorgen bereitet und das darin besteht, daß die Gliedsteife in den meisten Fällen weniger fest ist als in früheren Jahren. Aber auch das heißt nicht, daß die sexuelle Funktionsfähigkeit herabgesetzt wäre, denn es findet nach wie vor der normale Blutandrang im Penis statt, wodurch er in jedem Fall größer und fester wird als im erschlafften Zustand. Manche ältere Männer berichten auch, daß sie im Vergleich zu früher eine leicht verminderte taktile Sensitivität an ihrem eregierten Penis feststellen. Das ist wahrscheinlich das Resultat einer veränderten Verarbeitung sensorischer Signale durch die Nervenenden in der Penishaut und einer mechanischen Auswirkung, bei der die weniger straffe Haut am Penisschaft nicht mehr so feinfühlig auf bestimmte Arten von Druck reagiert. Aber dieses leicht herabgesetzte Empfindungsvermögen hat auch seine Vorteile, denn es trägt dazu bei, daß der Ejakulationsdrang nicht mehr so stark ist, was vielen älteren Männern ein größeres Maß an Ejakulationskontrolle verleiht, als sie es in jüngeren Jahren hatten.

Aber auch wenn diese erektilen Veränderungen, die sich im Lauf des Alterungsprozesses einstellen, physiologisch gesehen vollkommen normal sind, leiden viele Männer psychisch darunter, denn nach ihren Kriterien bedeuten sie einen Verlust an sexueller Potenz, wie die beiden folgenden, für dieses Problem typischen Kommentare von älteren Männern zeigen:

Ein 65jähriger Rechtsanwalt: Ich verliere allmählich meine sexuelle Funktionsfähigkeit, und das ist besonders schlimm für mich, weil ich ansonsten vollkommen gesund bin und deshalb keinen Grund für diese Verschlechterung meiner sexuellen Leistungskraft sehe. Das, was mir am meisten Sorgen macht, ist, daß es seit fünf oder sechs Jahren ziemlich lange dauert, bis ich eine Erektion bekomme. Das Problem dabei ist, daß ich ohne Gliedsteife das Gefühl habe, ich wäre nicht so richtig bei der Sache, und auch meine Frau denkt dann, ich wäre eigentlich gar nicht an Sex interessiert. Das führt dazu, daß sie mit der sexuellen Stimulation aufhört und mir erklärt, ich sei offensichtlich nicht in Stimmung, auch wenn ich in Wirklichkeit total erregt bin.

Ein 74jähriger Pensionist: Ich habe den Sex praktisch ganz aufgegeben, weil es jedesmal ewig dauert, bis mein Glied steif wird. Sogar wenn ich onaniere, muß ich mir stundenlang irgendwelche Phantasien ausmalen und meinen Penis bearbeiten, bevor ich eine Erektion bekomme, während sie, als ich noch jünger war, immer sofort da war. Auch wenn ich mit meiner Freundin zusammen bin, muß sie mich zuerst eine ganze Weile stimulieren, bevor sich etwas tut, und manchmal bringt sogar das nichts – so, als ob das verdammte Ding einfach eingeschlafen wäre.

Es sind aber nicht nur die Männer, die von diesen altersbedingten Veränderungen in ihrer sexuellen Reaktion verunsichert werden. Häufig wird die Situation auch von Frauen insofern falsch verstanden, als sie glauben, ihre Partner würden sie nicht mehr attraktiv oder stimulierend finden oder sie seien weniger an Sex interessiert als früher. Das läßt manche Frauen fälschlicherweise zu dem Schluß gelangen, es sei besser, den Penis nicht zu berühren, wenn er nicht eregiert ist, um dem Mann damit die Peinlichkeit oder das Gefühl zu ersparen, versagt zu haben. Dieses Verhalten führt dann nur allzuoft dazu, daß die physische Stimulation für das Hervorbringen einer Erektion nicht ausreicht, so daß die sexuelle Begegnung schließlich unweigerlich in Frustration und Enttäuschung endet. Wenn die Frau jedoch statt dessen etwas mehr Geduld dafür aufbringt, den Penis und die Hoden zu streicheln und dabei eher liebevoll und spielerisch als fordernd vorgeht, wird die Erektion höchstwahrscheinlich über kurz oder lang ganz von selbst auftreten.

Um in diesem Punkt aber keinerlei Mißverständnisse aufkommen zu lassen, muß hinzugefügt werden, daß wir der Frau keinesfalls empfehlen, ihre stimulative Aufmerksamkeit ausschließlich auf die Genitalien des Mannes zu richten. Wir raten älteren Paaren für den Fall, daß die Erektionen im allgemeinen etwas länger dauern, vielmehr das gleiche wie den jüngeren, daß sie nämlich eine kreative, nicht-zielgerichtete Form der Berührung versuchen sollten. Mit anderen Worten: Das Liebesspiel sollte genau das sein, was der Name besagt – ein Spiel – und so viele Variationsmöglichkeiten umfassen, wie es für beide Partner interessant und angenehm ist. Konzentriert man die Berührungen ausschließlich auf die Genitalien, gerät der Mann zunehmend unter Leistungsdruck, was die Wahrscheinlichkeit erhöht, daß eine Erektion ausbleibt und er sich damit als Versager fühlt. Es ist jedoch ebenso unangebracht, eine direkte Berührung des Penis zu vermeiden – wie es bei vielen älteren Paaren, mit denen wir gearbeitet haben, der Fall war –, denn die natürliche sexuelle Reaktivität kann sich eben nur bei entsprechender Stimulation einstellen.

Hier ist ein weiterer Aspekt in Betracht zu ziehen, den wir bereits mehrfach erwähnt haben: Es ist ein großer Irrtum, die Erektion als den alleinigen Indikator für den Grad an sexueller Erregung und das potentielle Ausmaß der Befriedigung anzusehen, denn man kann auch phantastischen Sex haben, ohne daß eine Penetration stattfindet. Intimer, zärtlicher, leidenschaftlicher Sex ist auch mit einem halb oder gar nicht eregierten Penis möglich, indem die verschiedensten Formen der oralen oder taktilen Stimulation angewendet werden. Zu glauben, es gebe nur die eine »richtige« Art der sexuellen Befriedigung, bedeutet, jede Chance für andere, ebenso lustvolle Alternativen zu verpassen und damit auch die Möglichkeit, daß sich die Erektion gerade bei dieser kreativen und spielerischen nichtkoitalen Stimulation ganz spontan einstellt.

Eine andere wesentliche Veränderung in der sexuellen Funktionsfähigkeit, die während des Alterungsprozesses auftritt, betrifft die Ejakulation. Bei den meisten älteren Männern macht sich eine Abnahme in der Menge der Samenflüssigkeit bemerkbar. (Dieses Phänomen hängt mit einer verminderten Produktion von Testosteron und anderen Hormonen zusammen, worauf wir noch gesondert eingehen werden.) Aufgrund der reduzierten Flüssigkeitsmenge und einer Abnahme in der Stärke der neuromuskulären Signale sowie der rhythmischen Kontraktionen der Prostata ist die Ejakulationsintensität im Alter herabgesetzt. Das macht sich darin bemerkbar, daß die Ejakulation mit geringerem Druck durch die Kontraktionen in der Prostata und den Samenbläschen ausgelöst und weniger Samenflüssigkeit durch die Harnröhre gepumpt wird.

Obwohl der Orgasmus nicht gleichbedeutend mit der Ejakulation ist, nehmen viele ältere Männer zusammen mit ihrem veränderten Ejakulationsempfinden auch eine Abnahme in der Intensität ihrer Orgasmen wahr. Dieses Phänomen läßt sich damit erklären, daß die physiologische Seite des Orgasmus in erster Linie ein neuromuskulärer Vorgang ist, und eine gewisse Reduktion in der Muskelspannung ist eine normale Begleiterscheinung des Alterungsprozesses. Ebenso wie ein Mann von 70 Jahren wahrscheinlich nicht mehr so viel Gewicht tragen oder so schnell laufen kann wie mit 25, wirken sich die altersbedingten Veränderungen in der Übertragung der Nervensignale, der muskulären Durchblutung und der allgemeinen Koordinierung der physiologischen Reaktionen auf die Intensität und Dauer des Orgasmus aus. Zusätzlich können Veränderungen in der Prostata selbst, einschließlich der sehr weitverbreiteten gutartigen Prostatahypertrophie (siehe zwölftes Kapitel), zu diesem Prozeß beitragen, indem sie die Pumpfunktion der Prostata beeinträchtigen.

Aus diesen physiologischen Veränderungen ergeben sich mehrere Folgen für die Ejakulation: Zum einen macht sich bei der Erregungssteigerung – wie bereits erwähnt – ein weniger starker Drang zur Ejakulation bemerkbar, weshalb ältere Männer meistens über ein höheres Maß an Ejakulationskontrolle verfügen als jüngere. Darüber hinaus empfinden ältere Männer nicht mehr das Bedürfnis, bei jeder sexuellen Begegnung zu ejakulieren, sondern viele stellen fest, daß sie zufrieden damit sind, wenn sie nur gelegentlich einen Samenerguß haben. Im allgemeinen scheint das Ejakulationsbedürfnis mit zunehmendem Alter immer schwächer zu werden, so daß ein 75jähriger Mann sehr viel seltener ejakuliert als im Alter von 60 Jahren, selbst wenn er ebenso häufig sexuell aktiv ist wie damals. Auch wenn der Grund für das geringere Ejakulationsbedürfnis noch nicht hinreichend geklärt ist, bleibt anzunehmen, daß es mit einer verminderten Produktion der männlichen Sexualhormone und einer Reihe von Gefäßveränderungen zusammenhängt.

Auch ist die Refraktionsperiode bei Männern über 60 Jahren wesentlich länger als bei jüngeren. Das heißt, bei einem älteren Mann dauert es sehr viel länger, bis er nach einem Samenerguß erneut ejakulieren kann, unabhängig davon, wie stark erregt oder stimuliert er ist. Ein 70jähriger Mann kann zwar nach einer Ejakulation möglicherweise innerhalb weniger Stunden wieder eine Erektion bekommen (ein kürzerer Zeitraum wäre für einen Mann dieses Alters ziemlich ungewöhnlich), doch hält die Refraktionsperiode meistens mehrere Tage an.

Es kommt häufig vor, daß diese Veränderungen im Ejakulationsverhalten für die Partnerin ein Problem bedeuten. Viele Frauen mißverstehen den Vorgang, indem sie annehmen, sie seien nicht mehr in der Lage, ihren Partner ausreichend zu stimulieren, oder daß er das sexuelle Interesse an ihnen verloren hat. In beiden Fällen fassen sie das Phänomen als eine persönliche Kränkung auf, was sich wiederum beeinträchtigend auf ihr eigenes sexuelles Erleben auswirkt. Wenn den Frauen jedoch bewußt ist, daß die veränderten sexuellen Reaktionen des Mannes und sein nachlassendes Ejakulationsbedürfnis lediglich Teil des ganz normalen Alterungsprozesses sind und keinesfalls bedeuten, daß mit ihr oder ihm etwas nicht in Ordnung ist, können sie die Situation wesentlich leichter akzeptieren. Außerdem wird durch ein besseres Verständnis dieser Veränderungen beiden Partnern ermöglicht, ihre sexuelle Interaktion mehr um ihrer selbst willen zu genießen, statt ihre Qualität nur im Hinblick auf ein bestimmtes Ereignis, nämlich die Ejakulation des Mannes, zu bewerten.

Der den verschiedenen physiologischen Veränderungen in der sexuellen Reaktivität des älteren Mannes zugrundeliegende Mechanismus besteht hauptsächlich darin, daß die Funktionsfähigkeit der Gonaden (Keimdrüsen) allmählich abnimmt. Das äußert sich unter anderem in einer mit fortschreitendem Alter sinkenden Spermienproduktion, obwohl Männer im allgemeinen noch bis zu einem Alter von 80 oder 90 Jahren zeugungsfähig bleiben. Gleichzeitig findet eine allmähliche Reduktion in der Bildung von Testosteron und anderen Androgenen statt. Jüngste Forschungen haben die Gründe für dieses Phänomen deutlich gemacht, indem sie belegten, daß es im Alter zu Veränderungen in der zentralen Steuerung der Hodenfunktion kommt, das heißt zu Veränderungen im Hypothalamus und der Hirnanhangdrüse, die sich auf die LH-Ausschüttung (LH = luteinisierendes Hormon) und damit auf die Androgen-Produktion in den Hoden auswirken. Das Endresultat einer verminderten Testosteronerzeugung zeigt sich in den oben beschriebenen Veränderungen: Die Erektion tritt langsamer auf, die Menge der Samenflüssigkeit ist geringer und die Ejakulationsintensität nimmt ab. Theoretisch ließe sich annehmen, daß ein niedrigerer Testosteronspiegel auch zu einem verminderten Sexualverlangen bei älteren Männern führt, aber es hat sich gezeigt, daß es für die Libido wichtige psychosoziale Determinanten gibt, die diese Veränderungen in der Hormonproduktion ausgleichen können.

Unserer Erfahrung nach durchleben etwa 5 Prozent der über 60jährigen Männer einen Zustand, den man als Klimakterium des Mannes bezeichnen könnte. Bei diesen Männern zeigt sich ein eindeutiger Testosteronmangel (das heißt, nicht nur ein niedrigerer Testosteronspiegel), und sie klagen typischerweise über Antriebslosigkeit, Gewichtsverlust und/oder Appetitlosigkeit und ein vermindertes Sexualverlangen, meistens in Kombination mit erektiler Impotenz und Schwächegefühlen oder Erschöpfungszuständen. Da es sich bei diesen Merkmalen um relativ unspezifische Symptome handelt, die auch bei einer Reihe anderer Erkrankungen auftreten, wie zum Beispiel bei Depression, Krebs oder gravierender Anämie, ist die Diagnose nur dann zutreffend, wenn beim Patienten ein eindeutiger Testosteronmangel vorliegt *und* wenn sich nach einer zweimonatigen Testosteronsubstitutionstherapie die Symptome entscheidend gebessert haben.

Sexuelle Auswirkungen des Alterungsprozesses bei Frauen

Grundsätzlich sind bei Frauen die altersbedingten physiologischen Veränderungen in der sexuellen Reaktion weniger sichtbar und weniger vorherbestimmbar als bei Männern. Sie sind allerdings – ebenso wie bei Männern – im großen und ganzen hormonell bedingt, wobei der nach der Menopause (dem Klimakterium) stattfindende Abbau der Östrogen-Produktion die wichtigste Rolle zu spielen scheint. Zweifellos haben jedoch auch eine Reihe anderer biologischer Faktoren – einschließlich neurologischer und kreislaufbezogener Elemente, die noch nicht gänzlich erforscht sind – Auswirkungen auf die sexuellen Funktionsabläufe.

Die für viele älteren Frauen unangenehmste Veränderung in der sexuellen Reaktion besteht darin, daß die Vaginallubrikation langsamer und in geringeren Mengen auftritt als in jüngeren Jahren, was mit einer verminderten Vaginaldurchblutung, die ihrerseits durch den niedrigeren Östrogenspiegel hervorgerufen wird, zusammenhängt. Zwar stellt das langsamere Einsetzen der Vaginalbefeuchtung an sich keine Beeinträchtigung des sexuellen Lustempfindens dar, sie kann jedoch zu einem Problem werden, wenn die Vaginaltrockenheit Schmerzen oder Beschwerden beim Geschlechtsverkehr verursacht. Außerdem läßt es viele Frauen, die den Grad ihrer sexuellen Erregung immer danach bemessen haben, wie feucht sich ihre Scheide anfühlt, fälschlicherweise annehmen, sie seien sexuell nicht interessiert oder erregt.

Andere physiologische Veränderungen, die sich nach der Menopause auf die sexuellen Reaktionen der Frau auswirken können, betreffen die funktionale Anatomie der Vagina. Eine Begleiterscheinung des normalen Alterungsprozesses ist, daß die Vaginalwände an Stärke und Elastizität verlieren und daß das Scheidengewölbe eine blassere Farbe annimmt, was auf eine Verminderung seines Gefäßreichtums zurückgeht. In manchen Fällen sind diese Veränderungen geringfügig und kaum wahrnehmbar, während sie in anderen zu einer tatsächlichen Schrumpfung der Vagina (Vaginalatrophie) fortschreiten können. Das die Vagina auskleidende Gewebe wird im Verlauf seiner Verdünnung manchmal besonders verletzlich, weshalb es leicht zu Blutungen, Reizungen oder Infektionen in der Scheide kommt, die ebenfalls häufig zu Schmerzen beim Geschlechtsverkehr führen.

Im Gegensatz dazu scheint der Alterungsprozeß keinerlei Auswirkungen auf die Klitorisfunktion zu haben. Die Klitoris verliert im Alter nicht an Empfindungsfähigkeit, und bei sexueller Erregung vergrößert sie sich durch den Blutandrang in gleichem Maße wie in früheren Jahren.

Auch die Orgasmusfähigkeit der Frau wird durch das Altern keineswegs gemindert, vorausgesetzt, es liegen keine anderweitigen gesundheitlichen Probleme vor. Tatsächlich berichten viele ältere Frauen, daß sie nach der Menopause leichter einen Orgasmus bekommen als vorher, obwohl dieses Phänomen eher mit den psychosozialen Komponenten der sexuellen Reaktivität zusammenhängen mag (z. B. daß sich die Frau keine Gedanken mehr über die Schwangerschaftsverhütung machen muß) als mit rein biologischen Faktoren. In einer Studie wurde sogar festgestellt, daß sich bei sexuell aktiven Frauen die Häufigkeit ihrer Orgasmen nach dem Klimakterium und bis zu einem Alter von über 80 Jahren mit jedem Lebensjahrzehnt steigert.

Während also die Fähigkeit, einen Orgasmus zu bekommen, mit fortschreitendem Alter nicht abnimmt, berichten viele der über 60jährigen Frauen, ebenso wie Männer dieses Alters, daß ihre Orgasmen weniger intensiv seien als in jüngeren Jahren. Dies ist vermutlich ein Resultat der altersbedingten Verschleißerscheinungen im neuromuskulären System und in der Durchblutung der Beckenregion und des Gehirns. Auch haben Frauen nach der Menopause beim Orgasmus weniger (und weniger intensive) unwillkürliche Muskelkontraktionen im äußeren Bereich der Vagina. Eine beträchtliche Reduktion der Orgasmusintensität macht sich besonders bei Frauen bemerkbar, die eine Hysterektomie (Gebärmutterentfernung) hinter sich haben, wobei derzeit noch unklar ist, ob dafür allein die Entfernung des Uterus verantwortlich ist oder ob dabei auch andere Faktoren (wie z. B. Veränderungen in der Durchblutung der Beckenregion, das Fehlen chemischer Substanzen aus dem Uterus usw.) eine Rolle spielen.

Der Alterungsprozeß scheint keine vorhersehbaren Auswirkungen auf das sexuelle Interesse der Frau zu haben, was darauf hinweist, daß, biologisch gesprochen, die Libido mehr von der Produktion der Androgene als der des Östrogens abhängt. Da bei Frauen die Androgene hauptsächlich in der Nebenniere und durch periphere Konversion (Umwandlung) gebildet werden, während im fortpflanzungsfähigen Alter nur eine winzige Menge von den Ovarien produziert wird, hat das mit der Menopause einhergehende Einstellen der Eierstockfunktionen keinen wesentlichen Einfluß auf die Menge der Androgene in den Hirnregionen, die das Sexualverlangen steuern. Gleichwohl wird von einigen Endokrinologen eine Testosteronbehandlung für Frauen empfohlen, die nach dem Klimakterium über ein vermindertes Sexualverlangen klagen. Unserer Ansicht nach ist eine solche Maßnahme jedoch unnötig und verursacht häufig eine Reihe unerwünschter Nebenwirkungen, einschließlich einer verstärkten Gesichtsbehaarung, Salzretention und einer Vergrößerung der Klitoris.

Klar erwiesen ist dagegen, daß viele Frauen nach der Menopause von einer Östrogensubstitutionstherapie (ERT = estrogen replacement therapy) in wesentlichem Umfang profitieren, da durch diesen Ausgleich für den nach dem Klimakterium entstehenden Östrogenmangel das Vaginalgewebe gestärkt, atrophischen Veränderungen vorgebeugt und die Vaginallubrikation verbessert werden kann. Über die positiven Auswirkungen auf die Sexualfunktionen hinaus ergeben sich aus einer Östrogentherapie auch einige andere Vorteile, von denen die wichtigsten in einer Reduktion des Risikos für Osteoporose (Verminderung der Knochensubstanz mit erhöhter Frakturanfälligkeit) und einem Schutz gegen Herzerkrankungen bestehen.

Wie durch eine Reihe von Langzeituntersuchungen überzeugend belegt wurde, wird durch eine bei Frauen nach der Menopause durchgeführte ERT das Risiko einer Erkrankung der Herzkranzgefäße um 40 bis 50 Prozent gesenkt.

Der Grund für dieses Ergebnis wird zum großen Teil den günstigen Auswirkungen zugeschrieben, die das Östrogen auf den Serumlipidspiegel hat, besonders indem es die Menge an »gutem« Cholesterin (Lipoprotein mit hoher Dichte) im Blut erhöht und die des »schlechten« Cholesterins (Lipoprotein mit geringer Dichte) reduziert. Jedenfalls wurde in einer wichtigen Langzeitstudie an 8 881 Probandinnen festgestellt, daß Frauen, die nach dem Klimakterium zusätzliches Östrogen erhalten, länger leben als andere gleichaltrige Frauen. Unter den Frauen, die sich mindestens 15 Jahre einer ERT unterzogen hatten, zeigte sich eine 40prozentige Reduktion der Mortalitätsrate, und selbst bei Frauen, die bereits eine Erkrankung der Herzkranzgefäße gehabt hatten, führte die Östrogenbehandlung zu einer wesentlichen Verbesserung ihrer Überlebensrate.

Die durch eine ERT erzielte Reduktion des Auftretens von Knochenschwund nach der Menopause ist ein besonders wichtiger Faktor, da die Osteoporose weltweit eine der Hauptursachen für Verletzungen, Invalidität und medizinische Kosten ausmacht. Allein in den Vereinigten Staaten werden jährlich 1 300 000 Frakturen durch Osteoporose verursacht, wobei Brüche des Hüftknochens oder der Wirbelsäule besonders weit verbreitet und gefährlich sind. Wird jedoch unmittelbar nach der Menopause mindestens fünf Jahre lang eine Östrogensubstitutionstherapie durchgeführt, vermindert sich das Risiko einer Hüftfraktur um 50 und das eines Wirbelsäulenbruchs um bis zu 90 Prozent.

Neben diesen wichtigen Faktoren kann eine ERT auch die nach dem Klimakterium häufig auftretenden Hitzewallungen und andere lästige vasomotorische Symptome wie etwa Nachtschweiß eindämmen und zu einer bleibenden Elastizität der Haut beitragen. Außerdem berichten viele Frauen, daß sich durch eine Östrogentherapie ihr allgemeines Wohlbefinden verbessert hat, was sich mit Sicherheit auch positiv auf ihre sexuellen Gefühle und Reaktionen auswirkt.

Die Östrogensubstitutionstherapie hat allerdings auch einen Nachteil, denn es gibt Hinweise dafür, daß sie mit einem erhöhten Risiko für Brustkrebs und Gebärmutterschleimhautkrebs verknüpft sein könnte. Auch wenn die genauen Zahlen in der Fachliteratur umstritten sind, scheint man davon ausgehen zu können, daß eine langfristige Östrogenbehandlung das Risiko für Brustkrebs um circa 30 Prozent erhöht, und für Frauen, in deren Familie Fälle von Brustkrebs aufgetreten sind, ist dieses Risiko sogar noch um ein Vielfaches größer. Unserer Ansicht nach sollten Frauen, die familiär vorbelastet sind oder die bereits ein Mammakarzinom hatten, in jedem Fall auf eine Östrogensubstitutionstherapie verzichten.

Im Hinblick auf den Gebärmutterhalskrebs (Endometriumkarzinom) ist das Datenmaterial eindeutiger: Hier stellt die ERT eine relativ seltene Ursache dar, die weit weniger Frauen betrifft als im Fall von Brustkrebs. Außerdem scheidet diese potentielle Gefahrenquelle bei Frauen, die sich einer Hysterektomie unterzogen haben, vollkommen aus. Zwar gibt es bei einer Östrogenbehandlung nach der Menopause ein um das Drei- bis Sechsfache gestiegenes Risiko für Gebärmutterhalskrebs, doch wenn während der letzten zehn Tage des Östrogenzyklus orale Progestine (Schwangerschaftshormone) verwendet werden, wodurch es zu einer periodischen Abstoßung der Gebärmutterschleimhaut kommt, läßt sich dieses Risiko um ein Wesentliches verringern, wenn auch nicht ganz eliminieren. (Allerdings hat eine zusätzliche Verabreichung von Progestin die möglicherweise als unangenehm empfundene Nebenwirkung, daß bei den Frauen wieder eine Regelblutung einsetzt.) Schließlich sollte noch darauf hingewiesen werden, daß es sich beim Endometriumkarzinom um eine für gewöhnlich langsam wachsende Tumorart handelt, die im Anfangsstadium leicht zu erkennen ist, weshalb es für die Behandlung sehr gute Erfolgschancen gibt.

Sexuelle Verhaltensmuster

Auch wenn es noch einen Mangel an systematischen Untersuchungen über das Sexualverhalten älterer Menschen gibt, steht eindeutig fest, daß Männer und Frauen über 60 weiterhin sexuelle Bedürfnisse und Gefühle haben und, was noch wichtiger ist, daß sie diese Bedürfnisse und Gefühle auch weit häufiger ausleben, als sich das mancher vorstellen kann.

In den bereits vorhandenen Studien über das Sexualverhalten im späten Erwachsenenalter sind drei Hauptaspekte zutage getreten: Der erste beruht auf der Feststellung, daß die im Alter vorherrschenden Muster der sexuellen Aktivität und Befriedigung in hohem Maße davon abhängen, wie befriedigend die Sexualität in jüngeren Jahren erlebt wurde. Natürlich ist es naheliegend, daß jemand, der Sex im früheren Erwachsenenalter als abstoßend oder unangenehm empfunden hat, im Alter keinerlei Interesse mehr an sexuellen Aktivitäten zeigt, um diesen unangenehmen Erfahrungen aus dem Weg zu gehen. Auch viele Menschen, die Sex als einen Teil ihrer ehelichen Pflichten betrachtet haben, aber wenig Befriedigung daraus bezogen, ziehen es vor, in ihren späteren Lebensjahren sexuell abstinent zu werden. In manchen Fällen geht diese Einstellung damit einher, daß die Sexualität in erster Linie als Mittel zur Fortpflanzung betrachtet wird, aber in den meisten anderen Fällen bedeutet sie einfach ein Sichzurückziehen von einer Aufgabe oder Pflicht, die nicht länger für notwendig oder angemessen gehalten wird. Außerdem gibt es viele ältere Männer und Frauen, die gesundheitliche Probleme (wie zum Beispiel Arthritis, Herzerkrankung oder Bluthochdruck) vorschieben, um ihre sexuelle Enthaltsamkeit zu rechtfertigen.

Auf der anderen Seite haben Paare, die die Sexualität in jüngeren Jahren als befriedigend und lustvoll erlebt haben, auch im Alter ein erfülltes Sexualleben. Und es kann sogar sein, daß es sich noch verbessert, denn einige entwickeln mit späteren Lebensjahren ein breiteres Repertoire an Techniken, andere können sich besser entspannen, und wieder andere empfinden eine größere Freiheit in der Sexualität, da sie sich keine Gedanken mehr über die Verhütung zu machen brauchen oder die Gelegenheit haben, zu den verschiedensten Tageszeiten miteinander zu schlafen. Und so hat es uns eine 73jährige Frau beschrieben:

Es ist zwar richtig, daß unsere sexuellen Reflexe etwas langsamer funktionieren als früher, aber für mich ist ganz deutlich wahrnehmbar, daß der Sex in unserem Alter sinnlicher und freier geworden ist. Zum einen verbringen mein Mann und ich jetzt viel mehr Zeit miteinander als früher, was dazu führt, daß wir auch viel mehr miteinander unternehmen – einschließlich Sex –, und das scheint uns einander näherzubringen. Zum anderen reden wir jetzt auch viel offener über die Sexualität, was es leichter macht, unsere Bedürfnisse aufeinander abzustimmen. Für mich ist besonders wichtig, daß wir uns jetzt mehr streicheln und liebkosen, wenn wir zusammen schlafen, statt sofort Geschlechtsverkehr zu haben, und das hat mein Sexualleben ganz entschieden verbessert.

Der zweite Aspekt zum Thema Sexualität im Alter entkräftet den Mythos von der sexuellen Apathie älterer Menschen, denn die meisten Erwachsenen über 60 haben weiterhin ein ganz normales Sexualverlangen, solange es nicht durch eine geschwächte Gesundheit beeinträchtigt wird. Außerdem ist die Mehrzahl von ihnen der Ansicht, die sexuelle Befriedigung sei ein wesentlicher Bestandteil der allgemeinen Lebensqualität, was sich nicht nur auf die körperliche Seite der Sexualität bezieht, sondern ebenso auf die emotionale. In einer von *Consumers Union* durchgeführten Umfrage unter 4246 Männern und Frauen im Alter von über 50 Jahren hielt die überwiegende Mehrzahl der glücklich Verheirateten die sexuelle Seite der Ehe für wichtig, während 54 Prozent der Frauen, die sich in ihrer Ehe unglücklich fühlten, aussagten, Sex sei für sie von geringer Wichtigkeit. Insgesamt wurde dabei jedoch der Qualität der sexuellen Interaktion mit dem Partner eine größere Bedeutung beigemessen als ihrer Quantität.

Auch für viele unverheiratete ältere Menschen ist die Sexualität ein wichtiger Teil ihres Lebens, und so ist es heutzutage nichts Ungewöhnliches, wenn alleinstehende Senioren sexuelle Beziehungen untereinander eingehen. In den Tageszeitungen vieler amerikanischer Großstädte sieht man inzwischen auch häufiger Kontaktanzeigen von 60- oder 70jährigen Männern und Frauen, die ihre sexuellen Ansprüche ziemlich direkt formulieren, wie das folgende Beispiel zeigt:

»Junggebliebene 70jährige Witwe mit zierlichem Körperbau und sinnlicher Ausstrahlung sucht männlichen Begleiter mit Spaß an gemeinsamen Unternehmungen, Romantik und Sex (Golf-Fanatiker zwecklos).«

Auch wenn ältere Paare gelegentlich berichten, daß sie im Alter genauso oft Geschlechtsverkehr haben wie in ihren mittleren Erwachsenenjahren, nimmt die koitale Häufigkeit bei den meisten verheirateten Paaren ab 40 mehr oder weniger geradlinig ab. Das heißt jedoch nicht, daß das Ausmaß der Sexualaktivität insgesamt abnehmen muß, denn viele Paare beginnen erst wenn sie älter werden, mit anderen Formen der Sexualität zu experimentieren, und außerdem verändert sich die Häufigkeit des Geschlechtsverkehrs nicht so drastisch, wie viele Menschen glauben (oder befürchten). In einer von uns über einen Zeitraum von zehn Jahren mit 250 verheirateten Paaren durchgeführten Langzeitstudie (wobei zu Beginn der Untersuchungsperiode das Durchschnittsalter der Männer 61,8 und das der Frauen 58,6 Jahre betrug) stellte sich heraus, daß die Häufigkeit des Geschlechtsverkehrs nur mäßig abnahm, und zwar von 3,1mal im Monat auf 2,6mal. Dieses Resultat stimmt mit den Erkenntnissen aus einer an der Duke University durchgeführten Untersuchung überein, die gezeigt hat, daß die Sexualaktivität bei der Mehrzahl der befragten Männer und Frauen zwischen 56 und 65 Jahren über einen Zeitraum von sechs Jahren relativ stabil geblieben war.

Obwohl gerade über dieses Thema besonders ungern gesprochen wird, haben verschiedene Studien erbracht, daß ältere Menschen sehr viel häufiger masturbieren, als gemeinhin angenommen wird. So berichtet der *Starr-Weiner-Report*, daß die Hälfte der über 60jährigen Erwachsenen masturbiert, und in der Altersgruppe der 80- bis 91jährigen sind es 46 Prozent der

Männer und 35 Prozent der Frauen. Die Selbstbefriedigung wird nicht nur von älteren Menschen praktiziert, die keinen Partner haben oder deren Partner wegen einer Krankheit nicht in der Lage sind, sexuell aktiv zu sein, sondern auch viele verheiratete ältere Menschen masturbieren regelmäßig, und zwar gemäß der Umfrage von *Consumers Union* 36 Prozent der verheirateten Frauen über 50 und 52 Prozent der verheirateten Männer. Ein 76jähriger Mann hat uns dazu folgendes berichtet:

> Ich habe früher, außer in der Pubertät, eigentlich nie besonders oft onaniert, aber jetzt stelle ich fest, daß es mir die Möglichkeit gibt, meine sexuellen Bedürfnisse auszuleben, wenn meine Frau keine Lust auf Sex hat. Außerdem kann ich beim Onanieren ganz egoistisch sein und mich nur um meine eigene Befriedigung kümmern, ohne mir Gedanken darüber machen zu müssen, ob sie auch auf ihre Kosten kommt.

Auf der anderen Seite gibt es viele ältere Menschen, die sich bei dem Gedanken daran, sich durch Masturbation sexuelle Befriedigung zu verschaffen, unbehaglich fühlen. Bei manchen beruht das Unbehagen auf der Ansicht, daß Selbstbefriedigung Sünde sei, und andere betrachten sie als unreif oder ungesund. Wenn man sich vergegenwärtigt, daß die heute Siebzigjährigen zu einer Zeit aufwuchsen, als die Masturbation noch allgemein verdammt wurde, läßt sich leicht verstehen, weshalb viele von ihnen eine solche Einstellung haben.

Der dritte wesentliche Aspekt im Zusammenhang mit dem Sexualverhalten älterer Paare beruht auf der Tatsache, daß die abnehmende Häufigkeit der Sexualaktivität in allererster Linie mit dem Gesundheitszustand des männlichen Partners zu tun hat. In einer 1990 veröffentlichten Studie wurde berichtet, daß 35 Prozent der befragten männlichen Ehepartner über 60 und 50 Prozent derjenigen über 70 Schwierigkeiten hatten, eine Erektion zu bekommen oder zu bewahren, wobei in den meisten Fällen medizinische Probleme die Ursache waren. Dieses Ergebnis wurde auch durch andere Untersuchungen bestätigt, was die Vermutung nahelegt, daß das schwindende sexuelle Interesse zum großen Teil auf die geschwächte Gesundheit des männlichen Partners zurückzuführen ist. Eine plausible Erklärung für diese Annahme besteht darin, daß die Gesundheitsprobleme Erektionsstörungen verursachen, entweder direkt durch ihre physiologischen Auswirkungen oder indirekt, indem sich der Mann durch sie in seiner körperlichen Vitalität eingeschränkt fühlt (oder möglicherweise Angst davor hat, daß sich die sexuelle Erregung negativ auf seinen Gesundheitszustand auswirken könnte). Das hieße, daß das Sexualverlangen des Mannes erst nachläßt, nachdem sich die Erektionsprobleme verfestigt haben.

Erst im letzten Jahrzehnt wurde damit begonnen, das sexuelle Interesse und Verhalten der bis dahin gänzlich vernachlässigten Altersgruppe der

Hochbetagten über 80 Jahre zu untersuchen. Bei einer 1988 durchgeführten Befragung unter 202 körperlich gesunden Männern und Frauen im Alter zwischen 80 und 102 Jahren gaben 62 Prozent der Männer und 30 Prozent der Frauen an, nach wie vor sexuellen Verkehr zu haben, wobei allerdings die unter beiden Geschlechtern am weitesten verbreitete Form der sexuellen Aktivität im Berühren und Streicheln ohne Koitus bestand. Dabei hing die Bedeutung und Häufigkeit der Sexualaktivität im hohen Alter eindeutig damit zusammen, wie lustvoll und befriedigend die Sexualität in jüngeren Erwachsenenjahren erlebt wurde. Derselben Studie zufolge gab nur ein Viertel der über 80jährigen Frauen an, ihr Sexualverlangen sei geringer geworden, während fast ebenso viele darüber klagten, sie hätten nicht genügend Gelegenheit zu sexuellen Aktivitäten. Interessanterweise berichtete nur ein Drittel der hochbetagten Männer davon, Schwierigkeiten mit der Erektion zu haben.

Prozentuale Verteilung sexueller Probleme im hohen Alter (Männer und Frauen über 80 Jahre, bei guter Gesundheit und mit festen Sexualpartnern*

Männer	
Versagensängste	37
Unfähigkeit, eine Erektion zu bewahren	33
Ejakulationsunfähigkeit	28
Unfähigkeit, eine Erektion zu bekommen	28
Mangel an Gelegenheiten zum sexuellen Verkehr	23
Vaginalbeschwerden der Partnerin oder mangelnde Vaginallubrikation	23
Frauen	
Verminderte Orgasmushäufigkeit	30
Erektionsprobleme des Partners	30
Mangelnde Vaginallubrikation	30
Persönliche Sorgen	25
Mangel an Gelegenheiten zum sexuellen Verkehr	25
Vermindertes Sexualverlangen	25

* QUELLE: J. G. Bretschneider und N. L. McCoy: »Sexual interest and behavior in healthy 80- to 102-year-olds«. In: *Archives of Sexual Behavior* 17: 109–129, 1988. Tabelle V.

Ein weiterer Aspekt der Alterssexualität, der häufig übersehen wird, ist, daß homosexuelle Männer und Frauen, wenn sie älter werden, nicht nur mit den allgemeinen kulturellen Vorurteilen gegenüber dem Alter konfrontiert sind, sondern darüber hinaus noch mit spezifisch homophobischen

Einstellungen und Stereotypen. Diese Form der Diskriminierung beschränkt sich jedoch nicht nur auf die Gruppe der Heterosexuellen, wie folgendes Zitat aus Raymond M. Bergers Buch *Gay and Gray: The Older Homosexual Male* (etwa: Schwul und Grau: Der ältere männliche Homosexuelle) zeigt:

> Viele ältere schwule Männer glauben, daß jüngere Schwule eine negative Einstellung zu ihnen haben. Die meisten älteren Schwulen haben das Gefühl, daß die jungen Männer sie manchmal ausnutzen, daß sie keinen Wert darauf legen, mit ihnen in Kontakt zu kommen oder freundschaftliche Beziehungen zu ihnen zu unterhalten und sie überhaupt langweilig finden.

Dagegen scheint die Situation für ältere Lesbierinnen weniger bedrückend zu sein. Obwohl es viele vorziehen, nach außen ihre sexuelle Orientierung verborgen zu halten, sind sie unter den jüngeren Lesbierinnen meistens gern gesehen und sowohl als Rollenvorbilder als auch als potentielle Sexualpartner anerkannt, was sich mit folgendem Zitat begründen läßt:

> Altersunterschiede sind für Lesbierinnen nicht so wichtig, weil sie möglicherweise weniger Angst als heterosexuelle Frauen vor dem Alter und seinen körperlichen Veränderungen haben. Heterosexuelle Frauen sind per Definition auf Männer angewiesen, um ihre Sexualität auszuleben. Da die männliche Sexualität jedoch anfälliger gegenüber den verschiedenen altersbedingten Beeinträchtigungen zu sein scheint, entsteht für viele heterosexuelle Frauen im Alter eine Ungleichzeitigkeit zwischen ihren sexuellen Bedürfnissen und denen ihres Partners. Dieses Problem gibt es für Lesbierinnen nicht. Wir verändern und entwickeln uns nach einem mehr oder weniger gleichen Muster, weshalb wir auch im Alter unsere Sexualität so mannigfaltig und befriedigend gestalten können, wie wir wollen. Schließlich haben wir die vielen Nuancen der lesbischen Liebe schon vor langer Zeit entdeckt, und sie werden im Alter nicht weniger.[*]

Sexuelle Probleme im Alter

Das Witwer-Syndrom

Unter älteren Männern gibt es eine Form der Sexualstörung, die so eindeutig situationsbedingt ist, daß wir ihr den Namen »Witwer-Syndrom« gegeben haben. Sie tritt typischerweise auf, nachdem eine glückliche Ehe mit dem Tod der Partnerin endet, und zwar meistens (wenn auch nicht immer) nach einer langen Krankheit. Geht der Mann dann eine neue sexuelle Be-

---

[*] B. Dunker: »Aging Lesbians: Observations and Speculations«

ziehung ein, stellt er überrascht und bekümmert fest, daß er plötzlich seine sexuelle Potenz verloren hat, auch wenn er nie zuvor Schwierigkeiten damit hatte, eine Erektion zu bekommen oder zu bewahren. Entweder versteift sich sein Glied überhaupt nicht, oder wenn er eine Erektion bekommt, erschlafft sie sofort wieder.

Diese Probleme ließen sich leicht der ganz normalen Nervosität angesichts einer neuen Partnerin, einer neuen Situation und neuen Anforderungen zuschreiben, doch diese Erklärung wäre zu oberflächlich. Die spezielle Dynamik dieses Phänomens liegt vielmehr darin, daß der Mann ein starkes Schuldgefühl empfindet, wenn er eine neue Intimbeziehung eingeht, als hätte er das Gefühl, damit seiner verstorbenen Frau untreu zu werden und ihre gemeinsame monogame Beziehung zu verraten. (In diesem Zusammenhang ist es interessant festzustellen, daß uns nie ein Fall von Witwer-Syndrom an einem Mann begegnet ist, der seiner Frau bereits während der Ehe untreu war. Das soll nicht heißen, daß es solche Fälle nicht gibt, aber es legt nahe, daß Männer, die außereheliche Affären gehabt hatten, als Witwer wesentlich seltener von dieser Form der Sexualstörung betroffen sind.) Ein 58jähriger Witwer hat uns seine Situation wie folgt beschrieben: »Das Verfluchte war, kaum daß ich mit der neuen Partnerin im Bett lag, bekam ich das merkwürdige Gefühl, daß meine Frau mit uns im Zimmer war und uns mißbilligend zuschaute. Egal, was ich tat, ich bekam sie einfach nicht aus dem Kopf, und deshalb war es wahrscheinlich kein Wunder, daß ich so total versagt habe.«

Zwar ist es im Alter immer schwieriger, nach einem längeren Zeitraum der Abstinenz wieder sexuell aktiv zu werden, besonders, wenn die Situation noch dadurch emotional erschwert wird, daß es sich um einen neuen Partner handelt, nachdem der vorherige gestorben ist, doch scheinen Frauen im allgemeinen kein »Witwen-Syndrom« zu erleben. Das läßt sich mit einer Reihe von Faktoren erklären. Erstens, Frauen sind nicht darauf angewiesen, daß bei ihnen eine bestimmte physiologische Reaktion wie die Erektion auftritt, um imstande zu sein, Geschlechtsverkehr zu haben. Selbst in einer Situation, in der sie nervös und befangen sind, können sie diese Gefühle überwinden, indem sie beim Koitus einfach mitmachen und, falls erforderlich, ein Gleitmittel benutzen. Möglicherweise empfinden sie unter diesen Umständen keine sexuelle Erregung oder genießen den Vorgang nicht allzusehr, aber wenn sie entschlossen sind, wieder ein aktives Sexualleben aufzunehmen, lösen sich für sie diese Probleme mit der Zeit meistens von selbst. Zweitens bleiben viele Frauen, die nach einer langen und glücklichen Ehe zur Witwe wurden, eher abstinent, statt eine sexuelle Beziehung mit einem neuen Partner einzugehen. (Zwar entscheiden sich natürlich auch manche Männer für diese Alternative, doch gehen wesentlich mehr Witwer als Witwen wieder eine neue Ehe ein.) Es ist außerdem möglich, daß manche Frauen auf eine neue sexuelle Beziehung verzichten, weil sie auch in jüngeren Jahren, als ihre Männer noch lebten, den Sex nicht besonders genossen haben und ihnen die Witwenschaft somit eine willkommene Gelegenheit gibt, sich von dieser unangenehmen Pflicht zu befreien. Und schließlich ist ebenfalls denkbar, daß das »Witwen-Syndrom« deshalb kaum festgestellt wird, weil die Frauen gegenüber Ärzten und anderen Fachleuten weniger direkt über dieses Problem klagen als die Männer.

Andere sexuelle Probleme im Alter

Eine Beeinträchtigung des Sexuallebens im Alter ist meistens auf eines von zwei Hauptproblemen zurückzuführen: eine geschwächte Gesundheit und das Fehlen eines Sexualpartners. Viele der Gesundheitsprobleme, die eine Störung der Sexualfunktionen verursachen, lassen sich beheben oder zumindest verbessern. So läßt sich bei älteren Menschen mit Bluthochdruck von einem erfahrenen Arzt eine medikamentöse Behandlung anwenden, die nur geringe oder gar keine Auswirkungen auf die Sexualfunktion hat. Auch die negativen Auswirkungen einer Angina pectoris auf die Sexualaktivität können meistens durch die Verwendung von Nitraten, Nitroglyzerin oder Medikamenten wie Betarezeptorenblocker oder Kalziumantagonisten wirksam behandelt werden. Andere chronische Erkrankungen, die sich auf die Sexualaktivität auswirken, sind dagegen weniger leicht zu beheben. Zum Beispiel bleiben bei Schlaganfallpatienten die Sexualfunktionen meistens dauerhaft beeinträchtigt, es sei denn, es gelingt eine vollständige Rehabilitation. Die Symptome der Alzheimer-Krankheit sprechen offenbar nicht auf die verfügbaren Behandlungsmöglichkeiten an, und auch eine Kombination mehrerer gravierender Gesundheitsprobleme kann praktisch unüberwindlich sein.

Sexuelle Störungen sind eine weitverbreitete Folge vieler Arten von Prostataoperation. Insbesondere bei Männern, die sich einer transurethralen Resektion der Prostata (TUR) unterziehen mußten, entwickelt sich aufgrund einer Schädigung der für das Verschließen des Blasenausgangs zuständigen Nerven häufig eine retrograde Ejakulation, bei der die Samenflüssigkeit rückwärts in die Harnblase fließt, statt auf normalem Weg durch die Harnröhre gepumpt zu werden. Da sich dieses Symptom nicht auf die Orgasmusfähigkeit an sich auswirkt, leiden nicht alle Männer darunter, doch manche sind durch ihre retrograde Ejakulation so verunsichert und frustriert, daß sich bei ihnen daraufhin auch Erektionsprobleme einstellen.

Andere Krankheiten, die in der Vergangenheit praktisch gleichbedeutend mit einer verminderten sexuellen Empfindungs- und Funktionsfähigkeit waren, wie zum Beispiel Diabetes, Herz- und Gefäßerkrankungen sowie viele Tumorarten, können heutzutage mit einigem Erfolg behandelt werden. In diesen Fällen ist es sicher angebracht, sich mit einem Sexualmediziner zu beraten, um eine umfassende Einschätzung des individuellen Problems zu erhalten.

Gerade weil das Sexualverlangen bei älteren Menschen nicht abnimmt, solange sie bei einigermaßen guter Gesundheit sind, bedeutet es für manche von ihnen ein großes Problem, wenn sie keinen Sexualpartner haben. Dieses Problem betrifft besonders die Frauen, da sie im allgemeinen ihre männlichen Ehepartner um etliche Jahre überleben und weil es für die über 70jährigen Witwen dementsprechend nur eine geringe Zahl an potentiell in Frage kommenden Männern aus der gleichen Altersgruppe gibt. (Unter den über 65jährigen gibt es viermal so viele alleinstehende Frauen wie Männer.) Dieser Mangel wird noch durch die Tatsache verstärkt, daß Witwer häufig Frauen als Sexual- oder Ehepartnerin wählen, die jünger sind als sie.

Viele ältere Frauen, die über einen längeren Zeitraum ohne Sexualpartner waren, geraten allmählich in einen Zustand des sexuellen Desinteresses, was häufig eine Möglichkeit für sie ist, psychisch mit ihrer Lage fertig zu werden: Indem sie ihr Interesse an etwas abstellen, was sie nicht haben, und von dem sie nicht glauben, daß sie es bekommen können, schützen sie sich vor einer Enttäuschung oder Depression. Auf der anderen Seite geben manche alleinstehende Frauen nie die Hoffnung auf und unternehmen große Anstrengungen, um Kontakte zu Männern zu knüpfen.

Wie bereits im zwölften Kapitel erörtert, geht eine Depression häufig mit einem Verlust an Sexualverlangen einher und kann ebenfalls die Ursache für eine sexuelle Funktionsstörung sein. Da sich eine Depression im allgemeinen relativ leicht behandeln läßt, sollte sich jemand, bei dem solche Symptome wie häufige Weinkrämpfe, Schlafstörungen, Appetitmangel und eine allgemeine emotionale Leere auftreten, unverzüglich daraufhin untersuchen lassen.

Ein weiteres Problem, dem wir in unserer Arbeit recht häufig begegnet sind, das aber bisher wenig Beachtung in der Fachliteratur gefunden hat, besteht darin, daß viele Männer kurz nach ihrer Pensionierung sexuelle Störungen entwickeln. Dagegen haben wir bei Frauen, die sich beruflich zur Ruhe gesetzt haben, niemals eine sexuelle Dysfunktion festgestellt, die sich darauf hätte zurückführen lassen, was nahelegt, daß die Pensionierung für Männer sehr viel eher zu einer persönlichen Lebenskrise wird als für Frauen. Wir nehmen an, daß dieses Phänomen teilweise auf der Tatsache beruht, daß sich Männer stärker als Frauen über ihren Beruf definieren und daß für sie der Ruhestand folglich einem Verlust an Bestätigung und Selbstwertgefühl gleichkommt. Und wenn ein Mann seine Pensionierung als den Beweis dafür betrachtet, daß er sich nun auf dem Abstellgleis befindet, geht er selbst davon aus, daß er zu alt ist, um eine kompetente Arbeitsleistung zu erbringen. Viele Männer, die keine speziellen Interessen oder Hobbys gepflegt haben, wissen dann nicht, was sie mit ihrer Zeit anfangen sollen, und gehen ihren Frauen damit auf die Nerven, daß sie ständig zu Hause herumsitzen. Für die meisten Männer bedeutet die Pensionierung darüber hinaus eine drastische Verringerung ihres Einkommens, was für jene, die ihre Männlichkeit in der Rolle des »Versorgers« bestätigt sehen, ebenfalls ein Problem darstellt. Obwohl die meisten Männer angeben, keine Schwierigkeiten damit zu haben, sich vom Arbeitsleben zurückzuziehen, haben in Wahrheit viele Angst davor, und besonders Männer, die gezwungen waren, sich vorzeitig pensionieren zu lassen, scheinen mit dieser Situation nur schwer fertig werden zu können.

In den meisten Fällen besteht das unmittelbar vor oder nach der Pensionierung auftretende sexuelle Problem in dem plötzlichen Auftreten von Erektionsstörungen. Diese Störungen sind der Ausdruck für ein angeschlagenes Selbstvertrauen und können sich leicht zu einem tiefverwurzelten Mechanismus von Leistungsängsten, Selbstzweifel, vermindertem Sexualinteresse und sexueller Vermeidung auswachsen. Das Problem zu erkennen heißt zwar nicht, daß es damit auch gelöst wäre, doch können einige Besuche bei einem Eheberater oder Psychotherapeuten in manchen Fällen durchaus hilfreich sein.

Man sollte in diesem Zusammenhang jedoch nicht vergessen, daß ältere Menschen über 65 im Gegensatz zu den vorherrschenden Klischees sehr verschieden sind, wenn es um sexuelle Vorlieben, Einstellungen oder Verhaltensmuster geht. Deshalb sagen die statistischen Zahlen und allgemeinen Trends allein noch wenig aus über die Vielfalt und Individualität, die sich aus dem biographischen Hintergrund, den sozioökonomischen Lebensumständen und den persönlichen Eigenarten ergeben und das Leben jedes einzelnen Menschen ausmachen.

Praktische Hinweise für ein befriedigendes Sexualleben im späten Erwachsenenalter

Folgende Ratschläge sollen zeigen, wie Sie Ihre Sexualität bis ins hohe Alter befriedigend gestalten können.

1. *Wer rastet, der rostet.* Diese gleichermaßen für Männer wie für Frauen geltende Grundregel für das Aufrechterhalten der sexuellen Vitalität im Alter beruht auf einer einfachen Tatsache: Sexuell aktiv zu bleiben hilft, atrophische Veränderungen der Geschlechtsorgane, die sich negativ auf die

sexuelle Reaktion auswirken, zu verhindern. Ebenso wie körperliche Betätigung dazu beiträgt, die Muskelkraft, Flexibilität und Ausdauer für eine Reihe anderer physiologischer Vorgänge wie Laufen, Springen oder Gewichtheben zu stärken, werden sexuelle Reflexe, die nicht regelmäßig betätigt werden, mit der Zeit träge und geschwächt. Forschungsstudien haben gezeigt, daß sich bei sexuell aktiven Frauen nach der Menopause die Vagina in geringerem Maß zurückbildet als bei Frauen, die nur wenig oder gar nicht sexuell aktiv sind. Hinzu kommt, daß ältere Frauen mit regelmäßiger Sexualaktivität (sei es durch Masturbation oder Geschlechtsverkehr) einen höheren Spiegel an Androgenen und Hypophysengonadotropin aufweisen als sexuell inaktive Frauen. Desgleichen zeigt sich bei sexuell aktiven Männern über 65 Jahren ein höherer Testosteronspiegel im Blut, als bei jenen, die sexuell nicht aktiv sind. Grundsätzlich läßt sich sagen: Wenn man ab sechzig die sexuelle Aktivität einstellt, wird es wahrscheinlich für immer sein. Bleibt man aber sexuell aktiv – und zwar mit oder ohne Partner –, lassen sich damit einige der altersbedingten Verschleißerscheinungen aufhalten.

2. *Das Timing ist nicht alles, aber es ist wichtig.* Auch wenn es merkwürdig klingt, aber viele ältere Menschen versuchen genau zu der, physiologisch gesprochen, ungünstigsten Zeit Sex zu haben: am Abend, wenn sie müde, verspannt oder übersatt von ihrer letzten Mahlzeit sind. Gerade ältere Paare können davon profitieren, wenn sie sich den Zeitpunkt anders einteilen, und so ist zum Beispiel der Sex am Morgen (nach einem erholsamen Schlaf) für viele genau das Richtige.

3. *Achten Sie auf Ihren Alkoholkonsum.* Im Gegensatz zu der Vorstellung, daß es sich bei Alkohol um ein Aphrodisiakum handelt, wirkt er sich in jeder Form dämpfend auf das Zentralnervensystem und damit auf die sexuellen Reaktionen aus. Ältere Menschen sind besonders anfällig für diese nachteilige Wirkung, weshalb Sie, wenn Sie in der Stimmung für Sex sind, Ihren Alkoholkonsum auf ein einziges Glas beschränken sollten. Oder, falls Sie Schwierigkeiten mit der sexuellen Erregbarkeit haben, sollten Sie den Alkohol eine Weile ganz meiden.

4. *Denken Sie daran, daß es beim Sex nicht darum geht, irgendwelche Rekorde zu brechen.* Es gilt allgemein, und besonders für ältere Menschen, daß sich die Bewertung jeder sexuellen Begegnung nach ganz bestimmten Leistungskriterien negativ auf die Genußfähigkeit und Befriedigung auswirkt und meistens eine Kette unnötiger Ängste auslöst. Statt zu kontrollieren, wie rasch eine Erektion auftritt oder ob sich die Vaginallubrikation schneller oder langsamer einstellt als beim letzten Mal, sollten Sie sich einfach dem Fließen Ihrer Empfindungen und Gefühle überlassen.

5. *Wenn in Ihrer Sexualität körperliche Probleme auftauchen, nehmen Sie sie nicht einfach hin.* Wenden Sie sich statt dessen an einen Arzt Ihres

Vertrauens, und Sie werden feststellen, daß es für fast jedes physiologische Problem eine Lösung gibt. Bei Vaginaltrockenheit kann zum Beispiel eine Östrogensubstitutionstherapie oder die Verwendung eines Gleitmittels Abhilfe schaffen. Ein Arzt kann auch feststellen, ob die sexuellen Probleme von der Einnahme bestimmter Medikamente herrühren und dementsprechende Änderung in der medikamentösen Behandlung vornehmen. Auch nichtmedizinische Probleme erfordern manchmal eine ärztliche Beratung, um Ihnen zu helfen, eine Lösung zu finden. Denken Sie auch daran, daß sich scheinbar geringfügige sexuelle Probleme zu größeren und gravierenderen auswachsen können, wenn man sie nicht angeht.

SIEBZEHNTES KAPITEL
Affären

Auch im Zeitalter von AIDS scheint das Eingehen außerehelicher Sexualbeziehungen nicht im geringsten an Attraktivität und Häufigkeit verloren zu haben. Als Reflexbild dieser Realität sind Affären ein regelmäßig wiederkehrendes Thema in Filmen, Fernsehsendungen und Büchern – von *Eine verhängnisvolle Affäre* bis zu den Romanen von John Updike – und manchmal erweckt es den Eindruck, als seien die Amerikaner geradezu besessen von außerehelichem Sex.

Wir wollen zunächst die verschiedenen Arten außerehelicher Verbindungen betrachten, von flüchtigen, rein sexuellen Begegnungen bis zu Liebesbeziehungen außerhalb der Ehe, die über viele Jahre hin fortgeführt werden. Anschließend werden wir die verschiedenen Faktoren untersuchen, die Männer und Frauen dazu bringen, sich auf eine Affäre einzulassen, die Auswirkungen und Konsequenzen solcher Verbindungen erörtern und abschließend einige der Vorurteile und Klischees überprüfen, die in unserer Gesellschaft zu diesem Thema vorherrschen.

Eine Typologie der Affären

Das außereheliche Sexualverhalten kann vielerlei Formen annehmen, wobei wir in unserer Darstellung die Sexualität mit Prostituierten ausgenommen haben, da sie sich in Dynamik und Motivation von einer eigentlichen Affäre unterscheidet.

Bei unserer Kategorisierung der sozialen und psychologischen Faktoren verschiedener Arten von Affären gilt es außerdem zu bedenken, daß es sich dabei um einen theoretischen Erklärungsansatz für allgemeine Tendenzen handelt, in dem sich nicht unbedingt jede individuelle Fremdbeziehung beschrieben findet.

Situationsspezifische Affären sind solche, die für einen kurzen, bestimmten Zeitraum eingegangen werden, und zwar eher, weil die Gelegenheit gerade günstig und verlockend ist, und weniger als ein Resultat von Absicht und Planung. Dazu gehören das sexuelle Abenteuer während einer geschäftlichen Konferenz in einer anderen Stadt oder nach einer Weihnachtsfeier im Büro, der überraschende Anruf von einem ehemaligen Partner, der zu einem gemeinsamen Essen und anschließendem Sex im Hotel führt (womit es auch endet) oder ein kurzer, aber leidenschaftlicher Urlaubsflirt, der sich ergibt, wenn die Partner getrennt verreisen. Das Thema der spontanen sexuellen Begegnung hat zahllose andere Variationen, einschließlich des nicht ganz so fiktiven literarischen Beispiels für vollkommen anonymen Sex, das sich in Erica Jongs berühmt gewordenem Roman *Angst vor dem Fliegen* findet. Zwar dauern situationsspezifische Affären für gewöhnlich eher Tage oder Wochen statt Monate oder Jahre, doch gibt es Ausnahmen von dieser Regel. So kann zum Beispiel auch eine Sommerliebe auf einer Reihe situationsbezogener Faktoren beruhen: Ein verheiratetes Paar mietet für drei Monate ein Ferienhaus in idyllischer Landschaft, und während der Mann seiner Arbeit in der Stadt nachgeht und nur am Wochenende dort ist, lernt die Frau einen Schriftsteller kennen, der ein sexuelles Abenteuer sucht, um der Monotonie und Einsamkeit seines Schreibens zu entgehen.

Zusätzlich zur Kürze ihrer Dauer weisen situationsspezifische Affären noch eine Reihe anderer typischer Merkmale auf. Mehr als jede andere Art von Fremdbeziehung entstehen sie im Zusammenhang mit Alkoholkonsum. Das heißt, durch den Alkohol wird die normalerweise gültige soziale Hemmschwelle so weit herabgesetzt, daß viele Männer und Frauen, die nicht aktiv auf der Suche nach außerehelichem Sex sind, den Verlockungen der Situation weit eher nachgeben, als sie es in nüchternem Zustand tun würden. Situationsspezifische Affären zeichnen sich auch häufig dadurch aus, daß sie leicht verheimlicht werden können, was ihren Reiz sicher noch erhöht. Die Heimlichkeit wird größtenteils durch zwei Faktoren begünstigt: Die sexuelle Begegnung findet meistens mit einer zuvor fremden Person statt (oder zumindest mit jemandem, der oder die nicht zum Kreis der Freunde und Bekannten zählt), und sie ereignet sich häufig in einiger Entfernung vom Wohnort. Ein weiteres Schlüsselelement der situationsspezifischen Fremdbeziehung besteht darin, daß sie im allgemeinen von beiden Partnern mit der stillschweigenden Übereinkunft eingegangen wird, daß sie eine einmalige oder zeitlich begrenzte Angelegenheit ist. Damit bleibt sie emotional unverbindlich – was den Beteiligten zweifellos einen eigenen Grad von psychischer Sicherheit verleiht –, und es ist klar, daß es für keinen der Partner eine längerfristige Verantwortung oder Verpflichtung gibt. Aus diesem Grund sind Affären, die sich zufällig ergeben, sehr viel weniger mit Erwartungen überfrachtet als andere außereheliche Beziehungen, und in ihrer Unkompliziertheit ermöglichen sie eine direkte gegenseitige Bedürfnisbefriedigung. Das bedeutet für manche Menschen das Bedürfnis nach einem sexuellen Abenteuer, einer Abwechslung oder einem Mittel gegen ihre Einsamkeit, während es bei anderen um tieferliegende psychologische Bedürfnisse geht, wie zum Beispiel eines nach Bestätigung, nach einem höheren sozialen Status oder nach Vergeltung für die Untreue des eigenen Partners.

Zwar haben viele Männer und Frauen regelmäßig situationsspezifische Affären, aber unserer Erfahrung nach sind mindestens ein Viertel der Beteiligten an einer solchen kurzen, spontanen Sexualbeziehung absolute Neulinge auf diesem Gebiet oder hatten nur sehr begrenzte Erfahrungen darin. Normalerweise wird ein solches Vorkommnis bei diesen Personen durch ihr ehelich-soziales Gewissen verhindert, das sie potentiell »gefährliche« Situationen, wie etwa den Besuch einer Bar ohne den Partner meiden, oder auf etwaige Annäherungen des anderen Geschlechts mit einer eindeutigen und fast automatischen Zurückweisung reagieren läßt. Werden diese inneren Kontrollmechanismen jedoch entweder durch Alkoholgenuß oder durch die Einwirkungen einer anderen, unvertrauten und möglicherweise sogar exotischen Umgebung außer Kraft gesetzt, kann alles mögliche passieren.

Mit Ausnahme der oben erwähnten situationsspezifischen Sexualkontakte steht bei einer Affäre normalerweise nicht gleich zu Beginn fest, ob daraus ein kurzer Flirt oder eine längerfristige Beziehung wird, sondern der zeitliche Rahmen wird durch eine Reihe von Faktoren bestimmt, die sich erst im Lauf der weiteren Interaktion zwischen den Partnern ergeben. Dabei schätzen die Beteiligten ihren Lustgewinn nicht nur im Hinblick auf die sexuelle Befriedigung ein, sondern auch im Hinblick auf nichtsexuelle Übereinstimmung, persönliches Wohlbefinden, gegenseitiges Vertrauen, Anpassungsbereitschaft und Selbsterfahrung. Mit anderen Worten, die Beurteilung beruht auf besonders komplexen und nicht immer vorsehbaren Faktoren. Manchmal reicht selbst der attraktivste Partner und die beste Sex-Erfahrung nicht aus, um die eigenen Schuldgefühle oder Ambivalenzen gegenüber einer Affäre zu überwinden, was zu ihrem frühen Ende führen kann. In anderen Fällen können zwei Menschen, die in sozialer, intellektueller oder anderer Hinsicht wenig gemein haben, genau die richtige Mischung von Eigenschaften bieten, um die gegenseitigen Bedürfnisse in einem höchst befriedigenden und angenehmen Maß zu erfüllen, weshalb die Verbindung über Jahre oder sogar Jahrzehnte fortgeführt wird.

Grundsätzlich lassen sich außereheliche Intimbeziehungen nach zwei Faktoren kategorisieren: nach ihrer Dauer und ihrer Funktion. Dabei haben wir für eine kurzfristige Affäre die zeitliche Dauer von weniger als sechs Monaten festgelegt. Das heißt nicht, daß alle kurzfristigen Affären gleich wären, denn es gibt natürlich wesentliche quantitative und qualitative Unterschiede zwischen einem einmaligen Sexualkontakt und einer Beziehung, bei der sich die Partner mehrere Monate lang zweimal wöchentlich zum Stelldichein treffen. Trotzdem weisen die kurzfristigen Affären im allgemeinen eine andere Beziehungsdynamik auf als die längerfristigen, und zwar in erster Linie deshalb, weil die langfristigen außerehelichen Verbindungen meistens, wenn auch nicht immer, emotional sehr viel tiefer gehen und ernsthafter sind als die von kurzer Dauer.

Zu einer weiteren Kategorie der kurzfristigen Affären gehören außerehelicher Sex mit Einverständnis des Partners, Eroberungs- oder Vergeltungsaffären und solche, die vor der Scheidung eingegangen werden, sowie bisexuelle Affären unter Männern (die bisexuellen Fremdbeziehungen unter Frauen, auf die wir im folgenden noch näher eingehen werden, sind meistens eher langfristig, während es sich bei denen unter Männern eher um kurze und anonyme Sexualkontakte handelt).

Außerehelicher Sex mit Einverständnis des Partners beinhaltet die Formen des »Swinging« (Partnertausch) und die sogenannte »offene Ehe«, bei der die Ehepartner übereinkommen, daß einer von ihnen oder beide die Freiheit haben, außereheliche Sexualbeziehungen einzugehen. Die Variante des Swinging geschieht jedoch nicht immer so einverständlich, wie es den Anschein hat. In einigen Fällen wird die Frau nämlich von ihrem Mann zu dieser Art der außerehelichen Sexualaktivität gedrängt, indem er ihr damit droht, es andernfalls allein zu tun (und ihr damit untreu zu werden) oder sie gar zu verlassen. Aber auch wenn der Partnertausch wirklich einverständlich geschieht – und es gibt Fälle, in denen die Frau ebenso begeistert von dieser Form der außerehelichen Sexualität ist wie ihr Mann oder sie sogar initiiert hat –, besteht er in aller Regel aus einer Reihe kurzfristiger Sexualkontakte, aus denen sich selten eine längerfristige Beziehung ergibt.

Obwohl das Konzept der offenen Ehe durchaus einiges für sich hat, indem es den Partnern ermöglicht, ihre Bedürfnisse nach Veränderung und Abwechslung zu erfüllen und damit die restriktive Sexualexklusivität der herkömmlichen Ehe zu überwinden, entdecken viele, die es ausprobiert haben, daß es ihr Leben komplizierter macht, als ihnen lieb ist. Und einige der Situationen, in denen die offene Ehe am besten funktioniert, sind nicht wirklich beiderseitig offen. Zum Beispiel kann die offene Ehe eine praktikable Lösung für ein Paar sein, bei dem es starke Diskrepanzen im Sexualverlangen gibt. Wenn eine Frau die Sexualität als unangenehme Pflicht betrachtet und es vorzieht, daß ihr Mann außerhalb der Ehe seine sexuelle Befriedigung findet, kann sie gerne bereit sein, ihm das Recht auf außereheliche Sexualbeziehungen einzuräumen, ohne das geringste Interesse daran zu haben, dies auch selbst zu praktizieren. Ebenso gibt es Paare, bei denen ein vollkommen befriedigendes Sexualleben durch die körperliche Behinderung oder Krankheit des einen Partners verhindert wird, so daß sie übereinkommen, daß der andere eine außereheliche Sexualbeziehung eingehen kann. Es gibt auch die Variante der halboffenen Ehe, bei der ein Paar, das für einen längeren Zeitraum räumlich getrennt lebt, vereinbart, daß beide während dieser Zeit außereheliche Sexualbeziehungen eingehen können, solange sich daraus keine emotionale Bindung ergibt. Aber diese Beispiele treffen nur auf einen Bruchteil der offenen Ehen zu, während sich in den meisten Fällen zeigt, daß sie in der Realität kaum den utopischen Vorstellungen entsprechen, die man sich ursprünglich von ihnen gemacht hatte. Auch wenn manche Paare außereheliche Affären als eine Bereicherung ihres eigenen Sexuallebens erfahren, gibt es wesentlich mehr Partner, bei denen sie Eifersucht, Schuldgefühle und Angst auslösen.

Eroberungsaffären sind praktisch immer kurzfristig, weil der Reiz und die Faszination allein in ihrem Zustandekommen liegt. Die Eroberung ist für den Eroberer (meistens, aber nicht immer, den Mann) so etwas wie eine Siegesbeute, und kaum ist die Herausforderung gemeistert, denkt er bereits an die nächste Eroberung. Es ist also kaum verwunderlich, daß viele Menschen, für die es bei einer Affäre in erster Linie um das Erobern geht, die Sexualität an sich nicht besonders befriedigend oder angenehm empfinden, sondern ihr eigentlicher Lustgewinn ist ein Gefühl von Selbstbestätigung und Macht. Im Vergleich zu dem Prozeß des Verführens, den sie manchmal über einen langen Zeitraum hinweg sorgfältig geplant und geduldig verfolgt haben, ist der Sex meistens ein eher schwaches Erlebnis.

Vergeltungsaffären sind ebenfalls in aller Regel kurzfristig, auch wenn es gelegentlich bemerkenswert langlebige Beispiele für diese Variante gibt. Für Menschen, die hauptsächlich deshalb eine Affäre eingehen, um sich dadurch an ihrem Partner für ein reales oder eingebildetes Unrecht – wie etwa seine Untreue, Ignoranz oder Gefühlskälte – zu rächen, hat die Sexualität eine andere Bedeutung als bei anderen Arten von Fremdbeziehungen, wie folgendes Beispiel einer 34jährigen Künstlerin illustriert:

Ich bin eine ganz normale Frau mit normalen Bedürfnissen und Wünschen. Und ich dachte, ich würde auch eine normale Ehe führen. Aber mein Mann hat sich zu einem solchen Fitneß-Fanatiker entwickelt, jeden Tag geht er zwei Stunden joggen und verbringt dann noch eine Stunde im Sportklub, daß ich mir allmählich mehr wie sein persönlicher Koch und Trainer und kaum noch wie seine Frau vorkam. Ich mußte spezielle vitaminreiche Gerichte zubereiten und morgens um halb sechs aufstehen, so daß er seinen Morgenlauf absolvieren konnte. Und dieses Training hat ihn so erschöpft, daß er jeden Abend um neun eingeschlafen ist. Als er dann noch anfing, sein Jogging-Pensum auf 80 Meilen in der Woche zu steigern, wurde ich so sauer, daß ich gesagt habe, ich würde mich scheiden lassen. Aber statt dessen habe ich mich an ihm gerächt, indem ich eine Affäre mit einem seiner Freunde angefangen habe, und das ist ein Mann, der lieber zu Hause bleibt und Sex hat, statt bei strömendem Regen draußen rumzulaufen.

506

Nach dem Motto »Rache ist süß« verfuhr auch Samantha G., die herausfand, daß ihr Mann seit einiger Zeit eine Affäre mit einer seiner Kolleginnen hatte. Da sie sich aber nicht scheiden lassen wollte, erwog sie ihre Alternativen und verführte zunächst den besten Freund ihres Mannes, bis ihr klar wurde, daß dieser Plan nicht aufging, da der Freund nicht die Absicht hatte, sich dazu zu bekennen. Deshalb schlug sie einen anderen Kurs ein und schlief während der folgenden Wochen mit dem Chef, dem Rechtsanwalt und dem Steuerberater ihres Mannes. Als sie ihrem Mann davon erzählte, war er vollkommen niedergeschmettert, und sie meinte triumphierend: »Ich habe ihn mit seinen eigenen Waffen geschlagen.«

Dieses Beispiel ist jedoch insofern untypisch, als die meisten Vergeltungsaffären ohne die Absicht eingegangen werden, sie dem Partner gegenüber zu offenbaren, denn ein großer Teil der Befriedigung, die eine solche Affäre verschafft, scheint gerade darin zu liegen, daß der Partner nichts davon weiß, so als sei dies eine schärfere Form der Vergeltung. Außerdem wissen viele Menschen intuitiv, daß sich eine Affäre, die als Racheaktion begann, als emotional und sexuell äußerst befriedigend entpuppen kann und damit das Potential zu einer längerfristigen Beziehung hat.

Affären, die vor einer Scheidung eingegangen werden, liegen wiederum andere Motive zugrunde als den oben beschriebenen. Es handelt sich dabei mehr um eine Art Test oder Übung, bevor man sich endgültig entscheidet, ob man eine Ehe, die bereits auf wackligen Füßen steht, beenden soll. Affären, die in einer solchen Situation eingegangen werden, ermöglichen dem Mann oder der Frau, mehrere kritische Fragen für sich zu klären:

1. Entgeht mir in meiner Ehe wirklich etwas, oder ist der Sex mit jemand anderem mehr oder weniger genauso wie bei uns?

2. Kann ich mit einem neuen Partner anders und besser umgehen?

3. Mit welcher Art von beziehungsspezifischen oder sexuellen Problemen werde ich nach der Scheidung konfrontiert sein?

Diese Art von außerehelichen Beziehungen kann entweder rasch die Bestätigung erbringen, daß eine Scheidung die bessere Alternative ist, oder wenn sie mit Ängsten, Unbehagen und anderen negativen Gefühlen behaftet ist, kann sie den Anstoß dafür geben, die Trennung noch einmal zu überdenken.

Bisexuelle Affären unter Männern sind etwas schwieriger einzuordnen, denn der Begriff »bisexuell« trifft auf ein so breites Spektrum männlichen Sexualverhaltens zu, daß er im Grunde eine Reihe ganz verschiedener sexueller Orientierungen umfaßt. Am einen Ende des Spektrums liegen jene verheirateten Männer, die hauptsächlich heterosexuell sind, jedoch gelegentlich gleichgeschlechtliche Sexualkontakte eingehen, um eine alternative Form der Sexualität zu erleben. Am anderen Ende des Spektrums liegen solche Männer, die zunächst heterosexuell zu sein scheinen (schließlich sind sie ja verheiratet), die aber insgeheim eindeutig homosexuell sind und die Ehe als eine Tarnung ihrer wahren sexuellen Präferenz benutzen. Ungefähr in der Mitte des Spektrums befinden sich jene Männer, auf die sich die traditionelle Definition von Bisexualität anwenden läßt, da sie sich zu Sexualpartnern beiderlei Geschlechts hingezogen fühlen.

Homosexuelle Männer, die eine heterosexuelle Ehe eingehen, können entweder sehr kurze Sexualkontakte zu anderen Männern haben oder eine längerfristige gleichgeschlechtliche Intimbeziehung unterhalten, und einige verheiratete homosexuelle Männer haben beide Arten von Affären. Die anderen bisexuellen Männer, die etwa 5 Prozent aller verheirateten Männer ausmachen, tendieren mehr zu einmaligen außerehelichen Sexualbegegnungen, wobei sie ihre Partner meistens in der Schwulen-Szene finden.

Die relativ seltenen bisexuellen Affären unter Frauen, die zur Kategorie der kurzfristigen außerehelichen Beziehungen gehören, weisen im allgemeinen eines der folgenden Erklärungsmuster auf:

1. Die Affäre wird hauptsächlich aus sexueller Neugierde eingegangen; nach kurzer Zeit verliert die verheiratete Frau dann entweder das Interesse, oder sie beschließt, die bisexuelle Beziehung zu beenden, weil sie damit nicht ihre Ehe aufs Spiel setzen will.

2. Die sexuelle Affäre hat sich aus der Freundschaft zu einer anderen Frau entwickelt. Diese neue Beziehungsform stellt sich dann als bedrohlich oder belastend für eine oder beide Beteiligten heraus, was zu ihrem Ende – und manchmal zu einer Rückkehr zu der vorherigen nichtsexuellen Freundschaft – führt.

3. Die Affäre ergibt sich unter ganz bestimmten Umständen, was sie der Kategorie der situationsspezifischen Affären zurechnen läßt. Ein Beispiel dafür ist, wenn zwei Frauen während eines gemeinsamen Urlaubs miteinander schlafen, die sexuelle Beziehung nach ihrer Rückkehr aber einstellen.

Langfristige Affären weisen ein breiteres Spektrum an Motiven auf und sind im allgemeinen komplexer als kurzfristige Fremdbeziehungen. Aus Gründen der besseren Übersichtlichkeit haben wir ihre häufigsten Erscheinungsformen in die folgenden Kategorien unterteilt: Affären zur Stabilisierung der Ehe, hedonistische Affären, kathartische Affären, Affären zum Schutz gegen allzu große Nähe, paraphile/exzentrische Affären und reaktive Affären. Damit soll nicht gesagt sein, daß jede Affäre ausschließlich einer der Charakterisierungen entspricht, denn meistens existiert in längerfristigen Sexualbeziehungen eine Mischform dieser Kategorien. Außerdem kann die Affäre von beiden Partnern ganz unterschiedlich wahrgenommen werden und für beide vollkommen unterschiedliche Bedürfnisse erfüllen, was auch davon abhängt, ob der jeweilige Partner ebenfalls verheiratet, alleinstehend oder geschieden ist.

Affären zur Stabilisierung einer Ehe sind solche, die den Beteiligten etwas geben, was ihnen bei ihren Ehepartnern fehlt. Dieses fehlende Element kann für beide Beteiligten einer Affäre identisch sein – zum Beispiel ein Bedürfnis nach sexuellen Experimenten –, aber häufiger profitieren die Partner auf unterschiedliche Art und Weise von der Verbindung. Ein weitverbreitetes Beziehungsmuster besteht darin, daß die Affäre dem Mann eine ersehnte und emotional wichtige Form von Sexualaktivität bietet (wie etwa oraler Sex), während der Frau wichtiger ist, daß sie in ihm einen guten Zuhörer und Gesprächspartner findet. Eine andere Variante davon ist der Mann, der sich eine Geliebte hält. Die Geliebte ermöglicht nicht nur eine leichte und zuverlässige Befriedigung sexueller Bedürfnisse – was den Mann von der Notwendigkeit befreit, sich immer wieder eine neue Sexualpartnerin suchen zu müssen –, sondern meistens erfüllt sie darüber hinaus noch andere Funktionen, indem sie dem Mann zum Beispiel das Gefühl vermittelt, von ihr bedingungslos akzeptiert zu werden, gleichgültig wie langweilig oder egozentrisch er in Wirklichkeit sein mag. Als Gegenleistung erhält sie von ihm die eine oder andere Art von finanzieller Unterstützung, indem er zum Beispiel ihre Miete bezahlt, ihr regelmäßig teure Geschenke macht oder sie gelegentlich auf Geschäftsreisen mitnimmt. Solche Beziehungen können sich manchmal zu eheähnlichen Verbindungen entwickeln, die ihre eigene positive und negative Dynamik haben, und manchmal sind es auch Beziehungen von beträchtlicher Intimität, ohne daß sie jemals die Form von Verbindlichkeit oder Verantwortung annehmen, die mit einer Ehe oder konventionellen Zweierbeziehung verbunden ist.

Obwohl man gemeinhin annimmt, daß die Ehe durch eine Affäre zwangsläufig gefährdet wird, gibt es zahlreiche Fälle, in denen sie sich stabilisierend auf die eheliche Beziehung auswirkt, auch wenn damit sicher ein gewisses Risiko verbunden ist, da sie nicht immer so verläuft wie geplant.

Hedonistische Affären sind mehr oder weniger ausschließlich auf die sexuelle und sinnliche Komponente beschränkt und stellen somit ein gutes Beispiel für das von Freud so bezeichnete Lustprinzip dar. Sie führen nur selten zu emotionalen Bindungen und gehen sehr viel weniger als andere Affären mit Schuldgefühlen und Ambivalenzen einher. Für diejenigen, die Sex als eine Form von Ausgleich und Entspannung betrachten – und das meinen wir durchaus nicht negativ –, sind solche Affären genau das Richtige, denn sie bieten ihnen die Gelegenheit zur kreativ-spielerischen Bedürfnisbefriedigung, zur Flucht aus dem Alltagstrott und steigern ihr Sinnlichkeitspotential. Die Partner in einer hedonistischen Affäre sind meistens sehr großzügige und tolerante Persönlichkeiten, die häufig auch glückliche und sexuell befriedigende Ehen führen.

Eine kathartische Affäre erlaubt einem der Partner bestimmte Gefühle auszuleben oder über belastende beziehungsweise ungelöste Probleme zu reden, die in seiner oder ihrer Ehe nicht wahrgenommen oder angemessen behandelt werden. Dabei übernimmt der andere Partner häufig eine pseudo-therapeutische Funktion, ohne daß es ihm oder ihr bewußt sein muß. Im Gegensatz zu einem wirklichen Therapeuten soll der Partner jedoch keine objektiven Ratschläge erteilen, sondern nur ein vollkommen verständnisvoller und teilnehmender Zuhörer für die Nöte und Probleme des anderen sein.

Fremdbeziehungen, die zum Schutz gegen allzu große Nähe innerhalb der Ehe eingegangen werden, dienen als eine Art Puffer, indem die außereheliche Sexualbeziehung eine Sicherheitszone der emotionalen Distanz erzeugt, die helfen kann, das eigene oder vom Ehepartner geforderte Maß an Nähe zu regulieren. Wenn allzu große Nähe innerhalb der Ehe Spannungen, Ambivalenzen und Ängste auslöst, lassen sich diese Gefühle durch eine Fremdbeziehung entschärfen, und ist dagegen in der Ehe wieder genügend emotionaler Freiraum entstanden, kann die Affäre – wenn auch vielleicht nur kurzfristig – an Wichtigkeit verlieren.

Paraphile/exzentrische Affären machen nur einen geringen Teil, nämlich weniger als 1 Prozent, der außerehelichen Beziehungen aus. In ihnen ergänzen sich die Partner in ihren unkonventionellen sexuellen Bedürfnissen oder tolerieren sie zumindest gegenseitig. Ein Beispiel dafür ist, wenn ein Masochist einen attraktiven Sadisten zum Partner findet. Auch zwei Menschen, die bereit sind, ihre paraphilen Wunschvorstellungen miteinander auszuleben, können eine solche Affäre eingehen, und zwar weniger, weil sie die gleichen Phantasien haben, sondern weil sie den Bedürfnissen des anderen gegenüber aufgeschlossener und toleranter sind als die jeweiligen Ehepartner. In einem von uns untersuchten Fall wurde der Mann besonders erregt, wenn er von einer Frau gedemütigt oder erniedrigt wurde. Nachdem er lange nach einer passenden Partnerin gesucht hatte, ging er eine Beziehung mit einer Frau ein, die bereit war, ihm diese Wünsche zu erfüllen, wenn er dafür in der Öffentlichkeit Sex mit ihr hatte – im Sportstadion während eines Baseballspiels, hinter den Regalen einer Bücherei, unter einer Decke am Strand – und die einzige Sorge, die beide dabei hatten, war, daß sie während eines ihrer erotischen Abenteuer ihren Ehepartnern begegnen könnten.

Reaktive Affären werden durch das Bedürfnis ausgelöst, sich im Licht veränderter Lebensumstände neu zu definieren oder zu bestätigen. Hierfür ist die Midlife-crisis des Mannes eines der am weitesten verbreiteten Beispiele, da Männer in dieser Zeit häufig ihre Vitalität und Attraktivität in Frage stellen und versuchen, sich ihre Jugendlichkeit zu »beweisen«, indem sie eine sexuelle Beziehung mit einer jüngeren Partnerin eingehen.

Ein ähnliches Beispiel, das ebenfalls im Zusammenhang mit einer veränderten Selbstwahrnehmung auftritt, besteht darin, daß eine Frau, deren Leben hauptsächlich um die Mutterschaft zentriert war, plötzlich mit einer emotionalen Leere konfrontiert ist, nachdem ihre Kinder erwachsen sind und das Haus verlassen haben. Mit dem daraus resultierenden Maß an freier Zeit, einem fehlenden Mittelpunkt und dem Wunsch, ihr Leben neu zu definieren, geschieht es nicht selten, daß die Frau ihre Sexualität entdeckt und eine für sie emotional befriedigende außereheliche Beziehung eingeht. Manchmal tritt dieses Phänomen während der Menopause auf, einer Zeit, die an sich schon eine Selbstüberprüfung und die Suche nach einer neuen Identität auslösen kann, selbst wenn diese Identität nur heimlich gelebt wird und sogar den für die Frau bisher gültigen sexuellen Werten widerspricht. Hinzu kommt, daß Frauen häufig erst in ihren mittleren Erwachsenenjahren ein bewußtes Verhältnis zu ihrer Sexualität entwickeln, also zu einem Zeitpunkt, an dem die Intensität des Sexualverlangens und der sexuellen Leistungsfähigkeit vieler Ehemänner nachzulassen beginnt. Reaktive Affären können aber auch in jüngeren Jahren eingegangen werden, zum Beispiel, wenn eine Frau mit kleinen Kindern damit gegen ihre Mutterrolle rebelliert. Eine weitere Variante solcher Affären entsteht als Reaktion auf einen Schicksalsschlag, wie zum Beispiel eine schwere und lange Erkrankung des Partners. Hier dient die Affäre als Ausgleich für den gesunden Partner, und zwar nicht nur im Sinne der Befreiung von sexuellen Spannungen, sondern auch indem sie die Möglichkeit bietet, der mit der Pflege des kranken Partners verbundenen Verantwortung zu entfliehen.

Wenn eine Frau eine langfristige außereheliche Beziehung mit einer anderen Frau hat, gehört dies ebenfalls häufig zur Kategorie der reaktiven Affären. Solche Beziehungen entstehen zum Beispiel, wenn eine Frau weiß, daß sie sich von ihrem Mann scheiden lassen wird, um in einer lesbischen Beziehung zu leben, aber beschließt, die Ehe noch aufrechtzuerhalten, bis die Kinder erwachsen sind. Bei anderen Frauen entsteht die Affäre als Konsequenz daraus, daß sie zu der Überzeugung gelangt sind, bisexuell zu sein. Dabei können sie sich in einer heterosexuellen Ehe durchaus wohl fühlen, sehen die langfristige außereheliche Beziehung zu einer Frau aber als Ausdruck ihrer neuen bisexuellen Identität und als eine Möglichkeit der alternativen emotionalen Bedürfnisbefriedigung.

Wodurch werden Affären ausgelöst?

Unserer Ansicht nach besteht der Hauptunterschied zwischen Männern und Frauen in ihren Beweggründen für das Eingehen einer Affäre darin, daß Männer damit eher das Bedürfnis nach sexueller Abwechslung und Erlebnissteigerung verbinden, während es den Frauen im allgemeinen eher um den emotionalen Gewinn geht.

Natürlich gehen Frauen aus einer Reihe verschiedener Gründe Fremdbeziehungen ein, aber die große Mehrheit der Befragten erklärt ihre Affären damit, daß ihre Ehe emotional unbefriedigend sei. Einigen Frauen verschafft eine Affäre das Gefühl, geliebt und gebraucht zu werden, wogegen sie von ihren Ehemännern den Eindruck haben, daß sie es für selbstverständlich halten, wenn sie sich bemühen, auf ihre sexuellen Bedürfnisse einzugehen, begehrenswert und attraktiv zu sein. Mit anderen Worten, diese Frauen fühlen sich nicht geschätzt, und zwar weder in sexueller noch in emotionaler Hinsicht, was uns eine 38jährige verheiratete Frau so beschrieben hat:

Tom hat vor ein paar Jahren beschlossen, daß ich keine gute Sexualpartnerin für ihn bin. Wenn wir oralen Sex hatten, sagte er mir, ich würde es nicht richtig machen. Hatten wir Geschlechtsverkehr, war ich ihm zu langsam oder zu wenig leidenschaftlich. Oft hat er auch zu mir gesagt, ich hätte Glück, daß ich ihn zum Mann hätte, denn andere Männer würden sich niemals sexuell für mich interessieren. Dabei hatte er keine Ahnung, daß alle drei Männer, mit denen ich während der letzten Jahre eine Affäre hatte, das ganz anders gesehen haben und mir erklärten, daß ich im Bett einfach phantastisch wäre und der Sex mit mir das Aufregendste wäre, was sie je erlebt haben.

Für viele Frauen stellt eine außereheliche Beziehung einen Kompromiß dar, den sie – wenn auch unbewußt – eingehen, um für ihre sexuelle Bereitschaft ein Gefühl zu erhalten, das ihnen ansonsten fehlt, oder, wie es eine Frau uns gegenüber ausgedrückt hat: »Ich gebe 30 Minuten im Bett dafür, eine ganze Woche lang das Gefühl zu haben, begehrt zu sein, und ich finde, das ist kein schlechter Tausch.« Die außerehelichen Partner dieser Frauen begreifen im allgemeinen sehr schnell die Spielregeln (die übrigens in den meisten Fällen von den Frauen aufgestellt werden) und akzeptieren die von ihnen erwartete Rolle des aufmerksamen und liebevollen Zuhörers, selbst wenn die gemeinsame Zeit ausgesprochen begrenzt ist. Männer, denen es nicht gelingt, diese Bedürfnisse in ihrer außerehelichen Partnerin zu befriedigen, müssen sich meistens mit kurzfristigen Sexbeziehungen zufrieden geben, während jene, die imstande sind, die emotionalen Bedürfnisse ihrer Partnerin zu verstehen und zu erfüllen, die Affäre über einen langen Zeitraum hinweg aufrechterhalten können.

Es gibt auch viele Frauen, die eine außereheliche Beziehung eingehen, um ihren Ehemännern etwas heimzuzahlen. Dieses Motiv tritt scheinbar beinahe ausschließlich bei Frauen auf (zumindest unter Heterosexuellen), denn in den vier Jahrzehnten unserer Arbeit als Sexualforscher sind uns nur wenige Fälle begegnet, in denen der Mann eine Affäre einging, um seine Ehepartnerin für etwas zu bestrafen, während fast ein Drittel der verheirateten Frauen Rache als Grund für ihre außereheliche Beziehung angaben. Zweifellos ist die Entdeckung der Untreue des Mannes der am weitesten verbreitete Faktor bei solchen Affären, wie die folgenden Beispiele verdeutlichen:

Eine 29jährige Computer-Programmiererin: In acht Ehejahren habe ich nie auch nur mit einem anderen Mann geflirtet, denn was mich betraf, war unsere Ehe fast vollkommen glücklich. Aber dann fand ich heraus, daß Dave seit mehr als zwei Jahren eine Affäre mit seiner Sekretärin hatte. Das hat mich so über alle Maßen wütend gemacht, daß ich allein in eine Bar ging, als er das nächste Mal geschäftlich unterwegs war, und mich von einem Vertreter abschleppen ließ. Als wir dann miteinander geschlafen haben, habe ich die ganze Zeit bloß gedacht: »Ich zahle es diesem Dreckskerl heim!«

Eine 33jährige Lehrerin: Ich wurde in dem Glauben erzogen, daß Ehebruch eine Sünde sei, und als Mutter von zwei Töchtern war eine Affäre ohnehin das Letzte, woran ich dachte. Aber als ich nach siebenjähriger Ehe feststellte, daß mein Mann mit anderen Frauen schlief, habe ich aus Rache seinen besten Freund verführt und dafür gesorgt, daß er davon erfuhr. Danach hatte ich das Gefühl, daß wir quitt waren.

Eine 42jährige Krankenschwester: Ich weiß, das klingt schockierend für die Frau eines Geistlichen, und ich kann es selbst kaum glauben, weil es überhaupt nicht zu meinem Charakter paßt, aber als John mir gestand, daß er mit einigen Frauen aus seiner Gemeinde geschlafen hat, ist etwas in mir zerbrochen, und als Racheakt habe ich angefangen, mit anderen Männern ins Bett zu gehen. Mir ist nichts anderes eingefallen, um ihn ebenso zu verletzen, wie er mich verletzt hat.

Frauen gehen aber auch Affären ein, um sich aus anderen Gründen an ihren Ehepartnern zu rächen, etwa, weil sie sich von ihnen ignoriert oder vernachlässigt fühlen, wie das folgende Beispiel zeigt:

Eine 28jährige Bibliothekarin: Ich weiß noch genau, warum ich anfing, Affären zu haben. Ted hatte sein Jurastudium beendet und mit seiner Arbeit in einer renommierten Anwaltskanzlei begonnen. Er wollte dort unbedingt Karriere machen und Partner werden und hat deshalb wie besessen gearbeitet. Es kam oft vor, daß er erst spät in der Nacht heimkam, und die meisten Wochenenden hat er ebenfalls in der Kanzlei verbracht. Obwohl wir oft darüber diskutiert haben und ich ihm gesagt habe, wie unglücklich mich das macht, hat er sich geweigert, sein Verhalten zu ändern. Deshalb habe ich mich mit anderen Männern getroffen und dabei jedesmal gedacht: »Du Trottel, während du damit beschäftigt bist, Karriere zu machen, läßt sich deine Frau ficken.« Die Ironie von der Geschichte war, daß Ted nie zum Partner ernannt wurde und mir meine kleinen Abenteuer nie besonders viel Spaß gemacht haben.

In anderen Fällen benutzen verheiratete Frauen eine außereheliche Beziehung, um sich für tiefere Verletzungen zu rächen. So haben zum Beispiel Frauen, die von ihren Ehepartnern körperlich mißhandelt werden, nicht selten Affären, wobei jedoch hinzugefügt werden sollte, daß es in dieser Situation für die Frau sehr viel riskanter ist, daß der Ehemann von der Beziehung erfährt, da er sie für diese Form der Auflehnung wahrscheinlich umso brutaler mißhandelt. In solchen Fällen kann man davon ausgehen, daß es der Frau nicht im geringsten um die sexuelle Befriedigung geht, sondern darum, ihren Ehemann lächerlich zu machen oder in seiner Männlichkeit zu demütigen, indem sie die Kontrolle übernimmt.

Es ist übrigens bemerkenswert, daß in einer Affäre, bei der beide Partner verheiratet sind, meistens die Frau diejenige ist, die den Verlauf der Beziehung bestimmt. (Dagegen liegt die Kontrolle meistens beim Mann, wenn er verheiratet und seine Partnerin alleinstehend ist, und zwar nicht nur in organisatorischer Hinsicht, sondern besonders in seiner Entscheidung, ob er seine Frau verläßt oder nicht). Zunächst entscheidet meistens die Frau, ob die Affäre überhaupt beginnt, auch wenn sie ursprünglich durch den Mann initiiert wurde. (Und in vielen Fällen ist die Frau die Verführerin und nicht die Verführte.) Wurde die Beziehung dann einmal begonnen, entscheidet für gewöhnlich die Frau, wie oft, wann, wo und unter welchen Bedingungen sie fortgeführt wird, und ebenso wird meistens die Art der sexuellen Aktivitäten eher von der Frau als vom Mann bestimmt.

Während zweifellos die meisten Männer eine Affäre eingehen, weil sie mit ihren Ehepartnerinnen entweder sexuell unzufrieden sind oder eine andere Form der sexuellen Befriedigung suchen, trifft dieses Motiv bei Frauen weniger häufig zu. So sagten zum Beispiel in einer von Diane Grosskopf unter 1 207 verheirateten Frauen durchgeführten Umfrage zwei Drittel von den 516 Frauen, die außereheliche Affären hatten, sie seien bei ihren Liebhabern sexuell *nicht* entspannter und experimentierfreudiger als bei ihren Ehemännern, und nur 38 Prozent gaben an, für sie sei die sexuelle Erfüllung das Wichtigste an einer Affäre.

Wir wollen jedoch nicht bestreiten, daß sich eine heimliche Beziehung durchaus stimulierend und intensivierend auf das Sexualleben des jeweiligen Partners auswirken kann. Das hängt damit zusammen, daß sie mit dem Reiz des Verbotenen behaftet ist, und außerdem ist ein neuer Partner meistens sexuell aufregender, obwohl sich dieser Effekt sowohl bei Männern als auch Frauen ziemlich rasch abnutzt. Außerdem sind die beiden Partner einer Fremdbeziehung mit Sicherheit eher bereit, mit verschiedenen sexuellen Praktiken, Positionen und Szenarien zu experimentieren als in ihrer Ehe. (Dieses Phänomen läßt sich teilweise darauf zurückführen, daß Männer, die ihre sexuelle Erfüllung in der Ehe finden und nicht auf der Suche nach etwas Neuem und anderem sind, im allgemeinen keine Affären eingehen.)

Allerdings stellen viele Frauen, manchmal zu ihrer großen Überraschung fest, daß ihnen die Affäre ein Gefühl von Stärke und Macht verleiht, das ihnen vorher gefehlt hat. Diese Steigerung des Selbstbewußtseins ergibt sich hauptsächlich aus vier verschiedenen Faktoren: Erstens ersetzt das Element der aktiven Wahl die in vielen Ehen erlebte sexuelle Monotonie und Pflichterfüllung. Zweitens wird die in eine Affäre involvierte verheiratete Frau von ihrem Partner mit einem Maß an Aufmerksamkeit und Zuwendung bedacht, das ihr das Gefühl gibt, etwas ganz Besonderes zu sein und gebraucht zu werden. Das trifft sogar dann zu, wenn die Affäre weniger romantisch, sondern rein sexuell definiert ist, denn es ist leichter, die Verliebtheit in eine relativ unkomplizierte Verbindung hineinzudeuten, als sie in einem Beziehungsalltag zu empfinden, bei dem es sich in erster Linie darum dreht, die Kinder zu versorgen, Rechnungen zu bezahlen, einen Haushalt zu führen und Geld zu verdienen. Drittens vermittelt eine Affäre der Frau fast immer das Gefühl, besonders attraktiv und begehrenswert zu sein. Und viertens bietet eine Affäre der verheirateten Frau eine alternative Lebenswirklichkeit, in der sie über ihre alten Rollen hinauswachsen und, wenn auch nur für kurze Zeit, neue Möglichkeiten der Selbstverwirklichung und der veränderten Verhaltensmuster ausprobieren kann.

Eine andere Ursache für das gesteigerte Selbstbewußtsein, das Frauen aus einer Affäre beziehen, ist die Entdeckung, daß sie sexuell reaktiver sind, als sie gedacht hatten. Das ist häufig der Fall bei solchen Frauen, die Affären eingehen, weil sie sich in ihrer Ehe sexuell unbefriedigt fühlen. Angesichts der zahlreichen Gründe für diese Frustration – etwa ein sexuell dysfunktionaler, gehemmter, ungeschickter oder desinteressierter Ehepartner – ist es kaum verwunderlich, daß sich diese Frauen nach einem körperlich stimulierenderen Partner umsehen, wie die folgenden Kommentare zeigen:

Eine 34jährige Geschäftsfrau: Für meinen Mann ist Sex eine Art 100-Meter-Lauf: Für ihn zählt nur, daß er möglichst schnell ans Ziel kommt, und wie ich mich dabei fühle oder wie ich reagiere, ist ihm vollkommen gleichgültig.
Eine 29jährige Ärztin: Mein Mann ist wirklich lieb und nett, und im Grunde sind wir auch glücklich miteinander, aber unser Sexualleben kann ich nur als langweilig bezeichnen. Egal, wie oft ich versucht habe, ihm zu zeigen oder zu sagen, was ich mag, er verfällt jedesmal in die gleiche Routine, und ich bleibe auf dem trockenen. Das mag sich zwar schockierend anhören, aber seit ich eine Affäre mit einem ehemaligen Schulfreund angefangen habe und die sexuelle Stimulation bekomme, die ich brauche, geht es mir sehr viel besser.
Eine 48jährige Hausfrau: Mein Mann ist ein erfolgreicher Wirtschaftsprüfer, ein guter Vater und liebevoller Partner, aber wenn wir miteinander schlafen, macht er es wie mit seiner Buchhaltung: Er ist präzise, mechanisch und alles andere als aufregend. Ich habe festgestellt, daß ich damit leben kann, solange

ich einen Liebhaber finde, der mir meine sexuellen Bedürfnisse mit etwas mehr Leidenschaft erfüllt. Mein derzeitiger ist fast zehn Jahre jünger als ich, und ich lasse ihn in dem Glauben, daß er mich verführt hat!

Während amerikanische Männer im allgemeinen wenig Schuldgefühle wegen einer außerehelichen Sexualbeziehung haben (die meisten der von uns befragten Männer schienen sogar ganz stolz darauf zu sein), bedeutet eine Affäre für die Frauen ein sehr viel größeres Problem. Meistens haben sie so starke Schuldgefühle, daß sie in einem Viertel der Fälle die Fremdbeziehung deswegen beenden, selbst wenn sie physisch und psychisch äußerst befriedigend für sie war. Das heißt, ihre Scham und Ambivalenz, die für gewöhnlich aus dem Bewußtsein herrühren, den Ehemann zu betrügen, überwiegen ihren Lustgewinn. Manchmal scheint auch der sexuelle und psychische Genuß selbst die Ursache für das schlechte Gewissen zu sein, denn die amerikanischen Frauen sind sehr geübt darin, sich dafür zu bestrafen, daß sie sich gut fühlen.

Männer hingegen beenden eine Affäre nur selten aus Gewissensgründen. Wenn sie es nicht tun, weil sie das Interesse verloren oder eine neue außereheliche Sexualpartnerin gefunden haben, geschieht es meistens, weil sie Angst haben, daß die Ehefrau hinter ihre heimlichen Aktivitäten kommen könnte oder weil sie sich nicht länger den Anforderungen eines außerehelichen Sexuallebens gewachsen fühlen. Schuldgefühle spielen dabei kaum eine Rolle, denn auch wenn Männer gelegentlich äußern, sie fühlten sich unbehaglich, weil sie ihre Frauen hintergehen, finden sie im allgemeinen leicht einen Grund, um ihre Untreue zu rechtfertigen: »Ich fühle mich dadurch jünger.« – »Es hält unsere Ehe zusammen.« – »Die Affäre hilft mir, Streß abzubauen.« – »Meine Geliebte tut Dinge, die meine Frau nicht machen will.« Dabei zeigt sich, daß eventuell vorhandene Schuldgefühle von Männern, die außereheliche Beziehungen unterhalten, weitgehend durch ihre libidinöse Befriedigung kompensiert werden.

Neben vielen möglichen Erklärungen für diesen geschlechtsspezifischen Unterschied im Umgang mit einer Affäre sehen wir ein Schlüsselelement dafür in der in Amerika immer noch vorherrschenden sexuellen Doppelmoral. Ebenso wie die sexuelle Aktivität bei männlichen Jugendlichen eher akzeptiert wird als bei Mädchen, wird dem erwachsenen Mann selbstverständlich das Privileg zugestanden, außereheliche Beziehungen zu haben, während von der Frau nach wie vor eheliche Treue erwartet wird. Wenn ein verheirateter Mann als Frauenheld gilt, ist damit nicht automatisch ein moralisches Werturteil verbunden, aber eine verheiratete Frau, die mit anderen Männern ins Bett geht, wird sehr viel strenger beurteilt. Das zeigt sich auch in der Sprache, in der es für einen Mann keinen vergleichbar verunglimpfenden Ausdruck gibt wie »Schlampe«.

516

Männer zeigen ein überraschend einheitliches Erklärungsmuster für das Eingehen außerehelicher Sexualbeziehungen, nämlich die Suche nach sexueller Abwechslung und Erlebnissteigerung. Das zeigte sich auch bei einer von uns durchgeführten Befragung unter 200 verheirateten Männern, die Affären hatten, von denen 87 Prozent aussagten, daß ihre Gründe hauptsächlich sexuell bedingt seien. Die angegebenen Motive, die in einigen Fällen in zwei oder mehr Kategorien fielen, ließen sich wie folgt aufgliedern:

Sexuelle Abwechslung und Erlebnissteigerung: 74 Prozent
Eine größere Häufigkeit der sexuellen Aktivität: 59 Prozent
Eine bestimmte Art der sexuellen Stimulation, der sich die Ehefrau
    verweigert: 31 Prozent
Eine attraktivere oder jüngere Partnerin: 28 Prozent
Der Versuch, eine sexuelle Dysfunktion in den Griff zu bekommen
    (das heißt, um herauszufinden, ob sie partnerspezifisch ist oder »geheilt«
    werden kann): 12 Prozent
Eine körperliche Behinderung der Ehefrau: 2 Prozent
Sex mit einem anderen Mann: 2 Prozent

Hier sind zwei typische Kommentare, die wir in diesem Zusammenhang gehört haben:

Ein 29jähriger Börsenmakler: Es ist nicht so, daß es in meiner Ehe nicht mehr stimmt, und auch der Sex mit meiner Frau ist nicht schlecht, aber er ist einfach nicht mehr so aufregend wie früher. Außerehelicher Sex bietet mir genau diesen Kick, den ich in meiner Ehe vermisse, und solange meine Frau nichts davon weiß, ist es in gewisser Hinsicht auch gut für unsere Beziehung, weil ich dadurch ein zufriedenerer und ausgeglichenerer Mensch bin.
Ein 46jähriger Anwalt: Ich bin seit 23 Jahren verheiratet, und in dieser Zeit hatte ich immer nur die gleiche Art von Sex. Schließlich habe ich mir gedacht, da muß es doch noch etwas anderes geben, und ich hatte recht. Ich habe genau das gefunden, was ich suchte: eine Geliebte, die zehn Jahre jünger ist als meine Frau und die phantastischen oralen Sex macht.

Es gibt nur sehr wenige Männer, die aus nichtsexuellen Gründen eine Affäre eingehen wollen. Zwar kann ihre sexuelle Beziehung auch zu einem gefühlsbedingten Engagement führen – schließlich ist es nicht immer leicht, die Sexualität von der Intimität zu trennen –, aber die emotionale Bindung scheint für Männer bei einer Affäre nur sekundär zu sein.

Merkmale der außerehelichen Sexualität

Die meisten verheirateten Paare sagen, sie glauben an das Ideal der Monogamie, aber viele leben nicht danach. Auch wenn das Datenmaterial nicht sehr eindeutig ist, da die verschiedenen statistischen Studien zu den unterschiedlichsten Resultaten gelangt sind, wonach 26 bis 66 Prozent der verheirateten amerikanischen Männer und 18 bis 69 Prozent der amerikanischen Ehefrauen außereheliche Sexualerfahrungen haben, kann man davon ausgehen, daß außereheliche Sexualität etwas ziemlich Alltägliches ist.

Ebenso wie für viele andere Aspekte der Sexualität gilt jedoch auch für außereheliche Sexualbeziehungen, daß sie sich nicht auf eine bestimmte Form, Funktion oder Bedeutung festlegen lassen. So gibt es zum Beispiel außereheliche Beziehungen, in denen ein hohes Maß an Intimität vorherrscht, aber kein sexueller Kontakt stattfindet. Solche Beziehungen, die natürlich in erster Linie auf der emotionalen Nähe und Verbundenheit beruhen, sind zwar nur eine – wenn auch besonders intensive – Form von Freundschaft, dennoch können sie beim Ehepartner starke Eifersuchtsgefühle auslösen. Der Grund dafür liegt möglicherweise darin, daß es dem Ehepartner schwerfällt zu glauben, daß in der Fremdbeziehung tatsächlich kein Sex stattfindet, beziehungsweise darin, daß die sexuelle Komponente in solchen Beziehungen immer latent vorhanden bleibt.

Das gegenteilige Extrem der außerehelichen Beziehungen sind solche, in denen die Sexualität in der Ehe vollkommen durch den außerehelichen Sex ersetzt wird. Abgesehen von jenen Fällen, in denen diese Situation die Folge ganz bestimmter Umstände ist, wie etwa einer schweren Krankheit des Ehepartners oder einer längeren räumlichen Trennung, gibt es Ehen, in denen sie auf einer Übereinkunft zwischen beiden Partnern beruht. Das kann zum Beispiel der Fall sein, wenn bei einem der Ehepartner eine chronische Sexualdysfunktion wie Vaginismus oder primäre Impotenz vorliegt oder wenn einer der Partner eine Sexualaversion hat. In anderen Fällen verhält es sich so, daß einer der Partner kein Interesse an Sex hat, aber akzeptiert, daß der andere seine sexuellen Bedürfnisse außerhalb der Ehe auslebt. Eine Variante davon ist die Ehe zwischen einem homosexuellen Mann und einer heterosexuellen Frau, in der beide vereinbaren, daß der Mann neben der Ehe homosexuelle Kontakte oder Beziehungen unterhalten und die Frau ebenfalls Affären haben kann.

Aber auch wenn es zwischen diesen Extremen noch weitere gravierende Unterschiede in der Art von außerehelichen Beziehungen gibt, haben die meisten ein gemeinsames Merkmal, nämlich das der Täuschung des Ehepartners. Und das auch ist der Grund, warum außerehelicher Sex für viele Paare problematisch wird.

Bevor wir uns eingehender mit dieser Problematik befassen, wollen wir kurz auf die Begriffe eingehen, die viele Menschen im Zusammenhang mit diesem Thema verwenden. Worte wie »Untreue« oder »Betrug« sind stark wertend und weisen der außerehelichen Sexualität automatisch eine Bedeutung zu, die die Möglichkeit einer positiven Betrachtungsweise ausschließt. Wir hingegen halten die außereheliche Sexualität nicht grundsätzlich für zerstörerisch, auch wenn uns durchaus bewußt ist, daß sie zu einem heiklen und manchmal explosiven Problem werden kann. Trotzdem gibt es einige Situationen, in denen die positiven Aspekte einer Affäre überwiegen. Dazu nur einige Beispiele:

1. Außereheliche Beziehungen können dazu beitragen, die sexuellen Spannungen und damit auch andere Konflikte innerhalb der Ehe abzubauen.

2. Affären können sich als ein Zuwachs an Selbsterfahrung und Reife erweisen.

3. Da Affären sexuell und emotional nicht immer befriedigender sind als die Ehe, können sie dem Partner dazu verhelfen, die Qualität seiner oder ihrer ehelichen Beziehung besser würdigen zu können.

4. Paradoxerweise führen Affären manchmal zu einer Bereicherung des ehelichen Sexuallebens und können damit zu einem höheren Maß an Zufriedenheit beitragen.

Unsere Bereitschaft, auch die positiven Seiten einer außerehelichen Beziehung zu sehen, soll aber nicht so verstanden werden, als ob wir dieses Verhalten grundsätzlich billigen, denn wir sind davon überzeugt, daß die Nachteile der außerehelichen Sexualität alles in allem schwerer wiegen als ihre potentiellen Vorteile.

Um auf das den meisten außerehelichen Beziehungen anhaftende Merkmal der Täuschung zurückzukommen, so haben wir festgestellt, daß es zahlreiche (und häufig unerwartete) Komplikationen mit sich bringt. Da ist zunächst das beträchtliche Risiko, daß die außerehelichen Aktivitäten vom Ehepartner entdeckt werden könnten, was in einer erstaunlich hohen Zahl von Fällen tatsächlich geschieht und eine starke Gefährdung des ehelichen Vertrauens und der Intimität darstellt. Die Ehepartner reagieren auf die Entdeckung einer Affäre nur selten gelassen (es sei denn, sie haben selbst außereheliche Sexualkontakte), sondern meistens mit Entsetzen und Empörung, und häufig wird dadurch eine Reihe negativer Konsequenzen ausgelöst, die das Eheleben lange Zeit unterschwellig beeinflussen. So ist der unbewältigt gebliebene Schmerz oder Zorn über die Affäre(n) des Ehepartners häufig ein wichtiges Thema in einer Einzel- oder Paartherapie, selbst wenn das Ereignis lange Zeit zurückliegt. Für manche Menschen bedeutet das Fremdgehen des Partners eine so tiefe Verletzung ihrer moralischen oder religiösen Prinzipien, daß die Ehe daran zerbricht. Bei anderen Paaren hat das Problem, das mit der Entdeckung der außerehelichen Aktivitäten des Partners entsteht, nichts mit moralischen oder religiösen Überzeugungen zu tun, sondern ist allein in den Auswirkungen auf die eheliche Beziehung begründet. Darüber hinaus wird die Existenz einer aktuellen oder vergangenen Affäre manchmal der ganzen Familie, einschließlich der Kinder, bekannt, und man muß kein Kinderpsychologe sein, um zu begreifen, daß dies fast immer schädliche Auswirkungen hat.

Ein 33jähriger Mann, der seit fünf Jahren verheiratet war, sagte uns:»Als ich herausfand, daß Lauren eine Beziehung hat, fühlte ich mich, als wäre ich vergewaltigt worden.« Dieser Kommentar weist auf einen anderen negativen Aspekt der Entdeckung einer Affäre hin: Der Ehepartner wird zum Leidtragenden eines Ereignisses gemacht, ohne daß er oder sie die Chance gehabt hätte, sich auf diese Situation vorzubereiten oder sie zu vermeiden. Das ist nicht nur eine Sache der Fairneß oder gleichen Rechte – obwohl einige Ehepartner dies so betrachten mögen (»Wenn ich gewußt hätte, was dieser Dreckskerl hinter meinem Rücken treibt, hätte ich mir selbst auch ein bißchen Spaß gegönnt«). Neben der Tatsache, daß die Gefühle der Ehepartner verletzt und ihr Vertrauen mißbraucht wurden, können sie noch in mancherlei anderer Hinsicht zum Leidtragenden werden. Zum Beispiel wurden sie möglicherweise dem in außerehelichen Beziehungen nicht unerheblichen Ansteckungsrisiko einer sexuell übertragbaren Krankheit ausgesetzt. Sie können auch finanziell geschädigt worden sein, indem der in eine Affäre involvierte Partner Hotelzimmer, teure Restaurants, Wochenendreisen oder Geschenke bezahlt oder sogar regelmäßig hohe Summen für Miete und Unterhalt des außerehelichen Partners ausgegeben hat. Hinzu kommt, daß die Ehepartner entmündigt wurden, indem ihnen auf einseitige und eigennützige Art und Weise ein beträchtliches Maß an Kontrolle innerhalb der Ehe entzogen wurde.

Der in der Natur jeder Affäre (mit Ausnahme der einverständlichen) liegende Egoismus ist eines ihrer Hauptmerkmale, das im wesentlichen zu den negativen Auswirkungen beiträgt. Zwar ist ein gewisser Egoismus nicht immer nachteilig für eine gute Ehe oder befriedigenden Sex, wenn er aber heimlich von einem Partner ausgelebt wird, der gleichzeitig vorgibt, selbstlos liebend, rücksichtsvoll und monogam zu sein, wird er zu einer Art Diebstahl an dem ehelichen Konsens des gegenseitigen Vertrauens und der Verletzbarkeit. Dieser Konsens besteht hauptsächlich in der Annahme, daß keiner der Partner den anderen bewußt verletzen wird. Mit anderen Worten, zerstörerisch wirkt nicht so sehr der außereheliche Sex wie die gewissenlose Falschheit des Verhaltens. Möglicherweise ist das auch der Grund, warum in früheren Zeiten viele Ehefrauen die Bordellbesuche ihrer Männer relativ gelassen hingenommen haben, da mit dieser Form der außerehelichen Sexualität kaum das Risiko eines emotionalen Engagements verbunden und die sexuelle Aktivität an sich nicht bedrohlich für sie war.

Vorurteile und Fakten über außereheliche Sexualität

In der sozialwissenschaftlichen Fachliteratur herrscht weitgehende Einigkeit über folgende Punkte: Verheiratete Männer sind weniger monogam als verheiratete Frauen, obwohl sich diese Differenz zwischen den Geschlechtern während der letzten Jahrzehnte stark verringert hat. (Das könnte damit zusammenhängen, daß Frauen seit den vergangenen 25 Jahren allgemein emanzipierter wurden und durch ihre zunehmende Berufstätigkeit häufiger mit anderen Männern in Berührung kommen.) Verheiratete Männer haben eine größere Zahl an außerehelichen Partnern als verheiratete Frauen. Die meisten außerehelichen Beziehungen werden heimlich unterhalten und lösen, wenn der Ehepartner dahinterkommt, in der Regel starke Spannungen und Konflikte aus. Abgesehen davon gibt es zu diesem Thema jedoch eine solche Vielzahl an verschiedenen Theorien und Erklärungsansätzen, daß wir es für sinnvoll halten, im Folgenden einen kurzen Überblick über die gängigsten Vorurteile zu geben und sie den entsprechenden Fakten gegenüberzustellen.

1. Vorurteil: *Außereheliche Affären sind das Zeichen einer unglücklichen oder gestörten Ehe.* Fakt: Das Forschungsmaterial hat keinen überzeugenden Beweis dafür erbracht, daß Menschen aus ehelicher Unzufriedenheit nach einem außerehelichen Beziehungspartner suchen. Allerdings sind Partner, die bereits beschlossen haben, sich scheiden zu lassen, natürlich weit eher bereit, eine Affäre einzugehen, als sie es zu glücklicheren Zeiten ihrer Ehe waren. Es läßt sich folglich annehmen, daß es in dieser Beziehung keine direkte Verbindung zwischen Ursache und Wirkung gibt, daß also »schlechte« Ehen nicht unbedingt eine Affäre auslösen und »gute« Ehen sie nicht immer verhindern. Außerdem gibt es viele Beispiele für eine sehr stabile Ehe, in der sich beide Partner gegenseitig das Recht einräumen, außereheliche Beziehungen zu unterhalten.

2. Vorurteil: *Kirchengläubige Paare haben sehr viel seltener außereheliche Beziehungen als nichtreligiöse Paare.* Fakt: Obwohl Menschen mit religiösen Überzeugungen zu einer eher konservativen Einstellung gegenüber der Sexualität neigen und man annehmen könnte, daß sie ihr eheliches Treueversprechen sehr viel ernster nehmen, gibt es zwischen religiösen und nichtreligiösen Menschen keinen Unterschied in der Häufigkeit ihrer außerehelichen Sexualkontakte. Allerdings besteht insofern ein Unterschied, als gläubige Menschen wegen ihrer außerehelichen Eskapaden scheinbar sehr viel stärker von Schuldgefühlen und Gewissensnot gepeinigt werden als andere.

3. Vorurteil: *Wird vom Ehepartner wiederholt versichert, er oder sie empfände es nicht als Bedrohung, wenn der andere eine Affäre hat, kann man*

davon ausgehen, daß er oder sie diese Situation tatsächlich tolerieren würde. Fakt: Zwar gibt es sicher Menschen, die wirklich so empfinden, aber meistens handelt es sich bei solchen Botschaften um den Versuch, ein Ereignis zu rationalisieren, das sich als wesentlich problematischer und beängstigender herausstellt, wenn es tatsächlich eintritt. Außerdem ist kein Ehepartner frei von Widersprüchen. Darüber hinaus sind uns etliche Fälle begegnet, in denen solche Versicherungen in der Hoffnung gemacht wurden, daß der Partner das Interesse an außerehelichem Sex verliert, wenn er nicht mehr mit dem Reiz des Verbotenen behaftet ist.

4. Vorurteil: *Außerehelicher Sex findet nur statt, wenn es in der Ehe Probleme gibt.* Fakt: Obwohl viele Menschen gerne glauben, daß die Polygamie ein Symptom der Entfremdung zwischen zwei Ehepartnern ist, gibt es viele sehr stabile Ehen, in denen einer oder beide Partner außereheliche Sexualbeziehungen unterhalten. (Natürlich gibt es in *jeder* Ehe Probleme, worin manche Beobachter ihr Vorurteil über außereheliche Sexualität bestätigt sehen könnten.) Häufig betrachten diese Ehepartner ihre außerehelichen Aktivitäten mehr als eine Form von Ausgleich oder Entspannung und weniger als emotionale Bindung, aber es ist sicher möglich, sich dem Ehepartner in tiefer und aufrichtiger Liebe verbunden zu fühlen – und gleichzeitig eine Geliebte oder einen Geliebten zu haben. Darüber hinaus gibt es vollkommen intakte Ehen, in denen es aus ganz individuellen Gründen zu einer außerehelichen Intimbeziehung kommt und nicht aufgrund von Partnerschaftsproblemen.

5. Vorurteil: *Der Sex mit einem außerehelichen Partner ist immer befriedigender als mit dem ehelichen.* Fakt: Außerehelicher Sex ist manchmal in der Phantasie aufregender als in der Realität. Obwohl der Reiz des Verbotenen für manche Menschen sexuell sehr stimulierend sein kann, fühlen sich viele andere in ihrer sexuellen Reaktivität durch Gefühle von Schuld, Angst vor der Entdeckung oder einer sexuell übertragbaren Krankheit sowie durch die organisatorischen Probleme einer heimlichen Affäre gehemmt. Während Männer den außerehelichen Sex zwar im allgemeinen als besonders erregend bewerten, berichten viele Frauen, daß er sich nicht allzusehr von ihrer ehelichen Sexualität unterscheidet, und einige Frauen stellen überrascht fest, daß sie mit ihrem Liebhaber weniger leicht orgasmisch oder erregbar sind als mit ihrem Ehepartner. Ein weiteres Phänomen, das wir in unserer sexualtherapeutischen Praxis beobachtet haben, besteht darin, daß viele Männer, die in ihrer Ehe keine Schwierigkeiten mit der Ejakulationskontrolle haben, mit einer außerehelichen Sexualpartnerin zum vorzeitigen Samenerguß neigen, was ihnen gerade in einer Situation, in der sie sich besonders männlich und souverän geben wollen, ein starkes Gefühl von Unzulänglichkeit gibt.

6. Vorurteil: *Wenn man den Verdacht hat, daß der Partner eine außerehe-*

liche Beziehung unterhält, ist das wahrscheinlich nur der Ausdruck eigener Ängste und Unsicherheit. Fakt: Gemäß einer Studie der Soziologen Philip Blumstein und Pepper Schwartz entspricht ein solcher Verdacht meistens der Wahrheit. In ihrer Umfrage stellten sie fest, daß bei 90 Prozent der Frauen und bei 87 Prozent der Männer die Vermutung, daß ihre Ehepartner außereheliche Sexualkontakte hatten oder haben, zutreffend war. Unsere eigene sexualtherapeutische Arbeit am Masters & Johnson Institut bestätigt dieses Ergebnis, obwohl wir hinzufügen sollten, daß es viele Beispiele gibt, in denen der Mann oder die Frau eine oder mehrere Affären hatte und der Ehepartner vollkommen ahnungslos war. Generell scheint den Männern die Möglichkeit, daß ihre Ehefrauen außerhalb der Ehe sexuell aktiv sein könnten, weniger bewußt zu sein, während verheiratete Frauen eher damit rechnen.

7. Vorurteil: *War ein Partner einmal untreu gewesen, wird er oder sie wahrscheinlich auch weiterhin Affären haben.* Fakt: Viele Menschen, die einmal eine außereheliche Sexualbeziehung hatten, haben festgestellt, daß es nicht so war, wie sie es sich vorgestellt hatten. Sei es, weil der Sex nicht so phantastisch war, ihre Schuldgefühle stärker waren als erwartet oder ihre Neugierde befriedigt war, jedenfalls beschließen sie nach dieser einmaligen Erfahrung, daß ihnen eine solche Art von Beziehung nicht entspricht. Außerdem haben auch einige Menschen, die eine sehr befriedigende und langfristige Affäre hatten, nach deren Ende nie wieder das Bedürfnis, eine andere außereheliche Beziehung einzugehen. Zwar ist unser persönlicher Eindruck, daß Männer eher als Frauen mehrere Affären haben, aber es läßt sich keineswegs vorhersagen, wer nach einer einmaligen Episode dieses Verhaltensmuster wiederholen wird und wer nicht.

Danksagung

Wir bedanken uns für Rat und Unterstützung bei Aaron Asher, Glea Humez, Joy Johannessen und Nancy Kolodny sowie bei den Patienten, Wissenschaftlern und Kollegen, die unsere Arbeit über all die Jahre ermöglicht haben.

LITERATUR

Aboulker, J. P., and Swart, A. M., Preliminary analysis of the Concorde trial, *Lancet* 341:889–890, 1993.

Adamson, G. D., et al., Comparison of CO_2 laser laparoscopy with laparotomy for treatment of endometriomata, *Fertility & Sterility* 57:965–973, 1992.

Adler, N. E., et al., Psychological responses after abortion, *Science* 248:41–44, 1990.

Ainsworth, M., et al., *Patterns of Attachment: A Psychological Study of the Strange Situation*, Laurence Erlbaum Associates, 1978.

Alexander, C. S., et al., Early sexual activity among adolescents in small towns and rural areas: race and gender patterns, *Family Planning Perspectives* 21:261–266, 1989.

Allen, J. R., and Setlow, V. P., Heterosexual transmission of HIV, *Journal of the American Medical Association* 266:1695–1696, 1991.

American Medical News, July 20, 1990, p. 36.

American Psychiatric Association, *Diagnostic and Statistical Manual of Mental Disorders,* 3rd ed., rev., American Psychiatric Association Press, 1987.

(Anonym), The Concorde Study, *AIDS Clinical Care* 5 (5):38, 42, 1993.

Apfelbaum, B., »Retarded Ejaculation: A Much-Misunderstood Syndrome,« in Leiblum and Rosen, op. cit., 1989.

Bachetti, P., and Moss, A. R., Incubation period of AIDS in San Francisco, *Nature* 338:251–253, 1989.

Bai, J., et al., Drug-related menstrual abnormalities, *Obstetrics and Gynecology* 44:713–719, 1974.

Baird, R. M., and Rosenbaum, S. E., eds., *The Ethics of Abortion: Pro-Life vs. Pro-Choice,* Prometheus Books, 1989.

Bancroft, L., *Human Sexuality and Its Problems,* 2nd ed., Churchill Livingston, 1989.

Barbach, L., *For yourself. Die Erfüllung weiblicher Sexualität,* Berlin 1995.

Barbach, L., *Women Discover Orgasm,* Free Press, 1980.

Barrett, T. J., et al., Genital warts – a venereal disease, *Journal of the American Medical Association* 154:333, 194.

Bartlett, J. G., and Finkbeiner, A. K., *The Guide to Living with HIV Infection,* John Hopkins University Press, 1991.

Belsky, J. E., Wan, L. S., and Douglas, G. W., »Abortion,« in H. I. Kaplan, and B. J. Sadock, eds., *Comprehensive Textbook of Psychiatry,* 4th ed., Williams & Wilkins, 1985.

Beral, V., et al., Epidemiology of Kaposi's Sarcoma in AIDS patients: United States,

Fifth International Conference on AIDS, Montreal, June 4–9, 1989. (Abstract M.A.O.30, p. 50.)

Berger, R. M., *Gay and Gray: The Older Homosexual Male,* University of Illinois Press, 1982.

Bernstein, G., et al., »Results of a Comparative Study of the Diaphragm and Cervical Cap.« Paper presented at the annual meeting of the American Public Health Association, Las Vegas, September 29–October 2, 1986.

Bigler, M. O., Adolescent sexual behavior in the eighties, *SIECUS Report* 18:6–9, October/November 1989.

Billy, J. O. G., Effects of sexual activity on adolescent social and psychological development, *Social Psychology Quarterly* 51:190–212, 1988.

Billy, J. O. G., et al., The sexual behavior of men in the United States, *Family Planning Perspectives* 25:52–60, 1993.

Blumstein, P., and Schwartz, P., *American Couples,* William Morrow, 1983.

Branden, N., *Verliebt fürs ganze Leben. Psychologie der Zärtlichkeit,* Reinbek 1982.

Brecher, E. M., and the Editors of Consumer Reports Books, *Love, Sex and Aging,* Little, Brown, 1984.

Bretschneider, J. G., and McCoy, N. L., Sexual interest and behavior in healthy 80- to 102-year-olds, *Archives of Sexual Behavior* 17:109–129, 1988.

Brown, E., *Patterns of Infidelity and Their Treatment,* Brunner/Mazel, 1991.

Brown, L. K., DiClemente, R. J., and Beausoleil, N. I., Comparsion of human immunodeficiency virus related knowledge, attitudes, intentions, and behaviors among sexually active and abstinent young adolescents, *Journal of Adolescent Health* 13:140, 1992.

Buckley, W. E., et al., Estimated prevalence of anabolic steroid use among male high school seniors, *Journal of the American Medical Association* 260: 3441–3445, 1988.

Bush, P. J., *Drugs, Alcohol, and Sex,* Richard Marek, 1980.

Callahan, D., *Abortion: Law, Choice, and Morality,* Macmillan, 1970.

Carnes, P., *Wenn Sex zur Sucht wird,* Stuttgart 1992.

Caron, S. L. and McMullen, T., AIDS and the college student: the need for sex education, *SIECUS Report* 15 (6):6–7, July/August 1987.

Carroll, J., Change starts with our own attitudes, In S. Alyson, ed., *You Can Do Something About AIDS,* 2nd ed., The Stop AIDS Project, 1990, pp. 20–21.

Catania, J. A., Prevalence of AIDS-related risk facors and condom use in the United States, *Science* 258:1101–1106, 1992.

Centers for Disease Control, 1989 Sexually Transmitted Diseases Treatment Guidelines, *Morbidity and Mortality Weekly Report* 38 (S-8), 1989.

Centers for Disease Control, *Chlamydia trachomatis* infections: policy guidelines for prevention and control, *Morbidity and Mortality Weekly Report* 34 (Suppl.), 1985, pp. 53S–74S.

Centers for Disease Control, *HIV/AIDS Surveillance,* January 1993.

Centers for Disease Control, Sexual behavior among high school students – United States, 1990, *Morbidity and Mortality Weekly Report* 40:885–887, 1992.

Centers for Disease Control and World Health Organization, AIDS Case Watch, *AIDS Clinical Care* 5 (1):1, January 1993.

Chen, L., Sepulveda, J., and Segal, S., eds., *AIDS and Women's Health: Science for Policy and Action,* Plenum Press, 1992.

Chernin, K., *The Hungry Self,* Times Books, 1985.

Chesler, P., *Sacred Bond: The Legacy of Baby M,* Times Books, 1988.

Children's Defense Fund, *What About the Boys: Teenage Pregnancy Prevention Strategies.* Quoted in SIECUS Report 17:20, September/October 1988.

Cicero, T. J., et al., Function of the male sex organs in heroin and methadone users, *New England Journal of Medicine* 292:882–887, 1975.

Cocores, J. A., et al., Sexual dysfunction in abusers of cocaine and alcohol, *American Journal of Drug and Alcohol Abuse* 14:169–173, 1988.

Cohen, P. T., Sande, M. A., and Volberding, P. A., eds., *The AIDS Knowledge Base,* The Medical Publishing Group, 1990.

Committee on the Relationship Between Oral Contraceptives and Breast Cancer, ed., *Contraceptives & Breast Cancer,* National Academy Press, 1991.

Conington, S., Physical, emotional and sexual abuse: facing the clinical challenges of women alcoholics, *Focus on Family Medicine* 10:37–48, 1986.

Consensus Conference, The impact of routine HTLV-III antibody testing of blood and plasma donors on public health, *Journal of the American Medical Association* 256:1778–1783, 1986.

Cozic, and Tipp, S. L., eds., *Abortion: Opposing Viewpoints,* Greenhaven Press, 1991.

Crewdson, J., *By Silence Betrayed: Sexual Abuse of Children in America,* Little, Brown, 1988.

Dennerstein, L., Wood, C., and Burrows, G. D., Sexual response following hysterectomy and oophorectomy, *Obstetrics and Gynecology* 49:92–96, 1977.

Diokno, A. C., Brown, M. B., and Herzog, A. R., Sexual function in the elderly, *Archives of Internal Medicine* 150:197–200, 1990.

Duddle, C. M., Etiological factors in the unconsummated marriage, *Journal of Psychosomatic Research* 21:157–160, 1977.

Dunker, B., »Aging Lesbians: Observations and Speculations,« in The Boston Lesbian Psychologies Collective, ed., *Lesbian Psychologies: Explorations & Challenges,* University of Illinois Press, 1987, pp. 72–82.

Dutton, D., and Aron, A., Some evidence for heightened sexual attraction under conditions of high anxiety, *Journal of Personality and Social Psychology* 30:510–517, 1974.

Earle, R., and Crowe, G., *Lonely All the Time,* Pocket Books, 1989.

Ekstrand, M. L., et al., Alcohol and drug use during sexual activity and compliance with safe sex guidelines for AIDS, *Health Education Quaterly* 13:359–371, 1986.

Ekstrand, M. L., et al., Risky sex relapse, the next challenge for AIDS prevention programs, Fifth International Conference on AIDS, Montreal, June 4–9, 1989. (Abstract T.D.O.8, p. 699.)

Erickson, P. I., and Rapkin, A. J., Unwanted sexual experiences among middle and high school youth, *Journal of Adolescent Health* 12:319, 1991.

Ethics Committee of the American Fertility Society, *Ethical Consideration of the New Reproductive Technologies, Fertility & Sterility* 46 (3): Suppl. 1, September 1986.

European Collaborative Study, Mother-to-child transmission of HIV infection, *Lancet* 2:1039–1043, 1988.

Everstine, D. S., and Everstine, L., *Sexual Trauma in Children and Adolescents*, Brunner/Mazel, 1989.

Fallon, A., »Culture in the Mirror: Sociocultural Determinants of Body Image,« in T. F. Cash and T. Pruzinsky, eds., *Body Images: Development, Deviance, and Change*, Guilford Press, 1990.

Feldblum, P. J., and Fortney, J. A., Condoms, spermicides, and the transmission of human immunodeficiency virus: a review of the literature, *American Journal of Public Health* 78:52–54, 1988.

Finkelhor, D., *Child Sexual Abuse*, Free Press, 1984.

Finkelhor, D., and Araji, S., Explanations of pedophilia: a four factor model, *Journal of Sex Research* 22:145–161, 1986.

Fischl, M. A., et al., Evaluation of heterosexual partners, children, and household contacts of adults with AIDS, *Journal of the American Medical Association* 257:640–644, 1987.

Fischl, M. A., et al., Seroprevalence of HIV antibody in a sexually active heterosexual population, Presented at the Fourth International AIDS Conference, Stockholm, June, 1988. (Abstract 4067, 1988a.)

Fisher, B., et al., Five year results of a randomized clinical trial comparing total mastectomy and segmental mastectomy with or without radiation in the treatment of breast cancer, *New England Journal of Medicine* 312:665–673, 1985.

Fisher, S., *The Female Orgasm*, Basic Books, 1973.

Friday, N., *Befreiung zur Lust*, München 1992.

Friday, N., *Die sexuellen Phantasien der Frauen*, Reinbek 1991.

Friday, N., *Verbotene Früchte*, München 1994.

Friedewald, W. T., »Epidemiology of Cardiovascular Disease,« in J. B. Wyngaarden, L. H. Smith, Jr., and J. C. Bennett, eds., *Cecil Textbook of Medicine*, 19th ed., W. B. Saunders, 1992.

Friedland, G., et al., Lack of transmission of HTLV-III/LAV infection to household contacts of patients with AIDS or AIDS-related complex with oral candidiasis, *New England Journal of Medicine* 314:344–349, 1986.

Frieze, I. H., et al., *Women and Sex Roles: A Social Psychological Perspective*, Norton, 1978.

Gagnon, J., *Human Sexualities*, Scott, Foresman and Company, 1977.

Garry, R. F., et al., Documentation of an AIDS virus infection in the United States in 1968, *Journal of the American Medical Association* 260:2085–2087, 1988.

George, L. K., and Weiler, S. J., Sexuality in middle and later life, *Archives of General Psychiatry* 38:919–923, 1981.

Gibbs, C. J., et al., HIV immunization and challenge of HIV seropositive and seronegative chimpanzees, Fifth International Conference on AIDS, Montreal, June 4–9, 1989. (Abstract C. Th.C.O. 46, p. 541.)

Gissman, L., and Schwartz, E., »Persistence and Expression of Human Papillomavirus DNA in Genital Cancer,« in D. Everd and S. Clark, eds., *Papillomaviruses*, Wiley, 1986, pp. 190–197.

Gormley, G. J., The effect of finasteride in men with benign prostatic hyperplasia, *New England Journal of Medicine* 327:1185–1191, 1992.

Gould, S. J., The terrifying normalcy of AIDS, *New York Times Magazine*, April 19, 1987, pp. 32–33.

Grosskopf, D., *Sex and the Married Woman*, Simon & Schuster, 1983.

Groth, N., *Men Who Rape*, Plentum Press, 1979.

Haggstrom, G. W., et al., *Teenage Parents: Their Ambitions and Attainments*, Rand Corporation, 1981.

Hallagan, J. B., Hallagan, L. F., and Snyder, M. B., Anabolic-androgenic steriod use by athletes, *New England Journal of Medicine* 321:1042–1045, 1989.

Hanson, S., Morrison, D. R., and Ginsburg, A. L., The antecedents of teenage fatherhood, *Demography* 26:579–596, 1989.

Hardy, J., et al., Fathers of children born to young urban mothers, *Family Planning Perspectives* 21:159–163, 187, 1989.

Hatfield, E., »Passionate Love, Companionate Love, and Intimacy,« in M. Fisher and G. Stricker, eds., Intimacy, Plenum Press, 1982.

Haynes, B. F., Scientific and social issues of human immunodeficiency virus vaccine development, *Science* 260:1279–1286, 1993.

Heinlein, R., *Ein Mann in einer fremden Welt.* München 1970.

Henderson, B. E., Paganini-Hill, A., and Ross, R. K., Decreased mortality in users of estrogen replacement therapy, *Archives of Internal Medicine* 151:75–78, 1991.

Henshaw, S. K., and Silverman, J., The characteristics and prior contraceptive use of U.S. abortion patients, *Family Planning Perspectives* 20:158–168, 1988.

Henshaw, S. K., and Van Vort, J., eds., *Abortion Factbook, 1992 Edition: Readings, Trends, and State and Local Data to 1988*, The Alan Guttmacher Institute, 1992.

Henshaw, S. K., and Van Vort, J., Teenage abortion, birth and pregnancy statistics: an update, *Family Planning Perspectives* 21:85–88, 1989.

Hite, S., *Das sexuelle Erleben der Frau* (Hite Report I), München 1977.

Holmes, K. K., et al., eds., *Sexually Transmitted Diseases*, 2nd ed., McGraw-Hill, 1990.

Hook, E. W., III, and Marra, C. M., Acquired syphilis in adults, *New England Journal of Medicine* 326:1060–1069, 1992.

Howard, M., and McCabe, J. B., Helping teenagers postpone sexual involvement, *Family Planning Perspectives* 22:21–26, 1990.

Hunt, M., *Sexual Behavior in the 1970s*, Dell, 1974.

Hunt, M., »The Future of Marriage,« in J. E. DeBurger, ed., *Marriage Today*, Wiley 1977.

Illa, R. V., Possible salivary transmission of AIDS: case report, First International Symposium on Oral AIDS, Montreal June 1–3, 1989. (Abstract 3.6.)

Jaffe, L., et al., Anal intercourse and knowledge of AIDS among minority-group adolescents, *Journal of Pediatrics* 112:1005–1007, 1988.

James, R., HIV testing and counseling: crisis and coping for adolescents and adults, In G. Anderson, ed., *Courage to Care*, Child Welfare League of America, 1990.

Jensen, S. B., Sexual dysfunction in younger married alcoholics: a comparative study, *Acta Psychiatrica Scandinavia* 69:543–559, 1984.

Johnson, C., and Connors, M. E., *The Etiology and Treatment of Bulimia Nervosa*, Basic Books, 1987.

Johnson, R., et al., A seroepidemiologic survey of the prevalence of herpes simplex virus type 2 infection in the United States, *New England Journal of Medicine* 321:7–12, 1989.

Kahn, R. J., and Anderson, K. E., Intergenerational patterns of teenage fertility, *Demography* 29:39–49, 1992.

Kaplan, H. S., *Hemmungen der Lust. Neue Konzepte der Psychosexualtherapie*, Stuttgart 1981.

Kaplan, H. S., *How to Overcome Premature Ejaculation*, Brunner/Mazel, 1989.

Kaplan, H. S., *The Illustrated Manual of Sex Therapy*, 2nd ed., Brunner/Mazel, 1987.

Kaplan, L. J., *Weibliche Perversionen. Von befleckter Unschuld und verweigerter Unterwerfung*, München 1993.

Kaplowitz, L. G., et al., Prolonged continous acyclovir treatment of normal adults with frequently recurring genital herpes simple virus infection, *Journal of the American Medical Association* 265:747–751, 1991.

Kasl, C. D., *Women, Sex and Addiction*, Ticknor & Fields, 1989.

Kelly, J. A., et al., Acquired immunodeficiency syndrome/human immunodeficiency virus risk behavior among gay men in small cities, *Archives of Internal Medicine* 152:2293–2297, 1992.

Kennedy, L., Human papillomavirus: a study of male sexual partners, *Medical Journal of Australia* 149:309–311, 1988.

Kimmel, M., ed., *Changing Men: New Directions in Research on Men and Masculinity*, Sage, 1987.

Kinsey, A. C., *Das sexuelle Verhalten der Frau*, Frankfurt/Main 1954.

Kinsey, A. C., Pomeroy, W. B. und Martin, C. E., *Das sexuelle Verhalten des Mannes*, Frankfurt/Main 1955.

Kirkman, R., Morris, J., and Webb, A., User experience, Mates, *The British Journal of Family Planning* 15:107, 1990.

Kish, L. S., et al., An ancient method and a modern scourge: the condom as a barrier against herpes, *Journal of the American Academy of Dermatology* 9:769–770, 1983.

Klitsch, M., *RU 486: The Science and the Politics*, Alan Guttmacher Institute, 1989.

Kolodny, N., *When Food's a Foe*, Little, Brown, 1987.

Kolodny, R. C., »Drugs and Sex,« presented at the Masters & Johnson Institute Seminar on Sexual Medicine, September 10, 1982, Washington, D.C.

Kolodny, R. C., Evaluating sex therapy: process and outcome at the Masters & Johnson Institute, *Journal of Sex Research* 17:301–318, 1981.

Kolodny, R. C., Sexual dysfunction in diabetic females, *Diabetes* 20:557–559, 1971.

Kolodny, R. C., »The Clinical Management of Sexual Problems in Substance Abusers,« in T. E. Bratter and G. G. Forrest, eds., *Alcoholism and Substance Abuse: Strategies for Clinical Intervention*, Free Press, 1985.

Kolodny, R. C., Masters, W. H., and Johnson, V. E., »*Sexual Aversion and Inhibited Sexual Desire,*« in R. C. Kolodny, W. H. Masters, and V. E. Johnson, Textbook of Sexual Medicine, Little, Brown, 1979.

Kolodny, R. C., Masters, W. H., and Johnson, V. E., *Textbook of Sexual Medicine*, Little, Brown, 1979.

Koop, C. E., The U.S. Surgeon General on the health effects of abortion, *Population and Development Review* 15:172–175, 1989.

Kost, K., and Forrest, J. D., American women's sexual behavior and exposure to risk of sexually transmitted diseases, *Family Planning Perspectives* 24:244–254, 1992.

Kramer, L., A Manhattan Project for AIDS, *New York Times*, July 16, 1990, p. A15.

Ku, L. C., Sonenstein, F. L., and Pleck, J. H., The association of AIDS education and sex education with sexual behavior and condom use among teenage men, *Family Planning Perspectives* 24:100–106, 1992.

Lambert, B., 10 Years later, hepatitis study still yields critical data on AIDS, *New York Times*, July 17, 1990.

Lawson, C., Surrogate mothers grow in numbers despite questions, *New York Times*, pp. C1, C8, October 1, 1986.

Leiblum, S. R., and Rosen, R. C., eds., *Sexual Desire Disorders*, Guilford Press, 1988.

Leiblum, S. R., and Rosen, R. C., eds., *Principles and Practice of Sex Therapy*, 2nd ed., Guilford Press, 1989.

Leiblum, S. R., et al., Vaginal atrophy in the postmenopausal woman: the importance of sexual activity and hormones, *Journal of the American Medical Association* 249:2195–2198, 1983.

Levine, M. P., and Troiden, R. R., The myth of sexual compulsivity, *Journal of Sex Research* 25:347–363, 1988.

Lewin, T., »Fewer teen mothers, but more are married,« *New York Times* March 20, 1988, Section 4, p. 6.

MacDonald, N. W., et al., High-risk STD/HIV behavior among college students, *Journal of the American Medical Association* 263:3155-3159, 1990.

Maciak, B. J., et al., Pregnancy and birth rates among sexually experienced US [sic] teenagers – 1974, 1980, and 1983, *Journal of the American Medical Association* 258:2069–2071, 1987.

531

Mann, J., Tarantola D. J. M., and Netter, T. W., eds., *AIDS in the World*, Harvard University Press, 1992.

Mann, R. D., ed., *Oral Contraceptives and Breast Cancer*, Parthenon Publishing, 1990.

Massey, F. J., et al., Vasectomy and health, *Journal of the American Medical Association* 252:1023–1029, 1984.

Masters, W. H., und Johnson, V. E., *Die sexuelle Reaktion*, Frankfurt/Main 1967 und Reinbek (rororo) 1984.

Masters, W. H., und Johnson, V. E., *Homosexualität*, Berlin–Frankfurt/Main–Wien 1980.

Masters, W. H., und Johnson, V. E., *Impotenz und Anorgasmie. Zur Therapie funktioneller Sexualstörungen*, Frankfurt/Main 1973.

Masters, W. H., Johnson, V. E., und Kolodny, R. C., *Das verdrängte Risiko. Sexualverhalten im Aidszeitalter*, Düsseldorf 1988.

Masters, W. H., Johnson, V. E., und Kolodny, R. C., *Liebe und Sexualität*, Frankfurt/Main–Berlin 1993.

Masters, W. H., Johnson, V. E., and Kolodny, R. C., »Sexual Fantasy,« in *Masters & Johnson on Sex and Human Loving*, Little, Brown, 1986.

Meyer-Bahlburg, H., et al., HIV-positive gay men: sexual dysfunction, Fifth International Conference on AIDS, Montreal, June 1989. (Abstract T.D.O. 22, p. 701.)

Miller, L., Downer, A., and Krueger, L., Reported sexual behavior differences between heterosexual and gay/bisexual populations, Presented at the IV International Conference on AIDS, Stockholm, June 12–16, 1988.

Millet, K., *Sexus und Herrschaft. Die Tyrannei des Mannes in unserer Gesellschaft*, München 1971.

Money, J., *Gay, Straight, and In-Between*, Oxford University Press, 1988.

Money, J., and Lamacz, M., *Vandalized Lovemaps*, Prometheus Books, 1989.

Montagu, A., *Körperkontakt. Die Bedeutung der Haut für die Entwicklung des Menschen*, Stuttgart 1992.

Moore, K. A., Nord, C. W., and Peterson, J. L., Nonvoluntary sexual activity among adolescents, *Family Planning Perspectives* 21:110–114, 1989.

Moore, K. A., and Snyder, N. O., Cognitive attainment among firstborn children of adolescent mothers, *American Sociological Review* 56:612, 1991.

Morbidity and Mortality Weekly Report 38:S-4, 1989.

Morse, R. M., and Flavin, D. K., The definition of alcoholism, *Journal of the American Medical Association* 268:1012–1014, 1992.

Moultroup, D. J., *Husbands, Wives, and Lovers: The Emotional Systems of the Extramarital Affair*, Guilford Press, 1990.

Murphy-Corb, M., et al., A formalin-inactivated whole SIV vaccine confers protection in macaques, *Science* 246:1293–1297, 1989.

Murray, P. P., et. al., Oral contraceptive use in women with a family history of breast cancer, *Obstetrics and Gynecology* 73:977–983, 1989.

Nadelson, C. C., »The Emotional Impact of Abortion,« in M. T. Notman, and

C. C. Nadelson, eds., *The Woman Patient*, vol. 1, pp. 173–179, Plenum Press, 1978.

Nahmias, A. J., et al., Evidence for human infection with an HTLV-III/LAV-like virus in Central Africa, 1959, *Lancet* 1:1279–1280, 1986.

New York Times, October 8, 1989, Section 1, p. 1.

Nichols, M., »*Lesbian Sexuality: Issues and Development Theory*,« in the Boston Lesbian Psychologies Collective, eds., Lesbian Psychologies: Explorations & Challenges, University of Illinois Press, 1987; idem, »Low Sexual Desire in Lesbian Couples,« in S. R. Leiblum and R. C. Rosen, eds., op. cit., 1988.

Nielsen, L., *Adolescense: A Contemporary View*, 2nd ed., Harcourt Brace Jovanovich, 1991.

North, B. B., and Vorhauer, B. W., Use of the Today contraceptive sponge in the United States, *International Journal of Fertility* 30:81–84, 1985.

Noticeboard, Vasectomy and cancer, *Lancet* 338:1586, 1991.

Offit, A. K., *Night Thoughts – Reflections of a Sex Therapist*, Congdon & Lattes, 1981.

O'Neill, N., and O'Neill, G., »Open Marriage: A Synergistic Model,« in J. E. DeBurger, ed., *Marriage Today: Problems, Issues, and Alternatives*, Wiley, 1977.

Overby, C., Lo, B., and Litt, T., Knowledge and concerns about acquired immunodeficiency syndrome and their relationship to behavior among adolescents with hemophilia, *Pediatrics* 83:204–210, 1989.

Pantaleo, G., Graziosi, C., and Fauci, A., The immunopathogenesis of human immunodeficiency virus infection, *New England Journal of Medicine* 328: 327–335, 1993.

Peele, S., and Brodsky, A., *Love and Addiction*, Signet, 1976.

Perrin, E. B., et al., Long-term effect of vasectomy on coronary heart disease, *American Journal of Public Health* 74:128–132, 1984.

Pittmann, F., Angenommen mein Partner geht fremd ..., München 1994.

Pokrovsky, V. V., and Eramova, E. U., Nosocomial outbreak of HIV infection in Elista, USSR, Fifth International Conference on AIDS, Montreal, June 4–9, 1989. (Abstract W.A.O.5, p. 63)

Pope, H. G., and Katz, D. L., Affective and psychotic symptoms associated with anabolic steroid use, *American Journal of Psychiatry* 145:487–490, 1988.

Porter, J. B., Hershel, J., and Walker, A. M., Mortality among oral contraceptive users, *Obstetrics and Gynecology* 70:29, 1987.

Presidential Commission on the Human Immunodeficiency Virus Epidemic, *Report of the Presidential Commission on the Human Immunodeficiency Virus Epidemic*, U.S. Government Printing Office, 1988.

Quindlen, A., A time to choose, *New York Times*, p. E-21, January 28, 1990.

Quinn, T. C., et al., Human immunodeficiency virus infection among patients attending clinics for sexually transmitted diseases, *New England Journal of Medicine* 318:197–203, 1988.

Raymond, C. A., Cervical dysplasia upturn worries gynecologists, health officials, *Journal of the American Medical Association* 257:2397–2398, 1987.

Reeves, W. C., et al., Human papillomavirus infection and cervical cancer in Latin America, *New England Journal of Medicine* 320:1437–1441, 1989.

Reinisch, J., and Beasley, R., *The Kinsey Institute New Report on Sex*, St. Martin's Press, 1990.

Reinisch, J. M., et al., High-risk sexual behavior among heterosexual undergraduates at a midwestern university, *Family Planning Perspectives* 24:116–121, 145, 1992.

Renshaw, D., Sex and eating disorders, *Medical Aspects of Human Sexuality* 24 (4):68–77, 1990.

Robinson, B. E., *Teenage Fathers*, D. C. Heath, 1988.

Rodman, H., Sarvis, B., and Bonar, J. W., *The Abortion Question*, Columbia University Press, 1987.

Romieu, I., et al., Prospective study of oral contraceptive use and risk of breast cancer in women, Journal of the National Cancer Institute 81:1313–1321, 1989.

Rosenbaum, M., When drugs come into the picture, love flies out the window: women addicts' love relationships, *The International Journal of the Addictions* 16:1197–1206, 1981.

Rosenblatt, R., The baby in the factory, *Time*, February 14, 1983.

Roth, G., *Sehnsüchtiger Hunger. Wenn Essen ein Ersatz für Liebe ist*, München 1992.

Rozenbaum, W., et al., HIV transmission by oral sex, *Lancet* 2:1395, 1988.

Rubenstein, C., and Shaver, P., *In Search of Intimacy*, Random House, 1982.

Rubin, L., *Intimate Strangers: Men and Women Together*, Harper Colophon Books, 1983.

Rubin, L., »Sex and Sexuality: Women at Midlife,« in M. Kirkpatrick, ed., *Women's Sexual Experiences: Explorations of the Dark Continent*, Plenum Press, 1982.

Sauer, M. V., and Paulson, R. J., Understanding the current status of oocyte donation in the United States: what's really going on out there?, *Fertility & Sterility* 58:16–18, 1992.

Schiavi, R. C., Sexuality and aging in men, *Annual Review of Sex Research*, 1:227–249, 1990.

Schneider, E. L., and Rowe, J. W., *Handbook of the Biology of Aging*, 3rd ed., Academic Press, 1990.

Schneider, E. L., ed., *The Aging Reproductive System*, Raven Press, 1978.

Schover, L., and Jensen, S., *Sexuality and Chronic Illness*, Guilford Press, 1988.

Schulte, J., Martich, F., and Schmid, G., Chancroid in the United States, 1981–1990: evidence for underreporting of cases, *Morbidity and Mortality Weekly Report* 41 (SS-3), pp. 57–61.

Schwartz, S., *The Moral Question of Abortion*, Loyola University Press, 1990.

Seibel, M., Ranoux, C., and Kearnan, M., In vitro fertilization: how much is enough?, *New England Journal of Medicine* 321:1052–1053, 1990.

Segraves, R. T., and Schoenberg, H. W., eds., *Diagnosis and Treatment of Erectile Disorders*, Plenum Press, 1985.

Semans, J. H., Premature ejaculation: A new approach, *Southern Medical Journal* 49:353–358, 1956.

Shaver, P., Hazan, C., and Bradshaw, D., »Infant-Caretaker Attachment and Adult Romantic Love: Similarities and Differences.« Paper presented at the 2nd International Conference on Personal Relationships, Madison, Wisconsin, 1984.

Shilts, R., *AIDS. Die Geschichte eines großen Versagens*, München 1989.

Siegel, D., Prevalence and correlates of herpes simplex infections, *Journal of the American Medical Association* 268:1702–1708, 1992.

Siegel, K., et al., Patterns of change in sexual behavior among gay men in New York City, *Archives of Sexual Behavior* 17:481–497, 1988.

Siegel, R. K., Cocaine and sexual dysfunction, *Journal of Psychoactive Drugs* 14:71–74, 1982.

Silver, H., Autologous blood donation, *Transfusion Medicine Topic Update* 2 (1):1–4, January, 1989.

Snarch, D. M., *Constructing the Sexual Crucible*, Norton 1991.

Solomon, R. C., *About Love: Reinventing Romance for Our Times*, Simon & Schuster, 1989.

Sonenstein, F. L., Pleck, J. H., and Ku, L. C., Levels of sexual activity among adolescent males in the United States, *Family Planning Perspectives* 23: 162–167, 1991.

Sonenstein, F. L., Pleck, J. H., and Ku, L. C., Sexual activity, condom use, and AIDS awareness among adolescent males, *Family Planning Perspectives* 21: 152–158, 1989.

Sorenson, R. C., *Adolescent Sexuality in Contemporary America*, World Publishing, 1973.

Sperling, F., »Gonococcal Infections,« in J. B. Wyngaarden, L. H. Smith, Jr., and J. C. Bennett, eds., *Cecil Textbook of Medicine*, 19th ed., W. B. Saunders Co., 1992.

Stall, R., et al., Alcohol and drug use during sexual activity and compliance with safe sex guidelines for AIDS, *Health Education Quarterly* 13:359–371, 1986.

Stampfer, M. J., and Colditz, G. A., Estrogen replacement therapy and coronary heart disease: a quantitative assessment of the epidemiologic evidence, *Preventive Medicine* 20:47–63, 1991.

Stampfer, M. J., et al., Postmenopausal estrogen therapy and cardiovascular disease: ten-year follow-up from the nurses' health study, *New England Journal of Medicine* 325:756–762, 1991.

Stanford Advocate, July 16, 1989.

Starr, B. D., »Sexuality,« in G. L. Maddox, ed. *The Encyclopedia of Aging*, Springer Publishing, 1984, pp. 606–608.

Starr, B. D., and Weiner, M. B., *The Starr-Weiner Report on Sex and Sexuality in the Mature Years*, Stein & Day, 1981.

Staver, S., Women found contracting HIV via unprotected sex, *American Medical News*, June 1, 1990, p. 4.

Steinberg, K. K., et al., A meta-analysis of the effect of estrogen replacement therapy on the risk of breast cancer, *Journal of the American Medical Association* 265:1985–1990, 1991.

Sternberg, R. J., and Barnes, M. L., eds., *The Psychology of Love*, Yale University Press, 1988.

Sternberg, R. J., *The Triangle of Love*, Basic Books, 1988.

Stoller, R. J., *Perversion: The Erotic Form of Hatred*, Pantheon, 1975.

Stoller, R. J., »Sexual Deviations,« in F. Beach, ed., *Human Sexuality in Four Perspectives*, Johns Hopkins University Press, 1977.

Strunin, L., and Hingson, R., AIDS and adolescents: knowledge, beliefs, attitudes, and behavior, *Pediatrics* 79:825–828, 1987.

Stuart, R. B., and Jacobson, B., *Weight, Sex & Marriage: A Delicate Balance*, Fireside Books, 1987.

Sullivan, J. M., et al., Estrogen replacement and coronary artery disease: effect of survival in postmenopausal women, *Archives of Internal Medicine* 150:2557–2562, 1990.

Tan, S. L., et al., Cumulative conception and livebirth rates after in-vitro fertilisation, *Lancet* 339:1390–1394, 1992.

Tanagho, E. A., Lue, T. F., and McClure, R. D., eds., *Contemporary Management of Impotence and Infertility*, Williams & Wilkins, 1988.

Tannahil, R., *Kulturgeschichte der Erotik*, München 1983.

Tanne, J. H., The last word on avoiding AIDS, *New York*, pp. 28–34, Oct. 7, 1985.

Tannen, D., *Du kannst mich einfach nicht verstehen. Warum Männer und Frauen aneinander vorbeireden*, Hamburg 1991.

Tavris, C., and Sadd, S., *The Redbook Report on Female Sexuality*, Delacorte Press, 1977.

Terkel, S. N., *Abortion: Facing the Issues*, Franklin Watts, 1988.

Terry, R. D., and Gershon, S., *Neurobiology of Aging*, Raven Press, 1976.

Teti, D. M., Lamb, L. E., and Elster, A. B., Long-range socioeconomic and marital consequences of adolescent marriage in three cohorts of adult males, *Journal of Marriage and the Family* 49:499–513, 1987.

Thompson, A. P., Extramarital sex: a review of the research literature, *Journal of Sex Research* 19:1–22, 1983.

Tollison, C. D., and Adams, H. E., *Sexual Disorders: Treatment, Theory, and Research*, Gardner Press, 1979.

Trussell, J., Teenage pregnancy in the United States, *Family Planning Perspectives* 20:262–272, 1988.

Turner, C. F., Miller, H. G., and Moses, L. E., eds., *AIDS: Sexual Behavior and Intravenous Drug Use*, National Academy Press, 1989.

Ueno, M., The so-called coition death, *Japanese Journal of Legal Medicine* 17:333–340, 1969.

Vittecoq, D., et al., Acute HIV infection after acupuncture treatment, *New England Journal of Medicine* 320:250–251, 1989.

Voeller, B., »Persistent Condom Breakage.« Presented at the Fifth International Conference on AIDS, Montreal, Canada, June 4–9, 1989. (Abstract W.A.P. 99, p. 136).

Wallace, J. I., Mann, J., and Beatrice, S., HIV-1 exposure among clients of prostitutes, Fourth International Conference on AIDS, Stockholm, June 12–16, 1988.

Walster, E., und Walster, G. W., *Liebe ist mehr. Partnerschaft und Ehe im neuen Licht*, München 1979.

Warshaw, R., *I Never Called It Rape*, Harper & Row, 1988.

Washington, A. E., and Katz, P., Cost of and payment source for pelvic inflammatory disease, *Journal of the American Medical Association* 266:2565–2569, 1991.

Washton, A. M., Cocaine abuse and compulsive sexuality, *Medical Aspects of Human Sexuality* 23 (12):34, 1989.

Weeks, G. R., and Hof, L., eds., *Integrating Sex and Marital Therapy*, Brunner/Mazel, 1987.

Westrom, L., Pelvic inflammatory disease: bacteriology and sequelae, *Contraception* 36:111, 1987.

Wincze, J. P., and Carey, M. P., *Sexual Dysfunction: A Guide for Assessment and Treatment*, Guilford Press, 1991.

Wisdom, A., *Color Atlas of Sexually Transmitted Diseases*, Yearbook Medical Publishers, 1989.

Witkin, M. H., Sex therapy and mastectomy, *Journal of Sex & Marital Therapy* 1:290–304, 1975.

Wolman, B. B., ed., *Psychological Aspects of Obesity*, Van Nostrand Reinhold, 1982.

Wolman, B. B., et al., eds., *Handbook of Developmental Psychology*, Prentice-Hall, 1982.

Young, M., Attitudes and behavior of college students related to oral-genital sexuality, *Archives of Sexual Behavior* 9:61–67, 1980.

Zabin, L. S., et al., The Baltimore pregnancy prevention program for urban teenagers: I. how did it work?, *Family Planning Perspectives* 20:182–192, 1988.

Zelnik, M., and Kim, Y. J., Sex education and its association with teenage sexual activity, pregnancy, and contraceptive use, *Family Planning Perspectives* 14: 117–126, 1982.

Zillman, D., *Connections between Sex and Aggression*, Lawrence Erlbaum, 1984.

REGISTER

Greg Anderson

Wellness

22 Regeln zum Glücklichsein

168 Seiten

Wellness: Das ist keine Medizin. Wellness ist vielmehr
eine Lebensweise, die alle Dimensionen von Körper
und Seele einbezieht. Unabhängig vom jeweiligen
Gesundheitszustand strebt Wellness nach ständiger
Verbesserung und Selbst-Erneuerung in allen Bereichen
des menschlichen Lebens. Wellness soll nicht bloß einen
krankheitsfreien Zustand garantieren, sondern neue
Leistungsebenen in allen Lebensbereichen erschließen.

Greg Anderson zeigt in seinem Buch, wie man mit
22 einfachen Wellness-Regeln ein Höchstmaß an
Wohlbefinden erreichen kann.

UEBERREUTER